대한수학교육학회 한국수학교육학회 2019년 연보

The Korea Society of Educational Studies in Mathematics &

The Korean Society of Mathematical Yearbook 2019

세계의 수학교육 둘러보기

김부미 강현영 김선희 남진영 박미미
서동엽 이동환 이환철 조진우 지음

KM 경문사

발간사

세계의 여러 국가는 이미 AI, IoT, 빅데이터, 뇌과학 등 최신 과학 및 정보통신기술의 기초인 수학의 중요성을 고려하여 미래사회에 적합한 수학교육정책을 수립하고 추진 중에 있습니다. 우리나라도 급변하는 미래사회를 대비하기 위해 2016년 12월 지능정보사회 중장기 종합 대책을 통해 '지능사회를 선도하는 창의·융합 인재 강국'을 목표로 하는 교육의 5개 방향과 22개의 추진 전략을 공표함으로써 미래 국가경쟁력 확보를 위한 교육을 준비하고 있습니다.

이에 대한수학교육학회도 현 시점에서의 수학교육 방향을 점검하고 미래 사회를 대비하기 위한 기초 자료를 제공하자는 취지에서 2019년 연보를 준비하였습니다. 이 연보에서는 최근 교육과정이나 평가, 교육정책 등에서 수학교육의 변화가 있는 9개 국가(우리나라와 일본, 중국, 싱가포르, 미국, 영국, 프랑스, 핀란드, 호주)의 수학교육을 소개하고 있습니다.

각 나라별로 국가에 대한 소개, 수학교육의 근간이 되는 교육법령과 학제, 그 나라의 최신 수학교육 정책, 수학과 교육과정, 수학 교수·학습, 대학입시 등을 포함한 평가의 동향과 실제, 수학교사교육, 수학교육에서 추진하는 특수교육 정책, 수학교육정책을 주도하는 국가기관이나 협회 등을 다양한 자료와 함께 자세하게 다루고 있습니다.

아무쪼록 본 연보가 소개하는 세계 주요 국가들의 수학교육 관련 최신 현황과 주요 이슈를 통해 세계의 수학교육을 이해하고 우리나라 수학교육의 방향을 재점검하며 안내하는 소중한 계기가 되길 희망합니다.

본 연보가 나오기 까지 기획에서부터 집필, 교정에 이르기까지 꼼꼼하게 점검하고 수고해 주신 김부미 연구이사님과 지혜와 식견을 모아주신 여덟 분 집필진들의 노고에 깊이 감사드립니다. 2019년 연보의 발간에 적극 도와주신 한국과학창의재단과 경문사에도 진심으로 감사드립니다.

덕분에 우리 학회 모든 회원들과 우리나라 수학교육 관련 종사자들의 연구 시야가 넓어지고 교육 전반의 정책 변화와 새로운 담론이 제기될 것으로 기대합니다. 감사합니다.

2019년
대한수학교육학회장
송 상 헌

머리말

이 책은 한국과학창의재단의 '2018 수학교육 국제동향 분석 연구(C1014310-01-01)'의 [별책 1] 「수학교육 국제동향 핸드북 - 일본, 중국, 영국, 프랑스, 핀란드, 미국, 호주를 중심으로 -」을 바탕으로 우리나라와 8개국의 수학교육 이슈와 정책 동향, 교육과정, 수학 교수·학습, 평가, 교사교육 등을 총망라한 대한수학교육학회와 한국수학교육학회의 2019년 연보이다. 대상 국가는 최근 교육과정 등에서 수학교육의 변화가 있는 국가로 우리나라, 일본, 중국, 싱가포르, 미국, 영국, 프랑스, 핀란드, 호주의 9개국이다.

이 책은 각 장마다 해당 국가에 대한 소개, 그 나라의 최신 수학교육 정책과 이슈뿐만 아니라, 수학교육과정은 어떠한 특징이 있고 무엇을 가르치는지, 수학 수업이 어떻게 이루어지고 평가는 어떠한지, 미래 사회를 대비하여 수학교육의 방향과 그 추진 정책은 무엇인지, 학교 교육에서 수학의 위상은 어떠한지, 수학 교사교육은 어떻게 이루어지는지, 영재, 기초학력 부진, 다문화, 장애 학생과 같이 특성을 가진 학생들을 위한 수학교육 정책이 무엇이 있는지 등에 대하여 각국의 특색을 중심으로 서술하고 있다. 각 장의 저자를 소개하면, 제1장 우리나라는 이환철(한국과학창의재단), 제2장 일본은 김부미(원광대학교), 제3장 중국은 이동환(부산교육대학교), 제4장 싱가포르는 박미미(경인교육대학교), 제5장 미국은 남진영(경인교육대학교), 제6장 영국은 강현영(목원대학교), 제7장 프랑스는 서동엽(춘천교육대학교), 제8장 핀란드는 조진우(경인교육대학교), 제9장 호주는 김선희(강원대학교) 교수이다.

이 책은 세계 각 국의 수학교육을 이해하는 귀중한 자료가 될 것이다. 세계 여러 나라의 수학교육 현황을 파악하고 우리나라 수학교육에 주는 시사점을 발견해 내는 것은 매우 의미 있는 일이다. 이 책을 통해 국가수준의 교육과정을 연구하고 개발하는 정책 입안자나 학자, 시·도 교육청이나 단위학교의 수학 교사와 학생, 학부모뿐만 아니라 수학교육에 관심이 있는 어느 누구라도 세계 각국이 미래 사회를 준비하고 우수한 인재를 양성하기 위해 자국의 수학교육의 성과를 높이고자 어떻게 노력하는지 알 수 있기를 기대하는 바이다. 나아가 이 책이 우리나라의 수학교육을 보다 내실 있게 개선하기 위한 토대와 방향키로 쓰이기를 기대한다.

끝으로, 이 책을 위해 귀중한 연구 보고서를 토대로 대한수학교육학회 주관 2019년 연보를 저술할 수 있도록 협조해 준 한국과학창의재단에 깊은 감사를 드리며, 이 책이 세계 각국의 수학 교육을 이해하는 귀중한 자료가 되기를 희망한다.

2019년
저자 일동

목차

제1장
KOREA **우리나라**

제2장
JAPAN **일본**

제3장 CHINA 중국

제4장 SINGAPORE 싱가포르

제6장
UNITED KINGDOM

영국

제7장
F R A N C E

프랑스

제8장 FINLAND 핀란드

제9장
AUSTRALIA

호주

우리나라

KOREA

1. 들어가며

1.1 교육 관련 법률

「대한민국헌법」 제31조를 근거로 하는 「교육기본법」은 교육에 관한 국민의 권리·의무 및 국가·지방자치단체의 책임을 정하고 교육제도와 그 운영에 관한 기본적 사항을 규정하였다. 「교육기본법」 제2조(교육이념)에는 우리나라 교육이념이 홍익인간임을 명시하기도 하였다. 「교육기본법」에 따라 학교 급별 교육에 관한 사항을 규정한 것이 「유아교육법」, 「초·중등교육법」, 「고등교육법」이다. 이러한 법률들을 토대로 하여 우리나라 학제와 학교 유형을 정리하면 [그림 1-1]과 같다. 우리나라 학제는 기본적으로 6-3-3-4의 학력 단계를 중심으로 하는 단선형 구조이지만 각 급 학교 단계별로 특별학제에 속하는 학교들을 두고 있는 절충식 분기형 학제이다(신현석, 2017).

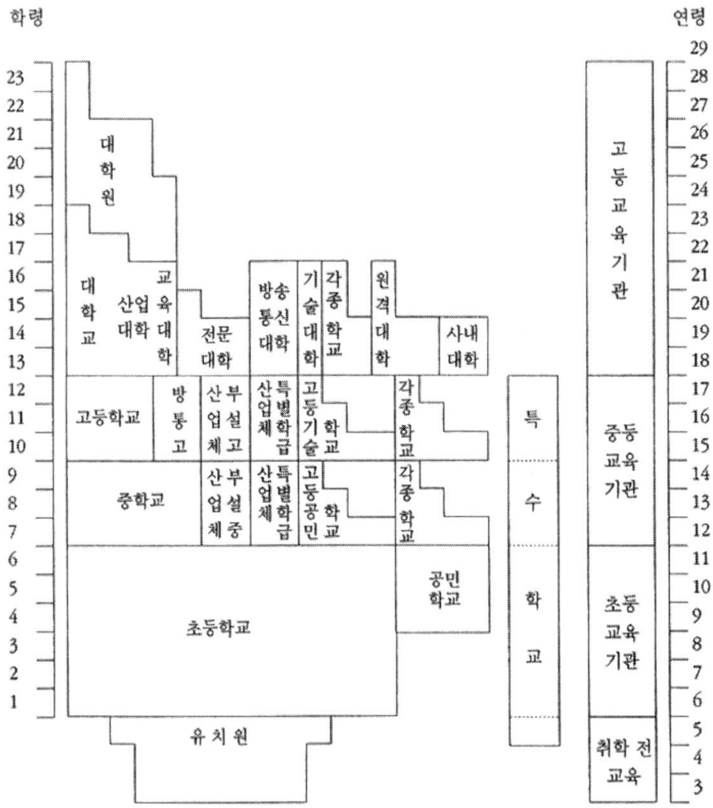

[그림 1-1] 우리나라 학제(윤정일 외, 2015)

수학교육과 관련한 법률로는 2018년 4월 25일부터 시행된 「과학·수학·정보교육 진흥법」이 있다. 미래 사회 인재로 성장하기 위해 가장 중요한 교과인 과학, 수학, 정보교육과 함께 이들의 융합교육을 진흥하기 위해 1967년에 제정된 「과학교육진흥법」을 전부 개정하였다. 이 법률에 근거하면 국가와 지방자치단체는 과학, 수학, 정보 교육에 관한 종합계획을 수립하는 등의 다양한 정책을 수립해야 한다.

1.2 교육 행정 조직

2019년 3월 현재 우리나라 교육정책을 추진하는 중앙교육행정조직은 교육부이다. 법률을 제정하거나 개정하는 것이 아니더라도 정부 차원에서 교육정책은 교육부 주도로 추진한다. 문재인 정부는 교육정책과 관련하여 6대 국정과제 및 30개 실천과제를 제시하였다*. 초·중등 교육정책과 가장 유관한 '50. 교육혁명을 통한 공교육 혁신'은 학생 중심 교육과정 개편, 진로맞춤형 고교체제, 기초학력 보장, 혁신학교 등 확대, 교원 전문성 신장, 대입제도 개선 및 공정성 제고 등이 포함되어 있다. 특히 고교학점제 도입, 자유학년제 확산, 기초학력 보장체제 구축, 혁신학교 확대, 중장기 대입제도 개선 등이 초·중등교육 관련 주요 교육정책이다.

1995년 민선 지방자치시대가 완전하게 시작되면서 교육도 지방교육자치시대가 시작되어, 시·도 교육청, 시·도 교육위원회 중심으로 지방교육의 중요 결정이 수행되고 있다. 문재인 정부는 지방교육자치 시대를 맞아 초·중등 교육정책의 많은 부분을 시·도 교육청으로 권한 위임하기 위해 노력하고 있다. 하지만 미래 사회에 적합한 교육 시스템에 대한 중장기적인 고민은 정부나 교육청의 성격 요인에 관계없이 수행되어야 한다는 공감대에 따라, 정부는 2017년에 '국가교육회의**'를 출범시키고 이후 대통령 직속기구인 '국가교육위원회'로 전환할 계획을 수립하였다.

우리나라 수학교육 정책은 수학교육만의 독립적인 교육정책이 아니라 여러 교과와 함께 추진되었다. 그러나 우리나라 수학교육 변화에 대한 다양한 요구를 담아, 2012년에 우리나라 최초로 수학교육만의 중장기 교육정책인 '수학교육 선진화 방안(2012~2014)'(제1차 수학교육 종합계획)이 수립되었다. 이후 '제2차 수학교육 종합계획(2015~2019)'이 수립되었

* 청와대 홈페이지(https://www1.president.go.kr/government-projects)에서 참고할 수 있다.

** 국가교육회의는 중장기적이고 일관성 있는 교육정책 수립 기반을 조성하고, 교육정책에 대한 국민의 신뢰를 회복하여 국민의 교육혁신 요구에 부응하고자 하며, 전문가, 관계부처 등의 참여와 다양한 이해관계자들의 의견수렴을 통해 국민이 공감하는 교육 정책과제를 도출하여 정책의 민주성과 합리성을 높여나가는 것을 설립목적으로 하고 있다. 특히 과도한 입시경쟁, 사교육비, 교육격차 및 미래사회 대비 교육혁신 등에 대한 추진 방향을 정립하고 실천 과제를 제안하는 역할을 부여받았다.

으며, 2019년 현재 '제3차 수학교육 종합계획(2020~2024)'을 수립 중에 있다. 수학교육 종합계획의 추진 체계를 보면 교육부, 시도교육청이 총괄 기관의 역할을 하며 한국과학창의재단이 실무주관기관, 한국교육과정평가원, 한국교육방송공사 등이 협력기관이다.

1.3 교육과정

교육부(2015c)는 지난 2015년 9월 23일, 「초·중등교육법」 제23조 제2항에 의거하여 초·중등학교 교육과정을 고시하였다(이하 '2015 개정 교육과정'). 2015 개정 교육과정 총론의 '교육과정의 성격'에는 우리나라 교육과정이 국가 수준의 교육과정이며 학교 교육과정의 공통적이고 일반적인 기준을 제시하는 문서라고 명시하면서 다음 항목을 언급하고 있다.

가. 국가 수준의 공통성과 지역, 학교, 개인 수준의 다양성을 동시에 추구하는 교육과정이다.
나. 학습자의 자율성과 창의성을 신장하기 위한 학생 중심의 교육과정이다.
다. 학교와 교육청, 지역사회, 교원·학생·학부모가 함께 실현해가는 교육과정이다.
라. 학교 교육 체제를 교육과정 중심으로 구현하기 위한 교육과정이다.
마. 학교 교육의 질적 수준을 관리하고 개선하기 위한 교육과정이다.

(교육부c, 2015)

2015 개정 교육과정은 인문학적 상상력과 과학기술적 창조력을 갖춘 인재 양성을 목표로, 인문·사회·과학기술 기초 소양을 균형 있게 함양하고, 학생의 적성과 진로에 따른 선택학습을 강화하는 것을 교육과정의 중점으로 언급하였다. 또한 교육과정이 추구하는 인간상(자주적인 사람, 창의적인 사람, 교양 있는 사람, 더불어 사는 사람)과 이를 구현하기 위해 학교 교육과정을 통해 중점적으로 기르고자 하는 핵심 역량을 다음과 같이 6가지로 제시하였다.

가. 자아정체성과 자신감을 가지고 자신의 삶과 진로에 필요한 기초 능력과 자질을 갖추어 자기주도적으로 살아갈 수 있는 자기관리 역량
나. 문제를 합리적으로 해결하기 위하여 다양한 영역의 지식과 정보를 처리하고 활용할 수 있는 지식정보처리 역량
다. 폭넓은 기초 지식을 바탕으로 다양한 전문 분야의 지식, 기술, 경험을 융합적으로 활용하여 새로운 것을 창출하는 창의적 사고 역량
라. 인간에 대한 공감적 이해와 문화적 감수성을 바탕으로 삶의 의미와 가치를 발견하

고 향유하는 심미적 감성 역량

마. 다양한 상황에서 자신의 생각과 감정을 효과적으로 표현하고 다른 사람의 의견을 경청하며 존중하는 의사소통 역량

바. 지역·국가·세계 공동체의 구성원에게 요구되는 가치와 태도를 가지고 공동체 발전에 적극적으로 참여하는 공동체 역량

(교육부c, 2015)

총론의 '교육과정 구성의 중점' 항목은 2015 개정 교육과정의 특징을 담고 있는 부분으로, '문·이과 통합형', '학습량 적정화', '학생 참여 중심 수업', '과정 중심 평가', '교육 목표, 교육 내용, 교수·학습 및 평가의 일관성 강화' 등을 언급하고 있다. '학교 급별 교육과정 편성·운영의 기준' 항목은 이번 교육과정이 초등학교 1학년부터 중학교 3학년까지를 공통 교육과정으로 하고 고등학교 1학년부터 3학년까지를 선택 중심 교육과정이라고 하였고 2009 개정 교육과정에 이어 학년군, 교과군, 집중 이수 등을 유지하는 방향으로 언급하였다. 특히 「초·중등교육법 시행령」에 언급된 교과*를 기준으로 <표 1-1>, <표 1-2>와 같이 교육과정 편제와 시간 배당 기준을 제시하고 있다.

우리나라 총 수업 시수 대비 수학 수업 시수가 차지하는 비중은 초등학교는 14%, 중학교는 11%로 OECD 평균(초등학교가 17%, 중학교가 12%)이나 EU 평균(초등학교가 17%, 중학교가 12%)에 비해 적다. 또한 우리나라 초등학교와 중학교를 합한 9년을 비교했을 때, 공교육의 총 수업 시수가 6453시간인데 비해 OECD 평균은 9년간 7533시간, EU 평균은 9년간 7250시간이다. OECD(2018) 내용을 토대로 비교한 결과, 우리나라가 상대적으로 총 수업 시수도 적고 그 중 수학이 차지하는 비중도 낮은 것으로 확인되었다(임화섭, 2018).

---

* 1. 초등학교 및 공민학교 : 국어, 도덕, 사회, 수학, 과학, 실과, 체육, 음악, 미술 및 외국어(영어)와 교육부장관이 필요하다고 인정하는 교과

2. 중학교 및 고등공민학교 : 국어, 도덕, 사회, 수학, 과학, 기술 · 가정, 체육, 음악, 미술 및 외국어와 교육부장관이 필요하다고 인정하는 교과

3. 고등학교 : 국어, 도덕, 사회, 수학, 과학, 기술 · 가정, 체육, 음악, 미술 및 외국어와 교육부장관이 필요하다고 인정하는 교과

〈표 1-1〉 초등학교와 중학교 편제 및 시간 배당 기준(교육부, 2015c)

<table>
<tr><th colspan="5">초등학교</th></tr>
<tr><th colspan="2">구분</th><th>1~2학년</th><th>3~4학년</th><th>5~6학년</th></tr>
<tr><td rowspan="8">교과(군)</td><td>국어</td><td rowspan="7">국어 448
수학 256
바른 생활 128
슬기로운 생활 192
즐거운 생활 384</td><td>408</td><td>408</td></tr>
<tr><td>사회/도덕</td><td>272</td><td>272</td></tr>
<tr><td>수학</td><td>272</td><td>272</td></tr>
<tr><td>과학/실과</td><td>204</td><td>340</td></tr>
<tr><td>체육</td><td>204</td><td>204</td></tr>
<tr><td>예술(음악/미술)</td><td>272</td><td>272</td></tr>
<tr><td>영어</td><td>136</td><td>204</td></tr>
<tr><td>소계</td><td>1,408</td><td>1,768</td><td>1,972</td></tr>
<tr><td colspan="2">창의적 체험활동</td><td>336
안전한 생활 (64)</td><td>204</td><td>204</td></tr>
<tr><td colspan="2">총 수업 시간 수</td><td>1,744</td><td>1,972</td><td>2,176</td></tr>
</table>

<table>
<tr><th colspan="3">중학교</th></tr>
<tr><th colspan="2">구분</th><th>1~3학년</th></tr>
<tr><td rowspan="9">교과(군)</td><td>국어</td><td>442</td></tr>
<tr><td>사회(역사 포함)/도덕</td><td>510</td></tr>
<tr><td>수학</td><td>374</td></tr>
<tr><td>과학/기술·가정/정보</td><td>680</td></tr>
<tr><td>체육</td><td>272</td></tr>
<tr><td>예술(음악/미술)</td><td>272</td></tr>
<tr><td>영어</td><td>340</td></tr>
<tr><td>선택</td><td>170</td></tr>
<tr><td>소계</td><td>3,060</td></tr>
<tr><td colspan="2">창의적 체험활동</td><td>306</td></tr>
<tr><td colspan="2">총 수업 시간 수</td><td>3,366</td></tr>
</table>

〈표 1-2〉 일반 고등학교, 특수 목적 고등학교 편제 및 시간 배당 기준(교육부, 2015c)

<table>
<tr><th></th><th>교과 영역</th><th>교과(군)</th><th>공통 과목(단위)</th><th>필수 이수 단위</th><th>자율 편성 단위</th></tr>
<tr><td rowspan="12">교과(군)</td><td rowspan="4">기초</td><td>국어</td><td>국어(8)</td><td>10</td><td rowspan="11">학생의 적성과 진로를 고려하여 편성</td></tr>
<tr><td>수학</td><td>수학(8)</td><td>10</td></tr>
<tr><td>영어</td><td>영어(8)</td><td>10</td></tr>
<tr><td>한국사</td><td>한국사(6)</td><td>6</td></tr>
<tr><td rowspan="2">탐구</td><td>사회(역사/도덕 포함)</td><td>통합사회(8)</td><td>10</td></tr>
<tr><td>과학</td><td>통합과학(8)
과학탐구실험(2)</td><td>12</td></tr>
<tr><td rowspan="2">체육·예술</td><td>체육</td><td></td><td>10</td></tr>
<tr><td>예술</td><td></td><td>10</td></tr>
<tr><td>생활·교양</td><td>기술·가정/
제2외국어/한문/교양</td><td></td><td>16</td></tr>
<tr><td colspan="3">소계</td><td>94</td><td>86</td></tr>
<tr><td colspan="4">창의적 체험활동</td><td colspan="2">24(408시간)</td></tr>
<tr><td colspan="4">총 이수 단위</td><td colspan="2">204</td></tr>
</table>

2015 개정 수학·과학 교과 교육과정 시안 개발 연구는 한국과학창의재단에서 담당하였고 그 이외의 모든 교과 교육과정 시안 개발 연구는 한국교육과정평가원에서 담당하였다. 2015 개정 수학과 교육과정 연구는 [그림 1-2]와 같이 2014년 3월부터 9월까지 교육부 정책연구과제 공모를 통해 '문·이과 통합형 수학과 교육과정 재구조화 연구'가 진행되었고, 2014년 11월 시안 개발 연구부터 한국과학창의재단에 위탁하여 개발되었다.

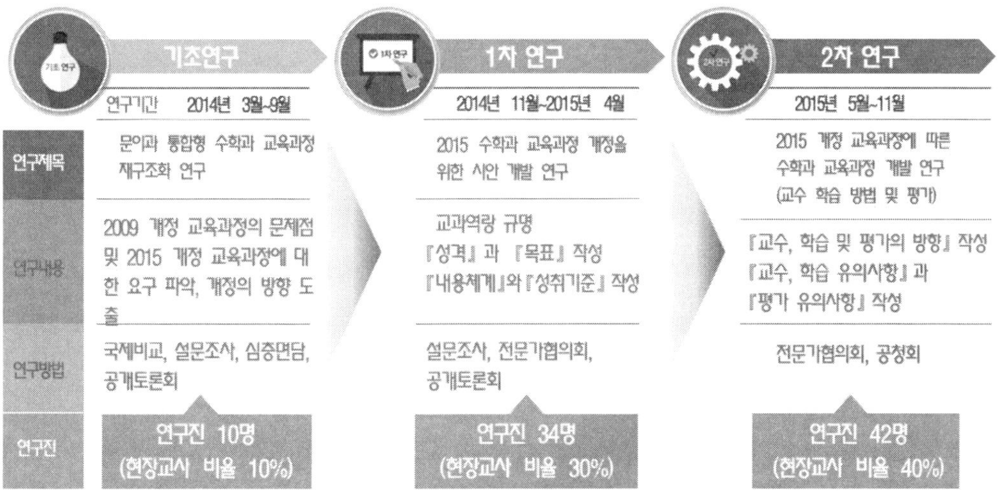

[그림 1-2] 2015 개정 수학과 교육과정 연구 절차(박경미 외, 2015)

2015 개정 수학과 교육과정은 수학 교과 역량의 구현, 학습 부담의 경감 추구, 학습자의 정의적 측면 강조, 실생활 중심의 통계 내용 재구성, 공학적 도구의 활용 강조의 5가지를 개정 방향으로 제시하였다(박경미 외, 2015). 수학 교과 역량의 경우, 앞서 언급한 2015 개정 교육과정 총론의 핵심 역량을 연계하면서도 수학 교과만의 특성을 반영하여 <표 1-3>과 같이 6가지를 수학 교과 역량으로 선정하였다. 수학 교과 역량은 2015 개정 교육과정에 따른 교과서, 교수·학습, 평가 등에서 지속적으로 강조하고 있다.

학습 부담 경감의 경우, 수학 학습 내용을 줄이거나 적정화하고 '평가방법 및 유의 사항'을 통해 평가 난이도 상승을 제한하는 방향으로 추진하였다. 학습자의 정의적 측면 강조의 경우, '태도 및 실천' 역량을 신설하고 성취기준, 교수학습방법 및 유의 사항 등에 다양한 체험, 탐구 활동을 강조하는 것으로 구현하였다. 실생활 중심의 통계 교육의 경우, 공학적 도구를 성취기준, 교수학습방법 및 유의 사항에 명시하였고 실생활 활용도가 높은 산점도, 상관관계를 추가하였고 고등학교에서 표본조사를 강조하였다. 마지막으로 공학적 도구의 활용 강조의 경우, 성취기준, 교수학습방법 및 유의 사항 등을 통해 적극적인 활용을 강조하였다.

〈표 1-3〉 수학 교과 역량 및 하위요소

수학 교과 역량	하위 요소
문제해결	문제 이해 및 전략 탐색, 실행 및 반성, 협력적 문제해결, 수학적 모델링, 문제 만들기
추론	관찰과 추측, 논리적 절차 수행, 수학적 사실 분석, 정당화, 추론 과정의 반성
의사소통	수학적 표현의 이해, 수학적 표현의 개발 및 변환, 자신의 생각 표현, 타인의 생각 이해, 협력과 존중
창의·융합	독창성, 유창성, 융통성, 정교성, 수학 내적 연결, 수학 외적 연결
정보처리	자료 및 정보 수집, 자료 및 정보 분석, 정보 활용, 공학적 도구 및 교구 활용
태도 및 실천	가치 인식, 자주적 학습 태도, 시민의식

2015 개정 수학과 교육과정의 문서 체계는 전체 교과의 문서 체계 통일성을 최대한 지키는 방향으로 구성하였다. 성취기준을 제시할 때, 초등학교에서 고등학교 공통과목까지는 내용 체계에 제시된 영역 즉 초등학교는 '수와 연산, 도형, 측정, 규칙성, 자료와 가능성', 중학교와 고등학교 공통 과목은 '수와 연산, 문자와 식, 함수, 기하, 확률과 통계'를 소제목으로 하여 제시하였으나, 고등학교 선택과목은 내용 체계의 영역이 아닌 핵심 개념을 소제목으로 성취기준을 제시하였다. 이 소제목 아래에는 '도입글'을 두어 다루게 될 수학 내용의 성격을 설명하거나 그 내용이 어떤 수학의 내적 혹은 외적 유용성을 지니는지, 학생들이 그 내용을 배움으로써 어떤 능력을 함양하게 되는지 등을 기술하였다. 다만 고등학교 선택과목의 경우는 수학 내용의 성격보다는 일반화된 지식을 보완하여 설명하는 방향으로 기술하였다.

성취기준 다음에는 '학습 요소', '교수·학습 방법 및 유의 사항', '평가 방법 및 유의 사항'을 제시하였다. '학습 요소'는 기존 교육과정의 '용어와 기호'에 해당하고 '교수·학습 방법 및 유의 사항'은 기존 교육과정의 '교수·학습상의 유의점'을 확장한 것이다. 신설된 '평가 방법 및 유의 사항'은 평가에서 지나치게 어려운 내용이 다루어지지 않도록 문항의 범위와 수준의 한계를 짓는 진술을 담고 있어 학습 부담 경감을 실현하는 하나의 장치가 된다. 더불어 성취기준에 따라 특화된 과정 중심 평가 등이 이루어질 수 있도록 평가 방법을 제안하였다. 이를 정리하면 다음과 같은 순서로 문서체계가 구성되었다.

1. 성격
2. 목표
3. 내용 체계 및 성취기준
   가. 내용 체계
   나. 성취기준
      [초등학교]
      (1) 영역명
         도입글

성취기준 [2수01-01] …

         (가) 학습 요소
         (나) 교수·학습 방법 및 유의 사항
         (다) 평가 방법 및 유의 사항
      …
     [중학교]
      …
4. 교수·학습 및 평가의 방향
   가. 교수·학습 방향
      (1) 교수·학습 원칙
      (2) 교수·학습 방법
   나. 평가 방향
      (1) 평가 원칙
      (2) 평가 방법

2015 개정 수학과 교육과정의 초등학교는 1～2학년군, 3～4학년군, 5～6학년군, 중학교는 1～3학년군으로 학년군제를 유지하면서 과목명을 모두 <수학>으로 하였고 선택 중심 교육과정인 고등학교는 공통 과목은 <수학>으로 하고 일반선택, 진로선택과목을 각각 4과목씩 구성하였다. 이외에도 전문 교과의 과학 계열로 <심화 수학 I>, <심화 수학 II>, <고급 수학 I>, <고급 수학 II>가 수학 교과에 해당된다고 볼 수 있다. 이를 정리하면 <표 1-4>와 같다.

〈표 1-4〉 2015 개정 수학과 교육과정 과목 체계

교육과정	학교급	과목			
공통 교육과정	초등학교	수학			
	중학교	수학			
교육과정	학교급	보통 교과			전문 교과
		공통 과목	선택과목		
			일반선택과목	진로선택과목	
선택 교육과정	고등 학교	수학			
			수학 I 수학 II 미적분 확률과 통계	실용수학 기하 경제수학 수학 과제 탐구	심화 수학 I 심화 수학 II 고급 수학 I 고급 수학 II

2015 개정 교육과정 총론의 고등학교 교육과정 편성·운영 기준에는 '선택과목 중에서 위계성을 갖는 과목의 경우, 계열적 학습이 가능하도록 편성한다.'고 언급되어 있다. 고등학교 수학 보통 교과 과목의 경우, [그림 1-3]과 같이 과목 간에 위계가 존재하는 경우가 있다. 즉 <수학 I>, <수학 II>, <확률과 통계>, <기하>, <실용 수학>, <수학 과제 탐구>는 상호 간에 위계가 존재하지 않으며 모두 <수학>만 배우면 학습이 가능하다. 다만 <경제 수학>은 <수학 I>을, <미적분>은 <수학 I>, <수학 II>를 선수 학습해야 학습이 가능하다.

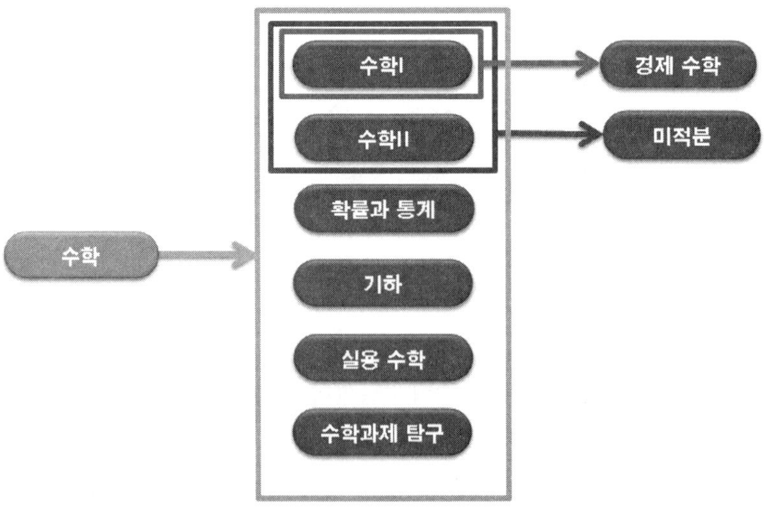

[그림 1-3] 2015 개정 교육과정 고등학교 수학 과목 위계

고등학교 수학 교과목별 연계성 및 내용 영역은 <표 1-5>를 보면 알 수 있다(박경미 외, 2015).

〈표 1-5〉 2015 개정 고등학교 수학과 교과목별 연계성 및 내용 영역

과목	내용
(고등학교) 수학	중학교 3학년까지의 수학을 학습한 후 고등학교의 모든 학생들이 필수적으로 이수하는 과목이다. <수학>의 내용은 초등학교 및 중학교 수학과 연계하여 '문자와 식', '기하', '수와 연산', '함수', '확률과 통계'의 5개 영역으로 구성된다.
수학 I	<수학>을 학습한 후, 더 높은 수준의 수학을 학습하기를 원하는 학생들이 선택할 수 있는 과목이다. <수학 I>의 내용은 '지수함수와 로그함수', '삼각함수', '수열'의 3개 핵심 개념 영역으로 구성된다.
수학 II	<수학>을 학습한 후, 더 높은 수준의 수학을 학습하기를 원하는 학생들이 선택할 수 있는 과목이다. <수학 II>의 내용은 '함수의 극한과 연속', '미분', '적분'의 3개 핵심 개념 영역으로 구성된다.
미적분	<수학 I>과 <수학 II>를 학습한 후, 더 높은 수준의 수학을 학습하기를 원하는 학생들이 선택할 수 있는 과목이다. <미적분>의 내용은 '수열의 극한', '미분법', '적분법'의 3개 핵심 개념 영역으로 구성된다.
확률과 통계	<수학>을 학습한 후, 더 높은 수준의 수학을 학습하기를 원하는 학생들이 선택할 수 있는 과목이다. <확률과 통계>의 내용은 '경우의 수', '확률', '통계'의 3개의 핵심 개념 영역으로 구성된다.
기하	<수학>을 학습한 후, 기하적 관점에서 심화된 수학 지식을 이해하고 기능을 습득하기를 원하는 학생들이 선택할 수 있는 과목이다. <기하>의 내용은 '이차곡선', '평면벡터', '공간도형과 공간좌표'의 3개 핵심 개념 영역으로 구성된다.
실용 수학	<수학>을 학습한 후, 수학이 실생활의 다양한 분야에서 어떻게 활용되는지 이해하고 수학을 활용하여 실생활 문제 해결 방법을 알기를 원하는 학생들이 선택할 수 있는 과목이다. <실용 수학>의 내용은 '규칙', '공간', '자료'의 3개 핵심 개념 영역으로 구성된다.
경제 수학	진로선택과목인 <경제 수학>은 일반선택과목인 <수학 I>을 학습한 후, 수학의 지식과 기능을 활용하여 경제 및 금융의 기본 개념을 이해하기를 원하는 학생들이 선택할 수 있는 과목이다. <경제 수학> 내용은 '수와 생활경제', '수열과 금융', '함수와 경제', '미분과 경제'의 4개 핵심 개념 영역으로 구성된다.
수학 과제 탐구	<수학>을 학습한 후, 수학 과제 탐구 방법을 익히고 자신의 관심과 흥미에 맞는 수학 과제를 선정하여 탐구하는 경험을 통해 수학 과제 탐구 능력을 향상시키기를 원하는 학생들이 선택할 수 있는 과목이다.
심화 수학 I	<수학>을 학습한 후에 선택할 수 있는 전문 교과 과목으로, 수학 일반선택과목의 주요 내용을 압축하여 심화 학습하기를 원하는 과학고등학교, 과학중점고등학교, 일반고등학교 학생들이 선택할 수 있는 과목이다. <심화 수학 I>의 내용은 <수학 I>, <수학 II>, <미적분>의 주요 내용을 압축하고 심화한 것으로, '방정식과 부등식', '지수함수와 로그함수', '삼각함수', '수열과 극한', '미분'의 5개 핵심 개념 영역으로 구성된다.
심화 수학 II	<심화 수학 I>을 학습한 후에 선택할 수 있는 전문 교과 과목으로, 수학 일반선택과목과 진로선택과목의 주요 내용을 압축한 과목이다. <심화 수학 II>의 내용은 <미적분>, <확률과 통계>, <기하>의 주요 내용을 압축하고 심화한 것으로, '적분', '이차곡선', '공간도형과 공간좌표', '확률', '통계'의 5개 핵심 개념 영역으로 구성된다.
고급 수학 I	<심화 수학 I>과 <심화 수학 II>를 학습하였거나 이들 과목에 포함된 내용을 다루는 수학 일반선택과 진로선택과목을 학습한 후에 선택할 수 있는 전문 교과 과목이다. <고급 수학 I>의 내용은 <심화 수학 I>과 <심화 수학 II>의 내용을 심화·발전시킨 것으로, '벡터', '행렬과 선형변환', '복소수와 극좌표', '그래프'의 4개 핵심 개념 영역으로 구성된다.
고급 수학 II	<고급 수학 I>을 학습한 후에 선택할 수 있는 전문 교과 과목이다. <고급 수학 II>의 내용은 <심화 수학 I>과 <심화 수학 II> 및 <고급 수학 I>의 내용을 심화·발전시킨 것으로, '미적분의 활용', '급수', '수학적 모델링'의 3개 핵심 개념 영역으로 구성된다.

초등학교부터 고등학교 공통과목까지의 내용 요소 간에 연계성을 비교해보면 <표 1-6> 과 같다(교육부, 2015a).

〈표 1-6〉 2015 개정 수학과 내용체계(초등학교부터 고등학교 공통과목까지)

영역	핵심 개념	내용 요소						고등학교〈수학〉
		초등학교			중학교			
		1~2학년	3~4학년	5~6학년	1~3학년			
수와 연산	수의 체계	• 네 자리 이하의 수	• 다섯 자리 이상의 수 • 분수 • 소수	• 약수와 배수 • 약분과 통분 • 분수와 소수의 관계	• 소인수분해 • 정수와 유리수	• 유리수와 순환소수	• 제곱근과 실수	• 복소수
	수의 연산	• 두 자리 수 범위의 덧셈과 뺄셈 • 곱셈	• 세 자리 수의 덧셈과 뺄셈 • 자연수의 곱셈과 나눗셈 • 분모가 같은 분수의 덧셈과 뺄셈 • 소수의 덧셈과 뺄셈	• 자연수의 혼합계산 • 분모가 다른 분수의 덧셈과 뺄셈 • 분수의 곱셈과 나눗셈 • 소수의 곱셈과 나눗셈				
	집합과 명제							• 집합 • 명제
문자와 식	다항식				• 문자의 사용과 식의 계산	• 식의 계산	• 다항식의 곱셈과 인수분해	• 다항식의 연산 • 나머지정리 • 인수분해
	방정식과 부등식				• 일차방정식	• 일차부등식과 연립일차방정식	• 이차방정식	• 복소수와 이차방정식 • 이차방정식과 이차함수 • 여러 가지 방정식과 부등식
규칙성과 함수	규칙성과 대응	• 규칙 찾기	• 규칙을 수나 식으로 나타내기	• 규칙과 대응 • 비와 비율 • 비례식과 비례배분				
	함수와 그래프				• 좌표평면과 그래프	• 일차함수와 그래프 • 일차함수와 일차방정식의 관계	• 이차함수와 그래프	• 함수 • 유리함수와 무리함수

영역	핵심 개념	내용 요소						고등학교 〈수학〉
		초등학교			중학교			
		1~2학년	3~4학년	5~6학년	1~3학년			
기하	평면 도형	• 평면도형의 모양 • 평면도형과 그 구성요소	• 도형의 기초 • 원의 구성 요소 • 여러 가지 삼각형 • 여러 가지 사각형 • 다각형 • 평면도형의 이동	• 합동 • 대칭	• 기본 도형 • 작도와 합동 • 평면도형의 성질	• 삼각형과 사각형의 성질 • 도형의 닮음 • 피타고라스 정리	• 삼각비 • 원의 성질	
	입체 도형	• 입체도형의 모양		• 직육면체, 정육면체 • 각기둥, 각뿔 • 원기둥, 원뿔, 구 • 전개도, 겨냥도 • 입체도형의 공간 감각	• 입체도형의 성질			
기하	도형의 방정식							• 평면좌표 • 직선의 방정식 • 원의 방정식 • 도형의 이동
측정	양의 측정	• 양의 비교 • 시각과 시간 • 길이(cm, m)	• 시간, 길이 (mm, km), 들이, 무게, 각도	• 원주율 • 평면도형의 둘레 • 입체도형의 겉넓이, 부피				
	어림 하기			• 수의 범위 • 어림하기				
확률과 통계	경우의 수							• 경우의 수 • 순열과 조합
	확률			• 가능성		• 확률과 그 기본 성질		
	통계	• 분류하기 • 표 • ○, ×, /를 이용한 그래프	• 간단한 그림그래프 • 막대그래프 • 꺾은선 그래프	• 평균 • 그림그래프 • 띠그래프, 원그래프	• 자료의 정리와 해석		• 대푯값과 산포도 • 상관관계	

1.4 교과서

우리나라 교과서 발행 체제는 국정, 검정, 인정제도를 혼용하고 있으며, 기본적으로 초등은 국정을, 중등은 검정을 주요한 교과서 발행 체제로 하고 있다. 2015 개정 교육과정에 따른 교과서의 발행 체제는 2015년 하반기에 고시한 이후, 2017년에 중·고등학교 역사 교과서를 국정에서 검정으로, 2019년에 초등학교 3～6학년 사회, 수학, 과학 교과서를 국정에서 검정으로 전환할 것을 고시하였다. 초·중·고 교과서의 발행체제를 정리하면 <표 1-7>과 같다.

〈표 1-7〉 2015 개정 교육과정에 따른 교과서 구분

		국정	검정	인정
초등학교	1～2	국어, 수학, 통합 교과, 안전한 생활		
	3～6	국어	사회, 도덕, 수학, 과학, 실과, 체육, 음악, 미술, 영어	
중학교			국어, 사회(역사, 도덕 포함), 수학, 과학, 영어	기술·가정, 정보, 체육, 음악, 미술, 선택과목
고등학교			국어, 수학, 영어, 사회(역사/도덕 포함), 과학	국어*, 수학*, 영어*, 사회(역사/도덕 포함)*, 과학*, 체육, 음악, 미술, 기술·가정, 제2외국어, 한문, 교양, 전문교과 I, 전문교과 II

* 고등학교 국어, 수학, 영어, 사회(역사/도덕 포함), 과학 중 인정 도서는 국어(실용 국어, 심화 국어), 수학(실용 수학, 경제 수학), 영어(실용 영어, 영어권 문화, 진로 영어), 사회(여행지리, 사회문제 탐구, 고전과 윤리), 과학(과학사, 생활과 과학, 융합과학)임

「교과용도서에 관한 규정」에 제시된 교과서의 정의를 살펴보면, '교과서라 함은 학교에서 학생들의 교육을 위하여 사용되는 학생용 서책·음반·영상 및 전자저작물 등을 말한다.'고 되어 있다. 이에 따르면 디지털 교과서*는 전자저작물에 해당하므로 교과서 범주에 속한다. 2015 개정 교육과정에서 디지털 교과서는 사회, 과학, 영어 교과에만 적용되고 있으며, 디지

* 디지털 교과서란 서책형 교과서에 다양한 멀티미디어 자료, 평가 문항, 심화 학습 내용 등의 자기주도적 학습이 가능한 학습 자원과 관리 기능이 탑재되고 다양한 플랫폼을 지원하는 외부의 자료와 연계된 디지털화된 교과서이다(교육과학기술부, 2012).

털 교과서의 장단점과 발전 방향에 대한 다양한 논의를 통해 발전을 거듭하고 있다.

수학, 과학 교과용도서와 관련하여, 2018년 기준으로 한국과학창의재단은 국정도서인 초등학교 수학·과학 교과용도서와 초등학교 과학 디지털 교과서를 개발하고 있으며, 검정도서인 중·고등학교 수학·과학 교과용도서 및 중학교 과학 디지털 교과서 심사를 담당하고 있다.

수학 교과서가 학교 수학 수업에서 차지하는 비중을 조사한 결과, <표 1-8>과 같이 수학 수업에서 수학 교과서의 활용 정도를 묻는 질문에 초등학교의 경우는 '40% 이상 60% 미만'을 선택한 응답 비율이 28.5%로 가장 높았다. 중학교와 고등학교의 경우는 '80% 이상'을 선택한 응답 비율이 각각 33.6%, 38.4%로 가장 높았다(이경화 외, 2017). 교과서에만 전적으로 의존하는 것이 아니라 다양한 수업자료를 활용하고 있다는 점에서 교과서 제도의 유연화를 통해 각각의 학교 현장에 적합하고 다양한 교과서가 개발되어야 한다는 논의가 힘을 받고 있다.

〈표 1-8〉 학교 수학 수업에서 수학 교과서를 활용하는 정도(이경화 외, 2017)

	초등학교	중학교	고등학교
20% 미만	18(14.6)	6(5.6)	7(9.6)
20% 이상 40% 미만	14(11.4)	24(22.4)	8(11.0)
40% 이상 60% 미만	35(28.5)	25(23.4)	14(19.2)
60% 이상 60% 미만	24(19.5)	16(15.0)	16(21.9)
80% 이상	32(26.0)	36(33.6)	28(38.4)
	123	107	73

문재인 정부의 국정과제인 자유발행제 도입과 관련하여, 교육부(2019)는 '교과서 발행체제 다양화 및 자유발행제 추진 계획'을 발표하였다. 모든 아이들의 성장을 지원하는 학습자 중심의 미래형 교과서 개발 및 활용을 목표로, 인정도서 심사 기준을 완화하고 절차를 간소화하였다. 대상 과목은 주로 특목고 과목(전문교과 I), 직업계고 과목(전문교과 II), 학교장 개설 과목이다. 이와 같이 국정, 검정보다는 인정, 자유발행과 같은 제도로 교과서 발행체제가 변함에 따라 수학 교과서의 역할과 개발 방향에 대한 다양한 논의가 필요한 시점이다. 또한 2015 개정 교육과정 고등학교 진로선택과목인 '수학 과제 탐구' 과목을 교과용도서 구분고시에 표시하지 않았고, 서책형 교과서만을 교과서라고 불리지 않는 상황에서 디지털 교과서를 포함하여 수학 교과서의 외형에 대한 다양한 논의와 연구가 필요한 시점이다.

2. 수학교육 이슈

2.1 수학과 교육과정과 대학입시

서울 주요 10개 대학 인문계열 정시모집에서 대학수학능력평가시험의 반영 비율을 조사한 결과, <표 1-9>와 같이 인문계열임에도 불구하고 수학 영역의 반영 비율이 매우 높은 편이었다(사교육걱정없는세상, 2015). 이로 인해 수학 교과가 대학입시에서 이공계열뿐만 아니라 인문계열에서도 차지하는 비중이 모든 과목 중 가장 높다고 해석하기도 한다.

〈표 1-9〉 인문계열 대학입시에서 수학 교과가 차지하는 비중(사교육걱정없는세상, 2015)

	국어	수학	영어	탐구
반영 비율	27.03%	29.33%	29.74%	13.90%

또한 PISA 2012를 분석하여 ‘부모의 자녀 대학진학 희망 비율’을 조사한 결과, [그림 1-4]와 같이 OECD 국가 중 우리나라가 1위로 차지한 것으로 나타났다(송미영 외, 2014).

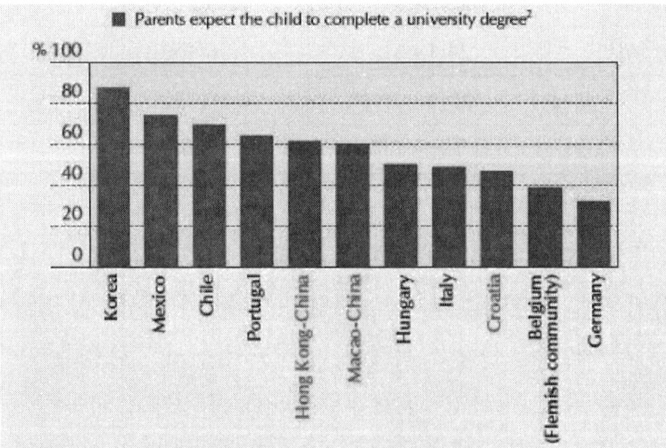

[그림 1-4] 부모의 자녀 대학진학 희망 비율 비교(송미영 외, 2014)

이러한 관심을 반영하듯, 2015 개정 교육과정에 따른 대학수학능력평가시험의 출제 범위는 2018년 교육 분야의 가장 큰 이슈였으며, 수학 교과의 경우 <기하> 과목의 포함 여부가 이슈였다. <기하>가 수능 과목에 포함될 경우 학교에서는 <기하>를 학생들이 반드시 학습하도록 할 것이므로 학생 부담이 증가할 것이라는 의견과 포함되지 않을 경우 학교에서 <기하>를 개설하지 않기 때문에 배울 수 있는 기회가 박탈된다는 의견이 충돌한 것이다. 최종 확정된 안에 따르면, 2021학년도의 경우 <기하>를 수능 선택과목에서 제외하였고 2022학년도부터는 <기하>를 수능 선택과목에 포함하였다*. 이를 정리하면 <표 1-10>과 같다.

〈표 1-10〉 연도별 대학수학능력평가시험 수학 범위

연도	2020학년도	2021학년도	2022학년도부터
수학 범위	가형: 미적분 II, 확률과 통계, 기하와 벡터 나형: 수학 II, 미적분 I, 확률과 통계	가형: 수학 I, 확률과 통계, 미적분 나형: 수학 I, 수학 II, 확률과 통계	공통: 수학 I, 수학 II 선택: 확률과 통계, 미적분, 기하 중 택1
적용 교육과정	2009 개정 교육과정	2015 개정 교육과정	

대학수학능력평가시험 과목 여부를 떠나 학생들의 수학 학습 내용을 무엇으로 해야 할 것인지에 대해서는 보다 깊이 있는 연구가 필요하다. TIMSS 2015 수학 평가 내용과 우리나라 수학과 교육과정 학습 내용을 비교하면, 초등학교 4학년은 77% 일치하고 중학교 2학년은 95% 일치한다. <표 1-11>과 같이 우리나라는 초등학교 4학년은 국제평균보다 수치가 낮고 중학교 2학년보다는 약간 높은 편이지만, 학업성취도에서 우리나라와 1, 2위를 다투는 싱가포르보다도 모두 약간 낮은 수치였다.

〈표 1-11〉 TIMSS 2015 수학 내용 범위와 교육과정 내용 일치도

	우리나라	국제평균	싱가포르
초등학교 4학년	77.0%	84.8%	77.5%
중학교 2학년	95.0%	92.3%	97.3%

전반적으로 우리나라 초등학교, 중학교의 수학 학습 내용은 국제 평균 수준이라고도 할 수도 있다. 다만 고등학교 특히 이공계열 학생들이 배워야 하는 수학 학습 내용이 전문교과인 <고급 수학 I>(벡터, 행렬과 선형변환, 복소수와 극좌표, 그래프), <고급 수학 II>(미적분의 활용, 급수, 수학적 모델링)에서만 다루어지고 있는 것이 아쉽다는 의견도 있다. 특히 일

* 2022학년도 수능 과목의 경우, 국가교육회의 공론화위원회의 여러 의제 중 하나로 다루어졌으며, 다양한 논의를 거쳐 확정되었다.

본은 <수학 I>에서 데이터 분석을 배우기도 하고, 중국은 <수학사>, <암호학>, <위험과 의사결정> 등의 수학 과목도 있다는 점에서 우리나라 수학과 교육과정의 학습 내용에 대한 중장기적인 고민이 필요하다. 김영욱 외(2016)는 미래 수학 내용 영역을 계산, 시각화, 도구, 언어로 재분류할 것을 제안하기도 하였고 나귀수 외(2018)는 미래 수학교육의 핵심 내용으로 수론, 대수, 함수, 기하, 확률과 통계, 미적분학 등의 배워야 할 기본적인 수학 지식은 포함하되, 수론, 통계 등을 이전보다 강조해야 한다고 하면서 공간, 빅데이터, 프로그래밍을 미래 수학 주제로 제안하였다. 김화경 외(2018)는 미래 수학교육에서 다루어야 할 핵심 이슈로 인공지능, 컴퓨터, 데이터, 컴퓨팅사고력, 수학적 모델링, 가상/증강현실을 제안하기도 하였다.

2.2 수학교육 관련 학생 및 학교 현황

최근 들어, 우리나라 수학교육에 있어 가장 큰 이슈는 일명 '수포자'*라고 불리는 학생들의 비율이 너무 높다는 것이다. 교육부와 한국과학창의재단은 2015년 말 초등학교 4학년부터 고등학교 3학년까지 총 2만 여명을 대상으로 수학을 포기했는지 여부와 관련된 설문조사를 실시한 결과 <표 1-12>와 같이 나타났다(고호경 외, 2015).

〈표 1-12〉 수학 포기 여부 응답 비율

구분	포기 안했고 앞으로도 안함	포기 안했지만 할 수도 있음	포기 했지만 재도전 원함	포기 했고 재도전 안함
초등학교	70.8%	21.0%	6.0%	2.3%
중학교	56.3%	28.7%	10.5%	4.5%
고등학교	60.3%	19.3%	13.0%	7.4%

수학을 포기**했다고 응답한 수치가 크고 작음, 설문 문항의 옳고 그름에 대한 논의를 떠나 주목할 만한 사실은 수학을 포기했다고 응답한 학생이 존재하며 그들 중에서 60% 이상은 재도전을 원한다는 것이다. 물론 재도전도 안 하겠다고 응답한 학생들에 대한 대책도 필요하지만 재도전을 원하는 학생들에게 충분한 기회를 제공함으로써 수학 학습을 이어갈 수

* 대학수학능력평가시험의 수리영역 포기자를 간단히 '수포자'로 하였으나 이후 언론사를 중심으로 수학포기자를 지칭하기 시작하였다. 본 고에서는 '수포자'라는 용어가 주는 부정적 의미로 인해 사용하지 않으려고 하였으나, 이미 일상용어처럼 사용되고 있어서 최소한의 범위에서 '수포자' 용어를 사용하기로 한다.

** 수학 포기의 원인으로는 '재미가 없고 적성에 맞지 않아서', '내 수학적 능력이 부족해서', '배우는 내용이 너무 어렵거나 복잡해서'의 순으로 응답하였다.

있도록 도움을 줄 필요도 있다.

정부 차원에서는 2015 개정 수학과 교육과정 내용 적정화, 체험·탐구 중심 수학교육 강조, 과정 중심 평가 시행 등 다양한 노력을 기울였다. 그 중 대표적으로 '수학나눔학교'가 있다. 수학나눔학교는 2016년 220개교를 시작으로 2017년 553개교, 2018년 595개교, 2019년 773개교를 전국적으로 지정하여 운영하였다. 수학나눔학교에 주어진 미션은 연도별로 약간의 차이가 있었으나 2019년은 다음과 같다.

- 학생 활동 중심 수학교육 활성화
  : 교구 활용 학생 중심 활동 탐구 수업, 학생 수학 동아리 운영, 교내 수학탐구대회 개최, 수학과 친해지는 날(3월 14일) 운영
- 또래 멘토링제 등으로 수학 학습 지원
  : 수학멘토링제(동학년 동료, 선후배 등) 활성화, 수학에 대한 관심과 동기유발 촉진
- 수학 클리닉 프로그램 운영 등으로 수학 불안감 치유
  : 수학 흥미와 자신감 부여, 자신의 문제점 스스로 진단, 수학 클리닉 표준화 검사 실시
- 기타 학교 특색 사업 및 시도교육청 계획에 의한 운영 과제

수학나눔학교 운영 프로그램 유형 중 우수사례를 소개하면 <표 1-13>과 같다.

〈표 1-13〉 수학나눔학교 프로그램 유형별 우수사례 특징(고호경 외, 2017)

유형	특징
학생 활동 중심 수학교육	• 체험과 활동 중심으로 변화하고 있음 • 학생 중심의 하브루타, 비주얼씽킹, 토론수업 등 다양한 수업방식 도입 • 과정 중심 평가로 변화 • 지역사회와 연계된 수학활동 전개(예. 매쓰투어)
수학 학습 지원	• 다양한 유형의 멘토(또래, 교사, 선후배, 대학생 등) 활용 • 멘토링 노트 작성 • 인센티브(시상, 봉사시간 부여, 생기부 기록 등) 연계 • 동아리, 교구활용, 교내탐구대회, 수학상담소, 여름캠프, 멘토링 활용 수업 등 다양한 멘토링 프로그램 개발 • 정기 협의회, 사전·사후 조사 등 개선 노력

유형	특징
수학 불안감 치유 프로그램	• 수학 클리닉 사전검사지를 활용한 학생 선정 • 프로그램 유형은 기초학습 능력 신장 프로그램, 활동 중심 프로그램, 전문상담 프로그램(전문상담교사 연계, 상담일지 작성, 학생 외에 학부모 연계)으로 구분 가능 • 심화반 수학 클리닉, 독서 연계 프로그램 등도 실시
학교 특색 사업	• 매일 점심시간 수학나눔카페 운영 • 수학체험단 운영 • 인근 대학 연계 프로그램 도입

수학나눔학교 1년 운영 성과를 측정하기 위해 2016년에 중학교 5,727명의 동일한 학생들을 대상으로 사전·사후 조사를 실시하여 비교한 결과, <표 1-14>와 같이 포기했거나 포기하려고 했던 학생들의 수치가 줄고 포기하지 않겠다는 학생들의 수치가 증가하는 긍정적인 결과를 얻어냈다. 특히 사전 조사에서 '포기했고 재도전 안함'이라고 응답한 학생 중 약 17%가 사후 조사에서 '포기 안했고 앞으로도 포기안함'이라고 응답하였다. 몇 개월 동안의 수학나눔학교 프로그램을 통해서도 의미있는 변화가 일어날 수 있음을 확인한 것이다.

〈표 1-14〉 수학 포기 여부 사전, 사후 조사 결과(고호경 외, 2016)

구분	포기 안했고 앞으로도 안함	포기 안했지만 할 수도 있음	포기 했지만 재도전 원함	포기 했고 재도전 안함
사전	62.7%	22.5%	10.7%	4.0%
사후	70.3%	16.2%	9.5%	3.9%
편차	+7.6%	-6.3%	-1.2%	-0.1%

2018년에는 초·중등학교의 수학교육 관련 인적, 물적 현황을 파악하기 위한 전국 단위 조사가 실시되었다. 수학교육 관련 전담 부서, 교사 현황, 연수 현황, 학생 동아리 현황, 수학교육 프로그램 현황, 수학 교과교실 여부, 수학교육 예산, 공학 도구 현황, 평가 비율 등에 대한 내용을 설문항목으로 하였다(고호경 외, 2018).

교사의 수학 관련 직무연수 이수시간을 조사한 결과, <표 1-15>와 같이 모든 학교급에서 15시간 미만을 이수한 교원이 가장 많은 것으로 나타났다. 그 다음으로 15시간 이상 30시간 미만이었다. 초등학교는 수학 교과만 전담하는 경우가 거의 없기 때문에 중·고등학교 교원에 비해 상대적으로 직무연수 시간이 적은 것으로 나타났다.

〈표 1-15〉 학교급별 수학 관련 직무연수 이수 인원

학교급	구분	직무연수 시간			
		15시간 미만	15시간 이상 30시간 미만	30시간 이상 60시간 미만	60시간 이상
초	인원	6272	1756	789	147
	%	69.97	19.59	8.80	1.64
중	인원	1728	1194	678	253
	%	44.85	30.99	17.60	6.57
고	인원	2456	959	583	299
	%	57.16	22.32	13.57	6.96

수학 관련 동아리의 경우, 초등학교는 학교당 평균 0.39개, 중학교는 1.08개, 고등학교는 2.30개로 나타났다. 학교급이 올라갈수록 수학에 관심 있는 학생들이 함께 고민하고 활동하는 공간이 만들어지는 것으로 나타났다. 중학교는 정규 교사가 2.94명, 기간제 교사가 0.50명, 강사가 0.33명이었고 고등학교는 정규 교사 5.56명, 기간제 교사 0.96명, 강사 0.26명이었다. 비정규직 교사 비중이 20% 내외로 교사 전문성 지원 등 다양한 수학교육 정책에 있어 이들에 대한 고려가 필요한 것으로 나타났다. 수학교육 전용 공간인 수학 교과교실의 보유 여부의 경우, 초등학교는 6.48%, 중학교는 61.73%, 고등학교는 62.53%로 나타났다. <표 1-16>와 같이 수학 교과교실이 없는 이유가 공간이 부족하거나 수학 교과교실의 필요성을 느끼지 못하기 때문이라고 답한 것으로 나타나 학교 환경의 개선 뿐만 아니라 그 필요성에 대한 인식 개선 활동이 필요한 것으로 나타났다. 특히 중학교 교사의 경우 공간 부족, 예산 부족을 그 원인으로 꼽고 있어 이에 대한 정책적 지원이 더욱 필요한 것으로 나타났다.

〈표 1-16〉 학교급별 수학 교과교실 부재 이유

구분	초등학교		중학교		고등학교	
	응답	%	응	%	응답	%
공간 부족	1108	40.63	480	74.53	225	53.57
예산 부족	88	3.23	68	10.56	45	10.71
관리 부담	22	0.81	6	0.93	4	0.95
활용 부담	52	1.91	7	1.09	5	1.19
필요성 부족	1347	49.39	59	9.16	125	29.76
기타	100	3.67	24	3.73	16	3.81
무응답	10	0.37	-	-	-	-

중·고등학교 모두 지필평가의 비율이 수행평가에 비해 높았으며 선택형 지필평가가 서·논술형 선택형보다 높았다. 2015 개정 수학과 교육과정에서 다양한 형태의 평가를 지향하고 있는 만큼, 평가 방법에 대한 교사 전문성 신장에 대한 지원을 통해 보다 다양한 형태의 평가가 이루어질 수 있도록 하는 것이 필요하다.

<표 1-17> 중·고등학교 지필 및 수행평가 비율(%)

구분		중학교		고등학교	
		평균	표준편차	평균	표준편차
지필평가	선택형	39.71	12.87	44.34	10.32
	서·논술형	20.00	13.96	19.04	11.41
수행평가	프로젝트 평가	10.20	10.58	8.52	9.93
	포트폴리오	12.69	9.34	9.63	9.68
	관찰 및 면담	3.94	6.55	4.42	7.21
	구술평가	2.49	6.50	3.39	7.02
	기타	11.59	13.53	11.04	13.41

2.3 수학교육 종합계획

최근 들어, 프랑스의 '수학교육의 21가지 조치', 호주의 '2025년을 위한 수리과학의 비전', 네덜란드의 '수리과학 비전, 2025' 등 세계 여러 나라에서 수학, 수학교육을 강화하기 위한 정부 차원을 노력을 기울이고 있다. 우리나라도 지난 2012년에 정부 지정 '수학교육의 해'를 맞아 '수학교육 선진화 방안(2012~2014)'(제1차 수학교육 종합계획)을 수립하였고 '제2차 수학교육 종합계획(2015~2019)'에 이어 '제3차 수학교육 종합계획(2020~2024)'을 수립하면서 정부 차원의 노력을 기울이고 있다.

우리나라는 2008년에 교육과학기술부라는 정부조직이 만들어지면서, 국가경쟁력의 중요 요소인 과학기술을 강화하기 위해 '수학·과학교육 내실화 방안'을 수립하였다. 특히 2008년 5월에 한국과학창의재단을 출범시키고 수학·과학교육 사업을 추진하게 하였다. 이후 사교육비 경감 대책과 연계되면서 영어뿐 아니라 수학교육에 대한 정부 차원의 관심이 커지게 되었다. 2011년 2월 28일 교육과학기술부 내에 '수학교육정책팀'을 신설하였고 2011년 6월 한국과학창의재단 내에 수학교육연구센터를 설치하면서 2011년 8월 '2009 개정 수학과 교육과정', 2012년 1월 '수학교육 선진화 방안'을 수립하게 된다. [그림 1-5]는 '수학교육 선진화 방안'의 추진 방향과 중점 추진 분야이다(교육과학기술부, 2012).

구분	내용	
목표	• 창의·인성 중심의 학교 수학 내실화 및 사교육 부담 완료 • 수학에 대한 긍정적 태도 및 자신감 형성 • 현대인의 기본소양으로서 수학의 대중화	
추진 방향	• 생각하는 힘을 키우는 수학 • 쉽게 이해하고 재미있게 배우는 수학 • 더불어 함께하는 수학	
6대 중점 추진 분야	1. 학교 수학 수업의 내실화 및 학습효과 제고	- 중·고등학교 통합 교수·학습자료 개발 - 스토리텔링 방식을 가미한 초등교과서, 중·고등 모델교과서 개발 - 선진형 수학교실 운영을 통한 선진형 수학 수업 우수 사례 발굴 - 자기주도학습 지원을 위한 EBSmath 사이트 구축 운영
	2. 교사 전문성 제고 및 사기 진작	- 수학교사 한마당, 교사연구회, 개인연구 등 전국적 공유의 장 마련 - 수학교육상, 스토리텔링 수학 수업 우수사례 표창 등 인센티브 확대 - 수학교육 관련 교원연수 증대 - 수학교사 전문성 개발 체제(PDS*)에 따른 연수 모형 개발
	3. 평가방식 개선 및 내실화	- 수학적 과정 중심의 대안평가 방안 마련 - 수학 내신 평가 가이드라인 개발
	4. 취약계층 수학격차 해소	- 수학 클리닉 지속 운영 및 지역 확산 - 농산어촌 학습여건 개선을 위한 콘텐츠 개발
	5. 수학교육 장기 발전기반 조성	- 수학과 교육과정 관련 실태분석, 차기 대비 연구 추진 - 새로운 수학 교과서 모형 연구 실시 - 해외 수학교육 관련 교류 기회 확대 - 시도교육청 수학교육 담당 장학사 협의회 지속 개최
	6. 수학 저변 확산 및 대중화	- 학부모수학교실 운영 및 'Ask Math 프로젝트(수다학)' 방영 - 지역 및 학교별 수학축제의 확산 - 국제수학교육대회, 세계수학자대회 성공적 개최

[그림 1-5] 수학교육 선진화 방안(교육과학기술부, 2012)

'수학교육 선진화 방안'(제1차 수학교육 종합계획)이 2014년으로 종료된 후, 2015년 3월 '제2차 수학교육 종합계획'이 수립되었다. 수학교육 선진화 방안은 스토리텔링, 타교과 통합 교수학습, 수학 클리닉 등과 연계한 학교 수학교육의 내실화, 수학교육의 해, 국제수학교육대회, 세계수학자대회 등을 통한 수학 대중화에 기여한 측면이 있으나 입시 위주의 학업 부담으로 인해 학생들의 과목 흥미도 및 자신감을 중점적으로 개선할 필요성이 제기되었다. 이에 '제2차 수학교육 종합계획(2015~2019)'은 [그림 1-6]과 같은 목표, 추진전략, 추진과제를 포함하였다(교육부. 2015b).

목표	1 수학 기반의 핵심 역량 함양 2 수학의 가치와 유용성 인식 확산 3 선진 수학교육 기반 조성		

추진 전략		추진과제 및 주요내용		
I	수학교육 패러다임 변화 추진	1	배움을 즐기는 수학교육	□ 쉽고 재미있는 수학교육 추진 □ 현장 중심 수학교육 프로그램 개발
		2	체험·탐구 중심의 수학교육	□ 진로 연계 수학프로그램 개발·운영 □ 자유학기제 수학프로그램 개발·운영 □ 공학적 도구 활용 지원
		3	과정 중심의 수업 및 평가	□ 과정 중심 수업 및 평가 지원 □ 교사의 평가 자율성과 책임감 강화
II	수요자 참여 중심 수학교육 지원	4	학생의 수학 학습 성공 경험 부여	□ 성공 경험 프로젝트 실시 □ 학생 맞춤형 수학프로그램 운영 □ 자기주도 수학 학습 지원 사이트 운영
		5	교사의 수학교육 전문성 신장	□ 교사의 전문성 신장 기회 제공 □ 우수 수학교사 인센티브 제공 □ 교사의 온·오프라인 소통 공간 확대
		6	국민과 함께하는 수학 대중화	□ 학부모 및 성인 대상 수학교실 확대 □ 수학문화관 건립
III	범국가적 수학교육 지원 체제 구축	7	수학교육 활성화 거점 마련	□ 수학거점학교 지정 운영 □ 학교·지역·국가 단위의 수학축제 확산
		8	수학교육 발전의 제도적 장치 마련	□ 수학교육 발전을 위한 법적 토대 추진 □ 수학의 날 지정 추진
		9	수학교육 협력체제 구축	□ 수학교육 자문위원회 상설 운영 □ 시·도교육청 수학교육 지원체제 강화

[그림 1-6] 제2차 수학교육 종합계획(교육부, 2015b)

교육부는 2019년 현재 제3차 수학교육 종합계획(2020～2024)을 수립하고 있으며, 「과학·수학·정보교육 진흥법」에 따라 과학교육 종합계획, 정보교육 종합계획 뿐 아니라 이들의 융합교육 종합계획까지 수립하고 있다. 제2차 수학교육 종합계획은 2015 개정 교육과정 연계하여 과정 중심 평가, 학생 참여 중심 수업, 공학적 도구 개발 보급 등을 추진하였고 수학에 대한 정의적 성취 향상 및 긍정적인 인식 함양을 위해 수학나눔학교 운영, 수학 축제 확산, 수학문화관 건립 등을 추진하였다. 제3차 수학교육 종합계획은 이와 같은 제2차 수학교육 종합계획 성과를 계승하면서 국내외 수학교육 동향과 사회의 변화를 반영하여 추진한다. 제4차 산업혁명 시대를 맞아 수학교육에서 지능정보기술을 활용한 학생 개개인의 역량 함양에 초점을 맞춘 개인별 맞춤형 학습을 추구하며, 정보, 과학 등 인접 학문 및 실생활과 융합하는 가운데 함께 참여하고 즐기는 수학문화를 확산하는 방향으로 추진 중에 있다.

3. 수학 교수·학습 및 평가

3.1 과정 중심 평가와 좋은 수학 과제

우리나라 수학교육과 관련하여 다양한 비판들이 있으나 긍정적인 방향성을 가지고 지속적인 변화를 꾀하고 있다. 우리나라 수학 교수·학습과 평가의 방향성에 관해서는 2015 개정 수학과 교육과정은 '교수·학습 및 평가의 방향' 항목에 표현되어 있다. 즉 수학과의 교수·학습은 학생이 수학과 교육과정에 제시된 목표를 달성하고 전인적으로 성장하도록 돕는 것을 원칙으로 하고 있으며, 수학과의 평가는 학생의 인지적 영역과 정의적 영역에 대한 유용한 정보를 수집·활용하여 학생의 수학 학습과 전인적 성장을 돕고 교사의 수업 방법을 개선하는 것을 목적으로 한다(교육부, 2015a). 특히 수학 교과역량 함양을 위한 교수·학습 방법, 평가 방법을 실시하고 교육목표, 내용, 평가가 일관성을 가져야 한다고 하였고, '평가 방법'에는 '(가) 수학과의 평가는 학습 결과 평가뿐만 아니라 과정 중심 평가도 실시하여 종합적인 수학 학습 평가가 될 수 있게 한다'고 강조하고 있다.

과정 중심 평가는 위와 같이 수학과 교육과정뿐 아니라 2015 개정 교육과정 총론에서도 강조하고 있다. 총론의 '교육과정 구성의 중점'에는 '라. 학습의 과정을 중시하는 평가를 강화하여 학생이 자신의 학습을 성찰하도록 하고, 평가 결과를 활용하여 교수·학습의 질을 개선한다.'고 언급되어 있다. 또한 제2차 수학교육 종합계획(2015~2019)의 9가지 추진 과제 중 하나로 '과정 중심의 수업 및 평가'를 언급하였다.

수학 교과에서 과정 중심 평가*란 수업과 연동된 평가를 실행하고 그 결과를 교수·학습에 반영함으로써 학생의 수학 학습을 돕는 평가이다(이경화 외, 2016). 과정 중심 평가는 학

* 박지현(2018)은 과정 중심 평가를 '교육과정의 성취기준을 기반으로 수업과 평가를 연계한 평가 계획에 따라, 교수·학습 과정에서 보이는 학생의 특성과 변화에 대한 자료를 다각도로 수집하여, 학생의 성장과 발달을 지원하기 위한 적절한 피드백을 제공하는 평가'라고 정의한다.

습이 형성되는 과정을 평가하며 평가를 통해 학습이 일어나는 또 하나의 교수·학습이다. 교사나 동료에 의한 평가 뿐만 아니라 자기 자신의 즉각적이고 구체적인 피드백이 지속적으로 이루어지는 평가이다. 교육과정, 교수·학습, 평가의 일관성을 강화하는 것이 매우 중요하다는 점에서 과정 중심 평가는 이를 뒷받침할 수 있는 교수·학습 방법이자 평가 방법이다. 이경화 외(2016)는 과정 중심 평가와 결과 중심 평가를 <표 1-18>과 같이 비교하였다.

〈표 1-18〉 결과 중심 평가와 과정 중심 평가의 특징 비교(이경화 외, 2016)

결과 중심 평가	범주	과정 중심 평가
총괄적 평가 평가의	목적	형성적 평가
학습의 평가	학습과의 관계	학습을 위한 평가, 학습으로서의 평가
성취기준과 관련된 수학적 개념, 원리, 법칙의 이해 및 적용 능력	평가 내용	*성취기준과 관련된 수학적 개념, 원리, 법칙의 이해 및 적용 능력 *문제해결, 추론, 창의-융합, 의사소통, 정보처리, 태도 및 실천 등의 교과 핵심 역량
지필평가	평가 방법	지필평가, 프로젝트평가, 포트폴리오 평가, 관찰 평가, 면담 평가, 구술 평가, 자기 평가, 동료 평가
수업 후에 일회적으로 평가	평가 시기	수업 중에 지속적으로 평가
객관적이고 표준화된 양적 정보	수집된 정보	비형식적인 질적 정보
교사	평가 주체	교사, 학생(동료, 자기 자신)
미래의 학생에게 더 많은 혜택이	혜택의 분배	미래의 학생뿐만 아니라 현재의 학생에게 많은 혜택이
즉각적이지 않으며 일반적	피드백	즉각적이고 구체적

수학 교과에서 과정 중심 평가를 실행하기 위해서는 교육과정 성취기준에 대한 교수학적 분석이 필요하고 학생들의 학습 상태를 파악할 수 있는 과제를 설계해야 하며 교사와 학생, 학생과 학생의 상호작용이 일어나는 수업을 설계해야 한다(강현영 외, 2017). 즉 좋은 수학 과제를 설계해야 한다. 좋은 수학 과제란 누구나 참여하여 수학적 탐구가 가능한 개방형 협력 과제로, 다음의 6가지 설계 원리가 필요하다(이동환 외, 2017).

① 다양한 표현, 추측, 풀이가 가능한 열린 과제

② 다양한 수준의 학생을 고려한 낮은 문턱, 높은 천장의 과제
③ 학생의 의사결정 및 자기주도성을 허용하는 과제
④ 탐구 기회가 제공되는 과제
⑤ 상호작용과 협력을 촉진하는 과제
⑥ 수학적 연결성을 형성하는 과제

(이동환 외, 2017)

이동환 외(2017)는 <표 1-19>와 같이 중학교 2학년에서 활용 가능한 사각형 만들기 과제를 좋은 수학 과제 사례로 제시하였다. 이 과제는 학생들 누구나 사각형 성질 카드를 자유롭게 조합하면서 다양한 사각형을 추측하고 탐구할 수 있으며, 예상치 못한 조합에 대한 정당화와 반박 활동이 계속된다는 점에서 우수 사례로 제시하였다.

〈표 1-19〉 좋은 수학 과제 사례(이동환 외, 2017)

(과제) 사각형 관련 여러 가지 성질 카드를 제시한다. 카드를 조합하여 특정 사각형이 유일하게 결정되도록 만든다. 사각형을 가능한 한 많이 만든다.

1 두 대각선의 길이가 같다.	2 두 대각선의 길이가 다르다.	3 두 대각선이 서로를 수직 이등분한다.	4 두 대각선이 서로를 이등분한다.	5 두 대각선이 서로 수직으로 만난다.
6 두 대각선이 서로 수직으로 만난다.	7 두 쌍의 대각의 크기가 각각 같다.	8 한 쌍의 대변이 평행하고, 그 길이가 같다	9 두 쌍의 대변이 각각 평행하다.	10 한 쌍의 대변이 평행하다.
11 두 쌍의 대변이 길이가 각각 같다.	12 네 변의 길이가 모두 같다.	13 네 각이 모두 같다.	14 한 각이 직각이다.	15 한 쌍의 대변의 길이가 같다.
16 한 변의 길이가 10cm 이다.	17 한 변의 길이가 8cm 이다.	18 한 변의 길이가 6cm 이다.	19 한 변의 길이가 5cm 이다.	20 한 변의 길이가 4cm 이다.
21 두 변씩 길이가 같다.	22 한 각의 크기가 70° 이다.	23 한 각의 크기가 60° 이다.	24 넓이가 24㎠ 이다.	25 둘레의 길이가 20cm 이다.
26 둘레의 길이가 30cm 이다.	27 넓이가 30㎠ 이다.	28 (Joker)	29 (Joker)	30 (Joker)

(학생 활동 결과 사례)

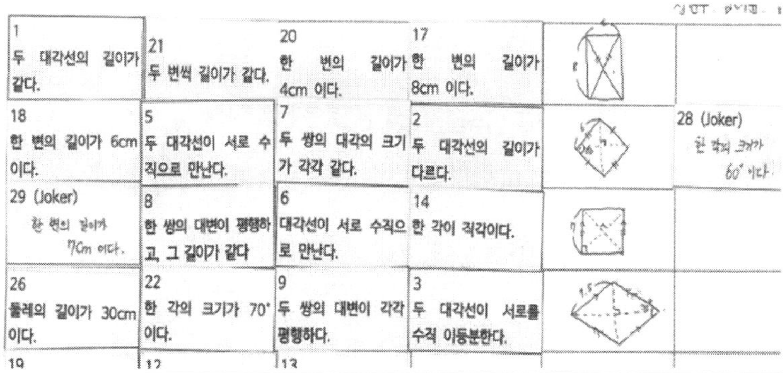

2015 개정 수학과 교육과정은 지필 평가 뿐 아니라 프로젝트 평가, 포트폴리오 평가, 관찰 평가, 면담 평가, 구술 평가, 자기 평가, 동료 평가 등 다양한 평가 방법을 실시할 것을 권장하였다. 앞서 살펴보았듯이 우리나라 중·고등학교 수학 교과에서 사용하는 평가 방법은 선택형 지필 평가가 40% 내외, 서·논술형 지필 평가가 20% 내외로, 지필평가에 대한 비중이 높다. 다만 서술형 평가는 학생들의 수학적 사고 과정 및 학습 과정을 평가하기에 적절한 평가방법이다. 그러나 올바른 서술형 평가가 이루어지기 위해서는 학생들이 자신의 수학적 사고 과정과 아이디어를 드러내고 수학적 해를 추론해 나가는 과정을 기술할 수 있도록 서술형 문항을 제시할 필요가 있다(나귀수 외, 2018). 나귀수 외(2018)는 <표 1-20>의 문항3, 문항4와 같은 해석적 추론, 분석적 추론, 예측적 추론 등이 가능한 서술형 평가 문항이 필요하다고 하였다. 올바른 의미의 서술형 평가 문항을 교사들이 접할 수 있는 기회가 많아져야 하며, 교수·학습의 과정에서 서술 즉 수학적 글쓰기를 할 수 있는 시간이 배정되어야 하며, 인공지능의 도움을 어느 정도 받는 방안에 대해서도 고려해야 한다고 하였다.

〈표 1-20〉 중학교 교사용 서술형 평가 문항 사례(나귀수 외, 2018)

문항1	연립방정식 $\begin{cases} x+3y=1 \\ 0.2x+0.1y=0.5 \end{cases}$ 의 해를 구하는 과정을 쓰시오.
문항2	오른쪽 그림과 같이 두 점 B, D가 $y=\dfrac{a}{x}$의 그래프 위에 있다. 직사각형 ABCD의 넓이가 72일 때, a의 값을 구하시오. (단, 직사각형 ABCD의 모든 변은 각각 좌표축과 평행하다.) (풀이 과정을 함께 제시하시오.) 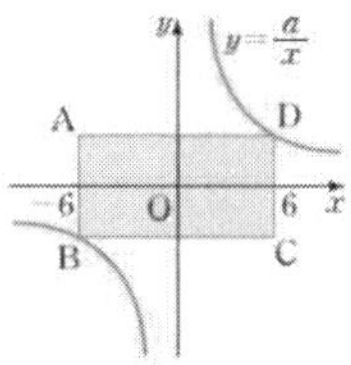
문항3	다음 그림은 어떤 자동차가 출발한 지 x분 후에 속력을 시속 $y(\mathrm{km})$라고 할 때, 두 변수 x, y 사이의 관계를 그래프로 나타낸 것이다. 이 자동차가 달린 상황을 설명해 보자. 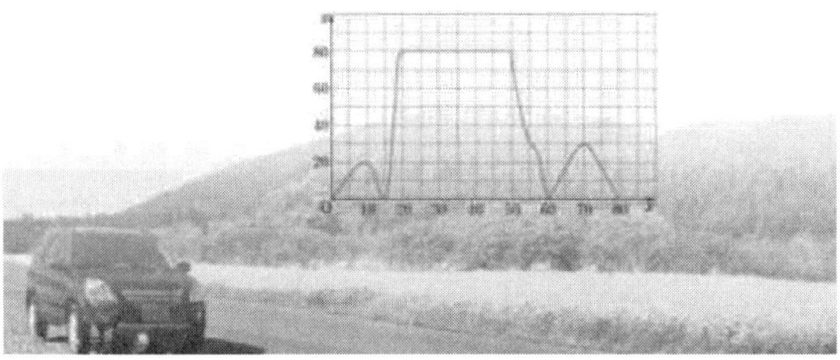
문항4	다음은 하윤이가 놀이동산에서 보트를 타고 경험한 것을 적은 글이다. 하윤이는 자신의 글을 설명하기 위하여 보트가 출발한 지 x분 후의 속력을 초속 $y(\mathrm{m})$라고 할 때, 두

변수 x, y 사이의 관계를 그래프로 나타내었다.

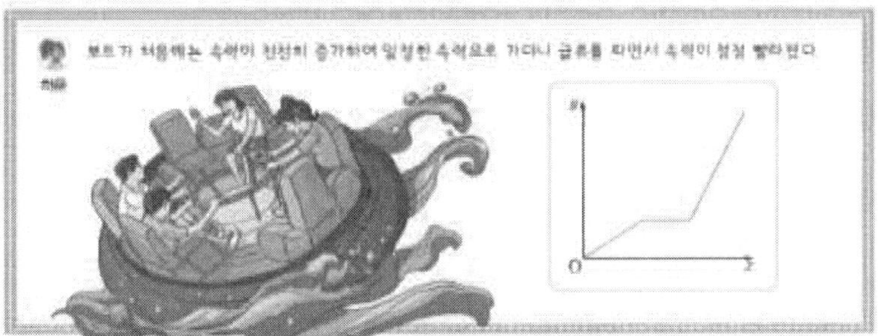

(1) 승빈이의 글을 하윤이와 같이 그래프로 나타내 보자.

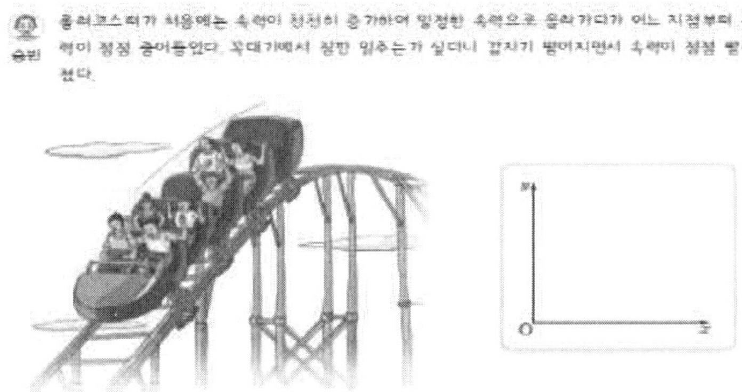

(2) 위와 같이 우리 주변에서 경험한 것을 글로 적고, 그래프로 나타내 보자.

다양한 평가방법에 대한 고민과 시도는 중요하지만 수학 교과의 내신 성적에 대한 검토는 필요하다. 박홍근의원실이 2015년 9월 10일 보도자료를 통해 2014년 고등학교 1학년 학생들의 국어, 영어, 수학 교과 1학기 내신성적의 평균 원점수를 공개하였다. <표 1-21>과 같이 수학 교과(<수학 I>, <수학 II>)의 평균 점수가 다른 과목에 비해 6.3점에서 15.1점까지 낮았다. 평가 방법의 다양성이나 긍정성 여부도 중요하지만 내신 성적이 낮으면 수학에 대한 실패감을 높일 수 있기 때문에 평가 방법을 선택하고 수행함에 있어 이에 대한 고려도 필요하다.

〈표 1-21〉 전국 고등학교 1학년 1학기 국어, 영어, 수학 교과 평균점수

과목	국어 I	영어 I	수학 I	국어 II	영어 II	수학 II
점수(점)	66.7	61.7	55.4	65.7	70.5	55.4

3.2 수학 공학적 도구

국책연구기관에서 수행한 미래교육 관련 연구를 분석한 결과, 개인 맞춤형 교육, 학습자 중심 교육, 협력 학습 특히 테크놀로지 기반 교육 등이 미래 교육의 중요한 키워드였다(이영희 외, 2018). 수학 연구 및 교육에서도 중요하게 생각하는 방법을 대한수학회 회원을 대상으로 설문조사한 결과, 중요하게 사용하는 현재 방법은 '손 계산'이라는 응답이 가장 많았고 미래 방법은 '컴퓨터를 사용한 시각화'라는 응답이 가장 많았다(김영욱 외, 2017). 미래 수학교육은 학생들이 의미 있는 문제를 탐구하며 새로운 지식을 발견하는 데 초점을 두어야 하므로, 문제를 해결하고 탐구하는 과정에서 공학적 도구를 적절히 활용하는 것이 중요하다(NCTM, 2000; 우정호, 2011).

2015 개정 수학과 교육과정의 개정 방향 중 하나는 '공학적 도구의 활용 강조'였다. '[9수05-03] 공학적 도구를 이용하여 실생활과 관련된 자료를 수집하고 표나 그래프로 정리하고 해석할 수 있다'와 같이 교육과정 성취기준에 '공학적 도구'라는 용어가 최초로 포함되었고 교수·학습 방법 및 유의 사항에도 '공학적 도구 사용'을 적극적으로 표현하였다(교육부, 2015a). 또한 제2차 수학교육 종합계획(2015～2019)은 '공학적 도구 활용 지원'을 강조하였고(교육부, 2015b), 중·고등학교 수학교원을 대상으로 한 설문조사 결과, 응답자의 85.8%가 교구 및 공학 도구의 사용이 수학 수업에 유용하다고 답하였다(한국과학창의재단, 2017).

미래 교육, 미래 수학교육에서 공학적 도구의 활용은 필수적이며, 적절한 사용을 통해 교육적 효과를 극대화하려는 노력이 필요하다. 공학적 도구를 적극 활용하도록 하는 방안은 민간 시장의 역할을 침해하지 않으면서 누구나 무료로 사용할 수 있는 공학적 도구를 개발·보급하는 것이다. 통계청은 2017년에 '통그라미'를, 한국교육방송공사는 '이지통계'를 개발하여 통계 교수·학습에 무료로 활용하게 하였다. 한국과학창의재단은 2018년 '알지오매스(AlgeoMath)*'를 개발하여 무료로 활용하게 하였다.

통그라미는 초·중·고등학생이 일상에서 발생하는 문제 해결을 위하여 자료수집, 분석 및 결과해석, 보고서 작성을 다양한 형태의 표와 그래프로 표현할 수 있는 능력과 실생활에 통계정보 활용 능력을 제고하고자 통계청 재원으로 통계교육원에서 개발하여 무료로 배포하는 통계 교육용 소프트웨어이다. 통그라미는 2017년 1월부터 온라인(http://tong.kostat.go.kr)으로 서비스를 시작하였고, [그림 1-7]과 같이 설문조사와 통계분석 기능뿐 아니라 참여공간, 학습도우미, 교과 활용사례 등을 제공하고 있다.

---

* AlgeoMath(알지오매스)는 대수를 뜻하는 Algebra, 기하를 뜻하는 Geometry, 수학을 뜻하는 Mathematics의 합성어로, 대수에서 기하까지 모든 수학을 담겠다는 의미를 지니고 있다.

[그림 1-7] 통그라미 홈페이지*

이지통계(http://www.ebsmath.co.kr/easyTong)는 쉽고 재미있는 통계 교육을 목적으로 교육부의 재원으로 한국교육방송공사(EBS)에서 개발하여 무료로 배포하는 중학교용 통계 교육 소프트웨어이다. [그림 1-8]과 같이 중학교 수학과 교육과정에 최적화된 소프트웨어이다.

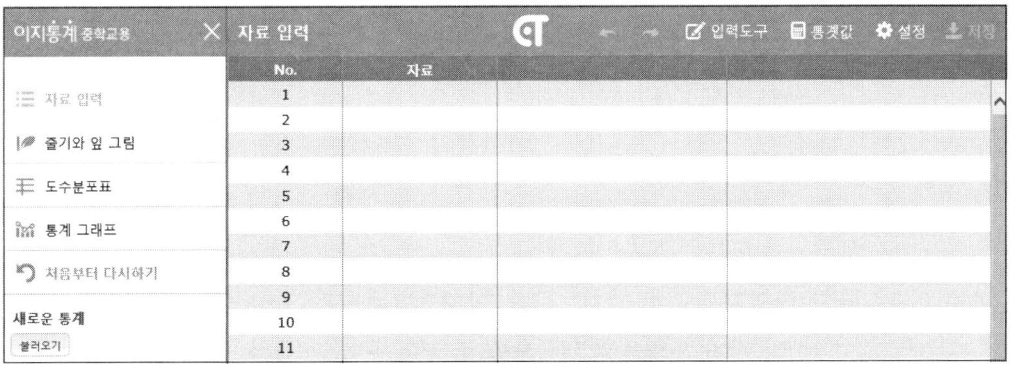

[그림 1-8] 이지통계 실행 화면**

* http://tong.kostat.go.kr/front/main/main.do (2019년 9월 22일 검색)
** http://www.ebsmath.co.kr/easyTong (2019년 9월 22일 검색)

국가 예산으로 개발된 공학적 도구의 보급으로 인해, 이전에는 <표 1-22>의 '컴퓨터 프로그램'과 같이 구체적인 명칭을 사용하지 못하였으나, 2015 개정 교육과정에 따른 수학 교과서에는 이들의 명칭을 공식적으로 표기하기 시작하였다.

〈표 1-22〉 2009 개정과 2015 개정 교과서의 공학적 도구 반영 사례

2009 개정(고호경 외, 2013)	2015 개정(고호경 외, 2018)
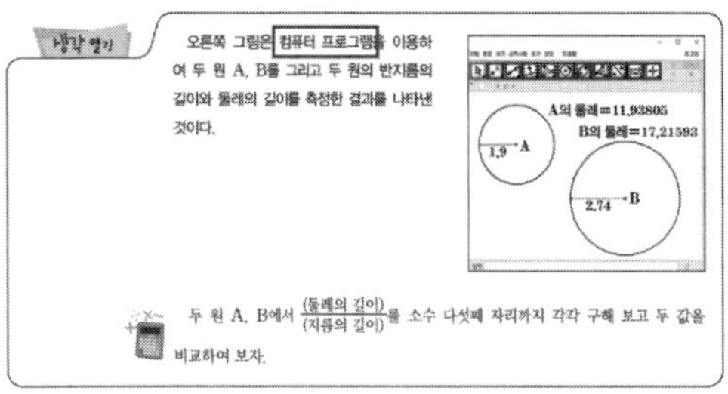	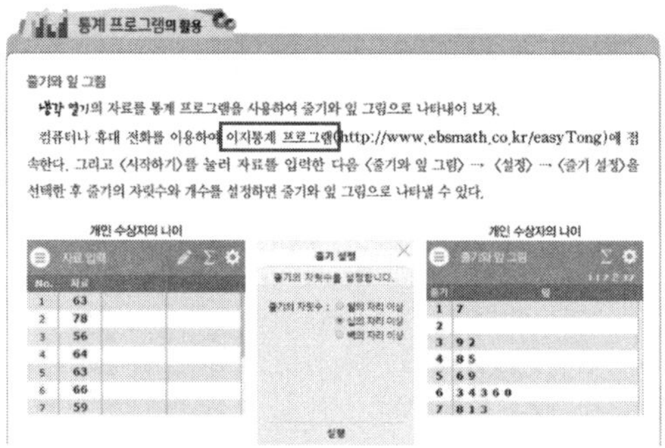

특히 2017년부터 개발을 시작한 알지오매스(AlgeoMath)는 교육부, 17개 시·도교육청의 재원으로 한국과학창의재단이 개발한 도형 학습용* 소프트웨어이며, 2018년 11월 7일부터 누구나 무료로 사용할 수 있도록 정식 운영을 시작하였다(교육부, 2018). 알지오매스의 개발 방향은 다음과 같다.

① 초·중·고 학생 누구나 쉽게 사용
② 우리나라 수학과 교육과정에 최적화
③ 소통과 사고력 기반 수학적 실험·탐구 지원
④ 개발소스를 오픈하여 지속적인 확장 기반 마련
⑤ 클라우드 서버를 활용한 온라인 공유 플랫폼

(교육부, 2018)

알지오매스는 크게 알지오도형, 알지오문서, 알지오모둠으로 구성된다. 알지오도형은 [그림 1-9], [그림 1-10]과 같이 도형을 창의적으로 학습할 수 있는 공학 도구로 도형 작도, 대

* '수학교육용', '수학 교수·학습용', '기하 학습용', '동적 기하' 등의 용어가 논의되었으나 정부 예산 수립 과정에서 소프트웨어의 특성을 반영하면서도 보다 쉬운 용어를 사용하자는 취지로 인해 '도형 학습용'이라는 용어를 사용하게 되었다.

수 표현, 블록 코딩이 가능한 학습용 프로그램이고, 알지오문서는 [그림 1-11]과 같이 알지오도형으로 만든 결과물이 포함된 교수·학습 콘텐츠로 수학적 실험 탐구가 가능한 활동지를 만들 수 있는 문서 작성 도구이다. 알지오모둠은 [그림 1-12]와 같이 학생, 교사 누구나 개설할 수 있는 학습 커뮤니티로 알지오도형이나 알지오문서로 생성한 자료는 물론 관련된 학습 자료도 공유할 수 있다(교육부·한국과학창의재단, 2018).

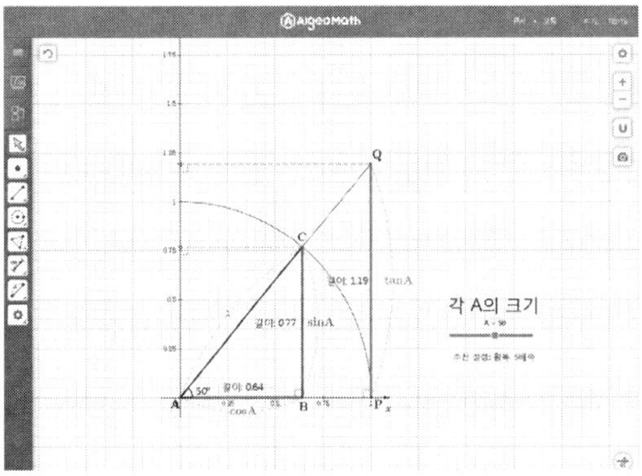

[그림 1-9] 알지오도형 사례

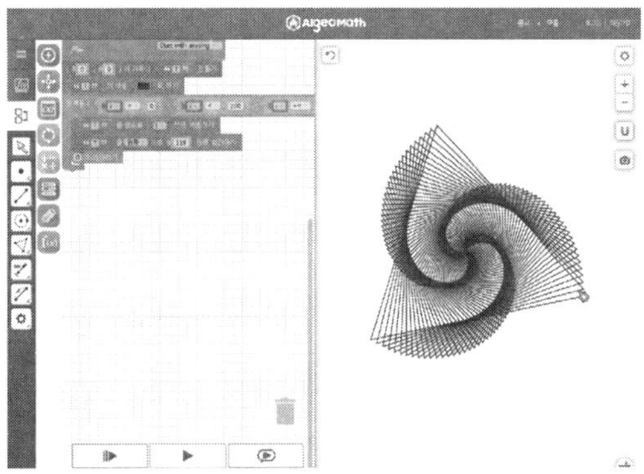

[그림 1-10] 알지오도형(블록코딩) 사례

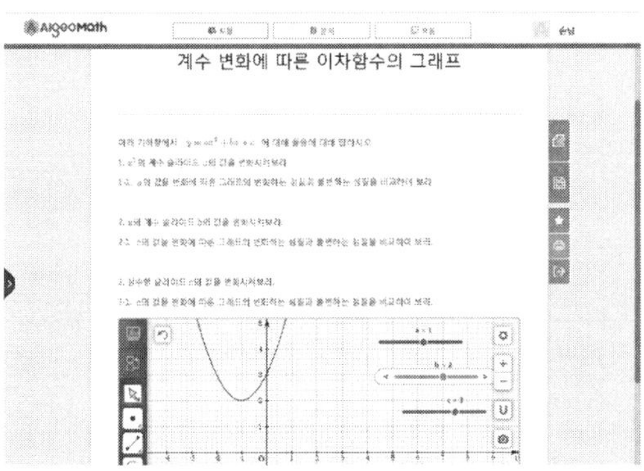

[그림 1-11] 알지오문서 사례

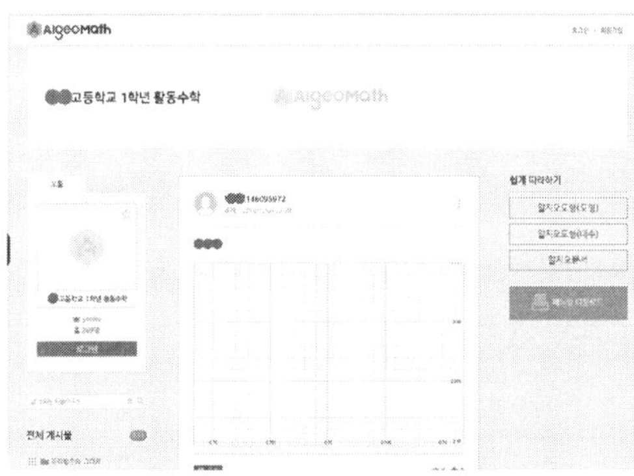

[그림 1-12] 알지오모둠 사례

알지오매스 개발로 인해, 통계 영역뿐 아니라 대수, 해석, 기하 영역까지 공학적 도구의 활용이 가능해졌기 때문에, 수학 교과 역량의 하나로 도구 활용 역량을 강조할 수 있게 되었으며, 교육과정 문서에 알지오매스를 명시하는 것이 가능하게 되어 시각화 중심의 실험·탐구 활동이 수학 교과서, 교수·학습 및 평가에 일관성 있게 반영될 수 있는 기반이 조성되었다(이환철, 2019).

4. 수학교사 교육

TIMSS 2011 분석 결과, 우리나라 학생들은 <표 1-23>과 같이 '학습 내용을 실생활과 관련시키는 활동', '수업에 흥미로운 자료를 사용하는 활동'에 대해 매우 낮은 응답률을 보였다. 또한 '교사의 지도 아래 문제풀기'는 매우 높았으나 '학생이 자신의 해답에 대한 설명하기'는 매우 낮은 응답률을 보였다. 학생 참여 중심 수업보다는 교사 주도의 수업이 이루어지고 있다는 것으로, 학생들의 수학 수업 참여도 조사 결과 '참여함'에 응답한 학생의 비율이 국제평균 25%보다 매우 낮은 2% 수준에 그친 것과 맥을 같이 하는 응답이다(김수진 외, 2012).

〈표 1-23〉 중2 수학 교실에서 교사의 문제해결 수업 활동

국가	매 수업 시간마다 하는 교사의 수업 활동별 학생비율(%)				
	교사의 지도 아래 (개별 또는 조별로) 문제 풀기	교사의 직접적인 지도 아래 전체 학생들이 함께 문제 풀기	교사가 다른 것을 준비하는 동안 (개별 또는 조별로) 문제 풀기	법칙과 절차, 사실 암기하기	학생이 자신의 해답에 대해 설명하기
대한민국	67	77	45	46	21
싱가포르	41	40	8	21	30
대만	36	41	9	51	20
홍콩	55	46	11	14	27
일본	65	49	9	48	24
러시아 연방	47	54	13	37	70
이스라엘	69	61	22	33	72
핀란드	83	28	6	13	36
미국	75	67	26	23	64
영국	69	32	9	24	66
헝가리	56	43	8	16	75
호주	64	43	25	32	46
슬로베니아	37	29	4	7	46
리투아니아	65	55	6	65	65
이탈리아	47	43	4	57	56
국제 평균	55	48	14	45	60

2015 개정 교육과정은 학생 참여 중심 수업을 강조하였으며, <표 1-24>와 같이 중·고등학교 수학교사 대상 설문에서도 '강의식 수업보다는 활동과 탐구, 협력 등 학생 중심 수업을 중시하고 있다'에 대한 긍정 응답 비율이 65.8%(매우 그렇다 16.9%, 그렇다 48.9%)로 부정 응답 비율이 34.2%(그렇지 않다 32.0%, 전혀 그렇지 않다 2.2%)의 2배 정도로 나타났다(한국과학창의재단, 2017). 교사들의 노력과 인식에 비해 학생들의 체감은 다소 부족하다는 점을 알 수 있으나, 그 방향성에는 충분히 공감하고 있다는 것을 알 수 있다.

〈표 1-24〉 수학 수업 및 수학교육 방향에 대한 수학교원 인식조사 결과

문항	매우 그렇다	그렇다	그렇지 않다	전혀 그렇지 않다
강의식 수업보다는 활동과 탐구, 협력 등 학생 중심 수업을 중시하고 있다.	16.9	48.9	32.0	2.2
	65.8%		34.2%	
배움을 즐기는 활동과 탐구 중심 수학교육 정책 방향에 동의한다.	33.6	58.7	6.7	1.0
	92.3%		7.7%	

서울교육종단연구 분석 결과, 교사의 교수 전문성 신장을 위한 노력 즉 수업개선활동, 연수(교과 및 비교과) 참여 등은 다양한 경로를 통하여 학생의 수학점수와 교사활동만족도에 유의미한 영향을 미친다고 한다. 중·고등학교 수학교사 대상으로 실시된 설문조사 결과, <표 1-25>와 같이 수학 직무연수, 교과연구회, 워크숍 등 수학교육 전문성 신장을 위한 기회에 참여할 의사가 매우 높은 것으로 나타났다(한국과학창의재단, 2017).

〈표 1-25〉 교원 전문성 관련 수학교원 인식조사 결과

문항	매우 그렇다	그렇다	그렇지 않다	전혀 그렇지 않다
향후 수학 관련 직무연수에 참석할 의사가 있다.	40.5	48.7	9.2	1.6
	89.2%		10.8%	
수학교육 연구와 정보공유 등을 위한 교과연구회 및 워크숍 등에 참여할 의사가 있다.	32.7	50.8	14.5	1.9
	83.5%		16.4%	

교육부와 시·도교육청은 다양한 방법으로 교사의 수학교육 전문성 신장을 위한 기회를 확대하고 있다. 특히 교육부와 한국과학창의재단은 2014년 1월 제1회 수학교사 한마당을 개최하고 이후 2014년 8월부터 매년 8월마다 수학교사 한마당을 개최하고 있다. 수학교사

한마당은 전국 초등학교 교사 및 중·고등학교 수학교사들 800여 명이 참석하여 3박 4일간 수학교육 관련 주제의 기조강연과 분과강연 및 수학체험 등을 통해 수학교육의 변화를 체감하며 상호 간의 고민과 정보를 공유하고 소통하는 공간으로 자리매김하였다.

이외에도 중앙 단위로서 적합하게 수학교육의 변화를 선도할 수 있는 다양한 연수를 기획하고 운영하고 있다. 2018년 실시된 교육부와 한국과학창의재단의 수학교육 직무연수 목록은 <표 1-26>과 같다.

〈표 1-26〉 2018년 중앙 단위 수학교육 직무연수 현황

	기간	시간	대상	참석자
수학교사한마당	3박 4일	30시간	초등학교 교원, 중·고등학교 수학교원	767명
수학 핵심교원 특별연수	6개월	600시간	중·고등학교 수학교원	20명
초등교원 수학 마스터클래스 연수	1박 2일	기본 15시간(2회), 심화 30시간	초등학교 교원	474명
수학 신설과목 교원 연수	1박 2일	통합형 15시간(2회), 선택형 15시간(2회)	고등학교 수학교원	1156명
수학 클리닉 교원 역량 강화 연수	1박 2일	일반·심화과정 15시간(2회)	초등학교 교원, 중·고등학교 수학교원	308명
수학적 모델링 프로젝트 수업 교사 연수	1박 2일	15시간	중·고등학교 수학교원	50명

초·중·고 수학교육의 발전을 위해 노력하는 교사들에 대한 인센티브로 교육부와 한국과학창의재단은 2013년부터 '대한민국 수학교육상'을 시상하고 있다. 학교 밖 활동보다는 단위 학교에서 수학 수업, 평가 등을 개선하기 위한 다양한 방법으로 노력한 교사를 시상하기 위해 <표 1-27>과 같은 심사기준으로 수상자를 선정하고 있다.

〈표 1-27〉 대한민국 수학교육상 심사기준 및 세부지표

영역	심사기준 및 세부 지표	배점
수학 수업 개선	• 수학 수업의 변화를 위해 노력하였는가? - 자신의 평소 수학 수업 특징 3가지, 대표 수학 수업 1차시 사례 1건 - 수학 수업의 변화를 위해 개발한 대표 교수·학습 자료 3건 이내 • 학생의 수학 정의적 성취를 위해 노력하였는가? - 수학 태도, 흥미, 자신감, 가치인식 향상을 위한 지도 사례 1건	45

수학평가 개선	• 다양한 평가 방법을 고민하고 실시하였는가? - 서술형 평가, 과정 중심 평가 등 평가방법 개선 및 실시 사례 1건	30
수학교육 연구활동	• 외부 소통 및 연구 활동을 통하여 수학교육 현장 발전을 위해 노력하였는가? - 공개수업 및 발표, 교사 모임 등 수학교육 연구활동 사례 3건 이내	15
기타 공헌	• 기타 수학교육의 발전을 위해 공헌하였는가? - 학교 내외 공헌 사례, 소외 계층 학생 공헌 사례 등 2건 이내	10

5. 수학교육과 수학문화

5.1 수학문화관 및 수학체험센터

통계청(2019)이 2019년 3월에 발표한 '2018년도 초·중·고 사교육비 조사결과'에 따르면, 우리나라 초·중·고 사교육비 총액은 19조 5000억원으로 전년도 18조 7000억원보다 4.4% 증가했다. 초·중·고 학생이 2.5% 줄었으나 사교육 참여율은 1.7%, 참여시간은 0.1시간 증가했다. 과목별로는 <표 1-28>와 같이 전체학생이나 사교육 참여학생이나 영어, 수학, 국어순으로 사교육비가 많았으나 고등학교로 갈수록 수학 사교육비가 가장 많았다.

〈표 1-28〉 과목별 학생 1인당 월평균 사교육비 (단위: 만원, %)

구분	전체학생							참여학생						
	전체	일반교과	국어	영어	수학	사회·과학	예체능 및 취미·교양	전체	일반교과	국어	영어	수학	사회·과학	예체능 및 취미·교양
2017년	27.2	19.8	1.8	7.9	7.8	1.1	7.2	38.2	37.9	9.7	19.9	18.1	9.6	17.4
2018년	29.1	21.3	2.1	8.5	8.3	1.2	7.6	39.9	39.8	10.4	20.7	18.7	10.3	17.8
전년대비	7.0	7.6	12.9	7.2	5.5	7.0	5.8	4.6	5.1	7.7	4.2	3.3	7.0	2.3
초등학교	26.3	15.5	1.5	7.0	4.5	0.8	10.8	31.9	28.1	5.9	17.3	10.4	6.3	16.2
중학교	31.2	27.4	1.6	11.2	12.0	1.5	3.7	44.8	46.2	11.3	21.8	22.1	11.4	15.1
고등학교	32.1	26.2	3.5	8.7	11.8	1.5	5.2	54.9	57.6	21.9	26.7	31.0	20.2	33.1

대학입시에서 수학의 비중이 크다는 것뿐 아니라 미래 사회에서 수학의 역할이 증대되고 있다는 국민적인 인식으로 인해, 국민들의 수학교육에 대한 관심이 매우 크다. 2015년 3월, 영국 교육부 관료들이 우리나라를 방문하여 우리나라 교육 시스템에 대해 다양한 협의를 진행한 후, 우리나라 교육의 특징을 다음의 4가지로 정리하였고 그 중 첫 번째로 학부모의 관심과 참여를 꼽았다.

1. Parental Engagement
2. The process of system innovation and improvement
3. Maximising the workforce/consistency of teaching quality
4. Extended hours of engagement at schools

제2차 수학교육 종합계획에서는 범국민적 수학교육에 대한 관심을 긍정적인 방향으로 지속하고 수학교육의 저변 확산의 허브 역할을 수행하기 위한 공간으로서, 체험·탐구 중심 실생활 교육 연계를 위한 수학문화관 건립을 강조하였다. 2019년 기준으로 전국에는 136개의 과학관이 존재하며 그 중에서는 하나의 주제로 이루어진 중·소형의 테마과학관도 존재한다. 그러나 과학관 중에는 수학 관련 공간은 일부분만을 할애하여 구성하거나 아예 존재하지 않는다. 따라서 수학을 중심으로 체험 프로그램 운영, 연구·학술, 정보교류, 문화전시, 교양강연, 평생교육 프로그램 운영 등을 수행하며 수학에 대한 국민들의 긍정적인 인식을 유도하고 미래 수학교육의 방향을 선도하기 위한 국가 및 지역사회의 거점 역할로서 수학문화관의 건립이 추진되었다.

예시

독일의 수학체험 공간 '마테마티쿰'에서는 150개 이상의 수학실험 전시·체험, 학생들뿐만 아니라 노인 대상 프로그램 운영, 교사 연수 및 학교 방문 수업 지원 운영

제2차 수학교육 종합계획에 따라 교육부와 한국과학창의재단은 2016년에 수학문화관 건립 지원사업을 시행하였고, 경상남도교육청과 서울 노원구를 대상자로 선정하였다. 이에 따

라 경상남도교육청은 2018년 3월 14일에 경상남도 창원시에 경남수학문화관을 개관하였고 서울 노원구는 2019년 10월 17일에 노원수학문화관을 개관하였다. 또한 부산광역시교육청은 부산진구에 부산수학문화관을 건립하기 시작하였고 많은 시도에서 지속적인 관심을 보이며 건립을 시도하고 있다.

[그림 1-13] 경남수학문화관, 노원수학문화관 전경 삽화

또한 교육부와 시·도교육청은 교육청 단위에서 체험 중심의 수학교육을 실현하기 위한 거점 공간으로서 수학체험센터 설치를 추진하고 있다. 가장 적극적인 경상남도교육청은 지역 내에 양산, 진주, 김해, 거제, 거창 등에 수학체험센터를 설치하였고, 전북, 광주, 충북, 전남, 대전, 제주 등도 수학체험센터를 설치하였거나 설치 중에 있다. 전국 17개 시도교육청에서 실시하고 있는 수학체험 관련 활동 현황을 살펴보면 <표 1-29>와 같다(이정규 외, 2018).

〈표 1-29〉 2018 수학체험 관련 활동 현황 분석

활동명	특징
수학체험전	• 수학 대중화 강연, 수학 클리닉, 수학 구조물 만들기, 수학 동아리 컨퍼런스 등의 행사를 포함하고 매해 다양한 체험 주제를 선보이며 점차 가족 단위의 참여로 발전 • 시도별 수학교사 연구회와 전국수학교사 연구회 등이 적극적으로 참여 • 시·도와 지역교육청, 학교별로 다양한 규모와 형태로 운영되고 있음 • 2018년은 다소 부족하긴 하지만 과학, 진로, 정보와 융합해 운영되고 있음 ※ 학교별 수학 체험 행사는 수학과 친해지는 행사를 기획하고 학습 취약 시기에 수학주간을 선정해 수학도서 골든벨, 창의력 대회, 수학 구조물 대회, 수학 시화, 수학용어 말하기, 수학 UCC, 파이데이 행사 등을 운영
수학 구조물 대회	• 교육과정 내의 수학적 개념에 대해 원리를 탐구하고 그 원리를 적용한 창의적인 수학 구조물을 만들어봄으로써 개념을 보다 깊이 있게 이해하고 형상화하는 활동을 통해 학생들의 창의성을 신장하고자 함 • 수학, 과학, 예술 등이 융합된 창의적인 주제로 팀원이 서로 협력하여 계획, 설계, 표현하는 과정을 통해 학생들의 다양하고 창의적인 아이디어를 논리적으로 표현하고 구조화하고자 함 • 실용적이고 창의적인 수학 구조물을 만들 수 있는 능력을 개발하여 자연환경과 더불어 갈 수 있는 방법 구안
Math Tour	• 지역명소를 배경으로 실생활에서 수학이 활용되는 것을 직접 체험 할 수 있는 프로그램 운영(전주 한옥마을 수학산책, 대구 근대문화골목 매쓰투어, 제주 올레길에서 만나는 매쓰투어 등)
수학 탐구 대회	• 수학 동아리 학생들을 대상으로 주제를 선정하고 탐구하여 발표하고 있으며, 점차 체계화되고 있음 • 생각하는 힘을 키울 기회를 제공하는 학생 수학 동아리 중심의 수학 나눔축제 형태로 수행됨

5.2 산업수학

우리나라 학부모의 수학교육에 대한 관심은 매우 높으며, 중·고등학교에서 수학이 사교육비를 가장 많이 사용하는 교과이며, 국제학업성취도 비교 결과 우리나라의 수학 학업성취도는 가장 우수하다. 그러나 전라남도교육정책연구소에서 전남지역 초중고 6867명을 대상으로 조사한 결과, 가장 싫어하는 교과로 수학(30.8%), 영어(21.1%), 사회(20.0%, 국사, 도덕 등 포함) 등을 꼽았으며(송승훈, 2012), <표 1-30>과 같이 우리나라 수학·과학의 질에 대한 경제인들의 인식이 높은 편은 아니다(WEF, 2015).

〈표 1-30〉 우리나라 수학·과학의 질에 대한 경제인의 인식

연도	2010	2011	2012	2013	2014	2015
순위	18	18	12	8	20	34
참가국	123	138	142	144	148	143

※ 매년 100여 명 경제인(대기업:중소기업=1:1)을 대상으로 설문조사를 실시하여 다음 해 세계경제포럼에서 발표

우리나라 수학에 대한 긍정적인 부분, 부정적인 부분이 함께 존재하기는 하지만 수학은 미래 사회를 이끌고 미래 산업을 발전시키기 위해 매우 중요한 요소이다. 이에 세계 여러 나라는 미래 사회 국가경쟁력 강화를 위해 수학의 중요성을 강조하고 이를 강화시키고 있다. 미국 NRC(2013)는 미래 사회에서 수학은 연구 역량의 중요한 진전을 이루는 역할 뿐 아니라 [그림 1-14]와 같이 수학과 연계된 응용분야까지 거의 모든 영역에서 중추적인 역할을 할 것이라고 하였다.

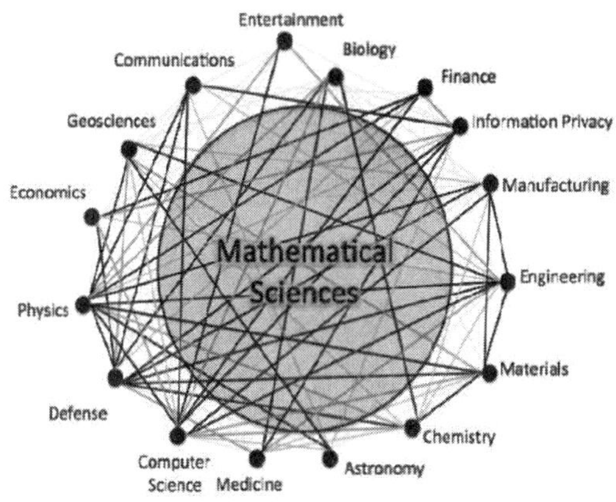

[그림 1-14] 미래 수학의 역할

Australia(2016)는 2025년을 위한 호주 수리과학의 비전을 발표하면서 수리과학자는 10%의 직업으로 16%의 부가가치를 창출하고 있으며 앞으로 최고의 유망직업군이라고 하였고 수학은 과학의 언어를 넘어서서 기본적인 연구나 발견에서도 필수적인 요소라고 하였다. Villani, C. et al(2018)은 프랑스 교육부 지원을 받아 수행한 연구에서 프랑스의 국가적 우선순위에 수학교육을 포함시킬 것을 제안하였다. 일본 키타하라 카즈오 외(2010)는 과학기술의 지혜 프로젝트를 발표하면서 국가 사회가 발달함에 따라 모든 현상에서 정보의 양과 복잡성이 증대되기 때문에 이를 해결하기 위해서는 계산(Computation)과 빅데이터(Big

Data)의 기초 도구인 수학이 필수적이라고 하였다.

우리나라도 수학을 활용해 부를 창출한 기업이 등장하고 수학 자체가 비즈니스가 되는 시대가 열리고 있기 때문에* 산업수학을 육성해야 한다고 하면서, <표 1-31>과 같이 2016년 '산업수학** 육성방안'을 발표하였다. 특히 대학 수학과에서 순수수학 중심***의 교육으로 인해 타 분야와 교류가 소극적이라 보고 수학을 세상의 문제와 연결시킬 수 있는 기회를 만들어야 한다고 하였다(이환철, 2019).

〈표 1-31〉 산업수학 육성방안 주요 내용

구분	내용
산업수학 개념 및 프로세스	○ (개념) 수학적 이론과 분석방법 활용하여 '세상의 문제를 해결하거나 산업의 부가가치를 창출*'하는 활동 * 산업현장의 문제 해결, 경영활동의 최적 의사결정, 자연현상 및 인간활동 예측, 신상품 개발 등 다양한 분야에 활용 ○ (프로세스) 산업적, 사회적 문제를 수학으로 해석하여 분석 모델을 구현하고 시뮬레이션 및 최적화 과정을 거쳐 솔루션 도출
산업수학의 성과 사례	○ 해외 대표 사례 - (베를린 시) 수학교수 마틴그래첼 연구팀은 정수계획법(Integer Programming) 이론을 활용하여 통일 후 대중 교통문제 해결 - (벨연구소) 새로운 Matrix Inversion 알고리즘을 사용하여 구식 구리선의 통신 속도를 300Mbps까지 획기적으로 개선 ○ 국내 대표 사례(산업수학 점화 프로그램) - (카이스트) 산업수학 Clinic 운영 - (성균관대) 삼성 SDS 인공지능 기반 맞춤형 컨설팅 추론 엔진발 - (부산대) 해양수산팀을 구성하여 어종의 성장률, 사망률 및 자원량 추정 연구, 기후변화에 따른 수산물 어획량 예측 연구 수행
초·중등수학 교육 관련 내용	○ 3-③ 과제는 '초·중등수학교육 발전'으로 산업수학의 가치 소개 활동(고교 실용수학 교재 개발, 수학캠프, 교사 연수 등)과 수학 기반 문제해결 경험 및 진로설계 지원 활동(문제해결 경진대회, 진로설계 및 직업체험 프로그램 운영 등) 추진

* Diloitte(2012)는 수학 연구의 경제 효과를 정량화한 보고서를 발간하면서 영국 GVA(Gross-value Added, 총부가가치)의 16%인 부가가치와 영국 일자리의 10%를 창출할 수 있다고 하였다.

** 산업수학이란 수학적 이론과 분석방법을 활용하여 세상의 문제를 해결하거나 산업의 부가가치를 창출하는 활동이다(미래창조과학부, 2016).

*** 우리나라 대학 수학과 교수의 88%가 순수수학자로 분류된다(박기범 외, 2015).

6. 맺음말

이번 장에서는 교육 관련 법률, 교육 행정조직, 교육과정, 교과서를 중심으로 우리나라 교육을 이해하고 이를 통해 수학교육이 어떠한 연계성을 가지고 있는 살펴보았다. 또한 대학입시, 수학 정의적 영역, 중장기 계획 등 수학교육 이슈를 점검하고 수학 교수·학습 및 평가, 수학 교과 교사 교육, 수학문화의 현재와 미래 방향을 살펴보았다.

우리나라 수학교육 정책은 수학과 교육과정, 수학교육 종합계획을 두 축으로 하여, 교육목표, 교수학습, 평가가 일관성을 가질 수 있도록 지속적인 노력을 기울이고 있으며, 2018년 4월 25일 과학·수학·정보교육 진흥법이 시행되면서 법적 토대 또한 마련되었다. 중고등학교 수학교원의 92.3%가 동의하는 것처럼 우리나라 수학교육은 활동과 탐구 중심으로 정책 방향을 정하고 이를 위해 많은 노력을 기울이고 있다. 다만 앞으로도 수학교육의 올바른 방향을 지켜나가기 위해서는 학교 현장의 노력이 가장 중요하지만 국가·사회적인 노력이 함께 지속되어야 한다.

우리나라 수학교육 정책에 대해 정리하면서 다음과 같은 다섯 가지의 정책 방향을 제안하고자 한다. 첫째, 우리의 소중한 학생들에게 수학 학습의 재도전 기회가 주어져야 한다. 4차 산업혁명 시대는 지식의 학습, 전수가 학교와 교사에 의해서만 일어나지 않는다. 30명의 학생들을 대상으로 같은 내용 요소를 수업하고 같은 학습 수준에 도달하기를 바라는 것은 매우 어려운 일이다. 최근 들어 초·중·고 학생 인구가 65세 이상 인구보다 적어지기 시작했다. 국가 전체가 아이 한 명 한 명을 매우 소중히 생각하고 지원해야 한다. 그런 면에서 다양한 수학 학습 수준에 적합한 재도전의 기회가 학교 안팎에서 지원되어야 한다. 그것이 온라인이어도 좋고 오프라인이어도 좋다. 가족 구성원, 은퇴 교원, 전문가 뿐 아니라 학생 자신들도 모두 자신의 콘텐츠를 가지고 재도전을 도와야 한다.

둘째, 지나치게 복잡한 계산과 문제풀이 중심의 수학교육이 아닌 자신의 생각을 말하고 논의할 수 있는 수학 수업이 이루어져야 한다. 이를 위해서는 협력형 수학 과제가 매우 필요하다. 단편적인 지식은 어떤 경로를 통해든 쉽게 얻을 수 있다. 30명의 동질집단 동료들과 하루 8시간 정도를 생활을 지속하는 초·중·고등학교 생활을 활용해야 한다. 개인 혼자서 하는 일은 학교에서 하지 않아도 할 시간과 공간이 많다. 함께 생각을 나누고 정리하는 시간이 학교 교육에서 이루어져야 한다. 단순 문제풀이 중심의 수학 문제 분량을 대폭 줄이고 수학적 사고가 가능한 협력형 수학 과제가 수학 수업의 주 재료가 되어야 한다.

셋째, 수학 학습 과정에서 발생하는 학생들의 생각이 존중받아야 한다. 수학은 누구도 부인할 수 없는 사고의 학문이다. 그러나 수학에는 하나의 정답과 그 정답이 나오는 하나의 풀이만이 존재한다고 오해하는 경우가 있다. 학생들이 제시한 다양한 생각, 풀이, 정답에 비록 오류가 있더라도 존중받으며 그 논리적 근거를 수정하고 보완하면서 성공을 경험하게 해야 한다.

넷째, 4차 산업혁명 시대 빠르게 발달하고 있는 과학기술 기반 첨단도구를 수학교육에 활용해야 한다. 알파고 사건 직후 인류는 인공지능 로봇의 지배를 곧 받을 수도 있다고도 한다. 그 가능성 여부, 실현 시점 등에 대해서는 여러 논란이 있을 수 있으나 인간만의 특성을 살리면서도 로봇의 도움을 받아야 한다는 데에는 모두 공감하고 있다. 인공지능으로 대표되는 첨단도구의 적절한 활용은 필연적인 교육의 방법론이 될 것이다. 어느 곳, 어느 시점에 첨단도구를 활용하는 것이 수학교육의 방향을 유지하면서도 학생의 수학 학습, 교사의 수학 수업을 도울 수 있을 것인지 고민이 필요하다.

마지막으로, 수학계는 순수수학 중심에서 응용수학을 포함하는 방향으로 범주가 넓어지고 있으며 수학이 거의 모든 분야의 기초 학문으로서 위치를 잡아 가고 있음을 고려해야 한다. 우리나라 초·중등수학교육도 미래 사회 광범위한 분야의 기초 학문으로서 보다 자리매김 할 수 있도록 중장기적인 수학 학습 내용 및 수학 교수·학습 방법에 대한 연구가 지속적으로 필요하다.

참고문헌 REFERENCE

강현영, 김선희, 고은성, 이동환, 조진우, 탁병주 (2017). **수학 과정 중심 평가 교사 연수 프로그램 개발**. 한국과학창의재단

고호경, 김응환, 양순열, 권세화, 권순학, 정낙영, 장인선, 임유원, 최수영, 이성재, 노솔, 백형윤, 홍창섭 (2013), **중학교 수학 1**. 서울: ㈜교학사

고호경, 김응환, 김인수, 이봉주, 한준철, 최수영, 김정현, 김화영, 정시훈, 조준모, 최화식, 최화정 (2018), **중학교 수학 1**. 서울: ㈜교학사

고호경, 이환철, 송영주, 서보억, 김형원, 이형주, 김소민, 김형식, 남미연, 김정현, 김혜진, 김홍겸, 신민경 (2018). **2018 수학교육 현장지원단 운영**. 한국과학창의재단

고호경, 이환철, 이화영, 황혜정, 허난, 서보억, 노지화, 이현숙, 황매향, 김형식, 김정현, 정시훈, 이지혜 (2016). 수학나눔지원단 운영. 한국과학창의재단

고호경, 이환철, 이화영, 황혜정, 이봉주, 허난, 서보억, 노지화, 김형원, 최수영, 김소민, 김형식, 한상현, 박지영, 김홍겸 (2017). **2017 수학교육 현장지원단 운영**. 한국과학창의재단

고호경, 이환철, 이현숙, 이은정, 백승근, 김형식, 윤경란, 김윤정, 정시훈, 이선재, 이지혜 (2015), **수학 학습 실태조사 및 개선방안 연구**, 한국과학창의재단

교육과학기술부 (2012). **2012년도 디지털 교과서 개발 및 적용 추진계획안**

교육과학기술부 (2012). **수학교육 선진화 방안**

교육부 (2015a). **2015 개정 수학과 교육과정**(교육부 고시 제 2015-74호 [별책8])

교육부 (2015b). **제2차 수학교육 종합계획**

교육부 (2015c). **초·중등학교 교육과정 총론**(교육부 고시 제 2015-74호 [별책1])

교육부 (2018). **교육부 보도자료 2018. 11. 7.**: 직접 만져보고 관찰하면서 배워요

교육부 (2019). **교과서 발행체제 다양화 및 자유발행제 추진 계획**

교육부·한국과학창의재단 (2018). **알지오매스 안내서**

김수진, 박지현, 김현경, 진의남, 이명진, 김지영 (2012), 수학·과학 성취도 추이변화 국제비교 연구: **TIMSS 2011 결과보고서**, 연구보고 RRE-2012-4-3, 한국교육과정평가원

김영욱, 고성은, 김영록, 박혜숙, 이상욱, 장정욱, 조도상 (2017). **미래인재상에 적합한 수학 학습 내용 연구**. 한국과학창의재단

김영욱, 김영록, 신동관, 이상욱, 장정욱, 조도상 (2016). **수학 학습 내용요소 추출연구**. 한국과학창의재단

김화경, 계보경, 이지윤, 임완철, 최인용 (2018). **지능정보기술을 활용한 수학교육 변화 방안 연구**. 한국과학창의재단

나귀수, 박미미, 김동원, 김연, 이수진 (2018). 미래 시대의 수학교육 방향에 대한 연구. **수학교육학연구** 제28권 제4호 pp.437-478

나귀수, 박미미, 박예진, 이환철 (2018). 수학과 서술형 평가에 대한 연구 -수학교사 인식 조사 및 지원 방안 탐색을 중심으로 -. **학교수학** 제20권 제4호 pp.636-659

미래창조과학부 (2016). 산업수학 육성방안

송미영, 김성숙, 구자옥, 임해미, 박혜영, 한정아 (2014). **OECD 국제 학업성취도 평가 연구**: PISA 2012 컴퓨터 기반 평가 결과 분석. 한국교육과정평가원 연구보고 RRE 2014-4-2

박기범, 임하나, 김창환, 우영호, 송창용 (2015). **산업수학 활성화를 위한 국내 산업수학 생태계 분석**. 과학기술정책연구원

박경미, 이환철, 박선화, 강은주, 김선희, 임해미, 김성여, 장혜원, 강태석, 권점례, 김민정, 방정숙, 이화영, 임미인, 이만근, 김화경, 윤상혁, 이광상, 이경은, 조혜정, 권영기, 권오남, 신동관, 강현영, 김재영, 도종훈, 박정숙, 서보억, 안현정, 오택근, 이경진, 이광연, 이문호, 이승훈, 이은정, 이지윤, 전인태, 최지선, 한준철, 황선미, 박문환, 김완일, 강성권 (2015). **2015 개정 수학과 교육과정 시안 개발 연구 II**. 한국과학창의재단

신현석 (2017). **[학제개편은 이렇게-특별기획]** 새로운 학제개편의 기본 방향. 에듀인뉴스 2017.6.13

윤정일, 송기창, 조동섭, 김병섭 (2015). **교육행정학원론**. 학지사

송승훈 (2012). 전남지역 초·중·고 학생의 종합실태 파악 결과 분석. **전남교육 이슈 & 정책** Nov. 2012 vol. 03

이경화, 강현영, 고은성, 이동환, 신보미, 이환철, 김선희 (2016). 과정 중심 평가의 실행을 위한 방향 탐색. **수학교육학연구** 제26권 제4호 pp.819-834

이경화, 강현영, 고은성, 권석일, 김동원, 김선희, 김연, 김재홍, 김화경, 박진형, 신보미, 이동환, 이수진, 이은정, 한대희, 홍진곤, 구나영, 류경민 (2017). **2016 수학교육 현장지원단 운영**. 한국과학창의재단

이동환, 이경화, 고은성, 권석일, 김동원, 김연, 박진형, 구나영 (2017). **좋은 수학 과제 분석 발굴 연구**. 한국과학창의재단

이영희, 윤지현, 홍섭근, 임재일, 백병부 (2018). 미래교육 관련 연구 메타분석을 통한 미래교육의 방향. **교육문화연구** 제24권 5호 pp.127-153

이정규, 조향숙, 이환철, 이현숙, 차대길, 현지영, 김율, 이화영, 김수동, 정병호, 류지열

(2018). **과학·수학·정보교육진흥법 제정 대응 및 과학·수학·정보교육 활성화 방안에 대한 기초 연구**. 한국과학창의재단

사교육걱정없는세상 (2015). **수학 포기자(일명 '수포자') 대책** ② : 대입 전형 시 수학 반영 요구 보도자료(2015.04.20.)

이환철 (2019). **알지오매스(AlgeoMath)에 담긴 미래 수학교육의 방향 탐색**. 영남수학회 East Asian Mathematical Journal 35권 4호 pp.387-406

임화섭 (2018). **[교육 팩트체크]** ①한국 공교육이 국·영·수 편중?. 연합뉴스 2018.12.02. https://www.yna.co.kr/view/AKR20181101168900501

통계청 (2019). **2018년도 초중고 사교육비 조사결과**

키타하라 카즈오, 카케히 카츠히코, 와타나베 오사무, 아시다 마사야, 카와이 사토루, 타케우치 이쿠오, 타츠미 타케오, 니시자키 신야, 하기야 마사미, 하라다 에츠코, 후지타 켄지, 마츠이 히로유키, 마시코 노리후미, 요시미 슌야 저 (2008), 한국과학창의재단 역 (2010). **과학기술의 지혜 프로젝트 정보학 전문부회 보고서**.

한국과학창의재단 (2017). **2016 수학 데이터북**

Australia (2016). The Mathematical Sciences in Australia, A vision for 2025

Deloitte (2012). Measuring the Economic Benefits of Mathematical Science Reserch in the UK.

NRC(National Research Council of the National Academics) (2013), *The Mathematical Sciences in 2025*. Washington, DC: The National Academies Press

Villani, C., Torossian, C., et Dias, T. (2018). *21 mesures pour l'enseignement des mathématiques. Paris, France*: Ministère de l'Education Nationale (France). http://hdl.handle.net/20.500.12162/1695

OECD(OECD). *Education at a Glance 2018*: OECD Indicators

UNESCO(2012), *Challenges in basic mathematics education.*

World Economic Forum(2015), *The Global Competitiveness Report* 2014-2015.

제2장

일본

JAPAN

1. 들어가며

일본은 태평양에 있는 일본 열도의 네 개의 큰 섬(혼슈, 규슈, 시코쿠, 홋카이도)과 이들 주변에 산재한 6,852개 섬으로 이루어진 군도 국가이다. 일본의 전체 면적은 37만7973 km^2으로 독일(35만7386 km^2)과 비슷하다. 일본의 인구는 2018년 기준 약 1억 2,640만 명으로, 세계에서 11번째로 많다. 현재의 일본은 1945년 포츠담 선언에 서명한 이후 1947년에 제정·시행된 일본국 헌법에 의해 법적으로 성립된 국가로서 입헌군주제를 채택하고 있다. 경제력은 명목상 국내 총생산 기준으로 세계에서 미국과 유럽 연합, 중화인민공화국에 이어 세 번째로 크다(2017년 기준).

일본의 인간개발지수(Human Development Index, HDI)*는 2018년 기준 세계 19위로 동아시아 국가 중에서 1위이다. 또한 아시아 국가 중에서 G7에 들어가는 유일한 국가이며 유엔 안전 보장 이사회의 비상임이사국 지위를 보유하고 있다. 유엔(UN)과 세계 보건 기구(World Health Organization, 약칭 WHO)에 따르면 일본은 영아 사망률이 세계에서 세 번째로 낮고 세계에서 가장 높은 평균 수명을 기록하고 있다.

일본은 국가 교육과정은 학습지도요령으로 불리며, 우리나라와 마찬가지로 법적 고시의 형태로 존재한다. 일본의 중등교육이나 고등교육의 취학률은 미국 다음으로 높으며, 입학자의 졸업률은 세계 최고 수준이다. 일본의 기본 학제**는 단선형의 6-3-3-4제를 채택하고 있다. 일본의 의무교육단계는 9년제로, 만 6세부터 12세까지의 아동들이 다니는 소학교(小学校)와 중학교가 해당된다. 일본의 고등학교는 과정별로 분류할 때, 보통과정과 전문과정으로 구분할 수 있다. 보통과정은 우리나라의 일반계 고등학교에 해당하는 대학 진학 준비과정이며, 전문과정은 전통적으로 수산, 농업, 공업, 상업, 가정, 간호, 국제과, 정보처리과 등으로 세분화하는 경향이 있다. 그러나 출산률 저하로 인한 소규모 학교의 증가 등으로 인해 2016년부터 개정학교 교육법을 바탕으로 의무교육 9년의 '6-3제'가 '4-3-2제' 혹은 '5-4제' 등으로 변경 가능한 '초·중 일관 학교'가 제도화되고(교육정책네트워크, 2015), 고등학교

* 인간개발지수(Human Development Index, HDI)는 유엔개발계획(UNDP)이 각 국가의 실질국민소득, 교육수준, 문맹율, 평균수명 등 여러 가지 인간의 삶과 관련된 지표를 조사해 각국의 인간 발전 정도와 선진화 정도를 평가한 지수이다. 2009년까지 일반적으로 HDI가 0.900점 이상인 국가를 Very High Human Development로 분류, 선진국으로 보았으나, 2010년에 HDI 산정 방식이 바뀌어서 Very High Human Development로 분류된 국가라도 0.900 미만의 HDI가 나올 수 있게 되었다. 2015년 기준 49위까지 Very High Human Development에 해당하는 국가이며, 선진국으로 볼 수 있다. 우리나라는 2018년 기준 세계 22위이고 동아시아 국가 중 2위이다.

** http://www.mext.go.jp/b_menu/toukei/data/syogaikoku/1404260.htm)의 1.1.1.1파일

교육을 자율화·개성화 교육으로 개혁하고자 '6년제 중등 일관 교육'을 시도하는 등 교육 경로를 다양화하고 있다.

중·고 일관 교육은 전기 중등교육(일반 중학교 교육)과 후기 중등교육(일반 고등학교 교육) 과정을 조정하여 낭비를 줄이고 일관성을 갖게 한 체계적인 교육 방식이다. 중·고 일관 교육 학교는 2012년도부터 교육과정 기준의 특례를 위한 고시를 개정하여 실시 형태에 따라 특색있는 교육과정을 편성할 수 있도록 하고 있다. 중·고 일관 교육의 학교 유형은 중등교육교, 병설형 중·고등학교, 연휴형 중·고등학교의 세 가지 형태가 있다(홍후조, 변자정, 2012). 중등교육교는 중등교육 6년간을 일체로 교육하는 학교로서, 중학교 3년을 전기과정, 고등학교를 담당하는 3년을 후기과정이라 부른다. 병설형 중·고 일관 교육 학교는 6년간 계

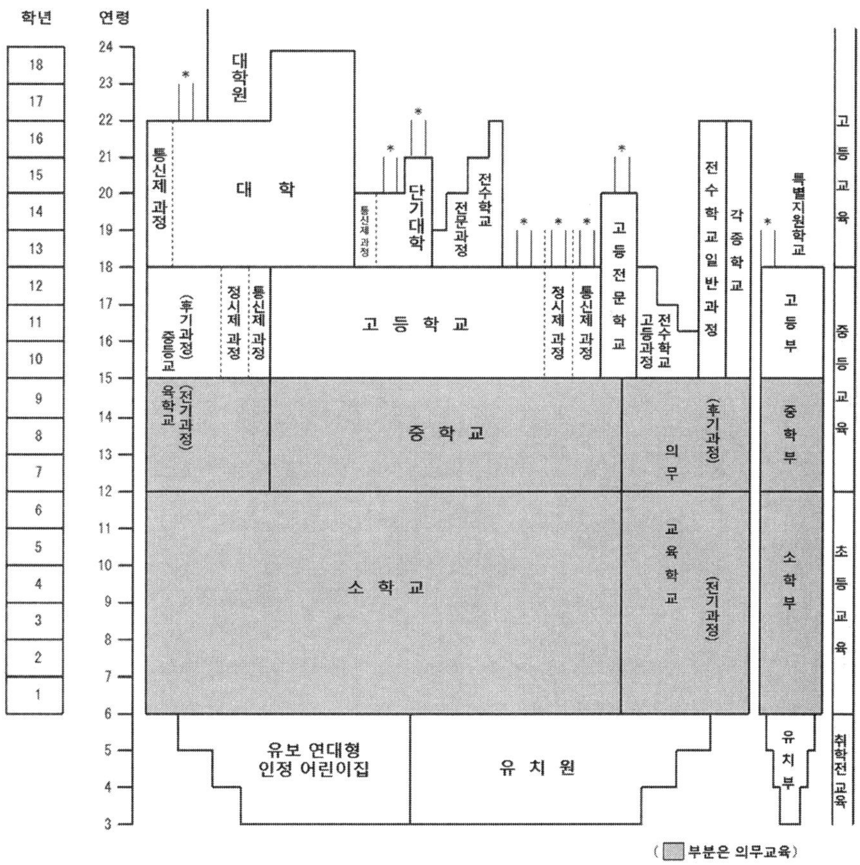

(주의)

1. *표시는 전공과를 나타냄.
2. 고등교육, 중등교육학교 후기과정, 대학, 단기대학, 특별지원학교 고등부에는 수업연한 1년 이상의 별과를 둘 수 있음.
3. 유보연대형 인정 어린이집은 학교 및 아동복지시설이며 0~2세 아동도 입원(入園)할 수 있다.
4. 전수학교 일반과정과 각종학교에 대해서는 연령과 입학자격을 일률적으로 결정하지 않고 있다.

[그림 2-1] 일본의 학제

속 교육으로 목표 실현을 위한 주체적 행동을 지향하며, 학교별 교양교육 중시 외 과학 및 수학교육 혹은 국제 이해 교육 중점 등 특성화를 주도한다. 연휴형 중·고 일관 교육 학교는 기존 도립 고교와 구시정촌립(九市井村立) 중학교 간 요구에 따라 교육과정 편성, 교원과 학생 교류 등을 연계하는 형태로서, 지역에서 결속력이 강한 고등학교와 중학교가 연대하여 조직되는 경우가 많다.

후기 중등교육 체제는 고등교육의 다양화와 인재 육성, 산업계의 요청에 따라 중·고 일관 교육 학교, 국제 중등교육 학교, 종합학과고교, 단위제고교, 산업고교, 진학형상업고교, 체육·복지고교, 과학·기술고, 종합예술고교, Challenge학교, 주·야간 정시제고교 등이 있다(윤종혁, 2006). 이 중 종합학과 고등학교는 보통교육과 전문교육을 종합적으로 행하는 학교로서 1994년부터 도입되었는데, 보통과와 전문학과와 함께 새로운 학과인 종합학과를 개설한 학교로서, 학생이 폭넓은 선택과목 중에서 자신의 개성이나 장래의 직업선택 등 자기의 진로에 따라 스스로 과목을 선택하는 점이 특징이다. 단위제고교는 1988년부터 정시제, 통신제 과정에서 도입되어 1993년부터 전일제 과정에서도 설치가 가능해진 고등학교로서, 학년에 의해 교육과정을 구분하지 않고 정해진 학점을 습득하면 졸업이 인정되는 학교이다. Challenge학교는 초등·중학교 때 등교 거부 경험을 가진 학생이나 고교의 중도퇴학자 등을 주로 받아들이는 단위제 종합학과의 주야간 정시제 독립교이다.

일본의 중앙교육행정기관은 문부과학성이며, 전통적으로 정부 주도로 교육정책을 결정한다. 2001년에 문부과학성에 설치된 중앙교육심의회는 문부과학대신의 자문기구로서 학계와 현장의 의견을 수렴하지만, 주로 정부가 가이드라인을 정하고 요구하는 사항에 대한 방안을 수립한다. 일본의 교육정책은 문부과학성 대신의 '자문문'에 응하여 중앙교육심의회 및 특별분과회의 '답신문'을 통해 정책에 대한 심의와 의견을 제시하고 문부성 해당과에서 정책을 입안, 발표하는 수순을 거치는 것이 일반적이다. 수학교육 정책의 기본 원칙이나 방향은 교육기본법과 교육진흥계획, 수학과 학습지도요령에 따라 문부과학성에서 추진한다. 또한 국민들이 자유롭게 의견을 우편, 팩스, 이메일 등을 이용하여 문부과학성에서 안건별로 모집하는 퍼블릭 코멘트 제도가 있다.

중앙교육심의회의 위원은 30인 이내이며 재임 가능하고 임기는 2년으로 규정되어 학계, 경제계 등 각계 인사로 문부과학대신이 임명한다. 중앙교육심의회는 교육제도분과회, 평생학습분과회, 초·중등교육분과회, 대학분과회 이상 4개의 분과회가 설치되어 각 교육 분야별로 심의를 실시한다. 중앙교육심의회는 학계뿐만 아니라 사회·언론·경제 등을 망라한 대표성을 표방한 구성을 하고 있기 때문에, 실질적인 현황 분석과 방안 모색은 대학교수를 중심으로 한 내부기구에서 다룬다. 수학교육에 관한 자문은 일반적으로 중앙교육심의회의 초중등교육분과회에서 담당하며, 하부조직으로 여러 부회(예, 고등학교부회 등)와 위원회가 있다. [그림 2-2]는 최근의 일본 교육 개혁을 이끌어 낸 중앙교육심의회 및 특별분과회의 구성도이다.

일본의 지방교육행정기관은 1,831개 교육위원회가 도도부현(우리나라의 광역시·도), 시정촌(우리나라의 읍면동)에 설치되어 있고, 일부는 통합교육위원회 방식을 취하여 설치되어 있다. 협의로 교육위원회는 교육위원들만의 위원회를 뜻하나 광의로 교육장이 이끄는 교육위원회 사무국인 교육청까지 포함하는 개념으로 사용된다. 교육위원회의 수장(지사·시장·정장·촌장 등)은 지방의회의 동의를 얻어 교육위원 5명을 임명한다. 교육위원회를 수장의 특별부속기관화하고, 교육위원 중 위원회 회의를 주재하는 대표인 교육위원장을 선출하고, 교육위원회 사무국의 장으로서 교육행정 실무를 담당하는 교육장을 선출한다. 교육장은 수장의 보조기관으로서 교직원이나 사무국직원의 인사, 교육 내용, 교과서 기타 교재를 취급하도록 하고 있다(고전, 2014).

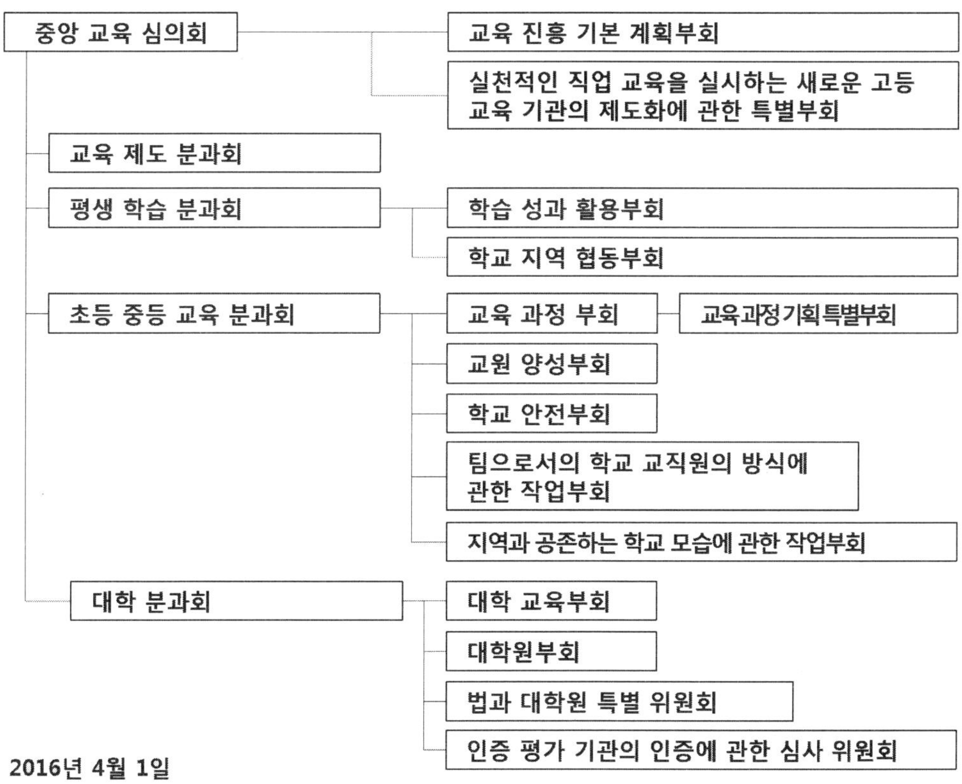

[그림 2-2] 일본 중앙교육심의회와 특별분과회 조직도(중앙교육심의회, 2016b)

2. 수학교육 이슈

2.1 수학교육 개혁

일본은 국가경쟁력을 확보하기 위한 인재 양성을 위해, 글로벌 담론에 참여하면서 사회와 연계하여 학습의 질을 높이기 위해, 정부 주도로 교육 개혁을 실행하고 있다. 유토리(ゆとり´ 여유 있는 교육)' 혹은 '쓰메코미(詰め込み´ 주입식 교육)'라는 논의를 넘어 2008년 개정된 학습지도요령의 개념을 계승하면서 학생들의 지적 이해의 질을 높이고, 정보화, AI(인공 지능)의 진화, 세계화, 저출산 및 고령화, 불투명한 국제 정세 등 급격한 사회 변화에 대해서 학습자의 주체적이고 능동적인 태도를 강조한다. 하지만, 대학교육은 아직도 주입식 교육이 지속되고 이를 개선하려는 태도가 보이지 않아 일본 정부가 교육 개혁의 필요성을 인식하고(중앙교육심의회, 2016a), 2017년 3월 제9차 교육과정 개정 공포와 함께 고교-대학 연계 시스템* 개혁을 동시에 실행하고 있다. 「고교-대학 연계 시스템 개혁 회의 최종 보고(2016.3.31.)」에 의하면, 일본 교육 개혁의 핵심은 고등학교 교육, 대학입시 개혁, 대학 교육개혁을 통해 학력의 3요소(① 지식·기능, ② 지식·기능을 바탕으로 한 사고력·판단력·표현력, ③ 주체성을 가지고 다양한 사람들과 협동하여 배우는 태도)를 육성·평가하는 삼위일체의 개혁을 추진하고 있다. 교육 개혁을 통한 일본 학교 교육의 질 확보 및 향상에 대한 전체적인 구조는 [그림 2-3]과 같다.

일본 수학교육의 최근 이슈도 이러한 흐름에 따라 수학과 교육과정 개정, 2020년 시행을 준비하고 있는 '대학 입학 공통 시험' 수학 교과의 서술형 문항 도입과 그 채점에 대한 것이다. 이러한 수학교육 정책 추진의 기본 방향은 학력의 3요소의 실천이다. 구체적으로 살펴보면, 2017년 3월 새롭게 고시된 수학과 학습지도요령에서는 미래사회를 개척하기 위한 자질과 능력을 더욱 확실히 육성하기 위하여 학생들에게 요구되는 자질과 능력을 살피고 사회와 공유 및 연계하는 '사회에 열린 교육과정'을 개정의 기본 방침으로 밝히고 있다. 이를 위해, 지식 및 기능의 습득과 사고력, 판단력, 표현력 육성의 균형을 중시하는 현행 수학과 학습지도요령의 틀과 교육 내용을 유지하면서 지식 이해의 질을 더욱 높이고 확실한 학력을 육성하는 것을 개정의 중점으로 밝히고 있다. 특히 실생활 및 실제 사회에서 활용되는 수학적 활동을 통하여 논리적인 사고력과 다양한 사람들과의 의사소통 능력을 높이기 위해 근거를

* '고교-대학 연계 시스템'은 고등학교와 대학의 교류를 통해 양쪽 학생들의 학습 의욕 향상을 도모하고자 하는 교육 방안으로서 일본에서는 '고대접속시스템(高大接続システム)'이라는 표현을 사용한다.

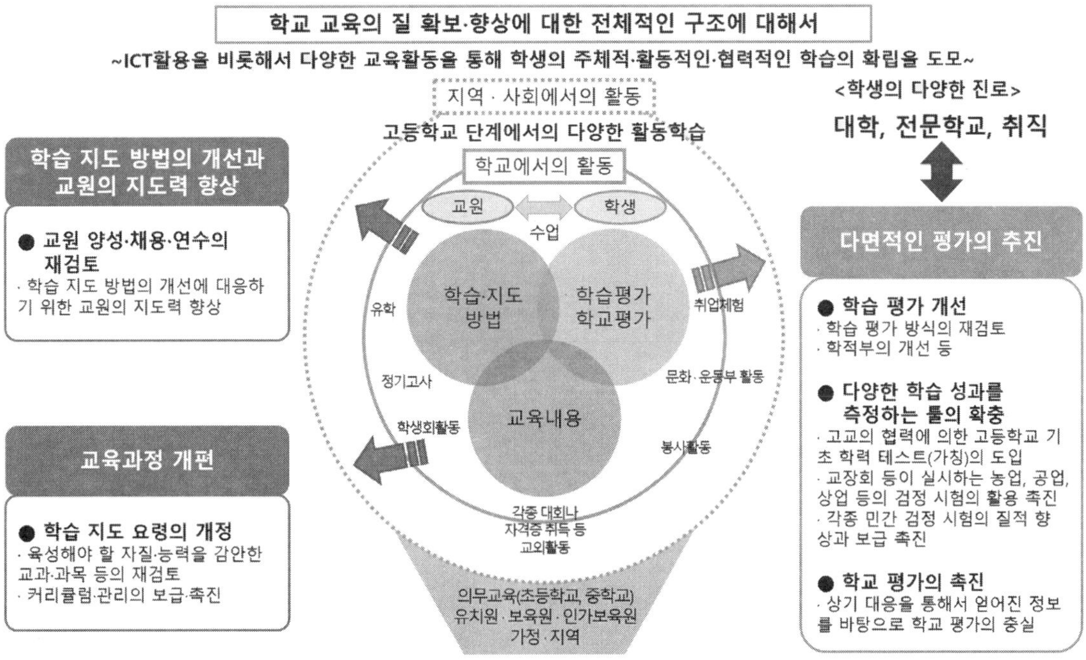

[그림 2-3] 일본 학교 교육의 질 확보 및 향상에 대한 전체적인 구조(문부과학성, 2016a)

명확하게 밝히고 체계적으로 생각하며 이를 말과 수, 식, 그림, 표, 그래프 등을 활용하여 표현, 설명, 전달하는 것을 강조한다. 이는 2017 개정 수학과 학습지도요령의 개정 배경에서 서술한 일본 수학교육의 문제점과 무관하지 않다. 일본의 수학교육은 2008 학습지도요령의 실천을 통해 국제학업성취도평가에서 수학 성적이 상위권을 유지하는 것을 넘어 약진하고 있지만, 국제적인 수학 동향에서 강조되고 있는 수학의 기본적인 개념과 원리와 법칙을 바탕으로 다양한 상황을 수학화하고 수학적으로 해석하거나 표현하는 것이 충분히 이루어지지 않고 있다고 평가한다.

또한, 2017 수학과 신 학습지도요령에서는 고교-대학 연계 시스템 개혁이라는 고등학교 교육을 포함한 초·중등 교육개혁과 대학 교육개혁, 그리고 양자를 연결하는 대학입학자 선발 개혁의 일체적 개혁 속에서 실시하는 개정임을 밝히고 있다. 문부과학성은 「고교-대학 연계 시스템 개혁 회의 최종 보고(2016.3.31.)」, 「대학입학공통테스트(가칭)의 실시 방침 책정에 대한 고찰(안)(2017.05.17.)」을 발표하여 현행 대학입시시험인 '대학입시센터시험'을 대신하는 새로운 '대학입학공통테스트'를 2020학년도부터 시행하려고 한다. 대학입학공통테스트는 학력의 3요소를 토대로 충분한 지식과 기능을 바탕으로 답이 정해지지 않은 문제로 사고력, 판단력, 표현력 등 스스로 답을 찾아 나가는 것을 평가할 수 있게 하려고 한다.

변화된 '대학입학공통테스트'의 주요 내용은 국어와 수학에서 주관식 문제의 도입이다.

수학 교과에 서술형 시험 도입을 결정한 교육적 판단 근거를 살펴보면, 기존의 대입 수학 시험에서는 '주어진 문제의 해결 과정을 재현하는 능력'을 측정하는 문제가 중심이 되어 학력 저하와 초·중등교육과의 일관성 유지에 어려움이 있었다는 점을 들고 있다. 이러한 대학입학공통테스트로 대학입학자 선발의 개혁을 추진하게 되면 대학교육뿐 아니라 다수의 대학 입학 희망자에 대한 고등학교 교육 개선에도 영향을 미칠 것이다([그림 2-4] 참조).

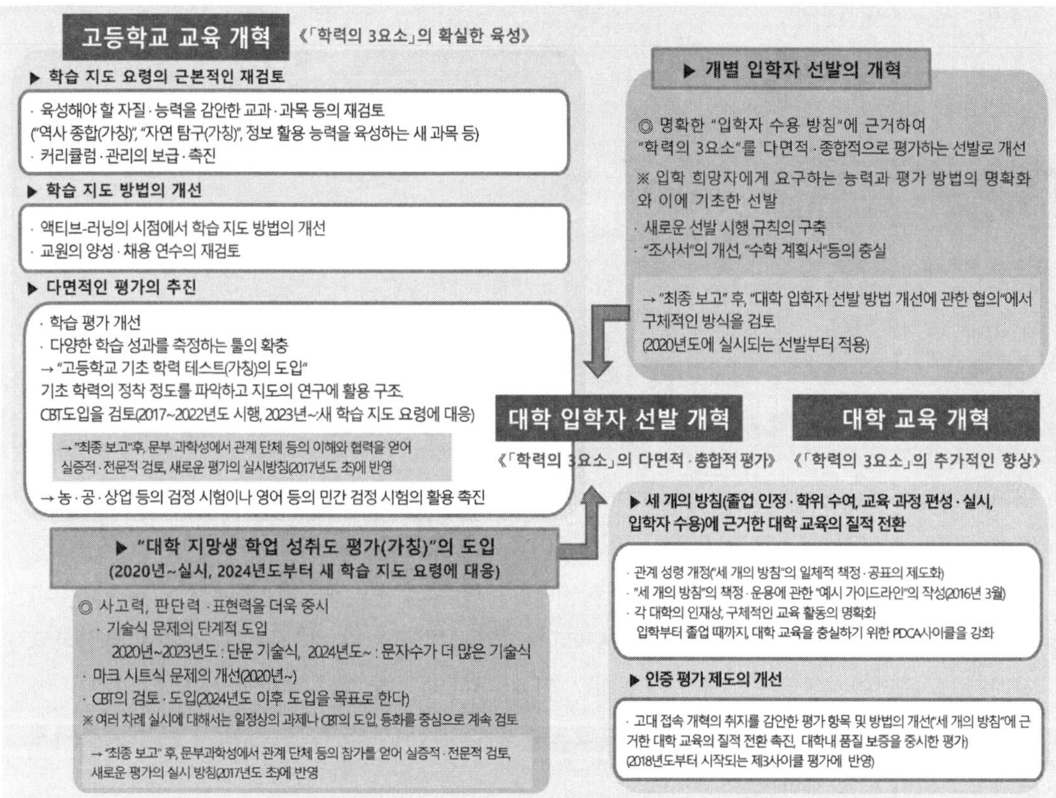

[그림 2-4] 일본 대학입시제도, 고등학교와 대학교육 개혁 추진 내용과 방법

(문부과학성, プレスリリ-ス, 2017.5.17.)

일본은 2020학년도 '대학입학공통테스트(가칭)의 수학의 서술형 문항의 출제 과목은 '수학I', '수학I·수학A'로 하고 출제 범위는 '수학 I'의 내용으로 한다. 수학과 서술형 문제는 수식·문제 해결 방법을 묻는 3문항 정도를 출제할 예정이다. 일본은 2017년 8월 '대학입학공통테스트'의 도입을 발표할 때 수학과 서술형 문항의 예시 문항도 함께 발표하였다. 수학 서술형 문항의 예시로 대학입시센터는 공원의 동상을 보여주면서 동상이 가장 잘 보이는 위치를 고찰하게 하는 문항을 제시하였다([그림 2-5] 참조).

1 . 하나코와 타로는 다음의 기사를 보면서 이야기를 하고 있다.

=공원정비계획=
광장의 크기는 어떻게 할 것인가?

(○○○ 대좌)

○○시의 구 현영 야구장 부지에 정비되는 현영 야구 공원(가칭)의 정비 내용에 대해서, 녹지 공원 계획 추진 위원회는 15일, 공원의 메인 광장에 고향이 낳은 무장○○○의 동상을 세우는 방안을 발표했다. 현민에게 쉼터를 제공하는 동시에 관광객 유치에도 도움이 될 것으로 전망하고 있다. 동상 설치에 있어서는, 동상과 대좌 높이는 어느 정도가 좋을지, 관광객들에게 동상을 가장 보기 쉽게 하기 위해서는 메인 광장의 넓이가 얼마나 있으면 좋은지에 대해 위원 사이에서도 다양한 의견이 있기 때문에, 한 위원은 향후, 실측 크기의 모형 등을 사용해 검토하고 싶다고 말했다.

하나코: 동상과 대좌 높이나, 광장의 크기를 정하는 것도 힘들 것 같아요.
타로: 하지만 가까이서 보면 크게 보이고, 멀어지면 작게 보인다는 얘기일 뿐이지 않나요?.
하나코: 사진을 찍을 때, 동상에서 어느 정도의 거리에서 찍으면, 동상을 내다보는 각을 크게 할 수 있을까요?

내다보는 각도는 오른쪽과 같이. 동상의 상단A와 하단B와 보는 사람의 눈의 위치를 P에 따라 가능한 ∠APB가 있다. 두 사람이 동상을 보는 각도에 대해, 다음 두 가지 방법을 가정하여 생각한다.

- 지면은 수평에 있고 직선 AB는 지면에 대해 수직이다.
- 어느 위치에서도 항상 동상 전체가 보인다.

다음 각 질문에 대답하시오. 필요하다면, 10쪽 삼각비표를 사용할 수 있다.

(1) 동상의 바로 정면에 서서 동상의 바로 밑까지 12m 떨어진 위치로부터 높이 1.5m의 대좌에 올려진 높이 4m의 동상을 본다. 이때 눈의 높이가 1.5m의 하나코가 동상을 보는 각도로서 가장 가까운 것을 ⓪~⑨ 중 하나를 고르시오.

…중략…

(2) 동상에 가깝게 가거나 멀어지거나 하면 바라보는 각도의 크기는 변화한다. 바라보는 각도가 최대가 될 때의 보는 사람의 서 있는 위치를 [베스트 스폿]이라고 부르기로 하자. 이 [베스트 스폿]을 구하시오.

…중략…

(3) 점 A, B, P를 지나는 원의 반경을 R이라고 하고 AB의 길이는 항상 일정하며 ∠APB가 예각이라면, ∠APB가 최대가 되는 경우는 R이 최소가 되는 경우이다. ∠APB가 예각인 것을 확인하는 방법을, 삼각형 APB의 세 변의 길이 AB, AP, BP에 대한 식을 이용하여 설명하시오.

[그림 2-5] 일본 2020학년도 대학입학공통테스트 수학 서술형 예시 문항

(대학입시센터(大学入試センター), 2018)

이 문항에서는 일상생활의 소재로 이루어진 현상을 제시, 그 특징을 파악하고 수학적 표현을 사용해서 표현하는 힘(수학화 하는 힘), 수학화된 문제를 해결하기 위한 전망을 세우는 힘(구상력), 해결 과정을 반성하고 얻은 결과를 원래의 현상에 되돌려서 그 의미를 생각하는 힘을 묻고 있다. 대학입학공통테스트 수학과 서술형 도입을 성공적으로 시행하기 위해 일본은 2017년 11월, 2018년 11월에 2차례 예비시행을 하였고, 2019년 예비시행도 준비 중이다. 2024년부터는 새로운 학습지도요령에 따라 학습한 학생들의 대학 입학자 선발을 하게 되므로, 학습지도요령을 전제로 대학 입학자 선발 시스템을 고교-대학 연결 시스템 개혁회의 최종보고서에 따라 더욱 개혁해 나갈 것을 밝히고 있다.

2.2 액티브 러닝

일본의 교육개혁을 뒷받침하는 교육철학은 '액티브 러닝'이다. 액티브 러닝은 2012년 8월 중앙교육심의회의의 「새로운 미래를 구축하기 위한 대학교육의 질적 전환을 향하여~평생 배움을 지속하고 주체적으로 생각하는 힘을 육성하는 대학으로~」라는 답신에서 처음으로 국가교육정책의 방향으로 제시되었다(이명실, 2018). 이후 액티브 러닝에 대한 관심은 대학뿐 아니라 초·중·고등학교에까지 파급되었다. 2012년 답신에서 액티브 러닝은 교수·학습 방법을 말하는 것으로, 발견 학습, 문제 해결 학습, 체험 학습, 조사 학습 등을 포함해 그룹 토론이나 토의의 방법을 포함하는 의미로 사용되었다(이명실, 2018).

2014년 12월에 일본 정부가 발표한 「새로운 시대에 어울리는 고교-대학 연계를 실현하기 위한 고등학교 교육, 대학교육, 대학입학자 선발의 일체적 개혁에 관하여」라는 답신에서는 '살아가는 힘'과 '확실한 학력'의 의미를 더욱 분명히 하면서 이를 발전·향상시키고 '주체성, 다양성, 협동성'을 육성하는 것을 강조하였다. 또한 2015년 8월에 공익사단법인 경제동우회(經済同友会)가 주도한 「앞으로의 기업·사회가 요구하는 인재상과 대학에 대한 기대」라는 제언에서 기업이 필요로 하는 인재 육성을 위해 '개인의 자질·능력'의 함양과 경쟁력을 향상시킬 수 있는 변화를 대학 측에 요구하였다(이명실, 2018). 이러한 계속된 논의에 대해 2016년 12월 일본 정부는 「유치원, 소학교, 중학교, 고등학교 및 특별지원학교의 학습지도요령 등의 개선 및 필요한 방책 등에 관하여」라는 답신에서 [그림 2-6]과 같은 새로운 학습지도요령의 방향성을 제안하였다.

일본은 지속가능한 사회 실현을 위해 스스로 생각하고 판단하고 결정하는 힘을 학교에서 함양해야 하며, 그 실천 방법이 바로 액티브 러닝이다. 또한 학생 자신이 주체적으로 대화와 협력을 통해 깊이 있게 배우는 액티브 러닝을 통해 새로운 시대에 필요한 자질과 능력

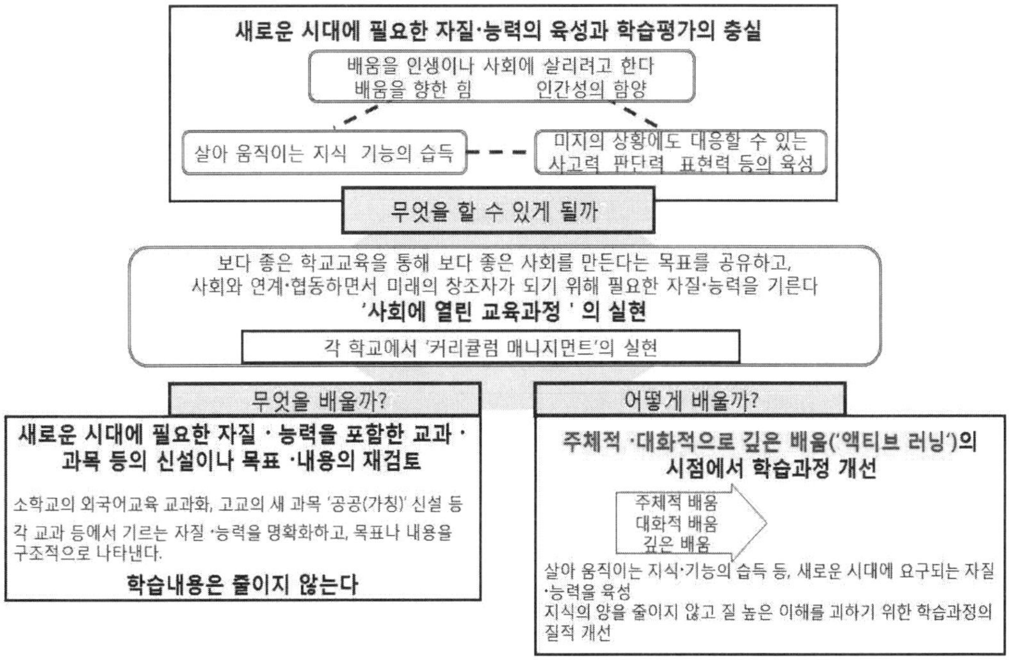

[그림 2-6] 일본 학습지도요령개정의 방향성(이명실, 2018, 재인용)

을 갖춤으로써 보다 좋은 사회, 국가에서 개인이 급변하는 사회의 위기에 잘 대응하면서 더욱 자기다움을 발현해 나갈 수 있다고 본다. 즉, 액티브 러닝은 교수·학습 방법에 국한된 것을 넘어 사회 변화를 수동적이기보다는 주체적이고 능동적인 태도로 대응할 수 있도록 '학습자 중심'의 다양한 교육실천을 지향하고 있다. 나아가 액티브 러닝은 그러한 교수·학습 방법을 통해 추구되어야 할 인간상으로까지 의미를 확장하고 있다. 이는 2017년 개정 고시된 새로운 학습지도요령에서는 '액티브 러닝'을 대신하여 '주체적이고 대화적인 깊이 있는 배움(主体的·対話的深い学び)'이라는 표현을 사용하면서 추구하는 인간상과 연결하고 있는 데에서 확인할 수 있다.

2.3 프로그래밍적 사고와 통계 교육의 강조

일본은 2017년 교육과정을 개정하면서 '주체적이고 대화적인 깊은 배움'의 실현에 이바지하는 프로그래밍 교육을 새롭게 실시함을 밝히고 있다. 프로그래밍 교육은 학생들에게 컴퓨터에 의도한 작업을 수행하도록 지시할 수 있음을 체험하면서 향후 어떤 직업에 종사하더라도 시대를 초월하여 보편적으로 요구되는 힘인 '프로그래밍적 사고(プログラミング

的思考)'를 기르는 것이며, 코딩을 기억하는 것이 목적이 아니다(나귀수 외, 2018). 초등학교 학습지도요령 <산수>에서는 '프로그래밍적 사고'를 자신이 의도하는 일련의 활동을 실현하기 위해 어떤 움직임의 조합이 필요한지, 어떻게 개선하면 더 의도된 활동에 접근하는지 논리적으로 생각하는 힘의 하나로 정의한다(문부과학성, 2017e).

<산수> 교과에서는 학생이 프로그래밍을 체험하면서 컴퓨터로 자신이 의도한 것을 처리하기 위해서 필요한 논리적 사고력을 익히기 위한 학습 활동을 계획적으로 실시하도록 하고 있다. 예를 들어, 초등학교 5학년 '도형' 단원에서 정다각형의 작도 학습과 관련하여 정확한 반복 작업을 수행하고 다시 일부를 변경하여 다양한 정다각형을 같이 생각하거나 여러 가지 정다각형을 다룰 때 컴퓨터를 활용하여 프로그래밍을 체험하도록 하는 것 등을 제시하고 있다. 이는 시대를 넘어 보편적으로 요구되는 힘인 '프로그래밍적 사고'를 익히고, 프로그래밍적 사고와 산수 과목에서 익힌 논리적인 사고를 연결하는 활동을 통해 수학교육에서 컴퓨팅 사고를 지도하려는 의도임을 알 수 있다.

일본은 OECD 국가와 비교하여 일본은 통계적인 학습 내용이 부실하다는 지적과 실생활에서 활용되는 수학적 활동을 통하여 수학적 시각과 자질 그리고 사고력, 판단력, 표현력을 같이 키우기 위해 초·중·고등학교 수학의 통계 교육을 개선하고자 한다. 통계 내용의 개선과 관련하여 가장 큰 변화는 초등학교 수학과의 내용 영역을 기존 '수와 계산', '양과 측정', '도형', '수량 관계'로부터 '수와 식', '도형', '측정(함수)', '데이터의 활용'으로 개선한 것이다. 통계 영역의 내용 요소는 모든 학년에서 통계적인 데이터와 확률을 학습하게 함으로써 통계적인 문제 해결 능력을 점진적으로 신장할 수 있도록 하고 있다. 중학교 2학년 수학 과목에서 4분위 범위 및 그 그래프를 다음과 같이 새롭게 다루고, 고등학교의 통계 영역에서는 필요한 데이터를 수집·분석하여 그 추세를 바탕으로 과제를 해결하기 위한 교육을 충실히 할 것을 강조한다. 특히 고등학교의 통계적인 내용에 대해서는 정보 교과와 제휴를 중시하고 있다.

상자그림(box plot)은 최솟값, 제1사분위수, 중앙값(제2사분위수), 제3사분위수, 최댓값을 상자와 선을 이용해 나타낸 하나의 그래프이다. 예를 들어 23, 24, 25, 26, 26, 29, 30, 34, 39와 같이 9가지 값이 있을 때 중앙값(제2사분위수)은 다섯 번째인 26이다. 이 다섯 번째 값의 전후로 두 부분을 나누었을 때, 첫 번째부터 네 번째까지 값의 중앙값은 24.5로 제1사분위수가 되고, 여섯 번째부터 아홉 번째까지 값의 중앙값 32를 제3사분위수로 한다. 그림과 같이 상자의 가로 길이를 '사분위수 범위'라고 하며 제3사분위수에서 제1사분위수를 뺀 값이고, $32-24.5=7.5$이다.

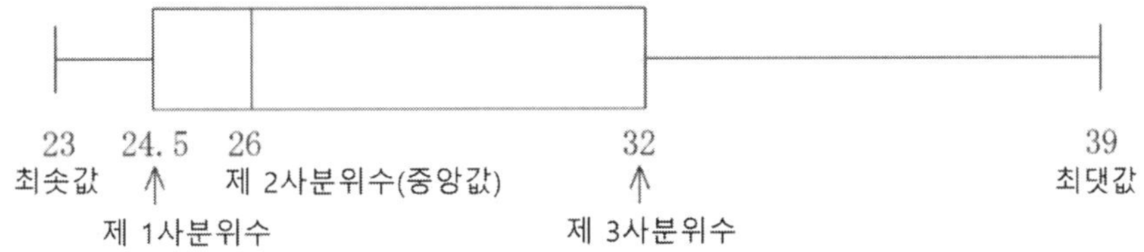

(문부과학성, 2017d, pp.120~121)

김부미와 김윤민(2019)의 우리나라와 일본의 수학과 교육과정의 통계 영역 비교 연구에 의하면, 일부 내용 요소의 도입 시기, 다루는 방법 등에서 차이가 나타났다. 중학교의 경우 일본은 중앙값, 최빈값, 평균을 초등학교 6학년에 도입하지만 우리나라는 초등학교 6학년에서 평균, 중학교 3학년에서 중앙값, 최빈값을 도입하고 있다. 분산, 표준편차, 산포도, 상관계수는 우리나라 교육과정에서는 중학교 3학년에 도입되는 반면, 일본은 고등학교 1학년에서 도입되고 있다. 고등학교 경우 우리나라 교육과정에서 표본조사는 고등학교 2학년에 통계적 추정의 하위요소로 도입되지만, 일본은 중학교 3학년에 도입되고 있다. 다른 내용 요소는 두 국가 모두 동일한 학년에서 다루고 있다. 일본은 중학교 교육과정에서 표본조사의

〈표 2-1〉 일본 고등학교 교육과정에 제시된 통계 내용 예시

구분	내용
고등학교 <수학 I> 이상치 (극외값)	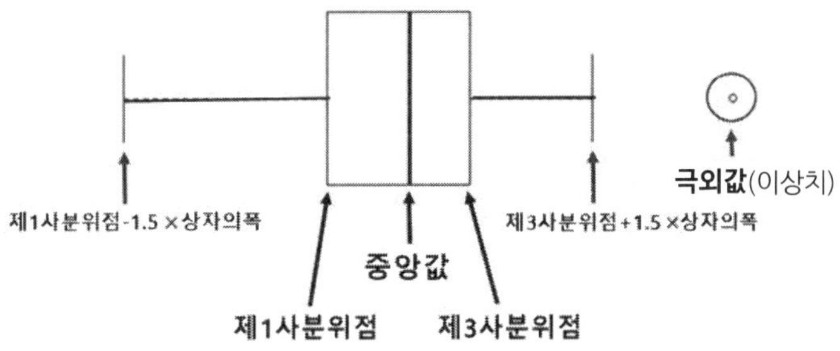 (문부과학성, 2017b, p.48)
고등학교 <수학B> 가설검정방법	1) 한 현상 E가 벌어진 상황이나 원인을 추측하고, 가설을 세운다. 2) 그 가설을 수학적으로 기술하는 것으로 통계적으로 실증하고 싶은 가설 H_1(대립가설)을 내며 그 부정 명제로서의 귀무가설 H_0를 생각한다. 3) 귀무가설 H_0이 진정이라고 가정했을 경우 사상 E가 날 확률 p을 요구한다. 4) 실험 등을 하기 전에 정한 "좀처럼 일어나지 않는다고 판단하는 기준(확률)"(유의수준)과 p를 비교하고, 귀무가설 H_0이 진정하라고 생각하는 것을 부정할 수 있는지를 판단하여 가설의 타당성을 판단한다. (문부과학성, 2017b, p.111)

필요성과 의미를 이해하며 실제로 간단한 경우에 표본조사를 실시하여 모집단의 경향을 파악하고 설명하는 것도 다루고 있었다. 또한 일본의 중학교 교육과정에서 데이터 분포 비교를 위한 사분위수와 상자그림(box plot)을 도입하여 데이터의 분포 비교를 시각적으로 쉽게 다루고자 하였다. 고등학교 경우 우리나라는 모평균의 추정을 통해 통계적 소양을 기르고 표본조사의 의미를 강조하는 반면에, 일본은 고등학교 1학년에서 산포도를 다룰 때 극외값(이상치)을 중요하게 고려하고, 표본조사를 설계하여 표본조사 방법과 결과를 고찰하며, 가설검정까지 다루고 있다.

2.4 수학교사 교육 개혁

일본은 수학을 포함한 모든 교과에 대하여 면허증주의에 입각해 교사를 양성, 채용, 재교육하고 있다. 일본의 교원양성은 개방제의 원칙에 따라 면허증을 취득할 수 있는 교원양성계 대학과 양성 프로그램을 운영하는 일반대학에서 운영된다. 수학교사 자격증은 보통면허증(유효기간 10년)으로 대학을 졸업하면 1종 면허증을 받게 되고 석사과정을 수료하면 전수면허증을 취득하게 된다(고전, 2014). 자격증 취득 후 공립학교의 수학교사로 임용은 각 도도부현 교육위원회가 실시하는 교육지원검정(인물(면접 등), 학력(전형성적), 실무(실기 등), 신체)에 합격해야 한다. 사립학교의 경우는 각 학교의 재량(면접 등)에 따라 채용이 이루어지고 있다.

교육재생실행회의 제7차 제언「앞으로의 시대에 요구되는 자질과 능력과 그것을 기르는 교육 및 교사의 기본 방향에 대해서(2015. 5. 14)」의 답신(2015. 12. 21)을 기반으로 하는 교사 교육 제도 개혁이 현재 추진 중이다. 일본은 교육현안을 해결하기 위해 교사 역시 변화되어야 한다는 입장이다. 교사 교육 개혁의 구조는 [그림 2-7]과 같다.

답신의 구체적인 내용은 교원 연수에서 교원 스스로 배우고자 하는 동기부여 환경을 마련하고, 액티브 러닝 관점에서 ICT를 이용한 지도법 등 수업 개선에 대한 연수가 필요하다고 보고, 초임자 및 10년 경험자 연수의 제도나 운용의 재검토를 실시하는 것이다(문부과학성, 2015b). 이러한 교육전문가로서의 확실한 역량을 기르기 위한 개혁 외에도 교직 생활 전체를 통해 실천적 지도력을 높이고 관료주의적이고 냄비뚜껑형의 교원 조직 풍토를 개선하고자 정부 특별 자문기구의 보고서 등을 바탕으로 개혁을 추진 중에 있다.

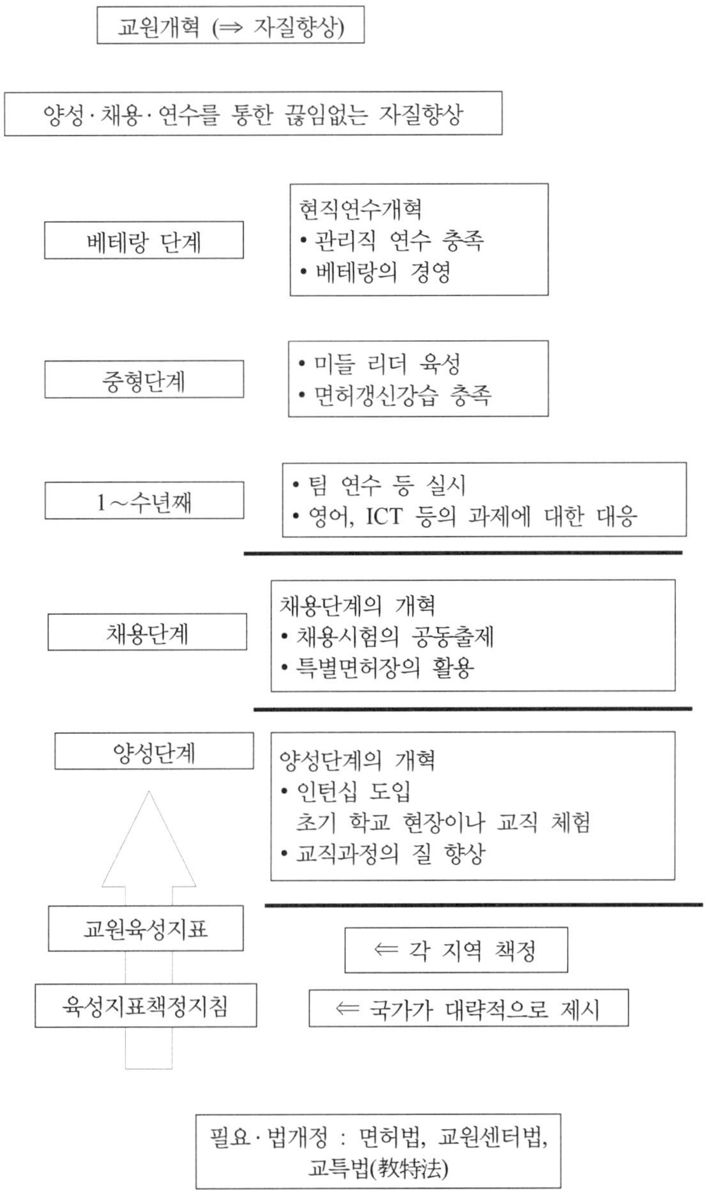

[그림 2-7] 일본 교사 교육 개혁의 전체 구조(문부과학대신령, 2016)

일본은 교사 경력이 10년을 경과한 교원을 대상으로 교과 지도 능력의 향상을 도모하는 국가 주도의 교사 재교육 시스템인 '교원면허갱신제도'가 있다. 2009년 4월 1일부로 도입된 교원면허갱신제는 10년 단위의 전문성 유지 및 제고를 위한 제도이다. 정기적으로 현시대에 맞는 지식과 지도 능력을 익히도록 하여 교사에 대한 공신력을 높이는 것을 목적으로 한다. 교원자격증을 갱신하지 않으면 교사 자격이 실효되어 학생을 가르칠 수 없다. 교직 경력 10년이 되는 수학교사도 교원면허갱신제도에 따른 재교육을 받게 된다.

각 지방 교육위원회가 면허 갱신 신청을 받고 문부과학대신이 인정하는 면허증 갱신 강습 과정을 30시간 이상 수강하여 수료해야 한다. 갱신강습은 대학, 지정양성기관, 교육위원회, 독립행정법인, 공익법인 등에서 가능하며 문부과학성 홈페이지 또는 강습을 개설하는 기관 홈페이지에서 확인가능하다. 2016년 4월 1일부터 시행되는 '교육직원면허법'에 따라 강습 내용은 '필수영역' 6시간 이상, '선택필수영역'은 6시간 이상, '선택영역'은 18시간 이상 수강하여 수료해야 한다. 필수영역, 선택필수영역에 대한 수강대상자는 구분이 없으나 선택영역은 현재 교과목이나 직종에 따라 수강하는 강습이 다르다(<표 2-2>참조).

〈표 2-2〉 일본 교원면허갱신 강습 내용의 각 영역별 특성

영역	특성
필수영역	국가에서 제시된 공통내용을 모두 개설하고 수강자가 공통으로 수강하는 것
선택필수영역	국가에서 제시된 공통내용을 선택적으로 개설하고 수강자가 선택하여 수강하는 것
선택영역	각 개설자가 임의로 개설하고 수강자가 선택하여 수강하는 것

문부과학성(2016b)의 「현대적 교육 과제에 대응할 수 있는 자격증 갱신 강습에 관련된 틀과 내용의 개선에 대해서」라는 문서에 의하면 '필수영역(12시간 이상)'은 '교직에 대한 성찰, 현시대 학생들의 변화, 교육정책의 동향과 세계 교육의 동향, 뇌 과학, 심리학 등에 대한 최신의 지식과 견해를 갖추는 것으로서, 학교 내외에 있어서 연대협력에 관한 이해와 관련된 사항'이고 '선택영역(18시간 이상)'은 '교과 지도, 학생지도, 기타 교육 충실에 관한 사항'이라고 통칭하고 있다. '선택필수영역'은 학교 종·면허 종류나 교직 경험과 관련하여 개설하는 것으로서, 개설 시기에 맞춰 사회에서 요구하는 내용(예, 학교를 둘러싼 최신 상황 변화, 법령 개정 및 국가의 심의회의 상황 등), 수강자들의 각종 학교 면허나 연령에 적합한 내용(예, 학교에서의 위기 관리에 대한 과제, 교육 정보화, 다문화 이해 등), 현직 연수를 통해 배운 내용이 있겠지만 그렇지 않은 수강자들이 적극적으로 수강을 원하는 내용(진로 지도, 직업교육, 집단 따돌림·등교 거부에 대한 대응 등을 포함한 교육 상담 등), 여러 대학에서 개설 가능한 내용(예, 영어 교육 등)으로 구성된다.

초임 교원 연수와 개정된 학습지도요령 등에 대한 직무연수는 문부과학성에서 모든 수학교사를 대상으로 시행한다. 교육공무원특례법 제23조에 의해 공립학교에 임용되는 초임 교원에게는 학교 현장적응력을 높이기 위해 <표 2-3>과 같이 교내외 연수를 실시한다(고전, 2014). 공립학교에 임용되는 초임 수학교사 역시 <표 2-3>과 같은 1년간의 학교 내외의 초임 연수의 의무를 다해야 한다.

〈표 2-3〉 일본 문부과학성 교내외 초임 연수 예시(고전, 2014)

구분	교내 초임 연수	교외 초임 연수
시간	주 10시간, 연간 300시간 정도	연간 25일 정도
방법	• 강사는 거점학교 지도 교원 및 교내 지도 교원	• 교육센터(교과관련 전문지도) • 기업·복지시설 등의 체험연수 • 사회봉사·자연 체험활동 연수 • 숙박연수(4박 5일 정도)
유의 사항	• 초임자의 경험, 역량, 각 학교의 과제에 중점을 둘 것 • 수업 준비에서 실제에 이르는 수업실천의 기초(지도안 작성법, 판서법, 발문법 등)을 지도	• 교내연수와 유기적으로 연대 • 초임자의 문제의식에 따른 연수 선택 • 참가·체험형, 과제 연구·토론형 등 형식의 다양화 • 타 학교에서의 경험 기회 제공

그 외 수학교사 연수는 각 지방 교육위원회에서 시행한다. 공립 고등학교의 경우, 1년차 교사는 교육위원회의 지시로 각 지역 교육의원회가 주최하는 연수에 참여해야 하고, 각 학교에 있는 교과 지도교사가 수업에 주 1회 참관하여 1년차 교사에게 조언을 하는 '교과 연구회'의 연수를 의무적으로 받아야 한다. 공식적인 수학교사 재교육 시스템은 아니지만, 전국의 많은 수학교사들이 수학교육학회에 자유롭게 참여하여 다양한 연구 결과를 발표하고 수학교육 연구 동향을 공유하고 있다.

2.5 미래 수학교육 준비를 위한 프로젝트

일본은 4차 산업혁명과 글로벌 노동시장의 변화에 따라 교육과정과 교육 평가의 변화를 준비하고 있다. 「Society 5.0을 위한 인재 육성-사회의 변화, 배움의 변화」와 관련한 'Society 5.0을 위한 선도 프로젝트*'가 바로 그것이다. 이 프로젝트의 주요 내용은 학생 개개인의 능력과 적성에 따라 개별적으로 최적화된 배움을 실현하고, EdTech을 활용하여 개인의 학

* http://www.mext.go.jp/component/a_menu/other/detail/__icsFiles/afieldfile/2018/06/06/1405844_001.pdf (2019.10.02. 검색)와 https://www.youtube.com/watch?v=KGullaP9bZM (2019.10.04. 검색)을 참고함.

습 상황 등 스터디 로그를 포트폴리오로서 전자화·축적함과 동시에 교육 및 평가의 일체화를 가속화하여 학생들이 스스로 이를 활용할 수 있도록 한다는 것이다. 또한 EdTech와 빅데이터를 활용한 교육의 질 향상과 이에 적합한 학습 환경을 정비하는 것이다. 나아가 대학에서도 향후 많은 학생들이 필요로 하는 STEAM과 디자인 사고 등의 교육이 충분히 제공될 수 있도록 대학의 교육프로그램의 재검토를 촉진하고자 한다.

이와 관련된 수학과에서 추진하려는 프로젝트는 수학적 사고력 등 기초적인 학력의 정착을 중시한 신 학습지도요령의 확실한 습득을 도모하고 전국학력·학습상황조사, 대학입학공통테스트, 배움의 기초 진단에서도 이러한 능력을 중시하는 것이다. 또한 수학 사고력의 확실한 습득을 위한 개별적으로 최적화된 학습에 대한 연구를 실시하고, 초중고를 통해 데이터 과학 및 통계 교육을 강조한다. 특히, 고등학교의 경우 문·이과 구분을 폐지한 2017 신 학습지도요령의 내용 개선과 그 확실한 습득을 강조한다. 예를 들어, 「로봇신전략」, 「신산업구조 비전: 제4차 산업혁명을 선도하는 일본의 전략」 등 산·관·학 연합회의를 통해 2017 개정 고등학교 수학과 학습지도요령에서 이산그래프, 행렬, 복소평면을 다루도록 하였다. 나아가 미분방정식과 선형대수, 베이즈 통계(Bayesian statistics), 데이터 마이닝(data mining) 등 한층 더 진보된 내용을 배우고 싶어하는 고등학생들을 위한 조건 정비 등을 실시하고 있다. 대학에서도 Society 5.0을 지원하는 AI 등의 고급 전문 인력을 육성하기 위해 전 학년에서 수리(数理)·데이터 과학 교육의 확대·강화(거점 정비, 표준 커리큘럼 등)를 추진 중이다. 문부과학성은 이러한 수리·데이터 과학에 관한 교육 프로그램에 충실히 임하는 대학에 대해 중점적인 재정 지원도 실시하고 있다.

이 밖에도 우리나라의 국가수준 학업성취도 평가에 해당하는 전국학력·학습상황조사를 컴퓨터 기반 시험 환경으로 개선하는 정책을 추진 중이다. 또한 수학 교과에서 디지털 교과서, 디지털 자료 도입 등을 추진하고 이를 효과적으로 지원하기 위한 ICT 환경, EdTech의 정비를 촉진하고 있다. 특히, 디지털 교과서 제도는 '학교 교육법 등의 일부를 개정하는 법률'이 제정되어 2019년도부터 시행하고 있다. 일본에서는 디지털 교과서, 디지털 자료는 신 학습지도요령에서 강조하는 '주체적·대화적 깊은 배움(主体的·対話的深い学び)*'의 실현에 일정한 역할을 할 것으로 기대받고 있으며, 장애가 있는 학생의 학습 어려움 해소를 위한 역할을 담당할 것으로 기대를 받고 있다.

디지털 교과서 정책에 따라 수학 디지털 교과서가 고등학교급을 제외한 초등학교와 중학교에서 현 교과서와 병용될 예정이며, 동영상, 음성 등 종이 교과서에는 포함되지 않는 내용을 다루도록 한다는 검정지침**이 있다. 또한 문부과학성에서는 2018년 6월 「디지털 교

* '주체적 및 대화 중심의 심화학습'으로 번역되기도 함

과서의 효과적인 활용의 목적과 내용에 관한 조사 연구 사업에 대해」*를 통해 2018년부터 초·중·고등학교를 대상으로 디지털 교과서 및 디지털 교과서와 자료 등을 활용하고 있는 우수 실천 사례를 수집, 정리, 보급하고 있다. 2018년 디지털 교과서에 우수 실천 사례 조사에서 고등학교 수학과 실천 사례가 수집되지 않았다. 이는 교과서 검정지침에 고등학교급 수학 디지털 교과서에 대한 내용이 제외된 것과 무관하지 않다고 생각된다. 디지털 교과서는 2018년 초등학교 교과서 검정, 2019년에 중학교 검정, 2020년도에 고등학교 검정이 실시될 계획이다.

「디지털 교과서의 효과적인 활용의 목적과 내용에 관한 조사 연구」에 의하면, 수학과 디지털 교과서는 학습자용 PC(태블릿PC)와 지도자용 PC, 전자칠판, 무선 LAN 인터넷 등 ICT 기기와 실물투영 등과 연결해 일제 학습, 개별 학습, 협동 학습 형태로 사용할 수 있다. 또한 태블릿PC 등으로 디지털 교과서를 사용할 때 확대·축소, 하이라이트, 공유, 반전, 음성 지원, 한자의 발음 표기 등의 기능이 구현 가능하고 동영상·애니메이션, 낭독, 연습문제, 참고 자료 등은 디지털 교재에 일체화하여 제작하도록 권장한다. 이 조사에서 수집된 산수/수학과 디지털 교과서의 활용 사례는 아래와 같았고, 동영상·애니메이션 기능, 시뮬레이션 기능을 활용하여 학생의 도형 그리기 활동이 시각적으로 지원한 경우가 가장 많았다. 학생이 그린 그래프 등을 공유하기 쉬워 함수, 기하, 데이터 영역에 대한 지도에 효과적이라는 평가도 있었다.

- '꺾은선 그래프'가 디지털 교재를 통해 손쉽게 그릴 수 있게 되었다. 필기 등으로 실패한 노트를 지우거나 하면 더러워지거나 시간이 걸리지만 실패해도 바로 지울 수 있는 그래프 지도는 매우 효율적이다.
- 도형 그리기 시간에 동영상을 몇 번이나 돌려보면서 직접 작성하는 방법을 학습하였다. 한 번 보고 도형 그리기가 가능한 학생은 교사가 동영상을 보여주는 것만으로도 도형 그리기가 가능하였다. 개별적으로 여러 번 시청이 가능하기 때문에 교사에게 있어서도 개별지도의 지원이 가능해졌다.
- 산수에서는 애니메이션을 통해 도형의 변화를 머릿속뿐만 아니라 시각화해 볼 수 있다는 것이 장점이다.
- '도형' 단원은 도형을 시각적으로 보고 효과적으로 사용할 수 있는 단원이다.

(문부과학성 보도자료, 2018, p.12)

**http://www.mext.go.jp/b_menu/shingi/tosho/toushin/__icsFiles/afieldfile/2017/02/10/1381783_001.pdf

* http://www.mext.go.jp/b_menu/shingi/chousa/shotou/139/shiryo/__icsFiles/afieldfile/2018/06/14/1406076_3_1.pdf (2019.08.20 검색)

3. 수학과 교육과정

일본의 국가 교육과정은 대체로 10년을 주기로 개정되고 총론과 교과 교육과정이 한꺼번에 변화되는 전면 개정의 형태를 띠고 있다. 일본의 학습지도요령은 모두 9차례 개정됐으며, 가장 최근의 개정을 살펴보면 2017년 3월 30일 '고등학교 학습지도요령', 2017년 3월 31일에 새로운 '유치원 교육요령', '초등학교 학습지도요령 및 중학교 학습지도요령'을 고시하고 학교 교육법 시행규칙의 일부를 개정하는 성령(省令, 부령[部令]에 해당)을 공포하였다. 새로운 학습지도요령은 2018년도부터 유치원, 2020년도부터 초등학교, 2021년도부터 중학교, 2022년도부터 고등학교에서 실시될 예정이다.

3.1 수학교육 목표

일본은 직접 수학 교과역량을 언급하지 않고 있을 뿐 아니라 교육과정 문서에서 역량이라는 용어도 사용하지 않는다. 그러나 모든 교과에 공통되는 핵심 역량을 '살아가는 힘'이라고 총론에서 제시하고 있다. 일본은 2020년 이후 학교 교육 실행의 근간으로 '살아가는 힘'과 글로벌 담론에서 강조하는 '핵심 역량'을 결합한 이론적 틀을 [그림 2-8]과 같이 소개하고 있다.

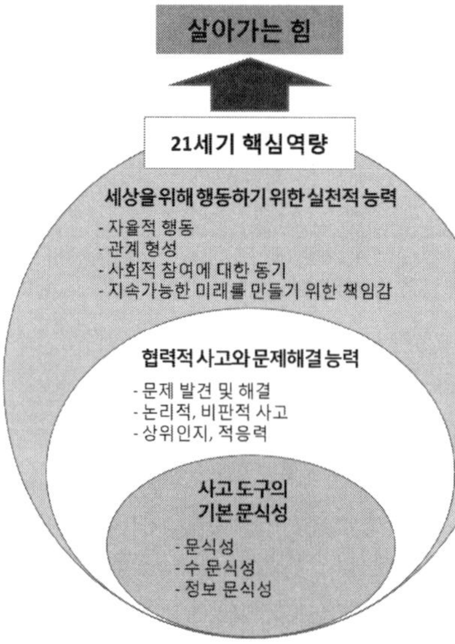

[그림 2-8] 일본 핵심 역량 교육의 이론적 틀(Asia study, 2017, p.5)

'살아가는 힘'은 학생들이 살아가는 데 필요한 자질과 능력을 육성하는 것을 강조하는 것이므로 역량에 해당하는 것으로 볼 수 있지만, 구체적인 하위 역량을 제시하지 않고 학력의 3요소와 연결해 각 교과의 교육 목표에 녹여 내고 있다. 학력의 3요소 중 '사고력·판단력·표현력'이 교육 내용과 관련된 역량을 간접적으로 반영하고 있는 것으로 볼 수 있다. 예를 들어, 일본 중·고등학교 수학의 통계 영역에서 강조하는 자질·능력은 <표 2-4>와 같다.

〈표 2-4〉 일본 중, 고등학교 수학의 통계 영역에서 강조하는 자질·능력(김부미, 김윤민, 2019)

학교급/교과	자질·능력('사고력, 판단력, 표현력'을 배우려는 힘)
중학교 1학년	데이터의 분포에 주목하여 그 경향을 읽고 비판적으로 고찰해 판단하거나 불확정한 현상이 일어나기 쉽도록 고찰하는 힘
중학교 2학년	복수의 집단 데이터의 분포에 주목하여, 그 경향을 비교하여 읽고 비판적으로 고찰하여 판단하거나 불확정한 현상이 일어나기 쉬운 점에 대해 고찰하거나 하는 힘
중학교 3학년	표본과 모집단의 관계에 착안해 모집단의 경향을 추정하여 판단하거나 조사의 방법이나 결과를 비판적으로 고찰하거나 하는 힘
고등학교 <수학 I>	사회 현상 등으로부터 설정한 문제에 대해서, 데이터의 이동이나 변량 간의 관계 등에 주목하고, 적절한 방법을 선택하고 분석을 실시하고, 문제를 해결하거나 해결 과정과 결과를 비판적으로 고찰하고 판단하는 힘
고등학교 <수학B>	이산적인 변화의 규칙성에 주목하고 현상을 수학적으로 표현하고 고찰하는 힘, 확률분포와 표본분포의 성질에 주목하는, 모집단의 경향을 추측하고 판단하거나 표본조사 방법과 결과를 비판적으로 고찰하는 힘

새로운 학습지도요령의 수학과 목표는 '수학적인 견해와 사고방식을 가지고 수학적 활동을 통하여 수학적으로 생각하는 자질·능력을 육성하는 것'으로서, 학교급별로 <표 2-5>와 같다. 다만, 교육과정문서에서 수학과의 목표로 시작하기 때문에 수학교육의 목적과 관련된 내용은 찾아볼 수 없다.

〈표 2-5〉 일본 수학과 신 학습지도요령의 학교급별 목표(문부과학성, 2017a; 2017c)

중학교	고등학교
수학적인 견해와 사고방식을 가지고 수학적 활동을 통해 수학적으로 생각하는 자질 · 능력을 다음과 같이 육성하도록 한다.	

중학교	고등학교
(1) 수량이나 도형 등에 대한 기초적인 개념·원리·법칙 등을 이해하고 현상을 수학화하거나 수학적으로 해석하고, 표현·처리할 능력을 익히게 한다.	(1) 수학의 기본적인 개념·원리·법칙을 체계적으로 이해하는 동시에 현상을 수학화하거나 수학적으로 해석하거나 수학적으로 표현·처리하는 기능을 익히도록 한다.
(2) 수학을 활용하여 사상(事象)*을 논리적으로 고찰하는 힘, 수량이나 도형 등의 성질을 발견하고 이를 통합적·발전적으로 고찰하는 능력, 수학적 표현을 사용하여 사상(事象)을 간결·명료·정확하게 표현하는 힘을 기른다.	(2) 수학을 활용하고 현상을 논리적으로 고찰하는 힘, 사상(事象)의 본질과 다른 사상과의 관계를 인식하는 통합적·발전적으로 고찰하는 힘, 수학적 표현을 사용해서 사상(事象)을 간결·명료하고 정확하게 표현하는 힘을 기른다.
(3) 수학적 활동의 즐거움과 수학의 장점을 실감하고 끈질기게 생각하며, 수학을 생활이나 학습에 활용하려는 태도, 문제 해결 과정을 되돌아보고 평가·개선하려는 태도를 기른다.	(3) 수학의 장점을 인식하는 적극적으로 수학을 활용하려는 태도, 끈질긴 생각, 수학적 논거를 토대로 판단하려는 태도, 문제 해결의 과정을 돌이켜보고 고찰을 부추기거나 평가·개선하려는 태도와 창조성의 기초를 기른다.

수학과 목표는 초등학교와 중학교에서는 학교급별 목표뿐만 아니라 학년별 목표로도 제시되고 고등학교에서는 과목별 목표로 제시되고 있다. <표 2-6>은 중학교 2학년 수학과의 목표와 고등학교 <수학 I>과목의 목표이다.

〈표 2-6〉 일본 중학교 2학년 수학, 고등학교 〈수학 I〉의 목표(문부과학성, 2017a; 2017c)

중학교	고등학교
수학적인 견해와 사고방식을 가지고 수학적 활동을 통해 수학적으로 생각하는 자질·능력을 다음과 같이 육성하도록 한다.	
(1) 문자를 이용한 식과 이원일차연립방정식, 평면도형과 수학적 추론, 일차함수, 데이터의 분포와 확률 등에 대한 기초적인 개념·원리·법칙 등을 이해하고 현상을 수학화하게 하거나 수학적으로 해석하고, 수학적으로 표현·처리할 능력을 익히게 한다. (2) 문자를 사용하여 수량의 관계나 법칙 등을 고찰하는 힘, 수학적 추론 과정에 주목하고 도형의 성질이나 관계를 논리적으로 고찰하고 표현	(1) 수와 식, 도형과 계량, 이차함수 및 데이터 분석에 대한 기본적인 개념과 원리와 법칙을 체계적으로 이해하는 동시에, 현상을 수학화하거나, 수학적으로 해석하거나 수학적으로 표현·처리하는 기능을 익힌다. (2) 명제의 조건이나 결론에 주목하고, 수나 식을 다면적으로 보거나 목적에 맞추어 적절하게 변형하는 힘, 도형의 구성 요소 간의 관계에 주목하고 도형의 성질과 계량에 대해서 논리적으

* 사상(事象)은 '사실'과 '현상'이라는 일본어임.

중학교	고등학교
하는 힘, 함수 관계에 주목하여 그 특징을 표, 식, 그래프와 상호 연관시켜 고찰하는 힘, 여러 집단의 데이터 분포에 착안하여 그 경향을 비교하여 읽고 비판적으로 고찰하여 판단하거나 불확실한 사건의 발생 용이성에 대해 고찰할 힘을 기른다. (3) 수학적 활동의 즐거움과 수학의 장점을 실감하고 끈질기게 생각하며, 수학을 생활이나 학습에 활용하려는 태도, 문제 해결의 과정을 되돌아보고 평가·개선하려는 태도, 다양한 생각을 인정하고 더 나은 문제 해결하는 태도를 기른다.	로 고찰하고 표현하는 힘, 함수 관계에 주목하고 현상을 잘 나타내고 그 특징을 표, 식, 그래프를 서로 연관 지어 고찰하는 힘, 사회 현상 등으로부터 설정한 문제에 대해서, 데이터의 이동이나 변량간의 관계 등에 주목하고, 적절한 방법을 선택하고 분석하고, 문제를 해결하거나 해결 과정과 결과를 비판적으로 고찰하고 판단하는 힘을 기른다. (3) 수학의 장점을 인식하고 수학을 활용하려는 태도, 끈질기고 유연하게 생각하는 수학적 논거를 토대로 판단하려는 태도, 문제 해결의 과정을 돌이켜보고 고찰을 부추기거나, 평가·개선하려는 태도와 창조성의 기초를 기른다.

수학과 교육 목표는 수학의 기초적이고 기본적인 지식·기능 습득, 수학적으로 생각하는 사고력·판단력·표현력의 육성, 학생이 자발적으로 추진하는 태도의 육성이라는 수학과 학력의 3요소와 직접 연결되어 제시되고 있음을 알 수 있다. 나아가 교육 목표는 <표 2-7>에서 알 수 있듯이 교육과정의 내용 체계를 통해 구체화되어 나타나고 있다.

〈표 2-7〉 중학교 수학과 학습지도요령의 내용 체계(文部科学省, 2017c, pp.50-54)

제3절 수학
2. 각 학년의 목표 및 내용
[제1학년]
2. 내용
A. 수와 식
음수에 대해서 수학적 활동을 통해서 다음의 사항을 익힐 수 있도록 지도한다.
ア 다음과 같은 지식 및 기능을 익히는 것 【지식 및 기능】
(ア) 음수의 필요성과 의미를 이해하는 것.
(イ) 음수의 사칙 계산의 의미를 이해하는 것.
(ウ) 구체적인 장면에서 음수를 사용하여 나타내거나 처리하는 것.
イ 다음과 같은 사고력, 판단력, 표현력 등을 익히는 것 【사고력′ 판단력′ 표현력 등】
(ア) 산수에서 학습한 개수의 사칙 계산과 연관 지어, 음수의 사칙 계산 방법을 고찰하고 표현하는 것.
(イ) 음수를 구체적인 장면에서 활용하는 것.
(생략)

[용어·기호] 자연수, 소수, 기호, 절댓값, 합, 항, 계수, 이항, ≦, ≧
(생략)
[수학적 활동]
(1) 「A 수와 식」, 「B 도형」, 「C 함수」, 및 「D 데이터의 활용」의 학습과 그것들을 상호 관련시키는 학습에서, 다음과 같은 수학적 활동에 대처하도록 한다.
(ア) 일상의 현상을 수리적으로 파악하고, 수학적으로 표현·처리하고, 문제를 해결하고 해결의 과정과 결과를 돌아보고 고찰하는 활동
(イ) 수학의 현상에서 문제를 찾아내어 해결하고, 해결의 과정과 결과를 돌아보고 통합적·발전적으로 고찰하는 활동
(ウ) 수학적인 표현을 이용하여 조리 있게 성명하고 대화하는 활동
3. 내용의 취급
(1) 내용의 'A 수와 식'의 (1)과 관련하여 자연수를 소수(적)로 표시하는 것을 취급하는 것으로 한다.
(2) 내용의 'A수와 식'의 (1)의 ア와 イ의 (ア)와 관련해 수의 집합과 사칙계산의 가능성을 취급하는 것으로 한다.
(생략)

3.2 수학 과목 구성 체제

일본은 초등학교부터 중학교까지 학년별로 1～9학년, 고등학교는 선택 교과로서 공통 교과군과 전문교과군의 교과목별로 구성된다. 2017년 개정에서 1～6학년까지 초등학교 수학과의 내용 영역을 기존 '수와 계산', '양과 측정', '도형', '수량 관계'로부터 '수와 식', '도형', '측정(함수)', '데이터의 활용'으로 개선하였다. 이는 중학교의 내용 영역(수와 식, 도형, 함수, 데이터의 활용)과의 연계성을 강조한 것으로 볼 수 있다. 일본의 초등학교 수업 시수의 1단위 시간은 45분이며, 중학교 수업 시수의 1단위 시간은 50분이다. 현행 초등학교와 중학교 수학과 시수는 지식을 위주로 하는 '살아가는 힘'의 육성을 위한 교육을 지향하기 위해 2008년 교육과정 개정을 통해 20～30% 정도 늘어났다. 2017 개정 교육과정에서도 현행 수학 교과목의 시수를 그대로 유지한다고 밝히고 있다(<표 2-8> 참조).

〈표 2-8〉 일본 초·중학교 연간 표준 수학 수업 시수와 총 수업 시수 및 총 수업시간

분류 / 학년 / 국가	수학 교과수업 시수						총 수학 수업 시수	총 수학 수업시간 (분)
	1	2	3	4	5	6		
초등학교	136	175	175	175	175	175	1,011	45,495
중학교	140	105	140				385	19,250

일본 고등학교 수학과 교과목은 공통 교과군 수학은 <수학 I>, <수학 II>, <수학 III>, <수학A>, <수학B>, <수학C> 교과목으로 구성된다. 각 과목의 교육 내용은 <표 2-9>와 같다.

〈표 2-9〉 일본 고등학교 수학 교과목의 구성, 성격, 내용

교과군		교과목	단위	성격	내용
공통 교과군	수학	수학 I	3	수학I의 내용을 보완함과 동시에 현상을 수학적으로 고찰하는 능력을 키우고, 수학의 유익함을 인식할 수 있도록 한다.	수와 식, 도형과 계량, 이차함수, 데이터 분석
		수학 II	4	수학I보다 발전된 내용을 포함하며, 수학의 지식 및 기능 등을 활용한 문제 해결 및 의사결정을 통해 수학적 사고의 자질·능력을 배양시킨다.	여러 가지 식, 도형과 방정식, 지수함수·대수함수, 삼각함수, 미분·적분에 대한 사고
		수학 III	3	수학I보다 발전된 내용을 포함한 수학적인 표현의 공부 등을 통해 수학적인 사고를 할 수 있는 자질·능력을 배양시킨다.	극한, 미분법, 적분법
		수학A	2	수학I의 내용을 보완함과 동시에 현상을 수학적으로 고찰하는 능력을 키우고, 수학의 유익함을 인식할 수 있도록 한다.	도형의 성질, 경우의 수와 확률, 수학과 인간의 활동
		수학B	2	수학I보다 발전된 내용을 포함하며, 수학의 지식 및 기능 등을 활용한 문제 해결 및 의사결정을 통해 수학적 사고의 자질·능력을 배양시킨다.	통계적인 추측, 수열, 수학과 사회활동
		수학C	2	수학I보다 발전된 내용을 포함한 수학적인 표현의 공부 등을 통해 수학적인 사고를 할 수 있는 자질·능력을 배양시킨다.	벡터, 평면상의 곡선과 복소평면, 수학적 표현의 공부
	이수(理数)	이수탐구 기초	1	고등학교 수학, 과학 교과목을 통해 높은 사고력·판단력·표현력 등을 육성하기 위해 과제 선정, 탐구, 분석 등을 수행한다.	수학 과목에서 주제 선정 및 탐구
		이수탐구	2~5		

<수학A>는 <수학I>과 병행 또는 그 후에 이수하고, <수학B>와 <수학C>는 <수학I>을 이수한 후에 이수하게 한다. <수학B>와 <수학C>의 지도 순서는 없으며, 학생의 특성 및 학교의 실태에 따라 적절한 시기에 지도할 수 있다. 예를 들어, 이과 선택에서 물리를 선택하는 학생이 많다고 예상되는 경우에는 1학년에 <수학 I>, <수학A> 이외에 <수학C>를 1

단위씩 배분하여 벡터를 다룰 수도 있다.

공통 교과군 '이수(理数)'교과군의 <이수(理数)탐구>는 <이수(理数)탐구기초>와 함께 이번 개정에서 고등학교 수학, 과학 교과목을 통해 높은 사고력·판단력·표현력 등을 육성하기 위해 새롭게 신설한 공통 교과목이다. 고등학교 졸업 필수 총 이수를 위한 74단위 안에서 이수탐구(2～5단위), 이수탐구기초(1단위)를 시행하는 것이며, 다루는 내용은 수학 과목과 물리, 생물, 화학, 지학의 과학 과목에서 다각적, 복합적으로 직접 주제 선정, 탐구과정, 탐구결과를 보고서로 정리하여 발표해 보는 교과목이다. <이수(理数)탐구>에서 다룰 수 있는 수학 내용으로, '대수적 식의 해 공식 연구', '미분의 평균값 정리의 연구'와 같이 수학을 발전시킨 원리·원칙에 관한 연구 등을 제시하고 있다(문부과학성, 2017b).

전문교과군의 '이수(理数)' 과목은 주로 전문학교에 개설되며 기존 교육과정에서 다루어졌던 교과목이다. 전문교과군은 직업 이외의 전문교육에 관한 각 교과목에 대해 전문 분야별로 요구되는 자질과 능력을 기를 수 있고 학생 개개인의 진로에 따른 다양한 가능성을 늘리기 위해서 구성된 교과군이다. 전문교과군은 농업, 공업, 상업, 수산, 가정, 간호, 정보, 복지, 체육, 이수(理数), 미술, 음악, 영어 등이 있다. '이수(理数)'는 전문학교에서 수학과 과학 교과에서 요구되는 자질·능력을 통합하여 과학적인 탐구 능력을 기르고, 전문적인 지식과 기술의 심화, 종합화를 도모하여 고급 사고력판단력, 표현력을 육성하기 위한 것이다. 전문교과군의 '이수(理数)' 과목은 <이수수학 I>, <이수수학 II>, <이수수학특론>, <이수물리>, <이수화학>, <이수생물>, <이수지학>이며, 이 중 수학 과목은 3개 교과이고 그 내용은 <표 2-10>과 같다.

〈표 2-10〉 일본 전문학교(고등학교) 교과목의 구성과 교육내용

구분	과목	내용
전문 교과군	이수수학 I	수와 식, 도형과 계량, 이차함수, 지수함수와 로그함수, 데이터 분석, 경우의 수와 확률
	이수수학 II	여러 가지 식, 수열, 삼각함수와 복소평면, 도형과 방정식, 극한, 미분, 적분, 통계적 추측
	이수수학특론	벡터, 행렬과 그 응용, 이산그래프, 수학과 생활이나 사회의 관계

문부과학성(2017b)에 의하면, <이수수학 I>의 내용은 <수학 I>내용을 중심으로 <수학 II>, <수학 III>, <수학A>의 내용 일부를 포함, 재편성하고 발전시킬 수 있다. <이수수학 II>의 내용은 <수학 II>, <수학 III>, <수학B>, <수학C>의 내용 일부를 재편성하고 발전시

킬 수 있다. <이수수학특론>은 <수학C>의 '(1)벡터'에 '행렬과 그 응용'과 '이산그래프'을 추가하고, <수학A>의 '수학과 인간의 활동'과 <수학B>의 '수학과 사회생활'을 '수학과 생활이나 사회와의 관계'를 통합한 교과이며 이를 발전시킬 수 있다. 그러나 교육과정 문서에는 발전 학습 내용을 제시하고 있지 않으며, 해설서에서 그 예를 간단하게 제시하고 있다. 이에 따라 종합학과고교, 산업고교, 진학형상업고교, 과학·기술고* 등과 같은 전문학교 외에 슈퍼 사이언스 하이스쿨(SSH)로 선정된 고등학교에선 독자적인 과목 설정이 가능하여 전문교과의 '이수(理数)'를 다루면서 학습지도요령을 초월한 내용을 다루거나, 과제 연구형 학습을 도입하기도 한다.

초·중·고등학교 교육과정 문서에서 언급하고 있는 '발전적인 학습 내용'은 교과 내용과 밀접한 관련성이 있고 그 이해를 심화하는 내용이나 학생의 흥미·관심에 따라 주된 내용 학습에 이바지할 수 있는 내용으로 구성하는 것이 중요하지만 학습지도요령의 해당 학년 이외의 학습 내용을 설명할 수 있다고 교과서 검정지침**에서 정하고 있다. 다만, 발전적인 학습 내용으로 학생의 성취도를 평가하지는 않는다. [그림 2-9]는 2017년 문부과학성에서 발행한 '고등학교 학습지도요령 해설-수학편, 이수편'에 제시된 고등학교 수학 교과 간 내용 관계에 대한 것이다.

<이수수학 I>, <이수수학 II>, <이수수학특론>의 단위 수는 과목 설치자가 학교의 실태 및 교육과정 편성 방침에 따라 결정한다(문부과학성, 2017b). 전문학교의 이수(理数) 학과에서는, <이수수학 I> 및 <이수수학 II>를 모든 학생이 이수해야 하며, <이수수학특론>은 <이수수학 I>의 이수 후 편성하도록 한다. 이 중 <이수수학 II>는 2년 동안 이수할 수 있으며, <이수수학특론>은 각 학교와 학생의 실태, 단위 수 등에 따라서 내용을 선택하여 이수할 수 있다.

3.3 수학적 활동

2017 수학과 신 학습지도요령을 통해 수학의 기초적이고 기본적인 지식·기능을 습득하고 수학적으로 생각하는 사고력의 육성 및 학생이 자발적으로 추진하는 태도의 육성을 신장하고자 한다. 수학과의 경우 학생들의 수학 학습에 대한 의욕이 높지 않고 수학적 표현과 논리적인 설명이 약하다는 배경에서, 학력의 3요소를 교육과정 문서의 '수학 교과 목표'뿐

* 우리나라의 공업계 고등학교와 유사함

** http://www.mext.go.jp/b_menu/shingi/tosho/toushin/__icsFiles/afieldfile/2017/02/10/1381783_001.pdf

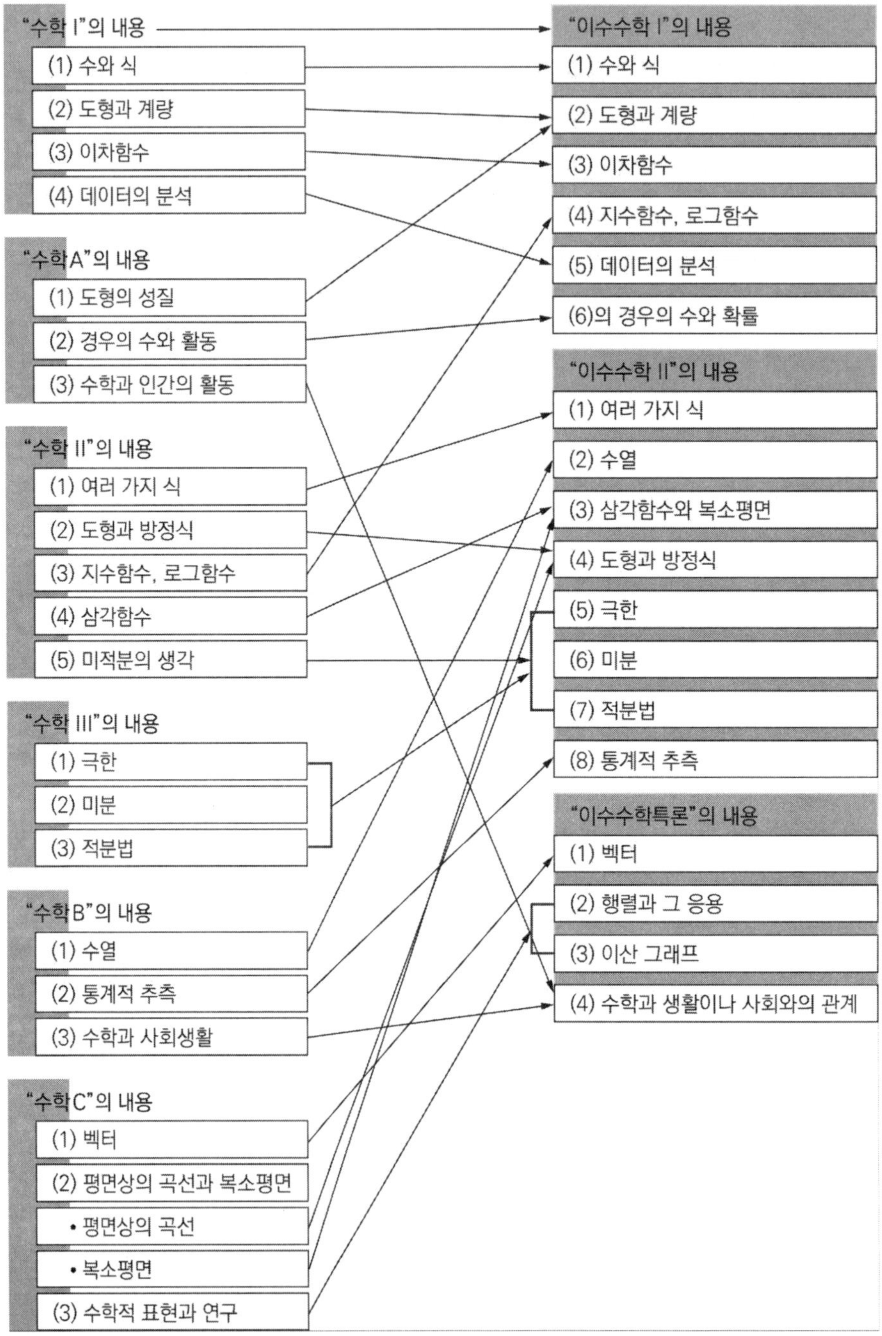

[그림 2-9] 일본 고등학교 수학 교과 간 내용 관계(문부과학성, 2017b)

만 아니라, '수학적 활동'으로 강조하고 있다. 특히, 학습지도요령 해설(문부과학성, 2017b; 2017d)에 의하면, '주체적이고 대화적인 깊은 배움'은 수학적 활동을 충실히 하여 달성될 수 있는 것으로 본다. 수학적 활동의 과정에 그 모든 요소가 들어있기 때문이다.

수학적인 문제 발견 및 해결하는 과정을 학습에 반영되는 것이 중요하다는 인식하에, 새로운 학습지도요령에서는 수학적 활동을 '현상을 수리적으로 파악하고 수학 문제를 발견하고 문제를 자립적, 협동적으로 해결하는 과정을 수행하는 것'이라고 정의하고 [그림 2-10]과 같이 설명한다(문부과학성, 2017a; 2017c). 이는 '학생이 목표의식을 갖고 주체적으로 대처하여 수학과 관계있는 다양한 준비를 하는 것'이라는 기존의 의미를 보다 명확하게 한 것으로 볼 수 있다.

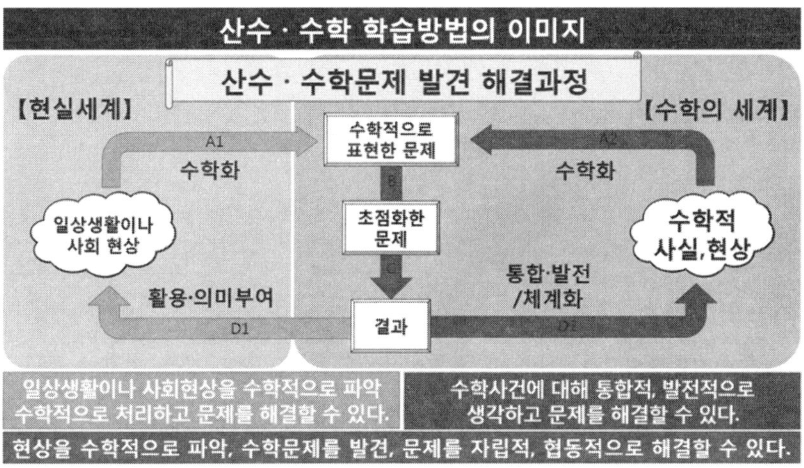

[그림 2-10] 일본 신학습지도요령의 수학적 활동(문부과학성, 2017b; 2017d)

수학적 활동은 일상생활 및 사회 현상과 관련된 과정, 수학 현상과 관련된 과정 모두에서 문제의 발견 및 해결 과정을 중시하고 있다. 이는 두 과정에서 상호 관련된 전개를 진행하고, 수학 학습 과정에서 그 두 과정을 의식하면서 학생들이 목적의식을 갖고 수행하도록 하는 것이 중요함을 의미한다. 또한, 협력하여 해결하는 과정을 통해 학생들이 수학의 문제 발견 및 해결 장면에서 언어활동에 충실하고 각각의 과정 및 결과를 반복· 평가· 개선할 수 있도록 하는 것을 강조한다. 또한, 수학적 활동을 충실히 하기 위해서는 학생들의 실제 상태를 적절히 파악하고, 어느 경우에 어떠한 활동을 취하면 좋을지를 미리 생각해 둘 필요가 있음을 밝히고 있다. 따라서 수학적 활동을 통한 학습은 학습자 중심 수업을 넘어 평가 개선을 포함하고 있는 것을 알 수 있다.

3.4 초·중·고등학교의 수학 내용

일본의 초등학교 <산수>와 중학교 <수학>은 내용 영역을 수와 식, 도형, 함수, 데이터의 활용의 4가지로 구분하고 있다. 일본은 우리나라의 수와 연산과 문자와 식 영역을 통합하여 수와 식으로 제시하고 있음을 알 수 있다. 일본의 초등학교 <산수> 내용 체계는 1학년부터 6학년의 학년제로 구성되어 있다. 학년별 내용을 살펴보면 <표 2-11>과 같다.

〈표 2-11〉 일본의 초등학교 〈산수〉의 내용

학년	A. 수와 식	B. 도형	C. 측정	D. 데이터의 활용
1	**1. 수의 구성과 표현 방식** 개수 비교/개수, 순서를 세는 일/수, 순서와 수직선/두 자릿수의 표시 방식, 간단한 세 자릿수의 표시 방식/열을 단위로 한 자릿수 시각/모아 세거나 등분하는 것 **2. 덧셈, 뺄셈** 덧셈, 뺄셈이 이용되는 경우와 그 의미/덧셈, 뺄셈의 식/한 자릿수의 덧셈과 뺄셈 계산, 간단한 두 자릿수 등의 덧셈, 뺄셈	**1. 도형에 대한 이해의 기초** 모양과 그 특징의 접근법/모양의 구성과 분해/방향, 물건의 위치	**1. 양과 측정에 대한 이해의 기초** 양의 크기 직접 비교, 간접 비교/임의 단위를 사용한 크기 비교 **2. 시각의 읽는 법** 시각의 읽는 법	**1. 그림과 그림을 이용한 수, 양의 표현** 그림과 그림을 이용한 수량의 표현
2	**1. 수의 구성과 표현 방식** 묶어 세거나 분류하고 헤아리기/십진기수법/수의 상대적 크기/한 수를 다른 수의 곱으로 보는 것/수의 분류, 정리/$\frac{1}{2}$, $\frac{1}{3}$ 등 간단한 분수 **2. 덧셈, 뺄셈** 두 자릿수의 덧셈과 뺄셈, 간단한 세 자릿수 등의 덧셈, 뺄셈/덧셈과 뺄셈에 관한 성질/덧셈과 뺄셈의 상호관계 **3. 곱셈** 곱셈이 이용되는 경우와 그 의미/곱셈식/곱셈에 관한 성질/곱셈구구, 간단한 두 자릿수와 한 자릿수의 곱셈	**1. 삼각형, 사각형 등의 도형** 삼각형, 사각형/정사각형, 직사각형과 직각삼각형/정사각형, 직사각형으로 구성된 모양	**1. 길이, 부피 단위 측정** 길이나 부피의 단위로 측정/대강의 짐작과 적절한 단위 **2. 시간의 단위** 시간의 단위 관계	**1. 표와 그래프** 간단한 표와 그래프

3	**1. 수의 표시 방식** 만 단위/10배, 100배, 1000배, $\frac{1}{10}$ 크기/개수의 상대적 크기 **2. 덧셈, 뺄셈** 세 자릿수나 네 자릿수의 덧셈, 뺄셈의 계산방법/덧셈, 뺄셈의 계산의 확실한 습득 **3. 곱셈** 두 자릿수나 세 자릿수에 한 자릿수나 두 자릿수를 곱하는 곱셈 계산/곱셈의 계산과 이용/곱셈에 관한 성질 **4. 나눗셈** 나눗셈이 이용되는 경우와 그 의미/나눗셈 식/나눗셈과 곱셈, 뺄셈의 관계/나누는 수와 몫이 한 자릿수인 나눗셈 계산, 나누는 수가 한 자릿수이고 몫이 두 자릿수인 나눗셈 **5. 소수의 의미로 나타내는 방법** 소수로 나타내는 방법/소수의 덧셈, 뺄셈 **6. 분수의 의미로 나타내는 방법** 분수로 나타내는 방법/단위 분수의 분류/간단한 분수의 덧셈, 뺄셈 **7. 수량의 관계를 나타내는 식** □을 이용한 식 **8. 주판** 수의 주판 표시 방식/주판에 의한 계산 방식	**1. 이등변삼각형, 정삼각형 등의 도형** 이등변삼각형, 정삼각형/각/점, 원	**1. 길이, 무게 단위 측정** 길이나 무게의 단위로 측정/ 적절한 단위로 계기의 선택(미터법 단위의 구조(←초6) **2. 시각과 시간** 시간 단위(초)/시각이나 시간을 요구하는 것	**1. 표와 막대그래프** 데이터 분류 정리와 표/막대그래프의 특징과 사용법(내용의 취급에, 최소 눈금이 2, 5 등의 막대그래프와 복수의 막대그래프를 조합한 그래프 추가)
4	**1 정수 표시 방식** 억, 조 단위 **2. 어림수와 반올림** 개수가 이용되는 경우/반올림/사칙 계산 결과 어림 **3. 정수의 나눗셈** 두 자릿수나 세 자릿수를 나누는 수가 한 자릿수나 두 자릿수로 나누는 계산방법/나눗셈 계산을 이용하는 것/나누는 대상, 나누는 수, 몫 및 나머지 사이의 관계/나눗셈에 관한 성질 **4. 소수의 구조와 그 계산** 소수를 이용한 배/소수와 수의 상대적 크기/소수의 덧셈, 뺄셈/승수와 제수가 정수인 소수의 곱셈과 나눗셈	**1. 평행사변형, 마름모꼴, 사다리꼴 등의 평면도형** 직선의 평행과 수직 관계/평행 사변형, 마름모꼴, 사다리꼴 **2. 정육면체, 직육면체 등의 입체 도형** 정육면체, 직육면체/직선과 평면의 평행과 수직/도면, 전개도 **3. 물건의 위치 표시 방식** 물건의 위치 표시 방식	**1. 변하는 두 개의 수량** 변화의 모습과 표나 식, 꺾은 선 그래프 **2. 간단한 경우의 비율** 간단한 경우의 비율	**1. 데이터 분류 정리** 두 가지 관점에서 분류하는 방법/ 꺾은 선 그래프의 특징과 사용법(내용의 취급에, 여러 계열의 그래프와 조합한 그래프를 추가)

	5. 분수의 덧셈, 뺄셈 크기가 같은 분수/분수의 덧셈, 뺄셈 **6. 수량의 관계를 나타내는 식** 사칙 혼합 식과 ( )을 이용한 식/공식/□, △ 등을 이용한 식 **7. 사칙계산의 성질** 사칙계산에 관한 성질 **8. 주판** 주판에 의한 계산 방식	**4. 평면도형의 면적** 단위(cm^2, m^2, km^2) 측정/정사각형, 직사각형 면적(미터법 단위의 구조(← 초6) **5. 각의 크기** 회전의 크기/각의 크기 단위측정		
5	**1. 정수의 성질** 짝수, 홀수/약수, 배수 **2. 정수, 소수의 기수법** 10배, 100배, 1000배, $\frac{1}{10}$, $\frac{1}{100}$ 등의 크기 **3. 소수의 곱셈, 나눗셈** 소수의 곱셈, 나눗셈의 의미/소수의 곱셈, 나눗셈의 계산/소수의 계산에 관한 성질의 적용 **4. 분수의 의미를 나타내는 방법** 분수와 정수, 소수의 관계/나눗셈 결과와 분수/같은 크기를 나타내는 분수/분수의 상등과 대소 **5. 분수의 덧셈, 뺄셈** 다른 분모의 분수의 덧셈, 뺄셈 **6. 수량의 관계를 나타내는 식** 수량의 관계를 나타내는 식	**1. 평면도형의 성질** 도형의 모양과 크기의 결정 요소에 의한 도형의 합동/다각형의 간단한 성질/정다각형/원주율 **2. 입체도형의 성질** 기둥과 기둥 **3. 평면도형의 면적** 삼각형, 평행사변형, 마름모꼴 및 원의 면적의 계산 **4. 입체도형의 부피** 부피 단위(cm^3, m^3)와 측정, 정육면체 및 직육면체의 부피의 계산(미터법 단위(← 초6)	**1. 변하는 두 개의 수량 관계** 간단한 비례 관계 **2. 종류가 다른 두 양의 비율** 속도 등 단위량의 크기(속도(← 초6)) **3. 비율(백분율)** 비율/백분율	**1. 원그래프, 띠그래프** 원그래프나 띠그래프의 특징과 사용법/통계적인 문제 해결 방법(내용의 취급에, 복수의 띠그래프 비교를 추가) **2. 측정값의 평균** 평균의 의미
6	**1. 분수의 곱셈, 나눗셈** 분수의 곱셈과 나눗셈의 의미/분수의 곱셈과 나눗셈의 계산/분수의 계산에 관한 성질의 분수 적용(분수×정수, 분수÷정수(← 초5) **2. 문자를 이용한 식** 문자를 이용한 식	**1. 축도나 확대도, 대칭인 도형** 축도나 확대도/대칭인 도형 **2. 개형과 대강의 면적** 개형과 대강의 면적 **3. 원의 면적** 원의 면적 구하는 방식 **4. 각기둥과 원기둥의 부피** 각기둥과 원기둥의 부피 구하는 방식	**1. 비례** 비례 관계의 의미와 성질/비례 관계를 이용한 문제 해결/반비례 관계 **2. 비교** 비교	**1. 데이터의 고찰** 대푯값의 의미 및 구하기(← 중1)/도수분포를 나타내는 표와 그래프의 특징과 사용법/목적에 따른 통계적인 문제 해결 방법 **2. 일어날 수 있는 경우** 일어날 수 있는 경우

※단, 밑줄은 2017 개정에서 새롭게 추가된 내용이며 괄호 안은 학년 간 이동 표시임

일본의 초등학교 수학 내용을 살펴보면, 수와 식 영역에서 주판을 이용한 계산을 다루는 것 외에는 각 학년에서 동일한 내용을 다루고 있음을 알 수 있었다. 그러나 통계 영역에서는 우리나라의 중학교에서 다루는 대푯값과 도수 분포를 나타내는 표와 그래프를 다루고, 데이터를 조사 목적에 따라 통계적으로 문제를 해결하는 방법을 다루는 등 그 내용의 수준과 방법에서 차이가 크게 나타났다.

일본 중학교 수학 내용 체계는 1학년부터 3학년의 학년제로 구성되어 있다. 학년별 내용을 살펴보면 <표 2-12>와 같다.

〈표 2-12〉 일본의 중학교 〈수학〉의 내용

학년	A. 수와 식	B. 도형	C. 측정	D. 데이터의 활용
1	**양수·음수** • 양수·음수의 필요성과 의미 • 양수·음수의 사칙계산 • 양수·음수를 사용한 표현 (용어에 "소수" 추가)(← 초5) (내용의 취급에, 자연수를 소수의 곱으로 나타내는 것 추가) (← 중3) **문자를 이용한 식** • 문자 이용의 필요성과 의미 • 곱셈과 나눗셈의 표현 • 일차식의 덧셈과 뺄셈의 계산 • 문자를 이용한 식 **일원일차방정식(비례식)** • 일원일차방정식의 필요성과 의미, 해의 의미 • 일원일차방정식 풀기	**평면도형** • 기본적인 작도 방법 • 도형의 이동 • 작도 방법 고찰하기 **공간도형** • 직선과 평면의 위치 관계 • 기본적인 도형의 계량 • 공간도형의 구성과 평면의 표현	**비례, 반비례** • 함수 관계의 의미 • 비례, 반비례 • 좌표의 의미 • 비례, 반비례의 표, 식, 그래프	**데이터 분포의 경향** • 히스토그램, 상대도수의 필요성과 의미 • 다수의 관찰과 여러 차례의 시행에 따른 확률 • 다수의 관찰과 여러 차례 시행으로 얻을 확률의 필요성과 의미(← 중2) (용어에 누적도수를 추가) (용어에서 대푯값(평균값, 중앙값, 최빈값 계급을 삭제) (→ 초6) (내용의 취급에서, 오차, 근삿값, $a \times 10^n$ 형태의 표현을 삭제 (→ 중3)
2	**문자를 이용한 식의 사칙계산** • 간단한 대수식의 덧셈, 단항식 곱셈과 나눗셈의 계산 • 문자를 이용한 식을 나타내거나 읽기 • 문자를 이용한 식을 파악, 설명하기 • 목적에 따른 식의 변형 **연립이원일차방정식** • 연립이원일차방정식의 필요성과 의미 및 그 해의 의미 **연립방정식과 그 해의 의미** • 연립방정식 풀기	**기본적인 평면도형과 평행선의 성질** • 평행선과 각도의 성질 • 다각형의 각도에 대한 성질 • 평면도형의 성질 확인 **도형의 합동** • 평면도형의 합동과 삼각형의 합동 조건 • 증명의 필요성과 의미 및 그 방법 (용어에 "반례" 추가)	**일차함수** • 현상으로 일차함수 • 이원일차방정식과 함수 • 일차함수의 표, 식, 그래프	**데이터 분포 비교** • 사분범위나 상자그림의 필요성과 의미 (추가) • 상자그림으로 나타내기(추가) **경우의 수와 확률** • 확률의 필요성과 의미 • 확률 구하기 ("확률의 필요성과 의미"를 일부 이행(→ 중1))

3	**제곱근** • 제곱근의 필요성과 의미 • 제곱근을 포함한 식의 계산 • 제곱근을 이용하여 나타냄 (내용의 취급에, 오차, 근삿값, $a\times10^n$ 형태의 표현을 추가) (← 중1) **식의 전개와 인수분해** • 단항식과 다항식의 곱셈과 나눗셈 계산 • 간단한 식의 전개나 인수분해 (내용의 취급에서, 자연수를 소인수로 분해하는 것을 삭제) (→ 중1) **이차방정식** • 이차방정식의 필요성과 의미 및 그 해의 의미 • 인수분해와 제곱에 의해 이차방정식 풀기 • 근의 공식으로 이차방정식풀기	**도형의 닮음** • 평면도형의 닮음과 삼각형의 닮음 조건 • 닮은 도형의 닮음비와 넓이비, 부피비의 관계 • 평행선과 선분의 대비 **원주각과 중심각** • 원주각과 중심각의 관계와 그 증명 **피타고라스 정리** • 피타고라스 정리와 그 증명	**함수 $y=ax^2$** • 현상으로 함수 $y=ax^2$ 이해하기 • 여러 가지 현상의 함수 • 함수 $y=ax^2$의 표, 식, 그래프	**표본조사** • 표본조사의 필요성과 의미 • 표본을 꺼내어 정리하기

※단, 밑줄은 2017 개정에서 새롭게 추가된 내용이며 괄호 안은 학년 간 이동 표시임

일본의 중학교 수학 내용을 살펴보면, 수와 식, 기하, 함수 영역은 거의 동일한 내용을 다루고 있지만 약간의 차이가 나타났고, 내용의 수준과 방법에서 가장 큰 차이를 보이는 영역은 통계 영역이다. 일본은 기하 영역에서 삼각형의 합동을 중학교 2학년에서 다루고 이때부터 삼각형과 평행사변형의 성질을 증명을 통하여 논리적으로 다루고 있다. 일본이 우리나라보다 이른 시기에 도입하는 내용은 대푯값, 함수의 정의, 확률이다. 일본은 확률을 중학교 1학년과 2학년에 걸쳐 다루고 있다. 특히, 통계 영역에서는 우리나라에서는 다루지 않는 내용을 많이 다루고 있다. 누적도수, 누적상대도수, 사분위수범위와 상자그림, 표본조사를 실시하여 모집단의 경향을 추측하는 활동은 우리나라 중학교와 고등학교 모두 다루지 않는다. 이러한 내용은 통계적인 문제 해결 능력을 신장하고자 2017년 개정을 통해 새롭게 추가된 내용이다.

일본의 고등학교는 1~3학년의 학년제로 운영되나, 고등학교 수학은 앞서 살펴본 바와 같이 단위 수가 다른 6개의 교과목으로 구성되어 있다. 고등학교 수학의 내용 체계는 일반계열 고등학교에서 이수하는 과목별 교육 내용*을 중심으로 살펴본다(<표 2-13>, <표 2-14> 참조).

* 전문학교의 이수 학과를 이수하기 위한 수학 과목인 '이수수학Ⅰ', '이수수학Ⅱ', '이수수학특론'에서 다루는 내용은 〈표 1-9〉에 제시된 공통 교과군 수학에 해당하는 6개 과목의 내용을 선정하여 좀 더 간략하게 조합한 것으로 공통 교과군의 내용과 중복되므로 본 원고에서는 다루지 않는다.

〈표 2-13〉 일본의 고등학교 〈수학 I〉, 〈수학II〉, 〈수학III〉의 내용

과목	수학 I (3단위)	수학II (4단위)	수학III (3단위)
내용	**(1) 수와 식** 수와 집합 - 간단한 무리수의 계산 - 집합과 명제 식 - 식의 전개와 인수분해 - 일차부등식 **(2) 도형과 계량** 삼각비 - 예각 삼각비 - 둔각 삼각비 - 사인 법칙, 코사인 법칙 도형의 계량 **(3) 이차함수** 이차함수와 그 그래프 이차함수의 값의 변화 - 이차함수의 최대, 최소 - 이차함수와 이차방정식, 이차부등식 **(4) 데이터의 분석** 데이터의 흩어짐 - 분산, 표준편차 데이터의 상관 - 산포도, 상관계수 가설검정 방식	**(1) 여러 가지 식** 식 - 대수식의 곱셈, 나눗셈, 분수식 * 이항 정리 등식과 부등식의 증명, 고차방정식 등 - 복소수와 이차 방정식 - 고차방정식 **(2) 도형과 방정식** 직선과 원 - 점과 직선 - 원의 방정식 자취와 영역 **(3) 지수함수, 로그함수** 지수함수 - 지수의 확장 - 지수함수 로그함수 - 로그 - 로그함수 **(4) 삼각함수** 각의 확장 삼각함수 - 삼각함수 - 삼각함수의 기본적인 성질 삼각함수의 덧셈정리 * 2배각 공식, 삼각함수의 합성 **(5) 미적분에 대한 사고** 미분에 대한 사고 - 미분계수와 도함수 * 함수의 정수배, 합, 차의 도함수 - 도함수의 응용 적분에 대한 사고 - 부정적분과 정적분 - 면적	**(1) 극한** 수열의 극한 - 수열$\{r^n\}$의 극한 - 무한등비급수의 합 함수와 그 극한 - 분수함수와 무리함수 - 합성 함수와 역함수 - 함숫값의 극한 **(2) 미분** 도함수 - 함수의 합·차·곱·몫의 도함수 - 합성 함수의 도함수 - 삼각함수, 지수함수, 로그함수의 도함수 도함수의 응용 - 접선, 함숫값의 증감, 극대·극소, 그래프의 오목과 볼록, 속도, 가속도 **(3) 적분법** 부정적분과 정적분 - 적분과 기본 성질·치환적분법·부분적분법 여러 가지 함수의 적분 적분 응용 - 면적, 체적, 곡선의 길이

〈표 2-14〉 일본의 고등학교 〈수학A〉, 〈수학B〉, 〈수학C〉의 내용

과목	수학A (2단위)	수학B (2단위)	수학C (2단위)
내용	**(1) 도형의 성질** **평면도형** - 삼각형의 성질 - 원의 성질 - 작도 **공간도형**	**(1) 수열** **수열과 그 합** - 등차수열과 등비수열 - 여러 가지 수열 **점화식과 수학적 귀납법** - 점화식과 수열 - 수학적 귀납법	**(1) 벡터** **평면상의 벡터** - 벡터와 그 연산 - 벡터의 내적 **공간 좌표와 벡터** - 공간 좌표, 공간에서의 벡터
	(2) 경우의 수와 확률 **경우의 수** - 열거의 원칙 - 순열·조합 **확률** - 확률과 그 기본적인 법칙 * 여사건, 배반, 기댓값 - 독립적인 시행과 확률 - 조건부 확률	**(2) 통계적 추측** **확률 분포** - 확률 변수로 확률 분포 * 확률 변수의 평균, 분산, 표준편차 - 이항 분포 **정규 분포** - 연속 확률 변수 - 정규 분포 **통계적 추측** - 모집단과 표본 **통계적인 추측의 생각** *구간 추정, 가설검정	**(2) 평면상의 곡선과 복소수 평면** **평면상의 곡선** - 직교좌표 표시 - 매개 변수로 표시 - 극좌표로 표시 * 이차곡선 **복소수 평면** - 복소수 평면 - 드무아브르의 정리
	(3) 수학과 인간의 활동 수량이나 도형과 인간의 활동 놀이 중의 수학 * 유클리드 호제법, 이진법, 평면과 공간에서의 점의 위치	**(3) 수학과 사회생활** **수리적인 문제 해결**	**(3) 수학적 표현의 연구** **수학적 표현의 의의나 장점** - 그림, 표, 통계 그래프, 이산그래프, 행렬

우리나라와 일본의 고등학교 수학 내용을 비교하였을 때 나타나는 차이점을 살펴보면, 첫째 일본은 통계 영역의 내용을 우리나라보다 이른 시기부터 도입하여 여러 학년에 걸쳐 다룬다. 구체적으로 대푯값을 초등학교 6학년에 도입하고 우리나라 <수학>에서 다루는 확률과 통계 영역의 내용뿐만 아니라 선택교과인 <확률과 통계>에서 다루는 경우의 수, 순열과 조합의 내용을 모두 고등학교 1학년에서 다루고 있다. 또한 일본은 통계 영역에서 우리나라 고등학교 수학에서 다루지 않는 극외값(이상치), 가설검정, 정규분포를 활용한 가설검정을 일본은 <수학 I>, <수학B>를 통해 고등학교 전 학년에 걸쳐 다루고 있다.

둘째, 우리나라가 고등학교 <수학>에서 다루는 내용 중 이차방정식과 이차함수, 도형의 이동, 집합과 명제 등을 제외한 대부분의 내용을 일본보다 이른 시기에 도입하고 있지만, 일본은 삼각함수, 삼각함수의 덧셈정리, 여러 가지 함수의 미분을 도입하는 시기가 우리나라보다 빠를 뿐 아니라 2배각 공식, 삼각함수의 합성, 평면의 곡선운동까지 다루고 있다. 이는

일본이 고등학교 2학년에서 4단위인 <수학 II>와 2단위인 <수학B> 또는 <수학C>를 병행이수함으로써 우리나라보다 수업 시수가 주당 1시간이 많게 배정되는 것과 무관하지 않다.

셋째, 우리나라의 진로선택과목 중 <기하>에서 다루는 공간도형을 고등학교 전 학년에 걸쳐 강조하고 있는 점이다. 일본은 공간도형을 고등학교 1학년 <수학 I>에서 다루고, 공간좌표, 이차곡선과 평면벡터를 고등학교 2학년이나 3학년에서 다루는 <수학C>에서 비중있게 다루고 있다. 또한, 우리나라는 수학의 유용성과 가치를 직접 다룰 수 있는 교육 내용을 <실용수학>과 <경제수학>에서 학생의 진로선택과 연결하여 다루지만, 일본은 수학이 실생활의 다양한 분야에서 어떻게 활용되는지 이해하고 수학을 활용하여 실생활 문제를 해결할 수 있도록, <수학A>에서 '수학과 인간의 활동'을, <수학B>에서 '수학과 사회생활'을 다루고 있다. 이는 일본이 교육과정 개정의 배경으로 밝히고 있는 국제학업성취도에서 높은 인지적 성취에 비해 낮은 정의적 영역의 성취를 개선하려는 의도와 무관하지 않음을 알 수 있다.

마지막으로, 일본은 우리나라에서 다루지 않는 내용인 복소평면, 이산그래프, 행렬에 대한 내용을 <수학C>에서 비중 있게 다루고 있다. 특히 복소평면의 내용은 극좌표, 복소수의 극형식과 극좌표와 복소수의 연산, 드 므아브르의 정리까지 다루고 있었다. 복소평면, 이산그래프, 행렬 등의 내용이 최첨단 과학기술의 기초가 될 수 있는 수학 내용이라는 점에서 교육 내용 선정의 의미를 살펴볼 수 있다.

3.5 국가 교육과정 개정 절차

일본은 초·중·고등학교 수학 과목(이수 과목을 포함)의 학습 내용과 지도 및 평가 방법, 수업 시수 등의 선정과 조직 등을 중앙교육심의회의 자문을 받아 문부과학성에서 '학습지도요령'으로 고시하여 시행한다. 구체적으로, 중앙교육심의회 초중등교육분과회 교육과정부회가 심의를 통하여 산수·수학 워킹그룹의 의견을 수렴하고 중앙교육심의회 총회가 '답신'을 만들어 문부과학대신에 제출한다. 문부과학성은 '답신'에 근거해 구체적인 학습내용과 지도방법, 평가방법, 수업 시수 등에 대한 방안을 마련하여 '개정안'으로 공표, 검토와 수정 과정을 거쳐 확정한다.

2017년에 개정된 수학과 학습지도요령의 개정 절차와 담당 조직을 살펴보면, <표 2-15>와 같다. 2014년 문부과학성의 자문문을 받아 중앙교육심의회가 자문문을 검토한 후 2015년 8월에 중앙교육심의회의 '초등중등교육분과회' 산하에 설치된 '교육과정기획특별부회'의 심의를 거쳐 제시된 '논점 정리'에 의해 개정 절차가 시작되었다.

〈표 2-15〉 2017 개정 학습지도요령의 전체 개정 절차*

일정	중앙교육심의회의 논의 경과
2014년 11월	중앙교육심의회 총회 : 문부과학성의 "초등 중등교육의 교육과정 기준 등의 이상적인 형태에 대해" 자문문에 대하여
2014년 12월	교육과정부회 : 교육과정기획특별부회를 설치
2015년 1월~8월	교육과정기획특별부회 (제1회, 2015년 1월) : 새로운 시대에 맞는 학습지도요령의 기본 개념과 교과·과목 등의 이상적인 형태, 학습·교육 방법 및 평가 방법의 재고량 방법 등에 관한 기본 방향에 대해 총 14 회 심의
2015년 8월	교육과정기획특별부회 (제14회) 교육과정부회·'논점 정리' 문서의 정리
2015년 가을 이후	논점 정리의 방향에 따라 교과별·학교급별로 전문적으로 검토 ★ '교육과정부회'의 '산수·수학 워킹그룹'이 2015년 12월부터 2016년 5월까지 총 8회에 걸쳐 '수학' 교과에 대해 검토 및 심의
2016년 1~7월	교육과정부회 또는 교육과정기획특별부회의 논의를 바탕으로 심의 정리
2016년 8월	중앙교육심의회로서 '답신'의 송부(발표)
2016년 12월	문부과학성의 '학습지도요령 개정안' 발표
2017년 1월	퍼블릭 코멘트 제도를 활용한 '학습지도요령 개정안'에 대한 의견 수렴
2017년 3월	문부과학성의 '학습지도요령' 고시

수학과 교육과정의 개정 절차도 '교육과정기획특별부회'의 심의를 거쳐 제시된 '논점 정리' 이후 본격적으로 시작되었다. 구체적으로 살펴보면, '교육과정부회'에 '산수·수학 워킹그룹'이 설치되면서 수학교육의 개선과 내실화를 위해 각 위원의 의견을 수렴하는 심의 과정이 2015년 12월부터 2016년 5월까지 총 8회에 걸쳐 개최되었다. '산수·수학 워킹그룹'의 위원은 총 15명으로, 대학교수 7명, 초·중·고교의 교장과 부교장 5명, 교육위원회 소속 인사 2명, 독립행정법인 통계 센터 이사장 1명으로 구성되었다. '이수(理数)'의 신설은 고등학교 수학·이과(과학)에 걸친 탐구적 과목의 이상적인 모습에 관한 특별팀에서 논의되었다. 2016년 8월에 중앙교육심의회의 중간보고가 있었으며 문부과학성은 2016년 12월에 중앙교육심의회로부터 답신을 받아 '개정안'으로 공표하였다. '개정안'에 대해 공식적으로 약

* http://www.mext.go.jp/a_menu/shotou/new-cs/__icsFiles/afieldfile/2017/05/12/1384662_1_1.pdf

1개월 동안 국민의 의견을 받고 검토한 후 '개정안'을 수정하는 과정을 거쳐 확정하였다. 이렇게 하여 일본의 새로운 학습지도요령은 2017년 3월에 개정 고시되었다.

4. 수학 교수·학습

4.1 슈퍼 사이언스 하이스쿨(SSH)

학습지도요령에서는 학생이 수학 교과에서 자신의 견해와 사고를 수학 지식과 연결하여 깊이 이해하거나 정보를 정밀하게 조사하여 수학적 사고를 형성하도록, 또한 문제를 찾아 해결책을 생각하고 창조하는 과정을 중시할 수 있도록 수학 학습의 필요성을 강조한다. 이를 위해 수학 교실에서는 사회 현상에 대해서 자료를 근거로 고찰하고 정보를 정확하게 이해하고 수학적인 표현을 사용하여 이를 효과적으로 표현하는 수학 학습이 이루어져야 한다. 또한, 일상생활과 사회 현상에서 문제 상황을 수리적으로 포착하고, 사물이나 현상을 관찰·실험 등을 통해서 수학적, 과학적 개념을 사용하여 탐구하는 활동이 필요하다고 본다.

일본은 이러한 수학교육의 취지에 적합한 특수목적고를 운영하고 있지 않지만, 슈퍼 사이언스 하이스쿨(SSH)과 같이 수준 높은 이수(理数) 교육을 실시하는 고등학교가 있다. SSH는 4차 산업혁명시대에 맞게 선진적인 과학기술과 자연계 교과 및 수학교육을 연계하여 학생의 과학적 능력, 사고력, 판단력, 표현력 등을 향상시켜 미래에 국제사회에서 활약할 수 있도록 창의적이고 독창적인 인재를 양성하기 위해 설립된 공립 고등학교이다. 즉, 학생의 선발 과정부터 다른 고등학교와 차이가 있는 특수목적고인 우리나라의 과학고, 영재고와 달리, 일반계열 공립 고등학교 중 신청한 학교를 대상으로 문부과학성에서 지정한다.

2017년 기준 SSH에 지정된 학교는 전국 203개 고등학교이며 문부과학성에서 필요한 물품, 연수, 강의료 등 활동에 대해 1년에 약 800만엔을 지원받는다. SSH로 지정된 학교는 독자적인 과목 설정이 가능하며 학습지도요령에 제시된 내용을 초월하여 이과와 수학을 연계한 과목을 가르치거나 과제 연구형 학습을 도입한다. 슈퍼 사이언스 클럽 등을 설치하면 대학 교수가 지도를 하여 학생 스스로 자유롭게 연구를 하고 성과를 고등학생 학회에 발표할 수 있다. SSH의 인재 양성을 지원하기 위한 조직과 그 역할은 [그림 2-11]과 같다.

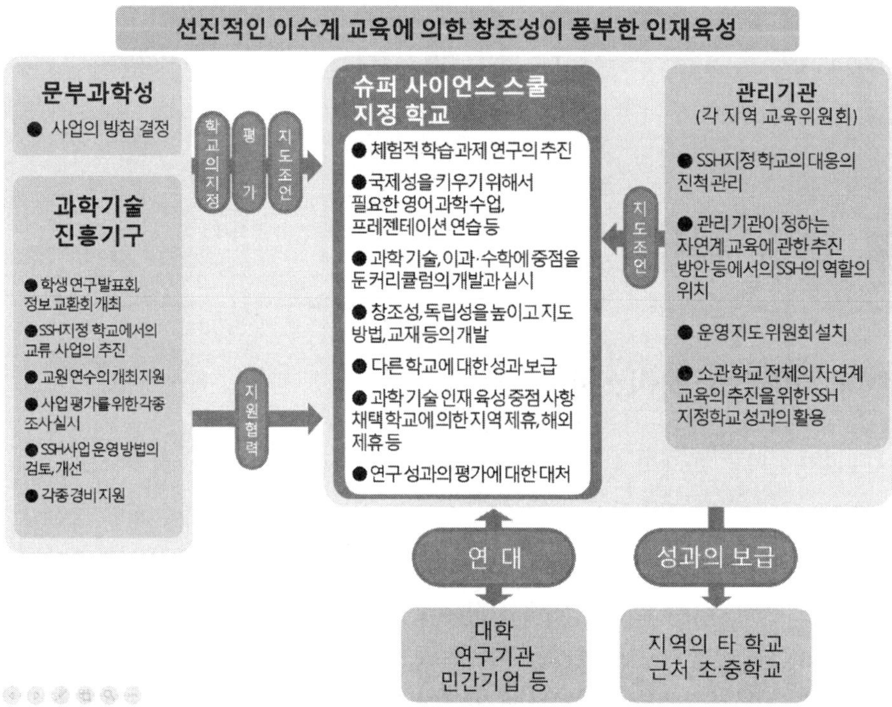

[그림 2-11] 일본 SSH의 인재 양성 지원 조직과 그 역할*

문부과학성은 슈퍼 사이언스 하이스쿨(SSH)의 운영 사례와 성과 등을 [그림 2-12]와 같이 홈페이지를 통하여 관리하고, 우수 사례와 각종 자료를 홍보, 보급하고 있다. 이 외에도, 도쿄도의 경우 이수(理数)연구교를 지정하여 운영하고 있다. 도쿄도가 지정한 이수연구교는 24개 고등학교로 1년간 연구 활동, 각종 공모전 및 대회 참가, 야외 연구와 관찰을 통하여 이수(理数)를 특성화시키고 있다. 지역마다 이수(理数)를 특성화시키기 위해 연구교를 지정하여 운영하고 있다.

* http://www.jst.go.jp/cpse/ssh/ssh/public/about.html

[그림 2-12] 일본 슈퍼 사이언스 하이스쿨(SSH) 홈페이지*

4.2 다문화 수학교육

장애 학생, 다문화 학생 등을 위한 배려 정책이 수학교육 분야에서도 추진되고 있다. 일본의 새로운 수학과 학습지도요령 문서의 '각 과목에 걸친 지도 계획의 작성과 내용의 취급' 항목에는 "(6) 장애 학생 등에 대해서는, 학습 활동을 하는 경우에 생기는 어려움에 따른 지도 내용과 지도 방법의 연구를 계획적, 조직적으로 수행한다."는 조항을 통해 장애 학생을 위한 배려를 명시적으로 나타내고 있다. 또한, 학습지도요령 해설서를 통해 수학과에서 장애 학생 등 학습 어려움을 겪는 학생들을 위한 지도 방법을 구체적으로 제시한다. 예를 들어, 고등학교 <수학 I>에서는 (6) 항목의 해설을 통해 "수량의 관계를 문자식을 이용하여 나타내는 것을 어려워하는 경우 학생들이 수량의 관계를 설계할 수 있도록, 학생의 경험에 근거한 장면이나 흥미 있는 주제를 다루고 해결에 필요한 정보에 주목할 수 있도록 표시를 붙이게 하거나 장면을 도식화하는 것 등의 연구를 실시한다." 등이 기술되어 있다.

일본 내에 인적 구성이 다원화되면서 중앙정부는 다문화공생정책에 따라 지방에 공민관, 국제교류센터, 다문화 공생센터 등을 설치하고 있다. 특히, 다문화공생센터에서는 다문화 수학교육을 일본어 교육과 함께 기본적인 수준에서 다루고 있다. 초등학교와 중학교의 수학 용어 활용집을 만들어 다문화공생센터 홈페이지에 업로드한 후, 이용자들이 이를 다운

* http://www.jst.go.jp/cpse/ssh/

로드 받아 사용하도록 하고 있다. 수학 용어 활용집에는 초등학교와 중학교의 각 학교급별로 수학 교과서에서 사용되는 수학 용어와 그에 대한 해설을 일본어와 함께 영어, 중국어, 베트남어, 포르투갈어, 타이어 등으로 함께 번역해 제공할 뿐만 아니라 각 용어에 대해서는 일본어 읽는 법도 제공하고 있다([그림 2-13] 참조).

[그림 2-13] 일본 다문화 수학교육을 위한 중학교 수학 용어집*

5. 수학 평가

5.1 대학입학공통테스트의 '수학'

일본의 대입제도 개혁으로 인해 2020학년도부터 시행되는 '대학입학공통테스트'에서 가

* http://tabunka.or.jp/sugakuyougo

장 큰 이슈는 수학에서 주관식 문제를 출제하는 것이다. 개정된 고등학교 교육과정에서는 지식과 기능을 근거로 하여 상황을 해결하기 위한 사고력, 판단력, 표현력을 향상하고 정확한 설명과 논술 등 '언어 활동'을 충실히 수행할 것을 규정하고 있다. 따라서 고등학교 교육과정에 익힌 지식과 기능을 바탕으로 학생의 창의적이고 독창성 있는 능력 및 자질을 대학 입시에서 보다 명확하게 평가할 필요가 있다. 문부과학성에서는 '언어 활동'을 통해 학생의 자질과 능력을 평가할 수 있기 때문에 새로운 '대학입학공통테스트'의 '수학'에서 주관식 문제 도입을 추진하고 있다. 또 다른 주관식 문제의 도입 배경을 살펴보면, 기존의 대학 입시에서 각 대학의 개별 선발 수학 문제는 이른바 증명 문제를 포함한 문제 해결의 전 과정을 묻는 문제도 많이 출제되기는 하지만 수학 시험에 응하지 않아도 되는 입학 희망자에 대해서는 그 능력의 평가가 '주어진 문제의 해결 과정을 재현하는 능력'을 측정하는 데 그치는 경우가 많아 이를 개선할 필요가 있다는 중앙교육심의회(2016b)의 답신문에서 찾을 수 있다.

대학입학공통테스트에서 수학 교과에 서술형 시험을 도입하는 것에 대하여 학부모, 학생, 교사 등 사회의 다양한 집단에서 초기에는 일부 반발이 있었다. 2017년 5월에서 6월까지 약 1개월 간 문부과학성은 입시개혁에 관한 공식적인 의견을 접수했는데, 주관식 문제에 대한 의견이 143건에 달하고 그 중 14건만 찬성의견, 64건은 반대 의견이었다. 주요 반대 이유는 다음과 같다.

- 대학이 개별적으로 실시하는 시험으로 부과하고 있다.
- 마크 시트 문제를 개선하고, 대용해야 한다.
- 출제 가능한 문제 수가 한정된다.
- 채점의 공평성이 보장되지 않는다.
- 자기 채점이 어렵다.
- 도입 비용과 성과가 맞지 않는다.

이러한 반대 의견에 대하여 문부과학성은 다음과 같은 답변을 제시하였다.

- 서술형 문제는 해답을 스스로의 힘으로 생각을 정리하거나 상대가 이해할 수 있도록 근거에 기초해서 논술하는 사고력, 판단력·표현력을 평가할 수 있다.
- 공통 시험에 서술형 문제를 도입함으로써, 고등학교에 '주체적이고 대화적인 깊이 있는 배움'을 위한 수업 개선을 촉구하는 큰 메시지가 된다. 또한, 대학에서도 일정한 사고력, 판단력·표현력을 전제로 한 개별 입학자를 선발함으로써, 입학 후 질 높은 교육이 기대된다.

- 마크 시트 유형의 문제에 대해서도 각 교과·과목의 특성이나 난이도를 포함한 식별력의 관점도 감안함과 동시에 사고력·판단력·표현력 등을 더욱 중시하는 작문에 대한 재검토를 도모하기 때문에 작문의 연구·개선에 대해 노력할 수 있다.
- 채점의 정밀도는 조건 설정이나 채점 방법을 궁리함으로써 확보할 수 있다고 생각하고 있으며, 향후 예비시행을 통해 이를 확인한다. 또한, 출제 문항 수, 자기 채점과의 일치도, 비용 등에 대해서도 향후 예비 테스트의 상황 등을 고려하여 명확하게 한다.

수학 서술형 평가 실시방침에 따르면, 일본 대학입학공통테스트 수학 시험에서는 <수학 I> 및 <수학 I·수학A>의 수학 I의 내용에서 3개의 서술형 평가 문항을 출제한다. 수학과 서술형 평가 문항은 수학적 문제 해결 과정을 중시하고, 수학적 아이디어를 표, 식, 그래프, 그림 등을 활용하여 수학적으로 처리하는 능력과 문제 해결 과정을 세우고 얻은 결과에 의미 부여를 하거나 활용할 수 있는지를 파악함으로써 사고력, 판단력, 표현력을 평가하고자 한다. 이러한 출제의도는 일본의 대학입시센터에서 발표한 '문항제작을 위한 수학 내용과 자질·능력, 출제형식의 관계'를 통해서 구체화되어 있다(<표 2-16> 참조).

〈표 2-16〉 일본 대학입학공통테스트 수학 내용(문제의 예시)과 자질·능력, 출제형식의 관계*

	지식·기능의 이용	초점화된 문제를 해결하는 것 ○목적에 맞추어 수·식, 그림, 표, 그래프 등을 활용하여 일정한 순서대로 수학적으로 처리하는 힘 ○수학적인 시각·사고방식을 토대로 정확하고 능률적으로 처리하는 힘 ○논리적으로 추론하는 힘 (귀납, 유추, 연역)	수학을 활용한 문제 해결을 목표로 구상·예측을 세우는 것 ○수학적인 문제의 본질을 찾아내는 힘 (통찰력) ○수학적인 문제를 해결하기 위한 전망을 세우는 힘 (구상력)	해결 과정을 반복해서 얻은 결과에 의미를 부여하거나 활용하는 것 ○얻은 결과를 원래 사상으로 되돌리고 그 의미를 생각하는 힘 ○여러 사상(사실과 현상)에 활용하는 힘 해결 과정을 돌이켜보면서 개념을 형성하거나 체계화하는 것 ○얻은 결과를 바탕으로 해서 비판적으로 검토해 체계적으로 조립하는 힘 ○찾아낸 사항을 이미 배운 지식과 결합하고 개념을 넓히거나 심화하거나 하는 힘 ○종합적·발전적으로 생각하는 힘
(1) 초점화된 문제 풀기	간단한 무리수의 사칙 연산			

* http://www.mext.go.jp/a_menu/koutou/koudai/index.htm

※수학의 기본적인 개념과 원리, 법칙 등을 이해하고 지식을 이용하여 주어진 문제를 해결하기 ①선택식, 단답식	어떤 명제가 다른 명제의 필요조건, 충분조건, 필요충분조건의 어느 쪽인지 판단한다.			
	분배법칙, 복이차식의 인수분해 방법 중 하나를 이용하여 식을 전개하거나 인수분해하기도 한다.			
	사인법칙, 코사인 정리와 세제곱의 정리 등을 이용하여 $\sin\theta$, $\cos\theta$, $\tan\theta$의 수치를 구한다.			
	한 자료의 평균값, 중앙값, 최빈값, 분산, 표준 편차 등의 수치를 구한다.			
(2) 문제 초점화하기 (수식, 도표, 그래프 등) ※수학의 기본적인 개념이나 원리와 법칙 등을 이해를 바탕으로 문제 장면에 활용하고 문제를 푸는 것 ②선택식·조건부 주관식		문자나 숫자로 제시된 집합에 대해서 공통부분, 합집합 등을 경우에 따라 나누고 생각하며 푼다.		
		치환이나 교대식의 성질 등을 이용하고, 식의 전개나 인수분해를 능률적으로 실시한다.		
		절댓값을 이용한 일차 부등식에 대해서 절댓값의 성질이나 그래프 등을 이용하고 경우 구분해서 푼다.		
		다소 복잡한 이차함수의 최댓값와 최솟값을 조건에 응해 경우에 따라 분류를 해서 구한다.		
		절댓값가 달린 이차함수에 대해서, 경우에 따라 분류하고 그래프를 쓰거나 그래프를 바탕으로 조건에 맞는 수치의 범위를 구한다.		
		다소 복잡한 방정식을 치환을 이용해서 간단한 방정식으로 바꾸는 해답을 구한다.		
		사인법칙이나 코사인법칙을 이용하여 조건에 적합한 도형이나 그 특징 등을 대답한다.		
(3) 문제 초점화하기		어떤 명제의 진위 조사 방법을 요구한다.	어떤 명제의 진위 조사 방법을 요구한다.	

<table>
<tr><td rowspan="2">(문제 해결의 전략 등)
※문제 장면에서 예측되는 수학적 사안 및 사실과 문제 해결을 위한 구상을 세우는 등 문제 해결의 전략을 표현하는 것

③선택식·조건부 주관식</td><td></td><td>현상을 특정 도형에 주목해서 고찰하고, 그 결과를 바탕으로 문제 해결 방법을 수학적으로 설명할 방법을 찾는다.</td><td>현상을 특정 도형에 주목해서 고찰하고, 그 결과를 바탕으로 문제 해결 방법을 수학적으로 설명할 방법을 찾는다.</td><td></td></tr>
<tr><td></td><td>한 통계 자료에 대해서, 히스토그램, 상자 수염도(상자 그림), 평균, 분산이나 표준 편차 등을 이용한 경향을 찾아내고 예측되는 수학적인 사항에 대해서 기술한다.</td><td>한 통계 자료에 대해서, 히스토그램, 상자 수염도(상자 그림), 평균, 분산이나 표준 편차 등을 이용한 경향을 찾아내고 예측되는 수학적인 사항에 대해서 기술한다.</td><td></td></tr>
<tr><td rowspan="3">(4) 문제 해결의 프로세스 전체를 표현한다.
※증명과 같은 수학적인 문제해결의 프로세스를 표현하는 것

④자유 서술식·증명</td><td></td><td>어떤 명제를 귀류법으로 증명한다.</td><td>어떤 명제를 귀류법으로 증명한다.</td><td>어떤 명제를 귀류법으로 증명한다.</td></tr>
<tr><td></td><td>평면도형이나 공간도형에 대해서 삼각함수의 사고방식을 이용하여 계량하거나 증명하기도 한다.</td><td>평면도형이나 공간도형에 대해서 삼각함수의 사고방식을 이용하여 계량하거나 증명하기도 한다.</td><td>평면도형이나 공간도형에 대해서 삼각함수의 사고방식을 이용하여 계량하거나 증명하기도 한다.</td></tr>
<tr><td></td><td>이차함수나 이차부등식의 특징을 바탕으로 조건에 적합한 수치를 요구하거나 증명하기도 한다.</td><td>이차함수나 이차부등식의 특징을 바탕으로 조건에 적합한 수치를 구하거나 증명하기도 한다.</td><td>이차함수나 이차부등식의 특징을 바탕으로 조건에 적합한 수치를 요구하거나 증명하기도 한다.</td></tr>
</table>

일본은 대학입학공통테스트의 수학 예비시행을 2017년 11월 13일에 70분간 시행하였다. <수학 I · 수학A>의 응시자가 53,664명이고 그 중 고2 학생의 비율이 75.5%, <수학 II · 수학B>의 응시자는 15,950명이고 그 중 고3 학생의 비율은 70.5%이었다. 대학입학공통테스트 예비시행 수학 서술형 문항 1번은 이차함수를 소재로 하고 있지만 각 하위 문항의 문장이 길고, 문제 해결을 위한 정보를 바르게 선택해야 풀 수 있다([그림 2-14] 참조). 각 하위 문항의 정답률은 (1)50.9%, (2)78.5%, (3)-㉠ 44.8%, (3)-㉡34.9%이었다. (4)번은 2017년 예비시행의 최고의 화제를 모았던 문항으로 '꼭짓점의 y좌표'와 '부등식'의 표현을 활용하여 풀이 과정과 정답을 옳게 기술하는 문항이다.

(4)번 문항은 해결 과정에서의 어려움은 없지만 그 이유에 대한 기술을 요구하고 있어 어느 정도까지를 작성해야 정답이 될지에 대해 논란이 있었다. 대학입시센터에서 처음 발표한 (4)번 문항의 정답 조건은 [그림 2-15]와 같다.

제1문항(필답문제)

1. 수학 수업에서 이차함수 $y=ax^2+bx+c$에 대하여 컴퓨터의 그래프 표시 소프트웨어를 이용하여 고찰하고 있다.

이 소프트웨어는 [그림 1]의 화면에 A, B, C에 각각 계수 a, b, c의 값을 입력하면 그 값에 따라 그래프가 표시된다. 또한 A, B, C 각각의 아래에 있는 ●를 왼쪽으로 옮기면 계수가 감소하고 오른쪽으로 옮기면 계수의 값이 증가하도록 되어 있어, 값의 변화에 따라 2차함수의 그래프가 좌표평면 위를 움직이는 구조로 되어있다.

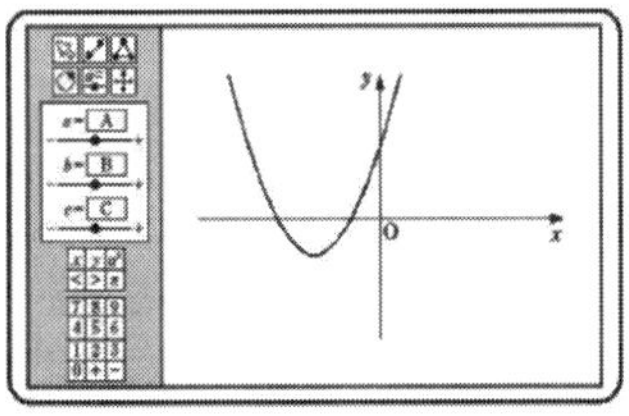

[그림 1]

또한 좌표평면은 x축, y축에 의해 네 부분으로 나뉜다. 이러한 각 부분을 '사분면'이라 하고, 오른쪽 그림과 같이 각각 '제1사분면', '제2사분면', '제3사분면', '제4사분면'이라 부른다. 단, 좌표축 위의 점은 어느 사분면에도 속하지 않는 것으로 한다. 이때, 다음 물음에 답하라.

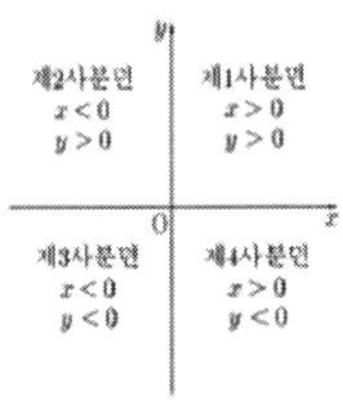

(1) [그림 1]의 화면과 같이 꼭짓점이 제3사분면에 있는 그래프가 표시되었다. 이때 a, b, c의 값의 조합으로 가장 적당한 것을 다음 ⓪~⑤ 중 하나 선택하라.

	⓪	①	②	③	④	⑤
a	2	2	−2	$\frac{1}{2}$	$\frac{1}{2}$	$-\frac{1}{2}$
b	1	−1	3	3	−3	3
c	3	3	−3	3	3	−3

(2) 다음 a, b의 값을 (1)의 값 그대로 바꾸지 않고, c의 값만을 변화시켰다. 이때 꼭짓점의 이동에 대해 바르게 언급한 것을 다음의 ⓪~③ 중 하나 선택하라.

⓪ 처음 위치에서 이동하지 않는다. ① x축 방향으로 이동한다.
② y축 방향으로 이동한다. ③ 원점을 중심으로 회전 이동한다.

(3) 또한, b, c의 값을 (1)의 값 그대로 바꾸지 않고, a의 값만을 그래프가 아래로 볼록한 상태를 유지하도록 변화시켰다. 이때 초점은 $a=\frac{b^2}{4c}$일 경우 ㉠에 있고, 그 외의 경우는 ㉡을 이동했다. ㉠, ㉡에 해당하는 것을 다음의 ⓪~⑧ 중에서 하나씩 선택하라. 단, 같은 것을 선택해도 좋다.

⓪ 원점 ① x축 위 ② y축 위
③ 제3사분면 만 ④ 제1사분면과 제3사분면
⑤ 제2사분면과 제3사분면 ⑥ 제3사분면과 제4사분면
⑦ 제2사분면과 제3사분면과 제4사분면 ⑧ 모든 사분면

(4) 최초의 a, b, c의 값을 변경하여 아래의 [그림 2]와 같은 그래프를 표시하였다. 이때 a, c의 값을 그대로 바꾸지 않고, b의 값만을 변화시켜도 꼭짓점은 제1사분면 및 제2사분면으로는 이동하지 않았다. 그 이유를 꼭짓점의 y좌표에 대한 부등식을 이용하여 설명하라. 해답은 해답란 ㉮에 기술하라.

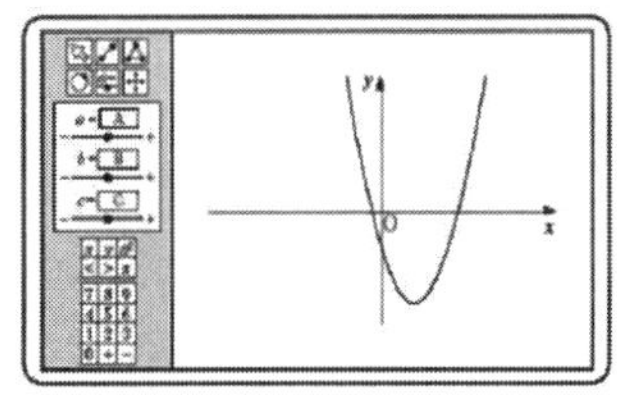

[그림 2]

[그림 2-14] 일본 2017년 대학입학공통테스트 예비시행 수학 서술형 문항(강홍재, 2018, p.62)

《정답 조건》
다음 (a)와 (b)의 두 가지를 정확하게 기술한다.
(a) 정점의 y좌표 $-\frac{b^2-4ac}{4a}<0$일 것.
(b) (a)의 근거로 $a>0$ 또는 $c<0$일 것.

《정답 예1》
$a>0$, $c<0$는 것으로 정점 y좌표는 항상 $-\frac{b^2-4ac}{4a}<0$가 되기 때문이다.

《정답 예2》
a 양이고 c는 음이기 때문에 정점 y좌표 $-\frac{b^2-4ac}{4a}<0$가 되기 때문에 제1 사분면, 제2사분면으로는 이동하지 않는다.

《정답 예3》
그래프가 아래로 볼록해서 $a>0$, y절편이 음이기 때문에 $c<0$가 된다.
따라서 정점 y좌표 $-\frac{b^2-4ac}{4a}<0$가 된다.
※ 정점 y좌표에 대한 부등식을 사용해야 한다.

[그림 2-15] 2017 대학입학공통시험 예비시행 수학 서술형 문항1-(4) 정답 조건(이용백 외, 2018, p.17)

채점을 실시한 후 대학입시센터에서는 [그림 2-12]에 제시된 문항의 채점 기준을 보정하여 [그림 2-16]과 같이 발표하였다(대학입시센터, 2018).

$y = ax^2 + bx + c$で図2のとき
下に凸より$a > 0$, $x = 0$のとき$y < 0$より$c < 0$
$y = ax^2 + bx + c$を平方完成すると
$$y = a\left(x + \frac{b}{2a}\right)^2 - \frac{b^2}{4a} + c$$
$c < 0$ $a < 0$より 頂点のy座標は
$-\frac{b^2}{4a} + c < 0$ なので常に負となる
よって 第1象限，第2象限には移動しない。

「$a > 0$」을 기록한 뒤 「$a < 0$」이라고 기술하고 있다. 이런 응시자의 오기를 어떻게 다루는가?

グラフの関数は $y = a\left(x + \frac{b}{2a}\right)^2 - \frac{b^2}{4a} + c$

(i)$b > 0$ のとき
y座標は
$-\frac{b^2}{4a} = c$
$a > 0, c < 0$ より
$-\frac{b^2}{4a} + c < 0$

(ii)$b = 0$
c

(iii)$b < 0$
$-\frac{b^2}{4a} + c$
$a > 0, c < 0$ より
$-\frac{b^2}{4a} + c < 0$

(i)~(iii)より
第1象限，第2象限には移動しない。

경우를 구분하여 답한 경우, 정답의 조건의 방식은 어떠한가?

[그림 2-16] 일본 대학입학공통테스트 예비시행 서술형 문항 채점 기준의 보정 예시

수학 서술형 문제의 출제와 채점은 '대학입학센터'에서 실시하는데, 채점은 민간업체에 위탁하여 진행한다. 센터가 주관식 문항의 채점 결과를 마크 시트식 성적과 함께 대학에 제공하고 각 대학에서 그 결과를 활용하도록 한다. 현재 '대학입학공통테스트'에서 수학 교과에 서술형 도입 정책을 추진하는 데 가장 중요하고 어려운 과제는 채점의 공정성 확보이다. 입시 센터에서는 2017년 11월 예비시행의 채점 방법을 [그림 2-17]과 같이 실시하였다.

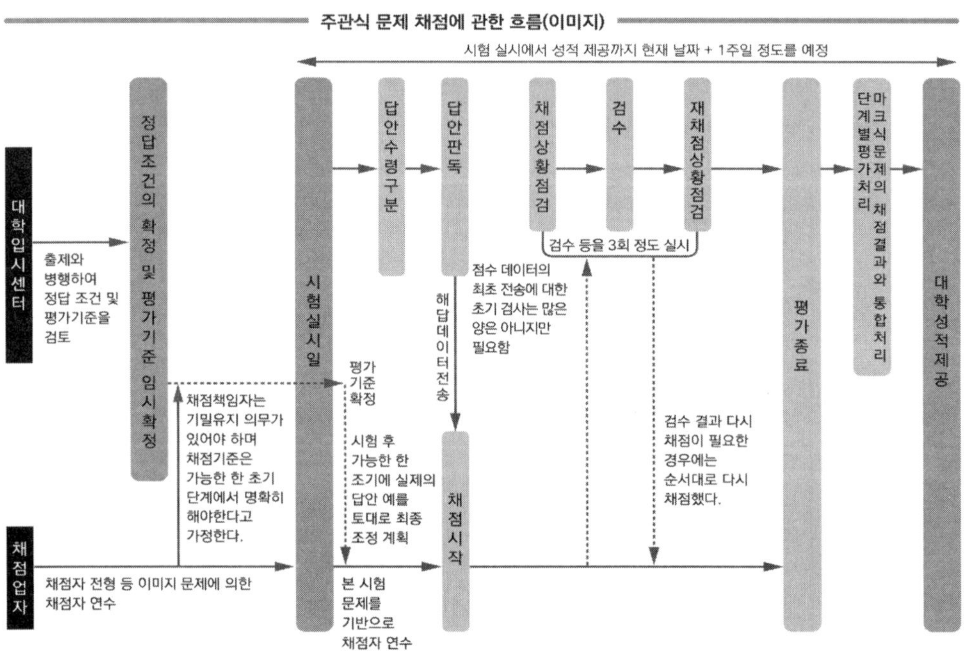

[그림 2-17] 일본 2017년 예비시행 서술형 문항 채점 흐름도*

구체적인 채점 방법을 살펴보면, 위탁받은 민간업체가 약 1,000명의 채점자를 선발하고 같은 답안을 그들이 평가하고 일치한 경우 성적을 등록한다. 두 사람의 평가가 일치하지 않는 경우는 '채점 리더'의 채점 결과와 일치한 사람의 점수를 채택하는 방식으로 진행한다. 채점 종료 후, 입시 센터에서는 수학 교과의 경우 3일에 걸쳐 채점 결과를 검수하고, 검수 결과를 토대로 민간업체에서 3일 정도 재채점을 실시한다. 수학 교과의 재검수는 하루가 소요된다. 입시 센터가 결과를 점검한 결과, 민간업체가 실시한 채점 결과 0.2% 정도의 답안에 대한 채점 수정이 필요하다고 판단되었다. 이에, 입시 센터는 실제 테스트를 시행한 후 일부 해답을 확인하고 문항의 '정답의 조건(형식·내용)'에 대한 적합성을 판정하고, 채점 기준을 약 3회 정도 점검하자는 방침을 밝히고 있으나 아직 검토 중이다.

2017년 11월에 실시한 수학 교과에 대한 예비시행에서 정답률은 전체적으로 낮았고, 수험생의 채점과 채점자에 의한 채점 결과 일치율은 평균 87.4%(82.9%~92.8%)이었다. 대학 입시 센터에서는 시험의 중요성을 감안할 때 일치율이 낮은 편이라고 판단하고, 현재 수험생의 성적 이의에 대한 대응방안에 대한 여부를 검토 중에 있다. 채점 결과의 표시 방법에 대해서도 검토 중이다. 예비검사와 함께 실시한 설문 조사 결과, 시험시간이 짧다고 응답한 학생이 약 80%, 문항의 문장 양이 많았다고 응답한 학생이 약 90%, 문제가 어려웠다고 응답한 학생이 약 90%, 문제를 풀고 계산의 양이 많았다고 응답한 학생이 약 60%였다(대학입학시험센터, 2018). 이에, 문부과학성에서는 정답률 향상과 득점 분포의 균형을 고려하기 위해 문제의 양, 시험시간, 난이도 등에 대해 개선할 예정임을 밝히고 있다.

5.2 고등학교 기초학력테스트의 '수학'

일본은 우리나라의 국가수준 학업성취도에 해당하는 기초학력테스트를 문부과학성 주관으로 2013년 4월부터 전수조사로 초등학교 6학년의 학생과 중학교 3학년 학생을 대상으로 실시하고 있다. 기초학력테스트의 공식 명칭은 '전국 학력학습 상황조사'이다. 그러나 고등학교급에서는 기초학력테스트를 실시하지 않았다. 이에, 일본에서는 대학 입시 제도의 개선과 함께 '고등학교 기초학력테스트(가칭)'의 도입을 논의하고 있다. 고등학교 기초학력테스트는 민간 사업자를 문부과학성에서 선정하여 실시하며 2019년부터 평가를 시작하되, 2022년도까지로 시행 결과를 입학자 선발과 취직에는 사용하지 않고 학습개선에만 사용하고 2023년도부터는 본격적으로 시험 결과를 활용할 계획이다. 고등학교 기초학력테스트의 응시료는 1,500엔~5,000엔이며, 수험급에 따라 다르게 책정할 수 있다.

* http://www.dnc.ac.jp/news/20180326-01.html

일본의 '전국 학력학습 상황조사'는 국어A/B, 산수, 수학A/B 과목에 대하여, 조사하는 학년의 전 학년까지 포함되는 지도사항을 출제하여 실시하고 있다. 수학과 평가 문항은 '지식'과 '활용'의 두 유형으로 구분된다. '지식' 문항은 A형 평가에, '활용' 문항은 B형 평가에 사용된다. 수학 B형은 수학적 내용, 수학적 과정, 상황과 맥락의 3차원 평가틀로 구성되고 그 내용 중에는 일본의 수학사를 학생들에게 알리고 수학의 문화적 가치를 전달하는 역할을 하는 문항도 출제하고 있다. '지식'과 '활용' 문제를 구분하여 평가하는 것은 지식과 기능의 습득과 사고력 육성의 양면을 모두 강조하면서 학생들의 역량을 구분하여 파악하기 위한 것으로 볼 수 있다(임해미, 김부미, 2014).

'고교-대학 연계 시스템 개혁'의 논의에 따라, '고등학교 기초학력테스트(가칭)'는 고등학교 교육의 다양한 학습 성과를 측정하는 도구의 하나로서 '의무교육 단계의 학습 내용을 포함한 고등학생에게 요구되는 기초학력의 충실한 습득' 및 '이를 통한 고등학생의 학습 의욕 환기'를 도모하고 그 결과를 교수·학습의 개선에 환류하여 고교 교육의 질을 확보, 향상하기 위해 도입되는 평가이다. 고등학교 기초학력테스트(가칭) 검토·준비 그룹에서는 2016년 8월말 검토 상황을 공표, 총 8회에 걸쳐 2016년도의 시행 조사 사례 연구 학교 및 민간 사업자의 의견 청취를 통해 기초학력 테스트의 내용, 실시 방법 등을 검토·정리하여 2017년 3월 「고등학교 기초학력테스트(가칭)의 검토 및 준비 그룹의 논점 정리」*로 발표하였다.

「고등학교 기초학력테스트(가칭)의 검토 및 준비 그룹의 논점 정리」에 따르면, 영어와 달리 수학 교과에서는 현재 CBT, IRT 이론 도입은 논의되고 있지 않으며, 정오답식이나 선다형 문항을 중심으로 출제하려고 하나, 주관식 문제의 출제·해답 방법, 결과 제시 방법 등에 대해서도 검토 중이다. 현재 국립교육정책연구소(NIER)에서는 초등과 중등에 적용되는 전국 학력학습 상황조사 결과를 학생 개인에 대한 성취도 평가 결과뿐만 아니라 학생들이 어려워하는 수학 문제를 선별, 그 문제의 해설과 함께 교수·학습 방법을 함께 공포하고 있다. 따라서 기초학력테스트의 평가가 학생, 교사, 학교 모두에 자신들의 성장에 도움을 주고 있다는 인식이 생겨나도록 활용할 계획임을 밝히고 있는 것을 볼 때, 전국학력학습상황조사 결과 발표 방식은 고등학교 수학과 기초학력테스트에도 적용될 것으로 보인다. 특히, '진단' 결과에 대한 교원 개개인의 지도 연구에 대한 피드백을 제공하고, 학교 교육과정 평가에도 평가 결과를 활용할 것임을 밝히고 있다. 민간검정의 예로 고등학교 기초학력테스트 '실용수학기능검정'을 살펴보면 <표 2-17>과 같다.

---

* http://www.mext.go.jp/b_menu/houdou/29/05/__icsFiles/afieldfile/2017/05/16/1385793_01.pdf (2019.07.11.접속)

〈표 2-17〉 일본 실용수학기능 검정 실시 예시*

취지 · 목적	실시 주체	시험결과를 활용 또는 평가하고 있는 주요 단체	실시기간	실시방법	시험문제의 출제 · 관리방법
• 수학의 실용적 기능(계산, 작도, 표현, 측정, 정리, 통계, 증명)을 측정하는 시험 실시 • 연간 수험자 수는 약 30만명.	공익 재단 법인 일본 수학 검정 협회	<고등전문 · 고교 · 중학교 입시> • 합격판정 등에 활용 (고등전문 · 고교 · 중학교 : 약 460개교) <대학 · 단기대학 입시> • 합격판정 등에 활용 (대학 · 단기대학 : 약 370개교) <대학 · 고등전문 · 고교에서의 단위인정> • 단위를 인정할 때 사용 (대학 · 고등전문 · 고교 : 약 240개교) <고등학교 졸업정도 인정시험> • 수학 시험과목을 면제할 때 활용 (수학2급 이상 합격)	연3회 실시 (4,7,11월)	<실시결과> • 합불판정 →12~3급, 준2급, 2급, 준1급, 1급 <시험형식> • 필기시험 <수험자격> • 별도로 없음 <실시장소> • 전국 약 90개소 (1~11급) • 12급은 자택에서 수험	<시험문제 출제> • 시험문제 출제위원회에서 출제. <시험문제 관리> • 관리에 관한 업무(인쇄 · 보관 등)를 담당하는 업자는 비밀유지에 관한 규약을 체결한다.

6. 맺음말

지금까지 일본의 수학교육을 살펴보았다. 일본은 국가 교육과정을 두고, 급변하는 사회의 변화에 대처하면서 국가 경쟁력을 확보하기 위한 인재 양성을 위해 정부 주도하에 수학교육 개혁을 실행하고 있었다. 2017년 3월 제9차 수학과 교육과정 개정 공포와 함께 고교-대학 연계 시스템 개혁의 일환으로 대학입시의 수학 교과에서 서술형 문항 도입, 고교기초학력테스트(가칭) 도입 등을 추진하고 있다. 또한 초등학교 <산수> 교육과정에서는 '프로그래밍적 사고'를 기르도록 제시하고 초, 중, 고 모든 학교급에서 통계 교육을 강화하고 있었다. 이러한 교육개혁의 핵심은 학력의 3요소(① 지식 · 기능, ② 지식 · 기능을 바탕으로 한 사고력 · 판단력 · 표현력, ③ 주체성을 가지고 다양한 사람들과 협동하여 배우는 태도)를 육성 · 평가

* http://www.mext.go.jp/b_menu/shingi/chousa/shougai/033/shiryo/__icsFiles/afieldfile/2016/02/17/1367231_05_2.pdf(2019.7.10.검색)

하는 것이다. 이 밖에도 수학교육 개혁을 성공적으로 추진하기 위해 수학교사의 질을 담보하고자 면허갱신제도의 시행 등 교사재교육 프로그램 개선도 추진 중에 있다.

2017년 3월 새롭게 고시된 수학과 교육과정에서는 지식 이해의 질을 더욱 높이고 확실한 학력을 육성하기 위해 실생활과 수학적 상황에서 수학적 활동을 강조하고 나아가 다양한 사람들에게 문제해결 과정과 결과를 수학적으로 해석, 설명하거나 표현하는 것을 강조하고 있었다. 특히, 고등학교의 경우 문·이과 구분을 폐지한 2017 신 학습지도요령의 내용 개선과 그 확실한 습득을 강조하고 있다. 일본 수학과 교육과정을 내용 요소를 중심으로 살펴본 결과, 고등학교 1학년까지는 우리나라에 비해 수와 식, 기하, 통계 영역에서는 하나의 주제가 반복되면서 심화되는 양상을 띠고 있었고, 일본의 고등학교 수학의 내용 수준은 상당히 높다고 볼 수 있었다.

또한 2017 교육과정 개정에서는 고등학교 졸업 필수 교과목으로 '이수(理数)'교과군의 <이수(理数)탐구>, <이수(理数)탐구기초>를 신설하여 고등학생은 누구나 수학, 과학 교과목에서 다각적, 복합적으로 직접 주제 선정, 탐구과정, 탐구결과를 보고서로 정리, 발표해 보도록 하고 있다. 이는 미래 사회 대비를 위해 수학, 과학의 중요성을 강조한 것으로 볼 수 있다. 이러한 일본의 교육 방향은 「Society 5.0을 위한 인재 육성-사회의 변화, 배움의 변화」와 관련한 'Society 5.0을 위한 선도 프로젝트'를 통해 STEAM 교육, 데이터 과학 및 통계 교육을 강조하는 데에서도 나타나고 있다.

일본은 일반계열 공립 고등학교 중 신청한 학교를 대상으로 문부과학성에서 지정하는 슈퍼 사이언스 하이스쿨(SSH)과 같이 수준 높은 이수(理数) 교육을 실시하는 고등학교가 있었다. SSH는 4차 산업혁명시대에 맞게 선진적인 과학기술과 자연계 교과 및 수학교육을 연계하여 창의적이고 독창적인 인재를 양성하기 위한 학교로서, 문부과학성은 SSH에 대한 상세한 정보와 SSH의 사례, 성과 등을 얻을 수 있는 웹 사이트도 운영하고 있다.

일본은 국가 교육과정을 개정할 때 산·관·학 연합회의를 통해 수학과 교육 내용을 선정하는 데 영향을 줄 수 있도록 하고 있다. 그 한 예를 살펴보면 「로봇신전략」, 「신산업 구조 비전: 제 4차 산업혁명을 선도하는 일본의 전략」 등의 산·관·학 연합회의 결과, 2017 개정 고등학교 수학과 학습지도요령에서 이산그래프, 행렬, 복소평면을 다루도록 하였다. 일본은 수학과 교육과정을 문서로만 제시하지 않고, 그 내용, 교수·학습방법 및 지도상의 유의점, 내용과 연계된 심화 학습의 내용과 접근 방법 등과 관련된 상세한 부연 설명을 교육과정해설서로 발간하여 교육과정에 대한 이해도를 높이고 있었다. 특히 학년/내용별로 교육 내용에 대한 설명뿐만 아니라, 수학적 활동 등 적용할 수 있는 방안 등이 제시되어 교사의 전문적인 수학 학습지도뿐 아니라 학교 교육에 대한 일반인의 이해에 기여하고 있었다.

일본의 수학교육을 알아보기 위해 본고에서는 일본 문부과학성의 인터넷 자료를 많이 참고하였다. 일본은 국가 교육과정 개발 절차, 교육정책의 추진 절차가 중앙교육심의회의 논점 정리, 중간보고, 답신문, 문부과학성의 정책 입안과 추진 등을 진행 상황별로 자세하게 문서로 정리하고, 이를 웹사이트에서 공유, 홍보, 관리하고 있었기 때문이다. 웹 자료는 수시로 업데이트가 되므로 본고에 제시된 자료가 수정되더라도 일본의 문부과학성 등을 통해 수학교육에 대한 정보를 계속 수집할 수 있을 것이다. 일본의 수학교육을 참고하여 우리나라의 수학교육도 한 걸음 더 나아갈 수 있기를 기대한다.

참고문헌 REFERENCE

강홍재(2018). 일본의 대학입학 시험의 현상과 전망 - 수학 교과를 중심으로. **한국일본교육학연구, 23**(2), 51-73.

고전(2014). **일본교육개혁론(21세기 교육개혁의 해설과 비판 II)**. (주)박영story.

김부미, 김윤민(2019). 한국과 일본의 수학과 교육과정 비교 -통계영역을 중심으로. **학습자중심교과교육연구, 19**(3), 495-523.

나귀수, 김동원, 김연, 이수진, 박미미 (2017). **미래 수학교육의 전망과 탐색**. 대한수학교육학회 2017 정책연구보고서.

유이치로 안자이(2017). **일본의 교육 및 대입제도 대개혁: 현황과 미래전망**(2017, 국회 미래일자리와 교육포럼 초청 유이치로 안자이 일본학술진흥회 이사장 특별 강연자료집).

윤종혁(2006). **외국의 학제 개혁 동향**(RM 2006-37). 서울: 한국교육개발원.

이명실(2018). 일본 '액티브 러닝' 정책의 표(表)와 리(裏). **한국일본교육학연구, 22**(3), 19-41.

이용백, 권태현, 김재홍, 김승현, 김준식, 정영근, 이광호, 박현옥(2018). **일본 대입 제도 변화 분석 및 수능 출제 개선의 시사점 탐색**. KICE 이슈페이퍼 2018(1), 한국교육과정평가원.

임해미, 김부미(2014). 일본과 우리나라의 수학과 교육과정과 국가수준 학업성취도 평가 비교. **학교수학, 16**(2), 259-283.

홍후조, 변자정(2012). 일본의 중고 및 초중 일관 교육에 관한 연구. **아시아교육연구**, 13(2), 107-136.

大学入試センター(2018). 大学入学共通テストの導入に向けた試行調査 (プレテスト) (平成29年11月実施分)の結果報告.

文部科学大臣決定(2016). 次世代の学校・地域」創生プラン ～中教審３答申の実現に向けて～ 平成28年1月25日 文部科学大臣決定.

文部科学省(2008). 中学校学習指導要領. 文部科学省.

文部科学省(2015a). 平成27年度 文部科学省 教育再生の着実な実施. 特集2, 文部科学省.

文部科学省(2015b). これからの学校教育を担う教員の資質能力の向上について (答申のポイント) 文部科学省.

文部科学省(2016a). 高大接続システム改革会議 「最終報告」, 高大接続システム改革会議(2016.3.31).

文部科学省(2016b). 教員免許更新制度の改善について(報告), 教員免許更新制度の改善に係る検討会議(2016.3.28).

文部科学省(2017a). 高等学校学習指導要領. 文部科学省.

文部科学省(2017b). 高等学校学習指導要領解説-数学編 理数編. 文部科学省.

文部科学省(2017c). 中学校学習指導要領. 文部科学省.

文部科学省(2017d). 中学校学習指導要領 (平成29 年告示) 解説-数学編. 文部科学省.

文部科学省(2017e). 小学校学習指導要領. 文部科学省.

文部科学省 プレスリリース(2017.05.17.) 大学入学共通テスト(仮称) 実施方針策定に当たっての考え方(案). 文部科学省.

文部科学省 プレスリリース(2018.06. 08.). デジタル教科書の効果的な活用の在り方等に係る調査研究事業について. 文部科学省.

中央教育審議会(2016a). 幼稚園´ 小学校´ 中学校´ 高等学校及び特別支援学校の学習指導要領等の改善及び必要な方策等について.(答申). 中央教育審議会(2016.12.21.). 文部科学省.

中央教育審議会(2016b). 新しい時代にふさわしい高大接続の実現に向けた高等学校教育´ 大学教育´ 大学入学者選抜の一体的改革について～ すべての若者が夢や目標を芽吹かせ´ 未来に花開かせるために ～(答申). 中央教育審議会(2016.12.22.). 文部科学省.

Asia Society(2017). *Advancing 21st Century Competencies in Japan*, Center for Global Education.

제3장

중국

CHINA

1. 들어가며

중국의 교육 체계는 초등학교(小學校) 6년, 중학교(初级中学) 3년, 고등학교(高级中学) 3년으로 우리나라와 동일한 12년제로 운영된다(<표 3-1 참고>). 중국은 9월에 학기가 시작되어 이듬해 8월에 학기가 끝난다. 중국의 의무교육 기간은 중학교까지 9년이다. 중국에서는 보통 만 3세부터 유아원에 다니는데, 의무교육은 아니어서 유아원의 대부분은 사립으로 운영된다. 최근 중국 정부는 2020년까지 1~3년 기간의 유아교육을 보편화하기 위해 정책적 노력을 기울이고 있다. 중학교를 졸업한 이후 중고(中考, Zhongkao)시험을 통해 일부 학생은 고등학교로 일부학생은 직업학교로 진학한다.

〈표 3-1〉 중국의 학제(OECD, 2016, p.10)

<table>
<tr><th>만 나이</th><th colspan="2">학교</th><th>만 나이</th><th colspan="2">학교</th></tr>
<tr><td>27</td><td>22</td><td rowspan="3">박사</td><td>14</td><td>9</td><td rowspan="3">중학교</td></tr>
<tr><td>26</td><td>21</td><td>13</td><td>8</td></tr>
<tr><td>25</td><td>20</td><td>12</td><td>7</td></tr>
<tr><td>24</td><td>19</td><td rowspan="3">석사</td><td>11</td><td>6</td><td rowspan="6">초등학교</td></tr>
<tr><td>23</td><td>18</td><td>10</td><td>5</td></tr>
<tr><td>22</td><td>17</td><td>9</td><td>4</td></tr>
<tr><td>21</td><td>16</td><td rowspan="4">대학</td><td>8</td><td>3</td></tr>
<tr><td>20</td><td>15</td><td>7</td><td>2</td></tr>
<tr><td>19</td><td>14</td><td>6</td><td>1</td></tr>
<tr><td>18</td><td>13</td><td>5</td><td></td><td rowspan="4">유아원, 유치원</td></tr>
<tr><td>17</td><td>12</td><td rowspan="3">고등학교</td><td rowspan="2">4</td><td rowspan="2"></td></tr>
<tr><td>16</td><td>11</td></tr>
<tr><td>15</td><td>10</td><td>3</td><td></td></tr>
</table>

직업교육 기관으로는 중등전문학교(4년), 기술공업학교(3년), 농업, 직업 중학교(2~3년) 등이 있다. 2014년 기준 중학교 학생의 22% 정도가 직업교육을 받고 있는데, 중국 정부는 경제성장을 위해 직업교육의 비율을 늘리려고 노력중이다(OECD UIS, 2016). 중국의 고등교육기관에는 대학, 학원, 고등전문학교 등이 있다. 대학에는 학부수준(4~5년)의 본과(本科)와 단기의 전과(專科)가 있으며, 전과만으로 되어 있는 학교를 전과학교라고 부른다.

OECD(2016)에 따르면 중국의 주요 교육 이슈는 도시와 농촌 간에 교육 격차 해소, 창의성에 중점을 둔 초중고 교육과정 개혁, 표준화 시험의 역할 축소 및 대학입시(Gaokao)개혁, 교육에 대한 감독 강화 등이다. 수학교육과 관련된 이슈는 교육과정 개정과 대학입시 개혁이라고 볼 수 있다. 수학과 교육과정을 포함하여 전반적으로 교육과정 개정의 주요 방향은 6가지로 제시되어 있다. 첫째, 교육에 관한 지식 전달의 관점에서 학습 방법 및 학습 태도 향상의 관점으로의 전환, 둘째, 과목 중심의 교육과정에서 학생과 학교의 다양한 요구를 충족하는 통합적이고 선택적인 교육과정으로 변화, 셋째, 난해하고 시대에 뒤떨어진 내용에서 학생의 평생학습과 관련된 필수지식 중심으로 내용 선정, 넷째, 암기 위주의 수동적인 학습에서 능동적인 문제해결 방식의 학습 및 협력 학습으로 전환, 다섯째, 평가의 역할을 성취도 점검의 총괄평가에서 학생의 학습지원에 초점을 둔 형성평가로의 전환, 여섯째, 중앙집권적인 교육과정에서 중앙과 지역이 협력하는 교육과정 운영으로 전환을 목표로 교육과정을 개정하였다.

중국은 2018년 9월 10일 전국교육대회를 개최하고 중국 교육의 방향을 선포하였다*. 이 대회는 8년 만에 개최된 것으로 시진핑 중국 국가주석이 참가하여 교육의 중요성을 강조한 상황이다. 중국 교육계의 주요 이슈는 입시와 사교육 그리고 학습부담 경감으로 우리나라와 매우 유사한 상황이다. 중국은 중앙공산당과 교육부에서 대부분은 교육관련 정책을 결정하고 추진하는 중앙집권적인 국가이며, 수학교육과 관련된 민간 분야의 대표적인 연구기관은 <표 3-2>와 같다.

〈표 3-2〉 중국의 수학교육 관련 기관

기관	업무
중국수학회 (China Mathematical Society)	중국의 수학자와 수학교육학자의 학술단체로서 정기적인 학술대회를 개최하며, 학술지를 발행하고, 수학올림피아드 등 수학관련 대회를 운영한다. 2020년 중국에서 개최되는 ICME 14를 주관한다.
북경사범대학 (Beijing Normal University)	다양한 수학교육 관련 연구를 수행하고 있으며, 교사 교육을 담당하고 있다. 수학과 교육과정 개발에도 참가하고 있으며, International Center for Research in Mathematics Education와 같은 연구소를 운영하고 있다.
중국교육과 과학연구 전산망 네트워크 센터 (中国教育和科研计算机网网络中心, China education and research network)	중국의 교육 분야의 연구 성과와 최신뉴스를 소개하는 인터넷 사이트(http://www.edu.cn/)로서 수학교육뿐만 아니라 교육뉴스, 대학정보, 정책정보 등 다양한 교육관련 정보를 얻을 수 있다. 최근 자주 등장하는 키워드는 인공지능, 빅데이터 활용 교육 등 교육기술에 관한 내용이 많다.

* http://www.moe.gov.cn/jyb_xwfb/xw_zt/moe_357/jyzt_2018n/2018_zt18/ (2019년 9월 10일 검색)

2. 수학교육 이슈

2.1 대학입시와 수학

2014년 중국 국무원은 대학입학시험 Gaokao(高考)의 개혁방안을 발표했다. Gaokao의 주요 문제점은 교사와 학생들에게 과도한 시험 부담을 준다는 것이다. 대학 입시 준비를 위해 수학 수업은 시험 문제 풀이 위주로 진행되고 학생들은 연습과 반복에만 몰두했다. 그 결과 비판적 사고나 학생들의 정서나 특징 등의 요소들이 무시되는 문제점이 나타났다. 새로운 Gaokao인 APT(Academic Proficiency Test)는 2017년 상하이와 저장성 지역에서 시범 실시하였다. 새로운 Gaokao의 특징은 학생의 선택권을 넓혔다는 것이다. 중국어, 수학, 영어는 필수 과목으로 유지되지만, 영어 시험을 2번 볼 수 있게 되었고, 수학 시험에서 문과 이과 구분이 없어지고 같은 내용으로 시험을 보게 되었다. 전체 시험 과목은 ‘Big 3 + small 3’으로서 학생들은 중국어, 수학, 영어 3과목을 필수로 보고, 사회과학과 자연과학 과목 중 3 과목을 선택하여 이들 과목의 점수를 토대로 대학에 진학한다.

수학 과목의 경우 객관식은 50% 이하로 출제된다. 기존의 문·이과를 구분하여 수학시험을 실시했는데, 이러한 구분이 폐지된 것에 대해 일부에서 학력 저하 등의 부작용을 우려하고 있다. 수학 주관식 문항의 채점은 2명이 채점하고, 채점 결과에서 기준 치 이상의 점수 차이가 발생하면 제3자가 다시 채점한다. 평가 문항 틀이 지식 중심에서 역량 중심으로 변화했다.

Gaokao는 매년 6월 7일, 8일 이틀간 실시되며, 2018년 975만명이 응시하였다. 시험지 세트에는 교육부 산하 고시중심(考試中心)이 출제하는 전국권 세트와 각 성과 대도시의 지방정부 산하 고시중심에서 주관하는 지역별 세트가 있다. 각 성/시(省/市)에서는 교육부 고시중심이 주관하여 출제한 전국권 문항을 사용할 수도 있고, 자체적으로 출제한 문항을 사용할 수도 있다. 예를 들어, 2019년 북경 이과 수학시험(2019年 北京高考数学)을 살펴보면 다음과 같다. 총 20문제(150점 만점)를 150분 동안 풀어야하며, 문제의 유형은 객관식, 단답형, 서술형의 3가지이다. 4지 선다형 객관식 8문제(각 5점씩), 단답형 6문제(각 5점씩), 서술형 6문제(문항 별 점수가 다르며, 총 80점)로 이루어져있다. 반면에 2019년 전국3권(운남, 사천, 광서, 귀주, 티베트에 적용) 이과 수학시험(2019年 高考理科数学真题及答案, 全国3卷)의 시험문제는 총 23문제로 객관식 12문제(각 5점씩), 단답형 4문제(각 5점씩), 서술형 7문제(총 70점)로 이루어져 있다.

三、解答题共 6 小题，共 80 分。解答应写出文字说明，演算步骤或证明过程。

（15）（本小题 13 分）

在 $\triangle ABC$ 中，$a=3$，$b-c=2$，$\cos B=-\frac{1}{2}$.

（Ⅰ）求 b,c 的值；

（Ⅱ）求 $\sin(B-C)$ 的值.

（16）（本小题 14 分）

如图，在四棱锥 $P-ABCD$ 中，$PA\perp$ 平面 $ABCD$，$AD\perp CD$，$AD/\!/BC$，$PA=AD=CD=2$，$BC=3$．E 为 PD 的中点，点 F 在 PC 上，且 $\frac{PF}{PC}=\frac{1}{3}$.

（Ⅰ）求证：$CD\perp$ 平面 PAD；

（Ⅱ）求二面角 $F-AE-P$ 的余弦值；

（Ⅲ）设点 G 在 PB 上，且 $\frac{PG}{PB}=\frac{2}{3}$．判断直线 AG 是否在平面 AEF 内，说明理由.

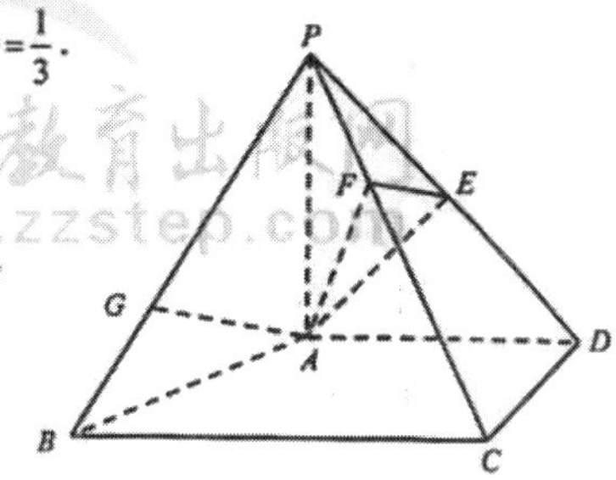

（17）（本小题 13 分）

改革开放以来，人们的支付方式发生了巨大转变．近年来，移动支付已成为主要支付方式之一．为了解某校学生上个月 A, B 两种移动支付方式的使用情况，从全校学生中随机抽取了 100 人，发现样本中 A, B 两种支付方式都不使用的有 5 人，样本中仅使用 A 和仅使用 B 的学生的支付金额分布情况如下：

支付金额（元） 支付方式	(0, 1 000]	(1 000, 2 000]	大于 2 000
仅使用 A	18 人	9 人	3 人
仅使用 B	10 人	14 人	1 人

（Ⅰ）从全校学生中随机抽取 1 人，估计该学生上个月 A, B 两种支付方式都使用的概率；

（Ⅱ）从样本仅使用 A 和仅使用 B 的学生中各随机抽取 1 人，以 X 表示这 2 人中上个月支付金额大于 1 000 元的人数，求 X 的分布列和数学期望；

（Ⅲ）已知上个月样本学生的支付方式在本月没有变化．现从样本仅使用 A 的学生中，随机抽查 3 人，发现他们本月的支付金额都大于 2 000 元．根据抽查结果，能否认为样本仅使用 A 的学生中本月支付金额大于 2 000 元的人数有变化？说明理由.

数学（理）（北京卷） 第 4 页（共 5 页）

[그림 3-1] 중국 Gaokao 수학시험 서술형 문항*

* https://gaokao.eol.cn/bei_jing/ 에서 기출문제와 해답을 확인할 수 있다.

2.2 역량 교육

최근 중국 수학교육의 가장 중요한 이슈 중 하나가 '역량(competence, 素养*)'이다. PISA의 역량 틀과 21세기 역량 관련 연구의 영향을 받았다고 볼 수 있다. 기존에는 수학교육의 목표를 설명할 때, 기본 지식과 기본 능력(basic knowledge and basic capabilities)이라는 용어를 사용했으나 현재는 역량으로 변화되었다.

2017년 개정된 중국 고등학교 수학과 교육과정에는 6가지 핵심 역량(수학적 추상화, 논리적 추론, 수학적 모델링, 직관적 상상력, 수학연산, 데이터 분석)을 제시하고 있다. 이는 우리나라 교육과정의 교과역량과 유사하다고 볼 수 있다. 교육과정에 제시된 6가지 핵심 역량의 의미는 다음과 같다.

- **수학적 추상화**(数学抽象)

수학적 추상화는 수량 관계와 공간 형식의 추상화를 통해 수학적 연구 대상의 소양을 얻는 것을 말한다. 이는 주로 수량과 수량 관계, 도형과 도형 관계 수학적 개념 및 개념 간에 관계를 포함하며, 사물의 구체적인 배경으로부터 규칙과 구조를 추상화하고, 수학적 언어로 표현된다. 수학적 추상화는 수학의 기본 사상 및 이성적 사고를 형성하는 중요한 기초이며, 수학의 본질적 특징을 반영하고, 수학의 생성, 발전, 응용 과정을 아우른다. 수학적 추상화는 수학을 높은 수준으로 개괄하고 정확하게 표현하며, 일반적인 결론을 내도록 하는 질서 있고 순차적인 시스템이다. 수학적 추상화는 주로 수학적 개념과 규칙을 얻고, 수학적 명제를 제시하고, 수학적 방법과 아이디어를 형성하며 수학적 구조와 시스템을 인식하는 것으로 표현된다.

- **논리적 추론**(逻辑推理)

논리적 추론은 규칙에 따라 다른 명제를 도입하는 사실과 명제에서 출발하는 것을 의미한다. 이는 주로 두 가지 범주로 구성된다. 하나는 특수에서 일반으로의 추론으로, 추론 형식에는 주로 귀납과 유추가 있다. 또 다른 하나는 일반에서 특수로의 추론으로, 추론 형식은 주로 연역이 있다. 논리적 추론은 수학적 결론을 얻고 수학 체계를 구축하는 중요한 방법으로, 이는 수학의 신중성을 보장하는 가장 기본적인 사항이자 사람들이 수학 활동에서 소통하는 기본적인 사고의 질을 보장한다. 논리적 추론은 주로 추론의 기본 형태와 규칙 파악, 질문 발견과 명제 제시, 논증 과정 탐구 및 표현, 명제 체계를 이해, 논리적 표현과 교류로 나타난다.

* 중국의 교육과정 문서에는 '素养'으로 표기되어 있으나 영문 번역으로는 'competence'를 사용하고 있다. 우리나라에서는 'competence'를 역량으로 번역하므로 본 고에서는 역량으로 표기하였다.

• **수학적 모델링**(数学建模)

수학적 모델링은 현실의 문제를 수학적으로 추상화하고, 수학 언어로 문제를 표현하는 것이다. 수학적 방법으로 모형을 구축하여 문제를 해결하는 소양을 높인다. 이러한 수학적 모델링 과정은 주로 다음과 같다. 실제 상황에서는 수학적 관점에서 문제를 발견하고, 문제를 제시하고, 분석하고, 모형을 만들고, 매개 변수를 정하고, 계산을 풀고, 결과를 검산하고, 모형을 개선하고, 최종적으로 실제 문제를 해결한다. 수학 모형은 수학이 외부 세계와 연결되는 교량을 구축하는 수학 응용의 중요한 형식이다. 수학적 모델링은 실제 문제를 해결하기 위한 응용수학의 기본 수단이며, 수학 발전의 원동력이다. 수학적 모델링은 주로 다음과 같이 나타난다. 문제를 발견하고 제시하고 모형을 만들고 해결하며, 모형을 검사하고 개선하며 문제를 분석하고 해결한다.

• **직관적 상상력**(直观想象)

직관적 상상력은 기하학적 직관과 공간적 상상력을 통해 사물의 형태와 변화를 감지하는 것을 말한다. 공간 형식, 특히 도형을 사용하여 수학 문제를 이해하고 해결하는 데 있어서의 소양을 의미한다. 주요 내용으로는 '공간 형식을 빌려 사물의 위치 관계와 형태 변화 및 운동 법칙을 인식, 도형을 이용하여 수학적 문제를 묘사하고 분석, 형태와 수의 관계를 구축하고 수학 문제에 대한 직관적인 모형을 구축하고 문제 해결의 아이디어를 탐구' 하는 것이 있다. 직관적 상상력은 문제를 발견하고 제시하고 분석하고 해결하는 데 중요한 수단이며, 논증적 사고를 탐구하고 형성하며 수학적 추론을 하고 추상적 구조의 사고기반을 구축한다. 직관적 상상력은 주로 형상과 수의 연결을 설정하고 기하학적 도형을 통해 문제를 설명한다. 기하학적 직관을 이용하여 이해의 도움을 받아 공간적 상상력을 활용하여 사물을 인식한다.

• **수학 연산**(数学运算)

수학 연산은 명확 연산 객체를 기반으로 연산 법칙에 따라 수학 문제를 해결하는 소양을 의미한다. 주요 내용은 연산 객체 이해, 연산 법칙 숙지, 연산 사고 방식 탐구, 연산 방법을 선택, 연산 프로그램 설계, 연산 결과 구하기를 포함한다. 수학 연산은 수학 문제를 해결하는 기본 수단이다. 수학 연산은 연역적 추론이자 컴퓨터 문제 해결의 기초다. 수학 연산은 주로 연산 객체를 이해하고, 연산 법칙을 숙지하고, 연산 사고 방식을 탐구하고, 연산 결과를 구하는 것으로 표현된다.

• **데이터 분석**(数据分析)

데이터 분석은 연구 대상에 대한 데이터를 획득하고, 수학적 방법을 사용하여 데이터를 정리, 분석 및 추론함으로써 연구 대상에 대한 지식의 소양을 형성하는 것을 의미한다. 데이터 분석과정은 주로 데이터 수집, 데이터 정리, 정보 추출, 모형 구축, 추론 및 결론 획득을 포함한다. 데이터 분석은 확률 현상을 연구하는 중요한 수학 기술이며 빅데이터 시대 수학에 응용되는 주요 방법이자 '인터넷+' 관련 분야의 주요 수학적 방법이다. 데이터 분석은 이미 과학, 기술, 공학, 현대 사회 생활의 모든 측면에 깊이 파고들고 있다.

데이터 분석은 주로 데이터 수집과 정리, 데이터 이해와 처리, 결론 도출과 해석, 지식 요약 및 형성으로 표현된다.

(中华人民共和国教育部, 2018, pp. 4-7)

수학과 교육과정 문서에 각 소양을 3가지 수준으로 구분하여 각 수준에 해당하는 내용을 기술하고 있으며, 이는 소양을 평가하는 기준으로서 활용될 수 있다. 수학적 추상화와 수학적 모델링에 대한 수준 구분은 <표 3-3>, <표 3-4>와 같다.

〈표 3-3〉 수학적 추상화의 수준 구분(中华人民共和国教育部, 2018, p.100)

수준	수학적 추상화
수준1	• 익숙한 상황에서 직접 수학 개념과 규칙을 추상화하고, 특수한 사례를 기반으로 간단한 수학적 명제를 귀납하고 형성하며, 배운 수학적 방법을 모방하여 간단한 문제를 해결할 수 있다. • 수학 개념과 규칙의 의미를 설명하고, 수학적 명제의 조건과 결론을 이해하며 익숙한 상황에서 추상적인 수학 문제를 이해할 수 있다. • 수학적 언어로 표현된 추론과 논증을 이해할 수 있으며, 수학의 일반적인 방법을 이해하여 비슷한 문제를 풀 수 있고, 수학적 사고를 이해할 수 있다. 의사 소통 과정에서 관련 추상적 개념을 실제 상황과 함께 설명할 수 있다.
수준2	• 관련이 있는 상황에서 일반적인 수학적 개념과 규칙을 추상화할 수 있고, 알려진 수학적 명제를 좀 더 일반적인 상황으로 일반화할 수 있으며 수학적 방법으로 새로운 상황에서 문제를 해결할 수 있다. • 적절한 수학적 개념과 규칙을 적절한 예시로 설명할 수 있는 능력이 있다. 수학 명제의 조건과 결론을 이해할 수 있다. 관련 수학적 지식 사이의 연결을 이해하고 구성하는 능력이 있다. • 수학 언어로 표현된 개념, 규칙, 추론 및 논증을 이해할 수 있으며 문제를 해결하는 수학적 방법을 도출할 수 있다. • 의사 소통 과정에서 구체적인 현상을 일반적인 개념으로 설명 할 수 있다.
수준3	• 포괄적인 상황에서 수학적 문제를 추상화하고 적절한 수학적 언어로 표현할 수 있으며, 얻은 수학적 결론을 토대로 새로운 명제를 형성할 수 있다. 특정 문제에 대한 문제를 해결하기 위해 수학적 방법을 적용하거나 만들 수 있다. • 수학적 객체, 연산 또는 관계를 통해 수학의 추상적인 구조를 이해할 수 있으며, 수

	학적 결론의 일반성을 이해하고 고도로 요약되고 규칙적이며 단계적인 수학 지식 시스템을 이해할 수 있다. • 현실 문제에서 연구 대상의 수학적 특징을 파악하고 이를 정확한 수학 언어로 표현할 수 있으며 일반 법칙의 수학적 원리와 그에 포함된 수학적 아이디어를 이해할 수 있다. • 의사소통 과정에서 자연 현상과 사회 현상을 수학 원리로 설명할 수 있다.

〈표 3-4〉 수학적 모델링의 수준 구분(中华人民共和国教育部, 2018, p.103)

수준	수학적 모델링
수준1	• 익숙한 수학적 모형과 수학적 설명의 실제 배경을 이해하고 수학적 모형의 매개 변수와 결론의 실제 의미를 이해한다. • 수학적 모델링 구축 과정이 문제를 제시하고, 분석하고, 모형을 만들고, 매개 변수를 정하고, 계산을 풀고, 결과를 검산하고, 모형을 개선하는 것을 포함한다는 것을 알고 있다. • 익숙한 실제 상황에서 학습된 수학적 모델링 구축을 모방하여 문제를 해결할 수 있다. • 학습된 수학적 모델에 대해 모델링의 의미를 설명하고 그것이 포함하는 수학적 의미를 이해하는 것이 가능하며, 수학적 모델링 구축의 중요성을 느끼고 있다. • 의사소통의 과정에서 문제는 기존의 수학적 모델링 구축 결과를 참조하여 문제를 설명할 수 있다.
수준2	• 익숙한 상황에서 문제를 발견하고 문제를 수학 문제로 변환할 수 있으므로 수학 문제의 가치와 역할을 파악할 수 있다. • 적절한 수학 모형을 선택하여 해결하려는 문제를 해결할 수 있다. 모형 중 매개변수의 의미를 이해하고, 어떻게 매개변수를 결정해야 하는 지와 모형 구축 및 모형 이해에 대해 알고 있다. 문제의 실제 의미에 따라 결과를 검사할 수 있으며, 모형을 개선하고 문제를 해결할 수 있다. • 관련된 상황에서 수학적 모델링 구축 과정을 경험하고 수학적 모델링의 의미를 이해할 수 있다. 수학적 언어로 수학적 모델링 구축 과정 속의 문제와 문제 해결 과정 및 결과를 설명할 수 있으며, 연구 보고서를 작성하며 연구 결과를 보여줄 수 있다. • 의사소통의 과정에서 모형의 아이디어로 문제를 설명할 수 있다.
수준3	• 포괄적인 상황에서, 수학적 사고를 사용하여 분석하고, 상황 송의 수학적 관계를 찾고, 수학적 문제를 제안한다. • 수학적 모델링 구축의 일반적인 방법과 관련 지식을 사용하여 수학적 모델을 만들고 창의적으로 문제를 해결할 수 있다. • 수학적 모델링 구축의 의미와 역할을 이해할 수 있으며, 수학적 언어로 수학적 모델링 구축의 프로세스와 결과를 명확하고 정확하게 표현할 수 있다. • 의사 소통 과정에서 수학적 모델링의 결론과 아이디어를 통해 과학 및 사회 현상의 법칙을 설명할 수 있다.

이와 같이 교육과정 문서에 역량의 의미가 정의되어 있지만 교사들이 충분히 이해하고 실제 수업에 적용할 만큼 정교화 된 것은 아니라고 볼 수 있다. 따라서 소양의 의미를 정교화 하는 작업이 중국 수학교육계의 과제라고 볼 수 있다.

3. 수학의 위상

2019년 7월 중국의 과학기술부, 교육부, 중국과학원, 중국자연과학재단 등의 4개 부서가 공동으로 「수리과학 연구 강화를 위한 계획(关于加强数学科学研究工作方案)」을 발표하였다. 이 계획에서는 수학의 역할을 다음과 같이 강조하고 있다.

*수학은 자연 과학과 주요 기술 혁신 개발의 기초이며 항공 우주, 국방, 생물 의학, 정보, 에너지, 해양, 인공지능, 첨단 제조 등의 분야에서 없어서는 안 될 중요한 역할을 한다.**

수리과학 연구 강화를 위한 계획은 '수리과학 연구에 대한 지속적이고 안정적인 지원'과 '응용수학의 강화', '국내외 수학연구 교류 협력' 등의 3부분으로 구성되어있다. 수학교육과 관련된 내용은 '수리과학 연구에 대한 지속적이고 안정적인 지원'에 나타나 있는데, 중국 국립자연과학재단에서 수학 연구에 대한 연구비 지원을 늘리고, 대학 및 연구소의 수학센터 설립을 지원하는 방안이 담겨있다. 특히, 수학센터는 수학교사 교육을 지원하고, 초중고 학생의 인턴십을 제공함으로서 학교수학을 지원하는 역할을 담당하게 된다.

3.1 수학의 본질

2018년 발표된 '일반 고등학교 수학과정(普通高中数学课程, 2017版)'에는 수학의 본질을 다음과 같이 설명하고 있다.

수학은 수량 관계와 공간 형식을 연구하는 과학이다. 수학은 현실 세계에 대한 추상성에 기원하며, 추상적인 구조에 기초하여 기호 연산, 형식 추론, 모형 구축 등을 통해

*https://www.edu.cn/rd/gao_xiao_cheng_guo/gao_xiao_zi_xun/201907/t20190723_1673895.shtml (2019년 9월 10일 검색)

현실 세계에서 사물의 본질, 관계, 규칙을 이해하고 표현한다. 수학과 인류의 삶과 사회 발전은 밀접하게 연관되어 있다. 수학은 연산과 추론의 도구일 뿐만 아니라 표현과 소통의 언어이기도 하다. 수학은 사상과 문화를 지니고 있는 인류 문명의 중요한 구성요소이다. 수학은 자연 과학의 중요한 기초이며 사회 과학에서 점점 더 많은 작용을 하고 있다. 수학의 응용은 현대 사회와 사람들의 일상 생활 각 측면에 퍼져 있다. 현대 과학 기술, 특히 컴퓨터 과학, 인공 지능이 급속도로 발전함에 따라 사람들이 데이터를 얻고 데이터를 처리하는 능력도 크게 향상되어 바야흐로 빅데이터 시대가 도래하였다. 사람들은 인터넷, 텍스트, 소리, 이미지 등에 반영된 정보를 디지털화 처리하는 경우가 많아지고 있으며, 이로 인해 수학의 연구 영역과 응용 분야가 크게 확대되었다. 수학은 사회에 직접적으로 가치를 창출하여 사회 생산성의 발전을 촉진한다.

수학은 인간의 이성적 사고, 과학 정신, 그리고 개인의 지능 발달을 촉진하는 데에 있어 대체할 수 없는 역할을 한다. 수학적 소양은 현대 사회의 모든 사람들이 갖추어야 할 기본적 소양이다.

수학교육은 '덕으로 인재를 양성한다'는 근본적 임무를 현실화하고 소양교육을 발전시키는 기능을 수행하고 있다.

수학교육은 학생들이 현대 생활과 더욱 심화된 학습에 필요한 수학 지식, 기술, 사상, 방법을 숙지하는 데 도움을 주며, 학생들의 수학적 소양을 향상시키고, 학생들이 수학적인 시각으로 세상을 관찰하도록 하여 수학적으로 세상을 생각하고, 수학적 언어로 세상을 표현하게 이끌어 준다. 더불어 학생의 사유 능력과 실천 능력 및 창의력의 발전을 촉진하고, 사물의 변화 규율을 탐구하며 사회적 책임감을 길러줄 뿐만 아니라 학생에게 올바른 인생관, 가치관, 세계관을 수립해주는 등 측면에서 대체할 수 없는 역할을 한다.

(中华人民共和国教育部, 2018, pp.1-2)

최근 중국은 인공지능, 빅데이터 등의 4차 산업혁명 관련 기술에 대대적인 투자를 하고 있는데, 수학과 교육과정 문서에서 수학과 이러한 기술의 관련성을 언급하며 수학의 응용적인 측면을 강조하고 있다. 실제로 수학의 응용은 고등학교 교육과정에서 '수학적 모델링과 수학탐구'의 신설의 형태로 구체적으로 강조되고 있다. 자세한 내용은 4절의 교육과정에서 살펴보겠다.

3.2 수학교육의 이념

수학의 본질에 충실하게 수학을 지도하는 방향으로서 고등학교 교육과정 문서에는 수학교육의 이념이 제시되어 있다. 수학교육의 이념은 중국 교육과정의 기본 이념인 '덕으로 인재를 양성한다.'와 관련하여 수학교육의 방향을 제시하고 학교 현장에서 수학교육이 어떻게 이루어져야 하는지를 안내하고 있다. 특히, 과정 평가를 강조하고 있는 것을 확인할 수 있는데, 이는 과도한 대학 입시 경쟁의 대표적인 교과로 인식되고 있는 수학의 역할에 대한 반성과 수학평가의 개선 방향을 제시한 것으로 해석할 수 있다. 최근 우리나라의 과정 중심 평가에 대한 관심과 매우 유사하다고 볼 수 있다.

1. 학생들의 성장을 목표로 하여, 덕으로 인재를 양성

고등학교 수학 교과 과정은 학생들의 성장을 목표로 하고, '덕으로 인재를 양성한다'는 기본적 임무를 수행하며 과학적 정신과 창의성을 육성하여 수학 과목의 핵심 소양을 향상시킨다. 모든 사람이 좋은 수학교육을 받을 수 있고 수학에 있어서 저마다의 발전을 이룰 수 있다.

2. 교과 과정 구조를 최적화하고, 핵심 기조를 강조하며 우수한 콘텐츠를 엄선

고등학교 수학 교과 과정은 사회 발전의 요구, 수학의 특징, 학생들의 인지적 규칙, 학생 수학 분야의 핵심 소양을 반영한다. 교과 과정 구조 최적화는 학생 발전의 토대를 마련하고 다양한 선택권을 제공해 준다. 수학의 핵심 기조를 강조하여 수학의 내재적인 논리와 사유 방식을 부각하고, 우수한 콘텐츠를 엄선하여 수학 교과의 핵심 소양과 지식 기술 간의 관계를 잘 처리해야 할 뿐만 아니라 수학과 삶, 그리고 다른 학문과의 연계를 강조하여 학생이 실제 문제를 수학적으로 해결하는 능력을 향상시키고 수학문화의 확대에 집중해야 한다.

3. 수학의 본질을 파악하고, 사고력을 강화하며 교학 방식을 개선

고등학교 수학 수업은 학생 수학 분야의 핵심 소양 개발을 지향하며, 적절한 구성을 제공하여 학생들에게 사고에 영감을 불어넣고 학생들이 수학 내용의 본질을 파악하도록 유도한다. 독립적 사고, 자기주도 학습, 협력 교류 등 다양한 학습방식을 제창하고, 수학에 대한 관심을 고취시키며 좋은 학습 습관을 기르도록 하여 학생의 실천 능력과 창의력의 발전을 촉진한다. 정보기술과 수학 과정의 깊이 있는 융합에 중점을 두고 교육의 실효성을 향상시킨다. 끊임없이 학생들이 수학의 과학적인 가치, 응용적 가치, 문화적 가치, 미적 가치를 깨닫도록 유도한다.

4. 과정 평가, 소양 집중, 품질 향상

고등학교 수학 학습평가는 학생의 지식기능 습득에 초점을 맞추고 수학 학과의 핵심 소양 형성과 발전에 더욱 집중하고 있으며, 과학적으로 합리적인 학업의 질 요구를 제정함으로써 학생이 저마다의 학습 단계에서 수학 분야의 핵심 소양 수준에 도달할 수

있도록 한다. 평가는 학생의 학습 결과를 중시하는 것 외에도 학생의 학습 과정도 더욱 중시해야 한다. 합리적인 평가 도구를 개발하여 지식 기술의 숙달과 수학 분야의 핵심 소양을 유기적으로 결합함으로써 목표와 방식이 다양하고 과정을 중시하는 평가 체계를 수립한다. 평가를 통해 학생들의 학습에 대한 흥미를 높이고 학생들이 자아를 인식하고 자신감을 향상시키도록 돕는다.

(中华人民共和国教育部, 2018, pp.2-3)

4. 수학과 교육과정

중국의 수학과 교육과정 문서는 2가지로 구분된다. 초등학교, 중학교 수학과 교육과정은 '의무교육 수학과정표준, 2011년판(义务教育 数学课程标准, 2011年版)'이고 고등학교 수학과 교육과정은 '일반 고등학교 수학과정(普通高中数学课程, 2017版)'이다.

중국은 교육부에서 국가 교육과정을 개발하고 모든 지역에 동일한 교육과정이 적용된다. 중국의 수학과 교육과정은 의무교육에 해당하는 초등학교, 중학교 수학과 교육과정과 고등학교 수학과 교육과정으로 구분되어 있다. 중국은 2001년 기존 수학과 교육과정을 개혁하여 '전일제 의무교육 수학과정표준(全日制义务教育数学课程标准)'을 발표하였고, 이를 적용하면서 나타난 개선사항을 반영하여 2011년 '의무교육 수학과정표준, 2011년판(义务教育 数学课程标准, 2011年版)'을 발표하였다. 현재 중국의 초등학교와 중학교는 의무교육 수학과 교육과정표준을 따르고 있다. 의무교육 수학과 교육과정표준이 발표된 이후, 중국 교육부는 고등학교 교육과정 개정 작업을 시작하여 2018년 1월 고등학교 교육과정인 '일반 고등학교 수학과정(普通高中数学课程, 2017版)'을 발표하였다.

4.1 수학교육 목표

중국의 초등학교, 중학교 수학과 교육과정에는 3가지의 총괄목표와 4가지의 영역별 목표가 제시되어 있다. 총괄목표 3가지는 다음과 같다.

첫째, 사회 생활에 필요한 수학의 기본 지식, 기본 기능, 기본 아이디어, 기본 활동경험을 얻을 수 있다.

둘째, 수학적 지식 사이에, 수학과 다른 학문 사이에, 수학과 생활 사이에 존재하는 다양한 연결성 이해하고 수학적으로 생각한다. 문제를 발견하고 제기하는 능력과 문제를 분석하고 해결하는 능력을 키운다.

셋째, 수학의 가치를 알고, 수학 학습에 흥미를 가지며, 수학을 배울 수 있다는 자신감을 키운다. 좋은 학습 습관을 형성하며, 기초적인 혁신의식(창의성)과 과학적 태도를 가진다.

(中华人民共和国教育部, 2011, p.9)

이러한 총괄목표를 4가지의 영역별 목표로 세분화하여 학단별로(3개 학년씩) 제시하고 있다. 각 영역별 목표를 유기적으로 결합하여 달성함으로서 총괄목표를 달성하는 것이다. 4가지 영역별 목표는 지식과 기능, 수학적 사고, 문제해결, 감정과 태도로 구분되고 3학단(7~9학년)에 해당하는 영역별 목표는 <표 3-5>과 같다.

〈표 3-5〉 '의무교육 수학과정표준'의 영역별 목표(中华人民共和国教育部, 2011, pp.14-15)

지식과 기능	1. 구체적인 상황에서 수학 기호를 추상화하는 과정을 체험한다. 유리수, 실수, 대수식, 방정식, 부등식, 함수의 이해, 필요한 연산 기능(어림 포함) 을 파악한다. 구체적인 문제에서 수량의 변화 관계와 변화 규칙을 탐구하고, 대수식, 방정식, 부등식, 함수의 표현 방법을 파악한다. 2. 교선, 평행선, 삼각형, 사각형의 기본 성질과 판단 방법을 탐구하고 파악한다. 기본 증명 방법과 기본 작도 방법을 파악한다. 평면도형의 평행이동, 회전이동, 대칭축에 대한 탐구하고 이해한다. 투영 및 투시도에 대해 인식한다. 평면 직교좌표계와 그 응용에 대한 탐구하고 이해한다. 3. 자료 수집, 자료 처리, 자료 분석 및 추론 과정을 체험한다. 표본을 추출하는 방법을 이해하고, 표본을 사용하여 전체 자료에 대한 추정 값을 어림하는 과정을 체험한다. 무작위 현상을 깊이 있게 이해하고, 간단한 사건에 대한 확률을 연산할 수 있다.
수학적 사고	1. 대수식, 방정식, 부등식, 함수 등을 사용하여 수량 관계를 표현한다. 모델링에 대한 사고를 체험한다. 기호의 사용에 대한 의식을 확립하고, 도형의 성질과 도형의 이동, 물체의 위치를 확인 등의 과정 중에 공간의 관념에 대한 깊이 있는 이해를 확립한다. 도표를 사용하여 문제에 대한 사고 과정을 체험한다. 초보적인 기하 직관을 확립한다. 2. 자료를 이용하여 통계적 추측을 진행할 수 있는 과정을 안다. 자료분석에 대한 관념을 발전시키고 확립한다. 무작위 현상의 특징을 체험한다.

	3. 개연적인 추론을 통하여 수학적 결론을 탐구하는 과정을 체험한다. 그 과정을 증명하기 위해 연역적 추론을 사용한다. 다양한 형태의 수학 활동 중에서 개연적인 추론과 연역적 추론 능력을 발전한다. 4. 독립적인 사고를 할 수 있고, 수학의 기본적 사고와 사고방식을 체험한다.
문제해결	1. 초보적인 구체적인 상황에서 수학적 관점에서 문제를 발견하고 제기할 수 있다. 수학적 지식과 방법을 종합적으로 사용하여 간단한 실제적인 문제를 해결한다. 응용 의식을 강화하고, 실천 능력을 향상시킨다. 2. 문제를 분석하고 해결의 방법과 과정을 서로 다른 관점에서 찾는다. 문제를 해결하기 위한 다양한 방법이 있음을 느낀다. 문제를 분석하고 문제를 해결하기 위해 몇 가지 기본적인 방법을 파악한다. 3. 다른 사람과 의사소통 하는 과정에서 다른 사람의 사고 방법과 결론을 잘 이해할 수 있다. 4. 다른 사람이 제기한 문제에 대해 반성적으로 생각할 수 있다. 다른 사람이 제기한 문제에 대해 초보적인 평가의식과 반성의식을 형성한다.
감정과태도	1. 적극적으로 수학 활동에 참여하고, 수학에 대하여 호기심을 가지고, 수학을 알려는 욕구를 가지게 한다. 2. 성공의 기쁨을 느끼고, 자기 스스로 어려움을 극복하기 위는 것을 체험하고, 수학 문제해결과정을 체험하고, 어려움을 극복할 수 있는 용기를 가지고, 수학을 잘 배울 수 있다는 자신감을 가지게 한다. 3. 수학을 사용해서 문제를 표현하고 해결하는 과정 중에서 수학은 추상적이고, 엄격하고, 광범위한 특성이 있음을 인식한다. 수학의 가치를 체험한다. 4. 자신의 아이디어를 용기 있게 발표하고, 용감하게 질의하고, 대담하게 창의적(혁신)이고, 진지하고 열심히 독립적인 사고를 하고, 의사소통하는 등의 학습 습관을 양성한다. 엄격하고 사실적인 것을 추구하는 과학적 태도를 형성한다.

고등학교 교육과정의 교과 목표는 다음과 같다.

고등학교 수학 수업을 통해 학생들은 더 많은 학습과 미래 발전에 필요한 수학 기초 지식, 기본 기술, 기본 사상, 기본 활동 경험('4기본')을 얻고, 수학적 시각에서 문제를 발견하고 제시할 수 있는 능력, 분석 및 문제를 해결할 수 있는 능력('4능력')을 얻는다.
수학과 응용수학을 공부하는 과정에서 학생들은 수학 추상화, 논리 추론, 수학 모델링, 직관적 상상력, 수학 연산, 데이터 분석 등 수학 분야 핵심 소양을 발전시킬 수 있다.
고등학교 수학 교과 과정의 학습을 통해 학생들은 수학에 대한 관심을 높이고, 수학에 대한 자신감을 높이며, 올바른 수학 학습 습관을 기르고, 자기주도적으로 공부할 수 있는 능력을 개발한다. 과감하게 의문을 제기하고, 잘 생각하고, 엄밀히 따지는 과학 정신을 세우고, 끊임없이 실제 생활에 적용할 수 있는 능력을 기르며, 참신한 아이디어를 강화할 뿐만 아니라 수학의 과학적 가치, 응용 가치, 문화적 가치와 미적 가치를 인식할 수 있다.

(中华人民共和国教育部, 2018, p.8)

4.2 의무교육 교육과정 내용

중국 초등학교, 중학교 수학과 교육과정은 1-9학년까지의 학습 기간을 3단계 즉, 1학단(1～3학년), 2학단(4～6학년), 3학단(7～9학년)으로 나누고 각 학단 별로 성취기준을 제시한다. 고등학교 과목은 필수과목 5개, 필수선택과목 4개, 선택과목 5개로 구성되어 있다.

중국의 초등학교, 중학교 수학 내용 영역은 수와 대수, 도형과 기하, 확률과 통계, 종합과 실천의 4개 영역으로 구분된다. 이 중 '종합과 실천'은 우리나라의 교육과정에는 존재하지 않는다. '종합과 실천'에는 수학적 내용 요소는 제시되지 않고, 수와 대수, 도형과 기하, 확률과 통계의 개념을 종합하고 응용하는 영역이라고 볼 수 있다. 각 학단별 주요 교육 내용은 <표 3-6>, <표 3-7>, <표 3-8>와 같다.

〈표 3-6〉 1학단(1-3학년)의 내용 요소

수와 대수	도형과 기하	통계와 확률	종합과 실천
수의 인식	도형의 인식 (도형의 분류, 각의 분류)	자료 분류	문제해결, 모델링
수의 연산 (같은 분모 분수의 덧셈과 뺄셈, 소수 첫째자리 수의 덧셈과 뺄셈)	측정 (길이, 도형의 넓이)	자료 수집	
표준 단위 (시간, 무게, 측정)	도형의 변환 (평행, 회전, 대칭이동)	자료 분석	
규칙 탐구	도형과 위치 (동서남북 방향)		

〈표 3-7〉 2학단(4-6학년)의 내용 요소

수와 대수	도형과 기하	통계와 확률	종합과 실천
수의 인식 (약수, 배수, 소수, 음수)	도형의 인식 (삼각형 내각의 합, 입체도형 전개도)	간단한 통계처리 과정 (막대 그래프, 원그래프, 평균)	문제해결, 모델링
수의 연산 (소수, 분수의 계산, 백분율, 속도)	측정 (다각형의 넓이, 원의 넓이, 부피)	무작위 현상의 발생 가능성 (가능성의 크기, 정성적 비교)	
식과 방정식 (문자로 식 표현, 등식의 성질, 간단한 방정식)	도형의 변환 (대칭축, 대칭도형, 도형의 확대, 축소)		
정비례, 반비례	도형과 위치 (지도 축척, 위치를 수로 표현)		
규칙 탐구			

〈표 3-8〉 3학단(7-9학년)의 내용 요소

수와 대수	도형과 기하	통계와 확률	종합과 실천
수와 식 (유리수, 실수, 대수식, 다항식과 분수식)	도형의 성질 (점, 선, 면, 각, 직선의 교차와 평행, 삼각형, 사각형, 원의 성질, 작도, 정의, 명제, 정리)	표본과 자료분석	문제해결, 모델링
방정식과 부등식 (방정식과 연립방정식, 이차방정식 근과 계수 관계)	도형의 이동 (대칭, 평행이동 회전, 닮음, 전개도)	사건의 확률	
함수 (일차함수, 반비례 함수, 이차함수)	그래프와 좌표 (좌표표현, 좌표와 도형의 이동)		

우리나라 중학교 수학과 교육과정에서 다루지 않는 중국의 중학교 수학 내용을 정리해보면 <표 3-9>과 같다.

〈표 3-9〉 우리나라 중학교 수학과 교육과정에서 다루지 않지만 중국에서 다루는 내용

내용 영역	내용 요소	학단	비고
수와 대수	세제곱근	3	우리나라 고등학교 공통과목 <수학>에서 다룸
	분수 방정식	3	
	삼원일차방정식	3	
	역함수	3	우리나라 고등학교 공통과목 <수학>에서 다룸
	이차방정식의 근과 계수의 관계	3	
	이차방정식의 판별식	3	우리나라 고등학교 공통과목 <수학>에서 다룸
	제곱근의 근삿값 계산	3	
도형과 기하	정의, 명제, 정리 - 명제의 역 - 증명의 의미와 필요성 - 반례의 의미 및 반증	7	우리나라 고등학교 공통과목 <수학>에서 다룸
	도형의 이동 - 대칭 축, 선대칭도형 - 도형의 회전, 점대칭 도형 - 도형의 평행이동	3	우리나라에서는 초등학교에서 다룸(중국은 대칭인 도형의 성질까지 다루고 있으며, 좌표계와 연계하여 지도함)
	그래프와 좌표 - 직교좌표계 - 직교좌표계 위에서 다각형의 평행이동 표현, 도형의 확대 및 축소	3	
통계와 확률	표본과 자료분석 - 표본, 무작위 추출 - 모집단과 표본의 관계 - 기댓값	3	우리나라는 고등학교 <확률과 통계>에서 다룸

우리나라 중학교 수학과 교육과정과 비교했을 때, 중국의 중학교 수학과 교육과정의 가장 큰 특징은 우리나라 교육과정에 없는 '종합과 실천'이 하나의 내용 영역으로 제시되어 있다는 점이다. '종합과 실천'에는 수학적 내용 요소가 제시되어 있지 않고, 수와 대수, 도형과 기하, 확률과 통계 영역의 개념을 종합하고 응용하는 것을 목표로 한다. 중국의 수학과 교육과정은 종합과 실천을 내용 영역으로 설정한 목적을 다음과 같이 설명하고 있다.

학생들에게 관련된 지식과 방법을 사용하여 실제 문제를 해결하는 능력을 향상시키기 위한 것이다. 학생들이 수와 대수, 도형과 기하, 확률과 통계 지식을 종합적으로 사용하여 문제를 해결하는 영역이다. 수학 학습 활동 중 매 학기 한 번 이상은 실시할 것을 권장한다. 교실에서 진행할 수도 있고, 교실 밖 활동으로 진행할 수도 있다.

(中华人民共和国教育部, 2011, p.6)

종합과 실천은 학단 별로 성취기준을 서술하고 있는데, 제3학단의 내용은 다음과 같다.

① 실제 상황과 결합하여, 구체적인 문제를 해결하는 계획을 설계하고, 실행하는 과정을 경험한다. 모델링과 문제해결과정을 경험한다. 그리고 이 과정에서 문제를 발견하고 문제를 제기한다.

② 탐구 과정과 결과를 보고서나 논문으로 작성한다. 이 과정에서 의사소통과 수학적 활동을 경험할 수 있다.

③ 문제를 해결하는 과정에서 배운 지식(또는 다른 과목의 지식)과의 관련성을 이해하고, 관련 지식을 심화하여 이해함으로써 응용능력을 개발한다.

(中华人民共和国教育部, 2011, p.41)

'종합과 실천' 영역에 대한 위와 같은 설명에 비추어 볼 때, '종합과 실천'은 우리나라 고등학교 수학과 교육과정의 진로선택과목 '수학 과제 탐구'의 성격과 유사하다고 볼 수 있다. '수학 과제 탐구'는 하나의 과목이고 '종합과 실천'은 과목 내의 영역에 해당하지만 둘 모두 이전에 학습한 수학 내용을 깊이 탐구하거나 타 교과와 수학을 융합하는 것을 목표로 한다는 점에서 유사하다고 볼 수 있다. 중국의 수학과 교육과정은 모든 학년에서 '종합과 실천' 영역을 강조한다고 볼 수 있다.

둘째, 중국 수학과 교육과정은 의무교육 기간 수학과 교육과정 전체에서 길러야 하는 핵심 역량을 수학개념과 관련하여 10가지 제시하고 있다. 즉, 수 감각, 기호에 대한 의식, 공간에 대한 관념, 기하에 대한 직관, 자료 분석의 관념, 연산능력, 추론능력, 모델링 사고, 응용의식, 창의력을 상세하게 서술하고 있다.

셋째, 우리나라 중학교 교육과정과 비교했을 때, 중국은 도형과 기하 영역을 상대적으로 많이 지도하고 있다. 특히, 중국 수학과 교육과정의 내용 요소인 '정의, 명제, 정리'는 우리나라 고등학교 공통과목 '수학'에서 다루는 내용에 해당하며, '도형 과 기하' 영역에서 전반적으로 증명을 강조하고 있다. 또한 '도형과 기하' 영역에 '그래프와 좌표'가 포함되어 있는데, 도형을 직교좌표계에 표현하고 도형의 이동을 좌표계를 이용하여 다루고 있다.

4.3 고등학교 교육과정 내용

2018년 1월 17일 중국 교육부는 2017년 버전 고등학교 수학과 교육과정을 발표하였다. 고등학교 과목 체제는 [그림 3-2]과 같다. 필수과목 8학점(144 시수), 필수선택과목 6학점, 선택과목 6학점이다. 고등학교 수학 과목 체제에서 필수과목만 이수하여도 고등학교를 졸업할 수 있다. 그러나 대학 입학 시험인 GaoKao의 시험범위에 필수선택과목이 포함되어 있기 때문에, 대부분의 고등학생들은 필수선택과목을 필수과목처럼 이수한다. GaoKao는 중국의 지역마다 시험 범위의 차이가 있는데, 선택과목의 일부 과목이 시험 범위에 들어갈 경우 그 과목 역시 필수과목처럼 인식될 수 있다. 그러나 선택과목의 교과는 대학 시험의 범위에 포함되지 않는 경우가 일반적이라고 한다. 따라서 현실적으로 선택과목은 학생들이 학교에서 배울 기회가 드물다.

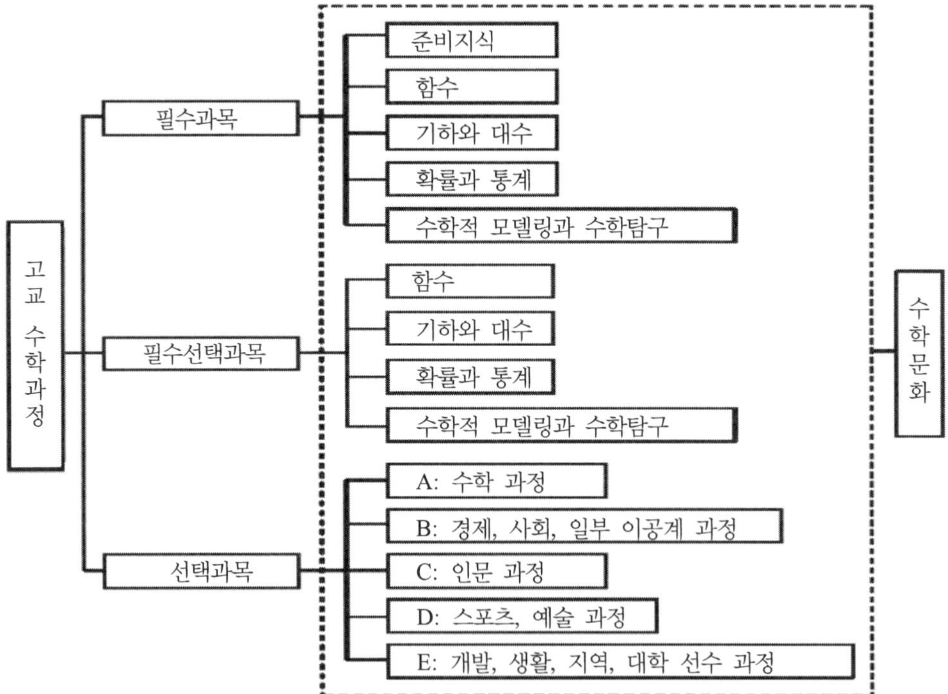

[그림 3-2] 중국의 고등학교 수학 과목체계

고등학교 과목 별 주요 내용은 <표 3-10>, <표 3-11>, <표 3-12>와 같다.

〈표 3-10〉 중국의 고등학교 수학 필수과목

과목	내용	시수
준비지식	집합 (집합 연산, 벤다이어그램) 논리용어 (명제, 필요조건, 충분조건, 필요충분조건) 상등관계와 부등관계 (절대부등식, 산술기하평균) 함수 관점에서 이차방정식과 이차부등식의 이해 (이차방정식과 이차부등식의 관계)	18
함수	함수 개념 및 성질 멱함수, 지수함수, 로그함수 삼각함수 함수의 응용	52
기하와 대수	평면 벡터 및 그 응용 복소수 (기하학적 표현) 입체 기하학 기초 (직선과 평면의 위치관계)	42
확률과 통계	확률 (통계적 확률, 수학적 확률, 독립, 종속) 통계 (자료수집, 표본추출, 통계 그래프, 표본으로 모수 추정)	20
수학적 모델링과 수학탐구	수학 모델링 활동 및 수학 탐구 활동	6

〈표 3-11〉 중국의 고등학교 수학 필수선택과목

과목	내용	시수
함수	수열(등차수열, 등비수열, 수학적 귀납법) 함수의 미분과 응용(다항함수 미분, 함수의 최대, 최소)	30
기하와 대수	공간벡터 및 입체기하학 평면해석기하학(직선의 방정식, 원의 방정식, 이차곡선)	44
확률과 통계	counting principle (순열, 조합, 이항정리) 확률 (확률분포, 정규분포) 통계 (상관계수, 일변량선형회귀모형)	26
수학적 모델링과 수학탐구	수학 모델링 활동 및 수학 탐구 활동	4

〈표 3-12〉 중국의 고등학교 수학 선택과목

과정	대상	내용
A과정	수학, 물리, 통계, 정보기술 관련 진로	미적분, 공간벡터와 대수(내적, 외적, 행렬, Crammer 법칙), 확률과 통계(χ^2분포, t분포, 선형회귀모형)
B과정	경제, 사회계열, 자연계열 관련 진로	미적분, 공간벡터와 대수(행렬을 이용한 연립방정식 풀이), 실용통계(실험설계, 클러스터 분석), 모형(선형모형, 이차곡선모형, 지수함수모형, 삼각함수모형)
C과정	언어, 인문 계열 관련 진로	수학논리(수학적 추론방법, 수학적 증명방법,공리적 사고), 수학모형(예금대출 모형, 투입산출 모형, 선형회귀모형, 인구성장모형), 사회조사 및 자료분석
D과정	예체능 관련 진로	수학의 아름다움(자연현상의 조화, 대칭, 패턴), 음악과 수학, 미술과 수학, 체육과 수학
E과정	기타(일상생활, 지역특화, 대학선수 과정 등)	학교 자체 수요에 따라 개설

중국의 고등학교 수학과 교육과정은 2018년 1월에 발표된 만큼, 최근의 수학교육의 변화를 많이 반영하고 있다.

첫째, 6가지 핵심소양(수학적 추상화, 논리적 추론, 수학적 모델링, 직관적 상상력, 수학 연산, 데이터 분석)을 선정하여 상세하게 기술하고 있으며, 각 소양 별로 3가지 수준을 구분하여 제시하고 있다. 특히, 이전 교육과정에서 상대적으로 소홀하게 다루어졌던 수학적 모델링과 데이터 분석이 핵심소양에 포함된 것은 최근의 빅데이터, 4차 산업혁명 등의 사회적 변화를 반영한 것이다.

둘째, 수학적 모델링이 필수과목과 필수선택과목에서 모두 하나의 과목 즉, '수학적 모델링과 수학 탐구'로 포함되어 강조되고 있다. 게다가 초등학교, 중학교 교육과정에서도 '종합과 실천'이 내용 영역으로 포함되어 강조되고 있는 것을 볼 때, 중국의 수학과 교육과정은 수학적 모델링을 포함하여 수학과 실세계 및 다른 교과와의 융합을 지속적으로 강조하고 있음을 확인할 수 있다.

셋째, 우리나라 수학과 교육과정의 내용보다 다루는 내용이 많은 영역은 확률과 통계와 기하와 대수 영역이다. 중국은 필수과목, 필수선택과목의 확률과 통계에서 표본추출, 일변량 선형회귀모형, 상관계수 등을 다루고 선택과목 A, B에서 χ^2분포, t분포, 확률실험설계 등을 다루고 있다. 특히, 경제, 사회계열 진로와 관련된 선택과목 B와 언어, 인문계열 진로와 관련된 선택과목 C에서는 실용적인 통계분석 모형과 기법을 다양하게 다루고 있다.

필수과목, 필수선택과목의 기하와 대수에서는 평면벡터와 공간벡터를 다루고 있으며, 기하와 대수의 통합과 연계를 강조하고 있음을 확인할 수 있다.

넷째, 중국의 고등학교 수학과 교육과정에는 일부 성취기준에 대해 상세한 참고자료가 포함되어 있어서 성취기준의 의도를 구체적인 사례와 함께 설명하고 있다. 예를 들어, 필수과목 준비지식에 성취기준 중 '함수 관점에서 이차부등식'의 경우를 살펴보자(中华人民共和国教育部, 2018, p.108).

(2) 함수 관점에서 이차부등식

① 실제 상황에서 이차부등식을 추상화하고, 이차부등식의 현실적 의미를 이해한다. 이차함수를 이용하여 이차부등식의 해를 구할 수 있다.

② 이차함수의 그래프를 이용하여, 이차부등식과 이차함수, 이차방정식의 관계를 이해한다. (사례 1 참조)

사례 1

[목적] : 중학교에서 배운 이차함수를 함수의 관점에서 이해하고, 방정식과 부등식의 관계를 이해한다.

[상황] : 이차부등식을 함수의 그래프로 나타내고 부등식의 해를 구한다.

[분석] : 한 문제에 여러 가지 풀이방법이 있다면 적용 범위가 더 넓은 방법을 적용한다. 이차부등식은 두 가지 방법으로 해결할 수 있다. 첫째는 대수적 방법으로 이차식을 인수분해해서 두 일차식을 이용하여 부등식의 해를 구할 수 있다. 다른 방법은 이차함수의 그래프를 그려서 x축과의 위치 관계를 토대로 부등식의 해를 구할 수 있다(이차함수 그래프와 x축과의 위치관계는 다음 그림과 같이 6가지로 분류될 수 있다).

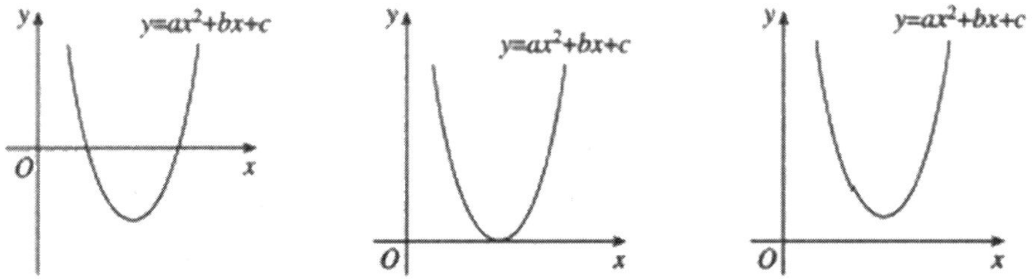

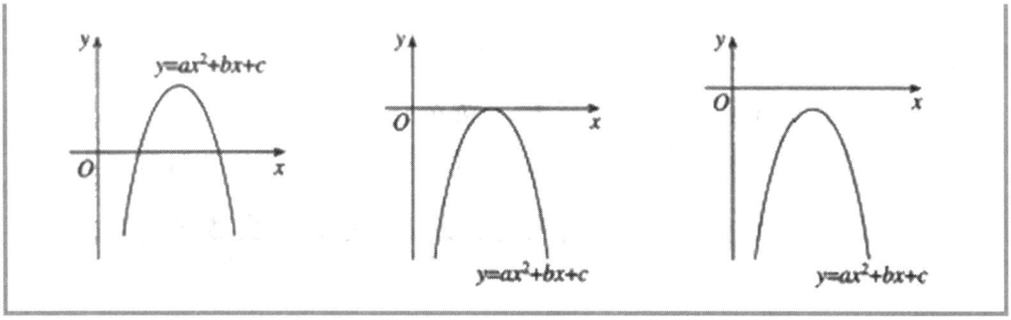

위와 같이, 추가적인 설명이 필요한 성취기준을 선정하여 부록에서 사례로서 제시하고 있다. 모두 37개의 사례가 제시되어 있다.

다섯째, 수학 교수학습의 방법으로서 '수학문화'를 반영하여 지도하도록 안내하고 있다. 수학문화는 수학의 사상, 정신, 언어, 방법, 관점 및 그들의 형성과 발전을 말하며, 수학의 인간 생활, 과학 기술, 사회 발전에서의 공헌과 의미 및 수학과 관련된 인문학 활동을 포함한다. 즉, 수학적 지식, 개념과 함께 수학을 가르치고 배우는 과정 역시 강조한다고 볼 수 있다. 예를 들어, 필수과목 함수의 성취기준으로 '함수의 형성과 발전'이 포함되어 있다. 이 성취기준은 함수 개념의 역사적 발전 과정에 대한 문헌을 읽고, 함수 개념이 수학 및 인류 문명에 기여한 바를 논의하고 발표하는 활동이다. 이러한 성취기준이 '수학문화'를 반영한 수학교육의 한 사례라고 볼 수 있다.

4.4 국가 교육과정 개발 절차

수학과 교육과정 개정과 관련한 모든 정책은 중국 교육부가 담당한다. 교육부에서 전문가 패널(수학자, 수학교육자, 고등학교 교사)을 구성하여 교육과정 초안을 작업한다. 초안이 완성된 이후, (수학자, 수학교육자, 고등학교 교사)등의 여러 집단에 공개하고 제안과 의견을 청취한다. 이러한 의견에 따라 전문가 패널이 교육과정을 수정하여 최종안을 만든다. 최종안이 교육부의 위원회에 제출되어 승인 받은 후에 공개된다.

5. 수학 교수법 개혁

중국 수학 교수학습의 가장 큰 문제 중 하나는 학생들이 수동적이고 교사 중심 수업이 이루어진다는 것이다. 이를 해결하기 위해 중국의 수학 수업은 학습자 중심 수업, 협력과 토론 중심의 수학 수업을 지향하고 있다. 그러나 이러한 흐름에서도 수학의 본질을 강조하는 모습을 확인할 수 있다.

학습자 중심, 협력 학습, 토론과 상호작용 등이 강조되고 있지만, 그 중심에서 수학을 잃지 않으려는 움직임을 확인할 수 있다. 다음은 중국의 수학 교수법 개혁 사례이다.

5.1 학습 사례(Learning cases) 교수법

학습 사례 교수법은 1997년 등장했는데, 현재 대다수의 학교에서 채택하고 있는 개혁적 교수법이 되었다. 학습 사례 교수법의 핵심은 학생이 스스로 학습을 한 뒤 교사의 지도를 받는 것이다. 1999년 Hujian 중학교에서 5단계 모형 즉, 준비-스스로 학습(학생)-토론(학생)-자극(교사)-확장(교사)을 발표하였다. 이러한 수업에서 학생들은 개방적인 수업 분위기를 느끼고 보다 적극적으로 수업에 참여하였다. 학생들이 서로를 가르친다는 개념을 적극 활용하였다.

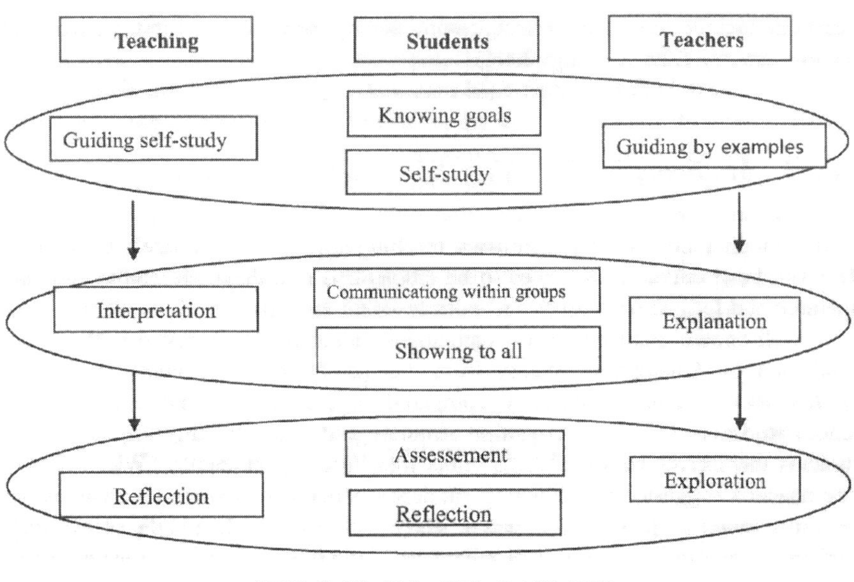

[그림 3-3] 학습 사례 교수법 모형

학습 사례 교수법을 변형한 여러 가지 교수법이 나타났다. Jinfeng 초등학교에서는 '먼저 공부하고, 수업은 나중에 하기'와 '학생의 학습 결과에 따라 수업하는 방법' 등을 강조하는 교수법을 실행하였다. [그림 3-3]은 학습 사례 교수법을 설명하고 있는데, 스스로 학습 단계, 수업 단계, 반성 단계에서 학생과 교사의 역할을 제시하고 있다. 우리나라의 거꾸로 교실 수업 모형과 유사하다고 볼 수 있다.

5.2 상황적 수학 교수법

수학과 실생활 연결은 21세기 중국 수학과 교육과정의 주요 이슈 가운데 하나이다. Chuanhan Lv와 Bingyi Wang은 상황적 수학 교수법을 개발했다. 혁신적인 사고 방식과 실용적 능력을 목표로 하는 교수법이다. 이 교수법은 수학적 상황 제시, 수학 문제 도입, 문제 해결, 지식 응용의 4단계로 구분된다. 이와 함께 2011년 수업 효과성 연구가 실시되었다(Wang & Wang, 2011). 수업의 효과성을 과학적 측면, 지적 측면, 미적 측면으로 구분하였다. 과학적 측면은 교사가 수업의 목표를 정확하게 설정하고 그 난이도를 정확하게 예측하는가이다. 지적인 측면은 교사가 다양한 교수학습 방법 중에서 자신의 학급에 적합한 방법을 선택하고 학급을 조직하는 것이다. 미적인 측면은 수업 중 사용하는 언어, 행동 그리고 수업 분위기 등을 뜻한다. 이러한 수업 효과성의 척도에 따라 효과적인 수업을 실천하고 개선하려는 시도가 진행 중이다.

5.3 수학적 모델링과 수학 탐구 활동

고등학교 수학과 교육과정을 보면, 함수, 기하와 대수, 확률과 통계와 함께 수학적 모델링과 수학 탐구 활동이 교육과정의 내용요소로서 포함되어 있다. 수학 모델링 활동과 수학 탐구 활동은 주제 연구의 형태로 수행된다. 학생들은 주제 연구 중 하나를 완수해야 한다. 교육과정에 제시된 내용을 토대로 수학적 모델링과 탐구 활동의 의미를 살펴보면 다음과 같다.

> 수학적 모델링 활동은 실제 문제에 대한 수학적 추상화를 진행하여 수학적 언어로 문제를 표현하고, 수학적 방법으로 모형을 구축하여 문제를 해결하는 과정이다. 주요 내용은 실제 상황에서 수학적 관점으로 문제를 발견하고, 문제를 제시하고, 문제를 분석하고, 모형을 구축하고, 매개 변수를 확정하며 계산을 통해 해결하고, 모형을 개선하여 최

종적으로 실제 문제를 해결하는 것을 포함한다. 수학 모델링 활동은 수학적 사고를 기반으로 실제 문제를 해결하는 모형을 사용하는 포괄적인 실습 활동이자 고등학교 수준의 수학 수업에서 중요한 요소이다.

수학 탐구 활동은 어떤 구체적인 수학 문제를 놓고 자율적으로 탐구하고 협력하여 연구하여 궁극적으로 문제를 해결하는 과정이다. 구체적으로는 다음과 같이 구현된다. 의미 있는 수학을 발견하고 제시하여 합리적인 수학적 결론을 추측하고, 문제를 해결하기 위한 아이디어와 방안을 제시하며 자율적 탐구와 협력을 통해 수학적 결론을 논증한다. 수학 탐구 활동은 수학적 지식을 활용하여 문제를 해결하는 포괄적 실천 활동이자 고등학교 수준의 수학 수업에서 중요한 요소이다.

(中华人民共和国教育部, 2018, pp.34-35)

중국 수학과 교육과정에 제시된 수학적 모델링 활동의 기본 과정은 다음과 같다.

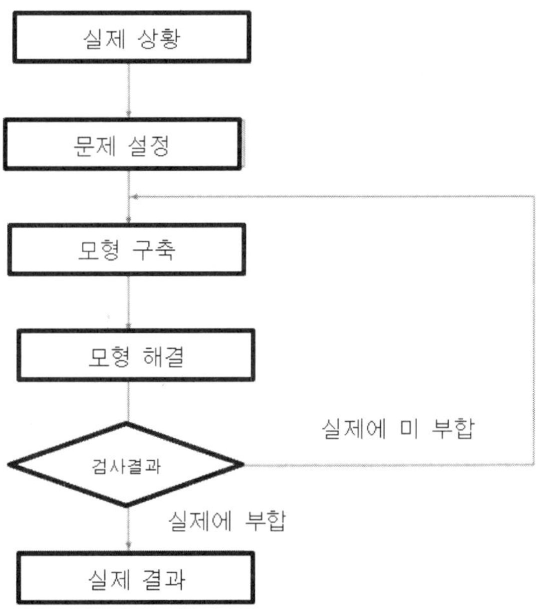

[그림 3-4] 수학적 모델링 과정(中华人民共和国教育部, 2018, p.35)

수학적 모델링과 수학 탐구 활동에 관한 교수학습 방법을 자세하게 설명하면 다음과 같다. 활동의 주제는 교사가 정하거나 학생과 교사 간의 협의로 결정할 수 있다. 과제 연구 탐구 과정은 문제 선택, 문제 내기, 문제 만들기, 문제 해결의 네 가지를 포함한다. 학생은 문제 내기 보고서를 작성해야 하며, 교사는 문제 만들기 교류 활동을 조직해야 한다. 문제 만들기 보고서는 문제 선택의 의의, 문헌 설명, 문제 해결 아이디어, 연구 계획, 예상 결과 등을 포함해야 한다. 문제를 만드는 것은 문제를 해결하는 과정이며, 문제 설명, 수학적 표현, 모형 구축, 모형 해결, 결론 도출, 보완 등을 포함한다. 문제 결론은 연구 보고서 작성 및 연구 결과 보고를 포함하며, 교사가 자리를 마련하여 학생이 문제 결론에 대한 답변을 할 수 있도록 한다. 문제 선택 내용에 따라 보고서는 주제 과제, 측정 보고서, 알고리즘 프로그램, 제작된 실물, 연구 보고서 또는 작은 논문 등 다양한 형식으로 만들 수 있다.

수학 모델링 활동과 수학 탐구 활동의 전 과정을 거치고, 자료를 정리하고, 연구 보고서 또는 작은 논문을 작성하고 이를 보고 및 교류한다. 연구보고서나 작은 논문에 대한 평가는 교사가 평가팀을 조직해야 하며, 교외 전문가, 사회인사, 학부모 등을 초청하여 평가에 참여하도록 할 수도 있고 학생들의 상호 평가도 가능하다. 교수진은 학생들을 학문적 규범에 따르고, 성실성을 갖도록 유도해야 한다. 연구 보고서 또는 작은 논문 및 그 평가는 학생 개인 학습 파일에 보관하여 대학 입학을 위한 참고 자료와 근거로 제공한다. 학생들은 독립적으로 마무리하거나 그룹 협력(2～3일이 적절)하도록 하여 과제 연구를 완수할 수 있다.

5.4 '인터넷+수학교육' 교수법

2015년 제12차 전국 인민 대표 대회 3차 회의에서 '인터넷 플러스(Internet Plus)' 행동계획이 발표되면서 교육과 인터넷의 통합이 가속화되었다. 2018년 발표된 2017 고등학교 수학과 교육과정에 '인터넷 + 수학교육'의 사례가 구체적으로 제시되었다.

'인터넷+수학교육'의 맥락에서, 교육, 학습, 평가 통합의 실천을 설명하고, '인터넷 + 수학교육'이 교육에 가져온 변혁을 느끼며 '인터넷 +', 빅데이터의 지원을 받아 수학교육이 지식 교육에서 핵심소양 교육으로 전환되는 경로를 느낌으로써 수업의 정확성, 효율성, 개별성을 구현하고, 학생의 수학 학습의 실제 성취감을 높이는 것이 목적이다.

여건이 되는 지역 또는 학교에서는 '인터넷 +', 빅데이터 등 현대 정보기술 최적화 학과 교육 환경의 도움을 받을 수도 있다. '인터넷 + 수학교육' 모델로 수학 교실 획일화 교육과 개별적 학습 간의 모순을 해소하며, 교육 중 수학 학과 핵심 소양을 기른다. '인터넷 + 교육'의 핵심 요소 중 하나는 온라인 교육 플랫폼을 활용하고 교사의 교육 방식을 개선하며 학생의 온/오프라인 (O2O)을 학습과 컨버전스 함으로써 더 다채롭고 생생하고 즐겁게 공부할 수 있도록 하여 수업의 정밀화와 개인화를 구현한다. 학생, 교사 역할에 대한 온라인 플랫폼 인터페이스는 [그림 3-5], [그림 3-6]와 같다.

[그림 3-5] 학생 인터페이스(中华人民共和国教育部, 2018, p.175)

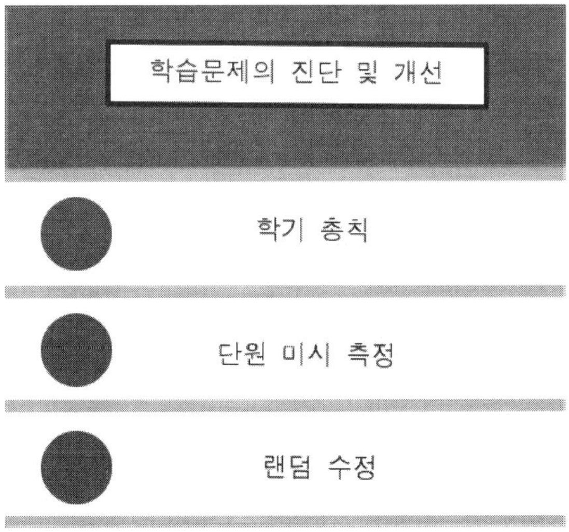

[그림 3-6] 교사 인터페이스(中华人民共和国教育部, 2018, p.175)

‘인터넷 + 수학교육’은 수학의 핵심 소양과 수준 구분에 따라 교육, 학습, 평가의 통합([그림 3-7] 참조)을 실현한다. 이는 정확한 평가와 교육 개선을 뒷받침하는 핵심적 역할을 수행한다.

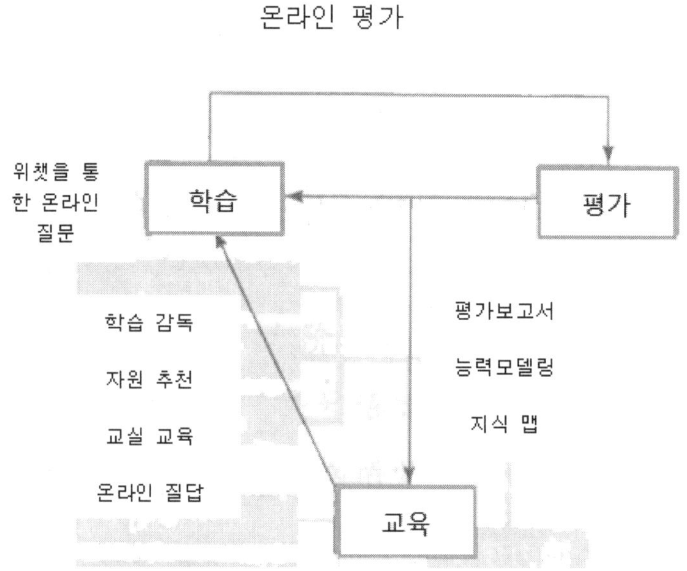

[그림 3-7] 교육, 학습, 평가의 통합(中华人民共和国教育部, 2018, p.176)

고등학교 교육과정 문서에 ‘인터넷+수학교육’의 사례로서 ‘수학 학습의 개인화 평가 피드백 시스템’과 ‘정밀진단 기반 맞춤형 학습지원시스템’, ‘정밀 진단 기반 교육 지원 시스템’ 등의 3가지를 제시하고 있다.

사례 1 수학 학습의 개인화 평가 피드백 시스템

교육과정의 ‘수학 분야의 핵심 소양의 전반적인 발달 수준을 파악하는 것 이외에 학생 개개인의 발달 수준과 특징에 따른 개인화된 피드백이 더욱 필요하다’는 요구에 따라 온라인 평가는 학생 학습의 정확성과 개인화된 성적 진단 ([그림 3-8], [그림 3-9] 참조)을 할 수 있다. 학생들의 학습과정에 대한 빅데이터를 수집함으로써 학생 수학 분야의 핵심 소양을 가시화하고, 데이터 기반의 학습 상황 분석을 통해 학생들이 더 정확하게 자신의 학습 문제와 학문적 학과의 장점을 이해하도록 한다.

学生数学卷面作答情况

题型	题号	考察点	满分	你的得分	年级平均分	年级得分率	正确答案	作答情况
选择题	1	集合的基本运算	3	3	1.7	57.9%	B	✔
	2	三角函数的概念	3	3	1.9	64%	B	✔
	3	三角恒等变换	3	3	1.3	43.9%	C	✔
	4	函数的概念与性质	3	3	1.3	44.7%	A	✔
	5	三角恒等变换	3	0	0.7	24.6%	D	●
	6	函数的应用（零点定理，二分法）	3	0	1.7	56.3%	C	●

[그림 3-8] 학생 개인화 진단 보고서 예시(中华人民共和国教育部, 2018, p.176)

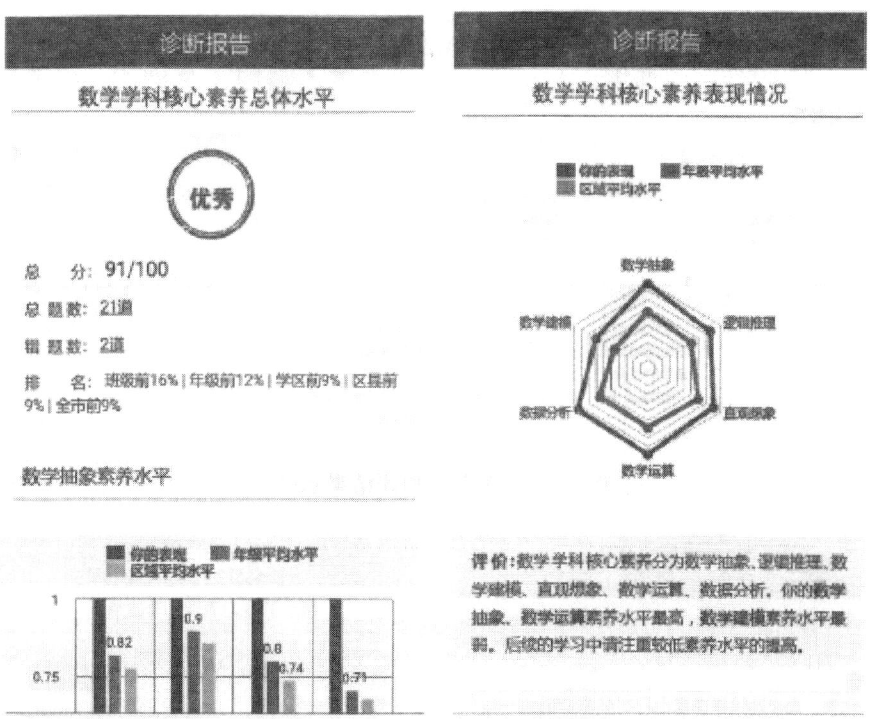

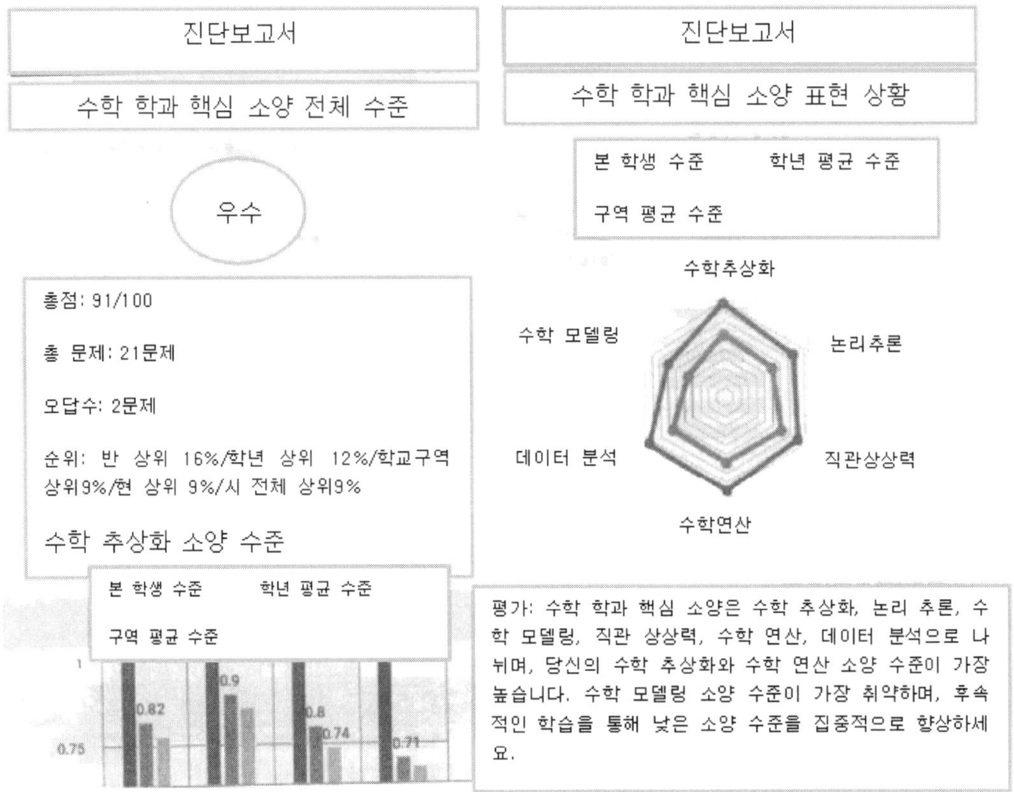

[그림 3-9] 학생 개인화 진단 보고서 예시(中华人民共和国教育部, 2018, p.177)

교육과정은 '평가의 전체성과 단계적 가치를 중시'할 것을 요구하고 있다. 온라인 평가는 학생의 개인화된 진단 피드백을 구현할 뿐만 아니라 평가의 전체성과 단계를 동시에 고려하고 있다. 전체성 평가는 학습 구간, 학년, 학기를 시간 단위로 하여 학생의 수학을 학문의 핵심 소양 개발 수준을 평가한다. 단계 평가는 지식 단원을 단위로 각 지식 단원의 개별 학습 상태를 측정한다. 측정 데이터가 축적되면 학생의 수학 분야의 핵심 소양 발달의 성장 과정을 보여준다([그림 3-10]).

객관식 문항의 자동 수정은 교사의 교육에 편의를 제공하고 효율성을 높인다. 향후 인공지능 기술의 발전은 주관적인 주제의 자동 인식 및 수정([그림 3-11])을 실현할 것이다.

거시성과 미시성을 결합한 전체성 및 단계별 측정 진단은 학생 수학 분야의 핵심 소양 수준 진단을 정밀하게 하였다([그림 3-12]). 중간고사와 기말고사를 통해 학생의 어떤 지식 단원 학습의 문제를 진단한 후 지식 단원의 진단을 더 심화하고, 정확하게 학습 문제를 발견한다.

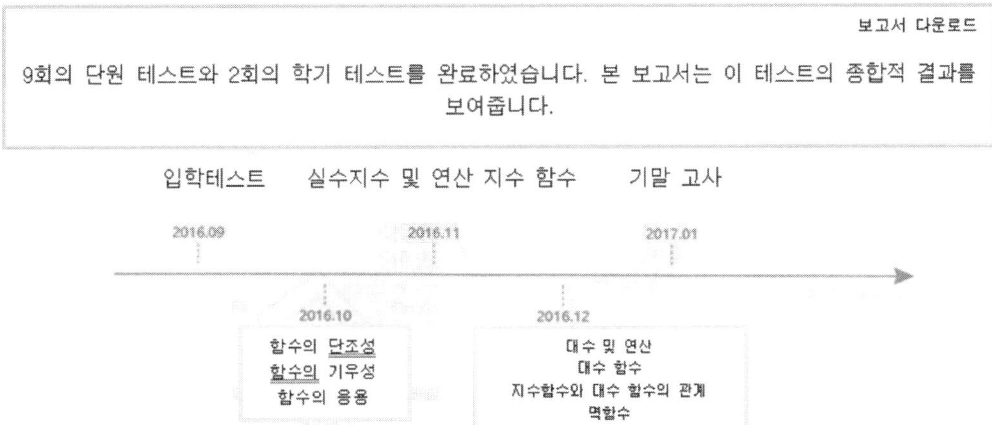

[그림 3-10] 온라인 평가 결과 예시(中华人民共和国教育部, 2018, p.178)

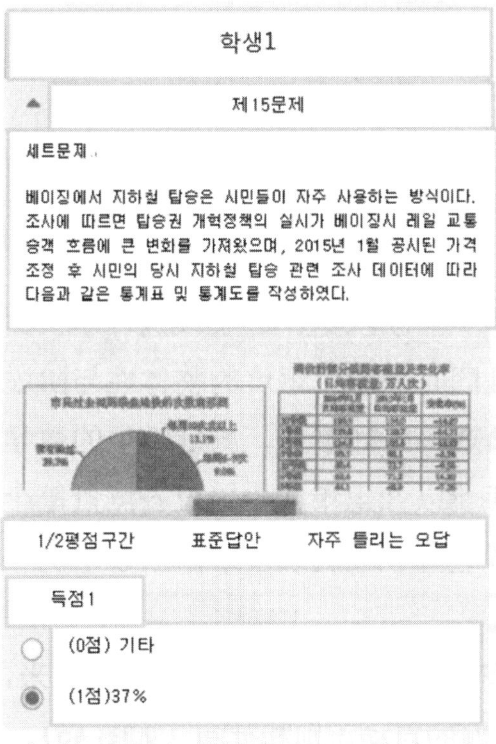

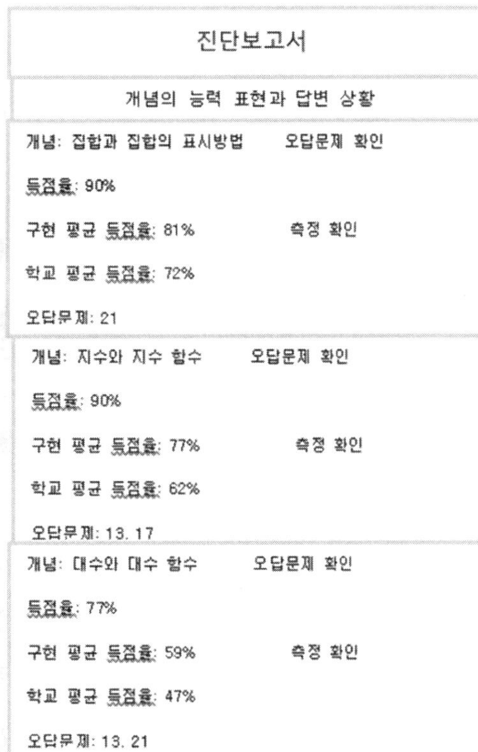

[그림 3-11] 교사 답안지 채점 인터페이스 [그림 3-12] 거시/미시 결합 온라인 평가구조

(中华人民共和国教育部, 2018, p.178)

사례 2 정밀진단 기반 맞춤형 학습지원시스템

학생들의 수학 학습 문제 진단이 핵심 소양 수준으로 정착됨에 따라 핵심 소양 수준 지능에 따라 대응하는 위챗 교과 과정을 추천할 수 있다. 온라인 교사 ([그림 3-13])를 추천할 수도 있고, 학습 과정에서 학생들이 온라인 연결을 하고 교사가 온라인으로 질문할 수 있다. ([그림 3-14]). 권장되는 위챗 교과 과정은 '문제 개선형', '우위 개선형'등으로 나누어 다양한 핵심 소양 수준의 학생들의 학습 필요성에 부응한다.

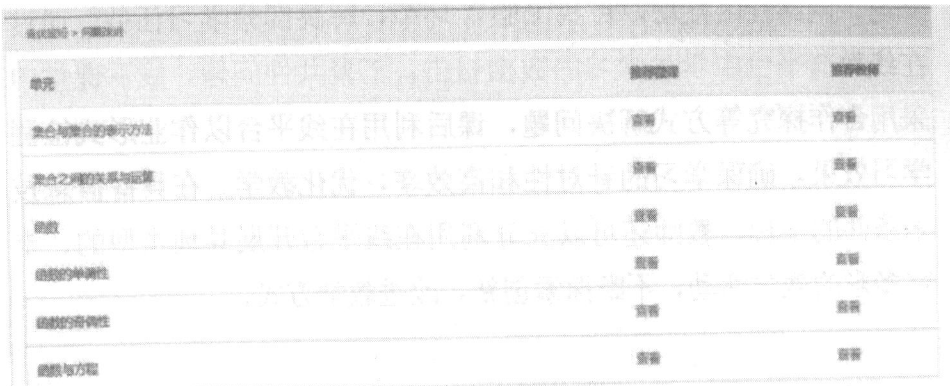

[그림 3-13] 수학 학습 문제 개선 자원 추천(中华人民共和国教育部, 2018, p.179)

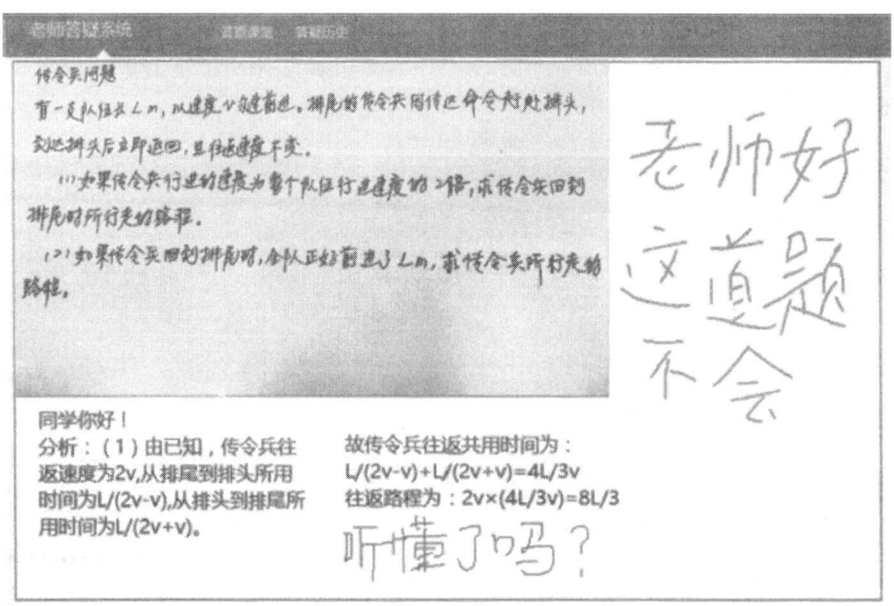

[그림 3-14] 온라인 질의응답(中华人民共和国教育部, 2018, p.179)

사례 3 정밀 진단 기반 교육 지원 시스템

'인터넷+수학교육' 중 온라인 교육 플랫폼에서 풍부한 교육학 교수진이 교육을 위해 다양한 핵심 소양 수준의 교육 자료를 제공하며, 교사는 이를 참고하여 교육할 문제를 만들 수 있다. 정보기술이 전반적으로 교육 응용에 녹아 들어 다양한 교육 패턴을 선택할 수 있도록 하였다. 플립 러닝 수업 패턴을 채택하거나 다른 수업 패턴을 사용할 수 있다. 교사는 수업 전에 인터넷 플랫폼을 활용하여 학습 과제를 게시하고, 학생은 위챗 교과 과정을 통해 학습하며 온라인 커뮤니티 활동을 하고 자기 테스트 등을 통해 학습 과제의 일부를 해결한다. 온라인 교육 플랫폼에서 학생들의 학습 데이터 보고서를 통해 공동적인 문제를 취합하고, 오프라인 수업 중 협력 탐구 등을 통해 문제를 해결하고 방과 후 온라인 플랫폼을 활용해 과제 형태로 학습 효과를 확인하여 학습 목표 및 높은 효율성을 보장함으로써 교육을 최적화한다. 정보기술 여건이 갖춰진 학교에서는 교사가 온라인 플랫폼을 활용하여 다른 유형의, 풍성한 교과 과정을 개발할 수 있으며, 혁신을 지속적으로 탐구하고 교육 방식을 개선할 수 있다.

6. 맺음말

지금까지 중국의 수학교육의 특징을 살펴보았다. 중국은 강력한 중앙집권체제 국가로서 국가 교육과정을 두며 교육부가 모든 교육정책을 주도하고 있다. 중국의 수학교육에 대한 논의에서 대학 입시는 빠질 수 없는 요소이다. 중국의 대학입학시험인 Gaokao에서 수학이 결정적인 역할을 하고 있으며 따라서 수학은 학생들의 중요한 관심 과목이다. 그러나 이러한 입시 중심의 수학교육으로 인한 부작용이 심각하여 최근 개정된 고등학교 수학과 교육과정에서 과정평가를 강조하는 등 수학평가의 개선을 추진하고 있다. 이러한 중국의 상황은 우리나라와 유사한 측면이 많다고 볼 수 있다.

최근 중국은 수학의 중요성 특히, 인공지능, 빅 데이터에서 수학의 응용을 강조하며 국가 차원의 수학 지원 계획을 마련하였다. 입시 영향으로 수학은 이미 주요 교과로 인정받고 있었는데, 최근에는 수학의 응용적 측면이 주목받으면서 더욱 더 수학교육에 대한 관심이 증가하고 있는 상황이라고 볼 수 있다.

중국 수학교육의 특징 중 우리가 주목할 내용 중 하나는 '인터넷+수학교육'이라고 볼 수 있다. '인터넷+'는 중국의 대표적인 정책방향으로서 각 분야에 정보기술을 접목시키려는 시도이다. '인터넷+수학교육'은 학생 맞춤형 수학교육과 과정평가를 지원하는 등 여러 가지 잠재력을 갖추고 있다. 중국은 입시도구로 활용되는 수학교육의 문제점을 해소하고 도시와 농촌의 수학교육 격차를 해소하는 방안으로서 인공지능, 빅 데이터의 기술을 활용한 교육을 강조하고 있는 상황이다. 최근 중국 국가 차원에서 수학에 대한 지원을 강화하면서 수학의 응용, 특히 인공지능과 빅 데이터 기술과 수학의 접목을 중점적으로 추진하고 있으므로 수학교육에서 이러한 기술이 어떻게 활용될 수 있는지 주목할 필요가 있을 것이다.

중국은 급속한 사회, 경제적 변화를 겪고 있다. 수학교육의 측면에서도 단순 암기와 반복을 중심으로 하는 전통적인 수학교육을 강조하는 지역에서부터 인공지능, 빅 데이터를 활용하여 대안적인 수학교육을 시도하는 지역도 존재한다. 또한 중국의 교육상황은 입시라는 측면에서 우리나라와 유사한 측면이 많다. 이와 같이 우리나라와 유사한 상황을 가지고 있으며 다양한 수학교육 스펙트럼을 보여주는 중국의 수학교육을 앞으로 계속 관찰하고 연구할 필요가 있을 것이다.

참고문헌 REFERENCE

OECD (2016). *Education in China: A Snapshot*. OECD Publishing, Paris.

UNESCO-UIS (2016). *Education Database*. www.uis.unesco.org/Education/Pages/default.aspx.

中华人民共和国教育部 (2011). 义务教育 数学课程标准, 2011年版. 北京: 北京师范大学出版集团.

中华人民共和国教育部 (2018). 普通高中数学课程, 2017版. 北京: 人民教育出版社

제4장

싱가포르

SINGAPORE

1. 들어가며

싱가포르는 동남아시아에 있는 섬들로 이루어진 도시 국가이다. 1819년부터 영국의 식민지였던 싱가포르는 1963년에는 현재의 말레이시아에 포함되어 있었으며, 1965년 8월에 분리 독립하여 현재의 싱가포르가 되었다. 싱가포르의 면적(720km^2)은 서울의 면적(605km^2)보다 약간 큰 정도이고, 인구수는 2019년 기준 총 586만명으로 서울의 인구수(974만명)보다 적지만, 1인당 국내총생산(GDP)은 2017년 한국은행 기준 세계 7위로 높은 수준이다. 싱가포르 인구의 구성은 중국인 77%, 말레이인 14%, 인도인 8%, 기타 1%이다. 이처럼 다양한 인종으로 구성된 싱가포르에서는 인종 간에 평등주의를 강조하면서 중국어, 영어, 말레이어, 타밀어 등 4개어를 공용어로 채택하고 있다. 그리고 다인종 및 다언어 환경으로 인하여 각 인종 고유의 언어 외에도 영어를 필수 언어로 하여 2개의 언어를 이수하도록 하는 이중 언어 정책을 실시하고 있다.

1.1 국제 비교 연구에서의 높은 성취

싱가포르는 교육 분야에서 세계 최상위의 결과를 보여주고 있다. 국제 성취도 평가 협회(International Association for the Evaluation of Educational Achievement, 이하 IEA)에서 주관하는 초등학교 4학년과 중학교 2학년 대상의 수학·과학 성취도 추이변화 국제비교 연구(Trends in International Mathematics and Science Study, 이하 TIMSS)에서 싱가포르는 1995년부터 1~3등을 유지해왔으며, 최근 결과인 TIMSS 2015에서는 초등학교 4학년과 중학교 2학년 모두에서 전체 참여국 중 가장 높은 성취도를 보였다(<표 4-1> 참조).

〈표 4-1〉 싱가포르의 TIMSS 수학 성취도 순위

		TIMSS 1995	TIMSS 1999	TIMSS 2003	TIMSS 2007	TIMSS 2011	TIMSS 2015
순위	초4	1	-	1	2	1	1
	중2	1	1	1	3	2	1

싱가포르는 경제협력개발기구(Organization for Economic Cooperation and Development)에서 15세 학생을 대상으로 읽기, 수학, 과학 영역에 대하여 실시하는 국제 학업성취도 평가(Programme for International Student Assessment, 이하 PISA)의 수학 분야에서도

지속적으로 1~2등을 유지하고 있다(<표 4-2> 참조). 최근에 이루어진 PISA 2015에서는 전체 참여국 중 가장 높은 성취도를 보였다.

〈표 4-2〉 싱가포르의 PISA 성취도 점수 및 순위

연도	주영역	전체 순위	수학		읽기	과학
			평균 점수	순위	평균 점수	평균 점수
PISA 2009	읽기	5	562	2	526	542
PISA 2012	수학	2	573	2	542	551
PISA 2015	과학	1	564	1	535	556

또한 IEA가 주관한 예비교사 교육에 대한 첫 번째 국제 비교연구인 Teacher Education and Development Study in Mathematics(TEDS-M)에서 싱가포르 예비교사들은 <표 4-3>과 같이 싱가포르를 포함한 17개국 중에서 수학 내용 지식(Mathematics Content Knowledge)과 수학 교수학적 내용 지식(Mathematics Pedagogical Content Knowledge)에서 모두 높은 수준을 보여주었다.

〈표 4-3〉 싱가포르 예비교사의 TEDS-M 점수 및 순위

	초등 일반* (n=263)	초등수학 전문** (n=117)	중학교 (n=142)	고등학교 (n=251)
수학 내용 지식	2(586)	2(600)	1(544)	3(587)
수학 교수학적 내용 지식	2(588)	1(604)	2(539)	4(562)

*초등 일반: 수학을 포함하여 세 과목 이상을 가르침
**초등수학 전문: 수학을 포함하여 두 과목을 가르침

이뿐만 아니라 싱가포르는 대학교육에서도 높은 질을 보이고 있다고 평가된다. 예를 들어, 영국의 글로벌 대학평가 기관 Times Higher Education(THE)가 발표한 '2018 THE 아시아 대학 순위(THE Asia University Rankings 2019)'에서는 싱가포르국립대학교가 1위, 난양공과대학교가 5위를 차지하였다(THE, 2019)*.

---

* https://www.timeshighereducation.com/world-university-rankings/2019/regional-ranking#!/page/0/length/25/sort_by/rank/sort_order/asc/cols/stats (2019년 9월 24일 검색)

1.2 교육 개혁

싱가포르의 교육적 성과의 이면에는 국가 차원에서 지속적으로 강조하며 이루어낸 교육 개혁 운동이 뒷받침되어 있다고 볼 수 있다. 1990년대 이후 싱가포르에서의 교육 개혁 운동의 내용을 정리하면 <표 4-4>와 같다.

〈표 4-4〉 1990년 이후의 싱가포르의 교육 개혁(Wong & Lee, 2009, p.27)

교육 개혁		내용
1996	National Education (NE)	공유된 민족감각, 조국에 대한 6가지 NE 메시지, 인종과 종교의 조화, 실력·능력주의와 청렴결백, 생계를 유지하고 싱가포르를 옹호하며 미래에 대한 자신감을 가짐
1997	Thinking Schools, Learning Nation (TSLN)	평생학습, 변화에 대한 집단적 내성, 학습 조직으로서의 학교, 학생들은 낮은 수준 및 높은 수준의 사고 기능 및 과정을 발달시킴
1997	IT Master Plan I (MP1)	각 학교의 모든 교실에 IT 하드웨어 및 LCD 프로젝터 비치하기, 전체 학교 네트워크 구축, 교육과정 시간의 30%에서 IT 사용하기
1998	Ability Driven Education (ADE)	모든 아동의 재능과 능력을 최대한 계발하고, 각 아동을 한 개인으로 강조하기
2002	IT Master Plan II (MP2)	IT를 교육과정 설계, 학생 중심의 학습 환경, IT를 활용한 교육 평가에 통합
2003	Innovation & Enterprise (I&E)	인성 발달 및 새로운 기회를 창출하고 붙잡을 수 있는 학생의 능력에 주목
2004	Strategies for Active and Independent Learning (SAIL)	독립적인 학습 습관을 기르기 위하여 루브릭을 이용한 형성 평가 지식을 통한 능동적이면서 반성적인 학습
2004	Teach Less, Learn More (TLLM)	참여형 학습, 학생과 교사 사이의 상호작용 강화
2005	Strategies for Effective Engagement and Development (SEED)	바람직한 마음의 습관을 심어주고, K1과 K2의 비공식 학교 교육(사회화 강조)과 P1과 P2의 정규 학교 교육(특정 기술 습득 강조) 사이를 연결하는 P1과 P2에서의 학습에 대한 보다 전인적(holistic) 접근 방식
2008	Subject-based banding	초등학교에서의 스트리밍(streaming) 종료

이러한 교육 개혁 운동 중에서도 싱가포르의 국가 교육과정을 구성하는 데 큰 영향을 준 교육 개혁은 '사고하는 학교, 학습하는 국가(Thinking Schools, Learning Nation)'와 '덜 가르치고 더 학습하기(Teach Less, Learn More)'이다. 1997년 6월 싱가포르의 총리 Goh Chok Tong에 의해 제시된 '사고하는 학교, 학습하는 국가'의 비전은 싱가포르 교육과정의 내용과 구조, 그리고 평가의 개선을 통해 싱가포르 학생들의 창의성과 학습 역량을 증진하고자 하였다. 이는 싱가포르 정규 교육과정을 21세기 핵심 역량을 중심으로 개편하고 실행되게 하였으며, IT를 비롯하여 다양한 교수학습 방법을 활용한 수업이 이루어지고 교원의 전문성 향상을 위한 지원과 교사학습공동체(Professional Learning Communities)가 활성화되는 데 기여하였다(백선희, 2017).

이후 2004년에 싱가포르 총리인 Lee Hsein Loong은 새로운 국가 비전인 '덜 가르치고 더 학습하자'를 발표하였다. 이전의 '사고하는 학교, 학습하는 국가' 비전이 싱가포르를 국가적 차원에서 발전시키려던 개혁의 일종이었다면 '덜 가르치고 더 학습하자'는 학교 교육에 주목하여 싱가포르 학생들이 21세기 핵심 역량을 학습하도록 하는 것에 초점을 두고 있다. 덜 가르치고 더 학습하도록 하기 위해 싱가포르는 교과별로 제시되던 기존 교육과정의 내용을 21세기 핵심 역량을 함양할 수 있는 방향으로 재편하였다. 또한 강의식 교수 방법에서 벗어나 상호적인 방법, 학생 실천 학습, 협동적 상호작용 등 다양한 교수 방법과 교육과정 모델을 활용하였으며, 이 비전을 실제로 구현하기 위한 TLLM 실험 학교(Teach Less, Learn More Ignite Schools)를 지정하였다. 이 외에도 교사학습공동체 교사들이 중심적으로 이 비전에 대한 해석과 실천 전략을 만들어냈다는 특징이 있다(백선희, 2017). '사고하는 학교, 학습하는 국가' 비전은 현재까지도 가장 강력하게 싱가포르 교육과정을 구성하는 데 영향을 주고 있는 개혁 운동이라고 볼 수 있다.

1.3 학제

싱가포르의 학제는 유아교육(유치원 3년), 초등교육(초등학교 6년), 중등교육(중등학교 4~5년), 후기 중등교육(고등교육) 1~3년, 후기 중등교육(대학교) 3~4년으로 구성된다*.

싱가포르의 유아교육(Pre-School)은 4세~6세를 대상으로 하며, 교육부에서 운영하는 유치원(MOE Kindergarten)과 사립 유치원을 통해 이루어진다. 유아교육의 목표는 아동의 전인적 발달(Holistic Development)이며, 이를 위해 조기학습자양성(Nurturing Early Learners) 교육과정을 마련하여 지원하고 있다. 싱가포르의 초등교육(Primary School)은 6년제이며, 4

* https://www.moe.gov.sg/education/education-system (2019년 10월 9일 검색)

년(1~4학년)의 기본교육과 2년의 예비교육(5~6학년)으로 구성된다. 초등교육에 해당하는 총 6년의 기간은 싱가포르의 의무교육 기간에 해당한다. 예비교육 기간에는 학생의 학업 성취도에 따라 과목을 선택·조합하는 수업(Subject-Based Banding)이 진행된다. 초등학교를 졸업할 때에는 초등학교 졸업시험(Primary School Leaving Examination, 이하 PSLE)을 치르게 되고, 이 시험 성적에 따라 중등교육 과정이 결정된다.

싱가포르의 중등교육(Secondary School)은 4~5년제로 고속과정(Express Course, 이하 Express 과정), 일반 인문과정(Normal Academics Course, 이하 N(A) 과정), 일반 기술과정(Normal Technical Course, 이하 N(T) 과정)으로 구분된다. 중등학교를 졸업할 때 Express 과정을 수강한 학생들은 일반자격시험(General Certificate of Education, 이하 GCE) 중 O-수준(Ordinary-Level) 시험에 응시하게 되고, N(A) 과정 학생들은 GCE N-수준(Normal-Level) 시험에 응시하게 된다. 싱가포르는 중학교부터 서열화되어 있고 졸업시험 성적에 따라 입학 가능한 학교가 달라지지만, 학생들이 수강 가능한 과목과 수강 기간 등을 선택할 수 있다는 점, GCE N-수준 시험에서 성적이 우수한 학생들은 GCE O-수준 시험에도 응시할 수 있다는 점 등은 싱가포르 교육과정 운영에서의 유연성을 보여주고 있다.

후기 중등교육(고등교육)은 대학 전 과정(Pre-University)인 주니어 칼리지(Junior College)와 집중 기관(Centralized Institute) 그리고 폴리테크닉(Polytechnics), 직업교육원(Institute of Technical Education), 예술 기관(Arts Institutions) 등에서 이루어진다. 후기 중등교육(고등교육) 과정은 중학교 졸업 시험인 GCE O-수준 시험의 결과에 따라 다르게 나타나는데, GCE O-수준 시험에서 성적이 우수한 학생들 중 학업을 이어 나가려는 경우에는 대학 전 과정인 주니어 칼리지(2년제) 또는 집중 기관(3년제)을 수강하며, 졸업할 때에는 GCE A-수준(Advanced-Level) 시험을 치른 후 대학에 진학하게 된다. GCE O-수준 시험을 치른 학생 중 실용적인 훈련을 받고자 하는 학생은 응용학문 중심의 실용 학위(Diploma) 과정인 폴리테크닉(3년제)에 진학하며, 성적이 우수한 경우에는 대학에도 진학이 가능하다. GCE N-수준 혹은 O-수준을 통과한 학생들 중에서 기술 및 직업 교육을 희망하는 학생은 직업교육원(1~2년제)에 진학하는데, 성적이 우수한 경우에는 전문학교 및 대학까지도 진학이 가능하다. 싱가포르의 중등교육과 후기 중등교육(고등교육)의 체제는 [그림 4-1]과 같다.

후기 중등교육(대학교육)은 주니어 칼리지를 졸업하고 GCE A-수준 시험을 통과한 학생들이 싱가포르 내에 있는 대학에 진학하는 과정이다. 2019년 현재, 싱가포르의 대학교는 다음과 같이 6개가 있다.*

---

* https://stats.mom.gov.sg/Pages/Singapore-Yearbook-Of-Manpower-Statistics-2019.aspx (2019년 10월 1일 검색)

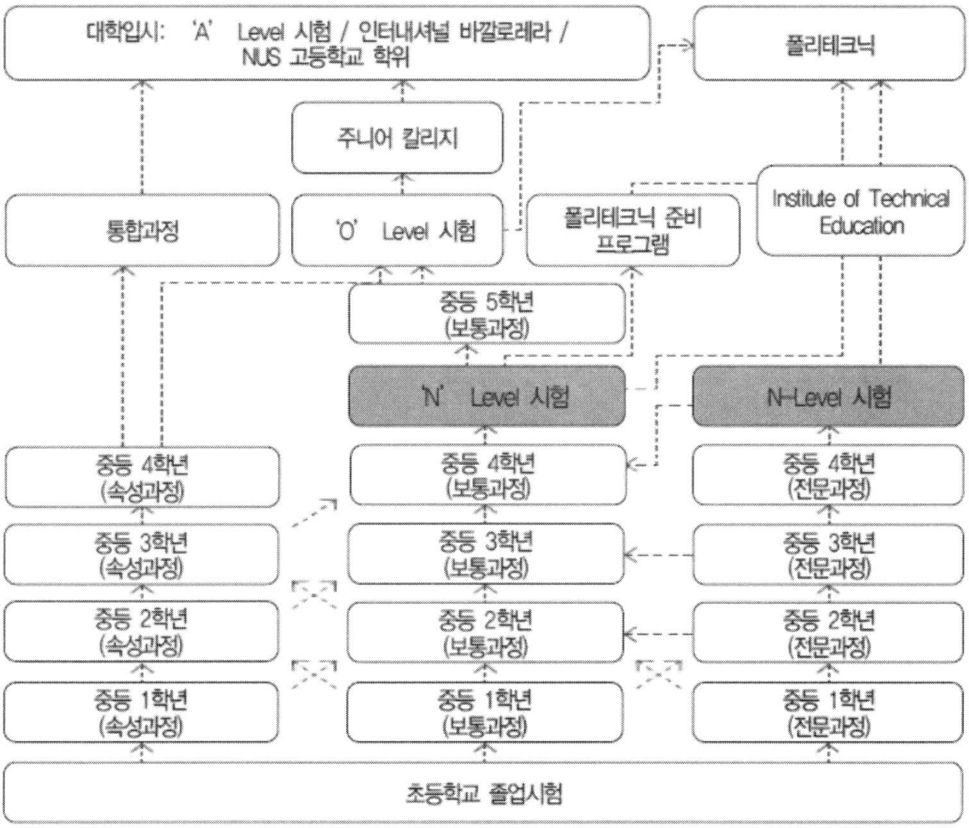

[그림 4-1] 싱가포르의 중등교육 및 후기 중등교육(고등교육) 과정(백선희, 2017, p.4)

- 싱가포르국립대학교(National University of Singapore, NUS)
- 난양공과대학교(Nanyang Technological University, NTU)
- 싱가포르경영대학교(Singapore Management University, SMU)
- 싱가포르기술디자인대학교(Singapore University of Technology and Design, SUTD)
- 싱가포르기술대학교(Singapore Institute of Technology, SIT)
- 싱가포르사회과학대학교(Singapore University of Social Science, SUSS)

뛰어난 성취도와 이를 이끌어낸 교육 개혁 운동에도 불구하고 싱가포르 교육에 대해서는 상위 학교급으로의 진급을 위해 치러야 하는 국가 시험이 제한된 시간 내에 해결해야 하는 지필평가라는 점(Wong & Lee, 2009), 그리고 많은 시험들로 인해 학생들의 학업에 대한 부담이 크다는 점 등이 지적되고 있다. 비록 이러한 한계점이 없지는 않지만, 여전히 세계적인 교육 강국으로 평가되고 있는 싱가포르의 수학교육은 같은 동아시아 문화권에 놓여있으면서 국제 평가에서 상위권을 유지하는 우리나라의 수학교육의 발전에 시사 하는 바가 클 것으로 예상된다. 이에 이 장에서는 싱가포르 수학교육의 전반을 살펴보고 이를 기반으로 우리나라 수학교육에 시사점을 제시하고자 한다.

2. 21세기 핵심 역량 교육 프레임워크

싱가포르에서는 국가 교육과정을 우리나라와 같이 총론 형태의 문서 체계로 제공하지 않고, 공통적으로 적용되는 주요 내용을 싱가포르 교육부 홈페이지(www.moe.gov.sg)에 제시하고 있다. 싱가포르 교육부에서는 21세기를 살아가는 싱가포르 학생들에게 필요한 역량을 파악하고 이를 길러주기 위한 '21세기 핵심 역량 교육 프레임워크(Framework for 21st Century Competencies and Student Outcomes)'를 [그림 4-2]와 같이 제시하고 있다.

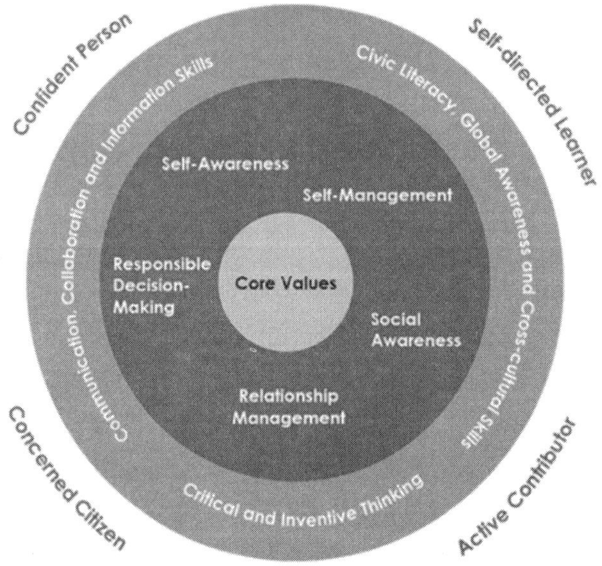

[그림 4-2] 싱가포르의 21세기 핵심 역량 교육 프레임워크*

* https://www.moe.gov.sg/education/education-system/21st-century-competencies(2019년 9월 7일 검색)

2.1 교육 목표

싱가포르의 21세기 핵심 역량 교육 프레임워크는 3개의 고리로 구성되어 있으며, 고리의 가장 바깥쪽에는 '기대되는 교육 결과(Desired Outcomes of Education)'가 있다. 이는 우리나라 교육과정에서 제시하고 있는 '추구하는 인간상'(교육부, 2015)과 유사한 것으로, 싱가포르 학생들이 정규 교육 후에 갖게 되기를 바라는 속성이자 싱가포르 국가 교육과정의 목표로 볼 수 있다. 싱가포르 교육과정에서 기대되는 교육 결과는 싱가포르 학생들이 '자신감 있는 사람(Confident Person)', '자기주도적 학습자(Self-directed Learner)', '적극적인 기여자(Active Contributor)', '의식 있는 시민(Concerned Citizen)'이 되는 것이다. 기대되는 교육 결과 각각의 특징은 다음과 같다.*

- 옳고 그름에 대한 강한 감각 그리고 적응력과 탄력성을 가지고 있으면서 자기 자신에 대해 알고, 분별력있게 판단하며, 독립적이고 비판적으로 생각할 뿐만 아니라 효과적으로 의사소통하는 자신감 있는 사람
- 자신의 학습에 책임을 지고, 학습하는 가운데 질문하고 반성하며, 인내하는 자기주도적 학습자
- 팀 내에서 효과적으로 일하고, 주도권을 행사하고, 위험을 계산하고, 혁신적이며 우수성을 위해 노력하는 적극적인 기여자
- 싱가포르에 기반을 두면서 시민 의식이 강하고 정보를 얻으며, 주변 사람들의 삶을 개선하는 데 적극적인 역할을 수행하는 의식 있는 시민

2.2 21세기 핵심 역량

싱가포르의 21세기 핵심 역량 교육 프레임워크([그림 4-2] 참조)의 가장 안쪽에는 핵심 가치(Core Values)가 있다. 핵심 가치에는 '존경(Respect)', '책임(Responsibility)', '진실성(Integrity)', '돌봄(Care)', '회복력(Resilience)', '조화(Harmony)'가 포함된다. 핵심 가치를 둘러싸고 있는 것은 '사회정서적 역량(Social and Emotional Competencies)'이다. 사회정서적 역량이란 학생들이 자신들의 감정을 인지하고, 관리하며, 다른 사람을 돌보고, 다른 사람에게 관심을 갖고, 책임감 있는 결정을 내리며 긍정적인 관계 수립 및 효과적으로 어려운 상황을 처리하는 데 필요한 기능이다. 싱가포르 교육과정에서는 이러한 사회정서적 역량으로 '자기인

* https://www.moe.gov.sg/education/education-system/desired-outcomes-of-education (2019년 9월 7일 검색)

식(Self-awareness)', '자기관리(Self-management)', '사회적 인식(Social Awareness)', '관계관리(Relationship Management)', '책임감 있는 의사 결정(Responsible Decision-making)'을 제시하고 있다. 사회정서적 역량의 각 하위 요소의 의미는 <표 4-5>와 같다.

〈표 4-5〉 사회정서적 역량의 하위 요소*

하위 요소	설명
자기 인식	자신의 감정, 강점, 성향 및 약점 이해
자기 관리	감정 관리 능력. 스스로 동기부여 및 훈련을 하고, 강력한 목표 설정 및 조직하는 기능
사회적 인식	다른 관점을 구별, 인식하고 다양성을 인식하고 이해하며, 다른 사람들에게 공감하고 존중할 수 있는 능력
관계 관리	효과적인 의사소통을 통해 건전한 관계를 만들고 유지하는 능력. 다른 사람들과 협력하여 문제를 해결하고 도움을 줌
책임감 있는 의사 결정	유능하게 상황을 파악하고 분석하는 능력. 개인적, 도덕적, 윤리적 고려에 기반하여 결정 반영

사회정서적 역량의 바깥 고리는 21세기 핵심 역량이 둘러싸고 있다. 싱가포르에서는 글로벌 시대에 사는 학생들이 길러야 할 21세기 핵심 역량으로 '시민 소양(Civic Literacy)', '글로벌 인식 및 다문화 역량(Global Awareness and Cross-Cultural Skills)', '비판적·창의적 사고(Critical and Inventive Thinking),', '의사소통·협동·정보 역량(Communication, Collaboration and Information Skills)'을 제시하고 있다. 21세기 핵심 역량의 각 하위 요소의 의미는 <표 4-6>과 같다.

〈표 4-6〉 21세기 핵심 역량의 하위 요소**

하위 요소	설명
시민 의식·글로벌 인식 및 다문화적 역량	폭넓은 세계관을 가지고 다양한 생각과 관점에서 다양한 문화적 배경을 가진 사람들과 일할 수 있는 능력. 동시에, 국가적 문제를 인식하고 싱가포르인임에 자부심을 갖고 지역 사회에 적극적으로 기여함
비판적·창의적 사고	학습하고, 탐구하고, 한계를 벗어나 생각할 준비를 함. 실수하기를 두려워하지 않고, 처음에는 어려울 수도 있는 문제에 직면함

* https://www.moe.gov.sg/docs/default-source/document/education/21cc/files/annex-21cc-framework.pdf (2019년 9월 7일 검색)

** https://www.moe.gov.sg/docs/default-source/document/education/21cc/files/annex-21cc-framework.pdf (2019년 9월 7일 검색)

의사소통·협동 ·정보역량	질문을 할 줄 알고, 정보를 판별하고 관련 있고 유용한 정보를 추출하는 방법을 앎. 사이버 공간에서 윤리적 관행을 채택하면서 스스로를 해로부터 보호할 수 있도록 분별력을 갖춤. 책임을 공유하고 집단의 목표 달성을 위해 결정을 내릴 수 있도록 존중하며 함께 일함. 자신의 아이디어를 명확하고 효과적으로 전달함

이와 같은 21세기 핵심 역량들은 범교과적 역량으로 볼 수 있다. 싱가포르에서는 각 교과 교육과정에서 범교과적 역량을 각 교과의 목적과 특성에 맞게 재해석한 교과 역량을 추가적으로 제시하고 있다.

3. 수학과 교육과정

싱가포르의 최신 수학과 초등교육과정과 중등교육과정은 2012년에 고시되어 2013년부터 적용되었다. 이중 중등교육과정은 학생들이 선택할 수 있는 과정마다 교육과정이 따로 제시되어 있다. 싱가포르의 후기 중등교육(고등교육)과정에 해당하는 대학 전 과정은 2015년에 고시되어 2016년부터 적용되었으며, 과목별로 나눠서 제시되어 있다. 싱가포르 수학과 교육과정은 싱가포르 교육부 홈페이지에서 찾아볼 수 있으며, 2019년 현재 최신 수학과 교육과정 목록은 <표 4-7>과 같다.

〈표 4-7〉 싱가포르 수학과 교육과정 목록*

학교급	교육과정
초등교육(Primary)	Mathematics Syllabus (Primary 1 to 6)
중등교육(Secondary)	Mathematics Syllabus Sec 1 to 4 Express & N(A) Course
	Mathematics Syllabus Sec 1 to 4 N(T) Course
	Additional Mathematics Syllabus Sec 3 to 4 Express & N(A) Course
후기 중등교육 - 대학 전 과정 (Pre-University)	Pre-University H1 Mathematics
	Pre-University H2 Mathematics
	Pre-University H2 Further Mathematics
	Pre-University H3 Mathematics

* https://www.moe.gov.sg/education/syllabuses/sciences (2019년 9월 7일 검색)

3.1 수학과 목표 및 교육과정 프레임워크

싱가포르 수학과 교육과정의 목표는 다음의 세 가지로 제시된다(MOE, 2012c, p.7).

첫째, 수학적 개념과 기능을 획득하고 적용할 수 있다.
둘째, 문제해결에 대한 수학적 접근을 통해 인지적, 메타인지적 기능을 발전시킬 수 있다.
셋째, 수학에 대한 긍정적 태도를 발전시킬 수 있다.

1990년대부터 싱가포르에서는 문제를 해결하기 위해 수학을 사용하는 수학적 문제해결력(Mathematical Problem Solving)을 중심으로 수학과 교육과정을 구성하였다. 수학적 문제해결력을 중심으로 구성된 싱가포르의 수학과 교육과정 프레임워크의 요소는 '수학적 개념(Concepts)', '기능(Skills)', '태도(Attitudes)', '메타인지(Metacognition)', '과정(Processes)' 등 다섯 가지이다(MOE, 2012c). 교육과정 개정 시기마다 <표 4-8>과 같이 포함되는 하위 요소들은 일부 달라졌지만 수학적 문제해결력의 배양을 위해 개념적 이해, 역량 숙달, 태도와 메타인지 및 수학적 과정을 강조한다는 핵심은 유지하고 있다.

〈표 4-8〉 싱가포르 수학과 교육과정 개정에 따른 요소의 변화(Kaur, 2014, p.30)

	1991-2000	2001-2006	2007-2012	2013 이후
수학적 개념	• 수 • 기하 • 대수 • 통계	• 수 • 기하 • 대수 • 통계	• 수 • 기하 • 대수 • 통계 • 확률 • 해석	• 수 • 대수 • 기하 • 통계 • 확률 • 해석
기능	• 추정 및 어림 • 머리셈 • 의사소통 • 수학적 도구 사용 • 산술 조작 • 대수 조작 • 자료 다루기	• 추정 및 어림 • 머리셈 • 의사소통 • 수학적 도구 사용 • 산술 조작 • 대수 조작 • 자료 다루기	• 수치 계산 • 대수 처리 • 공간 시각화 • 자료 분석 • 측정 • 수학적 도구 사용 • 추정	• 수치 계산 • 대수 처리 • 공간 시각화 • 자료 분석 • 측정 • 수학적 도구 사용 • 추정
태도	• 이해 • 흥미 • 자신감	• 이해 • 흥미 • 자신감 • 끈기	• 신념 • 이해 • 흥미 • 자신감 • 끈기	• 신념 • 흥미 • 이해 • 자신감 • 끈기

	1991-2000	2001-2006	2007-2012	2013 이후
메타인지	• 자신의 사고에 대한 모니터링 능력	• 자신의 사고에 대한 모니터링 능력	• 자신의 사고에 대한 모니터링 능력 • 자기 조절 능력	• 자신의 사고에 대한 모니터링 능력 • 자기 조절 능력
과정	• 발견술 • 연역 추론 • 귀납 추론	• 발견술 • 사고 기능	• 추론·의사소통·연결성 • 적용·모델링 • 발견술 • 사고 기능	• 추론·의사소통·연결성 • 적용·모델링 • 사고 기능·발견술

최신 교육과정에 제시된 수학과 교육과정 프레임워크는 [그림 4-3]과 같으며, 수학과 교육과정의 체제를 구성하고 있는 요소들의 하위 요소와 의미는 다음과 같다(MOE, 2012c, pp.14-17).

- **수학적 개념**: 수(Numerical), 대수(Algebraic), 기하(Geometric), 통계(Statistical), 확률(Probabilistic), 해석(Analytical)으로 범주화 되며, 각 내용 범주는 서로 독립적이지만 연결되어 있음
- **기능**: 수학 학습 및 적용에 중요한 능력. 수치 계산(numerical calculation), 대수 처리(algebraic manipulation), 공간 시각화(spatial visualisation), 자료 분석(data analysis), 측정(measurement), 수학적 도구 사용(use of mathematical tools), 추정(estimation)을 포함함
- **태도**: 수학 학습에서의 정의적 측면임. 수학 및 수학의 유용성에 대한 신념, 수학 학습에 대한 흥미와 즐거움, 수학의 아름다움과 힘에 대한 이해, 수학에 대한 자신감, 문제해결에서의 끈기 등을 포함함
- **메타인지**: 사고에 대해 사고하기(thinking about thinking). 자신의 사고과정, 문제해결 전략을 선택하고 사용하는 것을 제어할 수 있는 능력. 자신의 사고를 모니터링하고 학습에 대한 자기 조절 능력을 가지는 것을 포함함
- **수학적 과정**: 수학적 지식을 획득하고 적용하는 과정에 포함되는 과정 기능. 추론·의사소통·연결성(reasoning, communication and connections), 적용·모델링(applications and modelling), 사고기능·발견술(thinking skills and heuristics)을 포함함

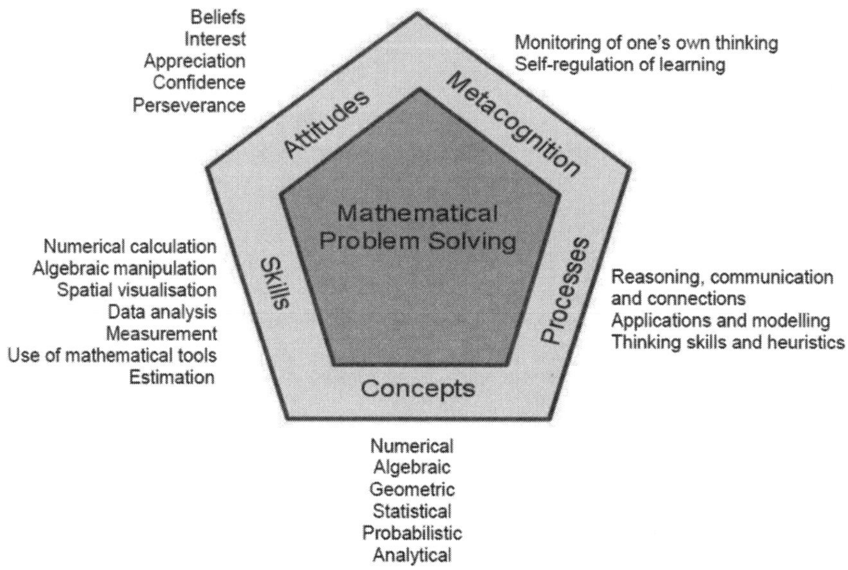

[그림 4-3] 싱가포르 수학과 교육과정 프레임워크(MOE, 2012c, p.14)

싱가포르 수학과 교육과정 프레임워크의 한 요소인 '수학적 과정'은 우리나라 2015 개정 수학과 교육과정의 수학 교과 역량(교육부, 2015)과 유사하다. 싱가포르의 수학적 과정의 하위 요소 각각의 의미는 <표 4-9>와 같다.

〈표 4-9〉 수학적 과정 하위 요소의 의미(MOE, 2012c, pp.15-17)

수학적 과정 요소	의미
수학적 추론	수학적 상황을 분석하고 논리적 논거를 구성하는 능력
수학적 의사소통	수학적 아이디어와 논거를 정확하고 간결하게 표현하기 위하여 수학적 언어를 사용하는 능력
연결성	수학적 아이디어들, 수학과 다른 교과, 수학과 실세계 사이의 연결성을 보고 만들어낼 수 있는 능력
적용	개방형 문제와 실세계 문제를 포함한 다양한 문제를 해결하기 위해 수학적 문제해결 및 추론 기능 적용
수학적 모델링	실세계 문제를 표현하고 해결하기 위하여 수학적 모델을 만들어내고 향상시켜가는 과정
수학적 사고 역량	분류하기, 비교하기, 부분과 전체를 분석하기, 패턴과 관계성 찾기, 귀납, 연역, 일반화, 공간 시각화 등 사고 과정에서 사용될 수 있는 기능
수학적 발견술	문제에 대한 해법이 명확하지 않을 때 학생들이 문제를 해결하기 위해 할 수 있는 일에 대한 일반적인 법칙

3.2 수학 과목 구성 체제

싱가포르에서는 학생의 수학 성취도나 선택에 따라 학습하는 과목이 달라진다. 싱가포르 수학 과목 구성 체제는 [그림 4-4]와 같다.

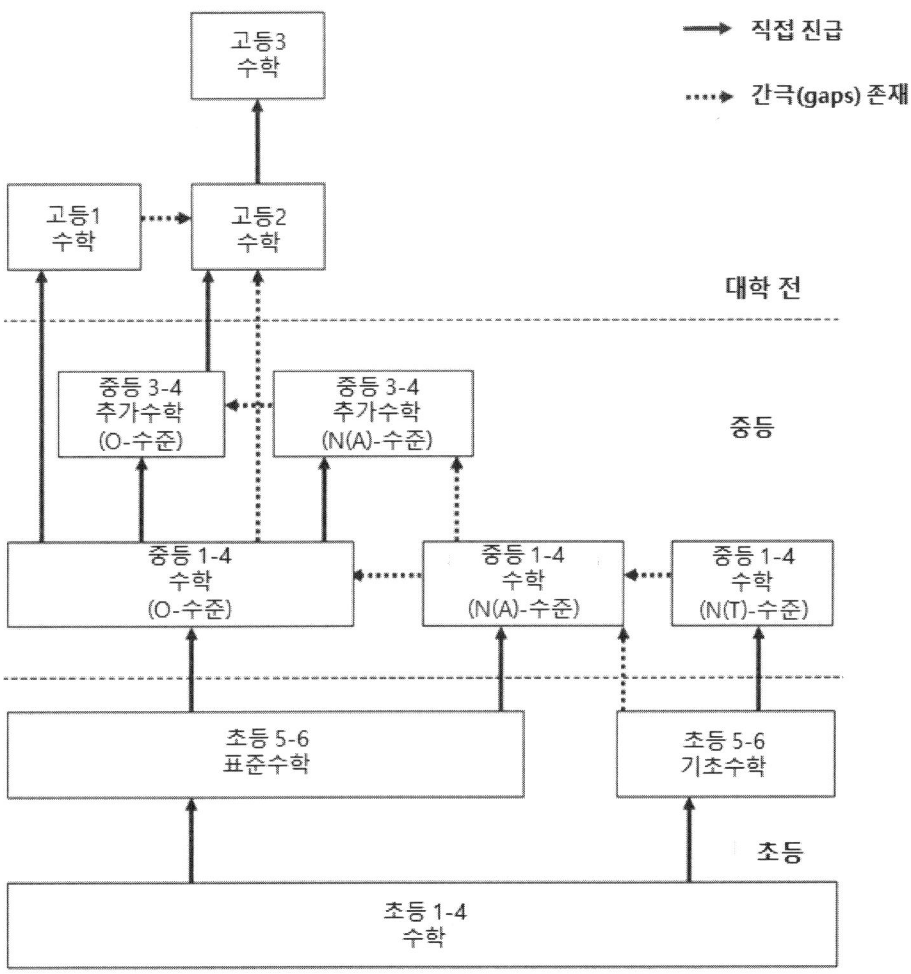

[그림 4-4] 싱가포르의 수학 과목 구성 체제(MOE, 2012c, p.9)

초등학교 1~4학년에는 공통으로 <수학> 과목을 학습하지만, 이에 대한 성취도에 따라 5~6학년에는 <표준수학(Standard Mathematics)>이나 <기본수학(Foundation Mathematics)>을 학습하게 된다. 초등학교 1~4학년 <수학> 과목을 무난하게 학습한 학생들은 <표준수학>을 학습하게 되고, 부족하게 학습한 학생들은 표준수학의 개념 중 일부를 다루는 <기본수학>을 학습하게 된다. 초등학교를 졸업할 때에는 초등학교 6학년에 실시하는 졸업시험인 PSLE 결과에 따라 이후 싱가포르 중등학교과정이 Express 과정(O-수준 교육과정), N(A) 과정, N(T) 과정 등 세 가지로 구분된다.

수학과에서 가장 보편적인 과정은 Express 과정이다. 이 과정에서는 <중등 1~4학년 O-수준 수학>을 학습한다. 또한 N(A) 과정에서는 <중등 1~4학년 O-수준 수학>의 내용 중 일부와 초등학교에서 다룬 내용의 일부를 학습하는 <중등 1~4학년 N(A)-수준 수학>을 학습하며, N(T) 과정에서는 <중등 1~4학년 N(T)-수준 수학>을 학습한다. 중등 1~4학년 수학의 학습을 마친 학생들은 <중등 3/4학년 O-수준 추가수학> 혹은 <중등 3/4학년 N(A)-수준 추가수학>을 학습할 수 있다. N(T)-수준에는 추가수학이 없다.

싱가포르의 후기 중등학교 교육과정에 해당하는 대학 전 과정에는 <고등 1 수학(H1 Mathematics)>, <고등 2 수학(H2 Mathematics)>, <고등 2 심화수학(H2 Further Mathematics)>, <고등 3 수학(H3 Mathematics)>이 포함된다. 각 과목의 성격은 <표 4-10>과 같다. <고등 1 수학>과 <고등 2 수학>은 각각 소위 인문계열과 자연계열로 진학을 바라는 학생들이 학습하는 수학에 해당한다고 볼 수 있다. 싱가포르에서는 대학에서 수학 관련 학과 혹은 수학과에 진학할 학생들에게 <고등 2 수학>부터 <고등 3 수학>까지 이수하도록 권장하고 있다. 중등학교에서 <중등 1~4학년 O-수준 수학>과 <중등 3/4학년 O-수준 추가수학>을 수강한 경우에는 <고등 2 수학>을 수강할 수 있다.

〈표 4-10〉 싱가포르 수학과 후기 중등학교 교육과정(대학 전 과정) 과목

(MOE, 2015a, 2015b, 2015c, 2015d)

과목	성격
고등 1 수학	<고등 1 수학>은 대학에서 경영, 사회과학을 전공할 때 도움이 되는 수학 및 통계에 대한 기초를 제공하기 위한 과목이다. 이 과목에서는 중등학교 <추가수학>에서 다루고 있는 대수 및 미적분에서의 수학적 개념과 기능을 다루고 있으므로, 중등학교 '추가수학'에 대한 배경지식이 없는 경우에 적절하다. 이 과목에서 학생들은 경영, 사회과학에서 필요한 기본 통계 방법을 학습하게 된다.
고등 2 수학	<고등 2 수학>은 수학, 과학, 공학 및 수학에 대한 깊은 이해를 필요로 하는 전공과목을 준비하는 학생들을 위한 과목이다. 이 과목에서는 수학에 대한 깊은 학습을 하는 데 필요한 수학적 사고 및 추론을 개발시킨다. 이 과목에서 수학을 적용하는 과정을 통해 학생들은 수학에 대해 이해하고 수학과 다른 학문 및 실세계와의 연결성에 대해 이해하게 된다.

고등 2 심화수학	<고등 2 심화수학>은 수학에 조예가 깊고, 수학, 과학, 공학 혹은 수학적 기능이 필요한 다른 학문을 전공하고자 하는 학생들을 위한 과목이다. 이는 <고등 2 수학>에서 다루는 수학과 통계 주제들을 양/질적으로 확장한 것으로, 학생들이 수학과 통계에서의 복잡한 문제들을 해결하는 데 유용한 기술과 수학적 방법을 학습하도록 한다. <고등 2 심화수학>은 <고등 2 수학>과 함께 복수 수학 과정(double mathematics course)으로 제공된다.
고등 3 수학	<고등 3 수학> 과목은 대학에서 수학을 전공하려는 학생들을 위한 과목이다. 이 과목에서는 수학 명제, 증명, 해법을 이해하고 기술할 수 있는 지식과 기능을 갖추도록 한다. 학생들은 수학적 결과를 증명하고 비정형적인 수학 문제를 해결함으로써 이러한 역량을 기를 수 있다.

3.3 수학 내용

우리나라의 2015 개정 수학과 교육과정은 초등학교에서 '수와 연산', '도형', '측정', '규칙성', '자료와 가능성'의 5개 내용 영역을, 중학교에서 '수와 연산', '문자와 식', '함수', '기하', '확률과 통계'의 5개 내용 영역을 다루고 있으나 싱가포르에서는 보다 포괄적으로 내용 영역을 범주화 하고 있다. 싱가포르의 내용 영역 범주화 방식은 앞 절에서 제시한 싱가포르 수학과 교육과정 프레임워크의 한 요소인 개념의 하위 요소에 따라 <표 4-11>과 같이 '수와 대수', '기하와 측정', '통계와 확률', '미적분'으로 구성된다(Wong, 2015).

〈표 4-11〉 싱가포르 수학과 교육과정 내용 영역(Wong, 2015, p.30)

개념	기능	내용 영역
수	수치 계산, 추정	수와 대수
대수	대수 처리	
기하	공간 시각화, 측정, 수학적 도구 사용	기하와 측정
통계	데이터 분석	통계와 확률
확률		
해석		미적분

싱가포르의 수학과 초등학교 교육과정의 내용 영역은 '수와 대수', '측정과 기하', '통계'로 구분되며, 각 학년별 교육 내용은 <표 4-12>와 같다.

〈표 4-12〉 싱가포르 수학과 초등학교 교육과정 내용(MOE, 2012b)

<table>
<tr><th rowspan="3">학년</th><th colspan="6">내용 영역</th></tr>
<tr><th colspan="2">수와 대수</th><th colspan="2">측정과 기하</th><th colspan="2">통계</th></tr>
<tr></tr>
<tr><td rowspan="2">초1</td><td>범자연수</td><td>100까지의 수
덧셈과 뺄셈
곱셈과 나눗셈</td><td>측정</td><td>길이
시간</td><td rowspan="2">자료
표현 및
해석</td><td rowspan="2">그림 그래프</td></tr>
<tr><td>돈</td><td>(100달러까지) 돈</td><td>기하</td><td>2차원 모양</td></tr>
<tr><td rowspan="3">초2</td><td>범자연수</td><td>1,000까지의 수
덧셈과 뺄셈
곱셈과 나눗셈</td><td>측정</td><td>기하, 무게, 부피
시간</td><td rowspan="3">자료
표현 및
해석</td><td rowspan="3">축척이 있는
그림 그래프</td></tr>
<tr><td>분수</td><td>전체에 대한 분수
덧셈과 뺄셈</td><td rowspan="2">기하</td><td rowspan="2">2차원 모양
3차원 모양</td></tr>
<tr><td>돈</td><td>돈</td></tr>
<tr><td rowspan="3">초3</td><td>범자연수</td><td>10,000까지의 수
덧셈과 뺄셈
곱셈과 나눗셈</td><td>측정</td><td>기하, 무게, 부피
시간</td><td rowspan="3">자료
표현 및
해석</td><td rowspan="3">막대 그래프</td></tr>
<tr><td>분수</td><td>동치분수
덧셈과 뺄셈</td><td>넓이와
부피</td><td>넓이와 둘레</td></tr>
<tr><td>돈</td><td>돈</td><td>기하</td><td>각
수직 및 평행인 직선</td></tr>
<tr><td rowspan="3">초4</td><td>범자연수</td><td>100,000까지의 수
약수와 배수
사칙연산</td><td>측정</td><td>시간</td><td rowspan="3">자료
표현 및
해석</td><td rowspan="3">표와 선
그래프</td></tr>
<tr><td>분수</td><td>대분수, 가분수와 관계
이산량의 분수
덧셈과 뺄셈</td><td>넓이와
부피</td><td>넓이와 둘레</td></tr>
<tr><td>소수</td><td>소수 셋째
자리수까지의 소수
덧셈과 뺄셈
곱셈과 나눗셈</td><td>기하</td><td>각
직사각형과 정사각형
선대칭</td></tr>
<tr><td rowspan="5">초5
*</td><td>범자연수</td><td>100만까지의 수
사칙연산</td><td rowspan="2">넓이와
부피</td><td rowspan="2">삼각형의 넓이
정육면체와
직육면체의 부피</td><td rowspan="5">자료
분석</td><td rowspan="5">자료 집합의
평균</td></tr>
<tr><td>분수</td><td>분수와 나눗셈
사칙연산</td></tr>
<tr><td>소수</td><td>사칙연산</td><td rowspan="3">기하</td><td rowspan="3">각
삼각형
평행사변형, 마름모,</td></tr>
<tr><td>퍼센트</td><td>퍼센트</td></tr>
<tr><td>비</td><td>비</td></tr>
</table>

* 5-6학년의 경우 표준수학만 제시함

학년	내용 영역					
	수와 대수		측정과 기하		통계	
	속도와 속력	비율		사다리꼴		
초6	분수	사칙연산	넓이와 부피	원의 넓이와 원주 정육면체와 직육면체의 부피	자료 표현과 해석	원그래프
	퍼센트	퍼센트				
	비	비				
	속도와 속력	거리, 시간, 속력				
	대수	대수	기하	특별한 사각형 전개도		

싱가포르 중등학교 교육과정의 내용 영역은 ‘수와 대수’, ‘기하와 측정’, ‘통계와 확률’로 구분되며, 추가수학의 내용 영역은 ‘대수’, ‘기하와 삼각함수’, ‘미적분’으로 구분된다. 싱가포르의 <중등 1~4학년 O-수준 수학> 및 <중등 3/4학년 O-수준 추가수학>의 교육 내용은 <표 4-13>과 같다.

〈표 4-13〉 싱가포르 수학과 중등학교 교육과정 내용(O-수준 수학 및 추가수학)(MOE, 2012a, 2012c)

학년	내용 영역		
	수와 대수	기하와 측정	통계와 확률
중등 1	• 수(음수, 유리수, 실수)와 연산 • 비와 비례 • 퍼센트 • 비율과 속도 • 대수식과 공식(일차식) • (일차)함수와 그래프 • 방정식과 부등식 (일차식, 분수식) • 실세계 맥락의 문제	• 각, 삼각형, 다각형 • 측정(평면도형, 각기둥, 원기둥) • 실세계 맥락의 문제	• 자료 분석(표와 그래프)
중등 2	• 비와 비례 • 대수식과 공식(이차식, 분수식) • (이차)함수와 그래프 • 방정식과 부등식 (이변수 일차식) • 실세계 맥락의 문제	• 합동과 닮음 • 피타고라스의 정리와 삼각함수 • 측정(각뿔, 원뿔, 구) • 실세계 맥락의 문제	• 자료 분석(히스토그램, 줄기와 잎 그림, 평균, 중앙값, 최빈값) • 확률(단순 사건)

학년	내용 영역		
	수와 대수	기하와 측정	통계와 확률
중등 3~4 *	• 수와 연산(유리수 지수) • (이차)함수와 그래프 • 방정식과 부등식 (이차식, 분수식) • 집합 용어와 기호 • 행렬 • 실세계 맥락의 문제	• 합동과 닮음 • 원의 성질 • 피타고라스의 정리와 삼각함수(사인, 코사인법칙, 넓이) • 측정(호, 부채꼴, 라디안) • 좌표기하 • 2차원 벡터 • 실세계 맥락의 문제	• 자료분석(누적도수, 상자그림) • 확률(확률의 합과 곱)

학년	내용 영역		
	대수	기하와 삼각함수	미적분
추가 수학 3/4	• 방정식과 부등식 • 지수와 무리수 • 다항식과 부분분수 • 이항전개 • 멱함수, 지수함수, 로그함수, 절댓값함수	• 삼각함수, 항등식과 방정식 • 이차원 좌표 기하 • 평면 기하에서의 증명	• 미분과 적분

싱가포르 후기 중등학교 교육과정(대학 전 과정)에서 다루는 수학 과목과 교육 내용은 <표 4-14>과 같다.

〈표 4-14〉 싱가포르 수학과 후기 중등학교(대학 전 과정) 과목별 주제

(MOE, 2015a, 2015b, 2015c, 2015d)

과목	주제	소주제
고등 1 수학	• 함수와 그래프	• 지수함수, 로그함수 및 그래프 그리기 기술 • (이차)방정식과 부등식
	• 미적분	• 미분 • 적분
	• 확률과 통계	• 확률 • 이항분포 • 정규분포 • 표집 • 가설검정 • 상관 및 선형회귀

* 싱가포르 중등학교 교육과정의 내용은 1, 2, 3/4학년으로 제시되어 있다

과목	주제	소주제
고등 2 수학	• 함수와 그래프	• 함수 • 그래프와 변환 • 방정식과 부등식
	• 수열과 급수	• 수열과 급수
	• 벡터	• 2차원, 3차원에서의 벡터의 기본 성질 • 스칼라와 벡터 곱 • 3차원 벡터 기하
	• 복소수의 소개	• 복소수의 좌표평면 표현 • 복소수의 극형식 표현
	• 미적분	• 미분 • Maclaurin 수열 • 적분법 • 정적분 • 미분방정식
	• 확률과 통계	• 확률 • 이산랜덤변수 • 정규분포 • 표집 • 가설검정 • 상관 및 선형회귀
고등 2 심화수학	• 대수와 미적분	• 수학적 귀납법 • 복소수 • 극좌표 곡선 및 이차곡선 • 정적분의 활용 • 미분방정식
	• 이산수학, 행렬, 수치계산법	• 재귀관계 • 행렬과 선형공간 • 수치계산법
	• 확률과 통계	• 이산확률변수 • 연속확률변수 • 가설검정 및 신뢰구간 • 비모수적 검정
고등 3 수학	• 수	• 소수, 서로소, 가분성, 모듈로 연산, 최대공약수, 나눗셈 알고리즘
	• 함수	• 그래프, 대칭, 미분, 적분, 미분방정식 등
	• 수열과 급수	• 일반식, 합 등
	• 부등식	• AM-GM 부등식, Cauchy-Schwarz 부등식, 삼각부등식
	• 세기	• 분배 문제, 제2 Stirling 수, 재귀 방정식, 포함배제 원리

싱가포르 교육과정의 가장 큰 특징은 초등학교때부터 학생의 성취도 및 선택에 따라서 학습하는 내용이 다르다는 점이다. 우리나라는 초등학교에서 고등학교 1학년까지는 공통으로 <수학> 과목을 배우고, 고등학교 2학년에 선택과목이 있지만, 싱가포르에서는 초등학교 때부터 성취도에 따라 배우는 수학 과목이 달라진다. 또한 싱가포르 수학과 중등학교 교육과정에서는 1학년과 2학년의 경우 학습 내용을 학년별로 기술하고 있지만, 3학년과 4학년의 경우 학습 내용을 함께 제시하고 있다. 이에 따라 교과서의 내용 구성이 다르게 나타날 수 있으며, 4학년 교과서에는 3학년 때 다룬 내용을 반복해서 다루고 있다.

싱가포르 후기 중등학교 교육과정(대학 전 과정)에서 다루는 수학 내용 중에는 우리나라에서 배우지 않는 내용이 상당부분 포함되어 있다. 예를 들어, 수와 대수 영역에서의 두 급수의 합과 차, 차분법에 의한 급수의 합, 삼각함수에서의 $\sin^{-1}x$, $\cos^{-1}x$, $\tan^{-1}x$, 확률과 통계에서의 선형회귀, 포아송분포, t-검정과 신뢰구간, 비모수적 검정, 미적분에서의 Maclaurin 급수, 미분방정식과 벡터의 외적, 공간에서의 위치 관계, 극형식으로 표현된 복소수와 연산, 드무아브르의 정리, 극곡선과 극형식으로 표현된 원뿔곡선, 재귀관계로 모델링하기, 행렬과 선형공간, 일차변환 및 수치계산법 등은 우리나라 수학 과목 중 고등학교 공통 과목, 일반선택과목, 진로선택과목에서도 다루지 않는 내용이다. 이를 통해 싱가포르 대학 전 과정에서는 매우 높은 수준의 수학을 다루고 있음을 알 수 있다.

3.4 수학과 교육과정의 특징

싱가포르 수학과 교육과정에서는 각 학년마다 [그림 4-5]와 같이 학습할 ‘내용’별 ‘학습 경험’을 제시하고 있다. 이는 최신 개정 교육과정에서 처음으로 도입된 것으로, 교사들로 하여금 학생들에게 각 내용 주제에서 어떠한 경험을 제공해야 하는지를 안내하는 역할을 한다. 비록 내용과 학습 경험의 하위 내용이 일대일로 대응되는 것은 아니지만, 구체적인 학습 내용이나 교수 방법을 파악하기에 용이하다.

싱가포르 수학과 교육과정에서는 교과 공통 역량인 21세기 핵심 역량을 기반으로 하는 수학 교과 고유의 역량을 수학과 교육과정 프레임워크에서 제시하고 있다. 싱가포르 수학과 교육과정 프레임워크에서 핵심 역량의 하나로 강조하고 있는 ‘수학적 과정’은 각 내용 영역을 아우르는 과정적 기능이다. 이에 [그림 4-6]과 같이 <중등 1~4학년 O-수준 수학>과 <중등 1~4학년 N(A)-수준 수학>에서는 수학적 과정이 3가지 내용 영역(수와 대수, 기하와 측정, 통계와 확률)을 아우르며 함양되는 요소로 명시되어 있다(MOE, 2012c).

Content	Learning Experiences
Secondary One	
GEOMETRY AND MEASUREMENT **G1. Angles, triangles and polygons**	**Students should have opportunities to:**
1.1. right, acute, obtuse and reflex angles 1.2. vertically opposite angles, angles on a straight line, angles at a point 1.3. angles formed by two parallel lines and a transversal: corresponding angles, alternate angles, interior angles 1.4. properties of triangles, special quadrilaterals and regular polygons (pentagon, hexagon, octagon and decagon), including symmetry properties 1.5. classifying special quadrilaterals on the basis of their properties 1.6. angle sum of interior and exterior angles of any convex polygon 1.7. properties of perpendicular bisectors of line segments and angle bisectors 1.8. construction of simple geometrical figures from given data (including perpendicular bisectors and angle bisectors) using compasses, ruler, set squares and protractors, where appropriate	(a) Investigate the properties relating the sides and angles of a triangle, e.g. form triangles with different lengths to discover that the sum of two sides is greater than the third side, and that the longest side is opposite the largest angle. (b) Use GSP or other dynamic geometry software to explore a given type of quadrilateral (e.g. parallelogram) to discover its properties, e.g. diagonals of a parallelogram bisect each other. (c) Investigate the sum of the interior and exterior angles of polygons and obtain the formulae for them. (d) Recognise symmetric properties (rotational and line symmetry) in some special quadrilaterals and regular polygons. (e) Justify whether a mathematical statement is true or false. (f) Use GSP or other dynamic geometry software to construct and study the properties of the perpendicular bisector of a line segment and the bisector of an angle.

[그림 4-5] 싱가포르 교육과정에서의 내용 제시 방식(MOE, 2012c, p.38)

3 Content Strands + 1 Process Strand		
Number and Algebra	Geometry and Measurement	Statistics and Probability
Mathematical Processes		

[그림 4-6] 싱가포르 중등교육과정에서의 내용 영역과 수학적 과정(MOE, 2012c, p.30)

마지막으로 우리나라 수학과 교육과정에서 문제해결은 의사소통, 추론, 창의·융합, 정보처리, 태도 및 실천과 함께 수학 교과 역량의 하나이지만, 싱가포르 수학과 교육과정은 '수학적 문제해결'을 중심으로 구성된다. 이에 싱가포르의 초등학교 및 중등학교 수학과 교육과정에서는 [그림 4-7]과 같이 각 과목 내용 영역의 마지막에 '실생활 맥락에서의 문제들'을 포함하고 있다.

N10. Problems in real-world contexts	
10.1. solving problems based on real-world contexts: • in everyday life (including travel plans, transport schedules, sports and games, recipes, etc) • involving personal and household finance (including simple interest, taxation, instalments, utilities bills, money exchange, etc) 10.2. interpreting and analysing data from tables and graphs, including distance-time and speed-time graphs 10.3. interpreting the solution in the context of the problem 10.4. identifying assumptions made and the limitations of the solution	(a) Examine and make sense of data in a variety of contexts (including real data presented in graphs, tables and formulae/equations). (b) Work on tasks that incorporate some or all of the elements of the mathematical modelling process.

[그림 4-7] 싱가포르 중등교육과정에서의 실생활 문제해결(MOE, 2012c, p.41)

4. 수학 교과서

싱가포르 수학 교과서는 싱가포르 교육부에서 발표한 수학과 교육과정을 기반으로 민간 출판사에서 개발, 편찬 및 발행한다. 2001년부터 싱가포르 교육부는 제작된 교과서를 인증하고, 인증된 수학 교과서의 목록을 교육부 홈페이지에 제시하고 있다. 싱가포르 교육부에서 인증한 교과서에는 [그림 4-8]과 같은 인증마크가 찍혀있어 학생과 학부모가 교과서를 선정하는데 도움을 주고 있다.

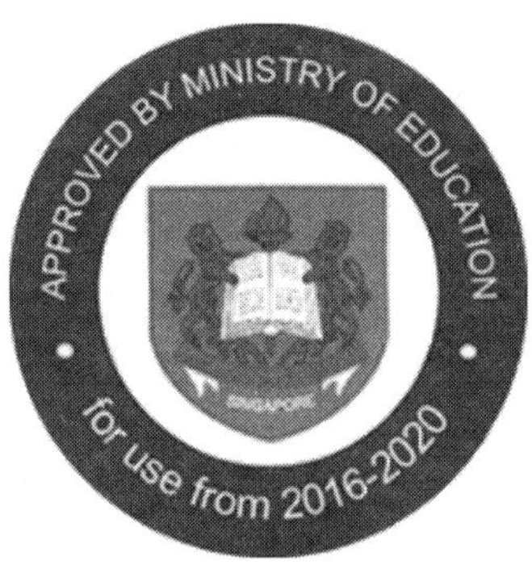

[그림 4-8] 싱가포르 교육부 인증 스탬프*

* https://www.moe.gov.sg/education/syllabuses/approved-textbook-list (2019년 9월 10일 검색)

4.1 인증 수학 교과서

2019년 9월 현재, 싱가포르의 초등학교와 중등학교에서 2020년까지 사용할 수 있는 인증된 수학 교과서의 목록은 <표 4-15>와 같다. 초등학교 <수학> 교과서의 경우 총 4종, 중등학교 <수학> 교과서의 경우 Express, N(A) 과정은 총 4종, N(T) 과정은 총 3종이 제시되어 있다. <중등 3/4학년 추가수학> 교과서의 경우 Express, N(A) 과정 각각 총 6종씩 제시되었다.

<표 4-15> 싱가포르의 초등학교와 중등학교 인증 수학 교과서 목록*

학교급	교과서명	출판사
초등학교	My Pals Are Here! Maths	Marshall Cavendish Education (formerly MCIS)
	Shaping Maths	Marshall Cavendish Education (formerly MCIS)
	New Syllabus Primary Mathematics	Shing Lee Publishers Pte Ltd
	Targeting Mathematics	Star Publishing Pte Ltd

학교급	교과서명		과정	출판사
중등학교	Mathematics	Discovering Mathematics	Express, N(A), N(T)	Star Publishing Pte Ltd
		New Discovering Mathematics	Express, N(A)	Star Publishing Pte Ltd
		New Syllabus Mathematics	Express, N(A)	Shing Lee Publishers Pte Ltd
		think! Mathematics	Express, N(A)	Shing Lee Publishers Pte Ltd
		Maths 20/20	N(T)	Shing Lee Publishers Pte Ltd
		Maths 360	N(T)	Marshall Cavendish Education (formerly MCIS)
	Additional Mathematics	Discovering Additional Mathematics	Express, N(A)	Star Publishing Pte Ltd

* https://www.moe.gov.sg/education/syllabuses/approved-textbook-list (2019년 9월 10일 검색)

		New Discovering Additional Mathematics	Express, N(A)	Star Publishing Pte Ltd
		New Syllabus Additional Mathematics	Express, N(A)	Shing Lee Publishers Pte Ltd
		think! Additional Mathematics	Express, N(A)	Shing Lee Publishers Pte Ltd
		Additional Maths 360	Express, N(A)	Marshall Cavendish Education (formerly MCIS)
		Essential Additional Mathematics	Express, N(A)	May Russell Education (S) Pte Ltd

4.2 수학 교과서 사례: 모델 메소드를 중심으로

이 절에서는 방정숙과 김은경(2017)에서 분석한 결과를 기반으로 싱가포르 수학 교과서의 특징 중 '모델 메소드' 사례를 제시한다.

4.2.1 모델 메소드

수학과 교육과정 프레임워크가 수학적 문제해결력의 향상을 목표로 구성된 싱가포르에서는 1980년대부터 산술 및 대수 문장제 문제를 어려워하는 학생들을 지도하기 위한 방법의 하나로 '모델 메소드(Model Method)'를 제시하였다. 모델 메소드란 간단히 말해 '문장제 문제에 제시된 정보에 대한 시각적 표현으로 직사각형을 활용하는 것'(Ng & Lee, 2009, p.172)이다. 모델 메소드는 직사각형의 크기가 수의 크기와 관련되어, 수의 크기 및 수의 부분-전체 관계에 대한 학생의 지식 발달에 도움을 준다. 싱가포르에서는 지속적으로 교육부 주도의 프로젝트를 통해 모델 메소드의 효과성을 검증하고 있다.

모델 메소드는 부분-전체 모델, 비교 모델, 곱셈과 나눗셈 모델 등 세 가지 모델로 나타난다. 부분-전체 모델은 여러 부분이 모여 전체를 이루는 상황을 나타내는 모델이고, 비교 모델은 둘 이상의 양을 비교하여 관계를 나타내는 모델이다. 곱셈과 나눗셈 모델은 곱셈과 나눗셈뿐만 아니라 분수를 포함한 문제를 나타낸다. 이 세 가지 모델은 모두 [그림 4-9]와 같이 각각 산술 모델과 대수 모델로 나타낼 수 있다.

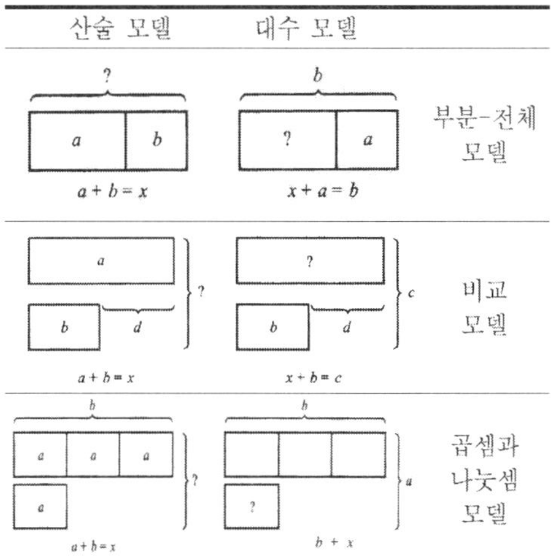

[그림 4-9] 모델 메소드의 세 가지 모델

모델 메소드는 학습 내용이 아니라 학습 방법이므로 싱가포르 수학과 초등교육과정의 '학습 경험' 부분에 포함되어 있다. 싱가포르 수학과 교육과정에서 각 학년에 제시된 모델 메소드와 관련된 내용의 학습 경험은 [그림 4-10]과 같다

학년	영역	소영역	주제	학습 경험
2	수와 대수	범자연수	2. 덧셈과 뺄셈	• 덧셈과 뺄셈의 개념을 묘사하기 위해 부분-전체 모델과 비교 모델을 사용하고 어떤 연산을 해야 하는가 결정하고 한 단계(1-step)로 이루어진 문장제를 해결할 때 사용하기 위해 그 모델들을 사용하기 • "Ali는 Siti보다 스티커를 30개 더 많이 가지고 있다"와 같은 비교의 언어를 강화하기 위해 비교 모델을 사용하기
3	수와 대수	범자연수	2. 덧셈과 뺄셈	• 비교 모델을 사용하여 '합'과 '차'의 용어를 결부시키기 예: "35와 60의 합은 95이고 그들의 차는 25이다"
			3. 곱셈과 나눗셈	• 곱셈과 나눗셈의 개념을 묘사하기 위해 부분-전체 모델과 비교 모델을 사용하고 어떤 연산을 할지 결정하고 한 단계(1-step)로 이루어진 문장제를 해결할 때 사용하기 위해 그 모델들을 사용하기 • "Ali는 Mary가 가진 돈의 3배를 가지고 있다"처럼 비교의 언어를 강화하기 위해 비교 모델을 사용하기 • '실제로 해 보기(act in out)' 그리고 '다이어그램 그리기'와 같은 발견술을 사용하여 비정형(non-routine) 문제를 해결하고 생각을 공유하기
		분수	1. 동치 분수	• 두 동치 분수를 표현하기 위해 분수 원판(fraction disc) 또는 부분-전체 모델을 사용하고 왜 그들이 같은지 그리고 하나를 다른 것으로부터 어떻게 얻을 수 있는지 설명하기
4	수와 대수[3]	범자연수	3. 사칙 연산	• 사칙연산을 포함하는 문장제를 표현하고 해결하기 위해 부분-전체 모델과 비교 모델을 사용하기 • 다른 발견술을 사용하여 비정형 문제를 해결하고 그들의 생각을 공유하기

[그림 4-10] 싱가포르 초등 교육과정에 제시된 모델 메소드 관련 학습 경험(방정숙, 김은경, 2017, p.207)

4.2.2 싱가포르 수학 교과서에서의 모델 메소드

싱가포르 인증된 초등 수학 교과서 중에서 'My Pals Are Here! Maths', 'New Syllabus Primary Mathematics', 'Shaping Maths'의 세 교과서는 모델 메소드를 적용한 교과서이다. 이중 'My Pals Are Here! Maths' 1-4학년 교과서에서 사용하고 있는 모델 메소드는 [그림 4-11]과 같이 정리 된다.

단계	단원명	차시
1A	-	-
1B	11. 40이내의 덧셈	4. 문장제 해결: 덧셈
	12. 40이내의 뺄셈	3. 문장제 해결: 뺄셈
2A	4. 문장제: 덧셈과 뺄셈	1. 덧셈과 뺄셈에서 부분-전체 이용하기
		2. 집합을 첨가와 제거하기
		3. 두 집합을 비교하기
	9. 길이	3. 길이의 덧셈과 뺄셈
2B	10. 두 단계 문장제: 덧셈과 뺄셈	1. 두 단계 문장제
	11. 무게	4. 무게의 덧셈과 뺄셈
	12. 돈	4. 문장제
	14. 분수	4. 동분모 분수의 덧셈과 뺄셈
	17. 부피	3. 부피의 덧셈과 뺄셈
3A	4. 문장제: 덧셈과 뺄셈	1. 문장제
	5. 6, 7, 8, 9의 곱셈표	7. 곱셈과 나눗셈: 한 단계 문장제
	8. 사칙연산을 포함한 문장제	1. 사칙연산을 포함한 두 단계 문장제
3B	9. 돈	3. 문장제
	10. 길이, 무게, 부피	5. 문장제
	12. 분수	3. 분수의 덧셈과 뺄셈
4A	4. 자연수: 문장제	1. 문장제 해결하기
4B	8. 분수	5. 집합의 분수
	9. 분수의 덧셈과 뺄셈	2. 문장제
	12. 소수: 문장제	1. 문장제 해결(1)
		2. 문장제 해결(2)

[그림 4-11] 싱가포르 초등학교 1~4학년 수학 교과서에서 모델 메소드를 활용한 단원과 차시

(방정숙, 김은경, 2017, p.207)

싱가포르 초등 수학 교과서에서 자연수의 덧셈과 뺄셈, 분수 문장제 및 문제해결 4단계에서 활용된 모델 메소드 사례는 [그림 4-12]~[그림 4-14]와 같다. 우리나라 초등 수학 교과서에서도 자연수의 덧셈과 뺄셈, 분수 등의 학습에 다양한 모델을 활용하고 있다는 점에 비추었을 때, 싱가포르 수학 교과서와 큰 차이가 없어 보일 수 있으나, 싱가포르에서는 산술 및 대수 문장제 문제해결력의 향상을 위한 모델 메소드의 활용의 효과를 지속적인 연구를 통해 검증하고 있다는 점에서 특징적이라고 볼 수 있다.

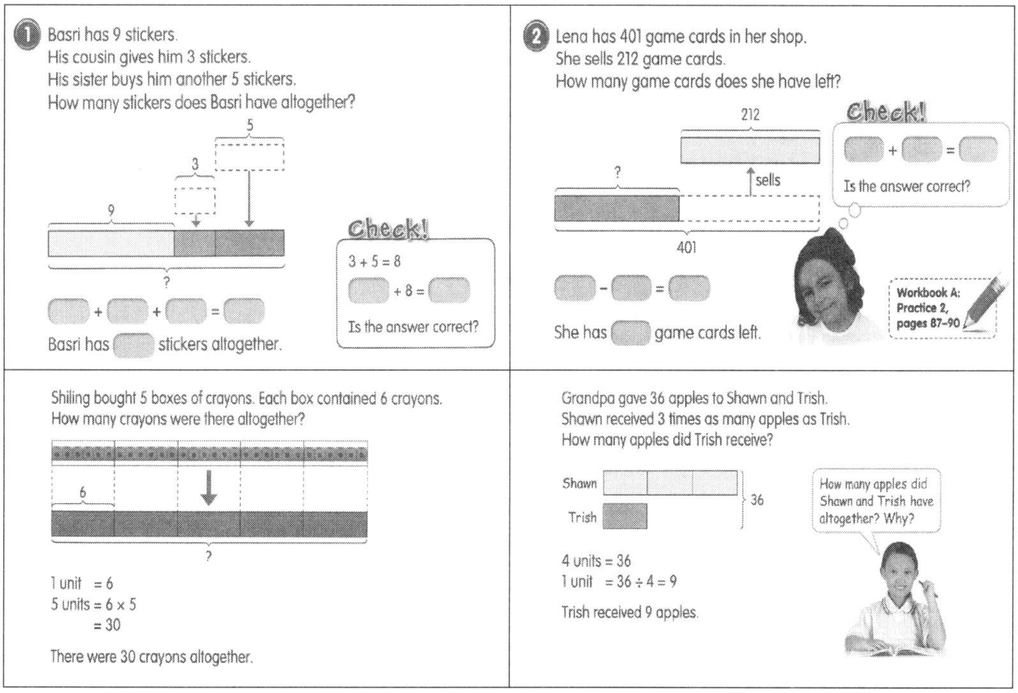

[그림 4-12] 싱가포르 수학 교과서에서 자연수의 연산에 대한 모델 메소드의 사례

(Kheong, et al., 2014a, pp.68-69 & Kheong, et al., 2015a, p.110)

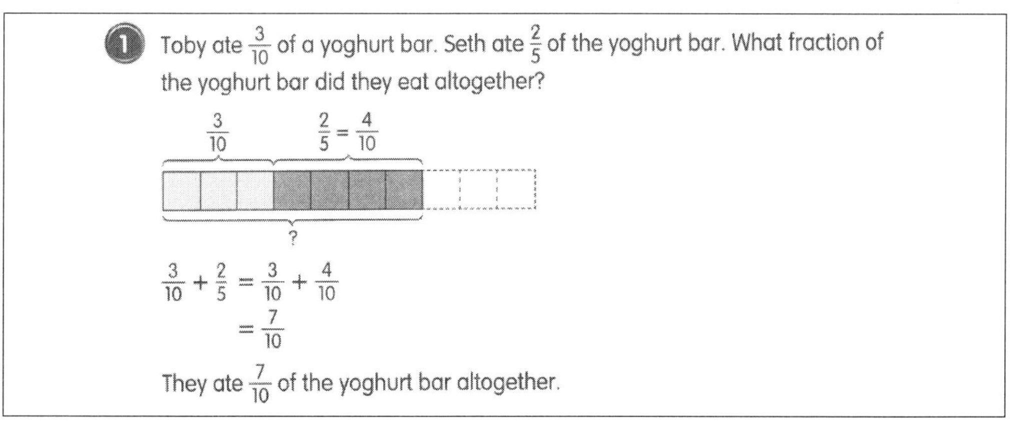

3 Tom had 10 oranges. He gave $\frac{4}{5}$ of the oranges to Rachel.
How many oranges did Tom give to Rachel?

5 units = 10
1 unit = 10 ÷ 5
= 2
4 units = 2 × 4
= 8

Tom gave Rachel 8 oranges.

[그림 4-13] 싱가포르 수학 교과서에서 분수의 연산에 대한 모델 메소드의 사례

(Kheong, et al., 2016b, p.44, p.27)

Eve had 1427 beads.
Her mother gave her another 1359 beads.
How many beads did Eve have altogether?

Step 1 What have I gathered from the problem?

Step 2 How do I solve it?
I can draw a model.

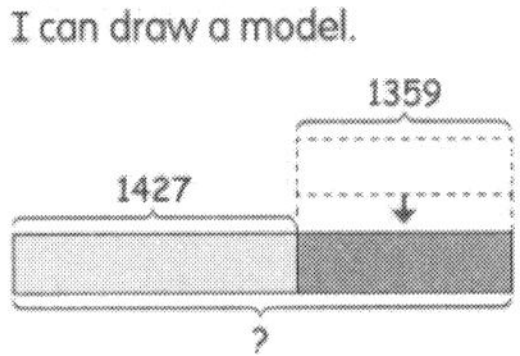

Step 3 What do I need to find?
I need to find the sum of 1427 and 1359.
1427 + 1359 = 2786
Eve had 2786 beads altogether.

Step 4 How can I check my answer?
Work backwards from the answer.
Do I add or subtract?

Check!
The sum of 1427 and 1359 is 2786.
2786 − 1427 = 1359
2786 − 1359 = 1427
The answer is correct.

[그림 4-14] 싱가포르 수학 교과서에서 문제해결 4단계에 활용된 모델 메소드의 사례

(Kheong, et al., 2015a, p.73)

5. 수학과 평가

싱가포르의 학교에서는 초등학교 3학년부터 매 학기 말에 한 번씩, 매년 최소 두 번의 종합평가를 실시한다. 교사들은 구두발표, 필기시험, 포트폴리오 등 주제별로 적합한 방법을 선택하여 형성평가를 진행하고, 형성평가 결과로부터 학생의 강점과 약점을 식별하며 유의미한 피드백을 제공한다. 또한 학교는 학생의 진도를 면밀히 모니터링하고 학생 학습을 지원하기 위해 학부모들과 협력한다. 학부모는 개인 연락을 통해 혹은 공식적인 학부모-교사 회의를 통해 학생의 발전 상태를 점검한다.*

5.1 국가 시험의 종류

싱가포르의 초등교육, 중등교육 및 대학 전 교육의 마지막 해에는 국가졸업시험을 실시한다. 각 시험은 싱가포르 교육부와 함께 싱가포르 시험 및 평가위원회(Singapore Examinations and Assessment Board)에서 주관한다. 초등학교 과정을 마칠 때에는 PSLE 시험, 중등학교 과정을 마칠 경우에는 GCE O-수준 시험 혹은 GCE N-수준 시험(GCE N(A)-수준 혹은 GCE N(T)-수준), 대학 전 과정의 경우 GCE A-수준 시험을 치르게 된다.

싱가포르 학생들이 초등교육의 마지막 해인 초등학교 6학년 때 치르는 PSLE 시험은 <표 4-16>에서 확인할 수 있듯이 두 가지로 구분된다. 1시간 동안 진행되는 시험 1에서는

〈표 4-16〉 PSLE 시험 개요**

	유형	문항 유형	문제수	문제당 점수	점수	시간
1	A	선다형	10	1	10	1시간
			5	2	10	
	B	단답형	5	1	5	
			10	2	20	
2		단답형	5	2	10	1시간 30분
		서술형	12	3, 4 혹은 5	45	
총합			47	-	100	2시간 30분

* http://timssandpirls.bc.edu/timss2015/encyclopedia/countries/singapore/ (2019년 9월 10일 검색)

** https://www.seab.gov.sg/home/examinations/psle/psle-syllabuses-examined-in-2019 (2019년 9월 15일 검색)

〈표 4-17〉 GCE O-수준 시험* / GCE N(A)-수준 시험 개요**

시험		문항 유형	문제수	점수	시간	참고
GCE O-수준	1	단답형	25	80	2시간	
	2	혼합형	10∼11	100	2시간 30분	마지막 문제는 실생활에 수학을 적용하는 문제
GCE N(A)	1	단답형	25	80	2시간	
	2	혼합형	9∼10	60	2시간	마지막 문제는 실생활에 수학을 적용하는 문제
		혼합형	2			한 문제만 풀면 됨

선다형 문항과 단답형 문항(총 30문항)을 해결해야 하고 계산기를 사용할 수 없다. 1시간 30분간 진행되는 시험 2에서는 단답형 문항과 서술형 문항(총 17문항)을 해결해야 하고 계산기를 사용할 수 있다.

싱가포르에서 중등학교를 졸업할 때 수강한 과정에 따라 GCE O-수준 시험 혹은 GCE N-수준 시험을 치르게 된다. <표 4-17>에서 확인할 수 있듯이 GCE O-수준과 GCE N-수준 시험은 모두 두 가지로 구분되며 실생활에 수학을 적용하는 문제를 포함하고 있다.

싱가포르에서는 대학 전 과정을 마칠 때 GCE A-수준 시험을 치른다. 이는 졸업 시험이자 대학입학시험의 역할을 하며, 영국의 A-수준 시험과 유사하지만, 과정 및 구성 과목이 다르다(장경윤 외, 2016). GCE A-수준의 시험 문항은 모두 서술형이며, 과목당 3시간 혹은 6시간씩 치르게 된다. <고등 1 수학> 과목의 경우 총 3시간 동안 진행되고, <고등 2 수학> 과목은 총 6시간 동안 진행된다. GCE A-수준 시험의 개요는 <표 4-18>과 같다.

---

* https://www.seab.gov.sg/home/examinations/gce-o-level/2019-gce-o-level-syllabus-for-school-candidates (2019년 9월 15일 검색)

** https://www.seab.gov.sg/home/examinations/gce-n(a)-level/2019-gce-n(a)-level-syllabus-for-school-candidates (2019년 9월 15일 검색)

〈표 4-18〉 GCE A-수준 시험 개요*

<table>
<tr><th>과목</th><th></th><th>구분</th><th>문항 유형</th><th>문제수</th><th colspan="2">점수</th><th>시간</th><th>참고</th></tr>
<tr><td rowspan="2">고등 1 수학 (H1)</td><td>1</td><td>순수수학</td><td>서술형</td><td>5</td><td colspan="2">40</td><td rowspan="2">3시간</td><td>적어도 1문제는 실생활에 수학을 적용하는 문제</td></tr>
<tr><td>2</td><td>확률과 통계</td><td>서술형</td><td>6~8</td><td colspan="2">60</td><td>적어도 1문제는 실생활에 수학을 적용하는 문제</td></tr>
<tr><td rowspan="3">고등 2 수학 (H2)</td><td>1</td><td>순수수학</td><td>서술형</td><td>10~12</td><td>50</td><td>50</td><td>3시간</td><td>적어도 1문제는 과학과 공학과 관련하여 실생활에 수학을 적용하는 문제</td></tr>
<tr><td rowspan="2">2</td><td>순수수학</td><td>서술형</td><td>4~5</td><td>40</td><td rowspan="2">50**</td><td rowspan="2">3시간</td><td></td></tr>
<tr><td>확률과 통계</td><td>서술형</td><td>6~8</td><td>60</td><td>적어도 1문제는 과학과 공학과 관련하여 실생활에 수학을 적용하는 문제</td></tr>
</table>

5.2 국가 시험 문항 사례

싱가포르 국가 시험 중 GCE A-수준 문항의 예시는 [그림 4-15]와 같다. 이는 2014년에 시행된 <고등 1 수학> 및 <고등 2 수학> 문항이다.

고등 1 수학 (H1)	3. The curve C has equation $y=1-e^{1-2x}$ (i) Sketch the graph of C, stating the exact coordinates of any points of intersection with the axes and the equation of the asymptote [3] (ii) Without using a calculator, find the equation of the tangent to C at the point where $x=1$, giving your answer in the form $y=mx+c$, where m and c are exact constants. [4] $y=1-e^{1-2x}$의 그래프를 그리고 $x=1$에서의 접선의 방정식 구하기

* https://www.seab.gov.sg/home/examinations/gce-a-level/2019-gce-a-level-syllabus-for-school-candidates (2019년 9월 15일 검색)

** 100점을 50점으로 환산하여 제시함

고등 1 수학 (H1)		7. There are 5000 households in a particular town. For each household the weekly food shopping is done either by going to the supermarket or by ordering online and having the order delivered. The numbers using each method of shopping are recorded, according to the age, in years, of the person responsible for the shopping. The data is summarised in the following table. (table below) A researcher carries out a survey to investigate the amount spent on food per week. She decides to use a sample of size 100 from these households. (i) Describe how she might obtain a systematic sample. [2] (ii) Describe how she might obtain a stratified sample, identifying the strata and finding the size of the sample taken from each of the strata [2] (iii) State, with a reason, whether a systematic sample or a stratified sample would be more appropriate in this context. 통계에서 적절한 표본 추출 전략, 계층화된 표본의 추출 전략을 제시하고, 이 상황에 둘 중 어느 것이 더 적절한지 논의 하도록 함
고등 2 수학 (H2)	시험 1	8. It is given that $f(x)=\frac{1}{\sqrt{9-x^2}}$, where $-3<x<3$. (i) Write down $\int f(x)dx$. [1] (ii) Find the binomial expansion for $f(x)$, up to and including the term in x^6. Give the coefficients as exact fractions in their simplest form. [4] (iii) Hence, or otherwise, find the first four non-zero terms of the Maclaurin series for $\sin^{-1}\left(\frac{1}{3}x\right)$. Give the coefficients as exact fractions in their simplest form. [4] 함수 $f(x)=\frac{1}{\sqrt{9-x^2}}$의 정적분, 테일러 급수, Maclaurin 급수의 계수

Table for problem 7:

	Supermarket	Online
Under 25 years	500	1000
25-60 years	900	1600
Over 60 years	800	200

시험 2

8. (a) Sketch a scatter diagram that might be expected when x and y are related approximately by $y=px^2+t$ in each of the case (ⅰ) and (ⅱ) below. In each case your diagram should include 6 points, approximately equally spaced with respect to x, and with all x-values positive.
   (ⅰ) p and t are both positive.
   (ⅱ) p is negative and t is positive. [2]

(b) The ages in months (m) and prices in dollars (P) of a random sample of ten used cars of a certain model are given in the table.

m	11	20	28	36	40	47	58	62	68	75
P	112800	102600	76500	72000	72000	69000	65800	57000	50600	47600

It is thought that the price after m months can be modelled by one of the formulae

$P=am+b,\qquad P=c\ln m+d,$

where a, b, c and d are constants.

(ⅰ) Find, correct to 4 decimal places, the value of the product moment correlation coefficient between
   (A) m and P,
   (B) $\ln m$ and P. [2]

(ⅱ) Explain which of $P=am+b$ and $P=c\ln m+d$ is the better model and find the equation of a suitable regression line for this model. [3]

(ⅲ) Use the equation of your regression line to estimate the price of a car that is 50 months old. [1]

주어진 조건을 만족시키는 분포도를 그리고, 주어진 자료의 분포를 나타내는 식을 근사함. 회귀선의 방정식을 그리고, 이를 이용하여 특정 자료의 값을 예측하도록 함

[그림 4-15] GCE A-수준 시험 문항 예시(장경윤 외, 2016, pp.370-372)

6. 수학교사 교육

싱가포르에서의 교사 교육은 난양공과대학교의 산하에 있는 국립교육원(National Institute of Education)에서 담당하고 있다. 1991년에 설립된 국립교육원은 싱가포르의 유일한 교사 양성기관이면서 현직교사 연수 및 교육 관련 분야의 전문가 양성 등 싱가포르의 교육

관련 전 분야를 책임지고 있다. 또한 싱가포르 교육부와 싱가포르 교사 아카데미(Academy of Singapore Teachers) 및 일선 학교와 긴밀하게 협력하여 교육 관련 정책들이 교육과정과 통합되고 예비교사 및 현직교사들의 실천에 미칠 수 있도록 하는데 중추적인 역할을 하고 있다. 싱가포르 국립교육원에서 제시하고 있는 목표는 다음과 같다.*

- 교사 및 학교 지도자에게 도전적인 학교 환경에서 교육 프로그램을 가르치고 관리하는데 필요한 지식 및 전문 지식 제공
- 교육학, 체육 및 스포츠 과학, 예술 및 과학의 모든 수준에서 학업 프로그램 제공
- 교육학, 체육 및 스포츠 과학, 예술 및 과학과 기타 교사 교육 관련 분야의 연구 수행 및 홍보
- 정부 기관과 일반 대중의 요구에 맞는 지속적인 교육 및 전문성 개발 프로그램 제공

6.1 수학 예비교사 양성 과정

싱가포르에서는 교직에 관심있는 사람들은 누구나 싱가포르 교육부의 홈페이지를 통해 교직에 지원할 수 있으며, 학문적 능력과 관련한 자격(academic qualification)을 만족시킨 경우 교육공무원(General Education Officers)의 신분으로 국립교육원에서 교육받게 된다. 이 과정에서 소요되는 학비를 포함한 일련의 비용은 지원되며, 국립교육원의 교육과정을 마침과 동시에 교직을 보장받고 별도의 시험 없이 자동적으로 학교에 임용된다. 단, 졸업 후에는 3년에서 5년까지 의무적으로 교직 생활을 해야 한다.

국립교육원에서 제공하는 예비교사 양성 과정은 우리나라의 교육대학이나 사범대학의 학사학위과정에 해당하는 'Bachelor of Arts (Education) / Bachelor of Science (Education) (이하 BA/BSc(Ed))' 과정과 교사 자격을 부여하는 과정으로 양분된다. 교사 자격을 부여하는 과정에는 비학사졸업교사(Nongraguate Teachers)를 양성하는 '교육자격증 과정(Diploma in Education, 이하 Dip Ed)과 학사졸업교사(Graduate Teachers)를 양성하는 '교육대학원 자격증 과정(Postgraduate Diploma in Education, 이하 PGDE)'으로 구분된다. [그림 4-16]에서 알 수 있듯이 싱가포르에서는 많은 수의 교사가 교육자격증 과정과 교육대학원 자격증 과정에 참여하고 있다.

---

* https://www.nie.edu.sg/teacher-education/undergraduate-programmes/ (2019년 9월 20일 검색)

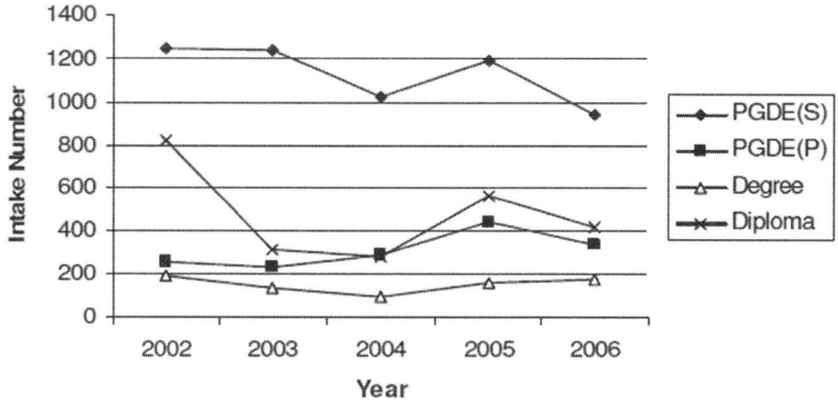

[그림 4-16] 싱가포르 교사양성 프로그램에 참여하는 예비교사의 수(Lim-Teo, 2009, p.52)

6.1.1 학사 학위 과정

싱가포르 국립교육원의 학사학위과정인 BA/BSc(Ed) 과정은 4년제로 이루어지며, 다음의 9가지를 다룬다.*

- 교육학(Education Studies)
- 교육과정(Curriculum Studies)
- 교과지식(Subject Knowledge)
- 핵심 과정(Essential Course)
- 실습교육(Practicum)
- 언어 향상과 학문적 담화 기술(Language Enhancement and Academic Discourse Skills)
- 집단 봉사(Group Endeavours in Service Learning)
- 교과(Academic Subjects)
- 일반선택(General Electives)

수학 예비교사의 교과(Academic Subject) 과정은 수학을 주로 가르치는 학생들을 위한 과정(AS1 수학)과 수학을 부로 가르치는 학생들을 위한 과정(AS2 수학)으로 구분된다. AS1 수학은 제1교수과목을 수학으로 하는 초등 예비교사나 중등학교에서 수학을 가르칠 예비교사들이 배워야 하는 과목이다. 이들은 제1교수과목이 수학이므로 4년간 총 17개의 AS1 과정을 이수해야 한다. 이중 필수 과목은 1학년의 4과목, 2학년의 6과목, 4학년 말에

* https://www.nie.edu.sg/teacher-education/undergraduate-programmes/ (2019년 9월 20일 검색)

이루어지는 연습(Academic Exercise)이며, 나머지는 모두 선택과목이다. AS2 수학은 제2 교수과목으로 중등수학을 가르치는 학생들을 위한 과정이다. AS2 수학을 수강하는 예비교사들은 1학년 때 4개의 필수 과목을 수강해야 한다. 각 과정의 학생들이 수강해야 하는 필수/선택과목들을 나열하면 <표 4-19>와 같다.

〈표 4-19〉 싱가포르 학사학위과정의 수학 과목 구조(Tay, Ho, Cheng, & Shutler, 2019, p.367)

학년	과목	참고
1학년	• Linear Algebra I • Calculus I • Finite Mathematics • Number Theory	필수 1년 AS1과 AS2 모두 필수
2학년	• Linear Algebra II • Calculus II • Statistics I • Computational Mathematics • Differential Equations • Complex Analysis	AS1 필수
3학년	• Special Topics in Mathematics I • Statistics II • Real Analysis • Modern Algebra • Modelling with Differential Equations • Statistics III • Combinatorial Analysis	AS1: 3개 선택
4학년	• Academic Exercise: Mathematics	AS1: 필수
	• Special Topics in Mathematics II • Statistical Theory • Applied Statistics • Techniques in Operations Research • Mathematical Programming and Stochastic Processes • Metric Spaces • Galois Theory • Geometry • Advanced Mathematical Modelling	AS1: 3개 선택

6.1.2 교육자격증 과정 및 교육대학원 자격증 과정

교육자격증 과정인 Dip Ed 과정은 GCE-A 시험의 합격자나 인터네셔널 바칼로레아(International Baccalaureate) 혹은 폴리테크닉 졸업생 등이 지원가능하며, 2년간의 과정을 통해 교사 자격을 얻게 된다. 또한 교육대학원 자격증 과정인 PGDE 과정은 이미 학사 학위를 가지고 있으나 교사자격증이 없는 대학졸업생들이 지원가능한 과정으로, 1년간 진행된다. 이 과정에는 수학을 전공하지 않은 경우에도 지원할 수 있다. PGDE 과정은 초중등 일반 교사와 언어를 담당하는 전문 교사를 양성하는 과정으로 구분되며, 이 과정을 마치면 전공에 따라 두 과목의 교과를 중등학교에서 가르칠 수 있다.

싱가포르에서는 많은 예비교사들이 교육자격증 및 교육대학원 자격증 과정을 통해 수학 교사가 되고 있으나, 짧은 기간 동안 진행되므로 이들의 수학 내용 지식의 부족을 우려하고 있다. 이에 싱가포르에서는 PGDE 과정을 수강하고 있으나 학부 과정에서 수학을 전공하지 않은 경우에는 학교수학숙달시험(School Mathematics Mastery Test)을 통해 스스로 수학 내용에 대한 실력을 점검하도록 하고 있다(Tay et al., 2019).

6.2 수학교사 전문성 개발 프로그램

싱가포르에서는 국립교육원, 싱가포르 교육부, 싱가포르 교사 아카데미(Academy of Singapore Teachers) 등 여러 기관들이 협력하여 교사들의 전문성 개발을 지원하고 있다. 싱가포르 교사 아카데미는 2010년 9월에 설립되어 싱가포르 교사들이 직업 윤리를 지키고, 협력적 전문성을 가지는 교사 주도의 문화를 육성하고, 지속적인 학습과 향상을 위한 문화를 구축하며, 전문성을 개발할 수 있도록 돕는다(Ng, Yeo, Chua, & Ng, 2019).

2012년에 싱가포르 교사 아카데미와 싱가포르 교육부는 교사 성장 모델(Teacher Growth Model, 이하 TGM)을 개발하였다. TGM은 싱가포르 교사들이 지속적인 학습에 참여하도록 장려하고, 학생 중심의 전문적 종사자가 되도록 하는 전문성 개발 모델로, 21세기 싱가포르 교사에게 기대되는 모습을 [그림 4-17]과 같이 '윤리 교육자(The Ethical Educator)', '능숙한 전문가(The Competent Professional)', '협력적 학습자(The Collaborative Learner)', '전환적 리더(The Transformational Leader)', '공동체 설립자(The Community Builder)'의 다섯 가지로 제시하고 있다(Ng et al., 2019). TGM은 싱가포르 교사 아카데미에서 제공하는 교사 전문성 개발 활동의 계획과 실행을 이끌며, 싱가포르 교사들이 학생들을 지도하는 전문성을 가질 수 있게 한다.

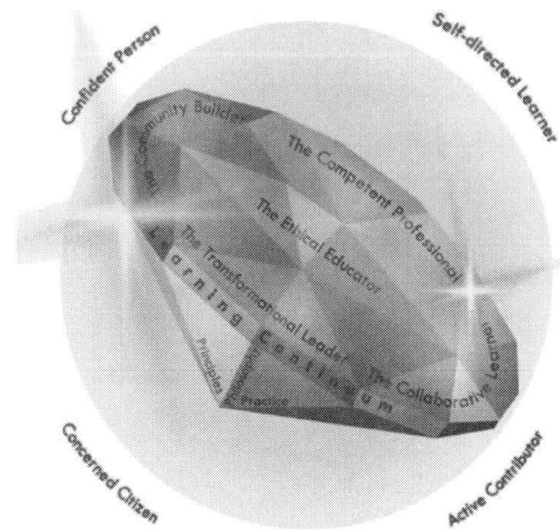

[그림 4-17] 싱가포르 교사 성장 모델(Ng et al., 2019, p.411)

싱가포르 국립교육원에서는 교과 지식, 교수학적 내용 지식, 학교 기반 교육과정 계획 및 평가 실천 등 네 가지 분야에 걸쳐 수학교사를 위한 종합적인 전문성 개발 프로그램을 제공하고 있다. 예를 들어 [그림 4-18]은 국립교육원에서 현직 수학교사를 위해 2019년 2학

COURSE CODE/COURSE TITLE	JUL	AUG	SEP	OCT	NOV	DEC
MATHEMATICS						
IME1025 Designing Learning Activities that Integrate Learning Experiences in Primary 1 & Primary 2 Mathematics					25 & 26	
IME1035 The Use of Games in the Teaching and Learning of Primary Mathematics					18 & 19	
IME1036 Designing Learning Activities that Integrate Learning Experiences in Primary 3 & Primary 4 Mathematics					27 & 28	
IME1037 Formative Assessment in Primary Mathematics: Effective Implementation & Practice	16, 18, 23 & 25					
IME1039 Promoting "Connections" and "Deep Learning" in the Teaching of Whole Numbers and Decimals (Primary 1 to 4)					19 & 20	
IME1044 Designing Learning Experiences in P5 & P6 Mathematics					19 & 20	
IME1050 Holistic Assessment Performance Tasks: For Primary 1 & 2 Teachers (Mathematics)			12			
			19			
IME2069 Teaching of Trigonometry in Secondary Additional Mathematics	12 Jul - 2 Aug (Fri)					
IME2089 Mathematics Problems in Real-World Context: Design & Implementation					19 & 20	
IME2094 Data Exploration for A-Level Mathematics Teachers	5 – 26 (Fri)					
IME2095 Teaching A-Level Mathematics Using Real-World Contexts	10 – 31 (Wed)					
IME2097 Engaging Normal Technical Students in Mathematics					11	
IME2098 Constructivist Pedagogies for A-Level Mathematics	16, 18, 23 & 25					
IME2099 Teaching Towards Big Ideas for Secondary Mathematics Teachers					18	
IME2100 Developing Reasoning and Problem-Solving Skills in H3 Classrooms					18 & 19	

[그림 4-18] 2019년 2학기 국립교육원 수학교사 전문성 개발 프로그램 목록*

* https://www.nie.edu.sg/docs/default-source/GPL/pd-catalogue-(jul-dec-2019)_fa(web).pdf?sfvrsn=cbb06526_36 (2019년 9월 15일 검색)

기에 개설한 수학교사를 위한 전문성 개발 프로그램 목록이다. 이는 국립교육원 홈페이지에서 확인할 수 있다.

이러한 전문성 개발 프로그램은 교사들의 요구 및 필요에 기반하여 교육부 예산에 맞춰 매년 국립교육원, 싱가포르 교육부, 싱가포르 교사 아카데미 관계자들의 논의를 거쳐 결정된다. 교육부 산하 학교의 교사들은 'TRAISI'라는 온라인 교육 관리 시스템을 통해 전문성 개발 프로그램에 등록할 수 있다. <표 4-20>은 2014년부터 2019년까지 국립교육원에서 수학교사에게 제공된 TRAISI 강좌의 유형을 정리한 것이다.

〈표 4-20〉 국립교육원 TRAISI 강좌 수학교사 전문성 개발 프로그램 유형별 분포(Ng et al., 2019, p.419)

연도	교수학적 내용 지식 관련 프로그램			교과 내용 지식 관련 프로그램			평가 지식 관련 프로그램		
	초등	중등	대학 전 과정	초등	중등	대학 전 과정	초등	중등	대학 전 과정
2014	6	7	1	0	7	0	2	0	0
2015	6	6	8	0	7	0	2	0	0
2016	7	2	8	0	4	0	2	1	0
2017	8	3	8	0	3	0	2	1	0
2018	9	3	7	2	3	1	2	0	0
2019	5	3	3	0	4	0	1	1	1

이를 통해 알 수 있는 것은 싱가포르 국립교육원에서는 수학교사 전문성 개발 프로그램 중 많은 수를 교수학적 내용 지식과 관련된 것으로 제공한다는 점이다. 수학 내용 지식 관련 강좌는 주로 중등교육 교사에게 집중되어 있으며, 2018년을 제외하면 초등교육 교사나 대학 전 과정을 가르치는 교사들을 위해 개설된 프로그램은 하나도 없다. 많은 수의 초등교육 교사들이 수학을 전공하지 않았다는 점에 비추었을 때, 초등교사를 위한 수학 내용 지식 관련 프로그램이 더욱 많이 개설되어야 한다는 지적이 있다(Ng et al., 2019). 단, 대학 전 과정을 가르치는 교사들을 위한 수학 내용 지식 관련 프로그램이 없는 것은 이들이 수학에 대하여 학사 이상의 학위를 가지고 있기 때문으로 해석된다. 이 외에도 수학교사 전문성 개발 프로그램 중에는 특히 중등 및 대학 전 교육을 가르치는 교사들을 대상으로 하는 평가 관련 프로그램이 부족함을 알 수 있다. 최근 GCE O-수준과 A-수준 수학 시험에서 현실 세계의 문제들을 다루는 경향이 있으므로 교사들은 이러한 문제 유형을 고려하여 평가를 할 수 있는 역량을 개발하는 것이 필요하다. 따라서 수학교사들을 대상으로 하는 평가 관련 전문성 개발 프로그램이 더 많이 제공될 필요가 있다고 지적된다(Ng et al., 2019).

싱가포르 수학교사의 전문성 개발을 위한 지원은 수학교육자협회(Association of Mathematics Educators)나 싱가포르수학회(Singapore Mathematical Society) 등을 통해서도 이루어진다. 예를 들어, 싱가포르수학회의 지원 아래, 수학교육자협회와 국립교육원의 수학 및 수학교육연구집단은 매년 열리는 수학교사 컨퍼런스(The Mathematics Teachers Conference)를 공동 주관하고 있다. 이는 초등, 중등, 대학 전 과정을 가르치는 수학교사들을 위해 국내외 전문가들의 기조강연 및 전문성 개발을 위한 워크숍 및 연구결과 공유를 위한 세션들을 포함한다. 매년 다른 주제를 가지고 열리는 수학교사 컨퍼런스는 10년 이상 진행되어 왔으며, 참여자는 500명에서 800명 정도에 이르고 있다. 이 외에도 수학교육자협회는 뉴스레터 및 「The Mathematics Educator」라는 제목의 학술지를 제작하고 있다(Ng et al., 2019).

7. 맺음말

지금까지 싱가포르의 수학교육에 대해 살펴보았다. 싱가포르는 국가 주도로 강력하게 교육 개혁을 이끌어 왔으며, 그 결과는 다양한 국제비교 연구들에서의 높은 성취로 나타나고 있다. 교육 개혁의 내용이 교육과정에 반영되고 실행되며 연구기반으로 개선되는 싱가포르의 상황은 아마도 작은 도시국가라는 싱가포르 고유의 특성에서 비롯된 것으로 보이지만, 이러한 체계성은 우리나라 수학교육 시스템 개선에 시사하는 바가 크다.

싱가포르에서는 학생의 향후 진로에 따라 배우는 수학의 양을 다르게 하고 있으며, 초등학교 시절부터 학생 성취도에 기반하여 교육과정을 다르게 운영하고 있다. 기본적으로 싱가포르의 수학교육은 수학성취도에 기반한 차별화된 교육인 것이다. 그러나 싱가포르에서는 학생의 성취도가 어느 정도 만족이 되는 경우 학생의 선택에 따라 언제든 다른 과정으로 갈 수 있는 길을 열어놓는 유연성도 겸비하고 있다. 이는 학생의 선택권을 존중한 유연한 교육과정 운영이라는 점에서 의미가 있다.

특히 싱가포르의 수학과 교육과정의 경우, 교육과정이 개정될 때마다 세부 요소들의 변화는 있어 왔지만, 핵심 역량을 기반으로 수학적 문제해결력의 함양을 목표로 한다는 기조는 유지하고 있다. 이에 교육과정과 교과서에서는 수학적 문제해결력 함양의 기회를 줄 수 있도록 하고 있으며, 국가시험에서도 명확히 수학적 문제해결력의 평가를 위한 문항을 따로 마련하고 있다. 이뿐만 아니라 교육부의 주도로 수학적 문제해결력의 함양과 관련된 연구를 체계적이고 지속적으로 수행해오면서 그 결과를 교육실천에 반영하고 있다. 이와 같이 수학적 문제해결력 함양이라는 교육과정을 관통하는 수학과 목표를 설정하고 이를 위한 다양한 노력을 기울이는 싱가포르의 상황은 빠른 주기로 교육과정이 개정되고 있는 우리나라의 수학과 교육과정 개발에 시사점을 주고 있는 것으로 보인다.

한편 싱가포르 교육의 주요 특징 중 하나는 초등학교 졸업 때부터 서술형 문항이 포함된 시험을 치른다는 점이다. 특히 대학입학시험의 경우 모든 문항이 서술형 문항으로 이루어져 지필고사임에도 불구하고 상대적으로 학생들의 수학적 역량 확인이 용이하다. 또한 일부 시험에서는 계산기 등 공학적 도구를 사용하는 기회를 제공하고 있다. 이러한 싱가포르 국가시험의 형식은 우리나라의 지필평가 방식을 개선하는 데 참고가 될 것으로 보인다.

마지막으로 싱가포르에서는 교사 수급 부족의 문제를 해결하기 위해 다양한 배경의 지원자들에게도 교직에 진출할 수 있는 길을 열어놓고 있으며, 이들의 전문성 개발을 위한 지원을 아끼지 않고 있다. 우리나라에서도 수학교사 전문성 개발이 주된 관심사인 만큼 양질의 수학교사 양성 및 수학교사 전문성 개발 등 수학교사의 질 관리를 위한 싱가포르의 노력을 참고할 필요가 있다.

참고문헌 REFERENCE

교육부(2015). **수학과 교육과정**. 교육부.

김도기, 이정화(2008). 싱가포르 교사양성제도의 특성과 시사점. **초등교육연구, 21**(3), 313-337.

방정숙, 김은경(2017). 싱가포르의 초등학교 수학 교과서 분석: 모델 메소드(model method)를 중심으로. **초등수학교육, 20**(3), 205-224.

백선희(2017). **싱가포르 교육과정의 특징과 한국에 주는 시사점**. 한국교육개발원.

장경윤, 강현영, 고호경, 권나영, 김구연, 김진호, 남진영, 박경미, 박선화, 서동엽, 정영옥(2016). **수학과 중등교육과정 국제 비교 연구 - 미국, 싱가포르, 영국, 일본, 호주**. 대한수학교육학회.

Kheong, F. H., Ramakrishnan, C., & Choo, M. (2014a). *My pals are here! Maths 2A* (3rd Ed). Singapore: Marshall Cavendish Education.

Kheong, F. H., Ramakrishnan, C., & Choo, M. (2015a). *My pals are here! Maths 3A* (3rd Ed). Singapore: Marshall Cavendish Education.

Kheong, F. H., Soon, G. K., & Ramakrishnan, C. (2016b). *My pals are here! Maths 4B* (3rd Ed). Singapore: Marshall Cavendish Education.

Lim-Teo, S. K. (2009). Mathematics teacher education: Pre-service and in-service programmes. In K. Y. Wong, P. Y. Lee, B. Kaur, P. Y. Foong, & S. F. Ng (Eds.), *Mathematics education: The Singapore journey* (pp. 48-84). Singapore: World Scientific Publishing Co.

Ministry of Education [MOE]. (2012a). *Additional mathematics syllabus: Secondary three to four - Express course, normal(academic) course.* Ministry of Education.

Ministry of Education [MOE]. (2012b). *Mathematics syllabus: Primary one to six.* Ministry of Education.

Ministry of Education [MOE]. (2012c). *Mathematics syllabus: Secondary one to four - Express course, normal(academic) course.* Ministry of Education.

Ministry of Education [MOE]. (2015a). *Mathematics syllabus: Pre-university - H1 mathematics.* Ministry of Education.

Ministry of Education [MOE]. (2015b). *Mathematics syllabus: Pre-university - H2 further mathematics.* Ministry of Education.

Ministry of Education [MOE]. (2015c). *Mathematics syllabus: Pre-university - H2 mathematics.* Ministry of Education.

Ministry of Education [MOE]. (2015d). *Mathematics syllabus: Pre-university - H3 mathematics.* Ministry of Education.

Ng, D., Yeo J., Chua, B., & Ng, S. (2019). Continuing from pre-service: Towards a professional development framework for mathematics teachers in the twenty-first century. In T. L. Toh., B., Kaur, & E. G. Tay (Eds.), *Mathematics education in Singapore* (pp. 405-428). Singapore: Springer.

Ng, S. F., & Lee, K. (2009). Model method: A visual tool to support algebra word problem solving at the primary level. In K. Y. Wong, P. Y. Lee, B. Kaur, P. Y. Foong, & S. F. Ng (Eds.), *Mathematics education: The Singapore journey* (pp. 169-203). Singapore: World Scientific Publishing Co.

Tay, E. G., Ho, W. K., Cheng, L. P., & Shutler, P. (2019). The National Institute of Education and mathematics teacher education: Evolution of pre-service and graduate mathematics teacher education. In T. L. Toh., B., Kaur, & E. G. Tvay (Eds.), *Mathematics education in Singapore* (pp. 351-384). Singapore: Springer.

Wong, K. Y. (2015). *Effective mathematics lessons through an eclectic Singapore approach.* Singapore: World Scientific Publishing Co.

Wong, K. Y. & Lee, N. H. (2009). Singapore education and mathematics curriculum. In K. Y. Wong, P. Y. Lee, B. Kaur, P. Y. Foong, & S. F. Ng (Eds.), *Mathematics education: The Singapore journey* (pp. 13-47). Singapore: World Scientific Publishing Co.

제5장

미국

UNITED STATES OF AMERICA

1. 들어가며

다양한 문화적 배경을 가진 사람들이 모여 국가를 이루고 있는 미국 교육의 가장 큰 특징은 다양성이다. 교육과정이나 학교 운영은 물론 교육제도 자체가 주별, 지역구별, 학교별로 다양하며, 학제도 우리나라처럼 전국적으로 일정하게 정해져 있는 것이 아니라 주와 지역교육청별로 다양하다. 영어가 공용어이긴 하지만 학교에 따라 스페인어나 프랑스어 등 다른 언어로 수업을 하기도 한다. 일례로 미네소타주에 있는 Sejong Academy([그림 5-1])의 경우 대부분의 수업을 한국어로 진행한다.

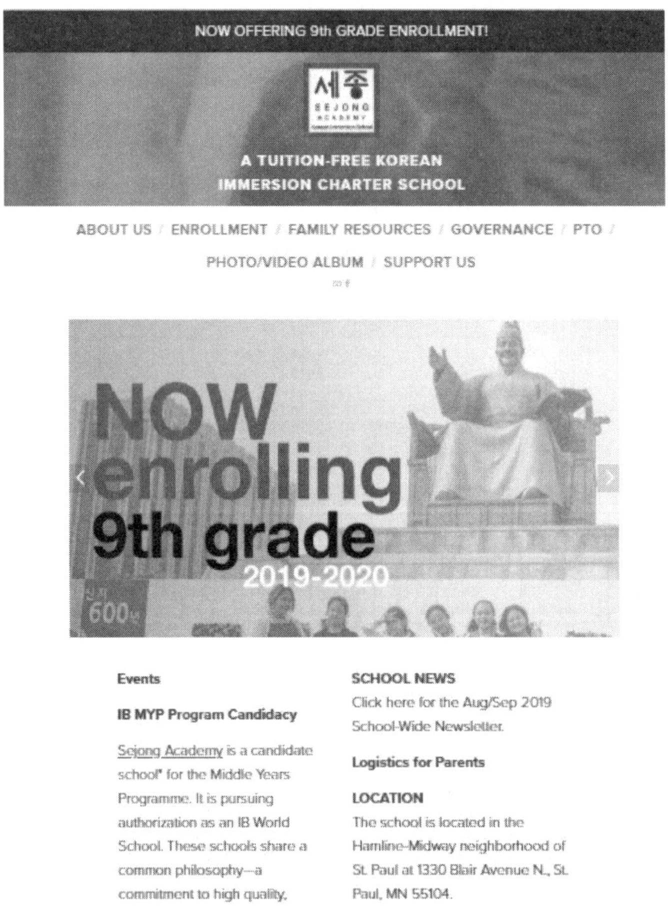

[그림 5-1] Sejong Academy 홈페이지*

* https://www.sejongacademy.org/ (2019년 10월 10일 검색)

미국에서는 우리나라와 같이 유치원(kindergarten)을 제외한 초·중·고 교육이 일반적으로 6세부터 12년 동안 이루어진다([그림 5-2]). 3세부터 5세 사이에는 희망에 따라 유아원(preschool, pre-kindergarten)에 다닐 수 있다. 초등학교는 'elementary school', 'lower primary school' 등으로 불리고, 중학교는 'middle school', 'junior high school', 'upper primary school', 'lower secondary school' 등으로 불린다. 고등학교는 'high school', 'senior high school' 등으로 불린다. 학제는 지역과 학교에 따라 6-3-3제, 8-4제, 5-3-4제, 6-6제 등의 다양한 학제를 운영한다. 6-3-3제는 우리나라와 같은 형식이고, 8-4제는 초등학교와 중학교를 통합한 형식이다. 초·중학교 과정이 8년이고, 고등학교 과정이 4년인데, 여기서 초등학교 8년을 초등학교 5년, 중학교 3년으로 분리한 것이 5-3-4제이다. 6-6제는 초등학교를 우리나라와 같이 6년으로 두고, 중학교와 고등학교를 통합한 형식이다. 학제의 운영은 지역의 요구, 학교 상황 등에 따라 결정된다. 같은 주, 같은 지역구 내에서도 학교마다 다르게 학제를 운영할 수 있다. 우리나라와 같이 유치원, 초등학교, 중학교, 고등학교라는 학교급 단위가 아닌 학년 중심으로 학제가 운영되기 때문이다. 따라서 학년은 중학교 1학년, 고등학교 1학년 등으로 칭하지 않고, 7학년, 10학년과 같이 1학년부터 12학년까지로 칭한다. 학년의 경계가 견고하지 않기 때문에 학생 개인의 능력에 따라 속진이나 월반도 가능하고, 과목별 속진이나 월반도 가능하다.

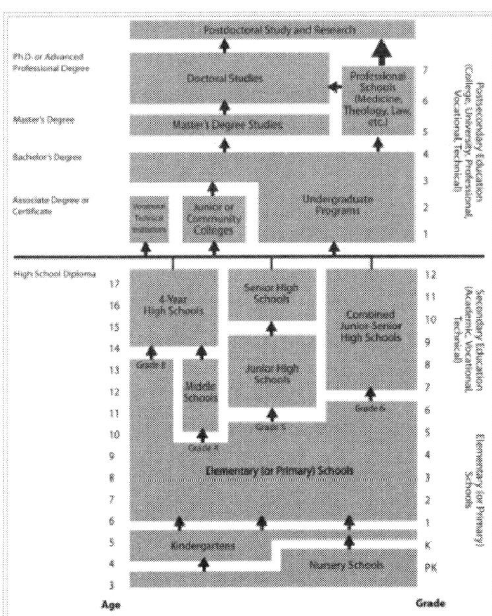

General level (or category)		Level	Age
Preschool		Pre-kindergarten	3–5
Compulsory education			
Elementary school		Kindergarten	5–6
		1st grade	6–7
		2nd grade	7–8
		3rd grade	8–9
		4th grade	9–10
		5th grade	10–11
Middle school		6th grade	11–12
	Junior high school	7th grade	12–13
		8th grade	13–14
High school		Freshman/9th grade	14–15
	Senior high school	Sophomore/10th grade	15–16
		Junior/11th grade	16–17
		Senior/12th grade	17–18
Higher education			
College (University)	Undergraduate school	First year: "freshman year"	18–19
		Second year: "sophomore year"	19–20
		Third year: "junior year"	20–21
		Fourth year: "senior year"	21–22
Graduate school (with various degrees and curricular partitions thereof)			Ages vary
Continuing education			
Vocational school			Ages vary
Adult education			

[그림 5-2] 미국의 학제와 연령*

* https://en.wikipedia.org/wiki/Education_in_the_United_States (2019년 10월 10일 검색)

우리나라는 초등학교와 중학교가 의무교육이지만 미국은 유치원부터 12학년까지 모두 의무교육이다. 따라서 공립학교의 경우 유치원부터 고등학교 졸업 때까지 전 과정 학비가 무료이다. 대학은 대부분의 학교가 4년제로 운영되지만, 2년제로 운영되는 전문학교도 있다. 이후 대학원 과정은 우리나라와 같이 석사과정, 박사과정, 박사 후 과정이 있다.

미국에는 목적과 구성원에 따라 여러 수학교육 관련 단체가 있다. 지역적으로는 전국을 기반으로 하는 단체가 있고, 주별, 지역구별로 다양한 위원회와 모임이 있다. 이 중에서 가장 잘 알려진 단체는 전국 수학교사 모임(NCTM)과 미국 수학회(AMS)이다. 이 외에 전미를 기반으로 하는 수학 및 수학교육 관련 단체 몇 곳을 소개하면 <표 5-1>과 같다.

〈표 5-1〉 미국의 수학교육 관련 단체

기관	업무
NCTM(The National Council of Teachers of Mathematics) (https://www.nctm.org/)	모든 학생 각각에게 양질의 수학교육을 제공하는 것을 목표로 하며 1920년에 설립된 미국의 수학교사 단체이다. 주로 미국과 캐나다의 수학교사들을 회원으로 가지고 있으며 전 세계에서 가장 큰 규모이다. 수학과 교육과정을 비롯하여 교수학습, 평가 등 전반적인 수학교육 정책에 주요한 영향을 미치고 있다. 또한, 학교 교육 개선을 위해 여러 수학교사 연수를 마련하고, 지원한다. 수학교육 연구도 지원하여 해마다 수학교육 관련 자료 및 도서를 편찬하고, 교사와 연구자를 위한 다양한 Journal(Journal for Research in Mathematics Education, Mathematics Teacher, Mathematics Teacher Education, Teaching Children Mathematics, Mathematics Teaching in the Middle School)을 출간하고 있다.
AMS(The American Mathematics Society) (https://www.ams.org/home/page)	1888년에 설립된 미국의 수학 연구 단체이다. 그러나 회원 자격은 미국인이나 캐나다인에 한정하지 않는다. 회원이 3만 명 이상이고, 산하 단체만 해도 570개이다. 해마다 다양한 수학책, 수학 교재를 편찬하고 있고, 수학 여러 분야의 전문 Journal과 Proceedings(Conformal Geometry and Dynamics, Journal of the American Mathematical Society, Mathematics of Computation 등)을 출간하고 있다.
AMATYC(The American Mathematical Association of Two-Year Colleges) (https://amatyc.site-ym.com/)	1974년에 설립된 전미를 기반으로 하는 단체이다. 대학 입학 후 2년 동안의 수학교육에 주된 관심이 있다. 각종 Webinars를 개설 및 운영하고, 해마다 학회를 개최하며, 지역 또는 학교의 요청을 받아 직접 찾아가는 워크숍을 운영하고 있다. 대학 수학교육 관련 각종 자료를 출판하며 대학 수학교육을 돕고 있다. 2009년에 처음 발간된 Journal 'MathAMATYC Educator'를 출간하고 있다.

기관	업무
MAA(The Mathematical Association of America) (https://www.maa.org/)	수학의 힘과 아름다움을 가치롭게 여기고, 수학이 인류를 번영하게 하는 데 이바지한다는 비전을 가지고 1915년에 설립된 미국의 전국 수학협회이다. 수학과 대학 수학교육에 주된 관심을 둔다. 수학자, 통계학자, 컴퓨터과학자, 대학 수학교육자 등이 주된 회원이며, The American Mathematical Monthly, Mathematics Magazine, The College Mathematics Journal, Math Horizons를 출간하고 있다. 매년 MathFest를 열고 있고, 중학생과 고등학생을 대상으로 하는 수학 경시대회와 전미 올림피아드 대회도 주관한다.

2. 수학교육 정책

미국에서는 미래 사회의 주역이 될 인재를 양성하기 위해 미래학교(Future Ready Schools) 프로젝트, 21세기 학습 파트너십(The Partnership for 21st Centry Learning) 등의 정책을 시행하고 있고, 4차 산업혁명 시대를 대비하여 STEM(Science, Technology, Engineering, Mathematics) 교육을 강화하고 있다.

2.1 미래를 대비하기 위한 교육

미국에서 시행 중인 미래를 대비하기 위한 교육 중에서 'Future Ready Schools (이하 FRS)'과 'The Partnership for 21st Century Learning (이하 P21)'을 살펴보고자 한다. FRS 정책은 초·중등학교 학생들이 미래 사회에 필요한 역량을 함양할 수 있도록 제안한 것이다. FRS 팀에서는 전체적인 방향과 각종 필요한 지원을 하되, 주별, 지역구별, 학교별로 처한 상황에 맞게 프로그램을 운영하도록 한다. P21은 학생들에게 필요한 21세기 학습의 힘과 가능성을 인식하는 주 교육부, 학교와 지역구, 학습 기관들이 협력하여 만든 21세기 학습의 기본 틀이다.

Future Ready Schools(FRS)*

'Future Ready Schools(FRS)' 정책은 고등학교를 졸업하는 모든 학생이 생산적이고, 성

* https://futureready.org/ (2019년 10월 10일 검색)

공적이고, 책임감 있는 시민이 되기 위한 역량, 열정, 기능을 갖추도록 하는 것을 목표로 하며 테크놀로지를 기반으로 각 지역구와 학교가 학생 중심 환경을 마련하여 교육하도록 지원한다. 이들은 우리가 살고 있는 세상이 풍부한 정보와 높은 테크놀로지 역량을 갖추며 모험심을 갖춘, 글로벌 경제에 살아남을 수 있는 사람들을 그 어느 때보다 더 필요로 한다는 판단 하에 학생들이 지식과 기능을 갖추고, 유연하면서도 유능한 노동자가 되어야 한다고 생각하고 이를 지원하는 교육 프로그램을 마련하고자 한다. 2019년 현재 3400개 이상의 지역구에서 2천만 명 이상의 학생을 대상으로 이 프로그램을 실행하고 있다.

FRS 정책은 개별화된 학생 중심 학습 환경, 점점 증가하는 테크놀로지가 유발하는 일자리와 세계로 나가야 하는 학생들을 준비시키기 위한 탄탄한 학습 경험, 더 깊이 참여하고 활동하기 위한 열정과 관심이 바탕이 되는 학습, 학생들에게 관심을 기울이는 양질의 교사들이 실행하는 연구-기반 디지털 학습 전략, 모든 학생이 자신의 잠재력을 개발하여 학교교육 이후에도 성공 가도를 달릴 수 있게 하기 위한 교육을 모든 학생에게 제공하고자 한다. 이 정책은 '학교 현장에서 테크놀로지를 효과적으로 사용할 수 있도록 하기 위한 지원, 미래를 준비하기 위한 환경 구축, 혁신적인 교실 모델의 탐색, 교육자들의 의사결정을 뒷받침하기 위한 의미 있는 자료 제공, 관련 기관과 연합' 등을 기본 틀로 한다. 이를 위해 교육과정, 교수학습, 평가의 혁신을 도모하고, 강력한 인프라 구조를 기반으로 개별화된 전문적 학습 및 이를 위한 재정과 자료를 지원한다. 또, 지역사회와 파트너십을 공유하고, 데이터 활용 및 개인정보 보안, 시간과 공간의 활용, 협력적 리더십 등을 추진한다. [그림 5-3]은 이를 도식화한 것이다.

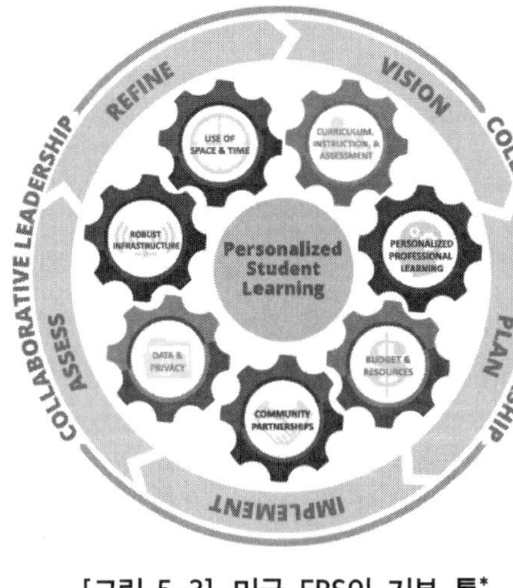

[그림 5-3] 미국 FRS의 기본 틀*

* https://futureready.org/about-the-effort/state-programs/ (2019년 10월 10일 검색)

[그림 5-3]에 의하면 FRS 정책은 개별화된 학습을 중심으로 하여 '교육과정, 교수, 평가', '개별화된 전문적 학습', '재정과 자료', '공동체 파트너십', '데이터와 개인정보', '탄탄한 인프라 구조', '공간과 시간의 사용'이라는 7개의 기어가 '비전', '계획', '실행', '평가', '개선'이라는 5가지 순환적 단계를 테두리로 하고, 협력적 리더십이 이들을 에워싸고 있는 형태이다.

[그림 5-4]는 7개의 기어를 아이콘으로 표현한 것이다.

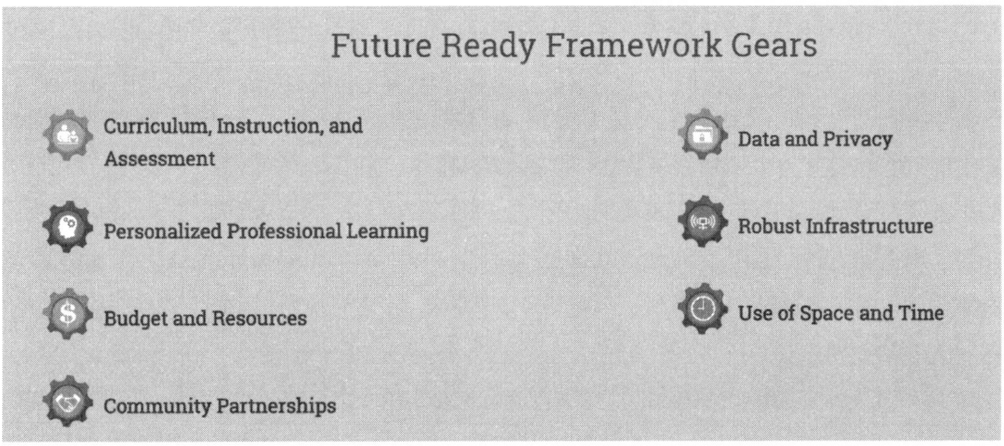

[그림 5-4] 미국 FRS의 기어*

교육과정, 교수, 평가는 21세기 기능과 더 깊이 들어가는 학습, 개별화된 학습, 협력적, 적절한, 적용 가능한 학습, 테크놀로지의 도움을 받는 학습, 평가 결과 분석에 기반한 교수 등으로 구성된다. 이를 달성하기 위하여 학생들로 하여금 양질의 디지털 컨텐츠에 상시 접근 가능하도록 하는 것이 중요하다.

개별화된 전문적 학습은 전문적 성장을 위한 공유된 소유 의식과 책임감, 21세기 기능 세트, 테크놀로지를 통한 전문적 학습을 위한 다양한 기회, 광범위한 기초들, 참여적 평가 등으로 구성된다. 테크놀로지와 디지털 학습은 학생뿐 아니라 교사, 행정가, 기타 교육 관계자들이 양질의, 지속적인, 직업 세계에 대한 접근 기회를 제공한다. 이러한 기회는 학생들의 성공을 증진시키며 디지털 시대에 성공하기 위한 기능을 보다 넓게 이해하게 한다. 디지털 전문 학습 공동체, 동료 수업 공유, 형성 평가 및 각종 자료의 효율적 활용 등은 공간과 시간을 넘어 교육 관계자들이 협력하고 공유하게 하며 교육 실제의 개선과 발전에 이바

* https://futureready.org/ourwork/future-ready-frameworks/ (2019년 10월 10일 검색)

지한다.

재정과 자료는 디지털 학습을 위해 단기적, 장기적 재정 지원 계획과 각종 자료들이 제공되어야 한다는 것으로, 효율성과 비용 절감, 지역과 학교 계획의 동조, 지속적인 재정 지원, 투자 수익률 등과 관련된다.

공동체 파트너십은 로컬 커뮤니티와 글로벌 커뮤니티 연결, 협력적 프로젝트 등을 추구한다. 디지털 커뮤니케이션, 온라인 커뮤니케이션, 소셜 미디어, 디지털 학습 환경 등이 연결자로 활용될 수 있다. 이 기어는 로컬 커뮤니티 참여와 확대, 글로벌 문화 인식, 로컬/글로벌 커뮤니티로의 연결자로서 디지털 학습 환경, 학부모와의 의사소통과 참여, 지역 브랜드 등으로 구성된다.

데이터와 개인정보 보안은 디지털 학습에 가장 기본이 되는 것이다. 이는 정책과 기술로 뒷받침되어야 한다. 이 기어는 데어터와 데이터 체계, 데이터 정책, 절차, 실행, 데이터에 기반한 의사결정, 데이터 소양 교육 전문가 등으로 구성된다. 개별화된 학습자 중신의 학습 환경은 학습의 깊이, 넓이, 복합성, 효율성 등을 높이기 위해 학생들의 정보를 수집하고 피드백을 제공하는 과정을 반복한다. 이때 모든 정책과 실행은 학생의 개인정보에 대한 보안을 보장해야 한다.

탄탄한 인프라 구조는 테크놀로지가 도구, 자료, 데이터의 효율적 활용을 지원해야 한다는 것으로, 양과 접근 가능성의 측면에서 장비의 적절성, 탄탄한 네트워크 인프라 구조, 적절하고 필요에 반응하는 지원, 리뷰와 대체를 위한 공식적 사이클 등으로 구성되며 학생들은 학교에서나 집에서 이러한 양질의 장비에 무한 접근 가능해야 한다. 이것은 디지털 학습을 진행하는 데에 필수적이다.

공간과 시간의 사용은 교수 시간과 공간의 변화를 유발한다. 이 기어는 시간과 장소에 유연한 학습, 개별화된 학습을 위한 새로운 교수법, 스케쥴, 학습 환경, 역량-기반 학습, 프로젝트와 협력을 위한 확장된 시간 제공을 위한 전략 등으로 구성된다.

FRS 팀과 협력 기관들은 FRS가 추구하는 목표를 달성하기 위해 각종 지원을 한다. FRS 팀과 협력 기관들이 개발한 각종 자료와 실행 방안 및 사례들을 홈페이지를 통하여 안내하고 있고, 지속적으로 업데이트하고 있다.

The Partnership for 21st Century Learning*

The Partnership for 21st Century Learning(P21)은 21세기 교육을 선도하기 위하여 2001년에 만들어졌다. 이들은 K-12학년의 학교 교육과 졸업 후의 평생 교육은 물론 18개

* https://www.battelleforkids.org/ (2019년 10월 10일 검색)

월부터 유치원까지의 교육 등 전 생애에 걸친 교육을 포괄한다. 처음에는 P21 단독으로 시작하였지만 2018년에 'Battelle for Kids'와 연합하였다. 'Battelle for Kids'는 비영리 기관으로, 교육 관련 여러 기관들, 비즈니스 파트너, 학교 체제 리더들이 네트워크를 이루어 모든 학생이 끊임없이 변화하는 세상에서 평생 학습자와 기여자로 살아갈 수 있도록 하는 교육 경험을 제공하려 한다. 2019년 현재 미국의 45개 주의 지역구, 학교, 교육 기관, 각종 공동체 등과 협력하고 있다. 이제 이들의 비전은 미국을 넘어 지구촌 전체 아동들에게로 향하고 있다.

P21은 교육자, 교육 전문가, 비즈니스 리더들이 학생들의 직업과 삶에서의 성공과 시민의식 형성을 위해 필요로 하는 기능, 지식, 전문성, 지원 체제 등을 선정하였다. 지속적인 변화가 있고 끊임없는 학습을 필요로 하는 세상에서 학생들이 성공적으로 살아가기 위해 P21이 선정한 21세기 학습의 틀은 [그림 5-5]와 같다.

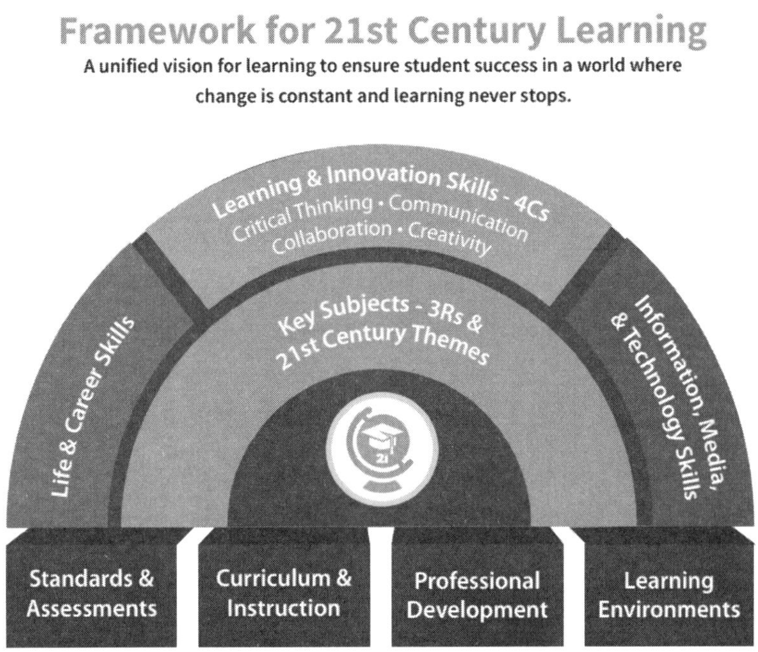

[그림 5-5] P21의 기본 틀*

[그림 5-5]는 규준과 평가, 교육과정과 교수, 전문적 개발, 학습 환경에서 교육 관계자들이 추구해야 하는 것을 보여준다. 학교, 지역구, 주 정부에서는 이 틀에 기반하여 지식과 기

* https://www.battelleforkids.org/networks/p21/frameworks-resources (2019년 10월 10일 검색)

능을 규준, 평가, 교육과정과 교수, 전문적 개발, 학습 환경과 결합하여야 하고 학생들은 학습 과정에 적극적으로 참여하고, 디지털화되고 전 세계가 상호 연결된 이 세상에서 생존하기 위해 더 잘 준비되어야 한다. 특히 학생들이 학습과 혁신 기능, 정보, 미디어, 테크놀로지 기능, 삶과 직업 기능을 익히도록 지원하여야 한다. 학습과 혁신 기능은 4Cs로, 비판적 사고(critical thinking), 의사소통(communication), 협력(collaboration), 창의성(creativity)이다. 정보, 미디어, 테크놀로지 기능에는 정보 리터러시, 미디어 리터러시, ICT* 리터러시 등이 있다. 삶과 직업 기능에는 유연성과 적응력, 진취성과 자기 주도, 사회 및 다문화 기능, 생산성과 책임감이 있다. 구체적으로는 다음과 같다.**

• 학습과 혁신 기능

학습과 혁신 기능에서는 21세기에 점점 더 복잡해지는 삶과 직업 환경에서 준비되어야 하는 학생들과 그렇지 않은 학생들이 분리됨을 인식하고, 창의성, 비판적 사고, 의사소통과 협업에 대한 초점이 학생들이 미래를 준비하기 위해 매우 중요함을 강조한다.

창의성과 혁신	○ 창의적으로 사고하기 • 광범위한 아이디어-산출 기술 사용 (예. 브레인스토밍) • 새롭고 가치 있는 아이디어 창조 (양적, 급진적 개념 모두) • 창의적인 노력을 개선하고 최대화하기 위해 자신의 아이디어의 정교화, 개선, 분석, 평가 ○ 타인과 창의적으로 일하기 • 새로운 아이디어를 타인과 효과적으로 개발, 실행, 의사소통하기 • 새롭고 다양한 관점에 개방적이고 반응하기; 집단적 입력과 피드백을 일에 포함하기 • 일에서 독창성과 발명을 나타내고 새로운 아이디어를 채택하는 데 실세계의 한계를 이해하기 • 실패를 학습의 기회로 삼기; 창의성과 혁신은 장기간에 걸친 작은 성공과 빈번한 실수의 순환적 과정임을 이해하기 ○ 혁신을 실행하기 • 혁신이 발생할 분야에서 창의적인 아이디어를 기반으로 구체적이고 유용한 공헌하기
비판적 사고와 문제해결	○ 효과적으로 추론하기 • 상황에 적합한 다양한 유형의 추론(귀납, 연역 등) 방법 사용하기

* Information, Communications, and Technology

** Partnership for 21st century learning a network of Battelleforkids (2019)

	• 시스템적 사고하기 • 전체의 부분이 서로 어떻게 상호작용하는지 분석하여 복잡한 체계에서 전반을 아우르는 결과 산출하기 • 판단과 결정 내리기 • 증거, 주장, 요구, 신념을 효과적으로 분석하고 평가하기 • 주요한 대안적 관점을 분석하고 평가하기 • 정보와 주장을 종합하고 연결하기 • 정보를 해석하고 최선의 분석에 근거하여 결론 도출하기 • 학습 경험과 과정에 대해 비판적으로 반성하기 ○ 문제를 해결하기 • 서로 다른 종류의 친숙하지 않은 문제를 관습적인 방법과 형식적인 방법 모두를 사용하여 해결하기 • 다양한 관점을 명확하게 하는 주요한 질문을 찾고 제기하여 보다 나은 해법으로 나아가기
의사소통과 협업	○ 명확하게 의사소통하기 • 다양한 형식과 문맥에서 말로, 글로, 그리고 다양한 종류의 비언어적 의사소통 기술을 효과적으로 사용하여 생각과 아이디어를 정교화하기 • 지식, 가치, 태도, 의도를 포함하여 의미를 해독하기 위해 효과적으로 경청하기 • 다양한 목적(예. 정보, 가르침, 동기 부여, 설득)을 위하여 의사소통 사용하기 • 여러 미디어와 테크놀로지를 활용하고 그것들 자체가 가지고 있는 효율성을 판단하고 그것들의 영향력을 평가하는 방법 알기 • (다언어 환경을 포함하여) 다양한 환경에서 효과적으로 의사소통하기 • 타인과 협업하기 • 다양한 팀과 효과적으로 존중하며 일하는 능력 나타내기 • 공통된 목적 달성을 위해 필요한 협상을 하는 데 도움이 되는 유연성과 적극성을 훈련하기 • 협업을 위해 공유된 책임을 가정하고 팀의 각 구성원의 개별적 기여의 가치를 인식하기

• 정보, 미디어, 테크놀로지 기능

P21의 관점에서 테크놀로지와 미디어가 유발하는 21세기 삶의 특징은 다음을 포함한다.

1) 대량의 정보 접근성
2) 테크놀로지 도구의 급격한 변화
3) 전례 없는 규모의 협업과 개인의 기여 능력.

이러한 특징을 가진 사회에서 시민과 노동자로서 잘 살아가기 위해서는 정보, 미디어, 테크놀로지와 관련된 넓은 범위의 기능적이고 비판적인 사고 능력을 나타내어야 한다.

정보 리터러시	○ 정보에 접근하고 평가하기 • (시간적으로) 효율적이고 (자료면에서) 효과적으로 정보에 접근하기 • 정보에 대해 비판적이고 경쟁력 있는 평가를 하기 ○ 정보를 사용하고 관리하기 • 당면한 이슈 또는 문제해결을 위해 정보를 정확하고 창의적으로 사용하기 • 광범위한 출처로부터 얻은 정보의 흐름을 관리하기 • 정보의 접근과 사용을 둘러싼 윤리적/법적 이슈들에 대한 기본 이해를 적용하기
미디어 리터러시	○ 미디어 분석 • 미디어 메시지가 어떻게 만들어지고, 어떤 목적으로 만들어지는지를 이해하기 • 개인이 서로 다르게 메시지를 해석하고, 가치와 관점이 어떻게 포함되고 배제되는지, 어떻게 미디어가 신념과 행동에 영향을 미치는지 조사하기 • 미디어의 접근과 사용을 둘러싼 윤리적/법적 이슈에 대한 기본 이해를 적용하기 ○ 미디어 산출물 창조하기 • 가장 적합한 미디어 창조 도구, 특성, 관습을 이해하고 사용하기 • 다양한 다문화 환경에서 가장 적절한 표현과 해석을 이해하고 효과적으로 활용하기 • ICT 리터러시 ○ 테크놀로지를 효과적으로 적용하기 • 정보를 연구하고, 조직하고, 평가하고, 의사소통하기 위해 테크놀로지를 사용하기 • 지식 경제에서 성공적으로 기능하기 위한 정보에 접근, 관리, 통합, 평가, 창조하기 위해 디지털 테크놀로지(컴퓨터, PDA, 미디어 재생기, GPS 등)와 의사소통/네트워킹 도구 및 소셜 네트워크를 적절하게 사용하기 • 정보 테크놀로지에 접근하고 사용하는 것을 둘러싼 윤리적/법적 이슈에 대한 기본 이해를 적용하기

• **삶과 직업 기능**

오늘날의 삶과 직업 환경은 사고 기능과 내용 지식 이상의 것을 요구한다. 지구촌 전체의 경쟁적 정보 시대의 복잡한 삶과 직업 환경에 살아가기 위해 학생들은 주의를 기울여 적절한 삶과 직업 기능을 개발해야 한다.

융통성과 적응력	○ 변화에 적응하기 • 변화하는 역할, 일자리 책임, 스케쥴, 문맥에 적응하기 • 모호하고 변화하는 우선순위 환경에서 효과적으로 일하기 ○ 융통성 가지기 • 피드백을 효과적으로 받아들이기 • 칭찬, 방해, 비판을 긍정적으로 다루기 • 특히 다문화 환경에서 가능한 해법에 도달하기 위해 다양한 관점과 신념을 이해하고, 협상하고, 균형 이루기
진취성과 자기 주도	○ 목표와 시간 관리하기 • 유형과 무형의 성공 기준에 따라 목표 설정하기 • (단기적인) 전술적 목표와 (장기적인) 전략적 목표의 균형 이루기 • 시간을 활용하고 일의 부담을 효과적으로 관리하기 ○ 독립적으로 일하기 • 직접적인 감시가 없어도 과제를 모니터링하고, 정의하고, 우선순위를 설정하여 완수하기 • 자기 주도적 학습자가 되기 • 전문성을 얻기 위한 자신의 학습과 기회를 탐색하고 확장하기 위해 기본적인 기능 숙달 그리고/또는 교육과정을 넘어서 나아가기 • 전문적 수준으로 나아가는 발전된 기능 수준에 대한 진취성 나타내기 • 평생의 과정으로서 학습에 대한 헌신 나타내기 • 미래의 발전에 대한 정보로 삼기 위하여 과거 경험을 비판적으로 반성하기
사회성과 다문화 기능	○ 타인과 효과적으로 상호작용하기 • 경청해야 할 때와 말해야 할 때를 알기 • 존중하고 전문가다운 매너를 보이며 행동하기 ○ 다양한 팀과 효과적으로 일하기 • 다양한 사회 문화적 배경을 가진 사람들의 문화적 차이를 존중하고 효과적으로 함께 일하기 • 자신과 다른 아이디어와 가치에 대해 개방적 마음을 가지고 반응하기 • 새로운 아이디어를 창조하고 일의 혁신 및 질의 개선을 위해 사회 문화적 차이를 레버리지로 이용하기

생산성과 책임감	○ 프로젝트 관리하기 • 장애에 직면할 때나 경쟁의 압박을 느낄 때에도 목표를 세우고 달성하기 • 의도한 결과를 얻기 위해 일의 우선순위를 정하고, 계획하고, 관리하기
결과 산출하기	• 다음 능력을 포함하여 높은 질의 생산물을 산출해내기 위한 부가적인 태도를 나타내기 - 긍정적이고 윤리적으로 일하기 - 시간과 프로젝트를 효과적으로 관리하기 - 다중 과제 수행하기 - 능동적이고 신뢰할 수 있게 시간을 지키며 참여하기 - 적절한 에티켓을 가지고 자신을 전문적으로 보여주기 - 팀과 효과적으로 협업(collaborate)하고 협동(cooperate)하기 - 팀의 다양성을 존중하고 가치롭게 여기기 - 결과에 책임을 지기
리더십과 책임감	○ 타인을 안내하고 이끌기 • 목표를 추구하기 위하여 대인 관계와 문제해결 기능을 사용하여 타인에게 영향을 미치고 안내하기 • 공통된 목표를 성취하기 위하여 타임의 강점을 레버리지로 삼기 • 사례와 이타심을 통하여 타인이 그들의 최선에 도달할 수 있도록 격려하기 • 영향력과 권력을 사용할 때 청렴과 윤리적 행동을 보이기 ○ 타인에게 책임감 있게 행동하기 • 마음에 두는 보다 큰 공동체의 이익을 위하여 책임감 있게 행동하기 • 교사들이 다양한 학생에게 (형성평가와 같은) 다양한 전략을 사용할 수 있는 능력을 개발하고 차별화된 교수와 학습을 지원할 수 있는 환경을 창조하도록 돕기 • 학생들의 21세기 기능 개발에 대한 지속적인 평가를 지원하기 • 면대면, 가상의, 혼합된 의사소통을 사용하여 실행가들의 공동체 사이에 지식 공유를 격려하기 • 전문적 개발에 대한 측정 가능하고 유지 가능한 모델 사용하기

• 21세기 지원 체계

다음에 제시하는 요소들은 학생들이 21세기 기능을 숙달하기 위해 필요한 중요한 체제들이다. 21세기 규준, 평가, 교육과정, 교수, 전문적 개발, 학습 환경은 오늘날 학생들이 21세기 결과를 산출하기 위해 지원하는 체제를 만들어내기 위해 반드시 병행되어야 한다.

21세기 규준	• 21세기 기능, 내용 지식, 전문성에 초점을 두기 • 주요 교과들과 21세기 교과 융합 주제들을 넘나들며 이들 사이에서 이해를 구축하기 • 얄팍한 지식보다는 깊은 이해를 강조하기 • 대학이나 직업, 삶에서 직면하게 될 실세계 데이터, 도구, 전문성에 참여하기; 학생들은 의미 깊은 문제 해결에 능동적으로 참여할 때 가장 잘 배움 • 숙달의 다양한 측정을 허용하기
21세기 기능 평가	• 수업 시간의 효과적인 형성평가 및 총괄평가와 더불어 높은 질의 표준화된 검사를 포함하는 평가의 균형을 지원하기 • 일상의 학습에 들어 있는 학생들의 수행에 대한 유용한 피드백 강조하기 • 학생들의 21세기 기능의 숙달도를 측정하는 테크놀로지가 강화된 형성평가와 총괄평가의 균형 요구하기 • 교육자들과 예비 고용자들에게 학생들의 21세기 기능 숙달도를 보여주는 수행의 포트폴리오 개발하게 하기 • 학생들이 21세기 기능의 높은 수준의 역량에 도달하는 데 있어서 교육 체제의 효율성을 평가하기 위한 측정의 균형화된 포트폴리오를 만들기
21세기 교육과정과 교수	• 주요 교과와 21세기 교과 융합적 주제 맥락에서 21세기 기능을 따로 가르치기 • 내용 영역 간에 21세기 기능을 적용하고 학습의 역량 기반 접근을 위한 기회 제공에 초점을 두기 • 지지가 되는 테크놀로지, 탐구 기반 접근, 문제 기반 접근, 고차적 사고 기능의 사용을 종합하는 혁신적 학습 방법 작동하기 • 학교 담을 넘어서 공동체 자원의 통합을 격려하기
21세기 전문적 개발	• 교사가 21세기 기능, 도구, 교수 전략을 자신의 수업 실행에 통합하도록 하는 기회를 포착하는 방법을 강조하고, 대체할 수 있고 덜 강조할 수 있는 활동 찾는 것을 돕기 • 직접 교수와 프로젝트 지향 교수 방법의 균형을 이루기 • 교과의 깊은 이해가 실질적으로 문제해결, 비판적 사고, 다른 21세기 기능을 어떻게 강화할 수 있는지 보여주기 • 학생들의 21세기 기능을 가장 잘 진작시킬 수 있는 교수학습 종류를 모델링하는 교사들의 21세기 전문 학습 공동체를 형성하기 • 학생들의 특정한 학습 유형, 지능, 강점과 약점을 찾아낼 수 있는 교사들의 능력 함양하기

21세기 학습 환경	• 21세기 기능 결과물의 교수와 학습을 지원하는 학습 실행, 인간 지원, 물리적 환경 만들기 • 교육자들이 협업하고, 최선의 실행을 공유하고, 21세기 기능을 교실 수업 실행에 통합하게 하는 전문적 학습 공동체 지원하기 • 학생들이 적절한 실세계 21세기 문맥에서 학습하게 하기(예. 프로젝트-기반 또는 다른 응용 작업) • 양질의 학습 도구, 테크놀로지, 자원에 공평한 접근을 허용하기 • 그룹, 팀, 개별 학습을 위해 21세기 건축물과 실내 디자인을 적용하기 • 학습에서 면대면과 온라인 모두의 확장된 공동체와 국제적 참여를 지원하기

• **핵심 교과와 21세기 테마**

핵심 교과는 '영어, 읽기, 언어, 외국어', '예술', '수학, 경제학', '과학', '지리', '역사', '행정', '시민의식(civics)' 등을 포함한다. 21세기 테마는 '글로벌 의식', '금융, 경제, 비즈니스, 기업가 리터러시', '시민의식 리터러시', '건강 리터러시' '환경 리터러시' 등으로 각 교과와 얽혀 교육되어야 한다. 21세기 테마는 다음과 같다.

글로벌 의식	• 21세기 기능을 사용하여 글로벌 이슈를 이해하고 제기하기 • 다양한 문화, 종교, 삶의 형식을 가진 개인들로부터 배우고 개인, 일, 공동체 문맥에서 상호 존중하고 열린 마음으로 대화하려는 정신을 품고 협업적으로 일하기 • 영어를 사용하지 않는 나라를 포함하여 다른 나라와 문화를 이해하기
금융, 경제, 비즈니스, 기업가 리터러시	• 적절한 개인의 선택을 어떻게 해야 할지 알기 • 사회에서 경제의 역할 이해하기 • 일자리의 생산성과 직업 옵션을 강화하기 위해 기업가 기능을 사용하기
시민의식 리터러시	• 정보를 갖추는 방법을 알고 정보의 과정을 이해하면서 시민으로서의 삶에 효과적으로 참여하기 • 각 지역, 주, 국가, 세계 수준에서 시민의식의 권리와 의무 훈련하기 • 시민 결정이 미치는 로컬, 글로벌 함의 이해하기
건강 리터러시	• 기본 건강 정보와 서비스를 얻고, 해석하고, 이해하며 그러한 정보와 서비스를 건강을 증진시키기 위하여 이용하기 • 적절한 다이어트, 영양 섭취, 운동, 위험 피하기, 스트레스 줄이기 등을 포함하여 예방적인 신체적 건강과 정신적 건강 측도를 이해하기 • 적절한 건강 관련 의사결정을 내리는 데 얻을 수 있는 정보 사용하기 • 개인과 가정의 건강 목표를 세우고 모니터링하기 • 국가와 국제적인 공공 건강과 안전 이슈를 이해하기

환경 리터러시	• 특히 공기, 기후, 땅, 음식, 에너지, 물, 에코시스템과 관련하여 환경과 주변, 그리고 그것에 영향을 미치는 조건들에 대한 지식과 이해를 나타내기 • 자연 세계에 대한 사회의 영향에 대한 지식과 이해를 나타내기 (예. 인구 성장, 인구 개발, 자원 소비율 등) • 환경 이슈를 조사하고 분석하며 효과적인 해법에 대한 정확한 결론 내리기 • 환경적 도전(예. 글로벌 행동에 참여하기, 환경 이슈에 대한 행동을 불러 일으키는 해법 디자인하기 등)을 제기하기 위해 개인적으로, 집단적으로 행동하기

P21에서는 K-12학년 교육뿐 아니라 학교를 졸업한 이후의 교육에도 관심이 있지만 18개월부터 초등학교에 입학하기 전까지의 시기를 유아/조기 취학 전 아동(18개월~3세), 취학 전/유치원 입학 전 아동(3세~4세), 유치원 아동(5세~6세)으로 구분하고, 이들의 21세기 기능 학습에 대한 안내도 제시한다.

2.2 융합(STEM) 교육

최근 교과를 개별적으로 분리하여 학습하는 것이 아니라 융합하여 학습하고 이를 통해 시너지 효과를 내도록 하는 교육이 전 세계적으로 강조되고 있다. FRS나 P21에서 보았듯이 미국에서도 교과 간 융합 교육이 중요시되는데, 특히 STEM(Science, Technology, Engineering, Mathematics) 교육이 강조되고 있다. STEM 프로그램은 미국 교육부 차원에서 지원하고 있으며*, 백악관의 과학기술 정책실에서도 이를 강조한다. 오바마(Barack H. Obama) 대통령과 트럼프(Donald J. Trump) 대통령은 취임 이후 과학기술 교육 강화를 지속적으로 주장하고 다방면에서 지원하여 왔다. 일례로 트럼프 정부에서는 코딩 기술과 STEM 리터러시가 미래의 고소득 직종에 종사하는 데 중요하다고 보고, 교육부로 하여금 모든 미국인에게 컴퓨터 교육을 포함하여 양질의 STEM 교육을 강화하도록 하고, 2017년 이를 위한 각서**에 서명하고, 2018년부터 매년 2억 달러(약 2400억 원) 이상의 재정적 지원을 하도록 하였다.*** STEM 리터러시의 강력한 기초를 세우고, STEM 커리어를 다양화

* https://www.ed.gov/news/press-releases/us-department-education-announces-stem-computer-science-education-grant-opportunities(2019년 10월 10일 검색)

** https://www.whitehouse.gov/presidential-actions/presidential-memorandum-secretary-education/(2019년 10월 10일 검색)

*** https://www.whitehouse.gov/articles/president-trump-signs-presidential-memo-increase-access-

하며, 미래 STEM 직업을 위해 준비시키는 것을 목표로 하여 전략적 STEM 파트너십을 개발하고 강화하고, 학생들이 관련된 교과를 학습하도록 하며, 발전된 컴퓨팅 사고(computational thinking)를 미국 미래 직업의 핵심적인 기능으로 삼고자 하였다.

백악관의 국가 과학 기술 위원회(The National Science and Technology Council, 이하 NSTC)*의 STEM 교육 위원회에서는 2018년 12월 STEM 교육을 위한 연방 정부의 5개년 전략 계획인 'Charting a course for success: America's strategy for STEM education'을 발표하였다.** 이 정책의 배경은 미국의 학생들이 사회적 수요에 적합한 STEM 역량을 갖추지 못하고 있다는 판단이다. NSTC STEM 교육 위원회에서는 미국의 학생들에게 양질의 STEM 교육을 제공하기 위해 3대 목표와 4개의 정책방안을 제시하였다.***

3대 목표

- STEM 활용 역량 개발 기반 구축: 모든 미국인이 컴퓨팅 사고를 포함한 기초적인 STEM 개념을 이해하고 디지털 기술을 활용할 수 있는 교육 기회 제공
- STEM의 다양성, 평등성, 포용성 증진: 전통적인 소외 계층을 포함하여 모든 미국인에게 평생동안 양질의 STEM 교육 보장
- 미래를 위한 STEM 인력 육성: 국가 혁신기반 유지 및 STEM 경력 개발을 위해 대학교육 이수 STEM 실무자 및 그 외의 모든 국민에게 학습 경험 제공

4가지 정책방안

- 전략적 파트너십 구축 및 강화: 교육 기관, 기업, 지역 공동체 사이의 기존 연계를 강화하고 신규 연계를 구축하여 STEM 생태계 확대

  ※ 세부 목표: STEM 생태계 육성, 학교-기업 파트너십을 통한 일 기반 학습·훈련 확대, 다양한 학습 환경에서의 성공 사례 적용

---

stem-computer-science-education/(2019년 10월 10일 검색)
https://www.whitehouse.gov/briefings-statements/president-donald-j-trump-is-working-to-ensure-all-americans-have-access-to-stem-education/(2019년 10월 10일 검색)
https://www.whitehouse.gov/articles/america-will-win-global-competition-stem-talent/ (2019년 10월 10일 검색)

* https://www.whitehouse.gov/ostp/nstc/ (2019년 10월 10일 검색)

** https://www.whitehouse.gov/wp-content/uploads/2018/12/STEM-Education-Strategic-Plan-2018.pdf (2019년 10월 10일 검색)

*** https://now.k2base.re.kr/portal/trend/mainTrend/view.do?poliTrndId=TRND0000000000035374&menuNo=200004 (2019년 10월 10일 검색)에서 인용

- 학생 참여 확대: 프로젝트 기반 학습, 과학 박람회, 로봇 클럽, 발명대회, 게임 워크숍 등 문제를 식별하고 해결하도록 하는 범학제적 활동을 통해 혁신 및 기업가 정신 촉진
  ※ **세부 목표**: 혁신과 기업가 정신 교육 강화, 수학을 중심으로 한 범학제적 연결, 범학제적 학습 촉진
- 컴퓨터 활용 능력 강화: 디지털 기기 및 인터넷이 사회 변화에 미친 영향을 인식하고 이러한 변화를 활용할 수 있도록 컴퓨팅 사고 강화를 지원
  ※ **세부 목표**: 디지털 활용 능력 및 사이버 보안 촉진, 교육의 전 분야에 컴퓨팅 사고 통합, 교육·학습 부문의 디지털 플랫폼 확대
- 투명성 및 책임성: STEM 프로그램, 투자, 활동 등 정책 시행에 있어 개방적이고 근거에 기반한 정책 추진

미국의 연방 정부에서는 국가 STEM 교육 전략계획의 정책방안 및 세부 목표에 따라 기관별로 5년간 다양한 정책을 추진할 계획이다. 각 기관에서 추진할 정책은 <표 5-2>와 같다.

〈표 5-2〉 미국의 연방 정부 기관별 STEM 교육 지원 정책*

기관명	지원 정책
농무부	• 농어촌 지역 STEM 교육 강화를 위한 투자·파트너십 확대 • 대학 기관과 협력을 통한 농업-STEM 경력 개발 • 인턴십 등 전략적 파트너십을 통한 STEM 구성원 다양성 확대
상무부	• 디지털 플랫폼 확대를 통한 교실 내 해양과학 교육 강화 • 해양 보호지 관련 STEM 생태계 구축 • 인턴십, 장학금 제도, 실험훈련 등을 통한 우수한 학습 경험 제공
국방부	• 연구소·시설 내 인턴십 기회 제공을 통한 업무중심 학습 촉진 • 국방 교육프로그램을 통한 STEM 교육 강화·확대 • 학생-과학자·공학자 간 멘토링 서비스
교육부	• 컴퓨터공학 교육 관련 STEM 예산 마련, 컴퓨터적 사고 교육 확대 • 학교-기업 간 파트너십을 통한 진로 및 기술 교육 확대 • 공유 플랫폼을 활용한 교육 프로그램, 제품, 정책 등 정보 제공
에너지부	• 국립 연구소에서의 인턴십을 통한 업무 기반 학습기회 제공 • 학생 및 국립 연구소·시설 등을 포함한 STEM 생태계 구축
노동부	• 소외계층 및 전역 군인 등의 참여를 위한 업무 기반 학습 및 훈련 확대

* https://now.k2base.re.kr/portal/trend/mainTrend/view.do?poliTrndId=TRND0000000000035374&menuNo=200004 (2019년 10월 10일 검색)에서 인용

항공우주국	• STEM 교육 기회 다양성, 포용성, 공정성에 대한 투자 추진 • 기관 내 STEM 교육 TF를 영구적인 위원회로 격상
국립과학재단	• NSF INCLUDES 프로그램을 통한 연방 정부 내 다양성, 포용성, 공정성 확대 • 미래의 STEM 인력에 대한 진로 개발 • 기존 인력의 디지털 활용도 향상 및 데이터 과학에 대한 기초 훈련 제공

이러한 STEM 교육 강화 정책에 따라 미국의 Charter school이나 Magnet school 중에는 학교 교육과정 전반에 걸쳐 STEM을 강조하는 교육 프로그램을 운영하기도 한다. [그림 5-6]의 학교는 STEM Charter school의 사례로, 플로리다 Orlando에 있는 K-8학년을 위한 공립 Charter school이다.

[그림 5-6] 미국 STEM Charter School인 Seminole science charter school*

* http://www.seminolescience.org/index.php/departments-list/252-stem (2019년 10월 10일 검색)

STEM Charter school, Magnet school의 교육과정 및 프로그램은 지역과 학교에 따라 다르지만, 수학, 과학 및 공학을 강조하고 이 교과의 내용을 더 깊이 다루는 것이 대체로 공통적이다. 예를 들어, 미국 대부분의 중·고등학교에서는 <Algebra 1>, <Algebra 2>, <Geometry>, <Pre-calculus>, <Calculus>를 이 순서에 따라 가르치는데, STEM 강조 학교 중에는 이 내용을 더 일찍 가르치며, 더 어렵고 심화된 수학 내용으로 더 깊이 나갈 수 있도록 하는 곳도 많다. 과학도 대부분의 일반 고등학교에서는 생물과 화학을 9학년 혹은 10학년에 가르치고 물리는 11학년 정도에 선택하게 하는데, STEM 강조 학교에서는 9학년부터 물리를 공부하게 하고, 학년이 올라가며 대학에서 배우는 내용까지 심화하여 배우도록 하는 경우가 많다.

3. 수학과 교육과정

미국의 수학과 국가 교육과정은 2010년 공표된 Common Core State Standards for Mathematics (이하 CCSSM)이다*. 그러나 우리나라와 같이 미국의 모든 학교에서 CCSSM의 기준을 준수해야 하는 것은 아니다. 미국은 주별, 지역구별, 학교별로 다양한 교육과정을 운영할 수 있기 때문에 비록 전 국가적으로 통일되고 일관된 교육과정을 운영하기 위하여 CCSSM을 발표하기는 했지만 이 교육과정의 채택 여부는 전적으로 학교 자율이다. 2019년 현재 41개 주에서 CCSSM을 채택하고 있다. 그러나 41개 주 모두가 이 교육과정을 있는 그대로 받아들이는 것은 아니다. 예를 들어 캘리포니아주에서는 CCSSM을 주의 상황과 교육 체제에 적합하도록 수정한 California Common Core State Standards for Mathematics (이하 CA-CCSSM)를 적용하고 있다.

3.1 CCSSM(Common Core State Standards for Mathematics)**

2009년 미국의 48개 주와 2개의 미국령에서 모인 교육자, 정부 정책가, 각 기관의 지도자들과 the National Governors Association Center for Best Practices (NGA Center), the

---

* 우리나라 수학과 교육과정과 CCSSM의 교육과정을 비교하는 연구는 장경윤 외(2016)와 권점례 외(2018)에서 수행되었다.

** http://www.corestandards.org/ (2019년 10월 10일 검색)

Council of Chief State School Officers(CCSSO)의 회원들은 범국가적으로 일관된 교육과정이 필요하다는 것과 이 교육과정은 학생들의 진학, 취업, 삶에 도움을 주는 것이어야 함에 공감하며 Common Core State Standards(이하 CCSS)의 개발을 시작하였다. CCSS에는 ELA 규준(English Language Art Standards)과 수학 규준(Mathematics Standards)이 있다. ELA 규준은 영문학과 역사, 사회, 과학 및 기술 교과 리터러시(English Language Arts & Literacy in History/Social Studies, Science, and Technical Subjects)에 대한 것이다.

CCSS의 수학 규준인 CCSSM의 배경은 주요국(홍콩, 일본, 한국 등)에 비해 미국 수학의 경쟁력이 떨어진다는 위기의식이다. 각종 국제 학업성취도 평가에서 미국은 중간 정도의 성적을 거두면서 교육과정 및 교수학습 방법의 개선에 대한 요구가 커졌다. 이에 대한 대책으로 진학과 취업을 준비시키는 교육과정을 개발하게 되었다. 이 교육과정에서는 한 학년에서 다루는 주제의 수를 줄이고 더 깊이 공부하도록 한다. CCSSM의 개발 시 참고와 근거가 된 자료는 기존의 주별 규준들, 교사와 내용 전문가, 주 정부, 선도적 사고가들의 주장, 일반인들의 피드백 등이다.

CCSSM의 성취기준의 기준점은 고등학교 졸업이다. CCSSM 개발자들은 미국의 고등학교를 졸업하는 학생들이 알고 이해하리라 기대하는 것들을 먼저 선정하였다. 고등학교를 졸업하는 학생들은 진학 또는 취업의 준비가 되어 있어야 하므로 영어와 수학에서 진학과 취업 준비를 위한 핵심 지식과 기능을 '명확함과 상세함의 수준의 적절성', '다른 선도적 국가의 기대와 경쟁력 확보', '초등학교부터 고등학교까지의 교육에서 학생들이 학습하리라 기대하는 것'을 기준으로 개발하였다. 이를 기준으로 진학 및 취업 준비를 위한 규준이 먼저 개발되었고, 이를 토대로 K-12학년에서 학습하기를 기대하는 규준이 개발되었다. 즉, 고등학교를 졸업하는 학생들이 갖추어야 하는 지식과 역량을 먼저 선정하고, 이것에 근거하여 각 학년에서 다루어야 하는 내용을 정한 것이다. 규준의 개발 과정에서 NGA와 CCSSO는 두 차례에 걸쳐 교사, 부모, 학교 행정가, 교육정책 관련 인사 등으로부터 약 일만 개의 검토 의견을 받았다. CCSS 개발 과정에서 교사들의 참여는 두드러졌는데, 수학의 경우 다음 네 경로를 통해 교사들이 참여하였다.

- 규준 개발 그룹과 피드백 그룹
- 교사 단체(NCTM, National Education Association, American Federation of Teachers, National Council of Teachers of English)
- 주별로 구성된 팀
- 두 차례의 공적 의견 기간의 의견 개진

2009년부터 CSSM의 개발진이 구성되고 본격적으로 개발에 착수했지만, 전국 단위의 일관되고 통일된 교육과정의 필요성에 대한 논의는 2007년부터 시작되었다. 이어 4년에 걸쳐 개발이 이루어졌고(<표 5-3> 참고), 이 교육과정을 의미 있게 적용하고자 하는 노력은 현재까지 지속적으로 이루어지고 있다.

〈표 5-3〉 CCSSM의 개발 과정

기간	내용
2007. 11.	CCSSO의 Annual Policy Forum에서 공통된 규준 개발의 필요성 논의
2008. 12	NGA, CCSSO, Achieve의 보고서에서 미국 학생들이 세계적으로 경쟁력 있는 지식과 기능을 갖추도록 K-12학년까지 수학과 언어에 대한 주별 규준의 업그레이드를 권고함.
2009. 4.	NGA와 CCSSO를 중심으로 하고, 규준 개발에 참여할 주를 모집하여 CCSS의 개발을 시작함.
2009. 5.	진학 및 취업 준비를 위한 규준의 초안을 마련하고 피드백 받음
2009. 6.	CCSSO와 NGA는 각 주와 미국령 지역에 영어와 수학 공통 규준 개발에 참여하도록 권고하여 9월까지 51개 주와 미국령 지역에서 참여함
2009. 7.	주별 구성된 팀과 피드백 그룹으로부터 진학 및 취업 준비를 위한 규준에 대한 의견을 받음
2009. 여름	K-12학년별 규준 개발을 위한 개발과 검토 과정 설계, 공식적인 기획 그룹과 피드백 그룹 구성, 교사들이 검토의 모든 단계에 참여함.
2009. 9.	진학과 취업 준비를 위한 규준 안 발표, 일반인들(주 교육 지도자, 외부 패널, 교육 전문가, 실행가 등)의 의견을 받음
2009. 10.	주와 피드백 그룹으로부터 추가적인 의견을 받고, 2009년 초에 조직된 검증 위원회로부터 독립적이고 전문적인 검증 과정을 거침
2009. 11.	K-12학년 규준의 초안이 마련되어 주 교육장과 교육 스태프들에게 의견을 받음
2009. 12.	검증 위원회의 피드백 제공
2010. 1.	K-12학년 규준 수정안에 대한 주별 피드백 요청
2010. 2.	K-12학년 규준 수정안 배부
2010. 3.	대중의 의견을 받기 위한 K-12학년 규준 안 발표, 약 일만 개의 의견을 받음.
2010. 6.	최종 CCSS 발표
2011-	각 주에서 CCSS 채택 시작. 2019년 현재 41개의 주와 the District of Columbia, 네 곳의 미국령 지역, 그리고 the Department of Defense Education Activity(DoDEA)에서 채택

CCSSM의 내용 영역은 <표 5-4>와 같다. 8학년까지는 <수학>이라는 교과에서 <표 5-4>의 내용 영역을 다루고, 고등학교부터는 각 내용 영역별로 과목이 구분된다. 8학년까지는 모든 학생이 이 내용을 배우고, 고등학교에서는 선택하여 배울 수 있다.

〈표 5-4〉 CCSSM의 내용 영역

학년	내용 영역
K	세기와 기수(counting and cardinality), 연산과 대수적 사고(operations and algebraic thinking), 십진기수법에서의 수와 연산(number and operations in Base ten), 측정과 자료(measurement and data), 기하(geometry)
1-2	연산과 대수적 사고(operations and algebraic thinking), 십진기수법에서의 수와 연산(number and operations in Base ten), 측정과 자료(measurement and data), 기하(geometry)
3-5	연산과 대수적 사고(operations and algebraic thinking), 십진기수법에서의 수와 연산(number and operations in Base ten), 수와 연산-분수(number and operations—fractions), 측정과 자료(measurement and data), 기하(geometry)
6-7	비와 비례 관계(ratios and proportional relationships), 수 체계(number system), 식과 방정식(expressions and equations), 기하(geometry), 통계와 확률(statistics and probability)
8	수 체계(number system), 식과 방정식(expressions and equations), 함수(functions), 기하(geometry), 통계와 확률(Statistics and probability)
고등학교	수와 양(number and quantity), 대수(algebra), 함수(functions), 모델링(modeling), 기하(geometry), 통계와 확률(Statistics and probability)

CCSSM에서는 각 내용 영역에 따라 구체적인 내용 규준을 제시하고, 모든 내용 영역에서 공통으로 실천해야 하는 실천(Mathematical Practice) 규준을 별도로 제시한다. 내용 규준은 우리나라의 내용 영역 성취기준 및 학습 요소에 해당하고, 실천 규준은 우리나라의 교과 역량에 해당한다. CCSSM의 실천 규준은 다음 8가지이다.

MP1. 문제를 이해하고 끈기 있게 해결하기
MP2. 추상적으로, 수량적으로(quantitatively) 추론하기
MP3. 타당한 주장(viable arguments)을 구성하고 다른 사람의 추론을 비판하기
MP4. 수학적 모델 만들기
MP5. 전략적으로 적절한 도구 사용하기

MP6. 정확성에 주의를 기울이기
MP7. 구조를 발견하고 활용하기
MP8. 반복되는 추론에서 규칙성을 찾고 표현하기

3.2 CA-CCSSM(California Common Core State Standards for Mathematics)*

캘리포니아주 교육부(California Department of Education)는 CCSSM을 채택하되, 학생과 학부모의 교육에 대한 기대 수준이 높은 주의 상황에 맞게 수정하였고, 2013년 1월에 개정된 CA-CCSSM을 발표하였다. 이들은 교육과정 문서는 학교에서 다루는 내용을 개략적으로만 설명하고 있어 교사들이 이를 수업에서 구현하기 위해서는 상세한 설명과 안내가 필요하다는 판단을 내리고 Mathematics Framework for California Public Schools(이하 MFCPS)**를 개발하였다. 이 문서에서는 학년별로 다루어질 내용과 상세한 지도 방법을 제시하고 있다.***

CA-CCSSM의 수학교육 목표는 CCSSM의 목표와 같이 '고등학교를 졸업한 모든 학생이 대학 진학 및 취업에 잘 준비될 수 있도록'하는 것이다. 탄탄하고, 학년 내, 학년 간에 연결이 되어 있으며, 실세계와 관련되고, 진학 및 취업에서 성공을 위해 필요할 지식과 기능이 반영된 CA-CCSSM을 잘 공부한 학생들은 글로벌 경제에서 성공적으로 경쟁할 수 있는 위치에 서게 된다.

CA-CCSSM은 CCSSM의 기초가 되는 집중(focus), 일관성(coherence), 엄밀함(rigor)이라는 세 원칙을 따른다. 집중은 각 학년에서 다루는 주제를 적게 하되, 더 깊이 공부하게 하여 개념적 이해의 튼튼한 기초, 고차적인 절차적 기능과 유창성, 수학 교실 내외에 존재하는 문제의 해결을 위해 수학을 적용하는 능력을 얻게 하고자 한 것이다. 일관성은 수학의 구조에 집중하게 하고, 그 구조를 자연스러운 경로를 따라 학습하게 하되, 수학적 연결성을 강화한다. 자연스럽다는 의미는 논리의 필연성과 인지적 발달의 필연성을 모두 고려한다는 것이다. 수학적 연결성은 지식, 기능, 복합성이 학년이 올라가며 점진적으로 증가하게 하고, 학년 내에서 다루는 주제들도 서로 연결되도록 하는 것이다. 엄밀성은 개념적 이해, 절차적 기능과 유창성, 수학의 의미 있는 적용이 균형을 이룬다는 것이다.

---

* https://www.cde.ca.gov/be/st/ss/documents/ccssmathstandardaug2013.pdf (2019년 10월 10일 검색)
** https://www.cde.ca.gov/ci/ma/cf/mathfwchapters.asp (2019년 10월 10일 검색)
*** 이 문서는 2021년 개정될 예정이다.

2015년에 발간된 MFCPS에서는 이러한 집중, 일관성, 엄밀함을 통하여 모든 학생의 진학, 취업, 시민의 삶을 준비시키는 것을 목표로 한다고 하였다. 이것은 수학을 배움으로 개인의 삶에서 현명한 의사결정을 내리게 하고, 일에서 보상받을 수 있는 기초를 이루게 하며 살고 있는 세계를 이해하고 세상에 영향을 미치는 수단으로 수학을 사용하는 사람, 곧 수학적으로 경쟁력 있는 개인을 길러냄을 의미한다.

CA-CCSSM의 K-8학년까지는 CCSSM과 같다. 고등학교에서 다루는 수학 내용도 CCSSM과 같이 수와 양, 대수, 함수, 모델링, 기하, 통계와 확률로 구분한다. 그러나 이 내용 영역으로 구성한 고등학교의 과목은 CCSSM의 과목이 아닌 <수학 I>, <수학 II>, <수학 III>, <대수 I>, <대수 II>, <기하> 과목으로 구분한다. 이와 함께 <AP(Advanced Placement) 확률과 통계>, <AP 미적분학>을 교육과정과 MFCPS에서 안내한다. 학생들은 이 8과목 중에 선택하여 배울 수 있다. 캘리포니아주 교육부에서는 학생들 선택의 모델로 전통적인 경로와 통합적인 경로를 제시한다. 전통적인 경로는 전통적으로 택해온 <대수 I>, <기하>, <대수 II> 과정이고, 통합적인 경로는 <수학 I>, <수학 II>, <수학 III> 과정이다.

CA-CCSSM의 내용 영역은 CCSSM과 같다. MFCPS에서는 이를 [그림 5-7](MFCPS, p.25)과 같이 나타낸다.

<table>
<tr><th>Grade</th><th>K</th><th>1</th><th>2</th><th>3</th><th>4</th><th>5</th><th>6</th><th>7</th><th>8</th><th colspan="2">Higher Mathematics Conceptual Categories</th></tr>
<tr><td rowspan="6">K–8 Domains</td><td>Counting and Cardinality (CC)</td><td></td><td></td><td></td><td></td><td></td><td colspan="2">Ratios and Proportional Relationships(RP)</td><td>Functions (F)</td><td>Functions (F)</td><td rowspan="6">Modeling (★)</td></tr>
<tr><td colspan="6">Operations and Algebraic Thinking (OA)</td><td colspan="3">Expression and Equations (EE)</td><td>Algebra (A)</td></tr>
<tr><td colspan="6">Number and Operations in Base Ten (NBT)</td><td colspan="3" rowspan="2">The Number System (NS)</td><td rowspan="2">Number and Quantity (N)</td></tr>
<tr><td></td><td></td><td></td><td colspan="3">Number and Operations—Fractions (NF)</td></tr>
<tr><td colspan="6">Measurement and Data (MD)</td><td colspan="3">Statistics and Probability (SP)</td><td>Statistics and Probability (S)</td></tr>
<tr><td colspan="6">Geometry (G)</td><td colspan="3">Geometry (G)</td><td>Geometry (G)</td></tr>
</table>

[그림 5-7] CA-CCSSM의 내용 영역

각 내용 영역의 규준 중에는 캘리포니아주에서 덧붙인 내용이 있다. 이것은 [그림 5-8](CA-CCSSM, p.73)과 같이 '(+)'로 표현되어 있는데, 더 깊이 공부하길 원하는 학생을 위한 것이다.

Apply trigonometry to general triangles.

9. (+) Derive the formula $A = 1/2\ ab \sin(C)$ for the area of a triangle by drawing an auxiliary line from a vertex perpendicular to the opposite side.
10. (+) Prove the Laws of Sines and Cosines and use them to solve problems.
11. (+) Understand and apply the Law of Sines and the Law of Cosines to find unknown measurements in right and non-right triangles (e.g., surveying problems, resultant forces).

[그림 5-8] CA-CCSSM의 대수 과목의 추가 규준

CA-CCSSM에서는 CCSSM에서 제시하는 수학적 실천을 받아들이되, MP3을 확장한 'MP3.1. 귀납법에 의한 증명과 모순에 의한 증명하기'를 추가한다. 추가 이유는 타당한 주장을 하고 다른 사람들의 추론을 비판적으로 받아들일 수 있게 하기 위해서이다. CA-CCSSM은 각 수학적 실천의 관계를 [그림 5-9](MFCPS, p.23)와 같이 도식화하여 제시한다.

Structuring the Standards for Mathematical Practice[1]

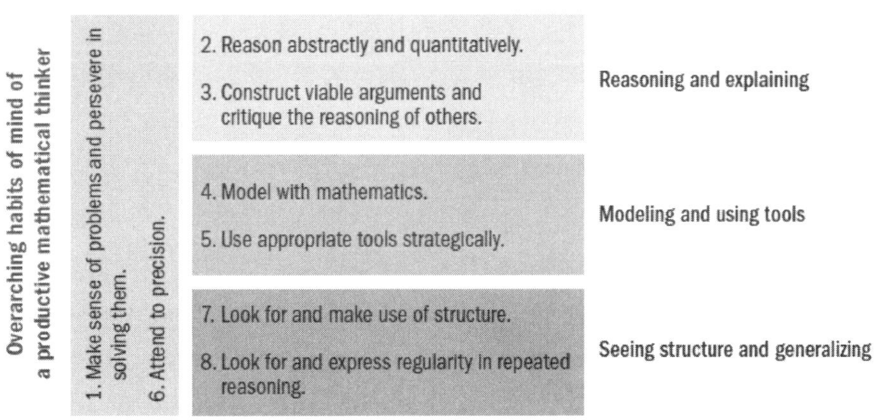

[그림 5-9] CA-CCSSM의 수학적 실천

[그림 5-9]에서 볼 수 있듯이 MP1과 MP6은 생산적인 수학적 사고자의 정신적 습관을 기르고자 하는 것으로, 모든 수학적 실천에 관련된다. MP2, MP3은 추론과 설명에 관련되

고, MP4, MP5는 모델링과 도구 사용에 해당되며, MP7, MP8은 구조를 보고 일반화하는 역량이다.

4. 수학교사 교육

미국에는 약 180만 명의 초등교사와 22만 5000명 정도의 중등수학교사가 있다.* 수학교사가 되기 위해서는 수학교사 자격을 획득해야 하는데, 수학교사 자격은 주별로 부여된다. 따라서 주를 이동하여 교사로 일하려면 그 주의 교사 자격을 새롭게 획득하여야 한다. 그러나 일부 주의 경우 중등수학교사 부족 현상이 있기 때문에 타 주에서 얻은 수학교사 자격을 인정해 주거나 일정 시간 동안의 연수 이수를 요구하기도 한다.

수학교사의 자격은 우리나라와 같이 초등교사, 중등교사로 구분되는 것이 아니라 학년군으로 구분된다. 초등학교 교사가 모든 과목을 가르치는 것은 우리나라와 유사하여, 과목 구분 없이 초등교사 자격이 주어진다. 그러나 중등교사부터는 수학교사 자격이 학년군으로 분리된다. 이를테면 미네소타주의 경우, 5~8학년 또는 9~12학년 수학교사 자격을 획득하는 교사도 있고, 6~12학년 수학교사 자격을 획득하는 경우도 있다. 정규 교사자격을 얻기 이전이라도 실습을 포함하여 학부 수준에서 요구하는 과정을 마친 학생들에게는 한시적인 교사자격을 1년 동안 부여하여 교직 생활을 실습하도록 한다. 주에 따라 다르긴 하지만 우리나라와 같이 공립학교 교사로 임용됨과 동시에 정년이 보장되는 경우는 없다. 대체로 일정 기간을 두고 자격을 갱신하도록 하고 있다. 자격증 갱신의 조건은 전문성 개발 과정을 수강하거나 프로그램에 참여 또는 대학원 과정을 이수하는 것이다. 이와 같은 교사 자격 제도는 대체로 주마다 유사한데, 캘리포니아 주나 뉴저지 주와 같이 자격증 갱신 프로그램을 주 단위가 아닌 지역 단위로 운영하는 경우도 있다. 이와같이 수학교사 자격 획득 및 임용이 주, 지역구, 학교별로 다양하기 때문에 미국의 교육부에서는 이를 안내하는 별도의 웹사이트(https://www.mathteacheredu.org/ 2019년 10월 10일 검색)를 운영하고 있다.

미국에서 현직교사의 전문성 신장을 위해 국가 수준에서 의무적으로 요구하는 교육은 없다. 그러나 대부분의 주가 지속적인 전문성 신장 교육을 통해 교사 자격증을 유지하거나 유효하도록 한다. 교사 전문성 신장 교육의 일반적인 목표는 교수학적 지식과 내용 지식을 늘

* https://www.mathteacheredu.org/ (2019년 10월 10일 검색)

리고 지역 규준과 학생들의 수행 개선을 위한 이해를 향상시키며 주 정부의 교육 정책에 대한 정보를 얻는 데에 있다. 따라서 교사 교육은 전국 단위로도 이루어지지만 주 단위, 또는 지역 단위로도 이루어지며, 미국이라는 국가의 특성상 온라인 프로그램이 다양하게 개설되어 있다.

미국에서 전국 단위로 이루어지는 오프라인 수학교사 교육은 많지 않다. 가장 큰 것은 NCTM에서 매년 4월 개최하는 Annual Meeting으로, 전국의 수학교사를 대상으로 한다. 2018년 4월 Washington D.C.에서, 열렸고, 2019년은 캘리포니아주 San Diego에서 열렸다. 2020년의 98회 Annual Meeting은 NCTM 창립 100주년을 기념하여 4월 1∼4일 시카고에서 열린다([그림 5-10]).

[그림 5-10] NCTM의 100회 Annual Meeting*

이 Meeting에는 매년 수많은 수학교사들이 참여하여 새로운 정보를 얻고 아이디어를 나눈다. NCTM에서는 Annual Meeting에 참석이 어려운 교사들을 위하여 지역별로도 Regional Conference를 개최하여 교사들의 참여 기회를 확대하고 있다. 2019년의 경우, 9월 25∼27일에 보스턴(Boston, Massachusetts), 10월 2∼4일에 내쉬빌(Nashville, Tennessee), 10월 16∼18일에 솔트레이크시티(Salt Lake City, Utah)에서 Regional Conference가 개최되었다. 2020년은 11월 탐파(Tampa, Florida), 2021년 2월 볼티모어(Baltimore, Maryland), 3월 달라스(Dallas, Texas) Regional Conference가 예정되어 있다.

---

* https://www.nctm.org/100/ (2019년 10월 10일 검색)

미국은 온라인 교사 교육 프로그램이 발달되어 있다. 온라인 교사 연수 프로그램 역시 대부분 주별, 지역구별로 이루어진다. 교사 자격이나 교사 연수 프로그램을 안내하는 웹사이트가 개설되어 있는데, 예를 들어 Teach Tomorrow에서는 각 주별 교사 자격과 교사 연수 프로그램, 학위 과정 등을 안내하며, 전국 단위 교사들에게 필요한 자료를 제공하고 있다([그림 5-11]).

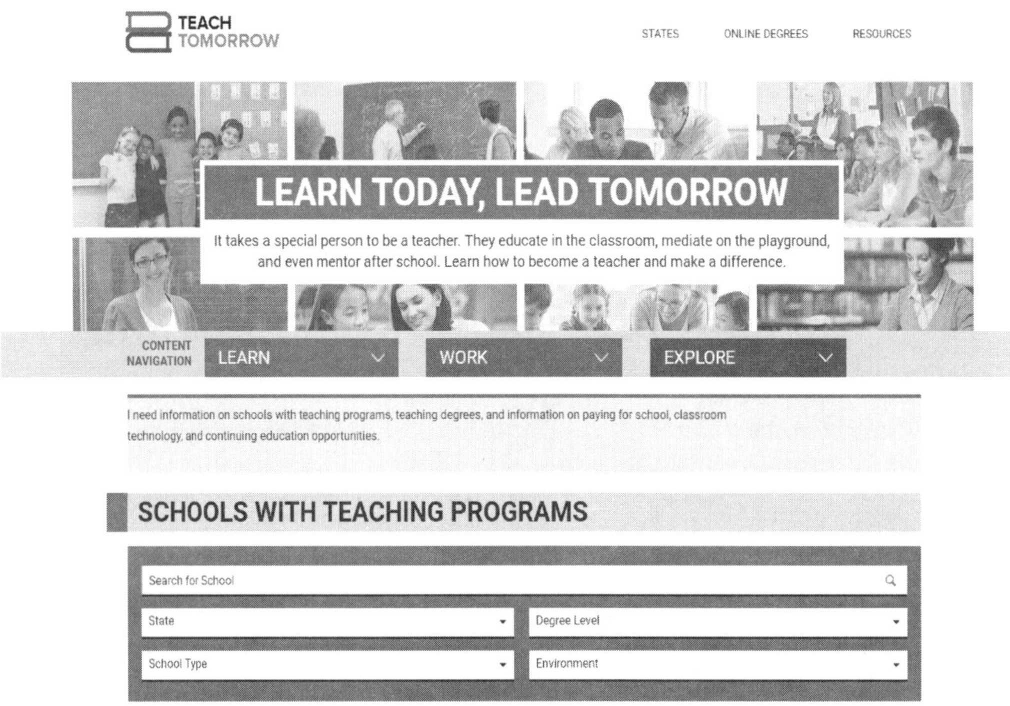

[그림 5-11] 미국 Teach Tomorrow 홈페이지*

교사들이 자신의 경험과 사례를 공유하는 온라인 사이트도 있다. Teaching Channel은 교사들이 교과별, 주제별, 학년별, 또는 교과나 학년 구별이 없는 수업 사례를 블로그나 비디오 등으로 탑재하고, 각 사례에 대한 피드백, 경험, 새로운 아이디어 등을 공유할 수 있는 커뮤니티 장이다([그림 5-12]).

---

* https://www.teachtomorrow.org/ (2019년 10월 10일 검색)

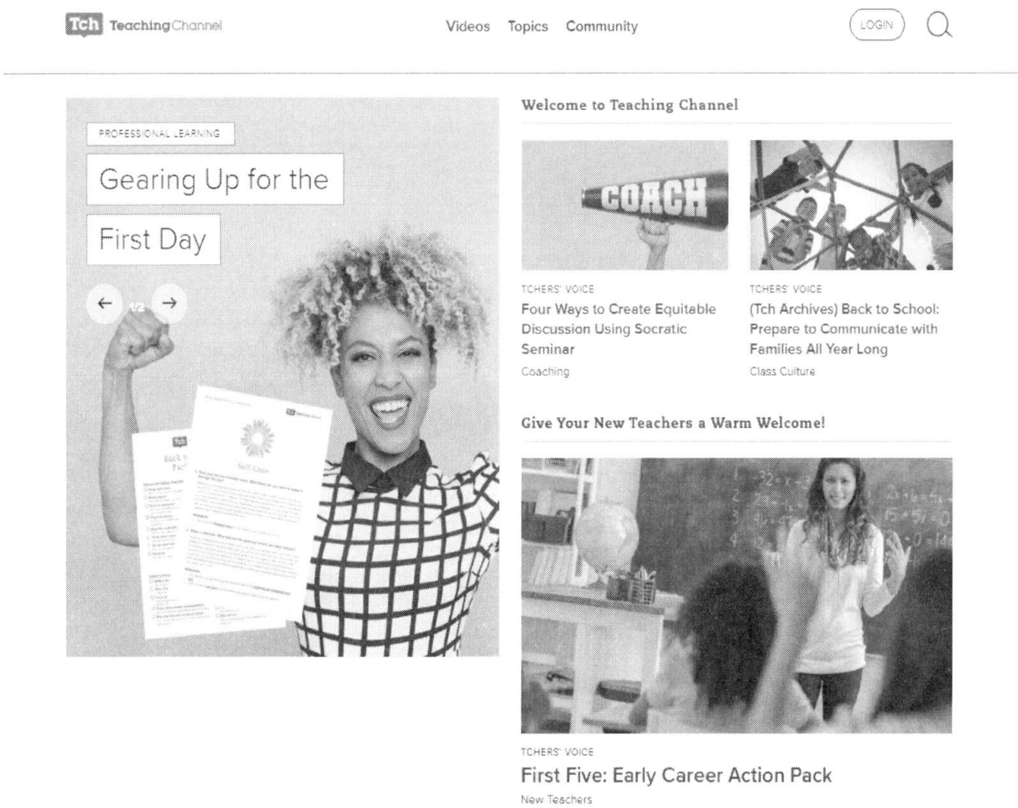

[그림 5-12] 미국 Teaching Channel 홈페이지*

최근 미국의 수학교육에서는 탐구 기반 학습(Inquiry Based Learning, 이하 IBL)에 대한 관심이 높다. The Academy of Inquiry Based Learning은 국가 과학 재단(the National Science Foundation, 이하 NSF)의 후원을 받아 대학교수/강사, 수학교사, IBL 협력자들이 커뮤니티를 이루어 IBL의 개념과 사례를 안내하며 IBL 연구와 현장 적용을 지원한다([그림 5-13]). 이 단체의 웹사이트에는 IBL의 소개와 적용 사례가 탑재되어 있고, 관련된 각종 자료도 얻을 수 있다. 오프라인 워크숍도 진행하는데, 주로 대학 수학교육에 관심을 둔다.

* https://www.teachingchannel.org/ (2019년 10월 10일 검색)

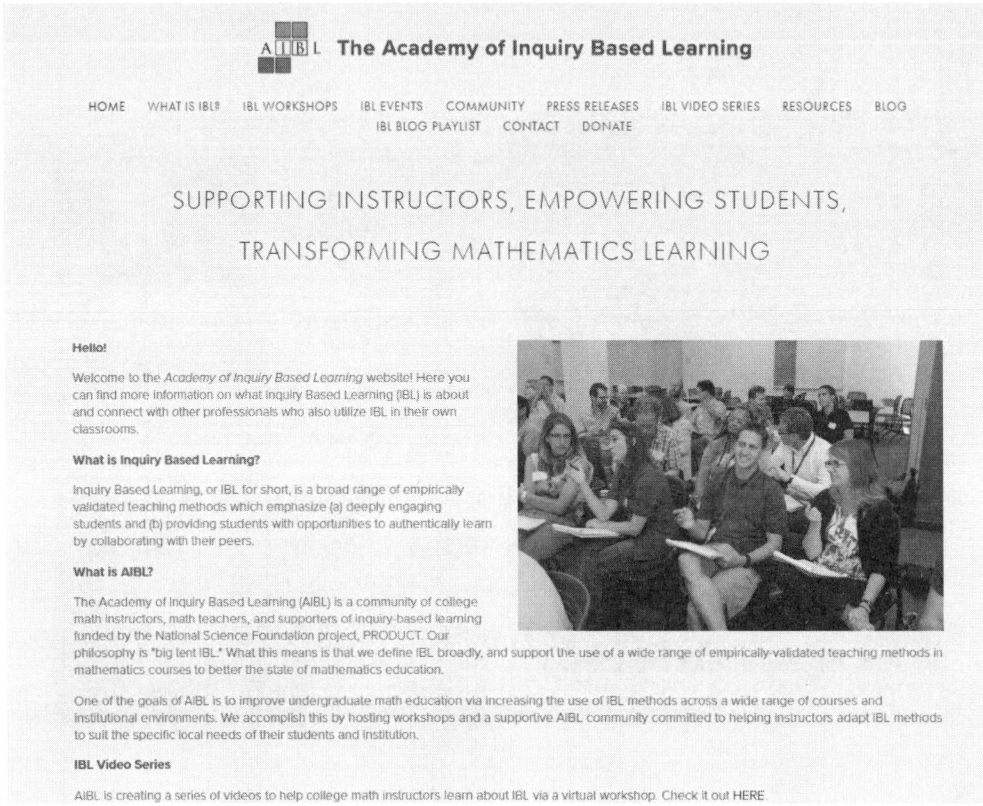

[그림 5-13] 미국 IBL 아카데미 홈페이지*

교사의 전문성 개발을 위한 오프라인 교육으로 지역구 교육청에서 마련하는 연수들이 있다. 교육청에서는 찾아가는 연수 프로그램으로, 학교에 연수 인원을 파견하여 일정 기간 교육 프로그램을 제공하기도 하고 정기적/일회적 세미나를 개최하기도 한다. 또한, 인근 대학교와 연계하여 대학교수들이 교사 교육에 참여하기도 한다. 대학과 연계한 교사 연수 프로그램의 일례로, 뉴저지주 주립대학인 Rutgers 주립대학에서는 매년 정기적으로 초·중·고등학교별로 워크숍을 제공한다([그림 5-14]). 이 대학에서는 일년에 한 번 주제를 정하여 Conference도 개최하고, 심화 수학을 공부하기 원하는 학생이나 교사를 위한 프로그램도 마련하고 있다. 이와 같은 대학과 교사 연수 프로그램의 연계는 교수와 교사가 함께 연구 프로그램에 참여하는 기회를 제공하며 이론과 실제를 조화시킬 수 있다.

미국의 교사 교육 프로그램에 교사들이 참여하는 것은 교육정책, 교육과정, 수업 내용 및 교수법, 영재교육, 특수교육 등의 전문성 신장에 관한 정보와 교육을 받을 수 있다는 유익

---

* http://www.inquirybasedlearning.org/ (2019년 10월 10일 검색)

과 함께 수당 지급, 연봉 인상, 자격증 유지 등이 제공되어 교사들의 전문성 신장이 제도적으로 뒷받침됨을 알 수 있다.

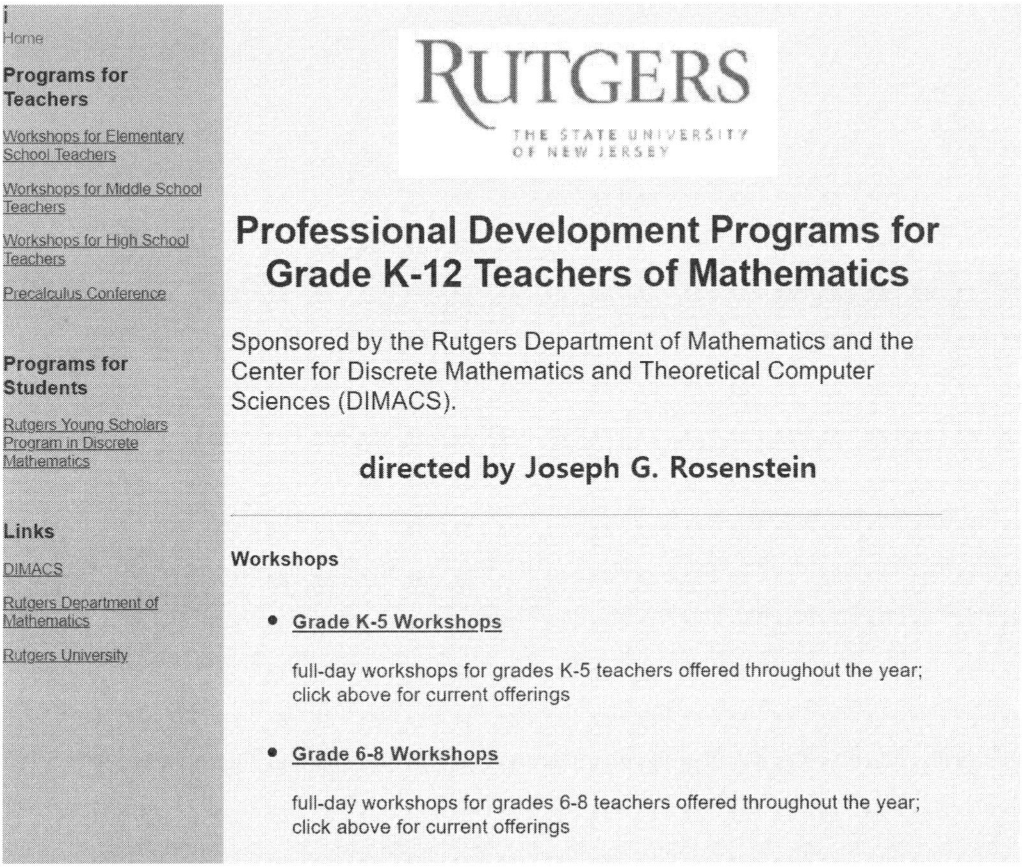

[그림 5-14] 미국 뉴저지 주 Rutgers 대학 교사 교육 워크숍 홈페이지*

미국의 예비교사 교육은 풍부한 교육 실습과 함께 이루어진다. 주별, 대학별, 프로그램별로 다소 차이는 있지만, 많은 교육대학에서 4학년 2학기 전체를 지역 학교에서 교육 실습생으로 일하게 한다. 3학년부터는 'practicum'이라 하여 한 학기에 200시간 이상을 학교 현장(필드)에 나가게 한다. 예비교사의 내실 있는 실습을 위하여 소속 대학의 교수가 정기적으로 방문하여 실습 상황을 점검하고, 담당 교사뿐 아니라 교장, 교직에서 은퇴한 교사들이 예비교사의 멘토가 되어 피드백을 제공함으로 교육 실습을 다채롭고 의미 있게 한다. 정규 교사 자격증 이전에 1~2년의 교사 자격증을 주어 학교 현장에서 교사 실전 훈련을 거치게

* http://dimacs.rutgers.edu/archive/k12-prof-dev/ (2019년 10월 10일 검색)

한 후, 본인 및 학교 관계자들의 평가에 근거하여 정규 교사 자격증을 부여하는 것도 실습 위주의 미국 교사 교육의 단면을 보여준다.

5. 교수학습 지원

이 절에서는 미국의 교수학습 지원 중에서 특별한 지원이 필요한 학생을 위한 수학교육(Mathematics education for special needs)과 온라인 학교인 칸 아카데미, 국가 수학 박물관에 대하여 살펴보고자 한다.

5.1 특별한 지원이 필요한 학생을 위한 수학교육

미국은 다양한 문화적, 사회적 배경을 가지고 다양한 언어를 사용하는 사람들이 함께 사는 나라이다. 따라서 교육정책을 수립할 때 원칙적으로 인종이나 문화, 언어적 차이로 인해 발생할 수 있는 학습에서의 불이익을 최소화하여야 한다. 특히 사회경제적 지위, 인종, 문화적 요소에 근거한 학생들 사이의 성취 차이는 미국 수학교육의 중요한 이슈이다.* 미국의 평균 학생들의 성취수준은 다른 선진국보다 낮지만, 최우수 성취수준을 보이는 학생들도 많다. 2018년 국제 수학 올림피아드(International Mathematical Olympiad)에서는 미국이 1등을 차지하였다. 이러한 큰 성취수준의 차이를 해소하기 위해 NSF가 재정적으로 지원하는 많은 프로젝트가 진행되고 있다. 이 중에서 학습 장애 및 부진 학생들을 위한 지원과 영어가 모국어가 아닌 학생, 또는 영어를 사용하지 않는 가정환경에서 자란 학생들을 위한 지원을 알아보고자 한다.

학습 장애 또는 부진 학생을 위한 교육

미국 교육의 기본 철학 중에는 'EAC(Education for All Children)'이 있다. 이에 오바마 정부에서는 NCLB(No Child Left Behind)를 시작하였고, 2015년 ESSA(Every Student Succeeds Act)를 공표하고 모든 학생의 학업을 지원하고 있다.** 학습 장애 학생들을 위한

---

* https://www.nationsreportcard.gov/math_2017/#nation/gaps?grade=4 (2019년 10월 10일 검색)
https://www.nationsreportcard.gov/math_2017/#nation/gaps?grade=8 (2019년 10월 10일 검색)

** https://www.ed.gov/ESSA (2019년 10월 10일 검색)

지원이 주정부와 연방정부를 비롯하여 대학이나 비영리 단체 등에서 재정적, 인적 지원을 바탕으로 폭넓게 이루어진다. 수학의 경우 이전 단계에서 충분한 학습을 하지 못한 학생들이 다음 단계로 올라왔을 때 학습에 곤란을 겪는 경우가 많으므로, 이들을 '치유'의 개념을 가지고 지원한다. 그런데 대부분의 K-12학년 학교에서는 수학 부진 또는 수학 학습 장애 학생들을 위한 치료적인 과정을 운영할 형편과 역량이 부족하기 때문에 대학이나 기관/단체의 도움을 받는다.

단위 학교 및 지역구에서 제공하는 튜터링도 학습 장애 학생들을 지원하는 정책 중 하나이다. 학교 교사들이 방과 후에 학습에 어려움을 겪는 학생들을 별도로 돕기도 하지만, 예비교사나 자원봉사자들의 지원을 받기도 한다. 고등학교의 경우 수학 교과에서 과락(fail) 제도가 있다. 이 과락을 경험한 학생들은 학교에서 제공하는 튜터링을 이용하여 수료할 수 있는 데 필요한 도움을 받을 수 있도록 한다. 비영리 단체에서 학습 장애를 겪거나 저소득층 학생들에게 도움을 제공하기도 한다.

Big brothers Big sisters 프로그램은 학생들이 가진 잠재력을 개발하는 데 도움을 주기 위하여 1904년에 시작한 멘토링 프로그램이다. 미국 내에 20만 명이 넘는 아이들이 혜택을 받고 있는데, 성공을 거두며 미국 내에 국한하지 않고 1998년 Big brothers Big sisters International([그림 5-15])을 설립하여 전 세계로 확장하고 있다. 2019년 현재 미국을 포함하여 캐나다, 호주, 오스트리아, 네덜란드, 이스라엘 등 15개국이 이 프로그램에 참여하고 있는데, 우리나라도 최근 협약을 맺었다*. 1대1 멘토링을 원칙으로 하는 이 프로그램에서는 대학 등의 교육을 받은 자원봉사자 멘토가 K-12학년에 재학 중인 멘티를 한 달에 2~4회 만나 숙제나 읽기 활동 등을 같이 하며 개인 맞춤형 지원을 한다. 주로 저소득층 학생들을 대상으로 하고 1년 이상 지속적으로 개인의 필요를 채우는 이 프로그램에서는 교육을 넘어 멘토가 친구, 모델, 가이드 역할을 한다. 자원봉사자들은 훈련된 스태프들의 관리 및 도움을 받으며 이 프로그램에 참여한다.

* http://www.bbbsi.org/international-network/ (2019년 10월 10일 검색)

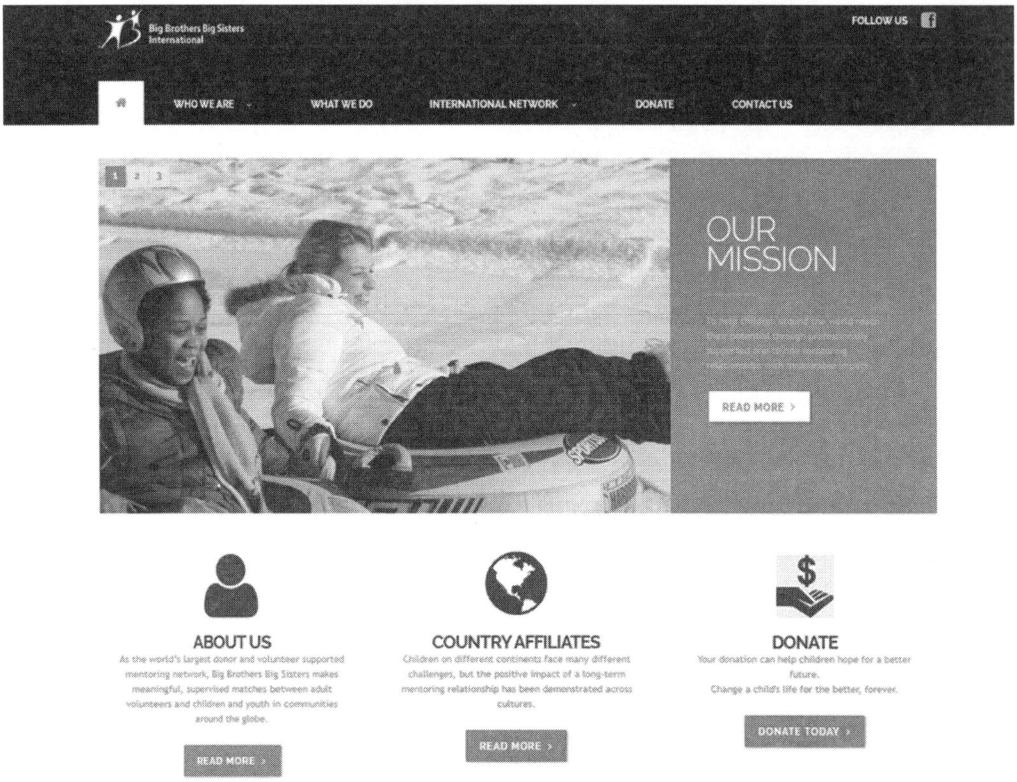

[그림 5-15] Big Brothers Big Sisters International 홈페이지*

여름방학에 집중 과정을 제공하는 프로그램도 있다. Horizons National([그림 5-16])은 학습 장애를 겪고 있는 저소득층 학생, 공립학교 학생들이 무료로 받을 수 있는 학습 지원 프로그램이다. 학교 또는 대학에서 연중 지원을 하기도 하지만 여름방학 캠프를 운영하며 집중하여 학습 프로그램에 참여하도록 하는데, 수학교육은 STEM을 중심으로 이루어진다. 1964년에 시작되었고 점진적으로 참여하는 주와 학생들이 증가하여 2019년에는 19개 주에서 62개의 프로그램을 운영하였다. 입학 전 학생부터 12학년 학생까지 참여할 수 있다.

---

* http://www.bbbsi.org/ (2019년 10월 10일 검색)

[그림 5-16] Horizons National 홈페이지*

영어가 모국어가 아닌 학생을 위한 지원

미국에서는 영어가 모국어가 아니거나 영어를 사용하지 않는 가정환경에서 자란 학생들을 위해 학교 내외에서 교육과정 운영, 언어 교육, 정규 교육과정 외 교육 등의 프로그램을 제공한다. 주별로 다양한 규정과 프로그램이 운영되는데, 미네소타주의 경우 해당 학생들에게 제2 언어로서의 영어 수업(ESL: English as a Secondary Language)에 참여할 기회를 제공한다. 특이한 점은 이 프로그램 참여에 있어서 3년이라는 제한 기간을 둔다는 것이다. 이러한 종류의 수업에 3년 연속 참여한 학생들에게는 영어를 위한 특수 교육이 더이상 주어지지 않는다. 프로그램 참여와 함께 교정 교육 기회가 주어진다. 프로그램의 대상은 이민자이거나 가정에서 영어가 아닌 언어를 사용하는 등의 외국 문화 환경에서 자란 학생들, 국내 학생 중에서도 일상 경험이 부족하거나 영어에 충분히 노출되지 않은 학생이다. 이러한 학생들이 미국에서 살아가기 위해 필요한 기본 언어 기능을 갖출 수 있도록 전문가에 의한 교정 교육이 이루어진다. 위스콘신주에서는 영어 교육이 필요한 학생들을 ELL(English Language Learner) 학생들로 지칭하며 별도 수업을 제공하거나 도서 등의 각종 교수 자료를 제작하여 배포하고 멘토링 프로그램을 운영한다. 미국의 다문화교육 지원 정책은 <표 5-5>로 정리할 수 있다.

* https://www.horizonsnational.org/ (2019년 10월 10일 검색)

〈표 5-5〉 미국의 다문화교육 지원 정책(김미숙 외, 2016, p.124-125)

영역	지원 내용
교육과정을 통한 교과 교육	• EL(English Learner) 학생 지도에 대한 연방차원의 가이드라인 있음(U.S. Department of Justice & U.S. Department of Education, 2015). 공립학교, 교육구(school district), 주교육청(SEAs)은 언어적 장벽으로 인해 공평한 교육 참여가 방해받지 않도록 노력해야 하며, EL 학생으로 판정된 학생들에게 적합한 언어적 지원을 제공해야만 한다고 명시하고 있음(U.S. Department of Justice & U.S. Department of Education, 2015:12). • 교육구와 주교육청은 EL 학생에게 언어지원프로그램을 지원함과 동시에 영어를 배우면서 학업적인 공백 및 교육 활동 참여에서의 차별이 생기지 않도록 할 의무가 있음이 명시됨(U.S. Department of Justice & U.S.Department of Education, 2015:17). • 연방법인 '낙제학생방지법(NCLB)'에 따라 ELL학생들은 교육구의 핵심교육과정(영어, 수학, 과학, 사회)을 따르게 됨.
학습(주류) 언어 교육	• ESL 프로그램, SEI 프로그램, TBE 프로그램, Dual Language 프로그램 등 다양한 프로그램이 활용됨(U.S. Department of Justice & U.S. Department of Education, 2015).
모국어/계승어 교육 (이중 언어 교육)	• 언어교육 프로그램 중 TBE와 듀얼 언어 프로그램은 학생들의 모국어(또는 일차언어)로 수업을 진행함. 특히, 듀얼 언어 프로그램은 영어와 영어가 모국어가 아닌 학생들의 모국어(주로 스페인어)를 동시에 배우는 프로그램을 운영함.
정규 학교 시간 이외의 지원	• 지역교육구내의 다양한 프로그램이 운영되고 있음(예: 위스콘신 주의 'Reading Partnership,' 'Literacy Leaders, ''Power Hour,' 'New Beginning' 프로그램 등). • 유아교육 프로그램인 Head Start라는 프로그램 있음(주로 히스패닉계 인구를 대상으로 함).
학부모 지원	• 학교 및 교육구에서는 일반 학생(ELL 학생이 아닌 학생) 학부모에게 전달하게 필수적인 교육정보(언어 지원프로그램, 특수교육 및 관련 지원, 영재교육 프로그램, 학생 규율 관련 지침, 성적표 등)를 ELL 학생 학부모에게 그들이 이해할 수 있는 언어로 전달할 의무가 있음을 명시함. 학부모가 이해할 수 있는 언어로 번역하거나, 번역이 불가할 때는 음성으로 해당 내용을 이해할 수 있는 방법을 제시하도록 함(U.S. Department of Justice & U.S. Department of Education, 2015).
특이점	• '다문화 학생', '다문화 가정'이라는 용어 대신 '영어를 외국어로 배우는 학생' 또는 '영어를 배우는 학생'을 의미하는 ESL 또는 ELL 학생으로 지칭함. 학생이 정규학급에서 수업을 받을 수 있는 영어 실력을 획득하면 이주배경은 드러나지 않음.

5.2 칸 아카데미(Khan Academy)

칸 아카데미는 미국의 수학자이자 수학교육자인 Salman Khan이 세계적인 수준의 교육에 모든 학생에게 접근 가능하도록 하기 위해 2008년 설립한 비영리 교육 서비스이다. 미국에서 시작하였지만 2019년 현재 한국어를 포함하여 스페인어, 프랑스어, 중국어 등 36개 이상의 언어로 제공되고 있다. 수학에서 출발하여 과학, 컴퓨터 공학, 예술과 인문학, 경제학 등의 여러 과목의 동영상 강의를 제공하는데, [그림 5-17]에서 볼 수 있듯이 학교 교과뿐 아니라 각종 시험 및 AP 과정도 준비할 수 있다. NASA, 뉴욕현대미술관, 캘리포니아 과학 아카데미, MIT 등의 기관들과 제휴하며 신뢰성 있는 콘텐츠가 다량으로 마련되어 있는 칸 아카데미에서는 개별 학생이 자신의 필요와 속도에 맞게 무료로 수강할 수 있도록 한다. 학부모와 교사들이 활용할 수 있는 자료도 제공한다. 모든 연령의 학생들이 수강할 수 있으며 이를 수강한 학생들이 뛰어난 성취 향상을 보이는 등 학습 효과가 나타나며 수천 명의 자원봉사자와 빌앤멜린다게이츠재단, 넷플릭스 등의 기부금 후원자가 칸 아카데미를 지원하고 있다.

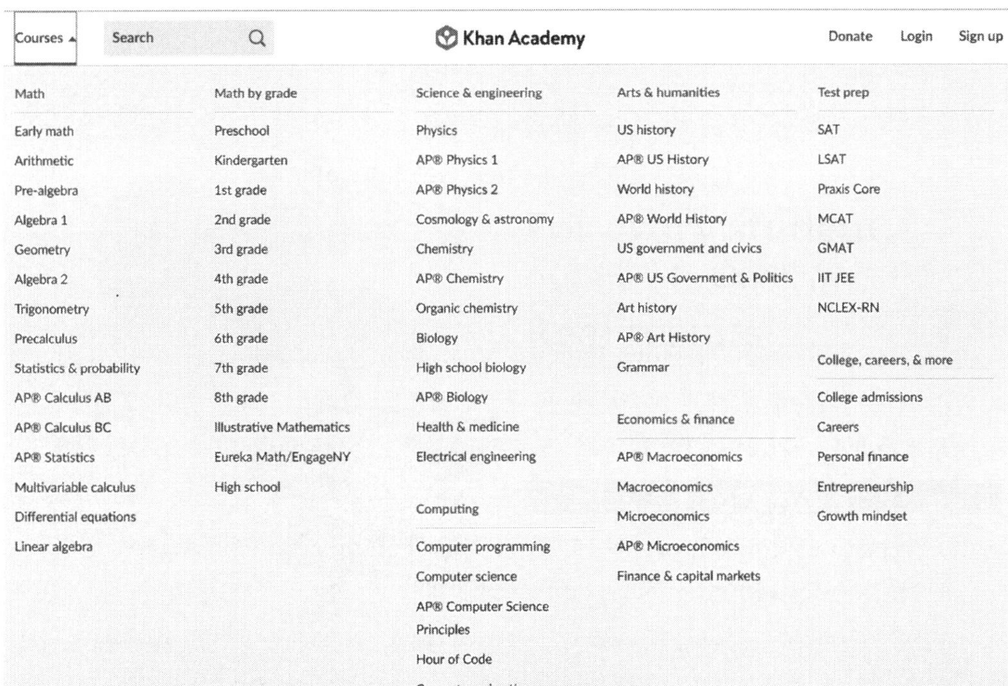

[그림 5-17] 미국 칸 아카데미가 제공하는 교육*

* https://www.khanacademy.org/ (2019년 10월 10일 검색)

칸 아카데미의 한국어 버전([그림 5-18])은 비영리교육기관인 컨넥트 재단에서 2,000여 명이 넘는 번역 자원봉사자, 전문 번역사 등의 지원을 받아 2016년 18개 학습 과정을 갖추어 오픈하였다. 2019년 현재 수학과 컴퓨팅, SAT 준비 등의 동영상 강의를 제공하고 있지만 이는 더욱 확대될 예정이다.

[그림 5-18] 칸 아카데미 한국어 홈페이지*

5.3 국가 수학 박물관

미국에서는 국립 수학 박물관(the National Museum of Mathematics)을 운영한다([그림 5-19]). 뉴욕 맨해튼에 위치한 이 박물관은 추수감사절을 제외한 364일 동안 오전 10시부터 오후 5시까지 개관하며 다양한 수학 정보를 제공하고 수학 관련 전시 및 체험 활동을 제공하고 있다.

수학 박물관은 수학에 대한 공공의 이해와 인식을 개선하고 증진시키기 위하여 설립되었다. 이 박물관에서는 다양한 방문객들에게 수학에 대한 탐구를 자극하고, 호기심을 일으키며, 끊임없이 진화하는, 창의적인, 인간학으로서 경이롭고 아름다운 수학을 체험할 수 있도록 다양한 전시와 프로그램을 마련하고 있다. 미국 전역의 도시에 찾아가는 전시도 개최하고 있는데, 수십만 명의 방문객들이 혜택을 누린다고 한다.

* https://ko.khanacademy.org/math/k-8-grades (2019년 10월 10일 검색)

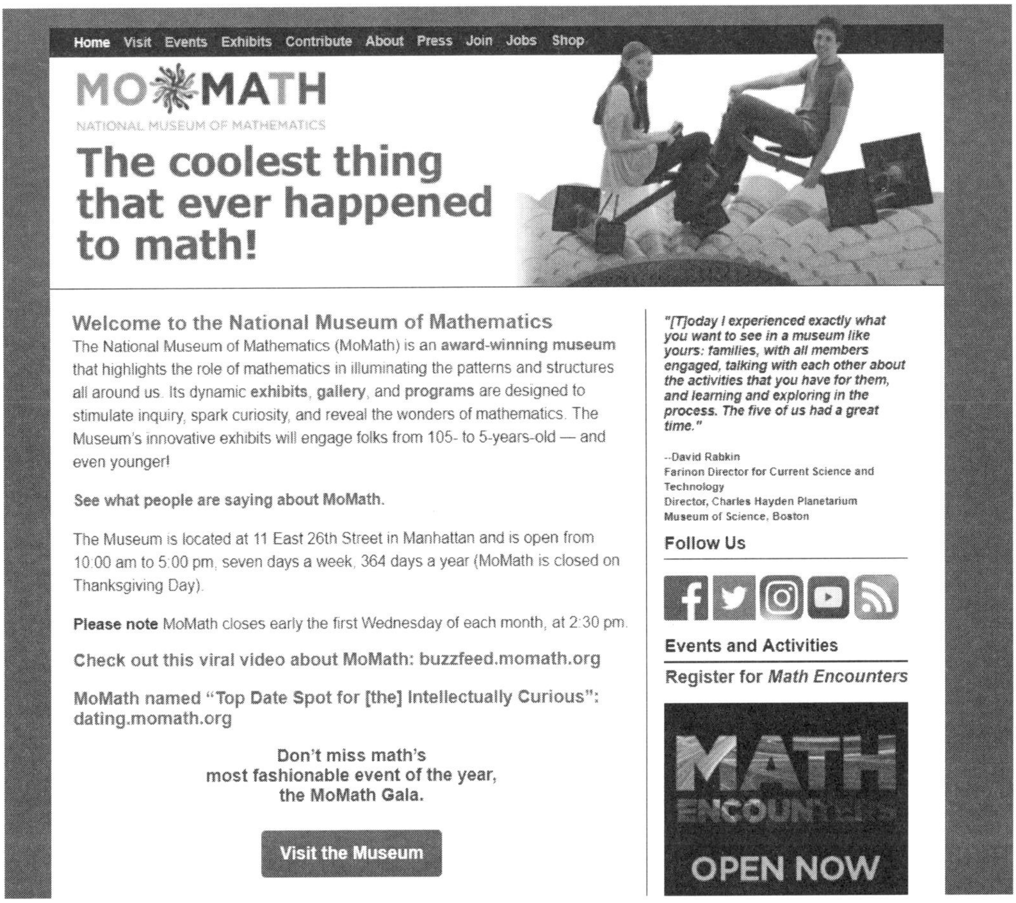

[그림 5-19] 미국 국립 수학 박물관 홈페이지*

6. 맺음말

미국 교육의 특징 중 하나는 다양성과 개별 맞춤형 교육이다. 국가 교육과정에 의한 획일적인 교육이 이루어지는 것이 아니라 국가 교육과정은 주어지되 주별, 지역별, 학교별로 다양한 교육과정을 운영할 수 있고, 교육정책도 지역과 구성원의 특성에 맞게 다양하게 운영되고 있다. 이것은 학제에도 반영하여 전 국가가 단일한 학제로 운영되는 우리나라와는 달

* https://momath.org/ (2019년 10월 10일 검색)

리 지역별, 학교별로 6-3-3제, 8-4제, 5-3-4제, 6-6제 등 다양하게 운영된다.

최근 미국에서 중점을 두고 실행하는 정책은 미래를 살아가야 하는 학생들을 준비시키기 위한 정책과 STEM이 있다. 미래를 대비하기 위한 정책으로는 FRS와 P21이 있다. 이 두 정책 모두 미디어, 디지털 테크놀로지 활용을 강조하는데, FRS 정책은 교육과정, 교수, 평가가 일관되어야 하고, 학생들의 개별화된 전문적 학습을 위해 재정과 자료, 공동체 파트너십, 인프라 구조가 뒷받침되어야 하며 데이터의 활용과 개인정보 보호, 공간과 시간에 제한받지 않는 교육 등을 추구한다. P21 정책은 FRS보다 교육 콘텐츠에 더 주목한다. P21에서는 학생들의 직업과 삶에서의 성공과 시민의식 형성을 위해 필요로 하는 기능, 지식, 전문성, 지원 체제 등을 선정하였다. 이를 위하여 3Rs와 21세기 주제를 학습해야 하는데, 이 학습은 규준과 평가, 교육과정과 교수, 전문성 개발, 학습 환경을 기반으로 이루어진다. STEM 교육은 백악관과 미국 교육부에서 관심을 가지고 정책을 마련하고 있으며, 연방정부의 각 기관에서는 그 기관의 업무와 특성에 맞게 STEM 교육을 지원한다.

미국의 수학과 교육과정은 2010년 공표된 CCSSM을 기반으로 한다. 이 역시 주, 지역, 학교별로 다양하게 적용되어, CCSSM을 그대로 적용하기도 하고, 수정하여 적용하기도 한다. 일례로, 캘리포니아주에서는 교육열이 높은 주의 상황을 반영하여 보다 강화되고 심화된 CA-CCSSM을 운영하고 있다. CCSSM에서는 내용 영역을 학년에 따라 4~6개로 구분하고, 모든 내용 영역에서 우리나라의 교과 역량에 해당하는 수학적 실천을 강조한다.

미국에서 수학교사 자격은 주별로 주어진다. 정해진 과정을 이수하고 자격시험에 합격하면 교사 자격이 주어지는데, 초등교사와 중등교사로 구분되어 자격이 주어지는 우리나라와는 달리 학년군별로 자격이 주어진다. 이를테면 5~12학년 모두를 가르칠 수 있는 교사 자격을 얻을 수도 있고, 5~8학년 교사 자격 또는 9~12학년 교사 자격을 얻을 수도 있다. 예비교사들에게는 교사로 근무하기 이전에 다양한 형태로 현장에서 실습할 수 있는 기회가 주어진다. 교사의 전문성 향상은 온라인과 오프라인 양쪽에서 이루어지는데, 오프라인 교육은 NCTM 등의 단체에서 주관하기도 하고, 대학에서 제공하기도 하며 각 지역구 교육청 또는 학교별로 이루어지기도 한다. 교사들을 위한 다양한 온라인 교육 및 커뮤니티도 발달되어 있다.

미국의 수학 교수학습 지원과 관련하여 이 장에서는 특별한 지원을 필요로 하는 학생을 위한 정책, 온라인 아카데미, 국가 수학 박물관을 알아보았다. 학습 장애 또는 학습 부진 학생을 위해서 학기 중에 튜터링, 멘토링 등의 지원이 이루어지며 방학을 이용한 집중 교육을 실시하기도 한다. 영어에 어려움을 겪는 학생들을 위해서는 별도의 영어교육 프로그램이 제공된다. 칸 아카데미는 모든 학생이 질 높은 교육 프로그램에 접근 가능하도록 각종 단체 및 기관에서 재정적 지원을 받아 무료로 운영되는 온라인 아카데미이다. 영어뿐 아니라 36개 이상의 언어로 운영되며 우리나라 버전도 있다. 수학은 물론 예술, 인문, 경제학, 과학, 공학 등의 강의가 제공되며 SAT, AP 등의 시험을 준비할 수 있는 강의도 제공된다. 국가수학 박물관은 수학에 대한 공공의 이해와 인식을 증진시키기 위해 국가에서 운영하는 수학 박물관이다. 찾아오는 사람들을 위한 수학교육 프로그램도 있지만 찾아가는 프로그램도 운영하며 미국 수학교육의 확대와 발전을 도모하고 있다.

참고문헌 REFERENCE

김미숙, 윤종혁, 최수진, 구자억, 윤정현, 정광석(2016). **주요국의 교육 정책 비교 연구**. 한국교육개발원 교육부 정책연구 CRM 2016-163.

Partnership for 21st century learning a network of Battelleforkids (2019). *Framework for 21st century lerning definitions*. Battelleforkids.

제6장

영국

UNITED KINGDOM

1. 들어가며

영국은 잉글랜드, 스코트랜드, 웨일스, 북아일랜드로 이루어진 연합국가로 국가시험과 Key stage 개념을 공유하면서도 각 지역의 특성에 맞게 자율적인 교육제도를 운영하고 있다. 영국의 교육과정은 학년별로 key stage라는 개념을 사용하여 몇 개 학년이나 연령이 묶인 단계별로 제시된다. 의무교육 기간인 5세부터 16세까지의 기간을 4개의 key stage로 구분한다. 동일한 학년이나 연령의 학생이라도 그 성취수준이나 능력에 있어서는 차이가 있을 수 있다는 사실을 고려하여 교육 내용을 각 key stage별로 제시하는데, 학생들의 수준 차이에 상응하여 융통성 있게 내용을 배열하기 위한 것이다. 단위학교가 학습 내용을 어느 학년에서 다룰 것인지 결정할 수 있다.

영국의 학제는 초등교육 6년, 중등교육 5년(3+2), Tertiary 2년 이상, 그리고 3년~4년제의 고등교육단계로 편제된 6-5(3-2)-2-3(4)제이다. 영국의 학교 교육은 5세 이전의 학령전 교육(약 2년간), 5~11세의 초등교육(약 6년간), 11~16세의 중등교육으로 구분되며 이 기간은 의무교육이다. 영국의 중등교육은 16세까지 의무교육으로 정해진 교육과정을 중심으로 이루어지며, key stage 3(7~9학년)과 key stage 4(10~11학년)에 해당한다. 의무교육이 끝나는 16세 이후 중등학교 단계의 마지막 2년의 계속교육과정인 6th Form(인문교육의 경우), Upper Secondary, Tertiary, Futher Education 등을 운영하고 있다. Key Stage 1(5~7세)과 Key Stage 2(8~11세)는 우리나라의 유치원과 초등학교 과정에 해당하며 Key Stage 3(12~14세)와 Key Stage 4(15~16세)는 우리나라의 중학교와 고등학교에 해당한다. 우리나라의 일반적인 인문계 고등학교 교육과정은 영국의 Key Stage 4와 Sixth Form이라고 불리는 대학 진학 준비 과정에 해당한다. 특이한 점은 중등교육과 대학교육의 전 단계 2년을 일컬어 몇 가지 용어로 부르고 있다는 것으로 이것이 우리나라와의 단순비교가 어려운 점이다. 영국은 기본학제가 존재하지만 개별 교육기관에 적용되는 학령 및 학교별 수용학년이 다양하고 복잡하다. 학생들은 16세 의무교육과정을 마치면 GCSE(General Certificate of Secondary Education) 자격시험을 교육과정에 포함된 과목 중심으로 치른다. 대학에 진학하기 위해서는 상급수준(Advanced Level)의 시험을 본다.

영국은 1988년에 교육법을 통해 국가교육과정 체제를 도입하고 1989년에 처음으로 국가교육과정을 고시 이후 몇 차례의 개정을 거쳐 왔다. 1995년, 1999년, 2007년에 전체적인 개정이 있었으며, 2013년에 개정된 교육과정이 2014년 9월부터 학교 현장에 적용되고 있다. 영국의 국가 교육과정은 4~8년 정도의 비교적 짧은 주기를 지니고 있고 정권의 영향

〈표 1-1〉 영국의 학제

<table>
<tr><th rowspan="2">구분</th><th colspan="12">의무교육</th><th colspan="2">선택교육</th></tr>
<tr><th colspan="7">초등교육</th><th colspan="5">중등교육</th><th colspan="2">대입준비 과정</th></tr>
<tr><td>key stage</td><td colspan="3">key stage 1 (KS1)</td><td colspan="4">key stage 2 (KS2)</td><td colspan="3">key stage 3 (KS3)</td><td colspan="2">key stage 4 (KS4)</td><td colspan="2">Six Form</td></tr>
<tr><td>학년</td><td>준비반</td><td>1</td><td>2</td><td>3</td><td>4</td><td>5</td><td>6</td><td>7</td><td>8</td><td>9</td><td>10</td><td>11</td><td>lower sixth</td><td>upper sixth</td></tr>
<tr><td>연령</td><td>5세</td><td>6</td><td>7</td><td>8</td><td>9</td><td>10</td><td>11</td><td>12</td><td>18</td><td>14</td><td>15</td><td>16</td><td>17</td><td>18</td></tr>
<tr><td>한국</td><td></td><td colspan="6">초등학교</td><td colspan="3">중학교</td><td colspan="2">고등학교 11학년(16세)에 GCSE 시험</td><td></td><td>대학 입시 시작</td></tr>
</table>

을 받는 경향이 있다. 영국에서는 맞춤형 교육을 다양한 방법으로 실시하고 있으며 교육과정과 평가를 함께 개발하고 적용한다.

영국의 학생 평가는 교사 평가와 국가시험을 병행하고 있다.* key stage 3을 마치면서 국가시험과 교사 평가에 근거하여 key stage 4에서 어떤 학교와 무슨 과목을 선택할 것인가를 결정한다. 영어, 수학, 과학을 국가시험으로 치르며 5월 초순 지정된 날짜에 7~8시간 시행된다. 교사 평가는 영어, 수학, 과학, 역사, 지리, 외국어, D&T, ICT, 미술, 음악, 체육, 시민교육, 종교교육 과목에서 실시한다. GCSE 시험 결과는 후기 중등학교 및 대학 진학과 취업에 자격으로 인정되며, GCSE에서는 key stage 3의 여러 과목 중 선택하여 시험을 보고 key stage 4에서 선택한 과목에 대해 수업 및 시험 준비를 한다. GCSE를 위한 교육과정에서는 영어, 수학, 과학, 종교교육, 체육이 필수과목이고, 이 외에 다양한 과목을 선택할 수 있다. 많은 학생이 영어, 수학, 과학 3과목을 시험 과목으로 선택하고 여기에 몇 개의 과목을 추가로 선택한다. 최종 시험성적만으로 등급이 결정되는 것은 아니고 학교의 수행평가나 과정 평가 성적도 포함된다.

영국에서는 다양한 기관을 통해 교사를 양성하고 있다. '학교 중심 교사양성 교육 제도(School Centered Initial Teacher Training Programme)'는 학교 연합과 대학이 연합체를 구성하여 교사를 양성하는 제도로, 교사훈련담당기관(TTA: Teacher Training Agency)과 교육 질 관리청(OFSTED: Office for Standards in Education)의 엄격한 평가를 통하여 교사 교육을 학교 연합의 선도 학교들이 담당하도록 하는 제도이다(박선화 외, 2017). 그러나 수학교사 양성 과정 지원자 부족으로 수학교사 충원에 어려움을 겪고 있다.

* http://www.koreaneducentreinuk.org/

영국의 수학교육 정책을 관할하고 수행하는 기관은 <표 1-2>와 같다. 영국의 수학교육정책은 매우 체계적으로 수행되고 있다. 특히 2007년도 이후 수학과 교육과정, 수학 자격시험 및 평가, 수학교사 교육 프로그램 개발 등에 수학교육자, 수학자 등의 교과 전문가들이 참여하여 수학교육 정책과 관련된 많은 일을 수학교사들과 협력하여 하고 있다.

〈표 1-2〉 영국의 수학교육 관련 기관

기관	업무
ACME(Advisory Committee on Mathematics Educatio)*	국가의 수학교육 정책을 위한 수학교육 자문위원회이며 현재 영국 교육부의 수학교육 정책에 직접 참여하고 자문을 제공하고 있다.
Royal Society**	영국 왕립 학회로 2002년 ACME 설립과 지원을 하고 있다.
JMC(Joint Mathematical Council of the UK)	영국의 수학 관련 학회 및 단체의 연합회 성격의 영국 수학 공동위원회라 할 수 있다. ACME의 수학교육 정책 참여 및 자문을 위한 지원을 한다.
Ofqual(Office of Qualifications and Examinations Regulation)***	영국에서 자격 시험 및 평가를 규제하는 비정부 부서이다. 일반 자격의 규제 및 개혁, 직업 및 기술 자격의 규제 및 개혁, 국가 평가의 유효성 모니터링 및 평가 등이 목표이다.
JMB(The Joint Mathematical Council of the United Kingdom)****	영국 수학 공동위원회로 일종의 영국의 수학과 관련된 학회의 연합회이다. 수학교육의 발전을 위해 회원 기관들 간의 토론과 정부 및 다른 기관 그리고 영국 의회의 교육 추진을 위한 포럼 역할을 한다. 초등교육부터 고등교육에 이르는 모든 수준의 수학교육에 관한 것을 다루는데 주로 ACME를 지원한다.
NCETM(the National Centre for Excellence in the Teaching of Mathematics)*****	수학교사의 전문성 개발을 지원하는 기관이다. 교육과 산업 부분에서 교육 및 수학 컨소시엄에 의해 관리되며 교육부에서 운영을 지원한다.
Math Hubs*	지역 학교와 대학이 연합한 영국의 수학교육의 발전을 위한 조직으로 35개의 허브로 구성되어 있다. 교사의 전문성개발 프로그램, 지역 수학교육활동 및 수학교사 연구 공동체 활동 등에 대한 정보를 제공한다.

* http://www.acme-uk.org/home

** https://royalsociety.org/

*** https://www.gov.uk/government/organisations/ofqual

**** https://www.jmc.org.uk/

***** https://www.ncetm.org.uk/

* http://www.mathshubs.org.uk/

기관	업무
ATM(The Association of Teachers of Mathematics)*	1952년에 설립된 영국 수학교사들의 조직으로 매년 수학교육과 관련된 conference, 수학 페스티벌 등을 개최하고 저널도 발간한다.

2. 수학교육의 이슈 및 정책

영국에서는 학생들이 미래 사회를 살아갈 수 있도록 대비시키기 위하여 비정형적인 문제해결(non-routine problem)을 강조하고, 16세 이후의 수학교육을 강화하기 위하여 교육과정을 개정하고 고등학교 과정에서 새로운 내용 및 자격시험을 개발하였다. 또한 통계교육을 강화하고 초등부터 컴퓨팅 사고력(computational thinking)을 도입하려고 한다.

2.1 문제해결 능력의 강조

최근 영국 교육부는 수학교육에 대한 전반적인 조사 및 정책 등에 대해 ACME(Advisory Committee on Mathematics Education)와 긴밀한 협력을 하고 있다. ACME는 수학교육에서 문제 해결을 위한 보고서 "수학 문제 해결 : 더 나은 평가를 통한 비전 실현"을 2016년 6월에 발표하였다.

현대 사회에서 젊은이들은 자료와 정보를 이해하고 해석할 수 있어야 하고 새로운 문제와 상황을 다룰 수 있는 융통성 있는 사고자가 되어 자신의 해결책을 분석할 수 있어야 한다. ACME는 오랫동안 효과적인 교육, 학습 및 평가에서 문제 해결의 중요성을 인식해 왔으며 이를 평가에도 반영하였다. 특히 비정형적인 문제의 해결 능력을 향상시키기 위하여 연습에 의한 것이 아닌 유연한 사고로 해결할 수 있는 문제를 통해 평가하고 있다. 평가는 교실에서 수학을 가르치는 방법에 영향을 미치며, 따라서 문제 해결을 효과적으로 학습하고 가르치기 위해서는 공공시험에서도 문제 해결에 대한 평가가 필수적이기 때문이다. 특히, 16세 이후 수학교육을 강화하기 위해 2016년 대학입시를 위한 기존의 A-level 및 AS-level 평가 문항을 개선하고, A-level 시험을 준비하지 않는 학생들을 대상으로 하는

* https://www.atm.org.uk/Home

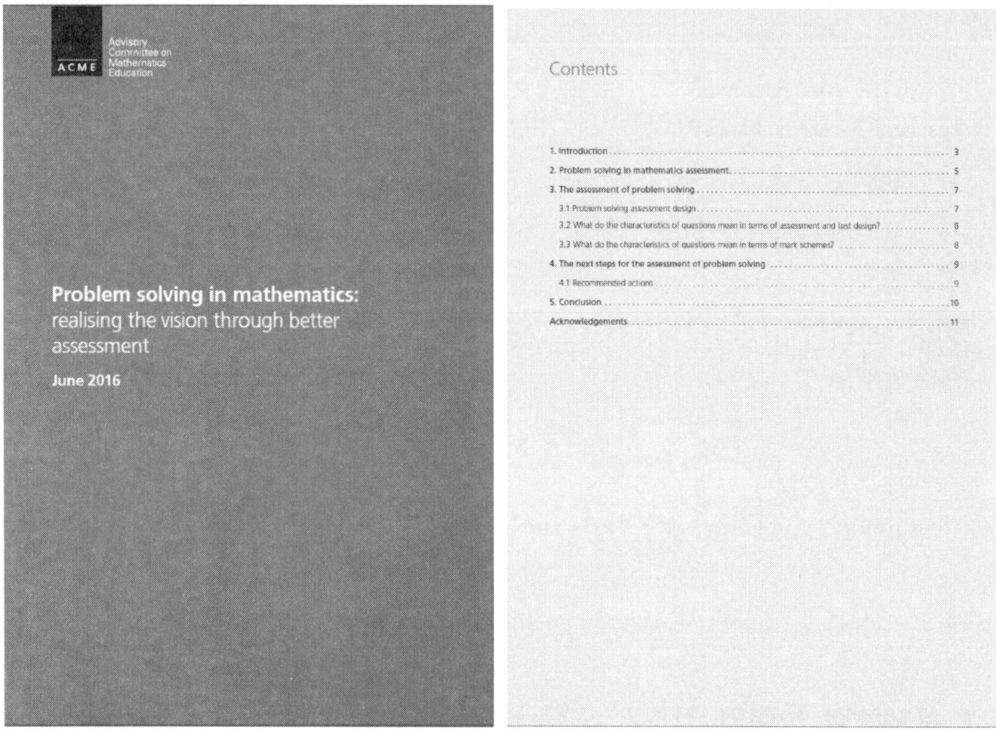
ACME Advisory Committee on Mathematics Education

Problem solving in mathematics: realising the vision through better assessment

June 2016

Contents

1. Introduction ... 3
2. Problem solving in mathematics assessment ... 5
3. The assessment of problem solving ... 7
3.1 Problem solving assessment design ... 7
3.2 What do the characteristics of questions mean in terms of assessment and test design? ... 8
3.3 What do the characteristics of questions mean in terms of mark schemes? ... 8
4. The next steps for the assessment of problem solving ... 9
4.1 Recommended actions ... 9
5. Conclusion ... 10
Acknowledgements ... 11

[그림 2-1] 영국의 문제 해결 관련 ACME의 보고서*

Core Math 과목에 대한 새로운 자격시험에서도 문제 해결 능력을 강조하였다. 또한 문제 해결을 위한 수업을 위해 가이드라인도 제시하고 있다.

〈표 2-1〉 영국에서 최근 문제 해결과 관련된 평가 개정에 대한 개요

key stage	새로운 자격의 적용시기	공식 문서의 문제 해결
key stage 1-3 수학	새로운 국가 교육과정, 2014년 9월	세 가지 목표 중 하나는 모든 학습자가 문제를 일련의 단순한 단계로 나누고 지속적인 해결책을 찾는 것을 포함하여, 다양한 일상적인 문제와 비정형적인 문제에 적용하는 것이다.
GCSE 수학	새로운 GCSE 수학 자격, 2015년 9월	GCSE 수학은 학생들이 문제를 해결하기 위해 수학적 기법을 습득하고 선택하고 적용할 수 있도록 해야 한다.

* http://www.acme-uk.org/media/35168/acme%20assessment%20of%20problem%20solving%20report%20-%20june%202016%20-%20final.pdf (2019년 10월 2일 검색)

key stage	새로운 자격의 적용시기	공식 문서의 문제 해결
AS/A-level 수학	새로운 AS/A-level의 수학, 2017년	학습자들이 '순수 수학 내에서 그리고 다양한 맥락에서 문제를 해결하기 위해 논리적이고 합리적인 결정을 하도록 수학적 지식을 사용하도록 권장해야 한다.'가 자격요건이다.
Core Math	2015년 9월에 최초로 교육을 실시한 새로운 핵심 역량	Core Math 지침서에는 '학생들의 수학적 이해를 통합하고 강화하며 수학을 문제에 적용하는 데 있어 수학적 이해와 기술을 발전시켜야 한다'고 명시되어 있다.

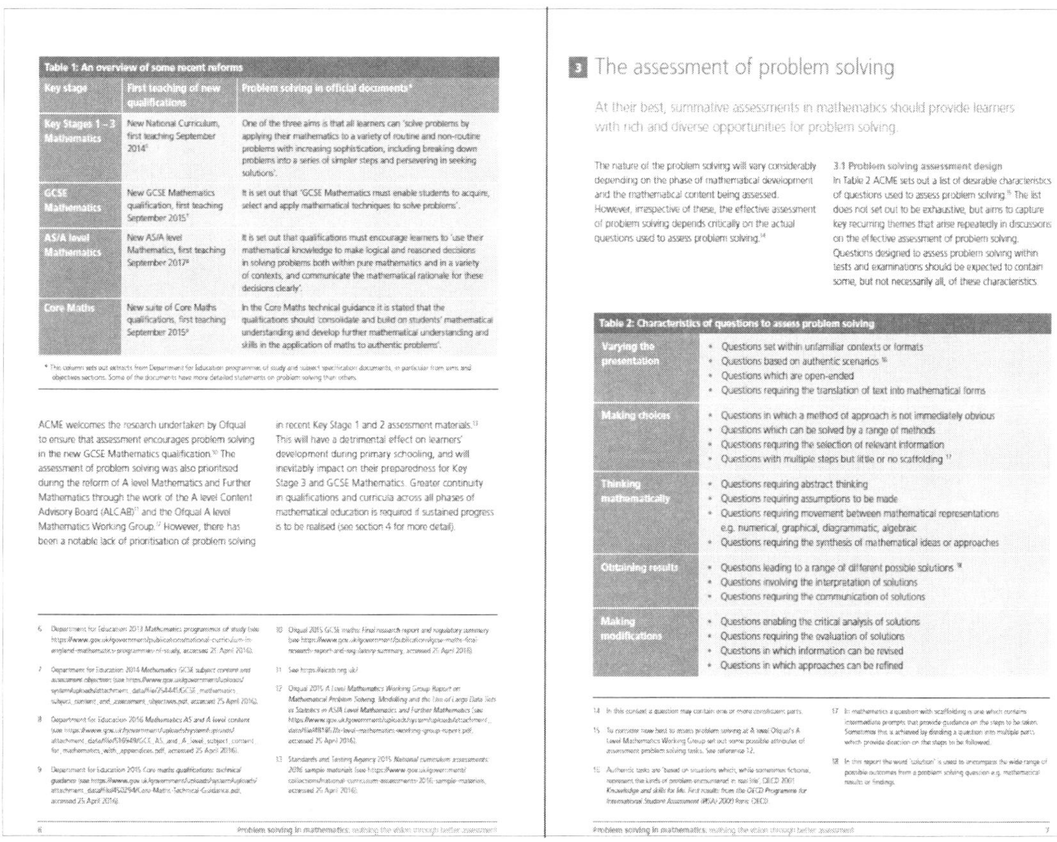

Table 1: An overview of some recent reforms

Key stage	First teaching of new qualifications	Problem solving in official documents*
Key Stages 1 – 3 Mathematics	New National Curriculum, first teaching September 2014[6]	One of the three aims is that all learners can 'solve problems by applying their mathematics to a variety of routine and non-routine problems with increasing sophistication, including breaking down problems into a series of simpler steps and persevering in seeking solutions'.
GCSE Mathematics	New GCSE Mathematics qualification, first teaching September 2015[7]	It is set out that 'GCSE Mathematics must enable students to acquire, select and apply mathematical techniques to solve problems'.
AS/A level Mathematics	New AS/A level Mathematics, first teaching September 2017[8]	It is set out that qualifications must encourage learners to 'use their mathematical knowledge to make logical and reasoned decisions in solving problems both within pure mathematics and in a variety of contexts, and communicate the mathematical rationale for these decisions clearly'.
Core Maths	New suite of Core Maths qualifications, first teaching September 2015[9]	In the Core Maths technical guidance it is stated that the qualifications should 'consolidate and build on students' mathematical understanding and develop further mathematical understanding and skills in the application of maths to authentic problems'.

* This column sets out extracts from Department for Education programmes of study and subject specification documents, in particular from aims and objectives sections. Some of the documents have more detailed statements on problem solving than others.

ACME welcomes the research undertaken by Ofqual to ensure that assessment encourages problem solving in the new GCSE Mathematics qualification.[10] The assessment of problem solving was also prioritised during the reform of A level Mathematics and Further Mathematics through the work of the A level Content Advisory Board (ALCAB)[11] and the Ofqual A level Mathematics Working Group.[12] However, there has been a notable lack of prioritisation of problem solving in recent Key Stage 1 and 2 assessment materials.[13] This will have a detrimental effect on learners' development during primary schooling, and will inevitably impact on their preparedness for Key Stage 3 and GCSE Mathematics. Greater continuity in qualifications and curricula across all phases of mathematical education is required if sustained progress is to be realised (see section 4 for more detail).

3 The assessment of problem solving

At their best, summative assessments in mathematics should provide learners with rich and diverse opportunities for problem solving.

The nature of the problem solving will vary considerably depending on the phase of mathematical development and the mathematical content being assessed. However, irrespective of these, the effective assessment of problem solving depends critically on the actual questions used to assess problem solving.[14]

3.1 Problem solving assessment design

In Table 2 ACME sets out a list of desirable characteristics of questions used to assess problem solving.[15] The list does not set out to be exhaustive, but aims to capture key recurring themes that arise repeatedly in discussions on the effective assessment of problem solving. Questions designed to assess problem solving within tests and examinations should be expected to contain some, but not necessarily all, of these characteristics.

Table 2: Characteristics of questions to assess problem solving

Varying the presentation	• Questions set within unfamiliar contexts or formats • Questions based on authentic scenarios[16] • Questions which are open-ended • Questions requiring the translation of text into mathematical forms
Making choices	• Questions in which a method of approach is not immediately obvious • Questions which can be solved by a range of methods • Questions requiring the selection of relevant information • Questions with multiple steps but little or no scaffolding[17]
Thinking mathematically	• Questions requiring abstract thinking • Questions requiring assumptions to be made • Questions requiring movement between mathematical representations e.g. numerical, graphical, diagrammatic, algebraic • Questions requiring the synthesis of mathematical ideas or approaches
Obtaining results	• Questions leading to a range of different possible solutions[18] • Questions involving the interpretation of solutions • Questions requiring the communication of solutions
Making modifications	• Questions enabling the critical analysis of solutions • Questions requiring the evaluation of solutions • Questions in which information can be revised • Questions in which approaches can be refined

6 Problem solving in mathematics: realising the vision through better assessment

Problem solving in mathematics: realising the vision through better assessment 7

[그림 2-2] 영국의 문제 해결 능력과 관련된 평가 안내(일부)*

* http://www.acme-uk.org/media/35168/acme%20assessment%20of%20problem%20solving%20report%20-%20june%202016%20-%20final.pdf (2019년 10월 2일 검색)

2.2 16세 이후 수학(post-16 Math)의 강화 및 지원

영국의 최근 가장 큰 변화 중 하나는 모든 학생들이 GCSE 시험 이후에도 수학을 공부할 수 있도록 16세 이후 수학(post-16 Math)을 강조하고 평가에 반영하였다는 점이다. 영국에서는 16세까지 의무교육과정을 마치면 GCSE 자격시험을 보고, GCSE 시험 결과를 후기 중등 진학 및 대학 진학과 취업 자격으로 인정하고 있다. 그러나 GCSE 시험 이후 전공과 관련된 대학 입시를 준비하는 학생들을 제외하고 대다수 학생들이 수학을 선택하지 않는다는 것이 문제가 되었다. 이에 따라 학생들이 미래 사회를 대비하기 위해 16세 이후에도 모든 학생들이 수학을 공부하도록 교육 내용 개발, 자격시험 개발, 지원이라는 3가지 방향의 정책을 진행하고 있다.

2016년 미래 노동력의 수학적 소양과 양적 소양의 중요성 증가, 경쟁국들과 비교하여 영국의 낮은 비율의 학생들이 16세 이후 수학 학습이라는 두 가지 관련 이슈에 의해 유발된 16세~18세 학생들의 수학교육에 대한 검토를 맡아달라는 정부의 요청으로 2017년 '스미스 보고서(Report of Professor Sir Adrian Smith's review of post-16 Mathematics)'*가 발표된다. 현재와 미래의 노동 시장에서 수학, 기술, 공학 등의 역량을 갖춘 인재에 대한 수요가 높지만 다른 선진국들에 비해 영국에서 공급 부족 현상은 16세~18세 학생들의 수학에 대한 낮은 선택과 성취도를 반영된 것으로 본다. 개인적인 측면에서도 수학적 능력을 갖춘 성인이 그렇지 못한 사람보다 임금을 더 많이 받고 고용될 가능성이 높으며, 수학에서 높은 수준의 성취는 개인의 높은 수입과 생산성과의 관련이 깊다는 것이다. 따라서 영국 내 16세~18세 학생들의 수학교육을 개선하는 방법을 고려해야만 한다고 하면서 18개의 권고 사항을 제시하고 있다.

'스미스 보고서'에 따르면, 정부가 대입시험의 수학 교과 및 Core Math 자격시험에 재정을 지원하는 긴급하고도 즉각적인 조치를 취할 필요가 있음을 강조하였다. '스미스 보고서'에 대한 응답으로 정부는 2년간 만 16세 이상의 수학교육에 1,600만 파운드(약 232억 원)를 지원할 것을 발표하였다. Core Math 프로젝트는 케임브리지 대학교의 수학 과학 센터 전문가들과 교육부의 협력과 재정지원 하에 시작하였고, 교사들이 온라인 교수 자료를 무료로 사용할 수 있게 되어 큰 성공을 거두었다. 특히 이 프로그램은 학생들이 잘 몰랐던 수학의 서로 다른 분야들 간의 연관관계를 강조하여 학습자로 하여금 수학의 핵심 개념에 대한 이해를 심화시키는 데 도움을 주었다. 교육부에서 한 때 예산 중단을 말하였으나, 수학교육 관련 단체와 현장 교사의 반대로 교수 자료의 지속적인 사용과 보다 많은 청소년들이

* 이후 스미스 보고서라 함

수학을 선택하여 학습할 수 있도록 수학지원 프로그램(Further Maths Support Programme) 및 35개 Mathhubs 네트워크 등을 포함한 일련의 계획에 지속적으로 재정지원을 하기로 하였다.

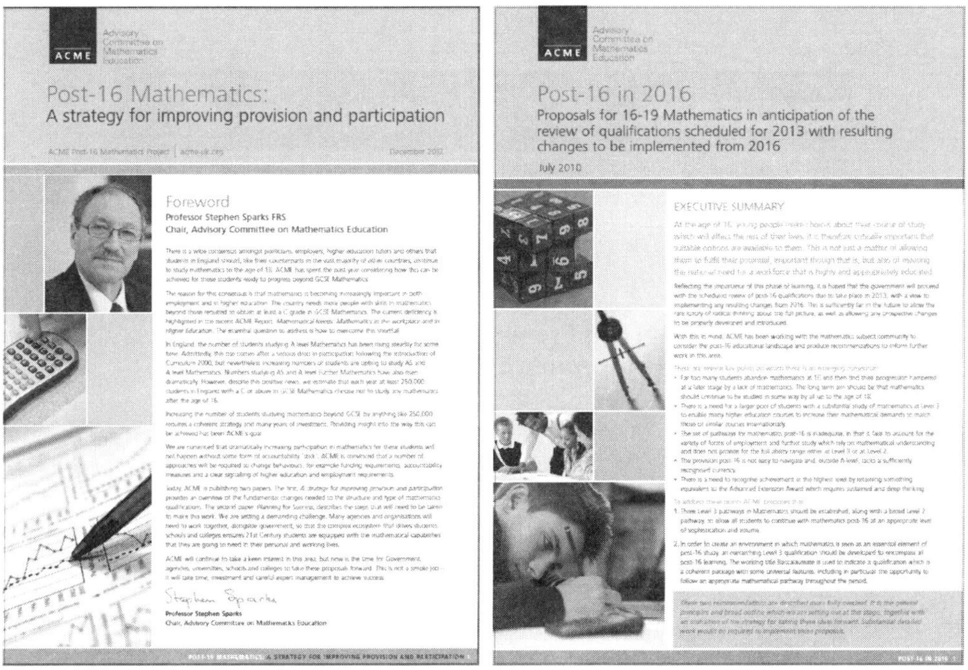

[그림 2-3] 영국 16세 이후 수학에 대한 ACME의 보고서*

2018년 2월 교육부 Nick Gibb 장관과 재무 장관은 런던의 Lilian Bayliss Technology School을 방문하여 학교와 대학에서 수학을 공부하는 학생 수를 증가시키기 위한 새로운 기금인 Advanced Maths Premium을 발표했다.** 고급 수학 자격증이나 Core Math 자격증을 소지한 학생들에게 600파운드의 보험료를 지급할 것이며, 이로써 영국 정부가 학생들이 미래에 성공할 수 있는 기술을 가지도록 도와준다는 것이다. 특히 여학생과 저소득층 학생들이 16세 이후에도 수학을 지속적으로 공부할 수 있도록 지원하기로 하였다. 2030년까지 추가 자금을 지원하여 학생들의 수학교육의 질을 향상시킬 것이며, 학생들이 더 많이 수학을 공부하여 미래의 직업을 준비하도록 한다는 것이다.

---

* http://www.acme-uk.org/policy-advice/qualifications-and-assessment/mathematics-for-all-to-18 (2019년 10월 8일 검색)

** https://www.gov.uk/government/news/new-advanced-maths-premium-can-open-more-doors-for-young-people (2019년 10월 8일 검색)

영국 정부는 증액되는 예산을 보다 많은 학습자들이 A-level 시험의 수학과목을 수강하거나 Core Math 시험에 응시하도록 지원하는데 사용될 것이라고 발표하였다. 또한 영국에서는 현재 직업 및 기술 공학과 관련된 분야로 진학을 희망하는 학생을 위한 T-level 수학 및 자격시험을 개발 중이며 이를 고용주들과 협력하여 개발하고 있다.

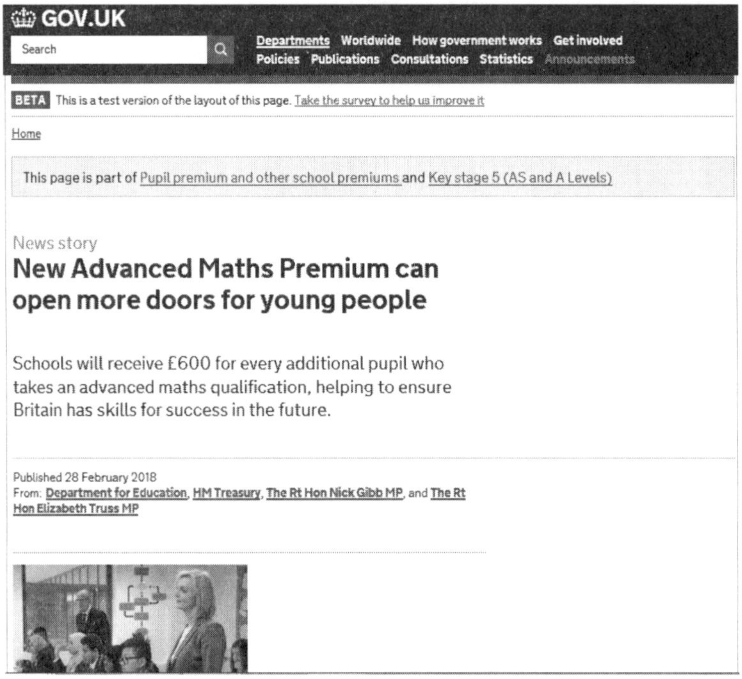

[그림 2-4] Advanced Maths Premium에 대한 영국 교육부의 발표*

2.3 내용 개발 및 자격 시험 개정

영국에서는 GCSE 시험 이후 보다 많은 학생들이 수학을 선택하여 학습하도록 Core-Math 개발 및 자격시험을 개발하여 시행하고, T-level 수학 개발이 이루어지고 있다. 또한 전공과 관련된 대학 입시를 준비하는 학생들이 수학을 공부하도록 기존의 A-level 수학의 내용 및 자격시험 개정하였다.

* https://www.gov.uk/government/news/new-advanced-maths-premium-can-open-more-doors-for-young-people (2019년 10월 8일 검색)

2.3.1 A-level, AS-level 수학 자격시험 개정

영국의 대학입학 수학시험은 GCE A-level 시험으로, 정부(Ofqual: Office of Qualifications and Examinations Regulation)의 승인을 받은 5개 기관이 출제와 시행을 담당한다(남진영, 탁병주, 2016). Ofqual에서는 2013년부터 학생들의 역량을 강화시키는 방향으로, 고등학교 졸업 후 진출하는 직업 또는 학업을 위해 보다 더 준비되도록 새로운 대학입학시험을 준비해 왔다. 또한 '스미스 보고서(Report of Professor Sir Adrian Smith's review of post-16 Mathematics)'에 따르면, 지난 10년 동안 A-level 수학을 수강하는 학생 수는 2003년 50,612명에서 2013년 88,060명으로 74% 증가했고 같은 기간 동안 고급 수학을 습득하는 학생들이 5,315명에서 13,821명으로 160% 훨씬 더 크게 증가했다. A-level을 선택하는 학생 수는 기록상 가장 높았지만, 16세 이후에 수학을 배우는 학생들은 전체 학생수의 약 20%뿐이며 영국의 A-level 수학을 선택하는 비율은 다른 선진국들에 비해 여전히 낮았다. 또한 A-level 과목을 준비하는 학생 중 수학 과목을 선택하는 여학생의 비율이 남학생에 비해 적고, 백인이 50%, 동양인이 80%로 그 차이가 많았다. 따라서 대학에서 화학, 경제, 컴퓨터 과학 등 많은 중요한 과목의 강사들이나 A-level 수학을 취득한 학생들이 없는 경우가 있었다. 따라서 A-level 수학의 필요성, ACME 제언, 여러 가지 증거 기반 보고서(ALCAB report)에 따라, A-level 평가 개선을 위한 워킹그룹을 모집하여 A-level 평가를 개정하게 된다.

ACME는 2014년 8월 28일 수학교육 전반의 대표자들과 토론회를 개최하였고 전문가들의 원탁회의 등을 거쳐 2014년 9월 AS/A-level 수학 및 추가 수학, 수학 평가 등 수학의 내용에 대해 협의한 의견을 영국 교육부에 제출했다. ACME는 더 많은 문제 해결 능력과 모델링을 포함해야 하고, 많은 부분에 대한 전문적 개발에 상당한 투자가 필요하며, 교사들과 학생들이 새로운 수학 자격요건을 어렵게 생각하지 않도록 주의해야 한다고 제언하였다.*

2017년 9월부터 개정된 A-level 수학이 수업에서 운영되었고, 2019년도부터 개정된 내용의 자격시험이 시행되었다. 문제 해결능력, 추론 및 모델링이 더 많이 강조되었고, 관련 교수와 학습을 보급하기 위한 기술(공학적 도구) 사용에 대한 요구가 있었다. 개정된 A-level의 가장 큰 변화는 기존 A-level 시험에서 시행되던 순수수학 자격은 폐지되고, 수학, 심화수학 자격만으로 단순화된다. 다만 기관에 따라 (심화) 통계 자격을 마련하여 별도로 시험을 치르기도 한다. 이러한 자격의 조정은 순수수학과 응용수학이 조화를 이루게 하고, 자격 간 중복되는 내용이 없도록 하기 위한 것으로, A-level 수학 자격과 심화수학 자격

---

* 개정 일정과 내용에 대한 자세한 내용은 다음을 참조.
http://www.acme-uk.org/policy-advice/qualifications-and-assessment/mathematics-for-all-to-18/a-level-mathematics/a-level-mathematics-2013-14-in-detail (2018년 12월 23일 검색)

A level Mathematics

Home
About ACME
Maths Snapshots
Policy advice
Ongoing work
Curriculum
Qualifications and assessment
MATHEMATICS FOR ALL TO 18
ASSESSMENT AND ACCOUNTABILITY
Teacher education and development
Early Years
ACME publications
News
Events
Contact ACME
Maths Memos - ACME blog
Follow ACME on Twitter @ACMEmaths
Sign up for ACME's newsletter
Read ACME's Maths Memos blog

ACME response to the Department for Education consultation on reformed GCSE and A level subject content consultation.

ACME response to Ofqual consultation 'Developing new GCSE, A level and AS qualifications for first teaching in 2016'.

What is the issue?

Mathematics A level entries in England have risen since 2002 from 44,000 to over 80,000 in 2013. Further Maths has almost doubled in the last few years to nearly 13,000 in 2013.

However, participation rates in A level Maths in England remain low relative to other developed countries, with only circa 20% of students taking maths post-16.

A level reform

A decision was made by Professor Mark Smith that the reform of A level Mathematics and Further Mathematics should be delayed to 2016.

The A level Content Advisory Board (ALCAB) was asked by the Department for Education to develop content for the new A level Mathematics and Further Mathematics qualifications. See here for the ALCAB report from the mathematics and further mathematics panel.

On 1 December 2014 Nick Gibb, Minister of State for School Reform, wrote to Ofqual to accept the recommendation to defer first teaching of the new mathematics and further mathematics A/AS levels until September 2017.

Professor Stephen Sparks, Chair of ACME said:

'I welcome that the new mathematics A levels will now be introduced in autumn 2017. This decision follows the advice given by ACME and the mathematics community that a delay was needed to help safeguard the increasing numbers of students taking mathematics at A level. The delay allows more time for considered preparation for teaching, learning and assessment. The extra year also means that those taking the new A levels will now have taken the reformed GCSE Mathematics, helping to ensure a coherent learning pathway for students.'

The A Level Content Advisory Board (ALCAB) issued a press notice welcoming the delay in introduction of the new mathematics and further mathematics A levels.

A level Mathematics and Further Mathematics will now be introduced for first teaching in September 2017. Ofqual announced that it will convene an A level Mathematics Working Group.

ACME and A level reform

ACME has engaged deeply with the A level reform process. As well as publishing a range of publications and correspondence, see here if you are interested in more detail, ACME has also been involved in information sharing activities with a range of organisations and individuals from the mathematics education community.

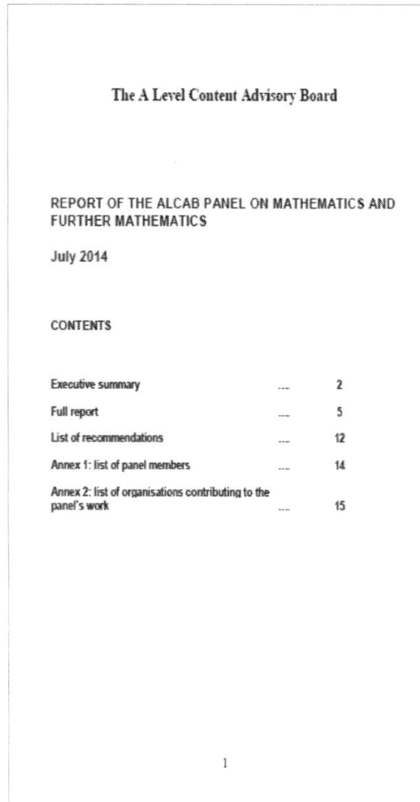

The A Level Content Advisory Board

REPORT OF THE ALCAB PANEL ON MATHEMATICS AND FURTHER MATHEMATICS

July 2014

CONTENTS

Executive summary	...	2
Full report	...	5
List of recommendations	...	12
Annex 1: list of panel members	...	14
Annex 2: list of organisations contributing to the panel's work	...	15

1

[그림 2-5] 영국 A-level, AS-level 수학 개정 내용과 보고서*

은 모두 순수수학과 응용수학을 필수로 한다. 개정된 A-level에서는 평가 목표를 표준적인 기술의 사용, 수학적 추론 및 의사소통, 문제해결의 세 영역으로 나누고 각 영역에서 구체적인 목표를 상세하게 제시하고 있다. 수학적 모델의 사용과 현실 문맥의 수학적 전환 이해는 문제해결 영역으로 합쳐졌고, 테크놀로지의 효과적 사용은 평가목표에서 제외되었다. 그러나 기존에는 계산기 없이 치러야 하는 시험이 있었지만 개정된 A-level 시험에서는 모든 시험에서 계산기 휴대가 허용된다. 개정된 A-level 시험에서는 필수로 치러야 하는 부분이 강화되었다(남진영, 2018). 영국 A-level 시험은 모든 문항이 서답형으로 결과보다 풀이과정을 중요하게 평가하는 체제이다. 개정된 자격시험에서는 순수수학과 응용수학을 모두 포함하도록 하면서 수학적 모델링을 강화를 통한 문제해결 능력과 탐구능력 평가하고자 하였다. 또한 수학적 주장의 타당성을 평가하고 수학적 언어와 기호를 올바르게 사용하여 자신

* http://www.acme-uk.org/policy-advice/qualifications-and-assessment/mathematics-for-all-to-18/a-level-mathematics (2019년 10월 3일 검색)

의 추론을 정당화하는 수학적 의사소통과 현실을 수학적 모델로 표현하는 새로운 유형의 평가 문항을 개발하여 시행하고 있다.

[그림 2-6] 영국 A-level, AS-level 개정에 따른 교사 안내*

최근 A-level 시험에서 각 교과에 수학과 관련된 요구사항이 포함되었다. 예를 들어, 심화 물리학(Advanced level Physics)의 평가의 40%는 (물리학의) 수학이어야 하고, 화학은 전체의 20% 정도이다(McAlinden & Noyes, 2017). 그리고 [그림 2-6]과 같이 개정된 자격시험과 예시 문항 등이 안내되고 있다.

* https://mei.org.uk/cpd (2018년 12월 23일 검색)

2.3.2 Core Math 개발 및 적용

영국은 매년 25만 명의 학생들이 적어도 GCSE 수학시험에서 C학점 이상을 받지만 AS/A-level의 수학을 선택하지는 않으므로 미래 영국 사회 및 개인의 발전에 문제가 된다고 생각하였다. 이에 따라 Core Math를 개발하고 자격시험을 시행하였는데, A-level 수학과는 구별되고 다양한 수학적 접근법을 사용하는 현실적 문제 해결에 중점을 두며, A-level 수학을 하는 데도 도움이 된다. 특히 영국의 모든 젊은이들이 18세까지 적절한 수학을 공부하고 참여해야 한다는 ACME의 원칙을 제시하고 있다.

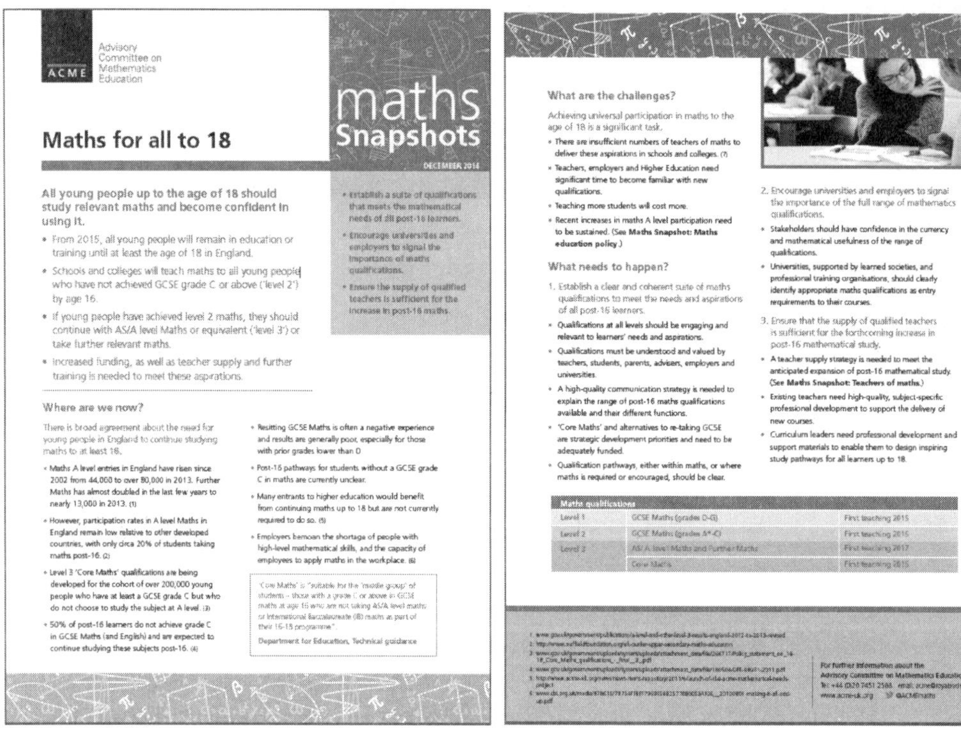

ACME Advisory Committee on Mathematics Education

maths Snapshots

DECEMBER 2014

Maths for all to 18

All young people up to the age of 18 should study relevant maths and become confident in using it.

- From 2015, all young people will remain in education or training until at least the age of 18 in England.
- Schools and colleges will teach maths to all young people who have not achieved GCSE grade C or above ('level 2') by age 16.
- If young people have achieved level 2 maths, they should continue with AS/A level Maths or equivalent ('level 3') or take further relevant maths.
- Increased funding, as well as teacher supply and further training is needed to meet these aspirations.

- Establish a suite of qualifications that meets the mathematical needs of all post-16 learners.
- Encourage universities and employers to signal the importance of maths qualifications.
- Ensure the supply of qualified teachers is sufficient for the increase in post-16 maths.

Where are we now?

There is broad agreement about the need for young people in England to continue studying maths to at least 18.

- Maths A level entries in England have risen since 2002 from 44,000 to over 80,000 in 2013. Further Maths has almost doubled in the last few years to nearly 13,000 in 2013. (1)
- However, participation rates in A level Maths in England remain low relative to other developed countries, with only circa 20% of students taking maths post-16. (2)
- Level 3 'Core Maths' qualifications are being developed for the cohort of over 200,000 young people who have at least a GCSE grade C but who do not choose to study the subject at A level. (3)
- 50% of post-16 learners do not achieve grade C in GCSE Maths (and English) and are expected to continue studying these subjects post-16. (4)
- Resitting GCSE Maths is often a negative experience and results are generally poor, especially for those with prior grades lower than D
- Post-16 pathways for students without a GCSE grade C in maths are currently unclear.
- Many entrants to higher education would benefit from continuing maths up to 18 but are not currently required to do so. (5)
- Employers bemoan the shortage of people with high-level mathematical skills, and the capacity of employees to apply maths in the workplace. (6)

'Core Maths' is "suitable for the 'middle group' of students – those with a grade C or above in GCSE maths at age 16 who are not taking AS/A level maths or International Baccalaureate (IB) maths as part of their 16-18 programme".
Department for Education, Technical guidance

What are the challenges?

Achieving universal participation in maths to the age of 18 is a significant task.

- There are insufficient numbers of teachers of maths to deliver these aspirations in schools and colleges. (7)
- Teachers, employers and Higher Education need significant time to become familiar with new qualifications.
- Teaching more students will cost more.
- Recent increases in maths A level participation need to be sustained. (See **Maths Snapshot: Maths education policy**.)

What needs to happen?

1. Establish a clear and coherent suite of maths qualifications to meet the needs and aspirations of all post-16 learners.
   - Qualifications at all levels should be engaging and relevant to learners' needs and aspirations.
   - Qualifications must be understood and valued by teachers, students, parents, advisers, employers and universities.
   - A high-quality communication strategy is needed to explain the range of post-16 maths qualifications available and their different functions.
   - 'Core Maths' and alternatives to re-taking GCSE are strategic development priorities and need to be adequately funded.
   - Qualification pathways, either within maths, or where maths is required or encouraged, should be clear.
2. Encourage universities and employers to signal the importance of the full range of mathematics qualifications.
   - Stakeholders should have confidence in the currency and mathematical usefulness of the range of qualifications.
   - Universities, supported by learned societies, and professional training organisations, should clearly identify appropriate maths qualifications as entry requirements to their courses.
3. Ensure that the supply of qualified teachers is sufficient for the forthcoming increase in post-16 mathematical study.
   - A teacher supply strategy is needed to meet the anticipated expansion of post-16 mathematical study. (See **Maths Snapshot: Teachers of maths**.)
   - Existing teachers need high-quality, subject-specific professional development to support the delivery of new courses.
   - Curriculum leaders need professional development and support materials to enable them to design inspiring study pathways for all learners up to 18.

Maths qualifications		
Level 1	GCSE Maths (grades D-G)	First teaching 2015
Level 2	GCSE Maths (grades A*-C)	First teaching 2015
Level 3	AS/A level Maths and Further Maths	First teaching 2017
	Core Maths	First teaching 2015

For further information about the Advisory Committee on Mathematics Education:
Tel: +44 (0)20 7451 2588 email: acme@royalsociety.org
www.acme-uk.org @ACMEmaths

[그림 2-6] 18세까지의 모든 젊은이를 위한 수학에 대한 ACME의 blueprint*

Core Math는 학생들이 수학을 사용하여 다른 과목, 고등교육, 직장의 수학적 요구에 더 잘 적응하기 위해 의미 있는 수학적 문제들을 해결하도록 하기 위한 자격시험이다. Core Math는 GCSE에서 최소한 4급 이상(공식적으로 3급)을 획득한 학생들을 위한 새로운 3급 자격이며, 직장, 학업, 일상생활에서 이를 적용할 수 있는 실무 능력을 개발하고자 하는 것이다. GCSE의 주제(수, 기하, 함수, 대수, 이산수학, 확률, 통계, 경제 수학 등)를 강화하는

* http://www.acme-uk.org/media/20266/mathsto18.pdf (2019년 10월 8일 검색)

내용으로 자신의 진로에 따라 선택권이 강화되었다고 할 수 있다.

Core Math를 개발하기 위한 Nuffield Foundation 보고서의 후속 연구인 "Towards universal participation in post-16 mathematics: lessons from high-performing countries" 상위 중등수학교육에 대한 국제 비교연구(Hodgen et al., 2010)에서 24개국의 수학교육에 관해 여러 가지 사항을 조사, 비교하여 권고사항을 제시하였다. 또한 ACME는 GCSE 수학 이상의 공부를 할 준비가 되어 있는 학생들을 위해 무엇을 해야 하는지에 관해 조사하였고 패널 보고서 등을 제시하였다.

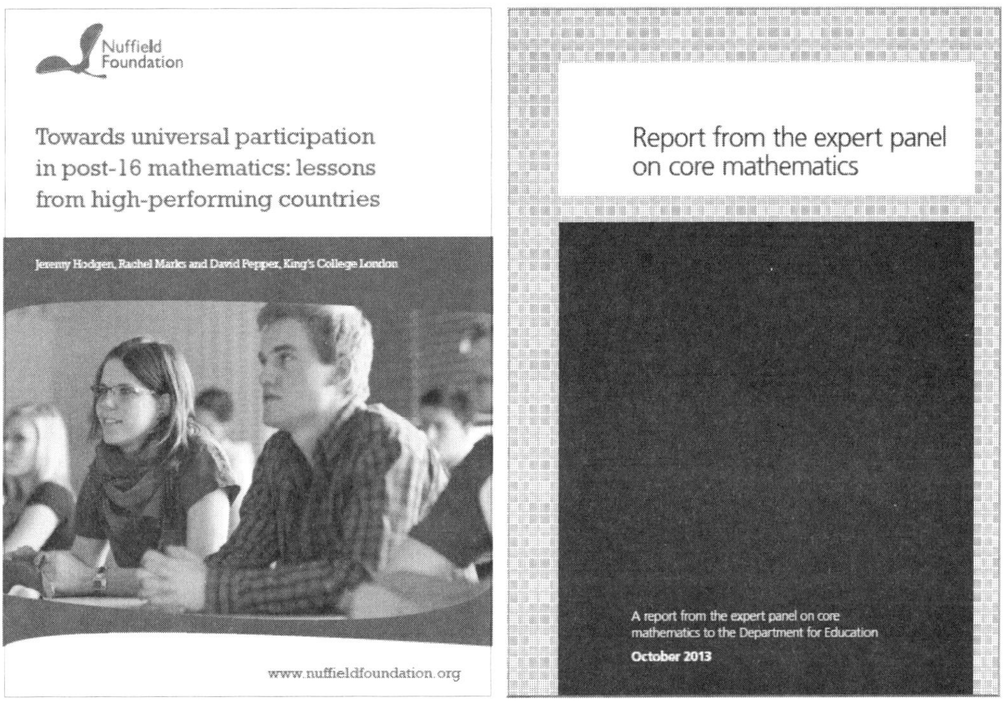

[그림 2-7] 영국의 Core Math 개발을 위한 보고서*

ACME는 Core Math 지원 프로그램(2016년 9월까지 교육부가 지원)의 자격요건이 성공하기 위해서, 자격의 중요성을 고등교육과 고용주들에게 분명히 밝히고 이 정책을 구현하는데 관여하는 사람들을 지속적으로 지원하도록 하였다. 또한 Core Math 자격을 홍보하고 개발하고자 하는 사람들을 위한 전략적 조언 등을 하였다. ACME는 자격요건의 성공을 보장하기 위해 다음과 같이 구현 가능한 계획과 로드맵을 개발하였다.

---

* http://www.acme-uk.org/media/13699/final%2007october2013,%20expert%20panel%20on%20core%20mathematics%20report.pdf (2019년 10월 3일 검색)

Post-16 mathematics: Core Maths

Home
About ACME
Maths Snapshots
Policy advice
Ongoing work
Curriculum
Qualifications and assessment
MATHEMATICS FOR ALL TO 18
ASSESSMENT AND ACCOUNTABILITY
Teacher education and development
Early Years
ACME publications
News
Events
Read ACME's Maths Memos blog

What's the issue?

Every year, around 250,000 young people obtain at least a GCSE grade C in mathematics but do not chose to study the subject at AS/ A level. The new Core Maths suite of qualifications is aimed at these students.

ACME was closely involved in the shifts necessary for these qualifications to come into place, having long called for such a qualification as an alternative to AS/ A level study in mathematics and further mathematics. ACME worked closely with a range of stakeholders in the mathematics community and beyond to argue that a new post-16 qualification should sit within a clear, simple suite of distinctive and well-understood qualifications.

Increasing the numbers of students studying mathematics beyond GCSE by anything like 250,000 requires a coherent strategy and many years of investment. Providing insight into the way this can be achieved has been ACME's goal.

Timeline

July 2010: ACME published Post-16 in 2016 calling for more options for students to continue their mathematical education up to 18.

June 2011: ACME published Mathematical Needs: Mathematics in the workplace and in Higher Education estimating that 330,000 entrants to higher education would benefit from recent experience of studying mathematics, but that fewer than 125,000 have this.

February 2012: ACME published Bridging the Mathematics Gap: Have Your Say asking for the mathematical community's advice on the development of a course for students who did not currently take A-level mathematics but needed to continue with mathematics.

December 2012: ACME published Post-16 mathematics: increasing provision and participation and Post-16 mathematics: planning for success. The first report outlined four key strategies for increasing the number of young people studying mathematics up to the age of 18, including the introduction of a new post-16 mathematics qualification. The second report outlined the steps that needed to be taken to make this work.

Spring/ Summer 2013: ACME was asked by the Department for Education to convene an expert panel on post-16 Core Maths qualifications. The remit of the panel was to draft clear guidelines to inform the development of a new Level 3 mathematics qualification, to be used by the Department for Education to decide which qualifications should be counted as 'Core Maths'. The expert panel met between July and September 2013.

October 2013: The expert panel submitted their report to the Department for Education.

January 2014: The Department for Education published a policy statement on the introduction of post-16 Core Maths qualifications in response to the expert panel report. In an informal response, ACME welcomed the introduction of Core Maths and in principle supported the breadth of measures outlined by the Department for Education.

February 2014: ACME responded to the Department for Education i nformal consultation on the characteristics of Core Maths.

Autumn 2014: The Department for Education announced funding for schools and colleges to become early adopters of Core Maths qualifications.

December 2014: Six new Core Maths qualifications were accredited by Ofqual.

December 2014: ACME published a Maths Snapshot Maths for all to 18 outlining that all young people should study maths up to 18.

September 2014-2016: The Core Maths Support Programme is supporting schools and colleges in offering Core Maths from September 2015 onwards.

September 2015: Core Maths qualifications available.

[그림 2-8] 영국 ACME의 Core Math 관련 내용 및 개발 일정 안내*

* http://www.acme-uk.org/policy-advice/qualifications-and-assessment/mathematics-for-all-to-18/core-maths (2018년 12월 23일 검색)

Core Math는 실제적인 수학적 능력을 유지하고 발전시키기 위해 고안된 것으로 학생들이 이론적이거나 추상적인 것을 학습하는 것이 아니라 직장, 학업, 일상적인 삶에서 적용할 수 있는 내용을 다룬다. 대부분의 Core Math 과정은 경제학 맥락을 포함하며, 과학, 지리학, 경영학, 경제학, 심리학과 같은 다른 A-level의 과목을 학습하는 데 도움이 되도록 하고 있다.* 그리고 교사와 학생들에게 자세한 안내 및 자료를 제공하고 있으며 Core Math 자격시험을 대비할 수 있도록 제시하고 있다.

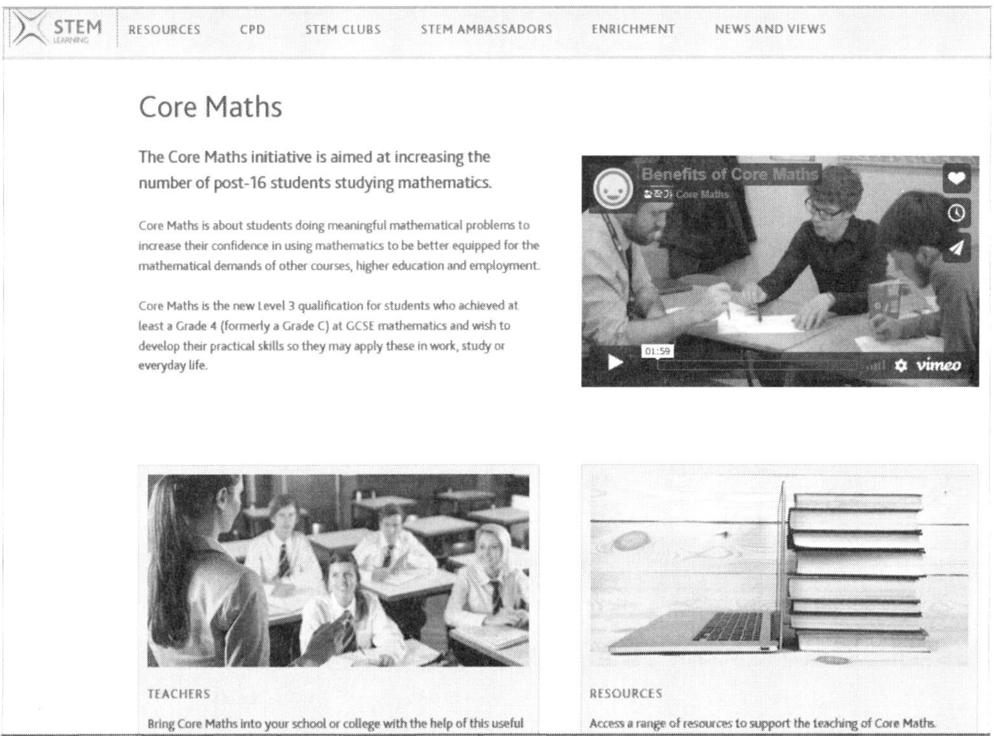

[그림 2-9] 영국 Core Math에 대한 학생, 교사, 학교를 위한 안내**

다음 [그림 2-10]은 Core Math의 관련 분야와 교수·학습 자료로서 문제 해결에 초점을 맞추고 있다. Core Math는 의미 있는 맥락에서 GCSE의 내용을 상위 수준의 주제와 연계하여 강화하고 수학의 핵심개념에 대한 이해를 심화시키는 데 도움을 준다.

* https://www.stem.org.uk/core-maths (2018년 12월 23일 검색)

** https://www.stem.org.uk/core-maths (2018년 12월 23일 검색)

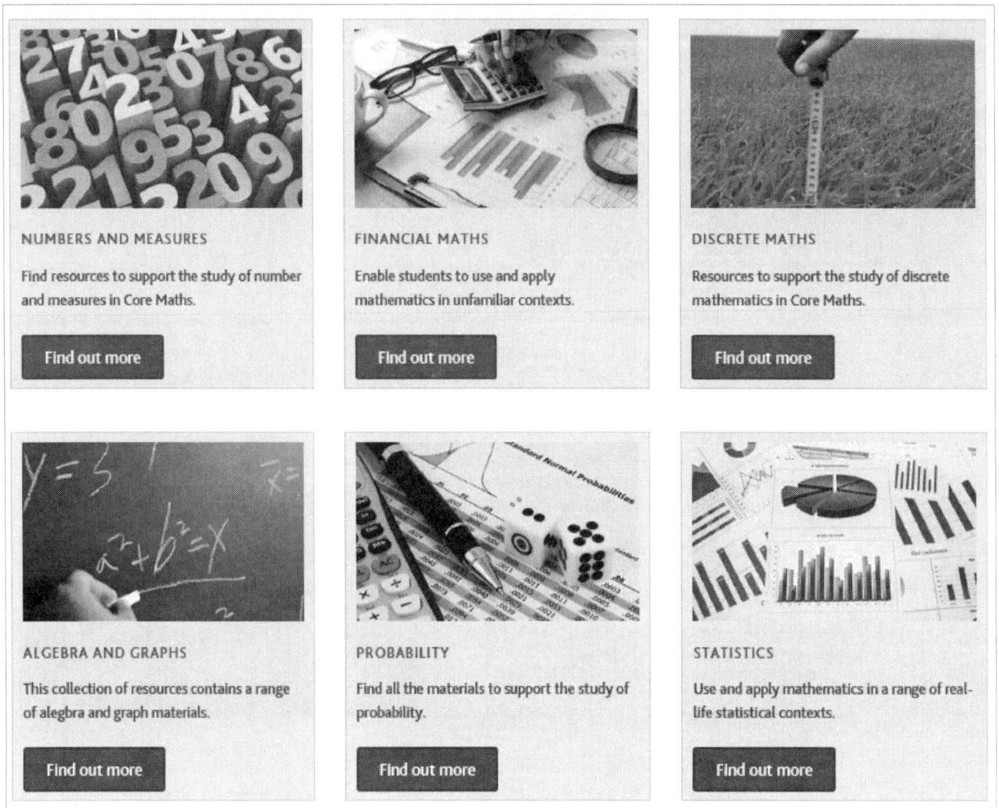

[그림 2-10] Core Math 관련 분야 및 학습 자료*

기존의 A-level 수학 자격시험처럼 2014년도 처음으로 Core-Math에 대한 수업을 시작하여 2016년에 Core Math 자격시험을 시행함으로써 16세 때 GCSE 시험을 본 후에도 모든 학생이 수학을 지속적으로 학습하게 하였다. 이 자격시험을 시행하면서 교사들에게는 출제 문항 및 채점 기준 등에 대한 가이드라인을 제시하였다.

* https://www.stem.org.uk/core-maths/resources (2018년 12월 23일 검색)

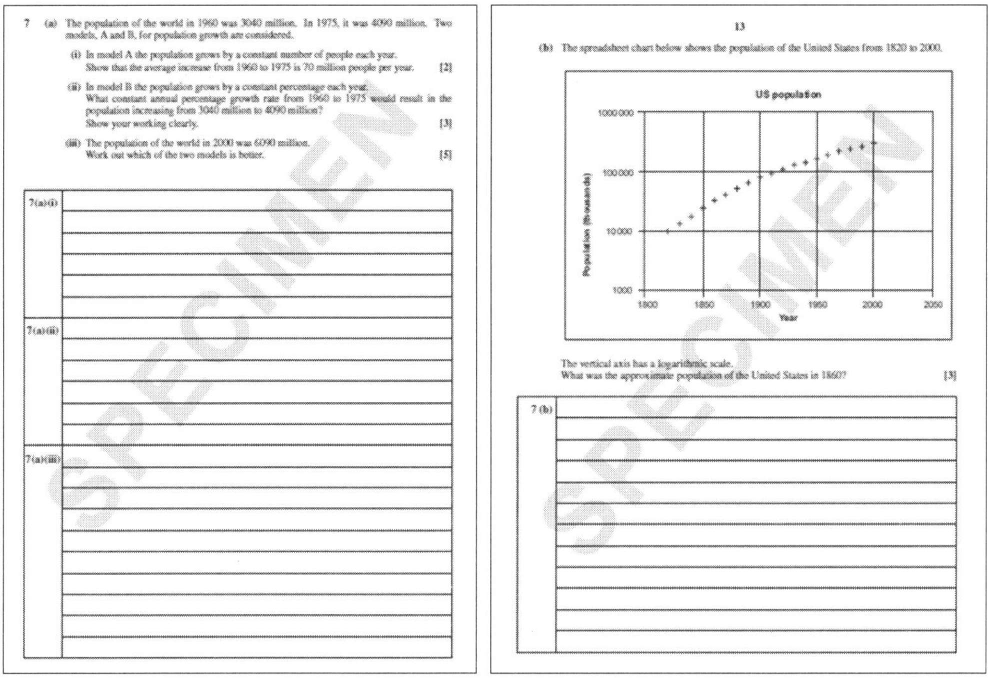

7 (a) The population of the world in 1960 was 3040 million. In 1975, it was 4090 million. Two models, A and B, for population growth are considered.

(i) In model A the population grows by a constant number of people each year.
Show that the average increase from 1960 to 1975 is 70 million people per year. [2]

(ii) In model B the population grows by a constant percentage each year.
What constant annual percentage growth rate from 1960 to 1975 would result in the population increasing from 3040 million to 4090 million?
Show your working clearly. [3]

(iii) The population of the world in 2000 was 6090 million.
Work out which of the two models is better. [5]

7(a)(i)

7(a)(ii)

7(a)(iii)

13

(b) The spreadsheet chart below shows the population of the United States from 1820 to 2000.

The vertical axis has a logarithmic scale.
What was the approximate population of the United States in 1860? [3]

7 (b)

[그림 2-11] Core Math 자격시험 문항 사례*

2.3.3 T-level Math 개발

T-level 수학은 A-level 수학과 동등한 과정으로서 직업과 기술 공학과 관련된 분야로 진학을 원하는 학생들을 위한 수학으로 개발되는 중이다. 영국 정부는 숙련된 노동자 연수 및 경제 부흥을 위한 목적으로 직업교육 및 기술교육 분야에 연간 5억 파운드(약 6,985억 원)를 추가로 지원할 계획임을 밝혔다(한국교육개발원, 2017). 영국의 생산성 악화를 해결하여 삶의 수준을 개선하기 위해 이러한 변화를 시도하고 있다. 기존의 A-level 자격시험을 위한 수학 내용은 오랫동안 16세 이후 학업을 위한 과정과 기술/직업을 위한 과정 사이에서 도움이 되지 못하였다. 영국에서는 그동안 16세 이후 ‘미래의 직업에 대비하여 공부할 필요가 있는 것’보다는 능력에 근거하였기 때문에 영국에는 독일과 같은 고급 기술 자격 문화가 존재하지 않는다는 것이다(McAlinden & Noyes, 2017). 필립 하몬드(Philip Hammond) 장관은 영국이 브렉시트 이후 미래의 경제를 대비하기 위해 젊은이의 연수와 숙련도 향상에 더 큰 노력을 경주할 필요가 있음을 지적하였다. 그리고 채용 시에도 학업을 위한 과정과 기술/직업을 위한 과정이 동등하게 그 가치를 존중받도록 새로운 계획 하에 기존의 수 천개

* Level 3 Certificate Quantitative Problem Solving (MEI) H867/01 Introduction to Quantitative Reasoning Sample Question Paper. pp.12–13.

의 자격증들이 각기 다른 산업분야에 맞도록 15개의 T-level 연수 경로로 대체될 것이라고 하였다.

2020년 9월부터 건설, 디지털, 교육, 육아 등의 교육과정이 처음으로 도입되고, 2021년부터 22개의 교육과정이 추가로 개설될 예정이며, 여기에는 재무 및 회계, 엔지니어링 및 제조, 창의적 디자인 등의 분야가 포함될 예정이다.* T-level에서 수학에 대해 생각할 수 있는 틀이 제안되었다. 이것은 10가지 일반적인 수학 능력들로 구성되는데, 유용한 기술들의 집합을 모두 포괄할 수 있을 뿐만 아니라 기술/직업 맥락에서 수학을 하는 광범위한 적용 방법들과 연결될 수 있다. 현재 수학적 요소가 어떻게 지도될지는 명확하지 않지만** 수학 전문가와 협력하여 상황과 관련된 수학 학습을 설계할 수 있도록 지원하고 있는 중이다.

News story

New T Levels mark a revolution in technical education

Education Secretary names the first 54 colleges and other providers set to teach T Levels.

Published 27 May 2018
From: Department for Education, The Rt Hon Damian Hinds MP, and The Rt Hon Theresa May MP

The first 54 colleges and post-16 providers to teach new T Levels were named today (27 May) as Education Secretary Damian Hinds set out his vision for a world-class technical education system.

T Levels are courses, which will be on a par with A levels and will provide young people with a choice between technical and academic education post 16.

Courses in construction, digital and education & childcare will be first taught from September 2020. A further 22 courses will be rolled out in stages from

Related content

Further and higher education courses and qualifications

Degrees, diplomas, funding, 16 to 19 study programmes, conditions of funding, component levels, course directory, what qualification levels mean.

16 to 19 funding: large programme uplift

Criteria for determining whether a qualification is relevant for the purposes of the Education and Skills Act 2008

What qualification levels mean

[그림 2-12] 영국 T-level에 대한 소개(영국 교육부)***

* https://www.gov.uk/government/news/new-t-levels-mark-a-revolution-in-technical-education (2018년 12월 23일 검색)

** 공식적이지는 않지만 노팅엄 대학교에서 조직한 것은 1. Measuring with precision, 2. Estimating, calculating and error spotting 3. Working with proportion 4. Using rules and formulae 5. Processing data 6. Understanding data 7. Representing with mathematical diagrams 8. Communicating using mathematics 9. Costing a project 10. Optimising work processes 이다.

*** https://www.gov.uk/government/news/new-t-levels-mark-a-revolution-in-technical-education (2019년 10월 8일 검색)

2.4 통계교육에서 빅데이터 사용

영국은 빅데이터의 잠재적인 활용 가능성에 크게 주목하기 시작하면서, 의학 및 마케팅 분야의 핵심적인 요소로서 통계와 더불어 빅데이터를 강조하고 있다. 데이터 과학 및 빅데이터의 사용은 현재 통계 교수요목에 대한 주요한 변화로 논의되고 있다. 이것은 학교 내의 교수학습의 문제보다는 평가에서 문제점에 대한 많은 우려가 있지만 계속 진행 중이다.* 국가적 차원에서 통계와 빅데이터에 대한 지식과 기술을 발전시키기 위해서 중등학교 학생들의 GCSE와 A-level 시험에도 관련 내용을 포함하는 것을 논의해왔다. 이에 따라 A/AS-level의 수학 내용 중 빅데이터와 관련하여 다음과 같이 안내하고 있다. 첫째, 하나 이상의 실제 데이터로서 탐구할 수 있는 자료와 해석을 위해 풍부한 내용을 가지고 기술을 사용할 수 있는 충분한 크기의 대용량의 빅데이터를 사용할 수 있어야 한다. 둘째, 스프레드시트 또는 전문 통계 패키지와 같은 도구를 사용하여 데이터를 탐색, 요약한다. 셋째, 그래프 표현이나 요약된 실제 데이터를 해석할 수 있어야 한다. 넷째, 실제 맥락에서 발생하는 질문을 탐구할 수 있는 데이터의 사용이 요구된다. 현재 이에 대한 자격시험을 위한 평가 방안, 평가 문항 사례 등이 제시되고 있다.

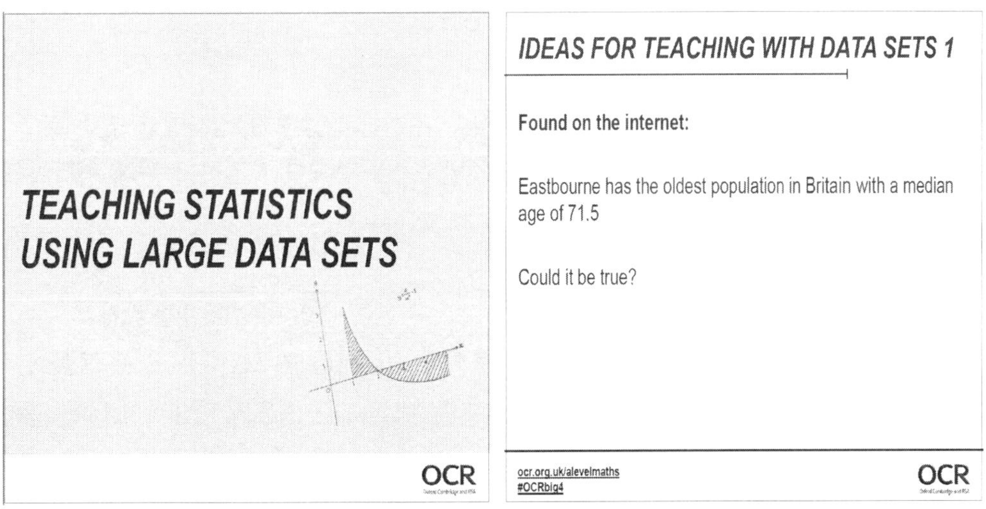

[그림 2-13] 영국 빅데이터 사용 관련 교수 및 평가 안내**

* https://www.ocr.org.uk/Images/359087-teaching-statistics-using-large-data-sets.pdf (2018년 12월 23일 검색)

** http://www.ocr.org.uk/Images/359087-teaching-statistics-using-large-data-sets.pdf (2018년 12월 23일 검색)

2.5 컴퓨팅 사고의 강조

영국은 학생들이 미래 사회를 대비하도록 컴퓨팅 사고에 대한 내용을 초등 교육에서부터 도입한다*. 컴퓨터는 문제를 해결하는 데 도움을 줄 수 있으며, 문제가 해결되기 전에 그 문제 자체와 그것이 해결될 수 있는 방법을 이해할 필요가 있는데, 컴퓨팅 사고가 이것을 할 수 있다는 것이다. 컴퓨팅 사고는 복잡한 문제를 가지고 문제가 무엇인지 이해하고 가능한 해결책을 개발할 수 있게 한다. 이런 해결책들을 컴퓨터나 인간, 또는 둘 다 이해할 수 있는 방식으로 제시할 수 있다. 그러나 컴퓨팅 사고는 프로그래밍(programming)이 아님을 매우 강조하고 있다. 컴퓨터처럼 생각하는 것이 아니라 컴퓨터가 할 것에 대해 지시하고자 하는 것을 정확히 알아낼 수 있게 해준다. 예를 들어, 여러분이 가본적이 없는 곳에서 친구를 만나기로 했다면, 먼저 찾아갈 길에 대해 계획을 세울 것이다. 이용할 수 있는 경로, 가장 짧은 경로, 가장 빠른 경로, 또는 가장 좋아하는 장점을 지나는 경로 등을 생각할 수 있다. 그런 다음 단계별 지시에 따라 만나는 장소에 도착할 것이다. 이 경우 계획 부분이 컴퓨팅 사고이며, 지시를 따르는 것이 프로그래밍과 같다. 컴퓨팅 사고의 네 가지 핵심 역량(기초)은 다음과 같다.

- 분해(decomposition) - 복잡한 문제 또는 시스템을 작고 관리하기 쉬운 부분으로 분할
- 패턴 인식(pattern recognition) - 문제 사이의 유사점을 찾기
- 추상화(abstraction) - 관련 없는 세부 사항을 무시하고 중요한 정보에만 집중
- 알고리즘(algorithms) - 단계별 해결책을 개발하거나 문제를 해결하기 위해 따라야 할 규칙을 설계

컴퓨팅 사고의 4가지 역량은 탁자의 다리와 같으며 한쪽 다리가 없어지면 탁자가 무너지는 것과 같다. 4가지 역량을 모두 올바르게 적용하면 컴퓨터를 프로그래밍 할 때 도움이 되며, 다음과 같이 각 역량에 대한 자료를 제공하고 학습할 수 있도록 안내하고 있다.

---

* https://www.bbc.com/education/topics/z7tp34j (2018년 12월 23일 검색)

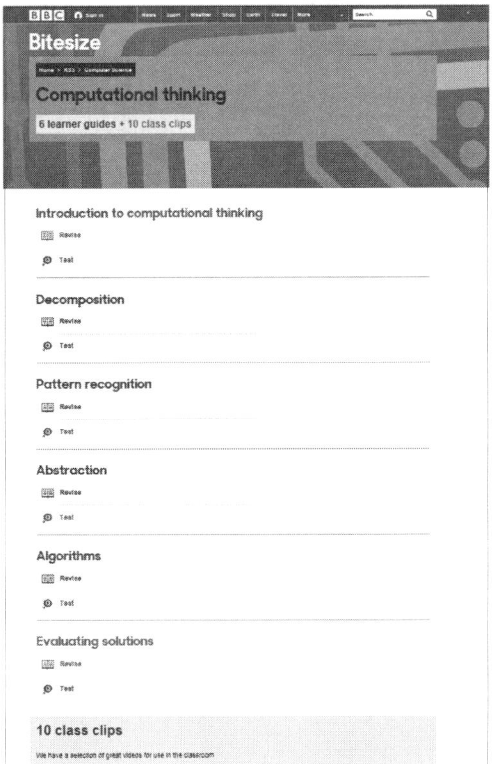

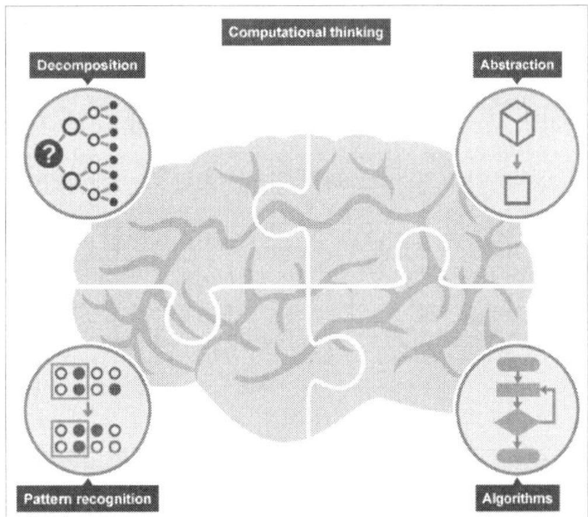

[그림 2-14] 영국 컴퓨팅 사고력의 4가지 역량 소개와 학습을 위한 안내*

그 외에도 영국은 PISA와 같은 국제 학업 성취도에서 학생들의 순위 하락은 교육과정을 개정하는 계기가 된다. 2014년 수학과 교육과정의 기초가 되는 내용과 원칙은 국제적으로 높은 성과를 내는 싱가포르, 일본, 한국, 중국 같은 아시아 국가의 내용을 반영하였다. 이러한 국가들은 영국에 비해 높은 수준에 도달한 학생들의 높은 비율과 그렇지 못한 학생들 사이의 성취수준 사이의 격차가 상대적으로 작다. 따라서 초등학교 수학과 교육과정에 이러한 국가들의 일반적인 수학 수업 형태인 연습을 통한 '숙달 접근법(mastery approach)'을 도입하였다. 이러한 접근법의 목적은 모든 아이가 미래에 필요한 수학 역량을 개발하지 못하기보다는 수학에서 자신감과 능력을 성취할 수 있도록 하는, 교육과정에 대한 완전한 접근을 제공하는 것이다.** 그러나 일부에서는 최근 상하이 수학교육을 모방하려는 영국 학교의 시도가 '근본적으로 결함이 있다'고 하면서 창의성과 학생들의 수학에 대한 정의적 측면

* https://www.bbc.com/education/topics/z7tp34j (2018년 12월 23일 검색)

** https://www.ncetm.org.uk/public/files/19990433/Developing_mastery_in_mathematics_october_2014.pdf (2018년 12월 23일 검색)

에 문제를 발생시킨다고 비판하기도 한다. 하지만 2016년 교육부 장관 Nicky Morgan은 잉글랜드 지역의 학습자들이 2019년부터 초등학교 마지막 시기에 구구단 시험을 치르게 될 것이라고 발표하였다. 이 시험계획에 대해 여러 비판이 있었고 현 교육부 장관에 의해 보류된 상태이다(한국교육개발원, 2017). 최근에는 소외된 학생들을 대상으로 하는 16개의 해리스 웨스트민스터(Harry Westminter)를 포스팅한 전문 수학 대학을 설립하여 운영하고 있다.*

3. 수학교육 정책 지원을 위한 조직

스미스 보고서(Report of Professor Sir Adrian Smith's review of post-16 Mathematics)에 따르면, 학문 분야와 기술/직업 분야에 걸쳐 수학적 소양의 필요성은 점점 더 중요해지고 있지만 영국에서 2014년과 2015년에 GCSE 자격시험에서 A* 또는 A 등급을 받은 17세 학생 중 52%가 A-level에서 수학을 선택하지 않았다. GCSE 수학 시험에서 A 또는 A*를 받은 17세 학생 중 2015년과 2016년에 A-level 자격시험을 준비하면서 수학을 선택하지 않은 학생에게 가장 인기 있는 과목은 생물학 32%, 영문학 32%, 역사 28%, 심리학 27%, 화학 20%, 지리 19% 등이었다. 게다가 STEM과 관련된 진로를 선택하면서도 학생들은 수학을 더 이상 계속 학습하지 않았다. 특히 이러한 현상은 다양한 직업, 미래의 고용 가능성 및 노동 시장의 탄력성에 대한 수학 및 양적 소양의 중요성이 증가한다는 점에서 큰 문제점이 되었다. 이에 따라 스미스 보고서에서 16세 이후 학생들이 수학을 공부하도록 장려하기 위한 수학적인 내용, 재정, 지원 방안 및 지침, 수학에 대한 사회, 문화적 측면, 수학 학습에서 공학적 도구의 사용, 빅데이터 및 데이터 과학 등에 대한 18가지 권고 사항을 제시하고 있다. 영국에서는 교육부가 스미스 보고서와 같이 일정 기간 수학교육에 대한 전반적인 검토 및 분석, 제언에 대한 보고서를 의뢰하고 이러한 보고서를 참고하여 수학교육과 관련된 조직들이 체계적으로 수학교육 정책, 교육과정 개정, 교사 교육, 교수학습 지원 등을 체계적으로 연구, 지원하고 있다. 여기서는 대표적인 ACME와 JMC를 소개한다.

* https://www.harriswestminstersixthform.org.uk/ (2018년 12월 23일 검색)

3.1 ACME(Advisory Committee on Mathematics Education)

영국 교육부는 최근 ACME(왕립 학회 수학교육 자문위원회)라는 조직을 중심으로 수학교육 및 수학교사에 대한 정책과 지원을 체계적으로 진행하고 있다. ACME는 영국 정부에게 수학교육 정책에 대한 자문을 제공하는데, 영국 왕립 학회(Royal Society)와 영국 수학공동위원회(JMC; Joint Mathematical Council of the UK)에 의해 2002년에 설립되었으며 수학 관련 조직들과 협력하고 있다.

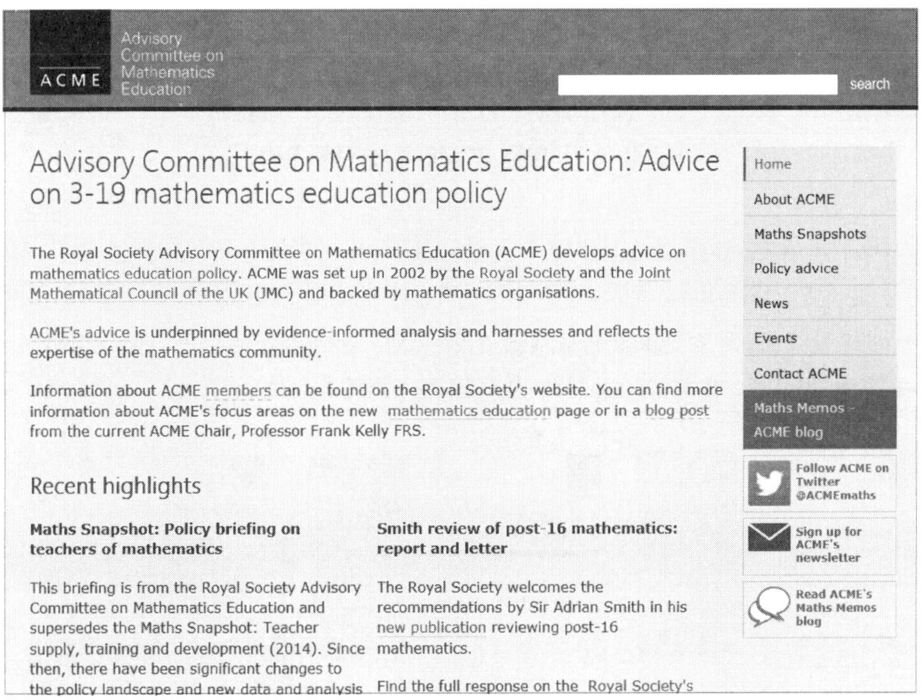

[그림 3-1] 영국 ACME(Advisory Committee on Mathematics Education) 홈페이지*

ACME는 회장을 포함하여 11명의 위원으로 구성되어 있으며, 2년의 임기이고 위원들의 절반씩 임기가 교차된다. ACME 회장은 국제적인 지위를 갖고 있으며 일반적으로 수학자가 아닌 수학을 활용하는 사람을 왕립학회에서 임명한다. 회장은 보통 3년 임기로 활동한다. 위원들은 수학, 수학교육 전문가들로 구성되며 학교 현장의 교사들과 연대가 강한 사람만이 위원이 될 수 있다. 초등수학, 중등수학, 16세 이후 수학교육 등 정책 분야별로 위원들이 배치되며 학교 교사들과 긴밀한 협조 및 정기적인 모임을 가진다. ACME는 4가지 정

* http://www.acme-uk.org/home (2019년 10월 8일 검색)

책 분야에서 새로운 안건 도출, 새로운 의제에 대한 예상, 증거에 기반한 정보 분석, 높은 수준의 수학교육을 위한 제언 등을 통해 국가 수학교육 정책에 직접적인 영향을 주고 정부와 수학계 간의 건설적인 동반자 관계를 맺게 한다.

[그림 3-2] 영국 ACME 주요 정책 분야*

ACME는 토론 논문, 스냅샷(브리핑 보고서), 정책연구, 성명서(주요 문제에 대한 ACME의 원칙 및 조언), 위원회 및 외부 전문가, 연구 결과 협의에 대한 응답 등을 홈페이지에 탑재하여 제공한다. 또한 수학교육 공동체를 위한 미팅, 원탁회의, 컨퍼런스를 포함한 다양한 행사를 통해 전문가, 정부, 교사들과의 토론을 활성화한다.

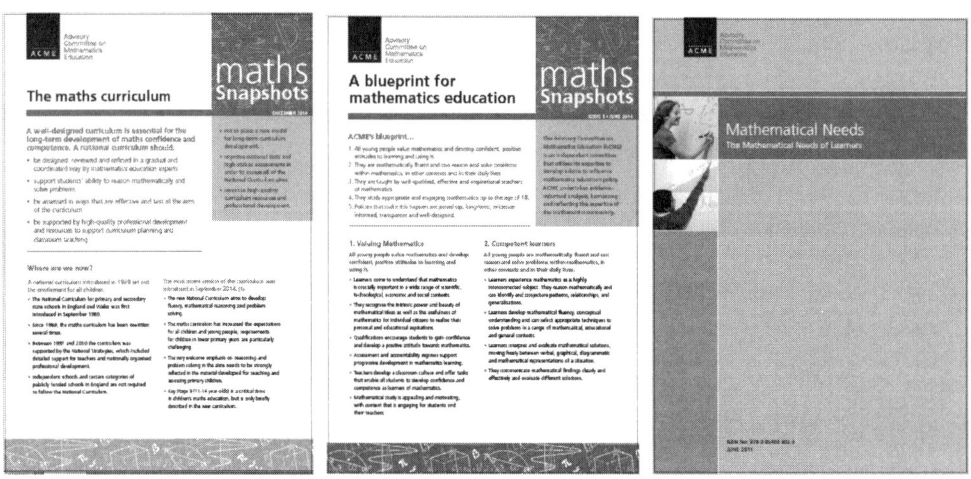

[그림 3-3] 영국 ACME 스냅샷과 보고서 예시**

---

* http://www.acme-uk.org/home (2019년 10월 8일 검색)

** http://www.acme-uk.org/maths-snapshots (2019년 10월 8일 검색).

ACME는 영국의 2013 수학과 교육과정 개정에도 깊이 참여하였으며, 최근 수학교육의 여러 가지 정책(16세 이후 수학, 교사 교육 등) 및 그 실행을 위한 과정에 직접 참여하고 있다. 그 과정과 결과에 대해 다음과 같이 홈페이지를 통해 제공하고 있다.

Curriculum reform

What has changed?

- A review of the National Curriculum was announced on 20 January 2011. The National Curriculum Key Stages 1-4 then underwent a period of review and reform. The new National Curriculum was introduced in September 2014. An over view of the National Curriculum Review can be found in a Commons Library Standard Note.
- The new National Curriculum aims to develop fluency, mathematical reasoning and problem solving.
- It has increased the expectations for all children and young people.
- There is a need for significant investment in teacher education and professional development.

How was ACME engaged?

ACME has engaged by responding formally to consultations and engaging directly with the Department for Education, both in person and via correspondence. ACME worked closely with the mathematics education community.

In March 2014, ACME convened a round table, Implementing the new National Curriculum'. Experts from the mathematics education community identified the measures that needed to be undertaken to ensure successful implementation of the new curriculum.

[그림 3-4] 영국 ACME 수학과 교육과정 개정 관련 내용*

교육과정 개정 과정에서 중요한 시기마다 ACME가 의견을 제시하고, 교육부가 어떤 자문을 요청했고 ACME가 어떻게 답했는지 정리되어 있다.

* http://www.acme-uk.org/policy-advice/curriculum/curriculum-reform (2019년 10월 8일 검색)

〈표 3-1〉 영국 ACME 수학과 교육과정 개정 일정*

시기	ACME의 활동 내용
2006. 05	초등수학의 미래에 대한 보고서를 발간하면서 초등수학 학습과 교육의 미래에 대한 주요 이슈들을 요약
2008. 06	Peter William 경의 초등수학 보고서에 응답하여 모든 초등학교 수학 전문가의 조언을 지지
2008. 09	초등 교육과정에 대한 Rose Review를 위한 토론문 발간
2009. 04	초등 교육과정에 대한 Rose Review에 응답
2009. 08	초등 교육과정에 대한 QCDA 자문에 응답
2011. 04	학습자를 위한 수학의 필요성에 대한 보고서를 많은 논의의 근거로서 제시하면서 2011 국가 교육과정 검토에 대한 증거 요청에 응답
2011. 06	영국 왕립 학회에서 열린 토론회에 이어 초등 산술에 관한 보고서를 발표. 초등학교 시기 끝까지 학생들이 요구하는 산술적 지식, 기술 및 능력을 확인
2012. 03	국가 교육과정 검토 전문가 패널 보고서에 응답
2012. 06	교육부가 ACME가 제안한 초등수학과 교육과정에 대한 의견을 모을 것을 요청. ACME는 NCETM와 함께 설문지와 e-라이선스를 발행하여 의견 수렴
2012. 06	Michael Gove 교육부 장관에게 국가 교육과정 검토에 대한 개발 과정에 대한 우려를 제기
2012. 08	워크숍, e-세미나 및 수학 커뮤니티와의 서면 협의에 따라 초등 교육과정 초안에 응답
2012. 11	2013년 초 공식적인 자문에 앞서 현재 수학 국가 교육과정 초안을 검토하는 업무를 맡고 있는 전문가들의 세부 사항을 교육부가 ACME에게 제공
2013. 04	교육부의 국가 교육과정 검토 부서에 응답. 다른 STEM 조직들의 반응도 수합
2013. 08	Key Stage 1-3 초안 프로그램에 대한 두 번째 공식 자문에 응답
2013. 10	수학과 교육과정 프로그램에 대한 교육부 자문에 응답. 새로운 국가 교육과정에 따라 초등 평가 및 책무(성적)에 관한 자문에 응답
2014. 03	'새로운 국가 교육과정 시행'에 대한 원탁회의 소집

3.2 JMC(The Joint Mathematical Council of the United Kingdom)

영국의 공동 수학 위원회(JMC)는 2017년 1월 영국 웨일즈 자선위원회에 의해 자선 단체로 통합되었다. JMC는 수학교육과 관련된 모든 단체의 연합회 성격을 가진다. 초등교육부

* http://www.acme-uk.org/policy-advice/curriculum/curriculum-reform

터 고등교육에 이르는 모든 수준의 수학교육에 관하여 회원 기관 간 토론을 실시하고, 정부 및 다른 기관과 영국 의회의 교육 추진을 위한 수학교육과 관련된 제언을 한다.

[그림 3-5] 영국 JMC의 홈페이지와 관련 단체들*

JMC는 관련 단체 간 의사소통을 촉진하고 수학과 모든 수준의 수학교육의 개선을 위해 단체들의 참여와 활동을 위한 위원회이다. 수학교육과 관련하여 토론과 정부 및 기타 기관

* https://www.jmc.org.uk/ (2018년 12월 23일 검색)

에 의견을 표현하고 기관의 문의에 대응하기 위한 포럼 역할을 한다. JMC는 매년 세 차례 회의를 열어 현안에 대한 업데이트, 대응, 단체들 간의 토론을 한다. 필요에 따라 주제를 추가로 검토하기 위해 관련 업무나 연구 등을 위한 연구자와 그룹을 설정하고 ACME의 활동을 지원한다. [그림 3-6]은 JMC의 활동 및 Working Group 등에 대한 안내이다.

Activities

The JMC is a council of participating and observing bodies which first met in 1963 to promote communication between the bodies and to promote mathematics and the improvement of the teaching of mathematics at all levels. It serves as a forum for discussion between societies and for making representations to government and other bodies and responses to their enquiries. It meets three times each year to enable updating, responses to issues and discussion between the bodies. The JMC also sets up working parties and groups to examine topics further as required.

On 20 January 2017 the JMC was incorporated as a Charitable Incorporated Organisation: the transfer of activities and assets to the new body having been completed, the unincorporated JMC was dissolved on 17 August 2017. The information on this page describes the activities of both the present Charitable Incorporated Organisation and the previous unincorporated JMC.

Committees

British Congresses of Mathematics Education Committee

A working party drawn from among the Trustees of the JMC is conducting a review of BCME with a view to bringing forward proposals as to its future. While the review is being conducted, the BCME Committee is in abeyance.

BCME is a joint conference organised by the JMC Participating Bodies. It is currently held every four years between ICME (International Congress on Mathematical Education) conferences. BCME provides an opportunity to promote mathematics and the improvement of the teaching of mathematics at all levels. The following BCME conferences have been held:

BCME1	University of Loughborough	1991	
BCME2	University of Loughborough	1993	
BCME3	Manchester Metropolitan University	1995	
BCME4	Nene College Northampton	1999	
BCME5	University of Keele	2001	
BCME6	University of Warwick	2005	
BCME7	University of Manchester	2010	
BCME8	University of Nottingham	2014	
BCME9	University of Warwick	2018	Informal Proceedings

More information can be found on the BCME Committee website.

GCSE Working Group

Convenor Jennie Golding

This working group is monitoring the introduction of the new GCSE in Mathematics in England (first examined in 2017).

International Congresses of Mathematics Education Bursaries Committee

Chair Chris Budd

This committee organises and allocated bursaries for those attending the International Congress of Mathematics Education. The next ICME is ICME-14 which will be held in Shanghai from 12 to 19 July 2020.

Meeting of Mathematics Subject Associations Special Interest Group

Honorary Secretary Tom Roper

MMSA is a meeting, held three times a year of the Association of Mathematics Education Teachers, the Association of Teachers of Mathematics, The Mathematical Association, the National Association for Numeracy and Mathematics in Colleges and the National Association of Mathematics Advisors, with representatives of the Advisory Committee on Mathematics Education and the National Centre for Excellence in the Teaching of Mathematics also attend. On 9 June 2017, MMSA became a Special Interest Group of the JMC.

[그림 3-6] 영국 JMC의 활동 및 working Group*

JMC 총회는 일년에 세 번, 보통 2월, 6월, 11월에 열린다. 11월 회의는 연례 총회로 지정되어 있다. 회의는 런던에서 열리며 최근 총회의 의사록은 다음 총회에서 승인이 나면 공개된다.

4. 수학과 교육과정

영국의 2013 개정 교육과정은 영국 학생들의 학업 능력 저하의 문제가 촉발되어 개정되었다. 수학의 경우 성취도 순위가 높은 나라들에 비해 학업 수준이 2년 이상 뒤지고 있다는

* https://www.jmc.org.uk/activities.htm (2018년 12월 23일 검색)

점이 문제로 지적되었다. 영국은 한국, 싱가포르, 핀란드 등 국제적으로 높은 교육성취를 보이는 나라들의 교육과정을 분석한 국가교육과정 검토를 위한 전문가 패널 보고서(Department for Education, 2011)을 발표하였다. 과거 실행된 국가교육과정이 각 교과에서 다루어야 할 사실적 내용 지식의 처방이 아닌 교수법 처방, 즉 '어떻게' 가르쳐야 하는지에 대한 처방이 과다하다고 지적하고 교과에서 가르쳐야 할 핵심적인 개념과 과정만을 제시하였다(소경희, 2015). 특히 2013년 개정 교육과정의 총론에서 이전과 달리 전 교과에 걸쳐서 학생들의 '수리력과 수학(Numeracy and Mathematics)' 및 '언어와 문해력(language and mathematics)'의 발달을 강조하기 위해 이에 대한 항목이 독립적으로 부각되었다. 모든 교과에 걸쳐 학생들의 수리력과 수학적 추론, 구어, 읽기, 쓰기 등을 발달시켜야 함을 제시하였다. 또한 핵심 교과(영어, 수학, 과학)와 기초교과 간의 구분을 명료히 하고 이들 범주에 들지 않는 진로교육, 성교육, 직업관련 학습 등은 편제표에서 삭제하였다(소경희, 2015). 모든 Key Stage에서 영어, 수학, 과학을 핵심과목으로 배우고, 예술과 디자인, 시민교육, 컴퓨팅, 디자인과 기술, 외국어, 지리, 역사, 음악, 체육을 기초과목으로 배운다. 국가교육과정의 목표 역시 역량 발달로부터 핵심 지식에의 입문으로 전환되었다.

영국 학생들의 수학 학업 수준 하락과 이를 야기한 것으로 간주되는 역량 중심적 교육과정의 한계를 극복하기 위하여 수학 교과의 핵심 내용 지식을 명료하게 규정하였다. 영국의 국가 교육과정의 목표는 "학생들이 교육받은 시민이 되는 데 필요한 핵심 지식에 입문하는 데" 있으며, 이를 위해 "학생들이 지금까지 사유되고 말해진 최상의 것을 접하고, 인간이 창조하고 성취해 온 것을 이해하도록 도와주고자 한다는 점"을 분명히 하고 있다(DfE, 2014, p.6). 이는 영국 국가교육과정의 목표가 역량 발달로부터 핵심 지식으로의 입문으로 전환되고 있음을 보여준다. 그러나 "국가 교육과정은 이러한 학교 교육과정의 일부분만을 차지한다. … 교사들이 … 흥미롭고 활력이 넘치는 수업을 개발하는 데 토대가 되는 핵심 지식의 개요만을 제공할 것이다(DfE, 2016, p.6)."라고 밝혀 국가 교육과정에서 핵심적인 것만을 제시하고 교수법은 학교가 자율적으로 결정해야 함을 말한다.

4.1 수학교육의 목표와 수학적 역량

영국 교육과정에서는 수학교육 목표에 앞서 수학을 학습하는 목적을 다음과 같이 제시함으로써 수학을 학습해야 할 필요성을 명시적으로 강조하고 있다.

학습 목적

수학은 역사상 매우 흥미로운 문제에 대한 해답을 제공하면서 수 세기에 걸쳐 발달해 온 창의적이고 고도로 내적으로 연결된 학문이다. 수학은 일상생활에서 필수적이며, 과학, 기술공학에 결정적이며, 금융 소양 및 대다수의 직업에서 필요로 한다. 따라서 질 높은 수학교육은 세상을 이해하기 위한 토대, 수학적으로 추론할 수 있는 능력, 수학의 아름다움과 힘에 대한 인식, 그 과목에 대한 즐거움과 호기심을 제공해 준다.

(DfE, 2014a, p.40)

그리고 영국의 국가 교육과정에서 수학과 교육 목표는 다음과 같다. 이 내용은 Key stage 1∼4단계에서 모두 동일하게 제시되어 있다. 영국 수학과 교육과정의 목표는 다음과 같다.

수학과 교육과정의 목표

- 점점 복잡해지는 문제로 변화하고 연습하면서, 수학의 기초에 능숙하게 되도록 한다. 학생들이 개념적인 이해를 개발하고 빠르고 정확하게 지식을 상기하고 적용하는 능력을 개발한다.
- 수학적 언어를 사용하여 정당화하거나 증명하고, 논증(argument)를 전개하고, 관계와 일반화를 추측하고, 조사한 것에 따라 수학적으로 추론한다.
- 끈기 있게 해답을 찾고 단순한 단계들로 문제를 나누고, 점점 세련되어지는 다양한 문제에 대해 자신의 수학을 적용하여 문제를 해결한다.

(DfE, 2014a, p.40)

영국의 수학과 교육과정에서 유치원, 초등학교 저학년에 해당하는 key stage1은 ‘수(number)’, ‘측정(measure)’, ‘기하(Geometry)’, key stage2 중 3∼5학년은 ‘수(number)’, ‘측정(measure)’, ‘기하(Geometry)’, ‘통계(Statistics)’로, key stage2 중 6학년에서는 ‘수(number)’, ‘대수(Algebra)’, ‘비와 비율(Ratio and proportion)’, ‘측정(measure)’, ‘기하(Geometry)’, ‘통계(Statistics)’로 영역이 구성되어 있다. 그리고 중등학교에 해당하는 key stage3과 key stage4는 ‘수(number)’, ‘대수(Algebra)’, ‘비, 비율과 변화율(Ratio, proportion and rates of change)’, ‘기하와 측정(Geometry and measure)’, ‘확률(Probability)’, ‘통계(Statistics)’로 구분된다.

영국의 교육과정 총론에는 특별히 역량이 제시되어 있지 않지만, 수학 교과의 각론에서 수학 교과내용을 통해 습득해야 할 수학 교과 고유의 역량인 ‘수학적 역량(Working Mathematically)’이 제시되어 있다. ‘수학적 역량’은 중등에만 제시되어 있는데, 수학 내용을 통해 학생들에게 유창성(fluency)을 개발하고, 수학적으로 추론하고 문제를 해결하도록 한다.

유창성 개발하기

- Key stage 2에서의 수치적이고 수학적인 능력을 통합하고 소수, 유리수, 지수와 무리수를 포함하는 수 체계와 자리 값에 대한 이해로 확장하기
- 복잡해지는 문제를 해결하기 위해 적절한 계산 전략을 선택하고 사용하기
- 수학적 관계의 형식화와 산술의 구조를 일반화하기 위하여 대수 사용하기
- 수치적인 값을 식으로 대신하고 식을 바꾸고 단순화하기, 방정식 풀기
- 여러 가지 수치적, 대수적, 그래프 그리고 다이어그램 표현[예를 들어, 동치분수들, 분수와 소수, 방정식과 그래프]들 사이의 자유로운 변환
- 일차 함수와 단순한 이차함수의 이해와 대수적이고 그래프적인 능숙함 개발하기
- 수, 대수식, 평면도형과 입체도형, 확률과 통계를 분석하기 위하여 정확하게 언어와 원리를 사용하기

수학적으로 추론하기

- 수 체계에 대한 이해 확장; 수와 관계, 대수적이고 그래프 표현 사이의 연결성
- 측정과 기하 그리고 대수적으로 비례적인 관계의 형식화에서 비와 비례식에 대한 지식을 확장하고 형식화하기
- 대수적이고 그래프적인 변수들 사이의 관계를 표현하고 변수를 확인하기
- 패턴과 관계에 대한 가설을 만들고 검사하기; 증명이나 반례를 찾기
- 기하적인 구성물들을 사용하는 것을 포함하여 수와 대수, 기하에서 연역적으로 추론하기
- 수치적 문제의 구조가 덧셈, 곱셈 또는 비례적인 추론을 요구할 때 해석하기
- 통계적이고 확률적인 추론 가능성과 불가능성을 탐구(분석)하고, 자신의 주장을 형식적으로 표현하기

문제 해결하기

- 여러 단계의 문제를 포함하여, 문제를 해결하고 결과를 산출하는 과정에서 자신의 수학적 지식을 개발하기
- 금융 수학을 포함하여, 문제들을 해석하고 해결하기 위하여 형식적인 수학적 지식을 사용하도록 개발하기
- 수학적으로 상황을 모델링하고 다양한 형식적인 수학적 표현들을 사용하여 결과를 표현하기

- 익숙하지 않고 비정형적인 문제에 적용하기 위하여 적절한 개념, 방법 그리고 기술을 선택하기

(DfE, 2014a, p.42-43)

4.2 수학과 교육과정 및 내용의 특징

영국의 중학교 수학과 교육과정 및 내용의 특징은 성취기준이나 지침이 학년별로 구분되어 제시되어 있지 않고 영역별로 핵심 내용을 중심으로 제시하고 있다. 각 key stage에서 지속적으로 발전적으로 내용이 다루어지는 나선형 교육과정의 형태를 보이고 다른 영역과 연결되면서 다루어진다. 따라서 수학의 내적, 외적 연결이 용이하고, 수학의 유용성이 부각될 수 있다. 영국의 수학과 교육과정의 각 Key stage 단계에서 지도해야 할 내용을 명시하고 있으며 Key stage 4의 경우, 추가적으로 지도할 수 있는 내용을 { }으로 표시하여 제시하고 있다. 교육과정에서 영역별로 성취기준이 제시되어 있으나 특정 개념이 하나의 영역에만 등장하지 않고 여러 영역에서 다층적으로 제시되어 있다. 예를 들어, 함수 개념의 경우 '대수' 영역에서는 방정식의 풀이에 함수의 그래프와의 관련성이 많이 강조되고 있으며 그 외에도 '비, 비례와 변화율' 영역, '통계' 영역 등과 연계되어 제시되어 있다. 공학적 도구의 사용과 관련하여, '계산기는 암산과 쓰기를 위한 대체물로 사용되어서는 안되며, 중등학교에서는 교사가 ICT 도구를 사용해야만 할 때에 관한 판단을 해야만 한다.'라고 명시하고 있다.

우리나라와 비교하여 중학교 단계에 해당하는 Key stage 3의 특징은 우리나라의 초등학교 교육과정에서만 다루어지는 비, 비례와 관련된 영역이 key stage 3, key stage 4에서 발전적으로 지속적으로 다루어진다. 그리고 관련 내용이 대수, 함수, 기하와 측정 등의 영역의 주제와 연결되어 다루어짐으로써 수학 내 연결성이 이루어지고 현상과의 관련된 맥락을 다룰 수 있다. 둘째, 우리나라에서는 초등학교에서만 다루어지고 중학교에서는 거의 다루어지지 않는 수의 연산이 key stage 3, key stage 4까지 지속적으로 발전적으로 다루어진다. 우리나라에서는 소수, 분수와 관련된 내용과 연산이나 단위에 대한 내용을 초등학교에서 다루고 그 이후에 다루지 않지만, 영국에서는 의무교육과정인 key stage 3, key stage 4에서 지속적으로 다루고 있다. 특히 분수, 소수가 섞여있는 복잡한 연산, 기하와 측정 영역의 내용과 연계되어 단위, 10의 거듭제곱 표현, 근삿값 등의 내용과 연결하면서 지속적으로 다루고 있다. 셋째, 규칙성의 탐구가 지속적으로 발전적으로 다루어져 중학교 단계에서 수열의 자연스러운 도입이 되고 함수, 대수의 일반화와 자연스럽게 연결되고 있다. 또한 기하 영역에서도 도형의 여러 가지 변환을 직관적으로 다루어 차후 Key stage 4와 연결하고 있

다. 넷째, 통계의 경우, 공학적 도구를 활용한 자료의 정리보다는 원 그래프, 막대그래프 등 우리나라 초등학교에서 다루는 여러 가지 그래프 표현들을 그대로 다루되 자료를 분석하고 해석하는 활동을 강조하고 있다. 또한 상관관계에 대해서, 산점도의 표현과 해석부터 시작하여 상관관계를 다루고 있다.

우리나라의 일반적인 인문계 고등학교 교육과정은 영국의 Key Stage 4와 Sixth Form이라고 불리는 대학 진학 준비 과정에 해당한다. Key Stage 4와 Sixth Form은 각각 2년제로 운영되며 Sixth Form에 입학하기 위해서는 학생들은 Key Stage 4의 마지막 학년에 중등학교 졸업자격시험(General Certificate for Secondary Education: GCSE)에 응시한다. 학생들이 대학에 진학하기 위해서는 Sixth Form 과정에서 A-Level을 응시하여 대학에서 요구하는 성적을 획득해야 한다(England, Department of Education, 2014).

영국의 대학입학 수학시험인 GCE A-level에 대해 2016년 정부(Ofqual: Office of Qualifications and Examinations Regulation)에서 개정된 평가 목표를 수학적 정당화(argument), 언어와 증명, 수학적 문제 해결, 수학적 모델링으로 하고 각각에 대한 하위지식과 기능을 제시하고 있다. A-level의 주제는 A. 증명, B. 복소수, C. 행렬, D. 심화 대수와 함수, E. 심화미적분, F. 심화 벡터, G. 극좌표, H. 초월함수, I. 미분방정식 이다. 그리고 각 주제에 대한 내용은 다음과 같이 제시되고 있다.

D Further algebra and functions

	Content
D1	**[Understand and use the relationship between roots and coefficients of polynomial equations up to quartic equations]**
D2	**[Form a polynomial equation whose roots are a linear transformation of the roots of a given polynomial equation (of at least cubic degree)]**
D3	Understand and use formulae for the sums of integers, squares and cubes and use these to sum other series
D4	Understand and use the method of differences for summation of series including use of partial fractions
D5	Find the Maclaurin series of a function including the general term
D6	Recognise and use the Maclaurin series for e^x, $\ln(1+x)$, $\sin x$, $\cos x$ and $(1+x)^n$, and be aware of the range of values of x for which they are valid (proof not required)

[그림 4-1] 영국 A-level의 주제와 내용에 대한 예시*

* DfE(2016) p.8

A-level 개정 방향은 기존의 시험에 대해 실질적인 수학적 능력보다 속도와 정확도, 문제에 대한 탐구력 부족 등의 문제점이 제시되어, 문제해결과 해석, 이해 및 의사소통에 대한 평가 강화와 덜 구조화된 문제를 사용하여 수학적 탐구능력 및 문제 해결력 향상을 목표로 한다. 기존의 순수수학 자격을 폐지하고 수학, 심화수학, 통계학 등의 자격으로 단순화하여 순수수학과 응용수학이 조화를 이루게 하였으며, 정부에서 제시하는 내용을 필수적으로 포함할 것을 권고하고 있다*. 특히 우리나라 수학과 교육과정에서 삭제된 행렬과 복소수(복소수의 극형식 등)를 반드시 포함할 것을 제안하고 있으며, 통계학의 경우도 평범한 계산이나 그래프 그리는 것이 아니라 자료의 이해와 해석, 자료로부터의 추론을 강조하고 실제 상황에서 발생하는 빅데이터가 교수·학습 과정과 평가에 포함될 것을 강조한다.

<표 4-1>에서 볼 수 있듯이 각 자격에서 필수로 치러야 하는 시험이 강화되었다. 기존에는 A-level 시험을 치를 때, (심화)순수수학 또는 통계학과 역학 중 한 가지만을 집중하여 공부하여 자격을 얻을 수 있었지만 개정된 A-level 시험에서는 순수수학과 통계학, 역학을 모두 공부해야 한다. 선택권이 주어지는 경우는 심화수학 자격뿐이다.

〈표 4-1〉 개정된 Edexcel A-level 시험 체제(남진영, 2017)

자격		시험	내용
수학	AS-level	시험1	순수수학
		시험2	역학, 통계
	A-level	시험1	순수수학(AS와 같은 내용, 수준은 A-level 수준으로)
		시험2	순수수학(A-level 내용으로)
		시험3	역학, 통계
심화 수학	AS-level	시험1	순수수학 1 (필수)
		시험2	순수수학 2, 통계, 역학, 의사결정 수학 중 택1
	A-level	시험1	순수수학 1 (필수)
		시험2	순수수학 2 (필수)
		시험3	순수수학 3. 4, 통계 1, 2, 역학 1, 2, 의사결정 수학 1, 2 중 택 2
		시험4	
통계	AS-level	시험1	통계 일반
		시험2	통계 일반
	A-level	시험1	데이터와 확률
		시험2	통계적 추론
		시험3	실제에서의 통계

* 영국의 대학입학 수학시험은 GCE A-level 시험으로, 정부(Ofqual: Office of Qualifications and Examinations Regulation)의 승인을 받은 5개 기관이 출제와 시행을 담당한다. A-level 시험 출제와 시행을 담당하는 기관에서 정부의 방침에 따라 개발한 교육과정을 정부가 승인하는 체제이다.

우리나라 일반계 고등학교와 영국의 고등학교 교육과정을 직접 비교하는 데에는 한계가 있지만, 시사하는 점은 수학의 중요성 특히 16세 이후의 수학을 매우 강조한다는 것이다. 즉 영국 교육과정 총론에서 '수리력과 수학' 강조, 학생의 수학 선택권 확대와 미래사회 대비를 위한 Core-math, T-level 등과 같은 새로운 교과목과 평가 개발 및 적용, 기존의 A-level 자격시험의 개정과 새로운 문항개발, 주제 중심의 지속적 발전적 내용 학습 등으로 학생들의 미래사회 대비를 위한 수학 학습 및 수학 선택권 강화와 지원에서 시사점을 준다.

영국 수학과 교육과정의 key stage 4에 제시된 고등학교 교육과정 내용은 많은 것을 요구하지는 않지만, A-level의 대학입학자격시험에서는 우리나라 고등학교 일반 학생들에게 요구되는 것보다 더 높은 수준의 내용을 포함하고 있다(DfE, 2016). 특히 2016년 개정된 A-level 시험에서는 수학적 정당화, 언어와 증명, 수학적 문제해결, 수학적 모델링과 관련된 수학적 지식과 기능을 요구하고 하며 비정형적이고 탐구적인 문제를 출제하도록 한다(DfE, 2016). 우리나라 교육과정에는 있지만 영국의 교육과정이나 평가 요목에 없는 내용 요소는 집합과 명제, 공간도형에서 위치 관계와 삼수선 정리 등이다. 반면에 우리나라에는 없지만, 영국의 교육과정에는 대수 영역의 행렬대수, 이산수학과 관련된 알고리즘, 그래프 알고리즘, 경로, 선형 프로그래밍, 해석 영역의 삼각방정식, 극좌표, 일차 미분 방정식, 이차 미분 방정식, 극좌표, 테일러 급수, 매크로린 급수, 기하 영역의 공간 벡터, 확률과 통계 영역의 수치적 방법, 방정식의 수치적 해, 시계열 자료, 상관관계와 회귀 등과 그 외에 역학에 대한 내용도 포함되어 있다. 특히 개정된 A-level 에서는 행렬과 복소수의 극형식을 반드시 포함하도록 한다. 이 때 미분 방정식, 시계열 자료, 상관관계와 회귀는 우리나라에서는 고등학교 이후에 다루어지는 내용이다. 따라서 영국의 경우는 고등학교 의무 교육과정에서는 많은 것을 다루지 않으나 대학입학 시험에서는 다양한 선택권이 주어질 뿐만 아니라 대학 진학을 원하는 학생들의 경우 선택에 따라서는 우리나라의 경우보다 더 높은 수준을 요구하는 경우도 많음을 알 수 있다.

영국의 수학과 교육과정의 내용은 나선형 교육과정의 특성이 강하다. 중등학교 단계에서 요구하는 3가지 수학적 역량과 내용을 중학교 단계인 Key stage 3에서부터 고등학교 단계인 Key stage 4에서도 발전적으로 지속적으로 다루고 있다. 특히 우리나라에서는 초등학교에서만 다루는 분수와 소수의 연산을 Key stage 3, 4에서 지속적으로 다루고 기하와 측정 영역과 연결하여 다루고 있다. 또한 우리나라 중등학교 수학과 교육과정에서는 다루지 않는 비, 비례와 관련된 주제를 지속적으로 다루며 규칙성 탐구, 자연현상과 금융 맥락 등을 통한 대수와 함수와의 연결, 기하와 측정 영역의 주제와 연결하여 다룸으로써 수학의 내적 외적 연결성이 용이하도록 구성되어 있다. 영국의 수학과 교육과정에서 통계의 경우 자료로부터 추론, 중심경향성과 퍼짐 등의 표현, 분석, 비교 등을 위한 상자수염 그림, 상관관계에서 적합선 그리고 해석하기 등은 우리나라 고등학교 교육과정에서 다루지 않는 내용이다. 또한 A-level 시험의 통계 과목에서는 주로 자료의 이해와 해석, 자료로부터의 추론을 강조하고 실제 상황에서 발생하는 빅데이터와 관련된 내용을 요구하고 있다.

5. 수학교사 교육

5.1 수학교사 양성

영국은 교직 희망자 감소 및 기존 교사들의 퇴직률 증가로 인한 교원인력 부족 문제가 교육계의 주요 사안으로 다루어지고 있다. 이에 따라 교직계로 우수 대졸자 유치를 위한 장학금 확대 정책을 실시하고 기존 교사를 지속적으로 보유하기 위한 교사 처우 개선 방안을 공식적으로 논의하고 있는 중이다(강호원, 2017). 영국은 16세 이후의 지속적인 수학 학습을 장려하기 위한 여러 정책들과 자격시험 등을 실시하고 있지만, 전문성 있는 수학교사가 부족한 실정이다. A-level의 수학을 지도할 정도의 실력을 가진 학생들이 대다수 다른 직종을 선택하는 경우가 많기 때문이다. 영국에서는 다양한 기관을 통해 교사를 양성하는 '학교중심 교사양성 교육 제도(School Centered Initial Teacher Training Programme)'로 학교연합과 대학이 연합체를 구성하여 교사를 양성하는 제도이다.

영국은 다양한 경로를 통해 교직에 입문할 수 있도록 교원양성 과정을 운영 중이다. 대학수준에서 교사 양성교육과 더불어 학교 현장 중심의 교사 양성제도가 일찍부터 발달하였다. 이는 개별 학교의 특성을 고려하여 교사를 양성, 채용하는 체제로 영국의 독특한 제도라 할 수 있다. 영국에서 공립학교(maintained)와 비공립특수학교(Non-Maintained Special School)의 정규교사가 되기 위해서는 교원양성 과정(Initial Teacher Training: ITT) 수료 후 교사자격(Qualified Teacher Status: QTS)을 획득해야 한다. 교육부에 제시된 ITT를 제공하는 기관은 대학교 주도의 교사양성 과정(university-led trainung), 학교현장 중심 교사양성(실습) 과정(school-led trianing), 전문가 양성 과정(specialist training) 경로가 있다.

학교 현장 중심 예비교사 양성 과정(school-centred initial teacher training programme, SCITT)은 1년간 학교 한 곳을 중심으로 진행되는 교사 양성 훈련으로서 숙련된 현직교사로부터 현장 실무를 익히게 한다. 대부분의 과정이 PGCE(Postgraduate Certificate of

Education, 교육대학원 석사학위)를 수여하며 대학교 재학생 및 졸업생이 모두 지원할 수 있다. 특히 학위과정 및 전공에 따라 국가의 보조금이나 장학금이 제공되는 경우가 많다. 스쿨 다이렉트(School Direct)는 SCITT와 같이 일선 학교에서 진행되는 과정으로, PGCE를 수여하는 경우가 대부분이고 국가 보조금이나 장학금을 지원받을 수 있다. 이미 학교에 재직하고 있거나 학교에 근무 경력이 있으면서 다음 단계로 발전하기 원하는 사람은 학교에 직접 채용되어 급여를 받으면서 가르치는 동시에 훈련생으로 양성 과정 연수를 받을 수 있다.

전문가 양성 과정 경로는 티치 퍼스트(Teach First), 수학과 물리학 중점 교육 연수 과정(Maths and Physics Chairs programme), 평가 인증 과정(Assessment Only), 군 경력 위탁 교원 양성 과정(Troops to Teachers), 이공계 미래 교수 학자 양성 과정(Future Teaching Scholars)이 있다. 수학과 물리학 중점 교육 연수 과정은 연구원 과정의 일환으로 박사학위 소지자 및 박사 과정 졸업이 임박한 사람이 교사 양성훈련을 받는 동시에 교사로서 급여를 받으면서 가르칠 수 있는 3년간의 과정이다. 이공계 미래 교수 학자 양성 과정은 대입시험인 A-level 시험에서 고득점을 획득한 사람들이 대학교에 입학하여 수학이나 물리와 관련된 전공을 수학하고 졸업 후 바로 일선 학교에서 교사로 근무하고 급여를 받으면서 교사양성훈련을 병행하는 6년간의 과정이다. 학부생일 때부터 이들을 미래의 교사 재원으로 육성하고 확보하기 위한 전략으로, 이 과정에 지원하면 학비 및 첫 학교 임용을 보장받는다.

ACME에서는 수학교사의 전문성 향상을 위해서는 교사 양성 과정(Initial teacher education; ITE)의 중요성을 강조한다. 교사 양성 프로그램이 일관되게 적용되고 교사 채용, 유지 및 전문성 개발을 포함하여 당면한 몇 가지 과제 파악, 전문성 있는 ITE를 확보하기 위한 종합 계획의 요소 등을 제안하고 있다. 2015년 'Beginning teaching: best in class'에서 전문성 있는 수학교사 양성 과정을 위한 기준을 공유하고 효과적인 교사 교육의 핵심 요소, 장기적인 교사 교육에 대한 안내 등을 제시하고 있다.

이 보고서에서는 독일, 싱가포르, 상하이 등의 신규 수학교사 교육에 대한 조사 결과를 요약하여 제시하였고, 수학교사들의 공급, 교육 및 개발에 대한 수학 스냅샷도 제시하고 있다.* 수학교사를 위한 양성 과정의 몇 가지 요구조건이 있는데 그 중 'pedagogical subject knowledge(교수학적 교과지식)'을 '가르쳐야 하는 수학 내용과 관련된 교수 접근법에 대한 깊은 이해'라고 정의하면서 강조하고 있다. 그리고 수학교사의 수학 전문성을 강화하기 위하여 학교급에 따른 수학교사의 자격 요건으로 GCSE 수준, SKE(Subject Knowledge

---

* http://www.acme-uk.org/policy-advice/teacher-education-and-development/initial-teacher-education (2018년 12월 23일 검색)

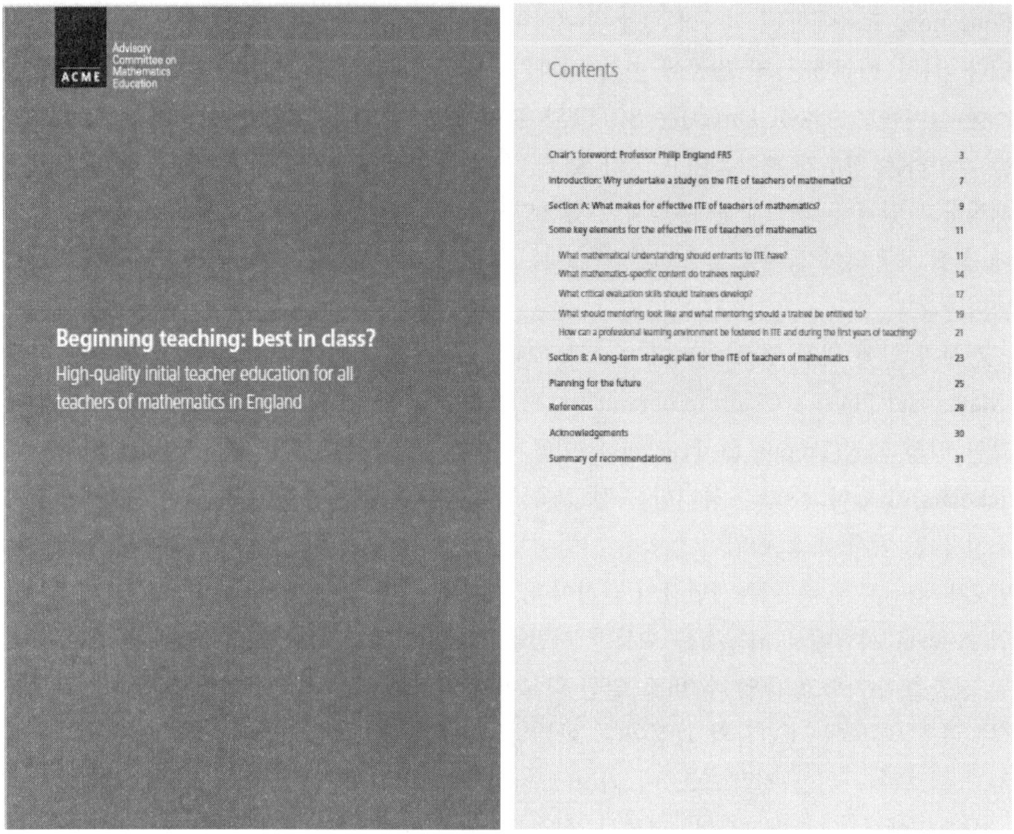
ACME
Advisory Committee on Mathematics Education

Beginning teaching: best in class?

High-quality initial teacher education for all teachers of mathematics in England

Contents

[그림 5-1] 영국 ACME의 예비 수학교사 교육을 위한 보고서*

Enhancement) 과정에서 수학 강좌 최소 이수 시간 등을 제시하고 있다. 또한 현재 영국의 교사양성 과정에 대한 문제점을 분석하고 제안점을 제시하고 있다.

영국 정부는 교원양성 과정을 제공하는 기관들에게 학교에서 수학 수업을 주도할 수 있는 초등교사를 육성하는데 초점을 맞춘 연수 과정을 개발할 것을 요구하고 있다. 전국 교수 및 리더십 칼리지(National College for Teaching and Leadership, NCTL)도 이러한 정부의 요구를 지지하였는데, 2017년 전국초등학생평가(Sats)를 치른 만 10~11세 학생들이 수학 시험에서 좌절하는 사태가 발생한 이후 나온 것이다. 정부가 동아시아의 수학 접근법으로 예비 초등교사들을 훈련시키는 과정을 확대할 계획을 발표하기도 하였다.

* http://www.acme-uk.org/media/33228/beginningteachingbestinclass2015.pdf (2019년 10월 8일 검색)

Entry qualifications	**Primary** Entrants to ITE should have at least a Grade C (Grade 5) in GCSE Mathematics or equivalent. In the long term, entrants should have a qualification in mathematics at Level 3.
	Secondary Entrants to ITE should have a firm foundation in mathematics subject knowledge, either gained from degree-related study or from a regulated subject knowledge enhancement (SKE) course.
Mathematics-specific education	**Primary** ITE should enable trainees to develop in-depth pedagogical subject knowledge in mathematics.
	Secondary ITE should enable trainees to build on their mathematics and develop deep pedagogical subject knowledge.
Critical evaluation skills	Trainees should become research literate: they need to develop critical evaluation skills, which can involve evaluation of research, analytical reflection, enquiry skills, lesson study and action research. These skills should allow teachers to explore their own practice and that of others.
Mentoring	**Primary** Trainees should be in a structured mentoring programme with a school-based trained mentor who recognises when trainees require mathematics-specialist support and knows how to access this.
	Secondary Trainees should be in a structured mentoring programme with a school-based trained mathematics specialist mentor.
	Mentoring should continue during the Newly Qualified Teacher (NQT) year and the following year.
Linking ITE and early stage professional development	ITE and early stage professional development should be more closely aligned and there should be clear stages for progression. A structured three year professional development programme is required, which runs during ITE and continues two years after ITE. There should be clear roles and responsibilities for those providing and supporting ITE and for trainees.

[그림 5-2] 영국 ACME가 제시한 수학교사의 효과적인 ITE를 위한 핵심 요소*

5.2 수학교사 전문성 개발

영국에서 현직교사를 대상으로 하는 교사 연수, 지속적인 전문성 개발(continuing professional development: CPD)의 범위는 매우 광범위하다. CPD는 학교 내외에서 이루어지는 공식적·비공식적 활동을 포괄하며, 개별 교사의 전문성 개발 요구와 전문적 실천 등도 포함한다. 영국의 모든 교사는 CPD에 참여할 의무가 있다. 2012년 9월부터 적용된 교사 기준(teachers' standards)에서도 교사는 광범위한 전문적 책임을 이행해야 하며, 동료의 조언과 피드백에 따라 전문성 개발, 교수를 개선할 책임이 있다.

ACME에서도 수학교사 전문성 개발을 위해 목적과 비전 등을 제시하고 있다. 모든 수학교사들을 위한 전문성 개발의 목적은 모든 학생들의 학습을 증진시키는 것이어야 하며, 이를 위해 교사들은 다음을 수행해야 한다.

- 더 깊은 수학 교과 지식, 교육 내용 지식 및 디지털 기술의 사용을 포함한 기타 전문적 학습 개발
- 수학 및 그 활용에 참여

* http://www.acme-uk.org/media/33228/beginningteachingbestinclass2015.pdf, p.8(2019년 10월 8일 검색)

• 새로운 교육과정과 평가 등과 같이 적절한 경우 정책 변경의 영향과 구현을 고려

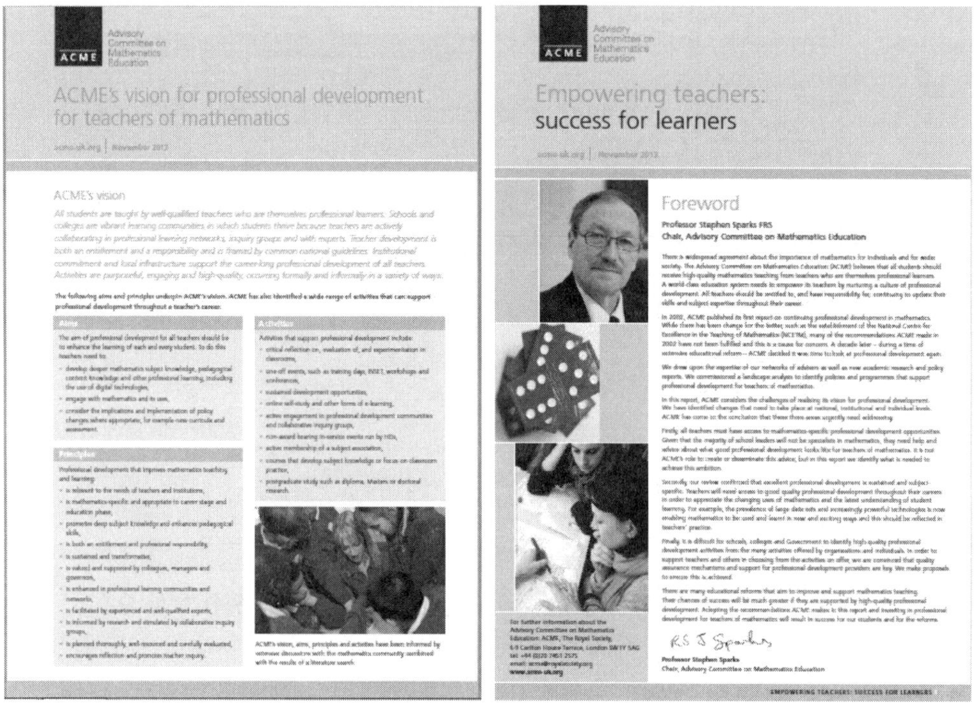

[그림 5-3] 영국 ACME가 제시한 수학교사의 전문성 개발을 위한 보고서와 비전*

그리고 ACME는 수학 관련 커뮤니티와 광범위한 토론과 문헌 연구를 연결하여 수학교사 전문성 개발을 위한 비전, 목표, 원칙, 활동 등을 도출하였다. 2013년 '수학교사 역량 강화'에서는 모든 수학교사들의 전문적 발전에 대한 ACME의 비전을 제시하고, 어떻게 성공할 수 있는지에 대한 제언을 하였다. 이 보고서는 2012년, 2013년 ACME 컨퍼런스에서 발표되었다.

영국에서 교사 전문성 개발 프로그램을 제공하는 기관들은 매우 다양한데, 학교 자체, 티칭 스쿨, 아카데미 체인, 지방 교육당국, 교육 네트워크 등이 있다. 교사의 전문성 개발 활동은 교사 개인 측면에서는 교사의 직업 만족도를 제고하며, 교사의 경력 개발, 보수 인상(교사평가와 연계), 승진 등과 연계되어 있다.

교육부의 집행기관인 국립 교수·리더십 대학교(National College for Teaching & Leadership, LCTL)가 신규 교사 및 경력 교사의 연수프로그램을 개발하고 제공하는 역할

* http://www.acme-uk.org/policy-advice/teacher-education-and-development (2018년 12월 23일 검색)

을 담당하고 있는데, 최근에 시행된 교원연수 프로그램 중 하나가 바로 교과 전문성 연수 프로그램(teacher subject specialism training courses)이다. 2015년~2016년부터 수학과 과학 교과의 교원들을 대상으로 제공되기 시작하였으며, 2017년~2018년에는 중등학교 및 sixth-form colleges(대입시험을 준비하는 후기 중등학교)의 Core Math 교사들까지 확대 제공되었다.

정부 주도로 제공되는 교원연수 과정 이외에도 다양한 교과 연합회 및 교과 전문가 단체가 교사들에게 전문성 개발의 기회를 제공하고 있다. 또한 다수의 대학교들은 주로 교과목의 지식과 이해에 초점을 맞춘 교사 전문성 향상 연수 과정을 제공하고 있다. 예를 들어, 런던대학교 교육대학원(Institute of Education, University of London)은 유·무료의 다양한 전문성 개발 연수 프로그램을 운영 중인데, 일례로 총 3일간 30시간 동안 진행되는 '초기 경력자를 위한 상급 수학 교수(Advanced Mathematics Teaching in Early Career)' 과정은 경력이 짧은 수학교사들에게 대입시험(A-level) 수학 교과의 지식과 교수법을 발전시키는 기회를 제공하며, 참가비는 무료이다.

영국에서 교사 전문성 개발 프로그램을 제공하는 기관들은 지역 허브 및 민간 제공 업체(예: NRICH8 또는 MA) 등 다양하다.

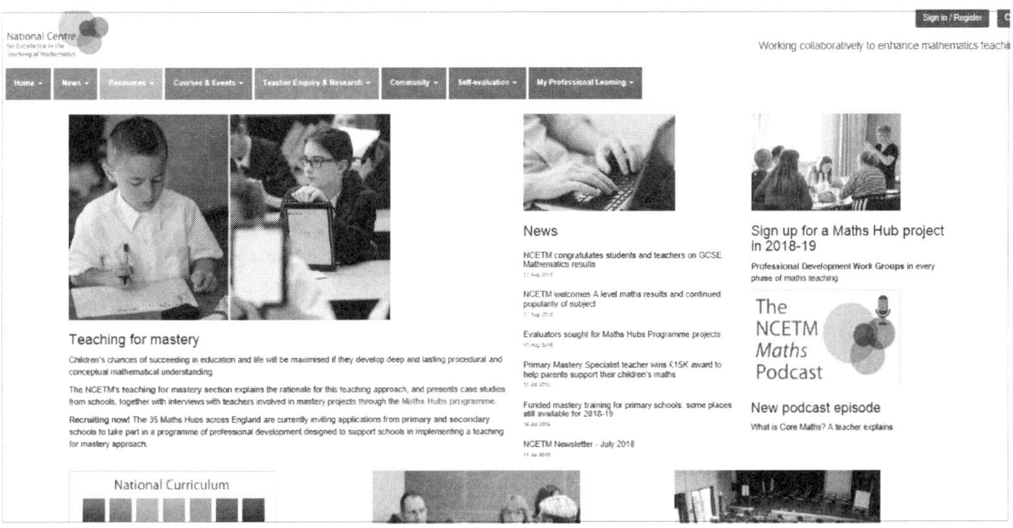

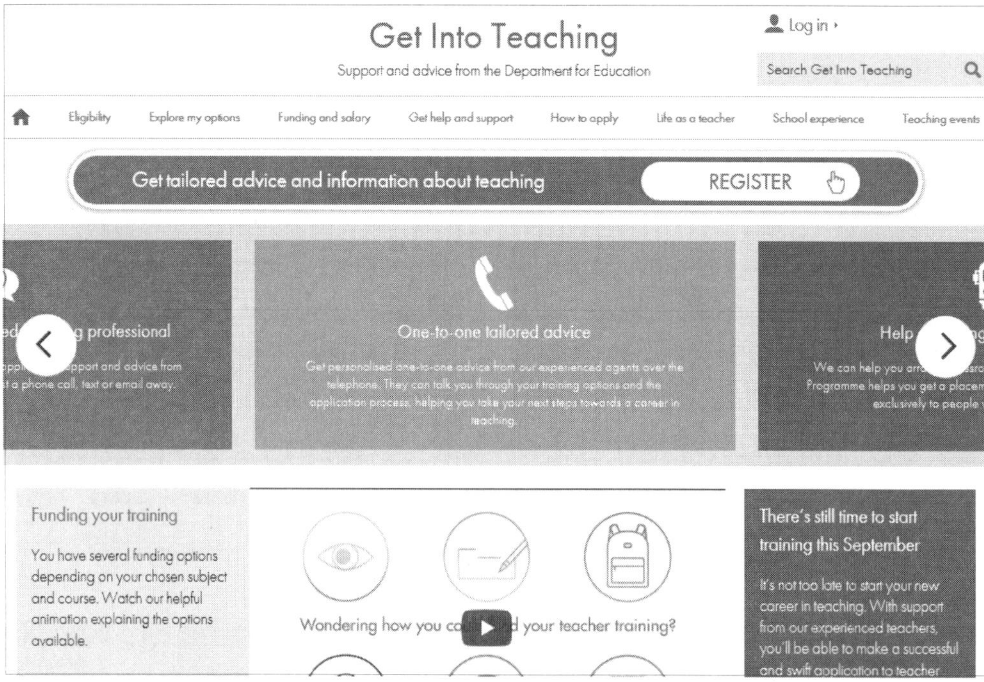

[그림 5-4] 영국의 수학교사 전문성 개발을 위한 지역 허브 및 업체*

영국은 국가적인 차원에서 교원양성 과정을 보다 효과적이고 엄격하게 변화시키는 노력을 진행 중에 있으며, 신규 및 경력 교사의 연수 과정을 개혁하고 국립 교수·리더십 대학교를 통해 전문적인 교사 연수 과정을 개발하며 양질의 많은 연수의 기회를 제공하고 있다. 또한, 교원연수 과정을 자격인증 과정과 결합하여 전문가로서 교사의 경력을 발전시키는 인증프로그램을 도입하고 있다. 개정 교육과정에 따른 국가시험 체계의 변화, 그리고 학교 등급체계의 변화가 지속되고 있기 때문에 학교의 학생평가체계 개발과 운영에 대한 교사 실천 사례 및 관련 연구를 공유하고 협력하는 것이 절대적으로 중요한 상황이다. 이에 따라 교사단체, 교원노조, 교과 전문가 단체들을 중심으로 개정 교육과정에 맞춘 교과 교육과정의 개발과 운영, 새로운 학생 평가체계의 개발과 운영에 대한 교사들의 활발한 논의와 정보 공유가 일어나고 있다. 최근 정부가 추진한 국립 교수·리더십 대학교를 주축으로 한 학교 간 지원체계는 또 다른 전문적 학습공동체로서의 장을 마련하고 있다(한국교육개발원, 2017, pp.120-121).

* https://www.ncetm.org.uk/
www.nrich.maths.org (2018년 12월 23일 검색)

6. 수학 교수·학습 지원 프로그램

6.1 Maths Hubs*

Maths Hubs는 학교와 대학이 영국의 수학교육 개선을 이끌도록 돕는다. 모든 지역 내의 수학 교과에 대한 리더와 전문가를 찾고, 모든 학생들의 이익을 위한 자료를 개발하고 보급하려고 한다. 각 Maths Hubs는 지역에서 뛰어난 학교나 대학에 의해 주도되는데, 단순히 학교나 대학이 아니라 허브 지역 전체의 수학교육 전문지식을 갖춘 학교, 대학 및 기타 조직들이 참여하는 수학 리더십 네트워크에 가깝다. 영국 내에 35개가 있으며 수학교사들에게 전문성 개발 프로그램, 모든 지역 수학교육 활동에 대한 최신 정보, 일종의 수학교사 연구 공동체인 수학교육의 지역 리더 네트워크(LLME)에 대한 정보 제공 및 참여가 가능하다. Ofsted, Teaching School Council, ACME, JMC 등이 Math Hubs를 지원한다.

[그림 6-1] 영국 Maths Hubs 홈페이지 및 지점들**

* http://www.mathshubs.org.uk/ (2018년 12월 23일 검색))

** http://www.mathshubs.org.uk/ (2018년 12월 23일 검색)

6.2 Association of Teachers of Mathematics(ATM)

수학교사협회(Association of Teachers of Mathematics)는 학습자의 필요와 보다 밀접하게 연관되어 수학을 가르치고 배우는 것을 장려하기 위해 1952년에 설립되었다. ATM은 등록된 자선단체이며 약 3000명의 개인 교사, 학교, 기관 회원이다. ATM은 다양한 계층의 회원들로 구성되며 수학교육에 관심이 있는 사람은 누구나 참여할 수 있다. ATM은 연간 회의, 지역 지점 회의, 지역 일일 행사를 포함한 많은 CPD기회를 제공한다. 네트워크를 통해, ATM은 수학 학습과 교수에 관한 문제에 대응하고 수학을 배우는 모든 사람의 이익에 영향을 미치는 강력하고 권위 있는 협회로서의 위치를 유지해 오고 있다.

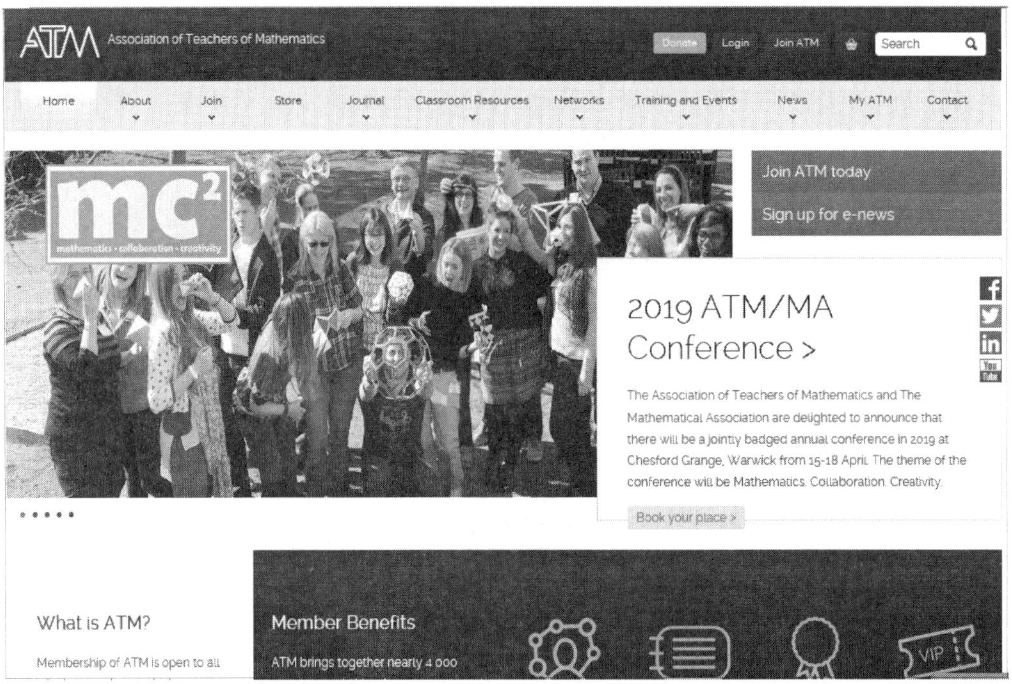

[그림 6-3] 영국 ATM의 홈페이지*

ATM은 Caleb Gattegno와 Roland Collins가 이끄는 영국 전역의 열성적인 교사들에 의해 모든 어린이들이 생동감있고 흥미로운 경험을 통해 수학을 배워야한다는 것을 목표로 1952년 설립되었다. ATM의 궁극적인 목표는 수학 학습자에게 수학에 대한 창의적인 접근과 사고를 통한 접근을 개발하는 것이다.

---

* https://www.atm.org.uk/Home (2018년 12월 23일 검색)

ATM은 'Mathematics Teaching'이라는 저널을 발간하고 있으며 ATM & MA Maths Festival, ATM - MA Meridian Branch Meeting 등 다양한 행사를 개최하고 있다. 특히 매년 BCME(British Congress of Mathematics Education)를 개최한다. BCME는 수학교육에 대해 초등부터 대학까지 그리고 연구, 정책 및 공공 참여 등의 여러 측면에 대하여 높은 평가를 받는 연설자를 유치하는 수학교사들의 축전이다. 높은 수준의 전문성 개발 및 강화를 경험하도록 워크샵, 토론, 전시, 토론 그룹 및 연구 프레젠테이션을 한다.

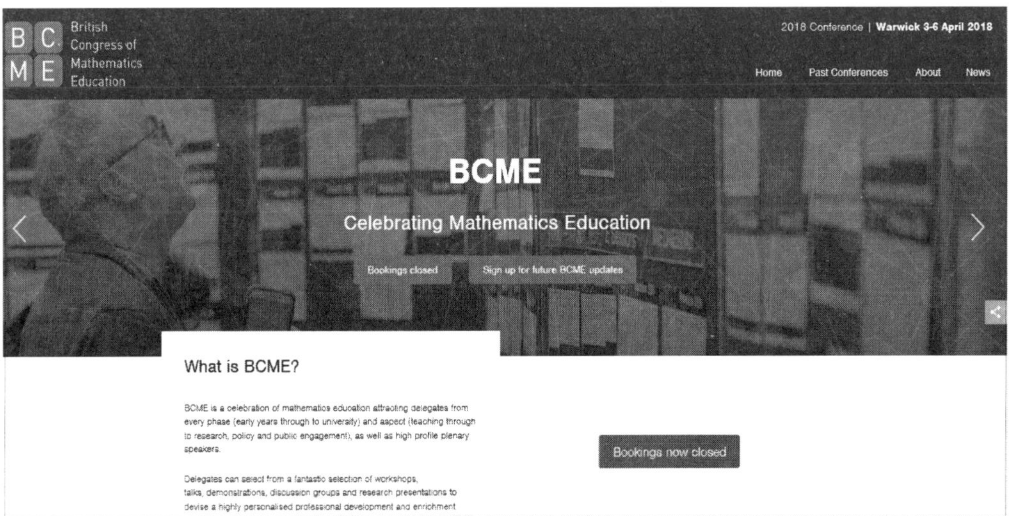

[그림 6-4] 영국 BCME의 컨퍼런스 홈페이지*

6.3 Research School Network**

학교 주도의 증거에 기반한 교수 실천을 지원하기 위한 일종의 연구학교 운영을 위한 네트워크이다. 교수 관행을 개선하고 학생들의 성취도를 높이기 위해 이용할 수 있는 증거 기반의 자원과 도구가 많이 있지만, 교실에서 수업의 차이를 만드는 방법에 대해 학교에서 연구하는 것이 어렵다. 따라서 연구학교는 증거에 기반하는 관행을 이용하는 데 앞장서는 것을 목표로 한다. 네트워크를 통해 연구를 실천하고 공유하고 지역에 있는 학교들이 수업을 위해 교수와 학습에 대한 증거를 더 잘 활용하도록 지원한다.

---

* https://www.bcme.org.uk/ (2018년 12월 23일 검색)

** https://researchschool.org.uk/(2018년 12월 23일 검색)

[그림 6-5] 영국 Research School Network에 대한 홈페이지 및 지점 안내*

---

* https://researchschool.org.uk/ (2018년 12월 23일 검색)

7. 맺음말

영국은 1988년에 교육법을 통해 국가교육과정 체제를 도입하고 1989년에 처음으로 국가교육과정을 고시한 이래, 4~8년 정도의 비교적 짧은 주기로 개정하고 정권의 영향을 받는 경향이 있다는 점에서 우리나라와 유사한 모습을 지닌다. 특히 교육과정의 개정은 영국 학생들의 국제학업성취도 수준의 하락 특히, 수학 영역의 경우는 성취도 순위가 높은 나라들에 비해 학업 수준이 뒤지고 있다는 점과 과거의 역량 중심적인 접근에 대한 불만 등으로 인해 추진된 것이다.

최근 영국에서는 교육과정 총론에 수리력과 수학을 강조하면서 수학적 역량을 함양시키기 위하여 여러 가지 지원과 노력을 하고 있다. 특히 학생들이 미래 사회를 대비할 수 있도록 문제 해결력 강조, 16세 이후의 수학 강조와 지원을 위한 A-level 자격시험의 개정, Core-math 개발 및 자격시험 시행, T-level을 개발 중이다. 또한 통계 및 빅데이터의 사용, Computation Thinking(컴퓨팅 사고) 도입하고 있다. 특히, A-level 시험 체제와 문항 유형 모두 변화를 추구하고 있다. 순수수학과 응용수학을 모두 포함하고 수학적 모델링을 강화하였고, 탐구능력을 평가하기 위해 시험시간을 늘린다. 영국의 A-level 시험은 서답형으로 과정을 중시한다. 무엇보다 우리나라 교육과정에서 제외된 행렬과 복소평면 등을 반드시 포함하도록 하여 학생들이 미래 사회에 대비하도록 한다는 점은 주목할만하다.

영국에서는 교육과정 개발, 자격시험 개발, 지원이라는 3가지 방향으로 함께 정책을 진행하고 있다. 무엇보다 수학교육 정책이 ACME라는 자문기구를 중심으로 매우 체계적이고 개방적으로 진행되고 있다. 스미스 보고서 등과 같이 정부에서 전문가에게 수학교육과 관련된 상황에 대한 전반적인 검토와 제언을 의뢰하고 그 결과에 따라 수학교육 개선을 위한 여러 가지 프로젝트, 교육과정, 교사 교육, 자격시험 개정 등의 정책 추진 절차가 명확하게 정리되어 있다. 국가 교육과정 개발 절차, 여러 정책 추진에 대해서도 전문 기관의 자문, 교육부의 답변 등에 대한 증거가 남아 정책 추진 과정과 결과에 대해 일반인에게도 공개되고 있다. 이러한 절차적 명료함은 영국의 수학교육이 상당히 체계적으로 진행된다고 생각할 수 있는 점이다.

무엇보다 교육과정 개정과 동시에 자격시험 개정이 함께 이루어지고 새로운 교과목이나 내용만 개발되는 것이 아니라 자격시험 문항 개발 및 이에 대한 안내가 잘 되어 있다는 점도 살펴볼 필요가 있다. 교육과정 개정과 자격시험이 함께 개발되고 안내됨으로써 개정하는 교육과정 취지를 살리고 학교 현장의 변화를 꾀할 수 있기 때문이다. 영국은 교육과 관련한 어떤 정책, 자격시험의 개정, 교과목 개발 등이 모든 학생과 교사들에게 매우 안내가 잘 되어 있다. 또한 교수학습 지원을 위한 다양한 사이트와 경로가 있다는 점도 눈여겨 볼 필요가 있다.

참고문헌 REFERENCE

강호원(2017). **메일진 해외교육동향 316호**, 한국교육개발원

남진영(2017). 영국, 호주, 일본의 대학입학 수학시험 개정, 수학교육학연구 27(4), 대한수학교육학회

박선화, 전효선, 이문복, 장근주, 김영은, 이재진, 임철일, 문무경, 장은희, 김선영(2017). **미래사회 대비 교육과정, 교수·학습, 교육평가 비전 연구II**. 한국교육과정평가원 연구보고, RRI 2017-3

소경희(2015). 영국의 '2013 개정 교육과정'에서 의도한 것과 구현한 것-의의와 한계, **교육과정연구, 33**(3), 199-220.

한국교육개발원(2017). **2017 해외국제동향(영국)**. 한국교육개발원 교육정책네트워크 연구센터.

Department for Education(2014a). The national curriculum in England Key stages 3 and 4 framework document

Department for Education(2014b). Mathematics programmes of study: key stage 4 National curriculum in England

Department for Education(2016). Further mathematics AS and A level content

Oxford Cambridge and RSA(2014). Level 3 Certificate Quantitative Problem Solving (MEI) H867/01 Introduction to Quantitative Reasoning Sample Question Paper.

Smith, A. (2017). Review of post-16 mathematics: report and letter Professor Sir Adrian Smith's review of mathematics education for 16-to 18-year-olds in England.

Smith, T. E. (2009). Estimation bias in spatial models with strongly connected weight matrices. Geographical. Analysis. 41(3), 307-332.

제7장

프랑스
FRANCE

1. 들어가며

프랑스의 정식 명칭은 '프랑스공화국(la République française)'이며, 동경 2도, 북위 46도에 위치한 유럽에서 세 번째로 큰 국가이다. 프랑스의 수학교육 발전에서 계가가 된 중요한 역사적 사건 중 하나는 1802년 나폴레옹이 "Lycées에서는 반드시 라틴어와 수학을 가르칠 것이다."라는 칙령을 공포하면서 고등학교에서 수학교육이 시작되었다는 점이며, 다른 하나는 1902년 프랑스 정부가 주도한 개혁에서 "고전적인 교육과정과 적어도 이론적으로 동등한 것은, 당분간 Lycées에서 고전적인 인문학의 독점을 종식하는 것이다. 더 확장하면 언어, 과학, 수학과 같은 새로운 학문의 발달이다."라고 수학교육의 중요성을 천명한 점이다(Gueudet et al, 2017, p.2). 그동안 수학교육의 국제 비교와 관련된 연구가 많이 이루어져 왔지만, 프랑스의 수학교육에 대해서는 미국이나 영국, 호주, 싱가포르 등 영어권 국가보다 상대적으로 덜 알려져 왔던 것으로 보인다.

프랑스가 수학 분야에서 탁월한 점으로 노벨상과 필즈상과 관련된 성취를 살펴볼 수 있는데 박형주(2018)는 다음과 같이 말하고 있다.

> 노벨상 순위에서 프랑스는 총 65명을 배출한 세계 4위 국가다. 특히 난제를 돌파하는 창의성과 논리적 사고가 중요한 수학 분야에서 다른 유럽 강국을 현격한 차이로 압도하는데, 수학의 노벨상으로 불리는 필즈상 순위에서 프랑스는 미국 다음으로 세계 2위이다. (중략) 2017년 어느 날 프랑스 수학자 여럿을 만났다. 수학계의 노벨상이라 불리는 필즈상에서 프랑스가 미국 다음으로 많은 수상자를 배출하게 된 동력이 화제가 됐다. 그 답으로, 나폴레옹 이후로 지속해온 프랑스 교육 체제가 가장 많이 언급되었다. 앞서 소개했듯이 프랑스에선 수학과 철학을 중심으로 생각의 힘을 키우는 기초체력 중심의 교육제도가 200년 이상 유지되고 있다. 우수한 학생에게 가르치는 수학 수준은 직업 수학자도 깜짝 놀랄 정도로 높다.

이 장에서는 프랑스의 일반적인 교육 체계와 교육 제도에 대하여 개괄한 다음, 수학과 교육과정과 최근의 이슈를 중심으로 한 수학교육 정책, 수학교육을 위한 21가지 조치, 수학 바칼로레아 등에 대하여 알아보기로 한다. 다만 프랑스의 수학교육과 관련된 많은 자료는 프랑스 교육부 및 관련 인터넷 홈페이지를 Chrome 브라우저에서 영문으로 번역하여 조사한 것이므로, 본 장에 서술된 내용이 프랑스의 수학교육을 일반적으로 파악하게 하는 데는 한계가 있다.

1.1 교육 체계

프랑스의 교육부(Ministère de l'éducation nationale)의 입구 사진은 [그림 7-1]과 같다. 프랑스의 교육부의 한 가지 특징은 학교 교육을 담당하는 부서(Ministère de l'éducation nationale et de la jeunesse)와 더불어 연구와 개혁을 담당하는 고등교육 부서(Ministère de enseignement superieur, de la recherche et de l'innovation)를 대등하게 두고 있다는 점이다. 또한 교육부는 하위 조직으로 국가교육 전반적 점검(L'inspection générale de l'éducation natinale, IGEN), 시니어 시의회(Le conseil supérieur des programmes, CSP) 등의 기구를 두고 있다.

프랑스의 교육은 각 지역별로 지역 아카데미(Les région académiques)와 하위에 아카데미(académiques)를 두어 교육부를 지원하는 역할을 하고 있으며, 현황은 다음의 [그림 7-2]와 같다.

[그림 7-1] 프랑스 교육부 입구*

[그림 7-2] 프랑스의 지역 아카데미**

* 이 사진은 2018년 9월 13일 저자가 직접 촬영한 것이다.

** https://www.education.gouv.fr/cid3/les-rectorats-services-departementaux-education-nationale.html (2019년 10월 9일 검색)

[그림 7-2]에서 아래쪽의 5개는 아카데미로 분류되지는 않는 커뮤니티이며, 위쪽의 굵은 선이 17개의 지역 아카데미를 나타낸다. 이 중 4개의 지역 아카데미는 3개씩의 아카데미를 갖고 있으며, 5개의 지역 아카데미는 2개씩의 아카데미를 갖고 있다. 또한 'Martinique'를 포함한 왼쪽의 4개는 해외 지역의 아카데미를 나타내며, 이를 제외한 26개의 아카데미를 메트로폴리탄 아카데미라고 부르기도 한다. 이들 아카데미는 우리나라의 교육청처럼 프랑스의 국가적 교육 정책을 지역에서 실행하는 역할을 한다.

프랑스의 학교는 공립(State) 학교, 공영형사립(State-funded and controlled private) 학교, 사립(Privately funded) 학교의 세 가지로 나누어진다.* 공립학교는 정부에 의해 운영되는 학교이며, 공영형사립학교는 정부와 계약된 학교로서 정부에서 급여를 지급한다. 사립학교가 운영과 수업에 있어 정부의 통제를 받는 부분은 크게 세 가지로 교사가 요구되는 자격을 갖추어야 하며, 프랑스 교육법에 따라야 하고, 지식에 대한 최소한의 준거를 충족시켜야 한다는 점이다.

프랑스 교육의 필수적인 기준점은 '공화국의 가치(Les valeurs de la République)'이다. 이 공화국의 가치를 드러내는 모토는 '자유, 평등, 우애(Liberté, Égalité, Fraternité)'의 세 가지이며, 이의 원리는 '국민에 의한, 국민을 위한, 국민의 정부'이다.** 실제로 Rennes시에 위치한 Lycée Joliot-Curie에서는 다음의 [그림 7-3]과 같이 위의 세 가지 이념을 강조하고 있다.

[그림 7-3] Lycée Joliot-Curie에 제시된 교육 이념***

또한 프랑스 교육부는 학교 교육을 통하여 기르고자 하는 '보편 핵심(common core)'을

* https://www.welcometofrance.com/en/education (2019년 10월 9일 검색)

** https://www.education.gouv.fr/cid106158/les-valeurs-republique-ecole.html (2019년 10월 9일 검색)

*** 이 사진은 2018년 9월 11일 저자가 직접 촬영한 것이다.

5가지로 제시하고 있는데, 각각의 영역과 영역별 세부 사항은 다음과 같다(Ministère de l'éducation nationale, de l'enseignement supérieur et de la recherche, 2015, pp.3-7).*

- 사고와 의사소통을 위한 언어(les langages pour penser et communiquer): 프랑스어를 구어와 문어로 이해하고 자신을 표현하기, 외국어와 적절한 지역 언어를 이해하고 자신을 표현하기, 수학적, 과학적, 컴퓨팅 언어를 이해하고 자신을 표현하기, 예술과 신체를 이해하고 자신을 표현하기
- 학습을 위한 방법과 도구(les méthodes et outils pour apprendre): 개인의 일을 조직화하기, 프로젝트의 협력과 자각, 미디어, 연구, 정보의 과정에 접근, 의사교환과 소통을 위한 디지털 도구
- 개인과 시민의 훈련(la formation de la personne et du citoyen): 감성, 의견, 타인에 대한 존경의 표현, 규칙과 권리, 반성과 분별, 책임, 범죄와 주도에 대한 감각
- 자연계와 공학계(les systèmes naturels et les systèmes techniques): 과학적 단계, 개념, 창조, 깨달음, 개인적, 집단적 책임
- 세계와 인간 활동의 표현(les représentations du monde et l'activité humaine): 공간과 시간, 세계의 조직과 표현, 발명, 정교화, 산출

1.2 교육 제도

프랑스의 의무교육 기간은 3~16세이며, 유치원부터 고등학교까지의 학교 체계는 다음의 <표 7-1>과 같다. 초등학교 5년, 중학교 4년, 고등학교 3년의 12년간의 학제는 우리나라와 비교하면 초등학교가 1년 짧고, 중학교가 1년 길며, 시작과 종료 연령은 동일하다. 단 고등학교에서 직업 계열로 진학하는 경우 본인의 진로에 따라 2년만에 졸업하기도 한다.

프랑스의 고등학교는 크게 3가지 종류로 나누어지는데, 일반계(general), 공학계(technological), 직업계(vocational)이다. 일반계와 공학계 고등학교는 고등학교 첫 학년에서 공통된 교과목을 배우며, 나머지 두 학년에서는 각각의 졸업 시험인 바칼로레아를 계열별로 준비한다. 직업계 고등학교는 진로에 따라 2년제 또는 3년제 학제를 따르는데, 전문 능력 인증(Certificate of Professional Competence, CAP) 경로는 2년제이고, 전문 학사 학위(professional bachelor degree) 경로는 3년제이다.

* 프랑스에서 교육과정의 개정 사항 등 교육과 관련된 주요 사항은 관보(Bulletin officiel)의 형식으로 교육부 홈페이지에 공지된다.

〈표 7-1〉 프랑스의 학제*

<table>
<tr><th>연령</th><th>학교급</th><th>학년</th><th>사이클</th></tr>
<tr><td>3</td><td rowspan="3">Maternelle
(유치원)</td><td>Petite section</td><td rowspan="3">Cycle 1</td></tr>
<tr><td>4</td><td>Moyenne section</td></tr>
<tr><td>5</td><td>Grande section</td></tr>
<tr><td>6</td><td rowspan="5">Ecole Elémentaire
(초등학교)</td><td>CP</td><td rowspan="3">Cycle 2</td></tr>
<tr><td>7</td><td>CE1</td></tr>
<tr><td>8</td><td>CE2</td></tr>
<tr><td>9</td><td>CM1</td><td rowspan="3">Cycle 3</td></tr>
<tr><td>10</td><td>CM2</td></tr>
<tr><td>11</td><td rowspan="4">Collège
(중학교)</td><td>6ème</td></tr>
<tr><td>12</td><td>5ème</td><td rowspan="3">Cycle 4</td></tr>
<tr><td>13</td><td>4ème</td></tr>
<tr><td>14</td><td>3ème</td></tr>
<tr><td colspan="4">Diploma awarded: 졸업장(Brevet des Collèges)</td></tr>
<tr><td>15</td><td rowspan="3">Lycée
(고등학교)</td><td>2nde</td><td></td></tr>
<tr><td>16</td><td>1ère</td><td></td></tr>
<tr><td>17</td><td>Terminale</td><td></td></tr>
<tr><td colspan="4">Diploma awarded: 바칼로레아(Baccalauréat)</td></tr>
</table>

프랑스의 학기 운영은 학년도별로 교육부에서 결정한다. 2019학년도의 학기 운영은 교육부 홈페이지를 통하여 다음의 [그림 7-4]와 같이 공고하고 있다.

[그림 7-4]를 보면, 앞의 [그림 7-2]에서 제시한 프랑스의 아카데미 중 'Corse'를 제외한 25개의 메트로폴리탄 아카데미를 3개의 권역으로 나누어 3가지 유형의 학기 일정을 제시하고 있음을 알 수 있다. 2019학년도의 경우 수업 기간은 2019년 9월 2일부터 2020년 7월 4일까지의 44주인데, 이 중에서 2주씩의 방학이 4회씩 있어서 실제적인 수업 기간은 36주이다. 세 가지 권역(zone)별로 방학 시기에 다소 차이는 있지만, 방학 기간이 여름 방학을 제외하고 8주라는 점은 동일하다.

* https://www.welcometofrance.com/en/education (2019년 10월 9일 검색)

Vacation	Zone A	Zone B	Zone C
	Academies: Besançon, Bordeaux, Clermont-Ferrand, Dijon, Grenoble, Limoges, Lyon, Poitiers	Academies: Aix-Marseille, Amiens, Caen, Lille, Nancy-Metz, Nantes, Nice, Orleans-Tours, Reims, Rennes, Rouen, Strasbourg	Academies: Creteil, Montpellier, Paris, Toulouse, Versailles
Pre-entry of teachers	Resumption of classes: Friday, August 30, 2019		
Back to school for students	Resumption of classes: Monday, September 2, 2019		
All Saints holidays	End of classes: Saturday 19 October 2019 Resumption of classes: Monday 4 November 2019		
Christmas vacation	End of classes: Saturday, December 21, 2019 Resumption of classes: Monday, January 6, 2020		
Winter vacation	End of classes: Saturday, February 22, 2020 Resumption of classes: Monday, March 9, 2020	End of classes: Saturday, February 15, 2020 Resumption of classes: Monday, March 2, 2020	End of classes: Saturday, February 8, 2020 Resumption of classes: Monday, February 24, 2020
Spring Break	End of classes: Saturday, April 18, 2020 Resumption of classes: Monday, May 4, 2020	End of classes: Saturday, April 11, 2020 Resumption of classes: Monday, April 27, 2020	End of classes: Saturday, April 4, 2020 Resumption of classes: Monday, April 20, 2020
Summer holidays	End of classes: Saturday, July 4th, 2020		

[그림 7-4] 2019학년도 프랑스 학교의 학기 운영*

1.3 교사 교육

프랑스의 유·초·중등학교 교사는 국가공무원으로, 교사의 양성, 자격, 연수 등은 중앙정부(국가교육·고등교육연구부)와 지방의 국가교육행정단위인 아카데미가 관할하고 있다. 2013년 프랑스는 교사양성교육체제 개편을 통해 종래 별도의 기관으로 분리·운영되고 있

---

* https://www.education.gouv.fr/pid25058/le-calendrier-scolaire.html (2019년 10월 9일 검색)

던 교사양성과정(IUFM)을 대학(universitaire)에 편입하고, 석사과정 수준의 고등교사 교육기관(Écoles Supérieures du Professorat et de l'Éducation: ESPE)을 설치하였다. 아울러 교사양성과 임용시험, 교사자격 취득 및 석사학위 취득을 연계하여 중앙정부 수준에서 교사양성의 규모와 질을 관리하고 있다(김미숙 외, 2016).

프랑스에서 교사가 되기 위해서는 학부 졸업 후 대학에 설치되어 있는 고등교사 교육기관인 ESPE에서 '교사, 교육 및 연수 직업(métiers de l'enseignement, de l'éducation et de la formation: MEEF)' 석사학위 과정을 이수해야 한다(김미숙 외, 2016). 석사 1년차 과정은 450~550시간 수업을 이수하며, 4~6주간 현장 실습이 이루어지고, MEEF 석사 과정 1년 종료시 임용시험(concours de recrutement)이 실시된다. 석사 2년차 과정은 현장 실습과 대학원 과정 병행기로서, 임용시험에 합격 후 수습 공무원(fonctionnaires stagiaires)의 신분으로 학교에서 실습하며 근무하고, ESPE에서 연간 250~300시간의 수업을 이수한다(김미숙 외, 2016). 석사 2년차 과정의 보다 구체적인 사례로 Rennes 아카데미의 ESPE de Bretagne의 경우, 대학원 수업과 실습이 절반씩 이루어지는데, 초등학교 실습은 1주 15시간 정도의 수업이 일반적이며, 학교 출근은 2.5일 정도, 중등학교 실습은 1주 9~10시간 정도의 수업이 일반적이며, 3일 정도 출근한다. 대개 수요일과 목요일에 대학원 수업이 이루어지며, 교육실습 지도교사는 교육청에서 배정한다(김선희 외, 2019).

김미숙 외(2016)에 의하면 프랑스의 교사 임용 시험은 다음의 5가지 종류로 나누어진다.

- 유·초등학교 교사임용 경쟁시험(Concours de Recrutement de Professeurs des Écoles)
- 중등학교 교사자격 경쟁시험(Concours du Certificat d'ptitude au Professorat du Second degré: CAPES)
- 기술교육 교사자격 경쟁시험(Concours du Certificat d'ptitude au Professorat de l'Enseignement Technique: CAPET)
- 직업학교 교사자격 경쟁시험(Concours du Certificat d'ptitude au Professorat de Lycée Professionnel: CAPLP)
- 체육·스포츠교육 교사자격 경쟁시험(Concours du Certificat d'ptitude au Professorat d'Éducation Physique et Sportive: CAPEPS)
- 아그레제 교사자격 경쟁시험(Concours des professeurs agrégés: Agrégation) 중등학교 교사자격(CAPES)보다 상위의 자격으로 고등학교, 그랑제꼴 준비학교, 대학 등에서 강의할 수 있는 자격이다.

한편 프랑스 교사의 초임 연봉은 2018년 자료에 따르면 31,003유로로 인근 서유럽 국가나 OECD 평균보다 낮은 편이지만, 임금이 상승되는 폭은 커서 퇴임할 무렵에는 독일과 유사한 수준으로 오른다. 다음의 [그림 7-5]는 유럽 국가 교사의 초임 연봉을 비교한 자료이다.

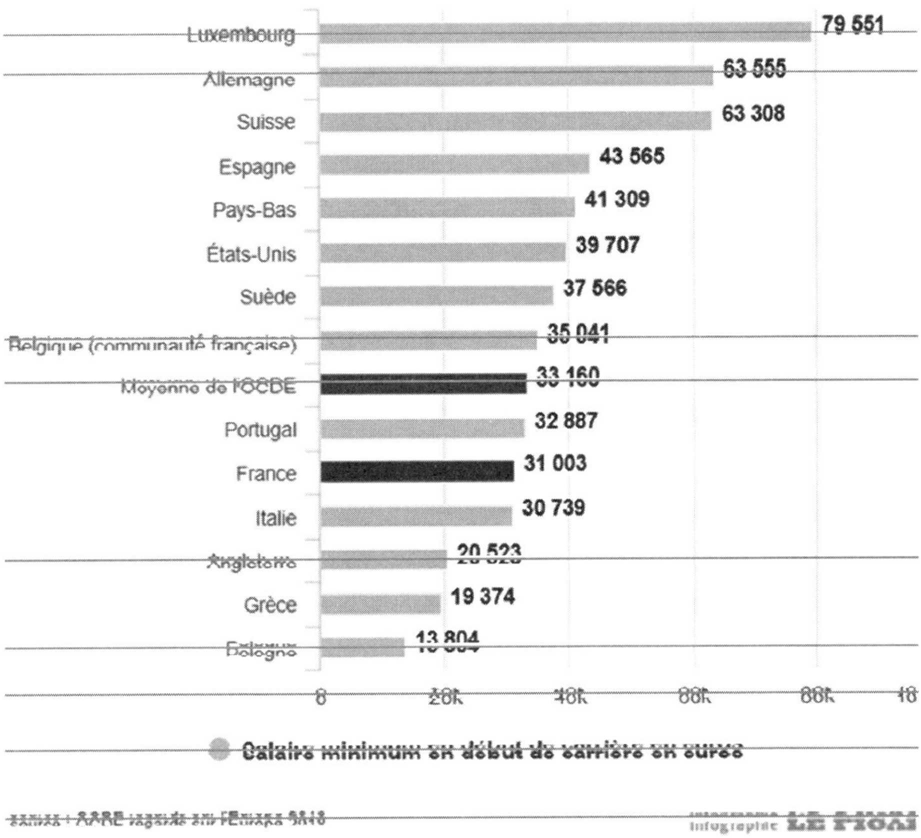

[그림 7-5] 유럽 주요 국가의 교사 초임 연봉 비교*

---

* http://www.lefigaro.fr/actualite-france/2018/09/11/01016-20180911ARTFIG00085-les-enseignants-francais-ne-sont-pas-parmi-les-mieux-payes-de-l-ocde.php (2019년 10월 9일 검색) 참고로 프랑스 중등수학교사의 경우는 수업 시간 외에는 학교에 근무할 의무가 없다.

2. 수학교육 현황과 정책

이번 절에서는 프랑스의 수학교육과 관련된 현황과 이슈, 정책을 소개하기로 한다. 프랑스의 수학교육 변천 과정에 대한 개관은 주로 Gueudet 등(2017)의 논문의 내용을 중심으로, 수학과 교육과정은 프랑스 교육부 홈페이지의 내용을 중심으로 다룬다.

2.1 수학교육의 변천 과정에 대한 Gueudet 등의 개관

Gueudet 등(2017)은 프랑스의 수학과 교육과정의 역사적 과정에 대하여 다음의 <표 7-2>와 같이 설명하고 있다.

〈표 7-2〉 프랑스 수학교육의 변천에 대한 Gueudet 등의 개관

프랑스 수학과 교육과정의 역사는 학문적, 사회적, 정치적 영향에 따라 매우 민감하고 큰 변화를 겪어 왔다. 이러한 역사를 잘 이해하기 위해 공식적인 교육과정과 실질적인 교육과정을 비교하고 대비할 필요가 있다. 공식적 교육과정을 살펴보면 프랑스의 교육과정에서 수학에 대한 관점은 시대마다 점점 강력하게 성장해 왔으며, 3번의 결정적인 순간이 1802, 1902, 2002년에 있었다. 1802: 1802년 나폴레옹은 'Lycées에서는 반드시 라틴어와 수학을 가르칠 것이다'라는 칙령을 공포하였다. Gispert는 '남자 중등학교에서 수학을 라틴어와 같은 반열에 놓으면서 이 칙령은 프랑스 혁명에 이은 새로운 상황을 고려하였으며, 예컨대 수학은 이론과 실제를 결합하는 지성 교육의 핵심 측면이 되었다'고 지적하였다. 1902: 프랑스 정부가 주도한 조사 결과에 따른 새로운 개혁은 다음과 같이 수학교육의 중요성을 재천명하였다: '고전적인 교육과정과 적어도 이론적으로 동등한 것은, 당분간 Lycées에서 고전적인 인문학의 독점의 종식이다. 더 확장하면 언어, 과학, 수학과 같은 새로운 학문의 발달이다.' 2002: 1999년 프랑스 정부는 새로운 세기의 수학교육에 대하여 재고하도록 저명한 수학자인 Jean-Pierre Kahane을 위원장으로 하는 CREM 위원회를 구성하였다. 2002년 CREM의 보고서에서는 '수학은 가장 전통이 깊고 가치가 가장 항구적인 학문이다'라고 언급하였는데 이는 수학을 다른 학문들 및 수학교육과 연관이 필요한 배경 학문 중에서 엄밀성과 상상력의 결합으로 중요성을 부여한 것이다. 실행된 교육과정을 살펴보면 수학교육은 1802년의 칙령 후에 Gispert가 '이 칙령 후에 실질적인 교육은 라틴어와 고전 인문학을 지속하였으며, 이러한 현상은 19세기 말 이론과 실제를 분리할 때까지 계속되었다'고 말한 것보다 더 적은 변화를 겪었다. 결과적으로 사회 계급과 학교의 구조(Lycées 대 초등학교)에 따른 두 종류의 수학교육, 즉 사회적 상류층을 위한 Lycées의 의식 형성과 하위 계층을 위한 초등학교의 연습과 훈련이 존재하였다. 보다 최근에 실행된 교육과정과 관련하여 공식적인 권고(예컨대 inquiry-based 지도)에 대한 차이점이 존재하는 것 같지만, 그러한 차이에 대한 종합적인 연구를 제안하는 최근의 연구는 알려진 것이 없다.

위에서 Gueudet 등의 개관에 따르면 프랑스 수학교육에서 중요한 계기를 마련한 사람은 먼저 1802년 나폴레옹을 들 수 있다. 나폴레옹의 칙령을 통하여 프랑스의 고등학교에서 수학 교과목의 위상은 기존에 중요하게 가르치던 라틴어 수준으로 올라가게 된다. 이러한 사실은 앞서 살펴본 박형주(2018)의 언급에서도 확인되고 있다. 그러나 19세기 말까지는 실질적으로 큰 변화는 약했던 것으로 보이며, 1902년의 프랑스 정부의 노력이 더해진 것으로 보인다.

Gueudet 등(2017)은 오늘날 프랑스 수학교육에 큰 변화를 준 것으로 2002년 CREM의 보고서를 들고 있으며, 다음과 같이 말한다.

> 21세기 초부터 수학뿐만 아니라 일반적으로 국가 교육과정과 관련 수업의 실제는 크게 진화되어 왔다. 앞서 밝힌 바와 같이 중요한 단계는 CREM의 보고서였다. 이 위원회에서 추천한 주요 목표는 학교 수학과 '생동감있는' 수학을 더 가까이 하는 것이었다. 예를 들어 이 위원회는 중등학교에서 '수학 및 수학의 실험적 측면에 대한 새로운 상을 창조하기' 위하여 '수학 실험실'을 개설할 것을 권장하였다. 또한 수리 과학이라는 포괄적인 개념을 제안하였는데 이는 물리학, 경제학, 컴퓨터 과학에서 수학적 실천을 포괄하는 것이다. CREM은 추론과 증명의 중요성을 강조했는데, '우리는 수학적 접근에서 명제의 형성으로부터 그 결과의 증명에 이르기까지 상상력과 추론의 관련을 필요로 한다'고 강조하였다. 이 위원회에서 제안한 방향은 수학교육의 목표와 내용에 지금까지도 상당한 영향력이 있다.

2.2 수학과 교육과정의 체계와 예시

프랑스의 현재 수학과 교육과정은 2016년 9월부터 실행된 것이다(Gueudet et al., 2017).* 수학교육을 통하여 발달시키고자 하는 주요 기능은 다음의 6가지이다.**

- 탐색(chercher)
- 모델(modéliser)
- 표현(représenter)

* 프랑스에서 교육과정을 나타낼 때 사용하는 단어는 '프로그램(programme)'이다. 유치원부터 중학교까지의 사이클 1부터 4까지의 기간은 2015년에 개정되어 2016년부터 실행되었지만, 고등학교의 경우 프로그램은 2011년에 발행된 것이 교육부 홈페이지에 제시되고 있다.

** https://www.education.gouv.fr/cid38/programmes-et-horaires-a-l-ecole-elementaire.html (2019년 10월 9일 검색)

- 추론(raisonner)
- 계산(calculer)
- 의사소통(communiquer)

프랑스의 초중학교 교육과정은 Ministère de l'éducation nationale, de l'enseignement supérieur et de la recherche(2015)에 제시되어 있으며, 전체 약 400쪽의 문서를 통하여 초등학교 1학년부터 중학교 최종학년인 3학년까지의 9년간의 교육과정을 사이클 2, 사이클 3, 사이클 4로 나누어 제시하고 있다. 이 교육과정에서는 학년별 교육과정은 제시되어 있지 않은데, 교육부 관련 사이트인 Éduscol에서는 초등학교 1학년부터 중학교 3학년까지의 학년말 성취 기대 수준을 제시하고 있어서 이를 참조할 수 있다([그림 7-6] 참조).*

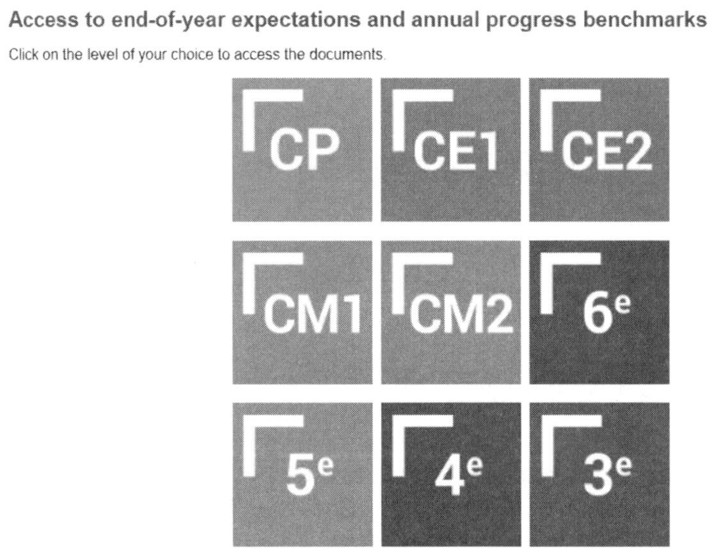

[그림 7-6] Éduscol 사이트의 학년별 성취 기대 수준 링크**

2.2.1 사이클 3의 수학과 교육과정 개요

프랑스 교육과정에서 첫째 부분은 각 사이클의 독자성을 설명하며, 둘째 부분에서 '보편 핵심(common core)'과 각 교과의 관련성을 언급한다. 수학 교과는 4번째의 '자연계와 공학

---

* 프랑스의 수학과 교육과정은 2015년부터 '사이클(cycle)'별로 제시되고 있다. 이로 인하여 학년별 성취기준을 프로그램 문서에서는 찾기 어려우며, Éduscol 사이트에 제시된 학년별 성취 기대 수준을 참고하여 판단한 것이다.

** https://eduscol.education.fr/pid38211/attendus-reperes.html (2019년 10월 9일 검색)

계'와 5번째의 '세계와 인간 활동의 표현'에 언급되어 있으며 사이클 3에 제시된 내용 중 수학과 관련된 부분은 다음과 같다(Ministère de l'éducation nationale, de l'enseignement supérieur et de la recherche, 2015, pp.96-97).

- 자연계와 공학계: 수학은 일상 생활의 대상과 관련된 (길이, 질량, 부피, 시간 등의) 양을 이해하는 것을 돕는다. (거리, 인구, 시간, 역사적 기간 등의) 크기를 나타내거나 어림하기 위해 큰 수(범자연수)와 소수를 사용함으로써, 세계에 대한 특정한 측면을 인식하게 된다. 학생들은 점차로 서로 다른 유형의 추론에 입문한다. 문제해결 과정에서 자유 탐구(시행착오)와 수 도구를 이용한다. 실세계 대상으로부터 평면과 공간도형을 학습함으로써 그 본질을 세워 주는 도형의 특징을 통제하는 것을 연습한다.
- 세계와 인간 활동의 표현: 수학과 과학, 공학의 지도는 학생들이 역사적, 지리적, 경제적, 문화적 맥락에서 과학적이고 공학적인 전개에서 과학적이고 공학적인 전개를 통합함으로써 크기에 대한 공간적, 시간적인 기준점을 발달시키도록 돕는다. 이를 통하여 과학이나 공학을 경제적, 사회적, 문화적, 환경적 문제와 정신적으로 연결하는 것을 돕는다.

셋째 부분에서 각 교과별 교육과정이 제시되며, 수학 교과는 마지막 순서로 제시되어 있다. 사이클 3 수학에 대한 개관이 먼저 제시되는데 주요한 내용은 다음과 같다(Ministère de l'éducation nationale, de l'enseignement supérieur et de la recherche, 2015, p.197).

이전 사이클과 연속적으로 사이클 3은 6가지 주요한 수학적 기능, 즉 모델, 표현, 계산, 추론, 의사소통의 발달을 추구한다. 문제해결은 수학 모든 분야의 지식 숙달의 주요한 준거이면서 또한 그 의미를 알고 있음을 확실히하는 수단이기도 하다. 대수적 모델링을 사이클 4와 고등학교에 앞서 처음 접하게 되며, 문제해결은 이미 수학이 어떤 방식으로 어떤 상황을 해결하기 위한 적절한 도구가 되는지를 보여준다. (중략)

사이클 3은 사이클 2에서 학습한 수학적 개념을 심화하여 학습의 장을 확장하고, 사이클 2에서 앞서 도입된 계산(덧셈, 뺄셈, 곱셈)의 지필 기능 및암산의 결과와 절차의 자동화를 확고히 하며, 새로운 지필 계산(나눗셈)과 암산 기능을 학습하여, 소수, 비례와 같은 새로운 개념의 도입이나 새로운 크기(특히 넓이, 부피, 각도)를 학습하는 것을 목표로 한다. (중략)

종이, 연필, 구체물 조작의 이용과 더불어 디지털 도구가 점진적으로 도입된다. 그런 다음 계산 및 세기 소프트웨어의 이용은 계산 기능의 숙달을 증진시키는 것과 관련하여 수의 속성에 대한 지식을 심화시킬 수 있다. 비슷하게 기하적 활동은 학생들이 서로 다른 작업 도구를 사용하는 기회를 제공할 수 있다. 여기에는 종이와 연필 뿐만 아니라 역동적 기하 소프트웨어, 초보적인 프로그래밍, 지도나 계획의 시각화 소프트웨어가 포함된다.

그런 다음 학습되어야 하는 기능(Skills workded)이 제시되는데 이는 6가지의 보편 핵심과 관련된다. 사이클 3에서 제시되는 기능은 다음과 같다(Ministère de l'éducation nationale, de l'enseignement supérieur et de la recherche, 2015, pp.198-199).

- **탐색**
  - 다양한 매개로부터 문제해결에 필요한 정보를 수집하고 조직한다: 문맥, 표, 도식, 그래프, 그림 등
  - 수학적 도구나 이미 접한 절차를 동원함으로써, 새로운 상황에 적용되는 추론을 개발함으로써, 과정에 참여하고, 관찰하고, 질문하고, 조작하고, 실험하고, 가설을 세운다.
  - 몇 가지 해결 경로를 검사하고 시도한다.
- **모델링**
  - 수학을 이용하여 실세계 상황의 문제를 해결한다.
  - 덧셈적, 곱셈적, 비례적으로 제기된 문제를 인식하고 구분한다.
  - 기하적인 관계(평행, 수직, 대칭)로 모델링될 수 있는 실세계 상황을 인식한다.
  - 기하적인 성질을 이용하여 대상을 인식한다.
- **표현**
  - 도구를 이용하여 문제를 표현한다: 그림, 도식, 그래프 등
  - 간단한 분수와 소수로 다양한 표현을 산출한다.
  - 평면도형과 입체도형의 기본적인 요소를 인식하고 사용한다.
  - 입체 및 공간적 상황에 대한 표현을 이용하고 산출한다.
- **추론**
  - 복합적인 자료의 조직화나 추론의 여러 단계를 결합하는 과정의 구성이 피룡한 문제를 해결한다.
  - 기하에서 도구를 이용한 인식에서 점진적으로 도형의 성질이나 대상의 관계에 근거한 추론에 입문하는 것으로 이동한다.
  - 타인의 관점에서 설명하는 방법에 대하여 집단적인 탐구를 전개한다.
  - 주장을 정당화하고 이용가능한 정보의 타당성을 살펴본다.
- **계산**
  - 적절한 전략이나 기능(암산, 온라인, 연산)을 이용하여 소수를 정확히 또는 어림

하여 계산한다.
- 계산 결과의 개연성을 검토한다.
- 계산기를 이용하여 답을 찾거나 입증한다.

• **의사소통**
- 점진적으로 적절한 어휘나 관련된 표기를 이용하여 어떤 상황을 기술하고 논의를 전개한다.
- 어떤 사람의 추론을 설명하고, 타인의 설명을 이해하며, 서로 논의한다.

다음으로 내용 영역별로 개관, 사이클의 최종 성취 기준(Attendus de fin de cycle), 내용 체계, 성취 수준점(Repères de progressivité)이 제시된다. 내용 체계는 '지식과 관련 기능(Connaissances et competences associees)'과 '학습 상황, 활동, 자원의 예(Exemples de situations, d'activites et de ressources pour l'eleve)'가 제시된다. 사이클 2와 사이클 3의 내용 영역은 '수와 계산', '크기와 측정', '공간과 기하'의 3개 영역이며, 사이클 4의 내용 영역은 '수와 계산', '자료의 조직과 처리, 함수', '크기와 측정', '공간과 기하', '알고리즘과 프로그래밍'의 5개 영역이다. 그리고 각 내용 영역이 제시된 후 마지막으로 '교과의 융합(Croisements entre enseignements)' 항목이 제시된다(Ministère de l'éducation nationale, de l'enseignement supérieur et de la recherche, 2015).

2.2.2 사이클 3의 수학과 교육과정 내용 영역 제시 자료 예시

사이클 3의 수와 연산 영역에 제시된 개관, 사이클의 최종 성취 기준(Attendus de fin de cycle), 내용 체계, 성취 수준점과, 교과의 융합을 예로 들어 제시하면 다음과 같다(Ministère de l'éducation nationale & de enseignement superieur, de la recherche, 2015).

수와 연산 영역

사이클 3에서 큰 수를 학습함으로써 큰 수의 명수법 체계(구어와 문어)에 대한 이해를 풍부히 하고, 계산의 성질에 대한 학습 동기를 부여한다.

분수에 이어 소수가 범자연수의 불완전성을 극복하는 새로운 수로서 도입되며, 특히 길이, 넓이, 눈금이 있는 반직선 위의 점을 측정한다. 범자연수에 대하여 획득된 지식과의 연결성을 확립하는 것이 필수적이다. 범자연수의 다른 단위(일의 자리, 십의 자리, 백의 자리)의 관계에 대한 이해를 십분의 일의 자리, 백분의 일의 자리 등으로 확장할 수 있다. 소수나 소수의 합을 쓰는 관습으로 쉼표 쓰기가 제시된다.* (중략)

* 프랑스에서 소수점은 쉼표(,)를 이용한다.

암산, 계산, 도구를 이용한 계산 사이의 상호작용이 이루어진다. 암산은 자릿값 계산에서 동기화되며, 도구를 이용한 계산 이전에 크기 순서를 알려줄 수 있다. 역으로 도구를 이용한 계산은 암산이나 계산으로 구한 결과를 입증하는 데 이용될 수 있다.

사이클 3에 제시되는 산술 문제는 사이클 2에서 이미 학급한 연산의 의미를 풍부하게 하고 새로운 것을 학습할 수 있게 한다. 이러한 문제를 다루는 절차는 관련되는 수와 구조에 따라 진화할 수 있다. 계산은 또한 아동이 계산하고 산술 문제를 해결하는 능력을 동시에 발달시키는 문제에 (공학을 이용하고 서로 도움이 된다는 의미에서) 공헌할 수 있다.

사이클의 최종 성취 기준

- 큰 수, 분수, 소수를 이용하고 표현한다.
- 범자연수와 소수를 계산한다.
- 분수, 소수, 계산을 이용하는 문제를 해결한다.

지식과 관련 기능	학습 상황, 활동, 자원의 예
큰 수, 분수, 소수를 활용하고 표현한다	
천씩 묶기를 이용하여 큰 수를 구성하고 분해한다. » 단위와 관계 알기(일의 자리, 십의 자리, 백의 자리, 천의 자리, 백만의 자리, 십억의 자리) (12자리까지) 큰 수의 명수법의 규칙을 이해하고 적용한다. 큰 수를 비교하고, 배열하고, 확인하고, 눈금이 있는 반직선 위의 위치를 안다.	명수법이나 단위 변환에 따른 수 세기에 대한 지식에 대한 동기를 부여하는 상황 크기 순서에 따른 예를 이용한 큰 수 설명하기 (프랑스 인구, 세계 인구, 지구의 반지름, 태양계의 나이 ...) 질량 단위나 길이 단위에 대한 활동(그램, 킬로그램, 톤; 센티미터, 미터, 킬로미터 등)은 명수법의 규칙을 복원할 수 있음.
분수 개념을 이해하고 활용한다. » 분수 문맥 » 분수의 다양한 표시 (구어, 문어, 분해) 눈금이 있는 반직선에 분수 표시하기 » 순서 관계의 일차 확장 연속적인 두 자연수의 분수를 안다. 간단한 분수의 동치 관계를 안다.	분수를 이용하여 » 간단한 경우에 양의 분배나 양의 측정에 관해 기록하기 » 몫을 표현하기 절반, 삼등분 중 하나, 반의 반과 $\frac{1}{2}$, $\frac{1}{3}$, $\frac{1}{4}$ 등과의 관계를 형성할 수 있는 상황 예를 들어 눈금이 있는 반직선을 이용하여 $\frac{5}{10}=\frac{1}{2}$, $\frac{10}{100}=\frac{1}{10}$ 등 해보기 분수를 자연수와 1보다 작은 분수의 합으로 쓰기

<table>
<tr><td>소수의 개념을 이해하고 사용한다.
» 소수의 특징
소수의 다양한 표현을 결합한다. (소수, 쉼표 쓰기와 분해)
» 소수를 나타내는 규칙과 연산, 명수법 사이의 관계(소수점), 소수에서 쉼표 쓰기의 위치에 따른 수의 값(위치적 관점)
눈금이 있는 반직선 위에 소수을 나타내고 위치를 안다.
소수를 비교하고, 배열하고, 틀에 나타내고, 넣는다.
» 소수의 순서</td><td>다음을 요구하는 상황
» 간단한 경우에 분할하거나 크기를 측정하기 위해 소수 이용하기
» 서로 다른 표현 이용하기: 한 가지 단위를 선택하여 길이, 넓이를 측정하기
» 수의 단위와 특정 단위를 연결하기(십분의 일/dm/dg/dL, 백분의 일/cm/cg/cc/cents, 등등)
눈금이 표시된 디지털 반직선은 $\frac{1}{10}$에서 $\frac{1}{1000}$까지를 확대하여 보여주는 기회를 제공한다.</td></tr>
<tr><td colspan="2">범자연수와 소수로 계산한다.</td></tr>
<tr><td>자리에 대한 사실과 기본적인 계산 절차를 기억한다.
구두 및 쓰기 계산 전략을 개발하고 선택한다.
결과값을 검토한다. 특히 크기의 순서를 어림한다.
» 덧셈, 뺄셈, 곱셈, 나눗셈
» 연산의 성질
• 2+9=9+2
• 3×5×2=3×10
• 5×12=5×10+5×2
» 덧셈 관련 사실과 자리값의 절차 및 곱셈 관련
» 자연수의 배수와 약수
» 나누어떨어지는 기준(2, 3, 4, 5, 9, 10)</td><td rowspan="5">수에 대한 사실과 절차의 예:
» 소수와 10, 100, 1000의 곱셈과 나눗셈
» 일, 십, 백에 대응하는 소수 탐색*
» 두 배수 사이의 수의 틀
» 몫과 나머지 구하기
» 5, 25, 50, 100, 0.1, 0.5 등과의 곱셈
서로 다른 표현을 이용하여 계산에 대해 의사소통하기 (구두 형식, 계산식, 온라인, 세로셈, 등등)
계산기와 연결하여 괄호의 사용뿐 아니라 덧셈과 뺄셈을 능가하는 곱셈의 우월성에 대한 도입과 학습</td></tr>
<tr><td>암산: 정확한 결과를 얻거나 크기 순서를 알기 위해 암산을 이용한다.</td></tr>
<tr><td>온라인 계산: 매우 간단한 상황에서 괄호를 이용한다.
» 괄호 사용 규칙</td></tr>
<tr><td>제안된 계산: 덧셈, 뺄셈, 곲셈, 나눗셈을 위한 계산 알고리즘을 실행한다.
» 계산의 조작 기능(나눗셈의 경우는 한 자리 수로 나누는 것으로 제한한다.)</td></tr>
<tr><td>도구 계산: 계산기를 이용하여 값을 구하거나 결과를 확인한다.
» 계산기의 기본 기능</td></tr>
</table>

간단한 분수, 소수, 계산을 이용하여 문제를 해결한다.	
사칙계산과 관련된 문제를 해결한다. » 계산에 대한 감각 » 다음과 관련된 문제 • 덧셈적 구조 • 곱셈적 구조	나눗셈 문제를 포함하는 덧셈적 문제와 곱셈적 문제의 유형을 풍부히 하기
자료의 조직과 처리 다양한 매개를 이용하여 수치 자료를 수집한다. 수치 자료를 활용하는 표, 도식, 그래프를 만든다. 측정을 통한 결과를 탐구하고 의사소통한다. » 보편적인 표현: • 표 (2개 이상의 열, 두 가지 자료) • 막대, 원, 반원 그래프 • 좌표 그래프	신문에서 자료를 발췌하기 다른 수업의 자료를 조직하고 처리하기 (과학과 공학, 역사와 지리, 체육**)
비례 » 선택한 절차를 이용하여 비례를 인식하고 문제를 해결하기	소수점의 위치와 관련하여 규모, 일정한 속도, 백분율을 접할 수 있는 상황 비례와 단위 변환에서 (덧셈적이고 곱셈적인) 선형성을 동기화하기 비례와 관련된 표의 예를 이용하기

성취 수준점

문제를 해결할 때 각 수준에서 성취 수준점으로 확인되는 것을 능가할 수 있다.

사이클의 초기에 수는 1,000,000까지 도달하며, 점차적으로 십 억까지 다룬다. 이러한 학습이 사이클 3의 전반에 걸쳐 유지되어야 한다.

분수와 소수: 분수는 학습의 대상인 동시에 소수의 도입과 학습을 지원하는 대상이다.

이러한 이유로 초등학교 4학년에서는 ($\frac{2}{3}$, $\frac{1}{4}$, $\frac{5}{2}$와 같은) 간단한 분수와 소수의 학습으로 시작한다. 초등학교 4학년부터 중학교 1학년까지 우리는 $\frac{2}{3}$의 몫이 되도록 양을 분할하는 것처럼 분수의 상이한 여러 가지 개념을 논의하며 학습되어야 한다. 소수에 대하여 이 사이클의 시작에서는 백분의 일 자리까지 활동을 제한할 수도 있으나, 6학년까지는 만분의 일 자리까지 확장된다.

* 일, 십, 백의 complément에 대한 탐구이다. complément는 보수, 보어 등의 의미가 있는데 여기서는 일, 십분의 일, 백분의 일의 자리의 의미로 보인다.

** 프랑스의 초, 중, 고등학교에서 지도되는 과목 중 'éducation physique et sportive'가 있다. 직역하면 '신체교육과 스포츠'인데, 여기서는 편의상 '체육'으로 번역하였다.

계산: 암산의 연습은 범자연수로부터 소수까지 확장되며, 이 절차는 더 복잡한 것에 대한 동기를 부여한다.

각각의 연산 기법은 범자연수와(나) 소수와 관련된다.

- 초등학교 4학년부터 소수의 덧셈과 뺄셈
- 초등학교 5학년부터 자연수와 소수의 곱셈, 중학교 1학년에서 두 소수의 곱셈
- 사이클의 초기에는 유클리드 나눗셈, 중학교 1학년에서는 소소 몫을 갖는 두 자연수의 나눗셈과 소수를 자연수로 나누는 나눗셈

문제해결: 문제해결에서 발전은 문제의 수학적인 구조와 더불어 특히 다음에 기초해야 한다.

- 문제에 포함되는 수: (사이클 전반에 걸쳐서) 정수, 나중에는 소수
- 계산 단계의 수와 이러한 단계가 사이클 3의 모든 수준에서 아동들의 수행 가능 여부의 결정. 우리는 진술된 문제에서 한 번 또는 몇 번의 단계로 접근하여 해결할 수 있는 문제로부터, 중학교 1학년에서는 복합적으로 생성되는 자료의 조직이나 단계의 구성을 요구하는 문제로 이동한다.
- 정보를 얻기 위해 필요한 매개: 유용한 정보의 수집은 초등학교 4학년에서는 (문장이나 표, 그래프 표현 등의) 한 가지 출처에서 이루어질 수 있으며, 중학교 1학년에서는 두 가지 상보적인 출처에서 복합적인 매개가 혼합된 복잡한 과제를 진행한다.

접근 방법과 결과에 대한 의사소통은 다양한 형식을 취하며 이 사이클에서 풍부해진다.

사이클의 초기부터 사칙 연산으로 해결되는 문제를 제시하며, 목표는 사이클 3의 마지막에서 연산의 인식을 자동화하는 것이다.

교과의 융합*

큰 수와 소수를 사용함으로써 크기의 측정을 파악하고 어림할 수 있게 된다: 연속적인 양의 비연속적인 측도, 먼 거리, 인구, 시간, 역사의 기간, 넓이, 가격, 컴퓨터 메모리 등에 대한 접근. 학생들은 점차적으로 다른 교과의 문백과 자료로 문제를 해결하는 것을 학습한다.

사실 정보를 획득하는 다양한 매개(문장, 표, 그래프, 계획서)는 (역사와 지리, 과학과 공학, 체육, 미술 등의) 다른 교과의 실제 자료로 작업할 수 있게 해 준다. 더욱이 자료

* 이 부분은 사이클 3의 수학 과목 프로그램의 가장 후반부에 제시된 것이다. 위에서 제시한 '수와 연산' 영역의 프로그램 다음으로 '크기와 측정', '공간과 도형' 영역의 프로그램이 '수와 연산' 영역과 동일한 형식으로 제시된다. 전체 프로그램에서 '교과의 융합(Croisements entre enseignements)' 부분은 내용은 길지 않지만 제목의 등급은 하나의 내용 영역과 대등한 수준에서 제시된다.

를 읽고, 단계를 설명하기 위해 구두로 의사교환하고, 문장 형식으로 답을 산출하는 것은 수학에서 언어를 숙달하는 여러 가지 구성요소를 학습하는 데 기여한다. 마지막으로 이 사이클 동안 탐구하는 비례 상황의 문맥은 다른 교과에서 조명되거나 재탐구될 수 있다: 규모, 속도, 비율을 구하는 문제(역사와 지리, 체육, 과학과 공학), 확대와 축소 문제(미술, 과학)

지도상에서 위치를 정하거나 이동하는 활동은 신체 활동(오리엔티어링)을 의미 있게 하며, 이와 더불어 지리(지도 읽기)나 공학(간단한 목적 만들기)에 의미를 부여한다. 도형과 대상 인식 활동은 (그리기, 조각, 건축, 사진 등) 예술적인 창의의 기초가 될 수 있다.

지금까지 프랑스 교육과정의 사이클 3에 제시된 수와 연산 영역의 내용 체계와 교과 융합에 대한 내용을 살펴보았다. 우리나라의 수학과 교육과정에 제시되는 성취 기준과 비교할 때, 각각의 성취 기준에 대한 학습 상황, 활동, 자원의 예가 소개되는 점은 차이점으로 볼 수 있다. 우리나라의 경우 성취 기준에 이어 '교수·학습 방법 및 유의 사항'과 '평가 방법 및 유의 사항'을 제시하고 있으나, 모든 성취 기준에 대한 사항이 제시되는 것은 아니라는 점에서 프랑스와는 차이가 있다. 특히 프랑스의 경우는 유의 사항이라기보다는 프로그램에 제시된 성취 기준의 실행을 돕는 정보라는 점에서 취지에서도 차이가 있는 것으로 보인다.

2.2.3 사이클 4의 알고리즘과 프로그래밍 영역 및 교과 융합

Gueudet et al.(2017)은 2016년 프랑스의 수학과 교육과정 개정에서 변화된 점 중의 하나로 사이클 4에서 '알고리즘과 프로그래밍' 영역을 신설한 점을 들고 있다. 최근 우리나라 교육계에서 코딩 교육에 대한 관심이 증가하고 있음을 감안하여 프랑스의 2016년 수학 프로그램에서 제시하고 있는 '알고리즘과 프로그래밍' 영역의 내용(Ministère de l'éducation nationale & de enseignement superieur, de la recherche, 2015)을 제시하기로 한다.

주제 E – 알고리즘과 프로그래밍*

사이클 4에서 학생들은 프로그래밍을 시작하게 된다. 이는 간단한 프로그램에 접근하는 프로젝트를 통해 발달시키며, 특정한 언어나 소프트웨어에 대한 전문적이고 소모적인 지식을 목표로 하는 것은 아니다. 어떤 프로그램을 만들어 봄으로써 학생들은 프로그래

* 사이클 2와 3에서 내용 영역은 곧바로 '수와 계산'과 같이 제시되지만, 사이클 4에서는 '주제(Thème)'라는 용어를 이용하여 영역을 A, B, C, D, E로 분류하고 있으며, '알고리즘과 프로그래밍' 영역은 E 영역에 해당한다.

밍 방법을 발달시키며, 다른 형식으로 변수와 함수의 개념을 재방문하게 되며 추론을 훈련한다.

사이클의 최종 성취 기준

간단한 프로그램을 작성하고, 오류를 수정하고, 실행한다.

지식과 관련 기능	학습 상황, 활동, 자원의 예
어떤 문제를 보조 문제로 분해하여 프로그램을 구조화한다; 도식을 인식한다.	미로 찾기. 퐁(Pong) 게임, 해군 전투, 님 게임, 틱-택-토
주어진 문제에 대한 반응으로 어떤 프로그램을 작성하고, 오류를 수정하고(검사, 수정), 실행한다.	길이와 각도의 개념을 결합하는 프로그래밍 소프트웨어를 이용하여 그림 만들기.
행동이 외부의 사건에 의해 촉발되는 프로그램을 작성한다.	부호에 입문하기 (모르스, 시저 암호, ASCII 코드 등)
초안을 실행할 수 있도록 프로그램한다.	결합표 작성, 복수형, exquisite corpse 게임 등
» 알고리즘과 프로그램 개념	간단한 달력 계산
» 컴퓨터 변수의 개념	레퍼토리 계산 (탐색, 역 탐색)
» 어떤 사건, 교수 계열, 루프, 조건문으로 행동 촉발하기	모국어와 구분하기 위해 문장에서 같은 철자의 등장 빈도 계산: 프랑스어, 영어, 이탈리아어 등

성취 수준점

중학교 2학년에서 학생들은 사건 프로그래밍에 입문한다. 점차로 학생들은 컴퓨터 변수의 개념을 이용하여 사건과 관련된 통제를 보완하는 루프와 조건문을 발견하는 프로그래밍 행동을 함으로써 새로운 기능을 발달시킨다.

프랑스의 교육과정에서 '공학(Technologie)' 교과는 별도의 독립 교과로 설정되어 있으며, 위의 내용은 이와는 별도로 '수학' 교과 내의 '알고리즘과 프로그래밍' 영역에 제시된 것이다. 이를 통하여 프랑스의 수학교육에서는 알고리즘 및 프로그래밍을 강조하고 있음을 알 수 있으며, 이후에 살펴 보겠지만 알고리즘과 관련된 문제는 고등학교 졸업 시험인 바칼로레아에까지 출제되고 있다.

사이클 4에서는 '교과의 융합'에 대한 내용이 사이클 3보다 더 다양한 교과에 대하여 체계적으로 제시(Ministère de l'éducation nationale & de enseignement superieur, de la recherche, 2015)되고 있다. 최근 우리나라에서도 융합 교육에 대한 관심이 커지고 있음을 고려하여 이를 살펴보기로 한다.

교과의 융합

수학은 간학문적인 실천에서 필수적인 부분이다. 수학은 (표, 도식, 그래프를 이용하는) 계산과 표현 도구를 제공하며, (서로 다른 유형의 추론에 기초한) 여러 가지 방법을 제공함으로써, 다양한 원천의 정보를 조직하고, 순위를 매기고, 해석할 수 있게 해 준다. 수학은 개념 운반자이며, 모델링 도구를 제안한다.

그러나 학생들은 수학이 고정된 것이 아니라 발달하고 때로는 위기에 직면한다는 점을 지각해야 한다. 수학은 인간의 사고의 결과이고, 창조의 대상이며, 어떤 사회의 문화의 구성 성분이다.

많은 다른 교과와 함께 실행될 수 있는 몇 가지 주제의 예를 아래에 제시하였다. 수학이 중요하고 필수적인 역할을 하는 무역의 다양성은 EPI* 세계 경제 전문가 기구에서 탐구될 수 있다. 외국어나 지역 언어를 학습하면서 언어에 더 많이 노출됨으로써 수학에 대한 다른 접근 방법에 눈뜨게 되고 학생들은 PPE** 외국 언어와 문화 프로그램이나 적절한 지역적인 프로그램에 입학할 수도 있다.

신체, 건강, 웰빙, 안전

- 체육, 생명과학, 지구과학, 화학, 공학과 연결하여
  스포츠와 과학; 음식과 훈련; 노력과 수행의 생리학
  통계학, 비례, 자료 표현, 속도.
- 생명과학, 지구과학, 체육과 연결하여
  24시간 주기 리듬, 맥박, 심장 박동수.
  설문, 자료의 해석, 시간의 측정, 빈도
- 생명과 지구과학***, 지리학과 연결하여
  지진과 만조
  비례, 규모, 속도

예술 문화와 창조

- 시각 미술, 공학, 프랑스어와 연결하여
  건축, 미술, 기술과 사회
  비례, 확대와 축소, 기하

* Economic Policy Institute의 약어로 경제 관련 국제 기관 중 하나이다.

** Politics, Philosophy and Economics의 약어로 국제적인 학사학위 프로그램 중 하나이다.

*** 생명과 지구과학은 프랑스의 교과목 중 'SVT(Sciences de la vie et de la Terre'로 표시되기도 한다.

• 플라스틱 예술, 역사와 연결하여
  투시 표현
  평행 투시, Brunelleschi*의 경험
• 역사, 과학(생명과 지구과학, 물리-화학), 플라스틱 예술과 연결하여
  중세 무슬림 문명에서 예술과 과학의 관계
  변환, 대칭, 도형, 프리즈와 테셀레이션

생태학적 변천과 지속가능한 발전
• 지리학, 공학, 생명과 지구과학과 연결하여
  영토 계획
  지도, 축소, 확대
• 물리-화학, 생명과 지구과학, 역사와 지리, 프랑스어, 외국어와 지역 언어, 미디어와 정보교육과 연결하여
  날씨와 기후 현상
  여러 가지 시간 단위, 통계학
• 물리-화학, 생명과 지구과학, 역사와 지리와 연결하여
  자연 자원 관리
  물 소비, 에너지 등의 계산; 추출 가격, 생산, 시장, 몫의 양과 생산량

정보, 의사소통, 시민
• 미디어와 정보교육, 지리학, 생명과 지구과학과 연결하여
  수치 정보와 해석
  표현, 눈금의 선택
• 공학, 미디어와 정보교육과 연결하여
  디지털 매체에 정보의 저장
  계산기, 전원

고대의 언어와 문화
• 고대의 언어, 역사, 과학과 연결하여
  고대의 과학적 이슈

* 이탈리아의 건축가로 투시도법을 발명하였다.

에라토스테네스의 지구의 둘레 측정; 제곱근; 탈레스, 피타고라스; 이집트의 분수; 서로 다른 명수법 체계와 형식

과학, 공학, 사회

- 역사, 과학, 공학과 연결하여
  톨레미, 코페르니쿠스, 갈릴레오, 케플러의 세계관으로 변화한 과학 이론
  회전, 주기
- 역사, 과학, 공학과 연결하여
  프랑스 혁명의 시대의 과학
  행렬 체계; 자오선; 삼각법; 불확실성
- 공학, 프랑스어, 미디어와 정보교육과 연결하여
  실제와 가상, 과학적 허구에서 실재까지
  로봇 프로그래밍, 게임 디자인

위에서 보는 바와 같이 사이클 4에서 '교과의 융합'은 먼저 대주제가 제시되고, 관련 교과에 따른 소주제와 수학적 내용이 제시되는 방식이다. 이러한 방식은 교육과정 차원에서 교과 융합과 관련된 방향성을 제공해 준다는 점에서 의의가 있는 것으로 보인다.

2.3 수학교육 이슈

이 절에서는 프랑스의 수학교육과 관련된 이슈 중에서 초등학생의 수학 성적 관련 이슈와 수학교사 모집 관련 이슈의 두 가지를 소개하기로 한다. 첫째 이슈는 초등학생의 수학 성적 하락과 이에 따른 대응이있다. 이와 관련된 부분으로 Gueudet 등(2017)은 PISA 2003에서 프랑스는 국제 평균 이상으로 한국, 핀란드, 네덜란드 등과 유사한 수준이었다가 PISA 2012에서 영국, 노르웨이, 덴마크처럼 평균에 위치한 점이 프랑스 수학교육 변화의 동인이 되었다고 언급하고 있다. 프랑스 초등학생들의 수학 성적 하락과 관련하여 김선희 외(2019)는 "프랑스 초등학생들의 수학교육에 관심을 갖게 된 계기가 된 것은 TIMSS 2015에서 프랑스 초등학교 4학년 학생들의 42%가 low 또는 very low 수준에 있었다는 것이다. 이러한 현상의 원인 중 하나는 초등학교 교사의 80%가 수학을 공부하지 않았다는 점과 현직교사 교육이 거의 없다는 점이다."라고 말하고 있다.

또한 초등학교와 관련된 변화로 한국교육개발원에서 운영 중인 교육정책네트워크(2018)

에서는 다음과 같은 변화를 지적하고 있다. 이는 일반적인 프랑스 수학교육의 변화와 관련되는 것이지만, 앞서 언급한 보고서와 관련지어 생각해보면, 프랑스 내의 Rep 또는 Rep+ 등급의 학교들의 수학교육의 개선과 관련된다.

- 초등교원노조가 초등학교 1학년 학급당 학생 수를 절반으로 줄이는 정책에 대한 보고서를 발행함. 이 보고서에 따르면 교사들의 부담이 줄어들었으나 학급을 조직하는 데 큰 문제가 따르는 것으로 나타남.
- 마크롱 대통령 정부의 내각이 입각하면서 Rep 또는 Rep+ 지역의 초등학교 1학년 학급의 학생 수를 12명으로 제한하는 정책이 추진됨. 정책 시행 1년이 지난 올 해, 유치원 및 초등학교 교원 노조인 'SNUipp-FSU'가 정책 결산 보고서를 발행함. 이 조사는 정책 시행 대상이 되는 약 3,852명의 초등학교 1학년 교사들을 대상으로 지난 4~5월 실시되었으며, 약 1,388명의 응답을 받음.
- 응답을 한 교사의 90%가 '학급 분위기가 훨씬 진정되었다'고 응답하였으며, 84%의 교사는 '학생들 간의 긍정적인 상호작용이 있었다'고 응답함. 약 71%의 교사들은 '아이들이 훨씬 빠르게 학습을 하게 되었다'고 응답함. 교원노조는 "학생 수가 줄어든 것이 학습 방식에 변화를 준 동시에 학습에 긍정적으로 작용하였다"고 설명함. 이에 따라 "이 정책을 전체 학급으로 확대해야 한다"고 말함.
- 학습 수준에서는 긍정적인 효과가 있어 보이지만 새로운 학급을 신설하기 위해서 도서관을 없애는 등 학급을 조직하는 데에 문제가 있다고 지적함. 약 27%의 도서관이 없어졌고, 12%는 컴퓨터실이 사라짐. 18%의 학교에서는 학급을 두 배로 늘리지 못하는 대신에 한 학급에 교사 두 명이 배정됨.
- 보고서는 여전히 학업에 어려움을 겪는 학생들에 대한 돌봄이 부족한 시스템을 비판함. 학생 수가 절반으로 줄어든 학급에서도 교사들이 발음교정사나 심리상담사가 될 수는 없다는 점에서 한계가 있음.
- 한편, 약 47%의 교사들은 다시 24명 이상의 학급으로 돌아가게 되는 것을 우려하고 있는 것으로 나타남. 그러나 2018년도에 정부는 이 정책을 초등학교 2학년 학급으로 확대하기로 결정하였음.

김선희 외(2019)는 프랑스의 수학교육과 관련된 두 번째 이슈로 중등수학교사 모집의 어려움을 다음과 같이 논하고 있다.

교육직은 수학과 졸업생들에게 매력적이지 않으며 학생들은 은행이나 보험사를 선호하는 경향이 있다. 프랑스에서 중등학교 교사 능력 인증은 'CAPES'라고 불리며, 수학 교사 모집에서는 최근 들어 최소로 필요한 인원에 미달하는 현상을 보이고 있다. 최근의 프랑스의 중등수학교사 모집 현황 자료를 보면, 2010년까지는 필요 인원만큼 충원하다가 2011년부터 필요 인원을 채우지 못하고 있다. <표 7-3>에서 가장 왼쪽이 모집 인원이고, 가장 오른쪽의 두 열이 최종 선발 인원 및 선발율을 나타낸다. 숫자는 차례로 선발인원, 지원인원, 1차 지필고사 응시인원, 지필고사 응시인원 비율, 1차 지필고사 합격 인원(2차 구술고사 지원 인원), 1차 지필고사 합격 인원 비율, 최종 선발 인원, 1차 지필고사 응시 대비 최종 선발 비율을 나타낸다.

〈표 7-3〉 프랑스 중등수학교사 모집 현황

CAPES	Postes	Inscrits	Présents	Présents / Inscrits	Admissibles	Admissibles / Présents	Admis	Admis / Présents
2017	1440	5249	2306	44%	1942	84%	1066	46%
2016	1440	5373	2288	43%	1870	82%	1137	50%
2015	1440	4645	2205	47%	1803	82%	1097	50%
2014	1243	4268	2327	55%	1892	81%	838	36%
2014e	1592	4763	2454	52%	1903	78%	794	32%
2013	1210	3390	1613	48%	1311	81%	817	51%
2012	950	3194	1464	46%	1176	80%	652	45%
2011	950	2862	1285	45%	1047	81%	574	45%
2010	846	4020	2695	67%	1919	71%	846	31%
2009	806	4243	3160	74%	1836	58%	806	26%
2008	806	4711	3453	73%	1802	52%	806	23%
2007	952	5388	3875	72%	2102	54%	952	25%
2006	952	5787	3983	69%	2043	51%	952	24%
2005	1310	6086	4074	67%	2473	61%	1310	32%

프랑스는 중등수학교사 부족의 문제를 해결하기 위해 2017년부터 컴퓨터 전공자에게까지 수학교사가 될 수 있는 자격을 부여하고 있다.

3. 수학교육을 위한 21가지 조치

3.1 수학교육 정책 보고서 '수학교육을 위한 21가지 조치'

프랑스 교육부에서는 2018년 수학교육 정책 보고서인 Villani와 Torossian(2018)의 '수학교육을 위한 21가지 조치(21 Mesures Pour L'enseignement des Mathématiques)'를 발표하였다. 이 보고서의 저자 중 한 명인 Cédric Villani는 필즈메달 수상 경력을 지닌 현역 프랑스 국회의원이며, 다른 한 명인 Charles Torossian은 프랑스의 수학자이면서 2018년 당시 프랑스 교육부의 General Inspector*라는 직책을 가지고 있었다. 이 보고서에서는 주요한 주장에 대한 요약을 다음과 같이 제시하고 있다(Villani & Torossian, 2018).

기본 교육과정에서의 우선순위

1. 교사 초기 양성 과정에서부터: 2018년부터 초등학교 교사들을 위한 대학 1학년 초기 교육과정을 만든다. 학부 또는 복수전공과정을 통해 초기 교사 양성 과정에 맞는 충분한 수업 시간을 보장할 수 있도록 한다.
2. 초등학교 1학년-2학년 대상 국가 교육 내 우선순위 네트워크(Rep+): 2018년부터 초등 1, 2학년을 대상으로 국가 교육 내 시급한 우선순위 네트워크 프로그램에 수학을 포함시키고, 이를 2020년에는 국가 교육 내 우선순위 네트워크 프로그램 전체로 확대시킨다.
3. 광범위한 실험: 2018년부터 초등학교 과정에 실행된 방식들과 그 효율에 대한 과학적인 평가를 위해 실험을 실시한다.
4. 시설: 모든 학교에 기본적인 장비와 시설을 제공한다. real object와 virtual object 사용을 장려하기 위한 교육적 지원도 포함한다.

모두에게 효율적이고 즐거우며 열정을 갖게 하는 수학

5. 학습 과정: 다음에 기초한 수학 학습 과정을 아주 어린 나이에서부터 실시해야 한다.
   - 실습(연습)과 실험
   - 언어적 표현(언어화)

* 프랑스 교육부에는 수학과 관련된 General Inspector 2명을 두고 있다. 이때, 한 명은 수학자 출신으로 선발하고, 한 명은 현장 출신의 관료로 선발한다.

- 추상화

6. 수업: 다음을 확실히 자리 잡게 하여 수학 수업의 균형을 재정비한다.
   - 잘 짜인 수업 구성과 필기
   - 증명의 개념
   - 표현 학습 방식
7. 과외활동과 클럽: 교육 파트너들의 과외 활동 참여를 독려하고 과외 활동을 장려한다. 수학과 관계된 활동을(수학적 모델화, IT, 지능 게임 등등) 하는 클럽을 조사하고 영구적으로 운영할 수 있도록 한다. 참여 관계자들에게 급여를 지급하고, 교사들의 일과표를 조화롭게 맞춘다.
8. 다른 과목들의 도움: 수학과 다른 과목 사이에 상호 교류를 강화하고 발전시킨다. 아주 어린 나이부터 프랑스어와 수학 사이의 연관성을 명확히 설명해 준다.
9. 화해: 고등학교 학생들에게 다양한 테마들을 가지고, 새로운 접근 방식을 통해 수학과 화해할 수 있는 연간 프로그램을 제안한다.
10. 프로젝트: 한 과목 또는 여러 과목이 관련된 프로젝트에서(EPI, TPE, PPCP, 그랑 오랄 등) 수학과 IT에 중요한 자리를 보장해 준다.

수와 계산

11. 수와 연산 감각: 초등학교 1학년부터 사칙연산에 대한 감각을 높여준다. 초등학교 과정에서 크기와 넓이에 대한 효과적인 교육은 수와 연산 감각을 키워준다.
12. 자동 계산 능력: 습관적 연습(반복, 암산 등)을 통해 모든 학년에 있어서 자동 계산 능력을 발달시킨다. 학생들의 기억력을 높이고, 문제 풀이를 할 때 머리를 가볍게 하여 부담을 덜어주기 위한 것이다.
13. 수준(단계): 수와 계산의 기본에 대한 학습 수준(단계)을 정한다. 모든 학생들에게 수와 계산의 기본을 의무적으로 익히게 하고, 1년에 세 번씩 간단하고 표준이 되는 테스트 항목지를 만들어 학생들의 실력을 측정한다.

평생 교육과 교사들의 직업 능력 향상

14. 수학 카운슬러: 수학교사들을 대상으로 한 평생 교육 시행을 더 확대해 나간다. 시행 단위별로 짝이나 팀을 구성해 직업 능력을 향상시켜 나가고 제3의 카운슬러 즉 수학 고문을 선정한다.
15. 팀 작업을 통한 직업 능력 향상: 지역 단위 규모로 수학교사들의 평생 교육 프로그램

을 확대시킨다. 상호 신뢰를 기본으로 짝이나 팀을 구성해 실시한다. 상호 관찰과 소견, 조언, 충고를 장려하고, 시간표 상 공동의 시간을 마련한다. 팀에서 의지할 만한 유능한 교사들을 찾아낸다.

16. 수학 실험실: 2018년 9월부터 3년 내에 적어도 아카데미(프랑스의 대 학구) 당 다섯 개 학교와 한 개의 직업 교육 기관에 수학 실험실을 시범 설치하고, 자금을 지원하고 평가를 실시한다. 상급 교육과정과 연관된 수학 실험실, 그리고 교사 팀의 교육과 성찰의(수학 과목에 대한, 그리고 교수법적인) 장소로서의 수학 실험실을 활용한다.

가이드와 평가

17. 국가적 우선순위: 교육 시스템 내 모든 주체들(대학구장, 고위직 관료, 교사 육성자, 교사 등)을 동원해 수학을 국가적 우선순위에 포함시킨다.
18. 최고 수준의 수학 전문가: 공교육 총국에 최고 수준의 수학 전문가의 자리를 마련한다. 본 보고서에서 권고한 사항들이 실제 전국 단위로 어떻게 진행되고 있는지 살피는 책임을 맡게 하는 것이다. 아카데미 미션 담당 네트워크를 기반으로 일을 한다. 21개 조치 실행에 대한 평가는 3년 뒤에 이루어질 것이다.
19. 남녀평등: 수학에 있어서의 남녀 불균형과 관계된 문제들을(성별에 따른 고정관념, 직업적 진로, 성공 등) 다루고, 이 부분에 대해 교사들을 교육한다.
20. 교과서 : 수학 교과서는 학술 위원회가 정한 기준에 따라 등급 설정의 대상이 될 것이다.
21. 리소스 포털의 강력한 부상 : 미션을 수행하기에 충분한 기능과 보급 수단 역할을 할 수학 관련 리소스 포털을 마련한다.

김선희 외(2019)의 연구에서는 ‘수학교육을 위한 21가지 조치’ 보고서의 역할 및 진행과 관련하여 다음과 같이 논하고 있다.

> Villani & Torossian(2018)의 보고서와 관련하여 본 연구진에서 면담한 프랑스의 교육 전문가들은 이 보고서가 주로 초등학교 수학교육의 개혁에 초점을 맞추고 있다는 점을 전제하였다. 프랑스 교육전문가들과의 면담을 통하여 파악한 것을 중심으로 ‘기본 교육과정에서의 우선순위’와 관련하여 진행한 상황은 다음과 같다.
>
> 첫째, 프랑스에서 초등교원 양성 과정은 현재 ESPE 제도를 중심으로 이루어지고 있다. ESPE는 학부의 전공과 무관하게 2년제 교육대학원을 통하여 초등교원을 양성하는 제도이다. ESPE를 개선하여 초등교원에 대한 수학 수업을 강화하겠다는 의도인 것이

다. 다만 이 정책은 빠르게 진전되지는 못하고 있는 것으로 파악되었다. 프랑스 교육부 내의 행정조직에서는 이에 대하여 찬성하는 입장을 갖고 정책을 시행하고자 하고 있으나, 대학교육과 관련된 조직에서는 신중한 접근이 필요하다고 하여 계속 논의 중인 상황이다.

둘째, 2번에 서술된 'Rep+'는 학교의 등급을 나타내는 기호이다. 프랑스는 사회 정의의 관점에서 사회적 불평등이 심각한 지역을 'Rep'로 분류하며, 가장 심각한 지역을 'Rep+'로 분류하고 있다. 2017~2018학년도에 이들 지역에서 초등학교 1학년 학생 수를 절반으로 줄이는 실험을 시행하였으며, 2018~2019학년도에 이를 2학년까지 확대하기로 결정하였다. 이러한 정책은 수학을 더욱 강화하겠다는 의미로 해석할 수 있다.

셋째, 학교 시설 측면에서 당장 변화되고 있는 점은 주로 초등학교에 교구의 보급과 활용이 증가하고 있는 점이다. 아래의 두 사진은 각각 프랑스의 초등학교 수학 교과서와 교구이다. 프랑스에서는 수를 표기할 때 일의 자리부터 세 자리씩 띄어쓰기를 하고 있으며, 네 자리 수를 지도할 때 오른쪽 그림과 같은 3개의 막대가 있는 교구 2개를 나란히 붙여 놓고 수 개념을 지도한다. 두 개를 나란히 붙이면 백의 자리와 천의 자리는 자연스럽게 약간 띄어지는 효과가 있다. 이와 같은 교구의 보급은 최근 늘고 있는 추세이다.

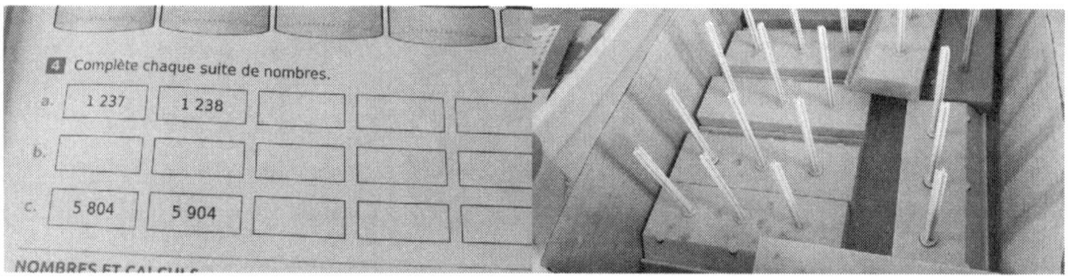

[그림 7-7] 프랑스의 네 자리 수 지도 교과서와 교구*

위의 정책은 2018년 초 발표된 것으로 이제 정책 차원에서 논의가 시작되고 있으며, 현장에서는 아직까지는 '초등학교 중심의 수학교육 개선' 정도로만 이해하고 있을 뿐 구체적인 실행 방안이 마련되지는 않고 있다.

위와 같은 논의에 근거해보면 프랑스의 수학교육 정책 보고서인 '수학교육을 위한 21가지 조치'는 향후 발전 계획의 성격을 지니는 것으로 보인다. 예컨대 우리나라에서도 한국과학창의재단을 중심으로 '수학교육 종합 계획'이 만들어지고 실행되고 있는 것과 비교할 수 있을 것이다. 다만 프랑스의 이 보고서에 담긴 내용이 어느 정도로 실현될지는 아직 확실하

* 이 사진은 2018년 9월 12일 저자가 직접 촬영한 것이다.

지 않은 상황인 것으로 보인다. 이 보고서에서는 21가지 조치 외에 이보다는 약한 수준의 추가적인 32가지 권고 사항을 포함하고 있다. 이에 대하여 다음 절에서 알아보기로 한다.

3.2 '수학교육을 위한 21가지 조치'에 제시된 권고 사항

Villani & Torossian(2018)의 보고서에서는 프랑스 수학교육의 상황에 대한 진단을 통하여 앞서 제시한 21가지 조치 외에 32가지 추가 권고 사항을 제시하고 있다. 이 절에서는 21가지 조치 외에 추가된 권고 사항을 제시하기로 한다. 조치 사항과 중복되는 경우는 보고서의 표기를 따라 '[M3]'과 같이 표기하였는데, 이는 앞 절에서 제시된 21가지 조치 중 3번 조치임을 의미한다.

1. 교사와 학생의 교육적 관계에서 정서적인 영역을 고려해야 한다. 학습이란 전적으로 지적인 활동만은 아니라는 것을 잊지 말아야 한다.
2. 실수를 두려워하지 말아야 한다. 실수 또한 학습 과정의 일부라는 것을 인식해야 한다.
3. [M3]
4. 방식과 프로그램 사이 일관성을 살핀다.
5. 적용된 프로그램에서 소개된 개념들을 심도 있게 연구한다.
6. [M5]
7. [M6]
8. 실속 있고 적합한 그리고 최대한 이해하기 좋은 필기(학생 가족들도 이해할 수 있는)를 한다. 수업은 모든 학생들이 따라갈 수 있고 참여할 수 있어야 한다.
9. [M12]
10. [M11]
11. [M13]
12. 숫자 계산에 대한 과학 아카데미와 Cnesco*의 견해를 비중에 맞게 고려한다.
13. [M9]
14. 직업 고등학교에서는 현재 수업 운영 내에서 개별적 또는 개인적인 지원 방식으로 화해 모듈을 제안할 수 있다.
15. 직업 과정 바칼로레아 시험에 수학의 상대적 비중을 높여야한다.

* Conseil national d'évaluation du système scolaire의 약자로 '학교 시스템 평가 국가 위원회'로 번역할 수 있다.

16. 고등학교 교육과정에서 각 학생들의 차후 진로 방향에 맞춰 수학 실력의 기대 수준을 명확히 정해야 한다.
17. [M10]
18. 고교 프로그램 내 수학에서 파생된 분야들 간에 균형을 지키는 것에 항상 신경을 쓴다. 그리고 일관되고 간결한 프로그램을 만든다.
19. [M8]
20. 효율적이고 잘 짜여진 IT 수업을 만들어 제공한다. IT 수업은 심도 있는 학습을 목표로 해야 한다.
21. 교육 목적의 분야별(공공 기관들) 데이터 접근을 용이하게 해야 한다.
22. [M1]
23. 기존의 학부 과정에 '최대최소 시스템'들을 발전시켜야 한다. 비과학 분야 전공자들에게는 그들에게 필수적인 최소한의 능력을 갖출 수 있게 해줄 최고한의 수학, 과학 수업을 받게 해야 한다.
24. 초등과정 미래 교사들에게 이들이 더 취약한 과목에서 실질적으로 지식을 강화할 수 있게 해주는 다양화된 교육과정을 만들어 줘야한다.
25. [M14]
26. 각 아카데미마다 각 관할 구역에 맞는 수로 '배우는 학구'의 개념 실행을 테스트해보고 평가해 본다.
27. [M15]
28. [M16]
29. 각 수학교사들에게 열린 마음과 신뢰를 가지고 한 해 세 차례씩 동료의 교실을 방문하게 한다.
30. 학교장은 팀의 발전에 활기를 불어넣어줘야 한다. (필요한 것이 무엇인지 알아보고 - 활동을 지원한다)
31. 운영 시간표에서 공동 작업 시간을 미리 예측한다.
32. 팀 활동(과학적, 교수법적, 교육학적) 기관 내에서 지원과 평가를 보장해 준다.
33. 수학교사들이 에라스무스 프로젝트* 범위 내에서 유럽 다른 나라의 미션에 참여할 수 있도록 장려한다.
34. 정규 교육과 평생 교육에 기억력, 이해력, 주의력, 능동적 참여, 형성 평가에 관한 축

---

* EU 국가 내의 교사 및 학생 교환 프로그램이다. 우리나라와 프랑스는 2017년부터 교사 교환 프로그램이 시작되어 정착해 가는 단계에 있다.

을 넣는다.

35. 실제 교실에서 적용되는 교육을 위해 인지과학과 인지심리학이 기여할 수 있는 부분들을 설명하는 저서들을 만들고 배포한다.
36. [M20]
37. [M4]
38. [M21]
39. AI 리소스 그리고 기업체들에 의해 만들어진 리소스의 활용도 장려한다. 이는 교육학적 다각화에 도움을 주고 학습 과정의 개인 맞춤화를 가능하게 해 줄 것이다. 특히 핸디캡을 고려할 수 있도록 만들어진 것들이 그러하다.
40. 학교를 위한 디지털 리소스 은행*에서 에디터들과 협력해 고교과정을 위한 수학 리소스들을 제시한다.
41. [M7]
42. 학생들 또는 학급들이 연구 아틀리에에 등록하게 하고, 국내와 국제 수학과 IT 대회에 참여하도록 장려하며 학교장들, 교사들, 학생들 그리고 학부모들에게 이에 대해 충분히 홍보한다.
43. 수학과 관련해 '게임 페스티발'의 날을 운영한다.
44. 국가교육과 교직연구 고등사범학교(ESNESR) 교장들과 감독관들 육성과정에서부터 수학과목에 있어 과외활동의 중요성, 그리고 참여 단체들과의 관계 운영의 중요성에 대해 교육한다.
45. 교내 프로젝트와 목표 설정서 안에 파트너십과 과외 활동 부분을 항상 포함시킨다.
46. 틀이 갖춰진 환경 속에서 파트너들과 디지털 혁신 제품들에 학교를 개방하고 실험을 해 본다.
47. [M19]
48. [M17]
49. [M18]
50. 2018년 9월부터 수학을 초등학교 1,2학년 대상 국가 교육 내 우선순위 네트워크에 포함시키고, 2020년부터는 이를 국가 교육 내 우선순위 네트워크 전체 대상으로 확대한다.
51. 각 아카데미 마다 본보고서 권고 사항의 실행 책임자를 임명한다.
52. 체계적인 접근 방식으로 학교와 교육기관들의 평가를 장려한다. 자체 평가와 외부 평가

---

* http://ecolenumerique.education.gouv.fr/brne/

(교육계의 모든 주체들과 상호 교환 방식을 기초로), 그리고 전략적 소통을 장려한다.

53. 교사 양성 교육, 평생 교육, 그리고 지역 교육 활동의 수준을 평가하는 일을 맡는 조직을 구성한다. 해마다 평가 후 권고사항을 포함한 보고서를 발표한다.

3.3 '수학교육을 위한 21가지 조치'를 통하여 파악하는 수학교육의 시사점

이 절에서는 보고서를 통하여 프랑스의 수학교육의 현황 중에서 우리나라의 수학교육과 관련하여 참고할만한 것을 찾아보기로 한다. Villani & Torossian(2018)의 보고서에서는 초등수학 과정에 가장 시급한 우선 순위를 두어야 한다고 주장한다. 이와 관련된 논의는 다음과 같다.

> 우리가 교육 관계자들에게 들은 모든 것 가운데 상황을 정상화시키기 위해 가장 시급한 것은 기초 단계에서부터 나와야 한다는 것이다. 기초 단계에서, 심지어 전반적인 교육 시스템에서 확인되는 장애들을 초등학교 교사들의 책임으로 돌리자는 것은 물론 아니다. 우선순위가 기초 단계로 주어진 것은 기초 단계가 특별히 더 나빠서라기보다 단지 기초부터 탄탄히 시작을 해야 하기 때문인 것이다. 그러므로 우선순위가 기초 단계로 가는 이유는 교사들을 문제 삼는 것 빼고는 사실 전부 다라고 볼 수 있다. 오히려 반대로 교육 시스템 전반에서 그리고 사회에서 초등교사들이 차지하는 위치의 중요성을 강조하는 것이다. 좋은 성적을 거두는 나라들은 이를 진작 알고 있었던 것이다. 초등학교는 다른 모든 과정의 성공 열쇠가 될 수 있다. 따라서 모든 초등교사들에게 각별한 관심을 기울여줘야 하며, 초등교사들의 수학교육에 있어 특히 더 관심이 필요하다.

이렇듯 기초교육으로서의 초등수학을 강화하는 방안으로서 싱가포르에서 초등수학의 학습 단계를 구체적인 단계, 이미지 단계, 추상적인 단계의 3단계로 명확히 구분하고 있는 점을 참고해야 하며, '직관적인 형태에서 추상적인 형태로 넘어가는 순간, 그것이 바로 진정한 교육자의 예술인 것이다'라는 주장을 펼치고 있다(Villani & Torossian, 2018).

최근 우리나라의 수학교육에서도 초등학교에서 계산 연습이 필요한가에 대한 다양한 논의가 있는데, 이러한 상황은 프랑스에서도 마찬가지인 듯하다. Villani와 Torossian(2018)에서는 초등수학에서 계산 교육에 대하여 다음과 같은 입장을 설명하고 있다.

> 계산은 숫자 놀이로 여겨져야 한다. 즉 아주 어린 학생들부터 다양하고 재미난 놀이 활동으로 접근 돼야한다. 동시에 셈과 사칙연산을 훈련하는 것이 초등학교 저학년에서

> 부터 장려돼야 한다. 경쟁력 있는 외국의 교육 시스템을 관찰해 보면 역시 이 같은 사실을 알 수 있게 된다. 숫자 계산은 수학적 지식에 필요한 기초를 형성시켜주며, 이는 교실에서의 수업 시간을 통해 얻어지는 것이다. 이런 학습의 효율성은 또한 필요한 자동 계산 능력 습득에 기반을 두고 있다.
>
> 앞뒤 맥락 이해 없이 사칙연산을 하도록 재촉하는 것은 물론 아니다. 오히려 사칙연산과 관계된 활동을 할 수 있는 상황들에 대해 탐구하고, 그것들을 실행에 옮기고 그리고 점진적으로 수학적 글쓰기(기술)로 발전시켜 나가야 한다는 것이다.

이와 같은 주장은 그동안 프랑스에서는 초등학교 저학년 수학에서 계산의 의미 지도에 초점이 맞추어짐으로써 연습이 너무 소홀히 이루어졌다는 점에 대한 반성으로 보이며, 활동을 통한 의미교육과 함께 계산의 효율성을 추구하는 일도 동시에 강조해야 한다는 의미로 보인다. 또한, 최근 우리나라에서 강조되고 있는 융합 교육과 관련하여 다음과 같이 논하고 있다(Villani & Torossian, 2018).

> 모든 과목들은 서로 관계가 있다. 물리-화학, IT, 생태 환경 과학, 경영학, 경제학, 그리고 사회학과도 자연스럽게 관계가 형성되며, 프랑스어 역시 관계가 있다(특히 문법).
>
> 초등학교는 과목 간 관계 형성에 있어 요람과 같은 역할을 한다. 시간과 공간의 측정 분야에서 할 수 있는 여러 응용들에서 얼마든지 숫자와 숫자간의 관계를 발견할 수 있다. 미터법에 관해 공부를 하면 십진법 수를 구체적으로 표현하는 연습들을 하게 된다. 기간이나 용량 단위를 일상적으로 쓰다보면 분수에 익숙해지게 된다.(예를 들면 반시간, 4분의1 리터 등) 또 수학과 익숙해지는 것은 스포츠나 예술, 장식 미술 등과 같은 영역의 다양한 과외 활동에서도 충분히 가능하다. Cnesco가 2015년 언급했듯이 다양한 배움의 상황들에 부모가 동참하도록 자극하는 것은 학교의 일이다.
>
> 수학은 다른 과목들에서 나타나는 문제들을 품고 있다. 따라서 프로그램 차원에서 과목간의 시너지와 일관성을 고려한 작업을 추진해야 한다. 과학에 대한 잘못된 생각을 갖지 않도록 하기 위해서인데, 과학에 대한 잘못된 생각은 대학 1학년 과정부터 너무나 많은 실패를 유발한다. 다른 과목들의 상황들로부터 수학을 떼어놓고 생각하지 않도록 해야 한다. 수학은 다른 과목들에서 필요한 엄밀함과 명확성을 발달시키는데 도움을 줄 수 있다.

위의 논의에서 주장하려는 점은 첫째, 초등학교가 교과의 융합을 위한 기초 단계로서 중요하는 점이다. 둘째, 다른 과목과의 시너지와 일관성을 고려하여 프로그램, 즉 교육과정을 구안해야 한다는 점이다. 이 보고서에서는 초등교사 교육에서 수학교육과 관련한 시간의 부족에 대한 문제를 지적하고 있는데 구체적인 내용은 다음과 같다(Villani & Torossian, 2018).

> 일반 대학과정에서의 이른바 <<masterisation : 일반 대학의 석사학위 과정>>이라고 하는 개혁을 급히 실행에 들어간 것 또한 교사 양성 과정을 더욱더 혼란스럽고 취약하게 만들었다.*
>
> 초등 교육과정에서 역시 미래 초등교사들의 수학교육이 양적으로 심각하게 부족하다는 것을 보여준다. (중략) 그런데 Meef 석사 2년 과정 동안의 수학 과목 교육 양은 미래 교사들에게 필요한 수학에 대한 기본 지식을 보장해주기에는 너무나도 적은 수준이다. 현재 Espe(고등교수교육 사범학교)는 첫 학년에서는 주로 다양한 콩쿠르** 준비에 필요한 교육을 한다. 이것은 물론 직업을 위한 교육에 해당한다고 볼 수 없다. 콩쿠르의 현재 위상은 미래 교육자들을 전문화하는데 도움이 전혀 안 된다는 것을 알아야 한다. 콩쿠르는 마스터(석사) 과정에 들어가는 선발 기준으로 활용하는 것이 더 맞다. 그러면 미래 교사들이 직업 능력을 습득하고, 교육적이고 교수법적인 능력을 구축하며, 미래 교사들이 도구로 사용할 이론을 구축하는데 더 몰두할 수 있을 것이다. 현재 콩쿠르에 성공하고 이미 master(석사) 학위를 받은 학생들이(어떤 계열의 학위이든 상관없이) 어떤 Espe에서는 2학년 과정에서 유치원에서 초등학교 마지막 학년까지의 수학을 가르치기 위한 특별 교육을 받은 시간을 따져보면 겨우 20여 시간이 전부이다.

프랑스는 2013년 교원양성 체계를 ESPE 체제로 개편하면서 일종의 대학원 체제로 개편하였는데, 석사 1년차 과정에서는 임용시험 준비를 위한 교육이 주로 이루어지므로 직업교육으로서 적절하지 않다는 점을 지적하고 있다. 프랑스의 경우 대학의 학부 기간이 3년인 경우가 많다는 점을 고려하면 우리나라의 교육대학이나 사범대학 학생들이 4학년에 교원임용시험 준비에 몰입하며 교사에게 실질적으로 요구되는 지식이나 실습이 부족한 것과 비교해 볼 수도 있다. 또한 ESPE 2년 기간 동안 수학 수업에 대한 지식은 적은 경우 20시간으로 현저히 부족하다는 것 역시 문제점으로 지적하고 있다.

---

* 이 내용은 앞서 논의했던 것으로 프랑스가 교원 양성 체계를 IUFM에서 ESPE 체제로 바꾼 것에 대한 비판으로 보인다.

** 교원 임용 시험을 뜻한다.

4. 수학 바칼로레아

프랑스의 교육에 대하여 예전부터 많이 알려진 것 중 하나는 프랑스 특유의 고등학교 졸업시험 제도인 '바칼로레아(baccalauréat)'일 것이다. 이 절에서는 수학 바칼로레아에 대하여 소개하고 우리나라의 수학교육에 주는 시사점을 다루어보고자 한다.

4.1 바칼로레아

프랑스의 고등학교는 크게 3가지 종류로 나누어지는데, 일반계(general), 공학계(technological), 직업계(vocational)이다.* 일반계와 공학계 고등학교는 고등학교 1학년에서 공통된 교과목을 배우며, 나머지 두 학년에서는 각각의 졸업 시험인 바칼로레아를 계열별로 준비한다.** 일반계 고등학교의 바칼로레아는 인문계열(L), 경제 및 사회 계열(ES), 자연계열(S)의 3개 계열로 나누어지며, 공학계 고등학교의 바칼로레아는 산업에서 과학 및 공학과 지속가능한 발전 계열(STI2D)과 과학 및 공학 실험 계열(STL)의 2개 계열로 주로 나누어진다.*** 직업계 고등학교는 진로에 따라 2년 또는 3년 학제를 따르는데, 전문 능력 인증(CAP) 경로는 2년제이고, 전문 학사 학위 경로는 3년제이다.****

바칼로레아는 고등학교의 졸업 시험으로 볼 수 있으며, 학생이 선택한 계열에 따라서 BTS(Brevet de technicien supérieur), DUT(Diplôme universitaire de technologie), CPGE(Classe préparatoire aux grandes écoles), 대학교, 그랑제꼴(grandes écoles), 특별 학교와 같은 고등교육에 입문하는 관문으로서의 역할을 한다.***** 박형주(2018)는 "프랑스는 매년 바칼로레아 관리를 위해 1조원 이상을 쏟아 붓는다. 서술형 문제 채점의 공정성 시비에 대비해 방대한 채점위원단을 꾸리고 예상 유형별로 채점 기준을 정하는 일은 녹록지 않다. 찬반 논쟁이 있지만, 대부분의 프랑스 국민은 이런 투자를 나라의 미래를 위해 당연한 것으로 여

---

* https://www.education.gouv.fr/cid120/l-inscription-lycee.html (2019년 10월 9일 검색)

** 앞에서 밝힌 바와 같이 프랑스에서는 고등학교 첫째 학년을 2학년, 둘째 학년을 1학년, 셋째 학년을 최종 학년으로 부른다.

*** 공학계 고등학교의 계열은 제시된 2개의 계열 이외에도 경영학과 경영과학 및 공학계열(STMG), 건강과 사회 과학 및 공학계열(ST2S), 디자인과 응용 예술 과학과 공학 계열, 호텔과 케이터링 계열(STHR), 음악과 댄스 공학 계열(TMD), 농생명 과학과 공학 계열(STAV)이 있다.

**** https://www.education.gouv.fr/cid2573/la-voie-professionnelle-au-lycee.html (2019년 10월 9일 검색)

***** https://www.education.gouv.fr/cid24150/que-faire-apres-le-baccalaureat.html (2019년 10월 9일 검색)

긴다"고 말한다.

나카지마 사오리(2018)에 따르면 바칼로레아는 전체 11과목이 있는데, 과학 계열의 경우 국어, 조별 연구, 역사·지리, 수학, 제1외국어, 제2외국어, 철학, 체육(평소 점수 반영, 별도 시험 없음), 물리·화학, 지구과학·생물학, 환경학·농학이며, 두 과목으로 표시된 것은 한 과목 선택이다. 입시 공부가 곧 고등학교 공부로, 모든 과목을 논술 또는 구술 시험으로 평가하며 인문 계열을 선택하면 수학을 선택하지 않을 수 있다.

주프랑스 한국 교육원 홈페이지에 따르면 2017년 바칼로레아 전체 응시 인원은 718,890명이고, 계열별로는 일반계열 397,580명(전체 수험생의 53%), 공학계열 140,077명(19%), 직업계열 199,233명(28%)이었다. 또한, 프랑스 전국 고사장 4,411개, 국외 고사장 141개가 활용되었다. 국외 고사장은 재외 교육청 및 프랑스 비종교 위원회 소속 고사장을 사용하였으며, 총 18,852명이 응시하였고, 외국 응시자 중 프랑스 국적자 40%, 현지 국적자 50%, 제3국 국적자 10% 비율이었다.

최근 프랑스는 2021년 바칼로레아부터 개혁을 시행하였다. 교육정책네트워크(2019)에서 파악한 개혁의 요지는 다음과 같다.

- 새롭게 시행되는 2021년도 바칼로레아(Baccalaureat)에 대한 자세한 방법이 공개됨. 현행 문학, 사회경제, 과학 계열이 폐지되고 새로운 전형이 처음으로 적용되는 시험임.
- 학생은 현행제도처럼 각 과목 당 하나의 시험을 치르는 것이 아니라 총 5가지로 구성된 시험을 치르게 됨. 첫 번째 시험은 프랑스어 시험으로 고등학교 2학년 시기에 시험을 진행함. 고등학교 3학년에 철학과 구술시험이 있음. 고등학교 3학년에는 각자 선택한 전공 두 과목에 대한 시험이 있음. 나머지 과목은 내신 성적으로 평가함. 내신 성적은 전체 바칼로레아 점수의 40%로 배정됨. (중략)
- 반면, 기술계열은 7가지 현행 계열을 유지하기로 함. 대신 고등학교 3학년 때 치르는 시험을 줄이고 내신 성적을 포함시키기로 함. 2020년 기술계열 고등학교 2학년 학생은 일반 계열과 마찬가지로 프랑스어 시험을 치르고, 고등학교 3학년 때 철학, 논리적 구술시험, 계열별 두 과목을 시험 봄. 예를 들어, 경영관리기술계열 학생의 경우 고등학교 2학년 때 프랑스어, 고등학교 3학년 때 철학과 구술, 계열 선택과목으로 경제법, 경영과 디지털 두 과목을 시험 보게 됨.

결과적으로 일반계열 바칼로레아의 3개 계열은 폐지되고, 고등학교 3학년에서는 학생들이 선택한 전공 2개 과목만 시험을 본다는 것이다. 반면 기술계열은 7개 계열을 유지하되 과목 수는 줄이는 취지이다.

4.2 바칼로레아 문항 및 채점

김선희 외(2019)의 연구에서는 수학 바칼로레아의 예시 문항과 채점 기준을 다음과 같이 제시하고 있다. [그림 7-8]은 수학 바칼로레아의 한 문항과 이 문항에 대한 채점 기준의 예이다. 이 문항은 5점짜리 1번 문항 중에서 2.25점 배점이 주어진 A 파트의 문항이다.* 문항 아래에 주요 문장에 대한 번역을 제시하였다.

Partie A

Illustration sur l'étude de la diffusion du maïs hybride dans l'Iowa (USA)

1) L'étude porte sur une cohorte de 257 agriculteurs de l'Iowa (USA) ayant adopté une nouvelle semence de maïs hybride sur une période allant de 1927 à 1945. Le tableau ci-dessous donne pour chaque année, le nombre de nouveaux adoptants d'une semence de maïs hybride.

Année	1927	1928	1929	1930	1931	1932	1933	1934	1935	1936	1937	1938	1939	1940	1941	1942	1943	1944	1945
Effectif	1	3	4	4	6	1	6	16	21	36	61	44	36	14	4	0	0	0	0

Déterminer le pourcentage, à 1% près, d'agriculteurs de la cohorte ayant adopté cette semence de maïs hybride entre 1934 (inclus) et 1940 (inclus).

2) On considère une variable aléatoire X suivant une loi normale de moyenne $\mu_B = 1937$ et d'écart-type $\sigma_B = 2$.

a) Calculer la probabilité $P(1934 \leq X \leq 1940)$ à 0,01 près.

b) Les paramètres μ_B et σ_B semblent-ils bien choisis pour modéliser la série de données de la question 1) ? Argumenter la réponse.

3) Dans la théorie d'Everett M. Rogers, le graphique ci-après illustre les différentes phases de l'adoption d'un produit innovant au cours du temps.

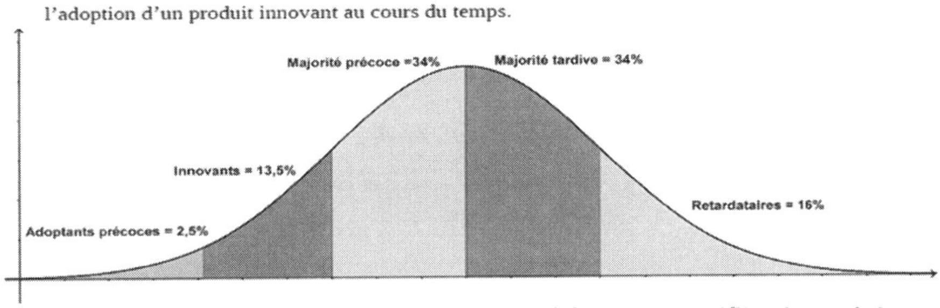

On choisit de conserver les paramètres μ_B et σ_B précédents pour modéliser la population totale des agriculteurs ayant adopté cette semence de maïs hybride.
On s'adresse au hasard à un agriculteur ayant adopté cette semence. Il s'agit d'un adoptant retardataire. Déterminer l'année après laquelle il a adopté le maïs hybride.

<u>Exercice 1</u> : *5 points*

Partie A	
1) Pourcentage (à 1% près) d'agriculteurs ayant adopté le maïs hybride entre 1934 (inclus) et 1940 (inclus) : $\frac{16+21+36+61+44+36+14}{257} \times 100 \approx 89\ \%$.	0,5
2) *a)* $p(1934 \leq X \leq 1940) \approx 0{,}87$ à 0,01 près.	0,5
b) Oui, les paramètres choisis pour la modélisation semblent bien adaptés. La moyenne à l'unité près est la même. Malgré une minoration de l'écart-type, on retrouve un pourcentage à peu près équivalent pour les adoptants du maïs hybride entre 1934 et 1940 inclus. *On attribuera tous les points à un candidat affirmant que l'écart type n'est pas correctement choisi car 77% des agriculteurs de la cohorte ont adopté le maïs entre 1935 ($\mu_B - \sigma_B$) et 1939 ($\mu_B + \sigma_B$) au lieu de 68% attendus.*	0,75 (0,5 pour une analyse de la position, 0,25 pour une analyse de la répartition)
3) Avec les paramètres du modèle de loi normale ci-dessus, on peut supposer que l'agriculteur a adopté le maïs hybride après 1939. En effet, il s'agit de l'année associée à $\mu + \sigma$ puisque on considère les 16 % les plus tardifs. $p(X \geq 1939) \approx 0{,}16$ (à 0,01 près). *L'utilisation de la calculatrice est acceptée.*	0,5

* 채점기준은 보안이 필요한 영역으로 약간의 샘플을 어렵게 구한 것이다. 채점 교사의 경우 '채점 기준은 가지고 있지도 않지만, 가지고 있다고 하더라도 보여줄 수 없다'고 말하기도 하였다.

문항: A 파트

하이브리드 옥수수의 확산 연구

1) 이번 연구는 1927년부터 1945년까지 새로운 하이브리드 옥수수 종자를 채택한 아이오와 주(USA)의 257명의 농민 집단에 기반을 두고 있다. 아래 표는 해마다 하이브리드 옥수수 종자를 새롭게 채택한 농민 수를 나타낸 것이다.

년	1927	1928	1929	1930	1931	1932	1933	1934	1935	1936	1937	1938	1939	1940	1941	1942	1943	1944	1945
유효	1	3	4	4	6	1	6	16	21	36	61	44	36	14	4	0	0	0	0

이 하이브리드 옥수수 종자를 채택한 코호트의 농민 중 1934(포함)과 1940(포함)을 입력하는 비율을 1%로 결정하여라.

2) 평균 μ_B=1937과 표준편차 σ_B=2의 정규 분포를 따르는 확률 변수 X를 고려하자.
   a) 소수 둘째자리까지 확률 $P(1934 \leq X \leq 1940)$를 계산하여라.
   b) 매개 변수 μ_B와 σ_B는 (질문1)의 일련의 데이터를 모델링하기에 적합한 것처럼 보이는가? 논증하여라.

3) Everett M. Rogers의 이론에서 아래 차트는 시간이 지남에 따라 혁신적인 제품을 채택하는 다양한 단계를 보여준다.

(그래프)

이전의 매개 변수 A와 B를 유지하면서 하이브리드 옥수수 종자를 채택한 농부들의 총 인구를 모델링하도록 선택한다. 이 씨앗을 채택한 농부를 무작위로 언급한다. 이 농부는 늦게 채택한 사람이다. 그가 하이브리드 옥수수를 채택한 해를 결정하여라.

채점 기준: A 파트

1) 1934(포함)~1940(포함)년 사이에 하이브리드 옥수수를 채택한 농부의 백분율 (1% 이내)

$$\frac{16+21+36+61+44+36+14}{257} \times 100 = 89\% \quad (0.5점)$$

2) a) $P(1934 \leq X \leq 1940)$=0.87(0.01 오차) (0.5점)
   b) 예. 모델링을 위해 선택한 매개 변수가 잘 적용된 것처럼 보인다.
   단위 평균은 같다. 표준편차의 감소에도 불구하고 1934년과 1940까지의 하이브리드의 채택과 거의 동등한 비율이었다.
   코호트 농민의 77%가 1935(μ_B-σ_B)와 1939(μ_B+σ_B) 사이의 옥수수를 채택했기 때문에 표준편차가 올바르게 선택되지 않았다는 것을 진술한 학생에게 모든 점수가 주어진다.
   (0.75점, 0.5점은 위치 분석, 0.25점은 분포 분석)

3) 위의 정규 법칙 모델의 매개 변수를 통해 농부가 1939 년 이후에 하이브리드 옥수수를 채택한 것으로 추정할 수 있다. 실제로 (μ_B+σ_B)와 관련된 연도는 최신 16%이다. $P(X \geq 1939)$ =0.16(1% 오차). 계산기 사용이 허용된다. (0.5점)

[그림 7-8] 수학 바칼로레아 문항과 채점 기준 예시

주프랑스 한국 교육원 홈페이지*에 따르면 바칼로레아 채점관은 약 17만 명으로 같은 계열에 속한 과목별 고교 정교사로 구성된다. 채점관 회의는 공식적으로 2회 열린다. 사전 교육이 이루어지고, 채점이 끝난 뒤, 각자 평균 점수를 비교해 차이가 큰 경우, 그 이유를 찾아 조정한다. 이 때 답안지 몇 개를 공통으로 채점하여 각 채점관이 부여한 점수를 참고해 재검토한다. 채점 기간은 과목별로 다양한데, 철학을 시험 첫날 치르는 이유 중 하나는 채점 시간이 오래 걸려서이다. 교육청의 장학관들이 관리하는 전화상담 서비스가 채점 기간 중 가동되며, 채점관이 채점 시 드는 의문점을 상담한다. 또한 외국 고사장에서 시행되는 바칼로레아의 평가를 위하여 원거리 채점 시스템이 운영되고 있는데, 2016년부터 외국 고사장에서 스캔하여 송부한 답안지 99%를 전자식으로 채점한다. 답안지 보관 기간은 1년이고 그 이후 파기한다.

또한, 수학 바칼로레아에서는 알고리즘 영역을 평가하고 있으며, [그림 7-9]는 2017년 사회경제계열에 출제된 알고리즘과 프로그래밍 영역에 출제된 문항을 보여준다.

PARTIE B

Chaque adhérent verse une cotisation de 10 euros par mois. Le trésorier de l'association souhaite prévoir le montant total des cotisations pour l'année 2017.
Le trésorier souhaite utiliser l'algorithme suivant dans lequel la septième et la dernière ligne sont restées incomplètes (pointillés).

1. Recopier et compléter l'algorithme de façon qu'il affiche le montant total des cotisations de l'année 2017.

Variables	S est un nombre réel N est un entier U est un nombre réel
Initialisation	S prend la valeur 0 U prend la valeur 900
	Pour N allant de 1 à 12 : Affecter à S la valeur ……… Affecter à U la valeur 0,75U+12 Fin pour
Sortie	………

2. Quelle est la somme totale des cotisations perçues par l'association pendant l'année 2017 ?

[그림 7-9] 알고리즘과 프로그래밍 영역의 수학 바칼로레아 문항 예시**

* http://www.educoree.fr (2019년 10월 9일 검색)

** http://etudiant.aujourdhui.fr/etudiant/info/bac-2017-les-sujets-de-mathematiques.html (2019년 10월 9일 검색)

5. 맺음말

지금까지 프랑스의 수학교육에 대하여 알아보았다. 박형주(2018)가 지적하였듯이 프랑스는 그동안 필즈 메달 수상자를 미국 다음으로 많이 배출한 국가이다. 이러한 점에서 프랑스의 수학교육에 대한 관심은 가질 필요가 있어 보인다.

프랑스의 수학과 교육과정은 그 형식에 있어서 성취 기준을 보완하는 여러 가지 자료가 같이 제시된다는 점이 우리나라와는 다른 점으로 보인다. 또한 융합 교육과 관련된 내용을 공식 문서로 제시하고 있으며, 중학교 수준에서 알고리즘과 프로그래밍 영역을 다루고 있는 점도 우리나라와는 차이가 있다. 그러나 현재 프랑스는 초등학생들의 수학 성적 하락과 중등수학교사 부족의 문제에 직면하고 있다.

프랑스가 우리나라와 많이 다른 측면 중 하나는 대학 입학 자료로 활용되는 수학 바칼로레아가 서술형으로 출제된다는 점이다. 우리나라의 경우 대학수학능력시험 문항은 선다형 또는 단답형으로 출제되는 것과 비교할 때, 공정성 문제가 생길 수도 있을 듯 하지만 지금까지도 이 전통은 계속되고 있다. 우리나라의 경우 여러 가지 이유로 서술형의 전면 실시는 쉽지 않은 문제이지만 프랑스의 문항 출제나 채점 방식을 참고할 수 있을 것으로 보인다.

프랑스 초등학교 수학교육의 경우 TIMSS 2015 결과에 따라 개선이 요구되고 있으며, 이를 위한 개선 방향의 하나로 '수학교육을 위한 21가지 조치' 보고서가 간행되기도 하였다. 이는 당장 실행을 위한 아이디어는 아니지만 우리나라의 수학교육에 제공할 수 있는 시사점을 살펴보고자 하는 노력이 필요할 것이다.

참고문헌 REFERENCE

교육정책네트워크(2018). **국가별 교육동향**. http://edpolicy.kedi.re.kr/frt/boardView.do?strCurMenuId=55&nTbBoardArticleSeq=818573.

교육정책네트워크(2019). **국가별 교육동향**. http://edpolicy.kedi.re.kr/frt/boardView.do?strCurMenuId=55&nTbBoardArticleSeq=822465.

김미숙, 윤종혁, 최수진, 구자억, 윤정현, 정광석(2016). **주요국의 교육 정책 비교 연구**. 한국교육개발원 교육부 정책연구 CRM 2016-163.

김선희, 남진영, 서동엽, 강현영, 김부미, 이동환, 조진우(2019). (2018 국제 수학교육 동향 핸드북 - 일본, 중국, 영국, 프랑스, 핀란드, 미국, 호주를 중심으로). 한국과학창의재단 연구보고서.

나카지마 사오리 지음. 윤은혜 옮김(2018). **프랑스 부모는 아이에게 철학을 선물한다.** 서울: 예담.

박형주(2018). **배우고 생각하고 연결하고**. 서울: ㈜북하우스퍼블리셔스

Ministère de l'éducation nationale, de l'enseignement supérieur et de la recherche(2015). *Programmes pour les cycles 2, 3, 4.*

Ministère de l'éducation nationale, de l'enseignement supérieur et de la recherche(2015). *Socle commun de connaissances, de compétences et de culture. Bulletin officiel* n° 17 du 23 avril 2015.

Gueudet, G., Bueno-Ravel, L., Modeste, S., and Trouche, L.(2017). Curriculum in France: A National Frame in Transition. *HAL* Id: hal-01599059.

Villani, C., & Torossian, C. (2018). *21 Mesures Pour L'enseignement des Mathématiques.*

제8장

핀란드

FINLAND

1. 들어가며

핀란드는 북유럽에 위치한 국가로 헬싱키를 수도로 하며, 약 338,435km^{2}의 면적에 약 5,487,308명의 인구가 살고 있다.* 우리나라와 비교할 때, 약 3.4배의 비교적 넓은 지역에 약 1/10에 해당하는 상대적으로 적은 인구가 살고 있으며, 수도인 헬싱키에는 약 60만 명이 살고 있다. 핀란드의 지리적 그리고 인구학적 특징은 핀란드 교육을 이해하는 한 가지 단서가 된다.

핀란드는 국제적으로 우수한 수학교육을 제공하는 것으로 알려진 대표적인 국가이다. 핀란드는 국제학업성취도평가인 PISA에서 2003년에는 OECD 회원국가 중 1위(544점)에 해당하는 높은 학업성취도를 보였고, 2012년에도 OECD 회원국가 중 4~9위(519점)에 해당하는 수학에서의 비교적 높은 학업성취도를 보였다(송미영 외, 2013; 이미경 외, 2004).** 특히, 높은 수학 학업성취도를 보이는 아시아 국가의 학생들이 수학에 대한 불안감 또한 많이 느끼는 것과는 달리, 핀란드의 학생들은 수학에 대한 불안감을 상대적으로 덜 느끼고 있다는 점에서 특징적이다. 또한, PISA 2012에서 핀란드 학생들은 스스로 수학을 잘 하고, 잘 할 수 있다는 수학에 대한 긍정적인 자아 개념을 갖고 있는 것으로 나타났다(송미영 외 2013). 이는 핀란드의 수학교육이 학생들의 수학 학업성취도를 높게 유지하면서도 학생들이 수학에 대한 긍정적인 생각을 갖도록 교육한다는 것을 보여준다.

핀란드 교육은 공평성을 추구한다. 또한, 양질의 교원을 확보하고 있으며, 초·중등학생들이 높은 수준의 학업성취도를 보이고, 학생들의 학습에 관한 정의적 측면 또한 우수하다는 점에서 특징적이다. 핀란드 교육의 강점을 인식하여, 우리나라를 포함한 미국과 독일 등 여러 국가들이 핀란드의 교육을 연구하고 있다(이덕난, 2013). 핀란드 국가교육위원회에 따르면 많은 국가와 단체들이 핀란드의 교육을 배우고자 하고 있고, 핀란드 교육은 2017년 약 4000억 원(3억 유로)에 해당하는 수출액을 기록했으며, 매년 20%의 성장률을 보이고 있다.***

---

* https://ec.europa.eu/education/study-in-europe/country-profiles/finland_en (2019년 10월 3일 검색)

** 우리나라의 수학 학업성취도는 PISA 2003에서는 OECD 회원국가 중 2위, PISA 2012에서는 OECD 회원국가 중 1위를 기록했다. OECD 비회원국을 포함하면, PISA 2003에서는 홍콩-중국이 1위, PISA 2012에서는 상하이-중국이 1위를 기록했다.

*** https://minedu.fi/artikkeli/-/asset_publisher/suomalainen-koulutusvienti-kasvaa-vahvasti-hallituksen-350-miljoonan-euron-tavoitteen-arvioidaan-tayttyvan (2019년 10월 3일 검색)

핀란드는 모든 학생들에게 공평한 교육 기회를 무상으로 제공하고자 한다. 그리고 이를 핀란드의 헌법과 기초교육법으로 보장한다. 핀란드 헌법 제1장 16조는 국민은 무상교육을 받을 권리를 갖고 있으며 국가는 공평한 교육 기회를 제공해야 한다는 것을 다음과 같이 명문화하고 있다.

핀란드 헌법 제1장 16조

모든 사람은 무상으로 기초교육을 받을 권리를 갖는다. 의무교육에 대한 조항은 법에 의해 부과된다. 법에서 자세하게 제공되는 바와 같이, 국가는 개개인의 능력과 특별한 필요에 따라 동등하게 교육 서비스를 받을 기회를 보장하며, 경제적 어려움에 제한받지 않고 자기 개발을 할 기회를 보장한다. 과학, 예술, 고등교육의 자유가 보장된다.

핀란드 기초교육법 제1장 2조는 교육의 목적을 다음과 같이 명문화한다.

핀란드 기초교육법 제1장 2조 교육의 목적

1. 이 법에 명시된 교육의 목적은 아동이 인간성을 지니고 윤리적인 책임감을 지닌 사회의 구성원이 되도록 아동의 성장을 지원하고, 아동이 살아가는 데 필요한 지식과 기술을 제공하는 것이다. 추가적으로 유아교육의 일부로서 예비초등교육의 목적은 학습을 위한 학생들의 능력을 신장시키는 것이다.
2. 교육의 목적은 사회의 시민성과 평등을 증진하고 아동이 교육에 참여하도록 하며 아동이 스스로 발전할 수 있도록 준비시키는 것이다.
3. 교육의 목적은 국가 전체에서 교육의 적절한 공평성을 지키기 위한 것이다.

핀란드 헌법과 기초교육법에서 보장하는 기초교육은 우리나라의 초등학교와 중학교 교육에 해당된다. 기초교육을 적절하게 제공하기 위해, 핀란드는 우리나라와 다른 학교 체제를 운영한다. 우리나라의 학교급이 초등학교, 중학교, 고등학교로 구분되는 것과 다르게 핀란드는 기초교육에 해당하는 초등학교와 중학교 학년들을 포괄하는 학교인 종합학교를 두었다. 일반적으로 학교 교육은 초등교육과 중등교육으로 구분되고, 중등교육은 다시 전기 중등교육과 후기 중등교육으로 구분된다. 우리나라는 초등교육, 전기 중등교육, 후기 중등교육을 각각을 초등학교, 중학교, 고등학교에서 제공하는 반면, 핀란드에서는 초등교육과 전기 중등교육을 기초교육으로 묶어 기초교육과 후기 중등교육으로 구분하고, 이를 종합학교와 고등학교에서 제공하는 것이다.

후기 중등교육은 크게 일반 중등교육과 직업교육으로 구분된다. 기초교육을 마친 학생의 약 90%가 후기 중등교육을 받는다. 직업교육과 훈련(Vocational Education and Training, VET)을 선택하는 학생들이 점차 증가하고 있는데, 후기 중등교육을 받는 학생의 절반은 일반 고등학교로 그리고 다른 절반은 직업교육을 위한 학교로 진학한다. 직업교육과 훈련(VET)은 직업적 삶과 협력하여 계획되고, 실행되고, 평가된다. 고등학교를 마친 학생들은 일반적으로 대학에서 이루어지는 교육인 고등교육을 받을 자격을 갖추게 된다.

핀란드에는 14개의 대학과 24개의 응용과학 대학*이 있고, 이 대학들에서 학사학위와 석사학위 프로그램을 제공한다. 일반적으로 학사 과정은 3년, 석사 과정은 2년에 걸쳐 진행된다. 일반 대학은 박사학위 또한 수여할 수 있다. 학생들은 후기 중등교육과 고등교육을 받는 과정에서 학교를 바꿀 수 있다. 일반 고등학교를 졸업한 학생이 응용과학 대학에 진학할 수 있고, 응용과학 대학에서 학사과정을 마친 학생이 일반 대학으로 진학하여 석사 학위를 받을 수 있다. 핀란드에는 추가적으로 종합학교 입학 전년도에 만 6세 아동들에게 제공하는 대상으로 하는 예비 기초교육이 있는데, 2015년부터 의무교육이 되었다. 또한, 핀란드의 학생들은 기초교육을 마치고 후기 중등교육으로 이행하기 전에 기초교육을 보충하는 교육을 선택하여 제공받을 수 있다. 핀란드의 학교 체제를 도식화하면 [그림 8-1]과 같다.

기초교육을 제공하는 종합학교는 법에서 정해진 것과 같이 완전한 무상교육으로 운영된다. 그리고 수업료, 교과서 등의 학교 교재, 급식, 건강 관리, 치아 관리, 통학, 특수교육과 처방적 수업 모두가 무상교육에 포함된다. 그러나 집에서 가까운 종합학교가 아닌 다른 종합학교를 선택하여 진학하는 경우에는 무상교육이 제공되지 않는다. 반면, 후기 중등교육을 제공하는 고등학교는 완전한 무상교육이 아니다. 예를 들어, 고등학교 학생들은 교과서와 교재를 구매해야 한다. 일반 고등학교는 전국단위로 학생을 모집하고, 종합학교 성적에 따라 학생을 선발한다. 대학은 일반적으로 고등학교 내신 성적, 대학입학자격시험, 전공별 대학본고사 시험 성적으로 학생을 선발한다. 대학 입시에 가장 중요한 영향을 미치는 것은 대학본고사이고, 대학본고사는 대학별로 다르게 치러진다. 대학본고사는 국어, 영어, 수학을 중심으로 하지 않고, 해당 전공의 고전과 논문 등을 다룬다. 시험에서 다루어지는 문헌의 목록은 2~3개월 전에 발표된다(이덕난, 2013).

핀란드 교육은 정부의 교육문화부와 교육문화부 산하의 국가기관인 국가교육위원회에서 추진된다. 교육문화부는 교육에 관한 집행권한을 갖고 있으며, 국가 및 지자체 예산으로 운영되는 교육기관 등을 관리하고 감독한다. 교육문화부 산하의 국가기관인 국가교육위원회

* 우리나라의 전문기술대학에 해당한다.

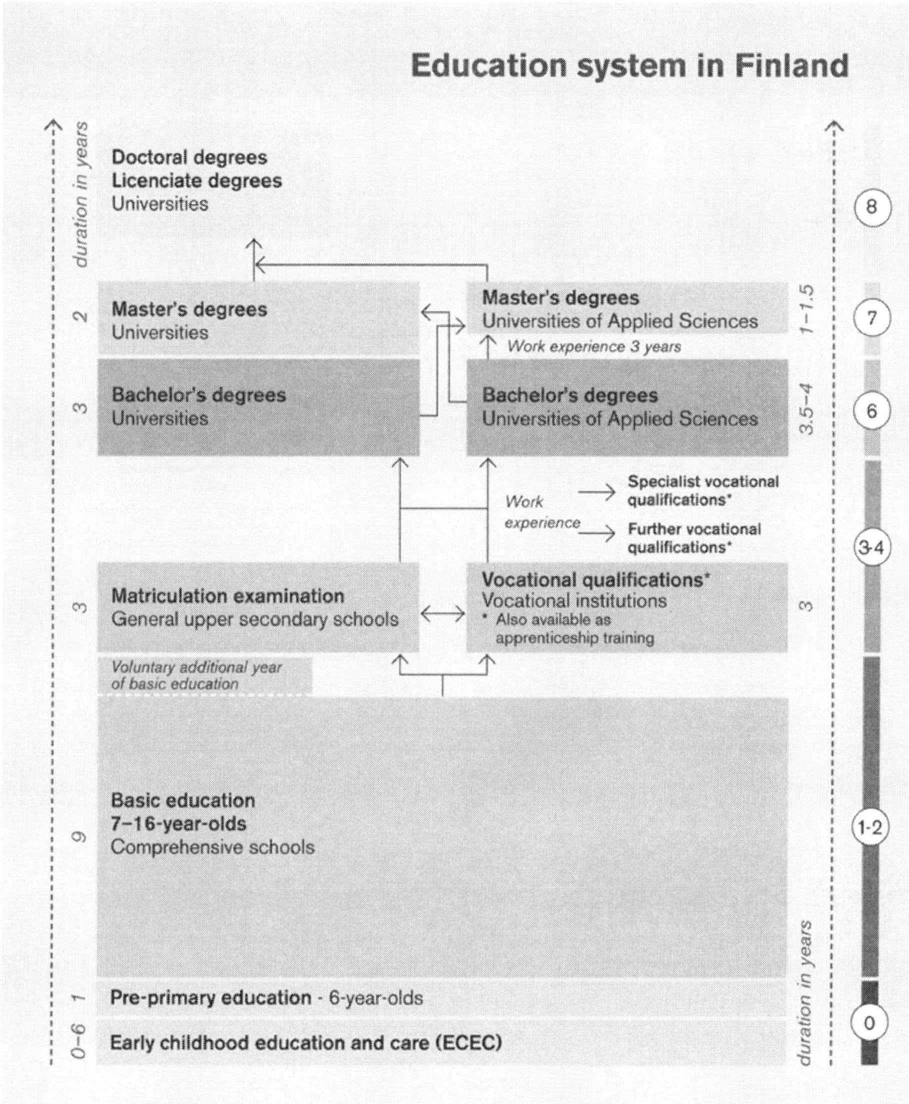

[그림 8-1] 핀란드의 학교 체제*

는 교육문화부로부터 예산을 지원받고, 관리와 감독을 받지만, 높은 수준의 독립성을 보장받는다. 국가교육위원회는 교육과정 개정, 교육 정책 개발, 교육 프로그램 개발, 교육평가 등을 추진하고, 교육의 질과 성과를 관리하며 다른 국가와의 국제 프로젝트에도 참여한다(이덕난, 2013). 특히, 국가교육위원회는 예비 기초교육과 기초교육 그리고 일반 중등교육

* https://studyinfo.fi/wp2/en/valintojen-tuki/finnish-education-system/(2019년 10월 3일 검색)

의 국가 핵심교육과정을 결정하고 교육 프로그램을 개발 및 실행하는 핀란드 교육의 핵심 기관이다.

〈표 8-1〉 핀란드의 교육 관련 정부 기관

기관	업무
교육문화부 (Ministry of Education and Culture)	교육과학 및 문화체육에 관한 사무를 관장하는 중앙교육행정기관으로, 교육에 관한 집행권한을 갖고 있으며, 국가 및 지자체의 예산으로 운영되는 교육기관 등을 관리 및 감독하고, 교육정책을 주도한다. 교육과 관련하여 유아 교육 및 돌봄, 일반 교육, 직업 교육 및 연수, 고등 교육과 연구, 평생 교육, 학생 재정 지원 등의 영역을 담당한다. 교육과 연구를 위한 정부 5개년 개발 계획을 수립하고, 이를 토대로 예산을 확보하며, 국가교육위원회에 예산을 지원한다.
국가교육위원회 (Finnish National Agency for Education EDUFI)	핀란드의 국가교육위원회는 교육과 연수, 유아교육과 돌봄, 평생 교육뿐만 아니라 국제화 신장에 대한 책무가 있다. 국가 교육 정책을 실행하고 국가 수준 핵심 교육과정을 준비하고 교육 자료를 출판하는 것과 같은 교육서비스를 제공하며 교원을 교육시키는 등 교육 전반에 대한 핵심적인 업무를 수행한다.

2. 수학교육 이슈

핀란드는 지속적으로 국가의 교육적 역량을 향상시키고자 한다. 특히, 미래 사회의 변화를 고려하여 교육 내용과 방법을 개선하고자 노력하고 있다. 또한, 핀란드는 현재 학생들의 수학 학업성취도가 전반적으로 감소하는 현상이 나타나고 있고, 성별에 따른 차이와 성취 수준 사이의 간극이 증가하는 현상이 나타나고 있다. 이와 같이 수학교육과 관련된 문제에 대응하기 위해서도 노력하고 있다. 이처럼 핀란드에서 수학교육과 관련된 이슈는 미래 사회에 대비하고자 하는 것과 현재의 문제점을 진단하고 개선하는 것과 관련하여 나타난다.

2.1 새로운 교육과정

핀란드의 교육과정은 국가 수준 핵심 교육과정과 지역 수준 교육과정으로 구성된다. 이와 같이 두 수준의 교육과정을 구분하는 것은 한 편으로는 공평하고 단일한 교육을 제공하는 목적을 달성하면서도, 다른 한 편으로는 비교적 넓은 영토에 적은 인구가 살고 있는 지리적 그리고 인구학적 특징을 고려하여 각 지역의 특수성을 반영하기 위함이다. 핀란드의 국가 수준 핵심 교육과정에는 학교 교육의 원리와 개요, 교육의 일반적 목표, 교과의 목적과 내용, 평가 원리, 교수방법, 좋은 학습 환경의 조건 등이 포함되어 있다(Hemmi, Krzywachi, & Partanen, 2017). 국가 수준 교육과정의 관점에서 본 핀란드의 교육 체계를 기초교육을 중심으로 살펴보면 다음 [그림 8-2]와 같다.

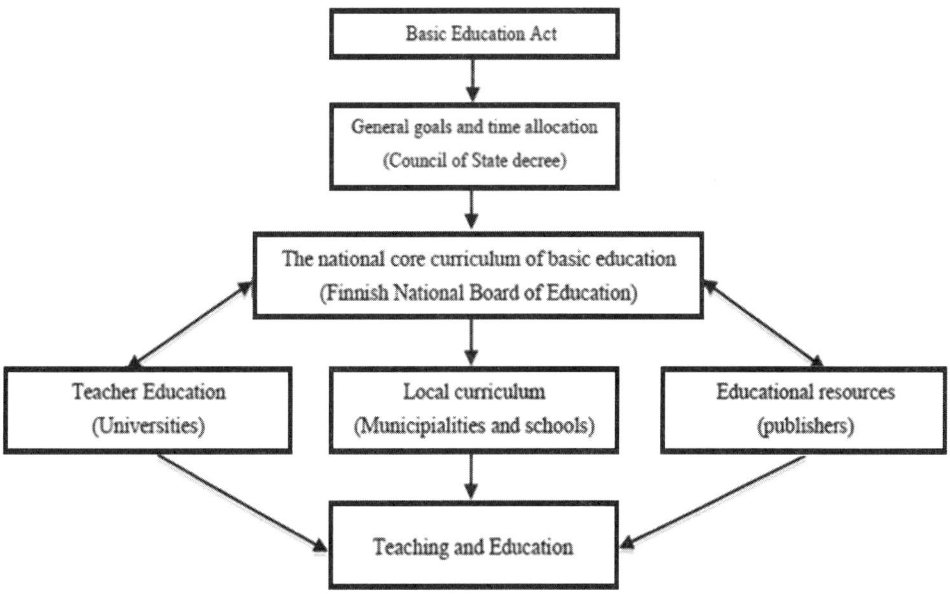

[그림 8-2] 교육과정을 중심으로 본 핀란드 기초 교육 체계(Vitikka, Krokfors, & Hurmerinta, 2012)

핀란드는 2014년부터 2017년까지 모든 교육 수준의 국가 수준 핵심 교육과정을 개정했다(Halinen, 2018). 현재 핀란드의 기초교육은 2014년에 개정된 교육과정이 적용되고 있고, 일반 후기 중등교육은 2015년에 개정된 교육과정이 적용되고 있다. 새로운 교육과정은 급격하게 변화하고 복잡한 세계의 여러 도전들에 대응하고 핀란드 교육체계를 발전시키는 것을 목적으로 했다. 이를 위해 학습 그리고 학교 문화와 학교와 지역사회 간의 관계에 대해 재고했고, 학교 교과목의 역할, 목표, 내용에 대해서 재고했다. 학습과 관련하여, 학습에 대한 학습, 감정, 경험, 아이디어의 중요성, 학습의 즐거움을 강조했다. 학교 교과목과 관련하여, 지속가능한 방식으로 살아갈 능력을 기를 수 있도록 하는 포괄적 역량을 강조했다(Lähdemäki, 2019). 그리고 의미 있는 학습(meaningfulness of learning), 학생들의 참여와 참살이(well-being), 그리고 교육적 공평성을 강조했다. 또한, 기초교육을 위한 새로운 교육과정은 학생의 능동적이고 주도적인 역할, 협력, 네트워킹, 디지털 미디어 역량과 소양을 강조하였다(Niemi & Multisilta, 2014).

핀란드의 새로운 교육과정이 지닌 특징 중 하나는 미래 사회의 도전에 대응하기 위해 포괄적 역량(transversal competences)을 도입했다는 것이다. 여기에서, 역량은 주어진 상황에서 지식과 기술을 적용하는 능력을 의미하는데, 핀란드의 새로운 교육과정에서는 미래에 여러 영역들을 가로질러, 여러 영역의 지식과 기술을 연결하고 사용하는 역량이 필요하다고 보았다. 포괄적 역량은 특정 지식 영역에 국한되는 것이 아니라 여러 지식 영역의 경계를 넘어 이들을 서로 연결하고 사용하는 역량을 말한다. 이는 지식, 기술, 가치, 태도, 의지로 구성된 통합체(entity)로, 다음의 일곱 개의 역량으로 구분된다(FNBE, 2016a).

T1. 사고와 학습 능력
T2. 문화적 역량, 상호작용, 자기표현
T3. 다중 소양
T4. 정보통신기술(ICT) 역량
T5. 직업 역량과 기업가정신
T6. 지속 가능한 미래를 만들고, 참여하고, 영향을 미치기

한편 비교적 최근에 개정된 교육과정임에도 불구하고, 2017년에 봄에 일반 후기 중등교육을 개정하기로 결정했고, 2018년 관련 법안이 발표되었으며, 현재 후기 중등교육의 교육과정 개정이 추진되고 있다*. 추진되고 있는 후기 중등교육을 위한 새로운 교육과정은 미래 사회 발전, 새로운 지식과 기술의 요구, 추가 교육의 필요 등에 대응하기 위한 것으로, 다음의 세 가지 목표를 갖는다.

- 일반 중등교육을 중등교육 이후의 학습에 대한 견고한 일반적 지식과 자격을 제공하는 교육 형태로 만든다.
- 교육의 질과 학습 결과를 강화한다.
- 고등학교에서 대학교육으로 자연스럽게 이행할 수 있도록 한다.

앞으로 준비될 후기 중등교육을 위한 새로운 교육과정은 11개의 중요한 변화를 포함한다.

---

* https://minedu.fi/en/reform-of-general-upper-secondary-education (2019년 10월 3일 검색)

첫째, 학점제를 도입한다. 둘째, 과목 간 경계를 가로지는 학습을 추진한다. 셋째, 고등교육기관과의 협력을 강화한다. 넷째, 국제화를 강화한다. 다섯째, 학생들이 원하는 만큼 대학입학 자격시험을 볼 수 있도록 한다. 여섯째, 학생들을 위한 특수교육과 지원을 갖춘다. 일곱째, 모든 학생들을 위한 개별 학습 계획을 지원한다. 여덟째, 다른 학교에서 습득한 역량 또한 인정한다. 아홉째, 더욱 개별화된 학습 안내를 제공한다. 열째, 이미 학업을 마치거나 학업을 중단한 학생들을 위한 안내도 제공한다. 열하나째, 괴롭힘에 대해서는 관용하지 않는다.*

후기 중등교육을 위한 교육과정 개정은 수학교육에도 영향을 미친다. 이 교육과정은 과목 간 경계를 허물어 여러 교과가 연계된 학습 모듈을 제공할 수 있도록 유연한 학습 구조를 선택하고자 한다. 또한, 학점제를 도입하여, 둘 이상의 과목으로 구성된 다목적 학습 모듈을 구성할 수 있게 하고자 한다. 이와 같은 장치는 수학과 타 교과의 연계와 연결을 강화하는 역할을 할 수 있다.

2.2 디지털 역량의 강조

2015년 핀란드 정부는 Finland 2025라는 비전에 교육 분야를 포함하여 다루었다. 이 프로그램에는 교육과 관련된 항목으로 새로운 교수 방법 도입, 새로운 학습 환경 조성, 교육의 디지털화가 포함되어 있다.

디지털 역량은 포괄적 역량 중 다중 소양과 정보통신기술 역량과 특히 관련된다. 다중 소양은 다양한 서로 다른 텍스트들을 종합하여 가치 판단을 하는 것을 위해 필요한 것으로, 여기에서 텍스트는 언어적, 시각적, 청각적, 수적, 신체적 기호와 이들의 조합을 포함하며 지식은 이러한 다중양식적 텍스트로 표현된다. 정보통신기술 역량은 학습의 대상이자 도구가 되는 것으로, 기초교육에서 학생들은 네 가지 영역에서 정보통신기술 역량을 신장해야 한다. 첫째, 학생들은 정보통신기술을 사용하는 방법과 이것의 작동 원리 및 핵심 개념을 알아야 한다. 둘째, 학생들은 책임감을 갖고, 안전하게, 그리고 인체공학적인 방식으로 정보통신기술을 사용하는 법을 배워야 한다. 셋째, 학생들은 정보를 관리하기 위해 정보통신기술을 사용하는 방법과 탐구적 그리고 창의적인 작업을 위해 정보통신기술을 사용하는 방법을 알아야 한다. 넷째, 정보통신기술을 이용하는 것을 실제로 연습하고, 이를 경험해 봐야 한다. 정보통신기술 역량은 기초교육의 모든 학년에서 다루어진다(FNBE, 2016a).

구체적으로 한 가지 예를 살펴보면, 기초교육을 위한 국가 수준 핵심 교육과정에서는 1-2

* https://minedu.fi/documents/1410845/5394394/11+most+important+changes.pdf/df474839-9c46-4040-b339-0dbfa1bc0eae/11+most+important+changes.pdf (2019년 10월 3일 검색)

학년군에서의 정보통신기술 역량과 관련하여 다음과 같은 실천 기술과 경험을 학생들에게 제공할 것을 제안한다(FNBE, 2016a).

- 학교에서 학생들은 장치, 소프트웨어, 서비스를 사용하는 것을 연습하고, 이것의 주요 사용법과 작동 원리를 배운다. 또한, 학생들은 키보드 기술과 기본적인 텍스트 제작 및 처리 기술을 연습한다. 학생들은 디지털 미디어와 자신의 나이에 적합한 프로그래밍 과제를 하는 경험을 쌓고 공유한다. 게임화는 학습을 증진시키기 위해 사용된다.
- 정보통신기술의 책임감 있는 안전한 사용: 교사와 함께, 학생들은 정보통신기술을 사용하는 안전한 방법과 관련 에티켓을 검색한다. 올바른 자세와 적절한 작업 시간 그리고 참살이(well-being)에 대한 영향에 주의한다.
- 정보 처리 및 탐구-기반 그리고 창의적 작업: 학생들은 주요 검색 엔진을 사용하고 다른 도구를 시도하며 다양한 주제와 개인적 관심사에 관한 정보를 얻는 작은 과제를 완료하도록 안내 받는다. 정보통신기술을 사용하여 독립적으로 아이디어를 실현하기도 하고 다른 학생들과 함께 아이디어를 실현하기도 한다.
- 상호작용 및 네트워킹: 학생들은 다양한 상호작용적 상황에서 정보통신기술을 사용하는 것을 연습하고 학습을 지원하는 사회적 네트워크 서비스(social networking services, SNS)를 사용하는 경험을 얻는다.

또한 핀란드는 2016년부터 적용되는 기초교육을 위한 국가 수준 핵심 교육과정에 프로그래밍 교육을 포함시켰다. 프로그래밍 교육을 포함한 것은 미래 사회에 대비하고자 하는 것이다. 핀란드 교육은 프그래밍의 기초와 알고리즘적 사고가 21세기에서 요구되는 기술에 포함되는 것으로 보며, 이들을 수학적 사고와 관련되는 것으로 본다. 이 교육과정에서 프로그래밍 교육은 1학년부터 9학년까지 종합학교의 전 학년에서 다루어지고 이 내용은 수학 교과에 포함된다. 프로그래밍에 대한 학습은 간단한 알고리즘을 구성하는 것을 배우는 것으로 시작하고, 글이나 말의 형태로 기호를 사용하고 이를 시험하는 것이 알고리즘 수업에 포함된다. 3~6학년에서는 그래픽 프로그래밍 환경에서 수업을 하는 것이 강조된다. 중학교에 해당하는 7~9학년에서는 사고 기술과 방법의 일부로서 알고리즘적 사고를 심화하고, 프로그래밍을 경험하고 실제로 프로그래밍을 하는 경험을 제공해야 한다.

2.3 새로운 교수학습 방법의 모색

핀란드 수학 교실에서 교사들이 아주 혁신적인 교수·학습 방법을 사용하는 것은 아니다

(Krzywacki, Pehkonen, & Laine, 2016). 또한, 핀란드 교실에서는 특히 수학 수업에서 교사들은 일반적으로 교사-주도의 수업과 같은 전통적인 것에 가까운 교수·학습 방법을 대체로 사용한다. 그렇지만 학생 활동과 참여는 준수한 편이고, 양질의 대화를 하며, 학생들에게 적절한 학습기회를 제공하고 보장하기 위해 노력한다. 또한, 핀란드 수학교사는 의미 있고 유용하다고 생각한 새로운 아이디어와 방법을 교실에서 채택한다(Krzywacki, Pehkonen, & Laine, 2016).

수학이 학교에서 가르쳐야 하는 주요 교과 중 하나이고, 학생들에게 중요한 의미 있는 교과라는 점이 여전히 인정되고 있지만, 핀란드에서도 학생들이 수학을 기피하는 경향이 나타나고 있으며, 학생들의 학업 성취도가 하락하는 경향이 나타나고 있다. 특히 학업 성취도가 줄어들 뿐만 아니라, 낮은 성취도의 학생과 높은 성취도의 학생 사이의 간격이 점차 증가하고 있으며, 성별에 따라 다른 성취도가 달라지는 현상도 관찰되고 있다. 이러한 문제를 해결하기 위해 핀란드 교육은 학생들의 수학과 과학 기술을 향상 시키고, 학생들의 흥미와 즐거움을 높이기 위한 연구와 정책을 추진하고 있다.

2014-2019의 기간 동안 수행되는 LUMA 네트워크는 헬싱키 대학이 주도하여 거의 모든 대학이 참여하는 프로젝트로, 교수법에 대한 새로운 혁신적인 접근법을 찾고 교수·학습에 사용되는 방법을 개선하는 것을 목표로 한다. 이 프로그램은 기초교육을 받는 학생들과 교사를 대상으로 한다. 이 프로그램은 핀란드 교사들이 학교수학을 가르치는 다양한 교수학습 방법을 발전시키고 풍부하게 만드는 기회를 제공하고, 수학적 사고와 문제 해결을 장려할 수 있도록 하는 전문성을 갖출 수 있는 기회를 제공한다.

2.4 미래 학교로서의 이노스쿨

핀란드의 이노스쿨은 미래학교에 대한 대표적인 국제 사례이다. 핀란드 교육문화부의 지원을 받아 2007년부터 2010년까지 시행된 프로젝트로, 미래학교의 이론적 토대를 마련하고 글로벌 사회에 적합한 미래학교 개념을 개발하고 구체화하는 것을 목표로 하였다. 이 프로젝트에는 핀란드의 대학과 도시들(Esppo, Helsinki, Rovaniemi의 세 도시) 뿐만 아니라 미국의 스탠포드 대학교와 캘리포니아 주립대학교 또한 참여하였으며, Microsoft 사 등 5개의 기업이 참여하였다(계보경 외, 2011).

이노스쿨은 InnoArch, InnoEdu, InnoPlay, InnoServe의 네 가지 하위 프로젝트로 구성된다. 이 프로젝트들은 각각 학습 공간, 교수법, 학습 환경, 서비스의 서로 다른 관점에서 학교에 관한 연구와 개발 작업을 수행하였다*. 네 가지 프로젝트와 그 주제는 다음과 같다.

- InnoArch – 학습을 위한 공간과 장소
- InnoEdu – 혁신적인 교수법
- InnoPlay – 혁신적인 즐거운 학습 환경
- InnoServe – 미래 학교를 위한 서비스 혁신

핀란드의 미래학교와 네 프로젝트 사이의 관계를 도식화하면 다음 [그림 8-3]과 같다.

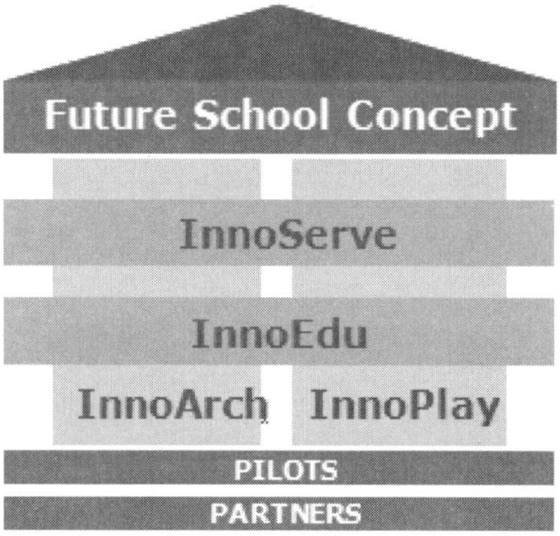

[그림 8-3] 핀란드의 미래학교 이노스쿨 프로젝트

[그림 8-3]에서 확인할 수 있는 것과 같이 이 프로젝트는 연구의 관점에서 수행되었다. 또한, 미래학교의 개념을 만들고 이를 구현하는 것은 새로운 지식 생성과 혁신을 요구하기 때문에 다양한 영역의 연구자들이 협업하는 것이 필요했다. 이에, 여러 분야들이 협력하는 간-학문적인 연구를 수행했고, 실천 연구 접근 방식을 사용하여 다양한 전문가들이 참여한 공동 개발을 수행했다.

이 프로젝트의 결과로 네 가지 차원으로 구성된 미래학교인 이노스쿨의 개념이 개발되었다. 그리고 학교 및 미래학교과 관련된 주요 개념들을 정립하였으며, 이노스쿨의 교육이 적용된 사례들을 보고하였다. 예를 들어, 주요 개념인 학습과 관련하여 이노스쿨에서의 학습은 기존의 지식을 습득하는 것 그리고 이를 기반으로 새로운 지식을 만드는 것 모두를 포함하고, 공식적인 환경뿐만 아니라 비공식적인 환경에서 일어나는 학습도 포함한다. 이노스쿨의 학습은 다음의 7개의 과정으로 기술된다.

* http://innoschool.tkk.fi/ (2019년 10월 9일 검색)

- 학습은 창조적인 과정이다.
- 학습은 놀이 과정이다.
- 학습은 사회적 과정이다.
- 학습은 대화적 과정이다.
- 학습은 정서적(emotional) 과정이다.
- 학습은 물리적 과정이다.
- 학습은 미디어를 사용하는 과정이다.

2.5 수학교사 교육

핀란드는 국가의 교육적 역량에는 전문성을 갖춘 우수한 교원을 양성하고 확보하는 것이 핵심적이라고 본다. 이에 따라 우수한 교원을 양성하고, 교원에게 상당한 자율성을 부여하는 방식으로 국가의 교육관을 실현하고자 한다. 교원양성과정에서 석사학위를 포함하도록 함으로써 양질의 교원 양성을 도모한다. 핀란드 헌법은 공무원 자격과 관련한 조항을 둔다. 핀란드 헌법은 핀란드 시민권자만 공무원이 될 수 있으며 기술과 능력 그리고 검증된 시민성을 자격기준으로 요구한다고 명시하고 있는데 이는 교사에게도 마찬가지로 적용되는 기준이다. 공립교사가 되기 위해서는 법적인 자격과 더불어 도덕성, 다양한 경험, 협동성, 의사소통 능력, 언어 능력, 발달 잠재력의 일반 자격을 갖추어야 한다(이덕난, 2013). 핀란드에서 교사가 되기 위한 조건은 <표 8-2>와 같다.

〈표 8-2〉 핀란드 교육단계별 교사의 자격요건

교육단계(대상)	선택사항	학력	자격요건
유치원 (예비 기초교육)	대학입학 자격시험 + 유아교육 학사 + 교원양성기관 입학시험	특별 프로그램 + 실습3년 특별 프로그램 + 실습 2년	유아교육 학사 유아교육 석사
초등학교 (종합학교 1-6학년	대학입학 자격시험 + 교원양성기관 입학시험	특별 프로그램, 과목연구 + 실습 5년	교육학 석사
일반교육 (종합학교 7-9학년, 일반계 고등학교, 성인)	교직 석사 + 적성 시험	교수법연구 + 실습 1년(전임)	졸업증명
직업교육 (직업학교, 성인교육)	기술전문/해당 과목 교직 석사, 교사이력 3년 적성시험	실습 + 인턴십/교수법 연구 + 실습 1년 (전임)	졸업증명

교육단계(대상)	선택사항	학력	자격요건
전문기술대학 (성인)	대학입학자격시험	박사학위 프로그램 4년 (전임)	박사학위
종합대학	해당과목 교직 석사+ 연구 경험 해당과목 교직 박사+ 상응 연구원	정규 요건 없음, 교수법 연구도 점차 정규 요건이 없음	석사나 박사학위, 인정 연구소 경력
성인교양교육 (전임 성인교육센터, 시민 사회단체)	해당 과목의 교직석사나 성인교육 석사	교수법 연구+실습 (1년) (+박사학위나 관리나 과정을 추가하기도 함)	졸업증명
전문상담	대학입학 자격시험이나 교육학 석사	특별 프로그램+실습 5년이나 특수/상담 연구 (1-1년, 5년)	석사학위나 졸업증

핀란드 대학들은 교사 교육 프로그램을 다르게 설계할 수 있기 때문에, 핀란드의 교원양성과정은 수학과 교육과정의 양과 내용 그리고 실행에 있어서 대학마다 차이가 있을 수 있다. 헬싱키 대학은 수학교육을 위해 필요한 4가지 정신을 강조하는데, 여기에는 정의적 측면을 중요하게 고려해야 한다는 것, 구체적 자료와 교수적 모델을 사용한다는 것, 문제 해결과 추론 그리고 사고 과정의 중요성을 강조한다는 것, 학생을 이해하고 지원하는 것이 포함된다.

헬싱키 대학에서 예비교사들은 강의를 듣고, 논문을 읽고, 관련 주제에 대한 에세이를 작성하는 것 등을 통해 이론적으로 네 가지 정신과 관련되 주제들을 다룬다. 이론적인 면에서 전문성을 얻는 것뿐만 아니라, 예비교사들은 이와 같은 지식을 적용할 수 있는 실제적 훈련과 학습을 경험한다. 예비교사들은 스스로 주어진 문제를 해결하고 해법을 평가하는 연습을 하고, 구체적 조작물을 사용하는 훈련을 받는다. 예비교사들은 학교에 방문하여 수학적 과제를 학생들에게 실제로 사용해보고, 때로는 학생 면담까지 실시하여 수학적 사고와 잠재적인 학습 곤란 등을 분석하는 기회를 갖는다. 헬싱키 대학에서는 이와 같이 수학교육에서 중요하게 고려해야 하는 4가지 주제를 모두 다루기 위해 이론적인 것과 실제적인 것을 포괄한 교육을 제공한다. <표 8-3>은 헬싱키 대학의 예비 중등교사가 배우는 교육 관련 과정을 나타낸다.

〈표 8-3〉 핀란드 헬싱키 대학의 예비교사 교육 과정

교육의 심리적, 문화적, 사회적 기초 (15 학점)	기본 교육 25학점	주요 교과 교육 35학점
	학습 심리학 5학점	교육의 사회적, 역사적, 철학적 기초 5학점
		학습과 복지를 위한 지원 5학점
교육의 교수학적 기초 (17 학점)	교육에서 계획, 실행, 평가 5+5학점	학교에서의 교육과정과 개발 5학점
		교수법 2학점
연구 수업 (8 학점)		연구자로서의 교사 8학점
수업 실습 (20 학점)	기본 실습 10학점 지도를 받는 수업 실습 8학점 수업 실습에 대한 교수학적 성찰 1학점 학교 소개 1학점	심화 실습 10학점 지도를 받는 심화 수업 실습 9학점 수업 실습에 대한 교수학적 성찰 1학점

핀란드 교육문화부는 교사 전문성 신장과 관련된 체계적인 지원을 직접 제공하진 않고, 지원을 통해 간접적으로 지원한다. 또한, 학교에서 근무하기 시작한 후 교사들의 질적 수준을 모니터하는 체계는 없으며, 모든 교사에게 의무적인 교사 재교육도 없다. 그리고 우수교사 혹은 추가로 승인을 받는 어떤 교육도 없다. 다만, 교사들은 매년 최소 3일의 의무 활동들에 참여해야 하고, 개인적인 관심에 따라 현직교사 연수를 받을 수 있다. 3일의 의무 활동들은 학교 전체의 합동 계획일 수도 있고, 특별한 디지털 자료를 사용하는 반일짜리 연수일 수도 있다. 또는 다른 교사들과 함께 하는 지역 수준 교육과정 작업일 수도 있다. 교사를 위한 지원은 체계적이지 않지만 대신 지방자치단체와 회사 그리고 개인들이 모여 이룬 단체가 정부의 지원을 받아 교사 전문성 신장과 관련된 교육과 활동을 제공한다.

핀란드의 교육문화부는 핀란드의 새 국가 수준 핵심 교육과정에 대한 자료를 교사들에게 제공한다. 그러나 앞에서 기술한 바와 같이 이와 관련된 연수를 직접 제공하진 않는다. 이는 새 국가 수준 핵심 교육과정에서 새로 포함된 프로그래밍에 관한 교사 교육도 마찬가지이다. 대학과 교사 단체가 교사들이 여러 유형의 프로그래밍을 배울 수 있도록 하는 온라인 과정들을 조직하여 관련된 교육을 제공한다. 예를 들어, Koodiaapinen(Code Alphabet)은 교사를 위한 프로그래밍 공개 온라인 과정이다. 또한, LUMA 센터는 핀란드의 교육문화부의 지원을 받아 핀란드의 각 대학에서 운영하는 것으로, 센터마다 교사 교육을 위한 프로그램을 지원한다.

2.6 특수교육

특수교육은 교육에서의 공평성을 추구하는 핀란드 학교 체계의 핵심 요소이다. 뒤처지는 학생들이 없도록 그리고 낮은 성취의 학생들을 조기에 적극적으로 도와 최소한의 기초교육을 마칠 수 있도록 하는 것이 핀란드 교육에서 가장 중요하게 생각하는 것 중 하나다. 왜냐하면 공평성과 낮은 성취자를 최소화하도록 노력하여 교육을 향상시키는 것이 핀란드의 국가적 교육 전략이기 때문이다(Linnakyla & Valijarvi, 2005). 이에 학생들의 개별적인 요구사항을 지원하기 위해 다양한 방법이 사용된다.

핀란드는 특수교육을 보통의 학교 교육 내에 포함하고 있다. 예를 들면, 특별한 지원이 필요한 학생은 수업 내에서 보조교사의 도움을 받아 함께 수업을 듣거나 수업과 병렬적으로 진행되는 보조수업 혹은 추가 수업을 받는다. 이는 일반적인 학교 교육 내에서 이루어지는 과정이다. 전체 학생 중 약 2% 정도만 특수교육을 목적으로 설립된 학교를 다닌다(Kupari, 2008). 핀란드의 기초교육법은 이와 관련된 다수의 조항들을 포함한다. 먼저, 기초교육법에는 개인별 수업 계획 및 개별 지도에 관한 항목들이 명시되어 있다. 기초교육법에 따르면, 공평성을 추구하기 위해 수업 내용을 이해하지 못하는 학생에게는 따로 추가적인 교육을 제공할 수 있고 학습 능력이 뛰어난 학생에게는 별도의 학습 과제를 부여하여 학생의 재능을 꾸준히 개발 할 기회를 제공할 수 있다. 또한 법에 상담 지도를 명시해두었다. 이 법 제30조에는 "학생들은 직접적인 필요에 따라 교육과정, 상담지도, 학습 및 등교 지원을 받으며 수업을 받을 권리가 있다"고 명시되어 있다. 이와 같은 조항들은 특수교육을 가능하게 하는 법적 근거가 된다.

핀란드는 특수교육과 관련하여 학생들의 문제를 조기에 파악하여, 관련 전문가들의 협력을 통해 초기 단계부터 적극적으로 해결하고자 하는 전략을 채택한다. 이는 학생들의 학업에 관한 문제를 조기에 해결하는 것이 보다 효과적이라고 생각하기 때문이다. 예를 들어, 헬싱키 내의 종합학교들은 학생들의 학업을 지원하기 위한 다양한 방편들을 마련하고 있다. 이는 특별한 도움이 필요한 학생들에게 보다 적극적으로 활용된다. 학습을 지원하기 위한 일반적인 지원 유형에는 다목적의 다양한 과제와 연습, 유연한 그룹에서의 학습, 교정적 교수(remedial teaching), 클럽 활동, 파트타임 특수교육, 학생들의 복지 서비스 등과 같은 것이 있다.

[그림 8-4]는 헬싱키시 교육 부서에서 제공하는 책자에 포함된 학습을 위한 도움과 지원 사항이다.

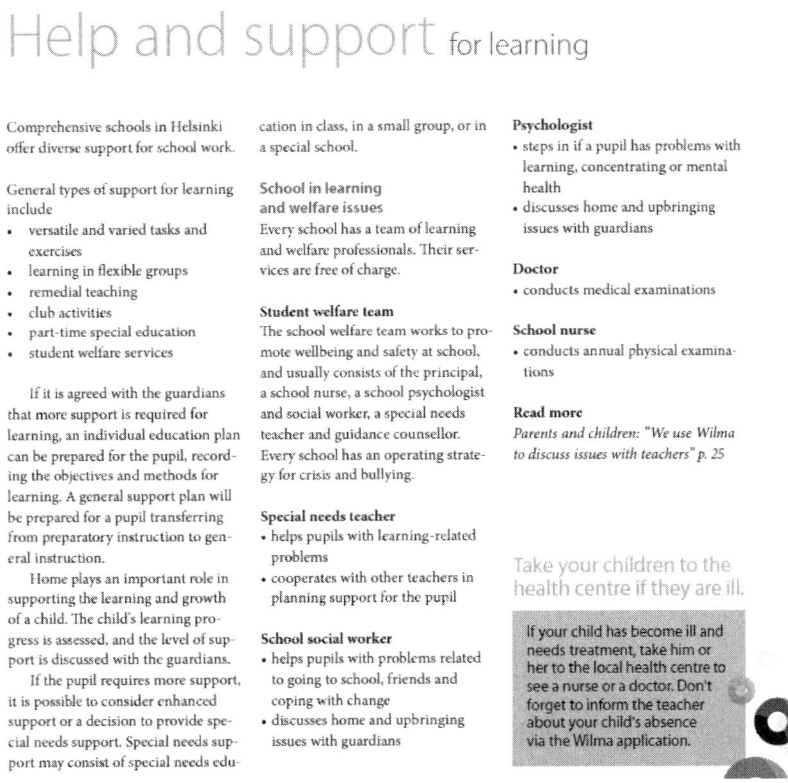

Help and support for learning

Comprehensive schools in Helsinki offer diverse support for school work.

General types of support for learning include

- versatile and varied tasks and exercises
- learning in flexible groups
- remedial teaching
- club activities
- part-time special education
- student welfare services

If it is agreed with the guardians that more support is required for learning, an individual education plan can be prepared for the pupil, recording the objectives and methods for learning. A general support plan will be prepared for a pupil transferring from preparatory instruction to general instruction.

Home plays an important role in supporting the learning and growth of a child. The child's learning progress is assessed, and the level of support is discussed with the guardians.

If the pupil requires more support, it is possible to consider enhanced support or a decision to provide special needs support. Special needs support may consist of special needs education in class, in a small group, or in a special school.

School in learning and welfare issues

Every school has a team of learning and welfare professionals. Their services are free of charge.

Student welfare team

The school welfare team works to promote wellbeing and safety at school, and usually consists of the principal, a school nurse, a school psychologist and social worker, a special needs teacher and guidance counsellor. Every school has an operating strategy for crisis and bullying.

Special needs teacher

- helps pupils with learning-related problems
- cooperates with other teachers in planning support for the pupil

School social worker

- helps pupils with problems related to going to school, friends and coping with change
- discusses home and upbringing issues with guardians

Psychologist

- steps in if a pupil has problems with learning, concentrating or mental health
- discusses home and upbringing issues with guardians

Doctor

- conducts medical examinations

School nurse

- conducts annual physical examinations

Read more

Parents and children: "We use Wilma to discuss issues with teachers" p. 25

Take your children to the health centre if they are ill.

If your child has become ill and needs treatment, take him or her to the local health centre to see a nurse or a doctor. Don't forget to inform the teacher about your child's absence via the Wilma application.

[그림 8-4] 핀란드의 학습을 위한 도움과 지원

또한, 핀란드에서는 [그림 8-5]와 같이 기초교육을 마치고 후기 중등교육으로 이행하기 전에 받을 수 있는 1년의 추가 과정을 두고 있다. 이를 통해 상위 학교로 진학했을 때 어려움을 겪을 학생들의 적응을 돕는 교육을 제공한다.

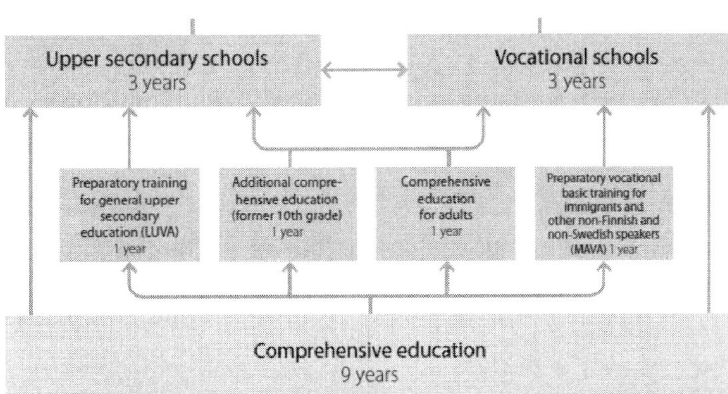

[그림 8-5] 핀란드 종합학교에서 후기 중등교육으로 가는 경로

3. 수학과 교육과정*

3.1 수학과 교육과정의 목표

핀란드 수학과 교육과정은 학생들의 논리적인 사고, 정확한 사고, 창의적인 사고를 개발하는 것을 목표로 한다. 또한, 수학적 지식을 익히고, 수학적 능력을 개발하고, 수학에 대한 긍정적 인식과 태도를 갖추고 수학에 대한 자기 이미지를 형성하는 것도 목표에 포함된다. 학생들은 기본적인 수학적 지식인 수학적 개념과 구조를 이해해야 하고, 정보를 처리하고 수학적으로 추론하고 문제를 해결하는 능력도 개발해야 하며, 의사소통, 상호작용, 협력 기술 또한 개발해야 한다. 또한 학생들은 수학의 유용성을 인식하고 이해하고, 다양한 방식으로 수학을 이용하고 적용하는 능력을 기르는 기회를 제공 받는다. 수학과 교육과정의 목표는 학교급과 학년군에 따라 조금씩 다르다. 예를 들어, 기초교육의 수학과 목표는 학년군에 따라 <표 8-4>와 같이 다르게 기술된다.

〈표 8-4〉 기초교육에서 학년군에 따른 수학 교과의 과제 (FNBE, 2016a)

학년군	수학과
1-2	수학 수업은 학생들에게 수학적 개념과 구조를 형성할 수 있는 기초를 만들 수 있는 다양한 경험을 제공한다. 교수·학습은 여러 가지 감각들을 이용한다. 교수·학습은 학생들이 구체적인 도구, 말, 글, 이미지를 그리고 해석하는 것을 통해 자신의 수학적 사고를 표현하는 능력을 기르게 한다. 수학 수업은 수와 십진법 개념을 이해하는, 그리고 산술 기술을 배우는 강한 기초를 마련한다.
3-6	수학 교수·학습은 학생들이 수학적 개념과 구조에 대한 자신의 이해를 만들도록 하는 경험을 제공한다. 수업은 다른 사람들에게 다양한 방식으로 그리고 여러 도구를 사용해서 자신의 수학적 사고와 해법을 제시하는 기술의 신장을 지원한다. 개별적으로 혹은 소집단에서 넓은 범위의 문제들을 해결하는 것이 교수·학습에서 강조된다. 이는 학생들이 수와 십진법 개념을 이해하고 이에 대한 자신의 이해를 확장하는 것을 확실하게 해준다. 아동들은 또한 자신의 산술 기술의 유창성을 신장한다.
7-9	7-9학년에서 수업의 과제는 수학에서의 일반적인 지식과 능력을 기르는 것이다. 수업은 학생들이 수학적 개념과 개념 사이의 연결성에 대한 자신의 이해를 깊이 있게 하도록 돕는다. 학생들은 자신의 삶에서 수학을 발견하고 이용하도록 장려된다. 학생들의 능력

* 핀란드 수학과 교육과정은 2016년 출판된 기초교육을 위한 국가 수준 핵심 교육과정(FNBE, 2016a)과 일반 후기 중등학교를 위한 국가 수준 핵심 교육과정(FNBE, 2016b)을 토대로 작성하였다.

은 수학적 모델링과 수학적 문제 해결을 포함한다. 수학 수업은 학생들이 목표-지향적인, 정확한, 초점을 둔, 지속적인 활동을 향하도록 안내한다. 학생들은 자신의 해법을 제시하고 논의하도록 장려된다. 학생들의 팀워크 기술은 교수학습에서 발전된다.

7-9학년에 해당하는 중학교 수학 과목의 목표는 아래와 같이 정리할 수 있다.

- 자신을 신뢰하는 법을 배우고, 수학에서 자신의 학습에 대한 책임을 가진다.
- 수학적 개념과 규칙의 중요성을 이해하고, 수학과 실세계와의 관계를 알게 된다.
- 계산을 하고, 수학적 문제를 해결하는 법을 안다.
- 논리적이고 창의적으로 생각하는 법을 배운다.
- 정보를 획득하고 처리하기 위해 다양한 방법을 적용하는 법을 배운다.
- 자신의 생각을 분명하게 표현하는 방법을 배우고, 자신이 실행한 것 또는 결론을 정당화하는 법을 배운다.
- 관찰을 통해 생긴 의문이나 결론을 제시하는 법을 배운다.
- 규칙성을 인식하는 법을 배운다.
- 지속적이고 집중적으로 학습하는 법과 그룹에서 역할을 하는 법을 배운다.

중학교 수학 과목의 목표를 보면, 수학적 개념, 기능, 법칙, 성질 등의 수학적 지식을 익히는 것뿐만 아니라, 문제해결과 의사소통 등의 수학적 과정에 관한 능력과 역량을 갖추는 것 그리고 정의적 측면에서 긍정적인 자기 이미지와 수학에 대한 책임감을 갖는 것 등이 모두 포함되어 있음을 알 수 있다. 또한, 논리적이고 창의적으로 생각하는 법이나 의문 또는 결론을 제시하는 법과 같이, 생각하는 방법과 생각하는 기술 등을 익히는 것 또한 목표에 포함되어 있음을 알 수 있다. 특히, 지속적이고 집중적으로 학습하는 법은 학습에 대한 학습으로 일반적인 수학 과목의 목표와는 다소 다른 독특한 목표인 것으로 보인다.

핀란드 교육과정에서 고등학교 수학 과목의 목표는 아래와 같이 기술된다(FNBE, 2016b).

- 오늘날의 문화에서 우리는 수학적 용어로 표현된 정보를 이해하고, 사용하고, 생산하기 위해 수학에서의 기술을 필요로 한다. 수학은 과학, 공학, 경제, 기업, 건강 관리, 안전과 같은 영역에서 중대한 혹은 핵심적인 역할을 한다. 수학과의 과제는 학생들에게 수학적 사고의 모델, 수학의 기본 아이디어와 구조를 숙지시키는 것이고, 학생들이 말과 글로 수학적 언어를 사용하도록 가르치는 것이며, 계산, 현상의 모델링, 문제 해결

에서의 학생들의 기술을 개발하도록 하는 것이다.

- 교수학습은 학생들에게 흥미 있는 주제와 현상뿐만 아니라 이들과 관련된 문제에 기초한다. 다양한 활동과 교육 방법들이 수업에서 사용되고, 이는 학생들이 개별적으로 그리고 동료와 함께 활동할 수 있도록 한다. 교수적 상황은 학생들이 질문을 묻고, 가정을 만들고, 관찰에 기초해 결론을 도출하고, 이들을 정당화하는 것을 장려하는 방식으로 조직된다. 특히, 학생들은 수학적 개념의 의미를 지각하고 더 큰 전체와 연결되는 방식을 인식하도록 안내된다. 학생들은 자신의 사고를 지원하는 이미지, 그림, 도구를 사용하도록 장려되며, 수학적 자료의 표현의 한 형식에서 다른 것으로 변환시키는 능력을 개발하도록 장려된다.
- 학생들은 수학적 문제에 대한 창의적 해법을 개발하도록 장려된다. 수업은 수학과 일상적 삶 사이의 연결을 조사하는 것과 학생들의 개별적인 성격을 개발하도록 하는 기회를 의식적으로 사용하는 것을 포함한다. 이는 다른 것들 중에서 학생들의 흥미를 안내하고, 학생들이 실험을 지향하도록 장려하고, 자신의 정보 습득 과정을 개발하는 것을 의미한다.
- 학생들은 문제해결뿐만 아니라 수학을 배우고 탐구하는 도구로서 컴퓨터 프로그램을 사용하는 기술을 개발한다. 수학에서의 학습은 예를 들어 동적 수학 소프트웨어, 상징적 계산 소프트웨어, 통계 소프트웨어, 스프레드시트, 텍스트 처리, 그리고 가능한 상황에서 디지털 자원들을 이용하는 것을 포함한다. 이 목적의 유용성과 그 사용의 제한점들을 아는 것 또한 중요하다.

일반 후기 중등학교의 교육과정에서 수학 과목의 목표를 살펴보면 먼저 우리나라와 유사하게 수학적 지식을 강조하고 있음을 알 수 있다. 예를 들어, 학생들에게 수학의 기본 아이디어와 구조를 숙지시키고, 수학적 개념의 의미를 지각하게 해야 한다는 것에서 이러한 강조점이 드러난다. 또한, 수학적으로 문제를 해결하고, 추론하고, 의사소통하는 역량도 강조하고 있음을 확인할 수 있다. 뿐만 아니라, 수학과 일상적 삶을 연결하고, 수학에 관한 자신의 성격을 개발하고, 흥미를 갖게 하는 정의적 측면에서의 목표도 포함되어 있음을 확인할 수 있다.

3.2 수학과 교육과정의 과목 구성

기본교육을 제공하는 종합학교에는 우리나라의 초등학교와 중학교에 해당되는 학년들이 포함된다. 그리고 종합학교에서 수학은 하나의 과목으로 구성되어 있다. 종합학교 수학 수업의 목표와 가치 그리고 내용 영역은 학년군에 따라 다르게 정해지는데, 학년군은 1-2학년, 3-6학년, 7-9학년의 세 개의 범주로 나누어진다. <표 8-5>는 학년군별 내용 영역을 제시한 것으로, 1-2학년군은 C1 사고 기술, C2 수와 연산, C3 기하와 측정, C4 정보 처리와 통계의 네 개의 내용 영역으로 이루어져 있음을 확인할 수 있다. 3-6학년군에서는 대수 내용 영역이 추가되고, 정보 처리와 통계라는 내용 영역의 이름이 정보 처리, 소프트웨어, 확률, 통계로 바뀐다. 7-9학년군에서는 함수 내용 영역이 추가되고, 사고 기술에 관한 내용 영역 이름이 사고 기술과 방법으로 바뀌고, 기하에 관한 내용 영역 이름이 기하와 측정에서 측정이 빠진 기하로 바뀌며, 소프트웨어가 빠진 정보 처리, 통계, 확률로 다시 확률과 통계에 관한 내용 영역의 이름이 바뀐다.

〈표 8-5〉 학년군에 따른 수학 교과의 내용 영역

학년군	내용 영역
1-2	C1 사고 기술 C2 수와 연산 C3 기하와 측정 C4 정보 처리와 통계
3-6	C1 사고 기술 C2 수와 연산 C3 대수 C4 기하와 측정 C5 정보 처리, 소프트웨어, 통계, 확률
7-9	C1 사고 기술과 방법 C2 수와 연산 C3 대수 C4 함수 C5 기하 C6 정보 처리, 통계, 확률

학년군 모두에서 공통적으로 수학과의 수업 목표는 (a) 중요성, 가치, 태도, (b) 작업 기술(working skills), (c) 개념적 목표와 지식 영역 특수 목표로 구성된다. 또한, 각각의 구체적인 수업 목표들에 대해 해당 목표와 관련되는 내용 영역과 포괄적 역량이 제시된다. 예를 들어, 1-2학년군에서 제시된 중요성, 가치, 태도에 대한 수업 목표(O1)는 "수학에서의 흥미와 학생들의 열정 그리고 긍정적인 자기 이미지와 자신감 신장을 지원하기"이고, 이 수업

목표와 관련된 내용 영역은 사고 기술(C1), 수와 연산(C2), 기하와 측정(C3), 정보처리와 통계(C4), 그리고 포괄적 역량은 사고와 학습 능력(T1), 스스로 돌봄과 일상 관리(T3), 정보통신기술 역량(T5)이다.

일반 후기 중등교육을 위한 국가 수준 핵심 교육과정 문서에서는 학년 군에 따른 내용 영역별로 해당 학년군에서 무엇을 배우게 되는지 그 내용을 기술한다. 예를 들어, 모든 학년 군에 공통적으로 제시되는 확률과 통계에 대한 내용은 <표 8-6>과 같이 기술되어 있는데, 학년군에 따라 그 내용이 조금씩 상이하다. 예를 들어, 정보 또는 자료를 수집하는 것은 세 학년군 모두에 포함되어 있지만, 1-2학년군에 비해 3-6학년군에서는 자료를 체계적으로 수집하는 기술을 개발하는 것이 추가되어 있고, 7-9학년군에는 자료에 구조를 부여하는 것이 추가되어 있다. 또한, 7-9년군에서는 3-6학년군과 다르게 도수, 상대도수, 중앙값에 대해 추가로 배우고, 단순히 사건이 가능한지 여부와 확실한 정도를 따지는 것을 통해 확률 개념에 친숙해지는 것을 넘어서 확률을 계산하도록 요구한다.

〈표 8-6〉 학년군에 따른 확률과 통계 영역의 학습 내용

내용 영역	1-2학년	3-6학년	7-9학년
정보 처리, 확률과 통계	학생들은 흥미 있는 주제에 대한 정보를 수집하고 저장하는 능력을 개발하기 시작한다. 간단한 표와 막대그래프를 그리고 해석한다.	학생들은 자신들이 흥미를 갖는 주제에 대한 자료들을 체계적으로 수집하는 자신의 기술을 개발한다. 자료를 표와 다이어그램의 형식으로 기록하고 제시한다. 최댓값, 최솟값, 평균, 최빈값을 배운다. 어떤 사건이 불가능한지, 가능한지, 아니면 확실한지를 따지면서 일상적인 상황에서 확률 개념에 친숙해진다.	학생들은 자료를 수집하고, 구조를 부여하고, 분석하는데 필요한 자신의 기술을 발전시킨다. 평균과 최빈값 개념을 확실히 이해한다. 도수, 상대도수, 중앙값을 정의하는 것을 연습한다. 다양한 다이어그램을 해석하고 만든다. 확률을 계산한다.

한편, 우리나라의 고등학교에 해당되는 일반 후기 중등학교에서 수학은 기본과정과 심화과정으로 구분되고, 의무 과목과 국가 선택 특수 과목이 구분된다. 어떤 과정이냐에 따라 수학 과목이 다르게 편성된다. 다만, 기본과정과 심화과정 모두 <수와 수열>이라는 의무 과목을 포함하고 있다. 기본과정은 <수와 수열> 외에 <식과 방정식>, <기하>, <수학적 모델>, <확률과 통계>, <상업 수학>을 의무 과목으로 포함한다. 그리고 <수학적 분석>, <확

률과 통계 II>는 기본과정에서의 국가 선택 특수 과목이다. 심화과정의 의무 과목은 <수와 수열> 외에 <다항함수와 방정식>, <기하>, <벡터>, <해석 기하>, <미분>, <삼각 함수>, <지수함수와 로그함수>, <적분>, <확률과 통계>의 총 10개의 과목으로 구성된다. 그리고 심화과정의 국가 선택 특수 과목은 <수학과 수학적 증명>, <수학에서의 알고리즘>, <심화 미적분>의 3개 과목으로 구성된다. 기본과정은 일상적인 삶의 상황에서 그리고 사회과학 혹은 인문학을 공부하는 학생들을 대상으로, 수학적 지식을 사용할 수 있도록 하는 이해도와 준비를 제공하는 것을 목적으로 한다. 반면, 심화과정은 수학에서의 일반적 지식과 능력뿐만 아니라 직업 교육과 고등교육에서 요구되는 수학적 능력들을 학생들에게 제공하는 것을 과제로 하고, 학생들을 과학과 공학에서 수학을 적용할 수 있도록 준비시키는 것을 목적으로 한다. 핀란드 고등학교 수학 과목은 <표 8-7>과 같다.

〈표 8-7〉 핀란드 고등학교 수학 과목

교수요목	과목	
공통	의무 과목 1. 수와 수열	
기본	의무 과목 2. 식과 방정식 3. 기하 4. 수학적 모델 5. 확률과 통계 6. 상업 수학	국가 선택 특수 과목 7. 수학적 분석 8. 확률과 통계 II
심화	의무 과목 2. 다항함수와 방정식 3. 기하 4. 벡터 5. 해석 기하 6. 미분 7. 삼각함수 8. 지수함수와 로그함수 9. 적분 10. 확률과 통계	국가 선택 특수 과목 11. 수론과 수학적 증명 12. 수학에서의 알고리즘 13. 심화 미적분

선택한 과정에서 다른 과정(심화과정에서 기본과정으로 또는 기본과정에서 심화과정으로)으로 바꾸는 것이 가능하다. 이 경우 과목 간의 유사성을 고려해 이전에 수강한 과목이

일부 인정된다. 예를 들어, 심화과정에서 기본과정으로 바꾸는 경우, <다항함수와 방정식>은 <식과 방정식>으로, <기하>는 <기하>로, <미분>은 <수학적 분석>으로, <지수함수와 로그함수>는 <수학적 모델>로, <확률과 통계>는 <확률과 통계>로 인정된다. 따라서 심화과정에서의 기본 과목인 <다항함수와 방정식> 과목과 <기하> 과목 그리고 <미분> 과목을 수강한 학생들이 기본과정으로 변경했다면, 기본과정에서의 의무 과목인 <식과 방정식>과 <기하>를 그리고 선택과목인 <수학적 분석>을 수강한 것으로 인정받을 수 있다. 반면, 기본과정에서 심화과정으로 바꾸는 경우는 이와 다르다. 학생들은 학습에 대한 추가적인 증거를 제공해야 하며, 성적도 다시 부여받는다.

3.3 수학과 교육과정의 내용 체계

3.3.1 중학교

우리나라의 중학교 내용 영역은 수와 연산, 문자와 식, 함수, 기하, 확률과 통계의 5개 영역인 데 비해, 핀란드의 종합학교에서 7-9학년군에 해당하는 수학과의 내용 영역은 6가지 영역으로 구성된다. 6개의 내용 영역은 C1 사고 기술과 방법, C2 수와 연산, C3 대수, C4 함수, C5 기하, C6 정보처리, 통계, 확률로, 각 내용 영역에 대한 설명에는 배우게 되는 수학적 개념과 기능 등이 기술되어 있다. 핀란드 교육과정은 각 내용 영역에 대한 설명을 제공하는데 이는 다음과 같다(FNBE, 2016a).

C1 사고 기술과 방법

학생들은 규칙, 의존성을 발견하고 이를 정확하게 표현하는 것과 같은 논리적 사고를 요구하는 활동을 연습한다. 학생들은 가능한 대안의 수를 고려하고 결정한다. 학생들의 추론과 논증 기술이 강화된다. 학생들은 수학적 표현법을 해석하고 사용하는 것을 연습한다. 학생들은 증명하는 것의 기초에 익숙해진다. 학생들은 명제의 참과 거짓을 결정하는 것을 연습한다. 학생들은 알고리즘적 사고를 심화시킨다. 학생들은 실제로 프로그래밍을 해본다. 학생들은 수학 학습의 일부로서 이미 만들어져 있는 컴퓨터 프로그램을 사용한다.

C2 수와 연산

학생들은 음수를 사용하는 기본적인 산술 연산을 연습한다. 학생들은 분수를 사용하는 산술 기술을 심화시키고 분수로 곱하고 나누는 것을 배운다. 학생들은 반수(opposite number), 역수(reciprocal number), 절댓값의 개념에 친숙해진다. 수의 범위가 실수로 확장된다. 학생들은 가분성에 친숙해지고, 주어진 수를 소인수로 나눌 수 있게 된다. 학생들은 소수에 대한 연산을 수행하는 능력을 향상시킨다. 학생들은 연산 결과를 반올림 하는 것과 참값과 근삿값의 차이에 대한 이해를 증진시킨다. 학생들은 백분율을 계산하는 것을 그리고 주어진 양을 전체에 대한 백분율 표현으로 계산하는 것을 연습한다. 학생들은 또한 변화값, 기본값, 변화와 비교에서의 백분율을 계산하는 것을 배운다. 학생들은 범자연수 지수를 사용하는 지수 계산을 연습한다. 학생들은 제곱근의 개념에 친숙해지고 연산에 제곱근을 사용할 수 있게 된다.

C3 대수

학생들은 변수 개념에 익숙해지고 수학적 식의 값을 계산하는데 익숙해진다. 학생들은 지수 표현을 다루는 것을 연습한다. 학생들은 다항식의 개념에 친숙해지고, 다항식의 덧셈, 뺄셈, 곱셈 등을 연습한다. 학생들은 식을 만들고 정리하는 것을 연습한다. 학생들은 일차 방정식과 일부 이차방정식을 만들고 해결한다. 학생들은 연립방정식을 그래프를 이용해 해결하거나 대수적으로 해결한다. 학생들은 일차부등식에 친숙해지고, 이들을 해결한다. 학생들은 수열을 시험하고 만드는 기술을 심화시킨다. 문제해결에 비율을 사용한다.

C4 함수

상관관계를 그래프를 이용해 표현하거나 대수적으로 표현한다. 학생들은 정비례와 반비례에 친숙해진다. 학생들은 함수의 개념을 습득한다. 학생들은 좌표 체계에서 직선과 포물선을 그린다. 학생들은 기울기와 상수항의 개념을 배운다. 학생들은 그래프를 해석하는데, 그 예로 함수의 증가와 감소를 확인하는 것이 있다. 학생들은 함수의 절편(null point)을 결정한다.

C5 기하

학생들은 점, 선분, 직선, 각 등의 개념에 대한 이해를 확장하고 선과 반직선의 개념에 익숙해진다. 선, 각, 다각형의 성질들을 배운다. 닮음과 합동의 개념에 대한 이해를 강화한다. 학생들은 기하에서의 작도를 연습한다. 학생들은 피타고라스 정리, 피타고라스 정리의 역, 삼각 함수를 사용하는 법을 배운다. 학생들은 내각과 중심각에 대해 배우고, 탈레스의 정리에 익숙해진다. 학생들은 다각형의 둘레와 넓이를 계산한다. 학생들은 원과 부채꼴에 대해 원주의 길이와 원의 넓이 그리고 호의 길이와 부채꼴의 넓이를 계산하는 것을 연습한다. 입체도형도 배운다. 학생들은 구, 원기둥, 원뿔의 겉면적과 부피를 계산하는 것을 배운다. 학생들은 측정 단위와 단위 변환에 대한 지식을 강화하고 확장한다.

C6 정보처리, 통계, 확률

학생들은 자료를 수집하고, 구조화하고, 분석하는 기술을 심화시킨다. 학생들은 평균과 최빈값의 개념을 확실하게 이해한다. 학생들은 빈도, 상대 빈도, 중앙값을 정의하는 것을 연습한다. 학생들은 분산 개념에 친숙해진다. 학생들은 다양한 다이어그램을 해석하고 생산한다. 학생들은 확률을 계산한다.

앞에서 기술한 바와 같이, 핀란드의 수학과의 수업 목표는 (a) 중요성, 가치, 태도, (b) 작업 기술, (c) 개념적 목표와 지식 영역 특수 목표로 구분하여 제시되고, 각각의 수업 목표에 대해 해당 수업 목표와 관련된 내용 영역과 포괄적 역량을 표시한다. 우리나라의 중학교에 해당하는 종합학교 7-9학년군의 수업의 목표는 총 20개(O1-O20)로 구성된다. (a) 중요성, 가치, 태도에 관한 목표는 O1과 O2 2개이고, (b) 작업 기술에 관한 목표는 O3에서 O9까지 7개이며, (c) 개념적 목표와 지식 영역에 특수한 목표는 O10부터 O20로 11개다. 종합학교 7-9학년군의 수업 목표는 <표 8-8>과 같다.

〈표 8-8〉 핀란드 종합학교 7-9 학년군에서의 수업 목표

수업 목표	목표와 관련된 내용 영역	포괄적 역량
중요성, 가치, 태도		
O1 수학 학습자로서 학생의 동기, 긍정적 자기 이미지, 자신감을 강화한다.	C1 - C6	T1, T3, T5
O2 학생들이 독립적으로 그리고 다른 사람들과 같이 수학을 학습하는 책임감을 갖도록 한다.	C1 - C6	T3, T7
작업 기술		
O3 학생들이 자신이 배운 것들 사이의 연결을 인식하고 이해할 수 있도록 안내한다.	C1 - C6	T1, T4
O4 학생들이 말 또는 글로 수학적 표현을 하는 법을 개발하도록 장려한다.	C1 - C6	T1, T2, T4, T5
O5 학생들이 논리적이고 창의적인 사고를 요구하는 수학 과제를 해결하도록 그리고 이를 위해 필요한 기술을 개발하도록 지원한다.	C1 - C6	T1, T3, T4, T5, T6
O6 학생들이 자신의 수학적 해답을 평가하고 개발하도록 안내하고, 결과가 합리적인지 그렇지 않은지를 비판적으로 조사하도록 안내한다.	C1 - C6	T1, T3, T4, T6
O7 학생들이 다른 과목이나 사회에서도 수학을 하도록 장려한다.	C1 - C6	T1 - T7

수업 목표	목표와 관련된 내용 영역	포괄적 역량
O8 학생들이 자신의 정보 관리와 분석 기술을 개발하도록 안내하고 정보의 비판적 조사를 할 수 있도록 지도한다.	C1, C4, C6	T1, T4, T5
O9 학생들이 수학 학습과 문제 해결에 정보통신기술을 적용할 수 있도록 안내한다.	C1 - C6	T5
개념적 목표와 지식 영역에 특수한 목표		
O10 학생들이 추론과 정신적인 산술 기술을 기르도록 하고 다양한 상황에서 자신의 산술 기술을 사용하도록 한다.	C1, C2	T1, T3, T4
O11 학생들이 유리수를 사용한 기본적인 산술 조작을 하는 능력을 개발하도록 한다.	C2	T1, T4
O12 학생들이 수에 대한 개념에 대한 이해를 실수로 확장할 수 있도록 지원한다.	C2	T1, T4
O13 학생들이 백분율 계산에 대한 이해를 넓히도록 지원한다.	C2, C6	T1, T3, T6
O14 학생들이 미지수 개념을 이해하고 방정식을 해결하는 기술을 개발할 수 있도록 안내한다.	C3, C4	T1, T4
O15 학생들이 변수 개념을 이해하고, 함수 개념을 익히도록 안내한다. 그리고 학생들이 함수의 그래프를 해석하고 만들 수 있도록 안내한다.	C3, C4	T1, T4, T5
O16 학생들이 기하적 개념과 개념 사이의 관계를 이해하도록 지원한다.	C5	T1, T4, T5
O17 학생들이 직각삼각형과 원에 관련된 성질들을 이해하고 활용할 수 있도록 안내한다.	C5	T1, T4, T5
O18 학생들이 원주와 부피를 계산하는 기술을 개발하도록 장려한다.	C5	T1, T4
O19 학생들이 주요한 통계적 지표를 결정하고 확률을 계산할 수 있도록 한다.	C6	T3, T4, T5
O20 학생들이 문제해결에 수학과 프로그래밍을 적용하는 데 필요한 알고리즘적 사고와 기술을 개발하도록 돕는다.	C1	T1, T4, T5, T6

3.3.2 고등학교

핀란드 일반 고등학교의 수학 과목은 학년이 아닌 기본과정과 심화과정인지에 따라 다르게 구성된다. 다만, <수와 수열>은 공통과목으로 두 과정 모두에 공통적이다. 공통과목, 기본과정, 심화과정에서 수학 과목의 성격은 <표 8-9>와 같다.

〈표 8-9〉 핀란드 고등학교의 수학 과목

과목과 과정	성격
공통과목	수학 공통 과목의 과제는 무엇보다도 학생들에게 수학의 사람과 사회에 대한 다양한 의미를 익숙하게 하고, 과학의 영역으로서 수학의 고유한 그리고 매력적인 본성에 익숙하게 하여 수학에 학생들의 흥미를 끄는 것이다. 이 학습 단위는 학생들에게 수학 공부의 기초를 강화할 기회를 제공하고 수학을 사회, 경제, 자연의 사건과 상황을 설명하고 다루는데 유익하고 유용한 도구로 인식할 수 있는 기회를 제공한다.
기본과정	기본과정에서 수학 교과의 과제는 학생들에게 수학적 정보를 수집하고, 처리하고, 이해하는 능력을 제공하고, 삶과 이후 교육에서의 다양한 상황에서 수학을 사용하는 능력을 제공하는 것이다. 또한, 이 교과는 학생들이 사회 발전에서의 수학의 중요성에 대해 분명하게 이해하도록 하고 일상생활과 과학의 많은 다양한 영역에서 수학의 활용을 분명하게 이해하도록 하는 것을 목표로 한다.
심화과정	심과 과정에서 수학 교과의 과제는 학생들에게 수학에 대한 일반적인 지식과 능력뿐만 아니라 직업 및 대학교 교육에 필요한 수학적 능력을 제공하는 것이다. 심화과정에서의 수학 학습에서 학생들은 수학 개념과 방법을 채택하고 수학적 지식의 본질을 이해하는 방법을 배우는 기회를 제공받는다. 또한, 수업은 학생들이 사회의 발전에 대한 수학의 중요성 그리고 일상생활, 과학, 기술에서의 수학의 응용에 대한 명확한 이해를 제공하는 것을 목표로 한다.

핀란드 일반 고등학교 수학과 교육과정의 내용 체계는 과정에 따라 수강하게 되는 과목에 의해 결정된다. 그리고 과목에 따라 과목의 목표와 핵심 내용이 기술된다. 예를 들어, 공통과목이자 의무과정인 <수와 수열>의 목표와 핵심 내용은 각각 다음과 같다(FNBE, 2016b).

<수와 수열> 과목의 목표는 학생들이 다음과 같은 것들을 할 수 있게 하는 것이다.

- 개인과 사회의 관점에서 수학의 중요성을 안다.
- 수의 범위를 확장하고, 기본 산술 연산과 백분율 계산 원리 등을 수정한다.
- 함수 개념에 대한 이해를 심화한다.

- 수열의 개념을 이해한다.
- 초항과 다음 항을 정하는 방법이 제공되었을 때 수열을 알아낼 수 있다.
- 수열의 합을 구하는 것을 예를 이용해 이해한다.
- 등차수열과 등비수열 그리고 이들의 합을 이용하여 실제 문제를 해결하는 방법을 안다.
- 수열에 관한 응용문제를 해결하거나 함수의 그래프 또는 수열을 조사하기 위해 공학적 도구를 사용할 수 있다.

<수와 수열> 과목에서 가르쳐야 하는 핵심 내용은 다음과 같다.

- 실수, 기본 산술 연산, 백분율 계산
- 함수, 그래프를 그리고 해석하기
- 수열
- 수열과 점화식
- 등차수열과 합
- 지수와 로그 그리고 둘 사이의 관계
- $a^x = b$, $x \in \mathrm{N}$ 형태의 방정식 풀이
- 등비수열과 합

4. LUMA*

LUMA**는 핀란드 교육문화부의 지원으로 1996년부터 2002년까지 수행된 수학과 과학 교육 개발 프로젝트로 시작되었다. 이 프로젝트는 핀란드 과학 교육의 기준과 역량을 국제 수준으로 올리고, 교육 실제를 향상시키고 흥미를 증진시키는 것을 목표로 했다. 첫 번째 프로젝트가 완수된 후 이를 이어가기 위해 2003년 헬싱키 대학에 LUMA 센터가 설립되었다. 이어 12개의 대학에 13개의 LUMA 센터가 설립되었고, 2013년에는 LUMA 센터 네트워크(LUMA Center Umbrella)가 설립되었다. 현재는 LUMA2020 프로그램이 핀란드 교육

---

* https://www.luma.fi/en/centre/ (2019년 10월 3일 검색)

** LUMA는 자연과학을 의미하는 "luonnontieteet"와 "mathematics"의 앞의 두 머리글자를 조합하여 만든 용어이다. 또한, LUMA는 수학, 과학, 공학에 즐겁게 몰두하고 있는 학생들의 눈에서 볼 수 있는 빛을 의미하기도 한다.

문화부의 지원을 받아 새롭게 시작될 예정이다. LUMA2020은 기존에 개발된 좋은 프로그램을 전파하는 것을 하나의 목적으로 한다. 여기에는 지속가능한 개발(기후 변화, 순환 경제), 우리 주변의 수학(예술, 경제, 통계를 포함), 우리 주변의 공학(인공지능, 로봇공학을 포함), 나의 LUMA(STEAM 주제에 연결된 선택적 주제)의 네 주제가 포함되었다. LUMA는 1996년에 시작되어 현재에 이르기까지 긴 기간 동안 성공적으로 수행되고, 지속되고 있는 핀란드 교육의 대표적인 수학과 과학 교육 지원 프로그램이다.

LUMA 센터는 다양한 목적을 갖는다. 첫 번째로, LUMA 센터는 과학과 공학 교육의 최신 방법과 활동을 통해 수학, 과학, 공학에 대한 학생들의 흥미와 동기를 신장시키는 것을 목적으로 한다. 두 번째로, 교사의 평생학습과 전문성 신장을 지원하고 연구 기반 교수법 발전을 강화하는 것도 목적으로 한다. 이에 따라 LUMA 센터에서는 새로운 교수법을 개발하고, 교사들이 이를 실행할 수 있도록 교육하는 역할을 수행한다. LUMA는 수학, 과학, 공학 교육을 증진시키는 핀란드의 모델로, 다양한 구성원의 협력과 다양한 분야 간의 협력을 토대로 한다. LUMA의 체계는 [그림 8-6]과 같다.

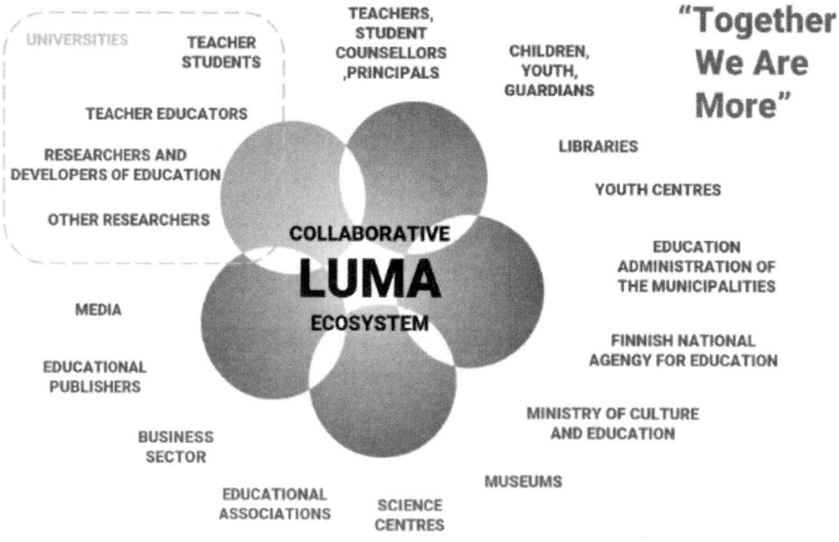

[그림 8-6] LUMA 센터의 협력적 체계

[그림 8-6]에서 볼 수 있는 것과 같이 LUMA는 협력을 통해 함께 했을 때, 더 많은 것을 할 수 있다는 것을 모토로 삼고 있다. 또한 유아교육에서 대학교육에 이르는 넓은 범위에서 과학의 다양한 영역들을 연결하는 것을 추구한다. LUMA 센터는 대학에 위치하는데, 대학에서는 예비교사, 교사, 교사교육자, 교육 관련 연구자, 교육 관련 개발자, 다른 영역의 연

구자 등이 협업할 수 있다.

13개의 LUMA 센터는 다음과 같다.

- Aalto University Junior
- Central Finland LUMA Centre (University of Jyväskylä)
- LUMA Centre Lapland (University of Lapland)
- LUMA Centre of Central Ostrobothnia (Kokkola University Campus Chydenius)
- LUMA Centre of Ostrobothnia (University of Vaasa)
- LUMA Centre of Southwestern Finland (University of Turku)
- LUMA Centre of the University of Eastern Finland
- LUMA Centre of the University of Oulu
- LUMA Centre Päijänne Tavastia (Lahti University Campus)
- LUMA Centre Saimaa (LUT University + Saimaa University of Applied Sciences)
- Skolresurs (Åbo Akademi University)
- Tampere LUMATE Centre (Tampere University + Tampere University of Applied Sciences)
- University of Helsinki Science Education Centre

LUMA 센터에서는 수학교육과 관련한 다양한 프로그램을 학생과 교사에게 제공한다. 수학의 날, 수학 클럽, 수학 캠프 등에 관한 경험과 모델을 제공하고, 교사들은 센터에 방문하여 새로운 교수방법 등을 배울 수 있다. 또한 교사를 위한 연수 프로그램과 워크숍을 운영한다.

학생들을 위한 프로그램의 예로는 고등학생들이 대학과 전문기술대학에서 제공하는 과학과 기술에 관한 공개 강의에 참석하고, 이를 학습 일기의 형태로 보고하는 것이 있다. 학생들은 행사에 참여하거나 강의를 들으면서 생각한 것과 질문을 A4 2-3쪽 분량의 텍스트로 작성하여 제출하게 된다.

교사들을 위한 교육 프로그램의 예로는 LUMATIKKA가 있다.* 이 프로그램은 교사의 수학교육 기술을 개발하는 다양한 연수를 제공하고, 교사들은 무료로 수강할 수 있다. 현재 2019년 가을에 진행되고 있는 교육 프로그램에서는 문제 기반 접근법을 교수법으로 사용하는 방법과 이론을 제공하고, 모든 수준의 학습자들을 위해 개별화된 교육을 수행할 수 있는 도구를 제공하고 관련된 기술을 강화할 기회를 제공하며, 기존 학습 자료를 사용하는 방법

---

* https://lumatikka.luma.fi/ (2019년 10월 10일 검색)

에 관한 새로운 다양한 관점들을 제공한다. 교사는 이 프로그램에 참여하여, 교육용 자료와 과제에 관한 이론적 지식을 학습하고, 스스로 교수법을 계획하고 적용해보는 교수 실험을 할 수 있다. 또한, LUMATIKKA에서는 다양한 온라인 교육과정을 제공하는데 예를 들어, 수학교육에서 프로그래밍 교육의 필요성, 문제 해결 교육에 대한 이해 등에 관한 온라인 강좌를 제공한다.

LUMA 센터에서 이루어지는 행사와 관련 뉴스들은 LUMA 센터 홈페이지(https://luma.fi/)를 통해 제공된다. LUMA 홈페이지는 교사와 학생을 위한 커뮤니티를 운영한다. LUMA에서는 수학, 과학, 기술 교육과 관련된 질문을 올리면 관련 전문가가 그에 대한 답변을 제공하는 프로그램을 운영했는데, 2008년부터 2016년까지 이루어진 질문과 그 답변을 목록화하여 홈페이지에서 제공하고 있다. 예를 들어, 다음과 같은 질문과 그에 대한 답변을 홈페이지에서 확인할 수 있다.

- 왜 바다는 그렇게 파란가?
- 진화는 어떻게 동물 구조를 변화시키는가?
- 우주 로켓은 어떻게 똑바로 서 있는가?
- 치과용 충전재는 건강에 유해한가?
- 떨어지는 돌에서 다른 떨어지는 돌로 건너 뛸 수 있는가?

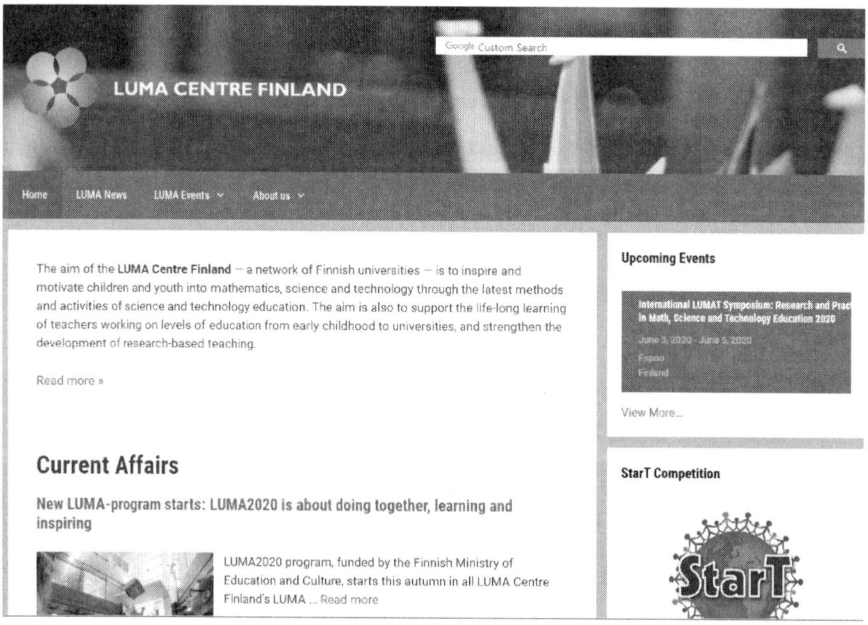

[그림 8-7] LUMA 센터 홈페이지

5. 미래 학교 이노스쿨*

이노스쿨은 핀란드 교육문화부에 의해서 수행된 프로젝트에 의해 개발된 미래학교 개념으로, 다양한 측면에서 현재 학교의 학교 개념을 넘어서고자 시도했다. 이노스쿨의 한 가지 핵심적인 생각은 기존의 경계를 허물고 경계에 의해 구분된 영역들을 연결하고 확장하는 것이다. 그 예로, 이노스쿨은 학교에서 이루어지는 공식적인 학습과 일반적으로 학교 밖에서 이루어지는 비공식적인 학습 사이의 경계를 허물고자 했다. 또한, 학습이 이루어지는 공간에 대해서도 경계를 허물고자 했다. 이노스쿨의 미래학교 개념에서 학습은 전통적으로 학습이 이루어지는 공간인 교실 외의 다른 공간에서도 일어날 수 있다고 본다. 학습은 학생들의 일상적인 공간인 집과 집 주변의 공간, 학교 운동장, 박물관 등에서도 이루어질 수 있다.

5.1 이노스쿨의 네 가지 차원

핀란드의 미래학교인 이노스쿨은 두 개의 한 쌍으로 이루어진 네 가지 차원에 의해서 이해될 수 있다. 미래학교의 네 차원은 물리적-가상적, 지역적-세계적, 공식적-비공식적, 중앙집권적-분산적이다. 첫 번째 차원은 학습이 이루어지는 공간과 그 방식을 설명한다. 학습은 물리적 공간에서 이루어질 수도 있고 가상적 공간에서 이루어질 수도 있으며 이들이 결합된 형태의 공간에서 이루어질 수도 있다. 두 번째 차원은 학습이 지역에서 이루어질 수도 있지만 지역의 경계를 넘고, 국가의 경계를 넘어, 세계로 확장될 수 있다는 것을 설명한다. 정보통신기술을 사용해 이와 같은 경계를 넘어서 학습이 일어날 수 있고, 다양한 국가의 학생들이 학습 공동체를 이루어 협업을 통해 학습을 할 수도 있다. 세 번째 차원은 학습의 형태에 관한 것으로, 학습은 공식적인 학습과 비공식적인 학습을 모두 포함한다는 것을 의미한다. 학습은 비공식적인 학습 환경인 운동장, 뒤뜰, 마당, 집 등에서도 이루어질 수 있다. 네 번째 차원은 학교 교육의 구조에 관한 것이다. 학교 교육의 구조는 중앙집권적 구조일 수도 있고, 분산화된 구조일 수도 있는데 이에 따라 학교는 다양한 형태를 가질 수 있다. 이노스쿨 보고서에서는 이와 관련하여, 네 가지 형태의 학교(건물이 없는 학교, 분산된 학교, 확장된 학교, 요새화된 학교)에 대한 시나리오를 제공한다. 이 중 분산된 학교 시나리오는 다음과 같다.

* 5절의 내용은 이노스쿨 보고서인 Smeds, et al. (2010)을 참고하여 작성하였다.

분산된 학교

이 시나리오에서 학교는 단일한 중앙집권적 구조를 갖지 않는다. 그리고 중심 위치가 있지 않다. 지역의 비즈니스 시설, 스포츠 시설, 도서관, 과학 커뮤니티, 보건 서비스 등에서 교수·학습이 일어날 수 있고, 이들에 의해 군집화된 채로 학교는 분산된다.

5.2 이노스쿨에서 학습과 교육의 개념

이노스쿨에서는 미래의 학교 교육이 학습과 교육에 대한 넓은 관점에 기초해야 한다고 보았다. 예를 들어, 교실에서의 학습뿐만 아니라 비공식적인 환경에서도 학습이 이루어진다고 보았고, 이를 위해 기존의 학습 개념을 비공식적 환경에서의 학습을 포함하는 것으로 확장하였다. 또한, 미래에는 다양한 창의적이고 협력적인 활동들이 요구되고, 다양한 교수학습 방법과 환경을 활용하게 될 것이라고 보았다.

이노스쿨의 학습 개념은 사회문화적 관점에 토대를 둔다. 이에 학습은 다양한 학습자 공동체 위에서 다양한 문화적 도구를 공유하고, 사용하고, 이해하는 것을 통해서 학습이 이루어진다는 관점을 택한다. 그리고 개인, 공동체, 대상으로 이루어진 삼원 체계로 교수·학습 과정을 보고자 한다. 학습은 공동체 내에서 의사소통과 상호작용을 통해 이루어진다고 보기 때문에, 언어와 상호작용이 핵심적인 학습 도구로 여겨진다. 미래 사회에서는 다양한 기술적 도구와 프로그램이 사용될 것으로 보이기 때문에 교수·학습에서 이와 같은 기술의 발전을 고려한다.

학습이 공동체 내에서의 협력을 통한 지식 창출을 통해 이루어진다고 보는 한 편, 이러한 새로운 지식의 창출은 기존 지식에 토대를 두어야만 가능하다는 아이디어 또한 채택한다. 따라서 교사의 강의식 교수와 같은 전통적인 교육 방법의 중요성 또한 배제하지 않는다. 이노스쿨은 학생들이 능동적으로 지식을 습득하고, 지식 생산에 참여하고, 지식을 창출할 수 있도록 하는 다양한 교수법을 사용하고자 하며, 이들 간의 균형을 중요하게 여긴다.

5.3 이노스쿨에서 보고한 미래 수업 사례: 내 삶의 하루

내 삶의 하루는 이노스쿨의 대표적인 미래 수업 사례 중 하나로 지리적으로 멀리 떨어져 있는 학생들이 함께 학습 할 수 있는 사례다. 이 수업의 목표는 자신의 생활환경과 활동을 환경의 일부로 관찰하고, 반영하는 방법을 배우는 것으로, 학습이 이루어지는 공간은 공식적 공간인 학교 교실뿐만 아니라 자신이 생활하는 주변도 포함한다. 이러한 의미에서 이 수업은 공식적 환경과 비공식적 환경 모두에서 학습이 이루어지고, 이 환경들은 학습의 자료가 되고, 학습 과정에 대한 정보를 제공하게 된다. 이 수업은 지리적 경계를 넘고, 다른 지역의 사람들과 대화와 협력을 통해 이루어진다.

내 삶의 하루는 네 가지 단계로 구성된다. 첫 번째 단계는 자신의 일상적인 공간인 주변의 사진을 찍고 관련된 일기를 쓰는 것 등으로 이루어진다. 두 번째 단계는 지도에 해당 장소를 표시하는 것이다. 세 번째 단계는 장소가 표시된 지도에 일기, 메모, 사진 등의 데이터를 포함시켜 데이터가 포함된 지도를 구성하는 것이다. 마지막 단계에서는 자신이 작성한 지도를 다른 학생들과 공유하고 서로 이야기를 나누는 것이다. 이 단계들은 일부 생략될 수 있고, 다른 단계가 추가될 수도 있다.

첫 번째 단계에서 학생들은 있었던 사건을 시간과 공간에 대한 정보를 포함하여 일기로 작성하며 자신의 일상생활을 관찰한다. 그와 함께 자신에게 중요한 것들의 사진을 찍는다. 일상생활을 하면서 지나간 장소와 시간 등을 사진과 함께 기록하기 때문에, 자신의 개인적인 시간적-공간적 경로를 확인할 수 있다. 이와 같은 개인적인 시간적-공간적 경로는 일상적인 인간 활동을 나타낼 수 있다.

첫 번째 단계는 친숙하기에 간과되기 쉬운 일상적 공간을 주목할 기회를 제공한다. 일상적 환경은 종종 보이지 않는 것처럼 간주되지만, 일상적 환경에 대한 지식은 자신과 환경 사이의 관계를 형성하고 이해하는 기초가 된다. 자신의 환경을 알고 적극적으로 관찰하는 것은 환경적 역량을 개발할 기회를 제공한다.

또한 첫 번째 단계에서 사진을 활용함으로써 학생들은 텍스트로 표현되지 않는 풍부한 의미를 기록하고 나타낼 수 있으며, 즐거움을 느낄 수 있다. 사진은 학생들이 시간을 보내는 환경에 대한 직접적인 정보와 해당 환경에서 시간을 보내는 방식 등에 대한 정보를 제공한다. [그림 8-8]은 학생들이 이 프로젝트의 첫 단계에서 직접 찍은 사진들이다.

[그림 8-8] 내 삶의 하루 수업에서 학생들이 찍은 사진

두 번째 단계는 학생들이 중요한 장소, 지역, 경로를 지도위에 표시하는 것이다. 학생들은 서로 다른 장소에 살고 있고, 중요한 장소들이 멀리 떨어져 있기 때문에, 종이로 된 지도가 아닌 Google에서 제공하는 온라인 디지털 지도를 사용한다. 또한, 지도 위에서의 장소, 지역, 경로를 표시하고, 이를 암호화하여 네트워크 환경에 저장할 수 있도록 하는 어플리케이션을 사용했다. 이 어플리케이션을 사용하는 법은 교사와 함께 익혔다.

세 번째 단계는 장소, 지역, 경로가 표시된 지도에 일기, 메모, 사진 등의 데이터를 추가하는 것이다. 학생들은 장소가 표시된 지도 위에 텍스트를 쓰고, 자신이 찍은 사진을 가져와 연결하였다. 여기에서 학생들은 일상적 환경에 대한 사진, 지도 위의 위치, 글, 그리고 다른 디지털 자료 등을 지도에 결합하였다. 여기에는 해당 지역에 대한 뉴스나 다른 웹사이트의 링크를 지도에 추가하는 것이 포함되었다. 이와 같이 다양한 텍스트들을 장소가 표시된 지도 위에 결합하여 새로운 지도로 만드는 과정은 학생들이 자신의 주변 환경을 이해하고, 자신의 활동을 반성하고 이해하는 경험을 제공한다. 이를 통해 학생들은 일상생활에서 잘 드러나지 않았던 일상적인 생활환경을 인식하고, 이해할 수 있게 된다. 다음 [그림 8-9]는 학생들이 만든 지도의 예이다.

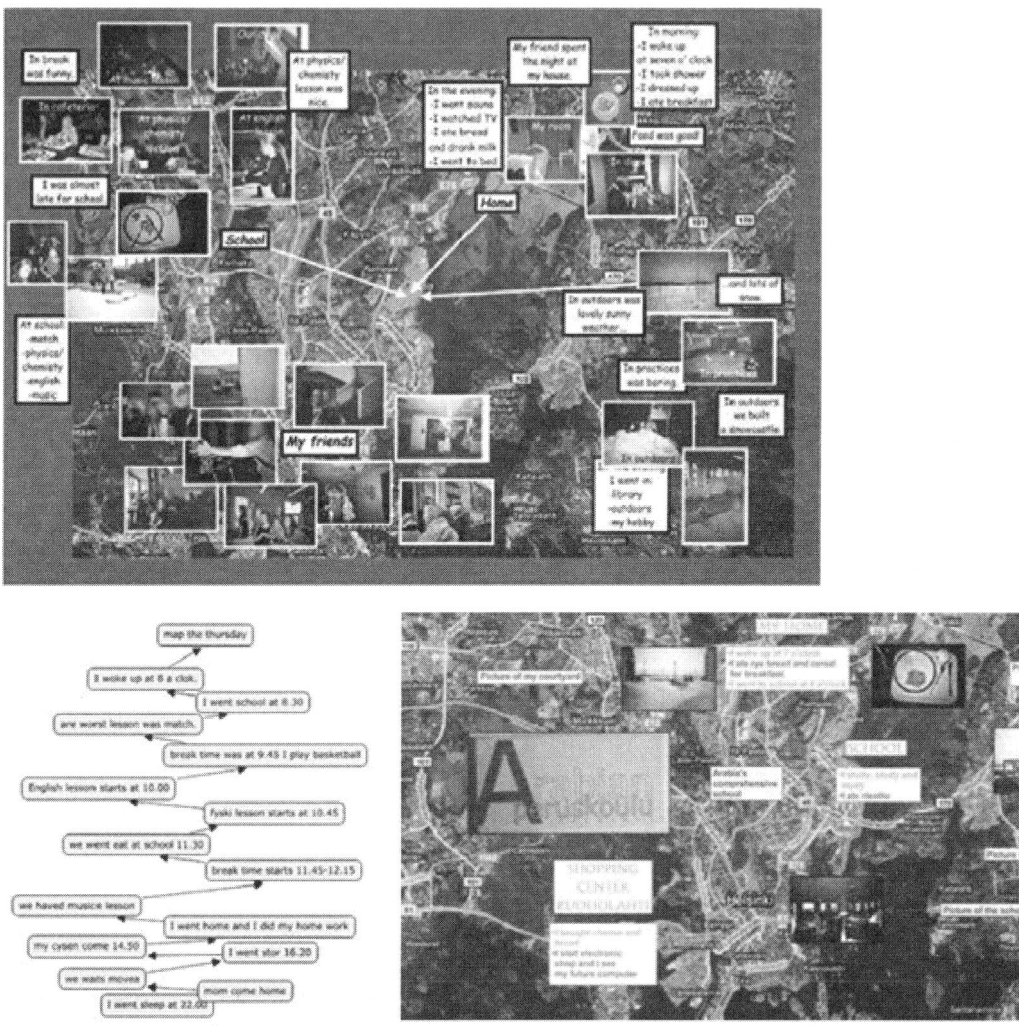

[그림 8-9] 내 삶의 하루 수업에서 학생들이 만든 지도

마지막으로 네 번째 단계에서 학생들은 자신이 만든 지도를 다른 학생들과 공유했다. 다양한 지역에 살고 있는 학생들의 지도를 보고, 알아가는 과정을 통해 학생들은 서로 교류할 수 있었고, 다른 문화권의 삶에 대해 배울 수 있는 기회를 제공받았다. 예를 들어, 미국에 살고 있는 학생들은 핀란드 학생들의 지도를 보면서 핀란드 학생들이 어떻게 혼자 통학을 할 수 있다는 것에 놀랐다. 그리고 이는 다른 사람의 삶을 보는 것을 통해, 자신의 삶과 주변에 대해서도 배울 수 있는 기회를 제공했다.

이 수업 사례는 실제적인 경험을 통한 학습을 보여준다. 학생들 자신의 삶은 실제 장소에 기록되어 있고, 이 수업에서 사용되는 도구는 교육을 위해 특별히 고안된 특정한 도구가 아니라 오늘날 전 세계에서 일반적으로 사용되는 것이다. 이는 학생들이 실제 삶에서 사용하게 될 도구를 익히는 기회를 제공한다. 또한, 이 수업 사례는 다양한 지역의 학생들이 서로 온라인을 통해 교류하고, 지리적 한계를 넘어 서로의 삶을 보고 배울 수 있는 기회를 제공한다. 이는 학생들이 미래에 마주치게 될 다국어 환경에서 의사소통하고 교류하는 역량을 기를 기회를 제공한다. 이와 같은 경험은 미래 사회에 필요한 역량을 기르는데 유용하다.

6. 맺음말

대표적인 교육 선진국 중 하나인 핀란드는 학생들이 높은 학업성취도를 달성하면서도, 학습에 대한 긍정적인 인식 또한 갖도록 하는 양질의 교육을 제공하는 국가이다. 특히, 교육에서의 공평성의 추구를 중요한 가치로 두고, 모든 학생들에게 최소한의 기초교육을 제공해야 한다는 목표를 실현하기 위해 낮은 학업성취자들에게 많은 노력과 지원을 제공한다는 점은 공평한 기회를 제공하고자 하는 우리나라의 국가적 목표와 일관되기에 핀란드 교육은 좋은 참고 사례가 될 수 있다.

이와 관련하여 한 가지 주의해야 할 것은 핀란드 교육이 공평성을 추구하지만 경쟁이 없는 교육은 아니라는 것이다. 대학 입시 제도에서 확인할 수 있듯이 핀란드는 대학별 본고사를 입시 제도의 일부로 두고 있고, 이 본고사는 당락을 크게 결정한다. 뿐만 아니라, 일반 고등학교는 양질의 학생들을 입학시키기 위해서 노력하고, 학생들 또한 좋은 교육을 제공하는 고등학교에 진학하기 위해서 노력한다. 낮은 학업성취자들을 위한 충분한 지원과 도움을 제공하여 기초교육의 이념을 달성하고자 하는 한 편, 학생들의 요구에 따라 재능을 개발하는 데 필요한 충분한 기회를 제공하고자 하는 것이다.

핀란드는 여전히 양질의 교육을 제공하고 있음에도 불구하고, 지속적으로 다양한 교육 문제를 점검하고, 교육을 혁신하고 개선하기 위해 노력하고 있다. 핀란드의 교육과정 개정을 살펴보면, 디지털 역량과 프로그래밍 교육을 교육과정에 이미 포함시키고 있다는 것을 알 수 있다. 또한, 현재 학생들이 고등교육으로 덜 진학하고자 하며, 수학과 과학 등을 기피하는 현실을 파악한 후 이에 대한 문제의식을 바탕으로, 곧바로 일반 후기 중등교육에 대한 새로운 교육과정을 준비하고 있음을 확인하였다. 이는 핀란드가 미래 사회의 변화와 그에 따라 학생들에게 요구되는 교육을 제공하고자 노력하고 있으며, 지속적으로 교육 문제를 점검하고, 적극적으로 개선하고자 노력하고 있다는 것을 보여준다.

다음으로, 핀란드에서 수행된 교육 관련 프로젝트인 LUMA와 이노스쿨은 우리나라 교육을 위한 다음과 같은 몇 가지 시사점을 제공해 준다.

첫 번째로, 핀란드의 교육 프로젝트는 다양한 전문가들의 협업을 바탕으로 한다는 점이다. 다양한 분야의 전문가와 기관들의 협력은 현재의 문제점을 다각도에서 점검하고, 기존에 생각하지 못했던 새로운 지식을 창출하는 데 특히 유용하다. 이와 같은 전문가들의 협업은 LUMA가 지속적으로 발전하고, 핀란드 교육에 큰 영향을 미칠 수 있게 했으며 그리고 이노스쿨이 미래학교에 대한 중요한 아이디어를 도출할 수 있었던 원동력인 것으로 보인다.

두 번째로, 핀란드의 교육 프로젝트는 장기간에 걸쳐 수행되고, 연구에 기초한다는 것이다. 초기 LUMA 프로젝트는 6년, 이노스쿨 프로젝트는 4년의 기간 동안 수행되었다. 이와 같은 충분한 기간은 연구를 통해 교육 개선과 혁신의 기초를 견고하게 하는 것을 가능하게 한다. 이는 1996년 처음 시작된 LUMA 프로젝트가 20년 이상이 지난 지금까지도 계속되고 있고, 지속적으로 발전할 수 있는 바탕이 된 것으로 보인다.

국가의 교육적 역량은 개인의 삶과 국가의 발전에 기초를 마련한다. 견고한 기초 위에 혁신적인 시도들을 하고 있는 핀란드 교육은 그 내용뿐만 아니라 교육에 대한 관점과 접근법에 대해서도 좋은 참고 사례가 될 것으로 보인다. 핀란드의 교육과정과 주요 프로젝트들을 면밀히 살펴봄으로써, 우리나라 수학교육의 개선과 발전을 위한 단서들을 지속적으로 탐색할 필요가 있다.

참고문헌 REFERENCE

계보경, 김현진, 서희전, 정종원, 이은환, 김영애(2011). **미래학교 체제 도입을 위한 Future School 2030 모델 연구**. 한국교육학술정보원 연구보고 KR2011-12.

송미영, 임해미, 최혁준, 박혜영, 손수경(2013). **OECD 국제 학업성취도 평가 연구: PISA 2012 결과 보고서**. 서울: 한국교육과정평가원.

이덕난(2013). **핀란드 초·중등교육제도의 특징 및 시사점**. 현안보고서 제196호. 국회입법조사처.

이미경, 곽영순, 민경석, 채선희, 최성연(2004). **PISA 2003 결과 분석 연구**. 서울: 한국교육과정평가원

Finnish National Board of Education(2016a). *National core curriculum for Basic Education 2014.* Helsinki: Next Print.

Finnish National Board of Education(2016b). *National core curriculum for general upper secondary schools 2015*. Helsinki: Next Print.

Halinen, I. (2018). The new educational curriculum in Finland. In M. Matthes, L. Pulkkinen, C. Clouder, & B. Heys (Eds.), Improving the quality of childhood in Europe (7th ed., pp.75-89). Brussels, Belgium: Alliance for Childhood European Network Foundation.

Hemmi, K., Krzywacki, H., & Partanen, A. M. (2017). Mathematics Curriculum: The Case of Finland. In, Thompson, D. R., Huntley, M. A., & Suurtamm, C. (Eds.). *International Perspectives on Mathematics Curriculum* (pp.71-102). IAP.

Krzywacki, H., Pehkonen, L., & Laine, A. (2016). Promoting mathematical thinking in Finnish mathematics education. In Miracle of education (pp.109-123). Sense Publishers, Rotterdam.

Kupari, P. (2008). Mathematics education in Finnish comprehensive school: Characteristics contributing to student success. Proceedings of the XI International Congress in Mathematics Education, ICME. México.

Lähdemäki, J. (2019). Case Study: The Finnish National Curriculum 2016-A Co-created National Education Policy. In Sustainability, *Human Well-Being, and the Future of Education* (pp.397-422). Palgrave Macmillan, Cham.

Linnakyla, P., & Valijarvi, J. (2005). Secrets to Literacy Success: The Finnish Story. *Education Canada, 45*(3), 34-37.

Niemi, H., & Multisilta, J. (2014). Global is becoming everywhere: global sharing pedagogy. In H. Niemi, J. Multisilta, L. Lipponen, & M. Vivitsou (Eds.). *Finnish innovations and technologies in Schools: A guide towards new ecosystems of learning* (pp.35-48).

Smeds, R., Krokfors, L., Ruokamo, H., Staffans, A. (2010). *InnoSchool – välittävä koulu. Oppimisen verkostot, ympäristö ja pedagogiikka.Espoo*, FIN: Painotalo Casper Oy. http://innoschool.tkk.fi/framet/InnoSchool_kirja.pdf

Vitikka, E., Krokfors, L., & Hurmerinta, E. (2012). The Finnish national core curriculum: structure and development. In N, Toom, & A. Kallioniemi (Eds.). *Miracle of education*. University of Helsinki.

제9장

호주

AUSTRALIA

1. 들어가며

호주는 영국의 식민지였다가 1901년 연방으로 독립한 국가로, 1인당 국내총생산이 2017년 한국은행 기준 세계 9위인 부유한 국가이다. 약 6만 년 전부터 원주민들이 거주했으나 17세기에 네덜란드, 영국 등의 유럽인들이 진출했고, 영국이 식민지를 건설하여 백인 위주의 역사가 시작되었다. 한때 이민족 간의 갈등으로 인종 차별 정책이 있었으나 철폐되었고, 현재는 다민족, 다문화 국가로 성장하고 있으며 교육 정책에서도 원주민 등에 대한 각별한 배려를 나타내고 있다.

호주의 행정구역은 퀸즐랜드(QLD), 뉴사우스웨일즈(NSW), 빅토리아(VIC), 사우스오스트레일리아(SA), 웨스턴오스트레일리아(WA), 노던준주(NT)의 6개 주와 오스트레일리아수도주(ACT), 태즈메이니아섬(TAS)의 2개의 지역(territory; 주보다 인구가 적음)으로 구분된다. 주나 지역이 교육에 책임을 갖고 학교 운영 지침, 성취기준, 평가를 결정한다. 하지만 국가 교육과정이 존재하여 이를 각 주와 지역에서 특성에 맞게 재구성하여 운영하고 있다.

교육 체계는 유치원(preschool), 초등학교 준비반(preparatory 또는 kindergarten), 초등학교(primary school), 중학교(secondary school) 및 고등학교(senior secondary school)로 구성된다. 초등학교 준비반(Foundation 학년)에서 고등학교까지 13년이 소요되며 최소 16세(10학년)까지는 의무 교육이다. 유치원이나 초등학교 준비반은 6세 또는 7세부터 시작하며, 초등학교는 6년 또는 7년 과정이고, 중학교는 7～10학년 또는 8～10학년으로 3년에서 4년 과정이다. 고등학교는 11학년과 12학년의 2년 과정이다. 대학은 통상적으로 3년 과정이며, 학사 학위 과정에서 두각을 나타내는 학생들의 경우는 1년의 추가 수업을 받을 수 있는 자격을 부여 받아 우등 학사 학위를 받고 졸업할 수 있다. 일부 대학의 경우 일 년에 3학기로 운영된다.

호주는 1995년부터 교육 자격 제도(Australian Qualifications Framework, AQF)를 두고 있는데, 국가 정책으로 졸업장, 대학/대학원 교육(고등교육 및 직업 교육 및 훈련)의 자격 사항을 관장하고 있다. AQF는 10단계로 구성되며, 학교, 직업 훈련 교육 및 대학 교육 자격증을 국가 시스템으로 관장하고 있다.

호주의 학교 유형은 공립학교, 사립학교, 몬테소리나 스타이너와 같은 교육 철학에 기반한 학교들이 있다. 모든 학교는 반드시 주 정부 또는 특별구의 교육부에 등록해야 하며, 기간, 시설 및 교사 등록 등에서 정부 요건을 따라야 한다. 호주의 초등학교에서 수학은 일반

교사에 의해 지도되며, 몇몇 주는 초등학교에 수리력 코치 또는 전문 수학 어드바이저를 두고 있다. 많은 학교가 7학년에서 10학년까지 수준별 학급을 편성하지만 교육 당국은 중학교에서 이질 집단 편성을 권고하고 있다. 일반적으로 초등학교는 교과서를 제한적으로 사용하는 편이고 신뢰할 수 있는 웹사이트를 통해 교사들이 자료를 탐색하여 활용하고, 중등학교는 교사가 개발하거나 찾은 보충 자료를 교과서와 함께 사용한다.

호주는 상당히 많은 기관에서 수학교육 연구와 정책을 관장하고 있다. 호주의 수학교육 정책을 관할하고 수행하고 심의하는 관련 기관은 <표 9-1>과 같다.

〈표 9-1〉 호주의 수학교육 관련 기관

기관	업무
COAG(The Council of Australian Government)의 Educational Council	국가 정책을 주도하며 Australian Education Senior Officials Committee의 심의를 받는다. 각 주나 지역의 Directors General of Education 또는 Chief Executives로 구성된다.
ACARA(the Australian Curriculum, Assessment and Reporting Authority)	국가 교육과정과 3, 5, 7, 9학년 국가시험(NAPLAN; www.nap.edu.au)을 담당하고 있다. 자체 직원이 있으며 교육과정 전문가들에게 자문을 받는다. 주와 지역별로 국가 교육과정과 일관된 정책을 결정하는 자체 교육국을 두고 있다.
AAMT(The Australian Association of Mathematics Teachers, www.aamt.edu.au)	각 주와 지역별 협의회를 둔 수학교사들의 국가 조직이다. 연례 행사가 3~4번 열리며, 학술지를 출간하고 프로젝트를 수행하며 국가 규모의 컨퍼런스를 2년에 한 번씩 개최하고, 다른 수학교육 그룹들과 긴밀히 협조하고 있다.
수학교육연구회 (MERGA, www.merga.net.au)	호주, 뉴질랜드, 남태평양에 있는 대학의 수학교육 연구자 모임이다. MERGA는 매년 컨퍼런스를 열고 정부와 수학교육연구 단체에 자문을 하며, ICMI에 가입되어 있고, 실무 위원회를 두고 있다.
수리 과학 연구소 (AMSI, www.amsi.org.au)	수학교육과 수학 연구를 장려하는 국가 조직으로, 대부분의 대학이 AMSI의 구성원이다. AMSI는 학교 교육에 대한 연구, 수학 연구를 수행하고, 신진 연구자들을 지원하고, 대학의 수학교육을 향상시키고 있다.
호주 과학 아카데미 (AAS, www.science.org.au)	과학 및 연구에 공헌한 사람들로 구성된 비영리단체로, 런던 왕립 학회의 호주 지부에 의해 1954년 창립했고, 정부가 승인한 독립기관이다. 정부의 보조금을 받지만 법적 의무는 없으며, 다양한 프로그램과 활동을 통해 수학을 포함한 과학을 지원하고 있다.

호주의 수학교육 정책은 상당히 일관되고 체계적으로 수행되고 있다. 멜버른 선언에 따

라 모든 교육의 원칙이 선정되고, 그 선언에 맞추어 국가 교육과정이 구성되며, 교수·학습 자료 개발도 국가 교육과정과 일관되게 짜여 있다. 수학교사를 위한 지원 프로그램이 국가 프로젝트로 여러 차례 진행되었고, 그 결과가 홈페이지를 통해 효과적으로 홍보되고 일반인들의 접근성이 용이하게 관리되고 있다. 호주 수학교사 모임인 AAMT의 홈페이지에 각종 성과와 관련 내용이 링크되어 있어서, 호주의 수학교육과 관련된 거의 모든 정보와 수학교사에게 필요한 정보와 자원이 한 데 집약되어 있다. 그리고 이들 사이트를 통해 수학교육 전문가와의 포럼, 커뮤니티 형성에 대한 접근성이 매우 높고, 전문가들의 질의 답변 또한 공개되어 내용에 대한 신뢰성을 높이고 있다.

2. 수학교육 이슈

2.1 수학 성취도 하락 및 기피 현상

호주에서는 학생들의 수학 성취도가 하락하고 있는 것이 이슈가 되고 있다. OECD 가입국인 호주는 최근의 국제학업성취도평가인 PISA 2015에서 참여국 전체 국가 중 읽기 영역은 12～17위, 과학은 13～19위, 수학은 15～22위를 차지하였다. 호주의 PISA 수학 성적은 꾸준히 하락하고 있는데, PISA 2003의 평균은 524점, PISA 2006의 평균은 520점, PISA 2009의 평균은 514점, PISA 2012의 평균은 504점, PISA 2015의 평균은 494점이다(구자옥, 김성숙, 이혜원, 조성민, 박혜영, 2016, p.110). 학생들의 성취도 변화 추이를 보기 위해 공통문항 설계 및 표준화 점수를 설정하고 있는 PISA 시스템에서 평균 점수의 하락은 이 세상을 살아가는 데 필요한 학생들의 수학적 소양이 낮아지고 있음을 의미하는 것이기 때문에 호주 수학교육계에서 위기로 인식하지 않을 수 없다.

호주에서는 최근 고급(advanced) 수준의 수학을 학습하려는 학생 비율의 감소가 문제로 지적되고 있다. 고등학교 수학에서 고급 과정에 등록하는 학생이 2007년과 2016년을 비교할 때 10.2%에서 9.5%로 감소하였고, 중간(intermediate) 수준에 등록하는 학생들도 21.2%에서 19.4%로 감소하였다. 이는 인구 증가에 비해 극적으로 감소한 것으로 볼 수 있다. 예전에는 공과대학에서 고급 과정의 수학을 입학 조건으로 요구했으나 이제는 그렇지 않다. 대학에서 필수 과목으로 수학을 공부하게 하는 방안이 권고되고 있지만 그것은 대학이 결정할 일이다. 또한 고급 과정의 수학을 배우는 남학생의 비율은 거의 여학생 비율의 두 배라는 점도 성 균형에 적절하지 않은 수치로 인식되고 있다.

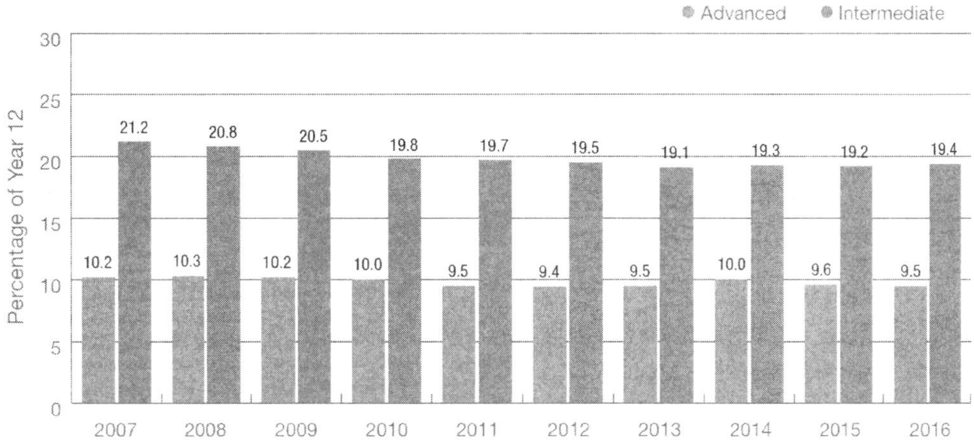

[그림 9-1] 호주 12학년 학생들의 수학 과정 등록 비율*

2.2 수학교사 부족 현상

호주는 수학교육과 수리 과학 분야를 전공한 교사 부족이 문제가 되고 있다. 중등수학교육 전문가 양성이 부족하고, 학교에서 퇴임 교사에 대한 충원을 제대로 하지 않기 때문이다. <표 9-2>에 따르면 고등학교 교사 중 수학이나 수학교육을 제대로 받지 않은 교사가 47%에 이르고, 중학교에서는 78%에 이른다. 전문 수학교사가 아닌 교사에게 수학을 배움으로써 학생들의 수학 실력도 저하될 것이 우려되고 있다.

〈표 9-2〉 호주 중등수학교사의 교육 배경(2013년 자료)

(McKenzie, Weldon, Rowley, Murphy, & McMillan, 2014)

	대학교육 마지막 해에 수학을 배우지 않은 교사	수학교육에서 교수법 훈련을 받지 않은 교사	대학에서 수학을 전공하지 않은 교사
7-10학년	40%	26%	12%
11-12학년	28%	14%	5%

* https://amsi.org.au/publications/year-12-mathematics-participation-australia-2007-2016/ (2019년 8월 28일 검색)

교사 전문성에 대한 논의가 시급한 호주는 여러 가지 교사 연수 프로그램을 운영하고 있다. 호주의 교사 양성 과정에서는 수학을 전공하지 않은 교사를 재교육하고, 초등교사가 수학 전문가가 되도록 하는 석사 과정이 있다. 주 정부 차원에서 모든 교사를 위한 대규모 연수 프로젝트도 시행하였다. 대표적인 것이 NSW 정부가 만든 "Count Me In"인데, 교사들의 참여가 많았고 연수를 통해 산출된 자료 또한 훌륭하여 지속되었다고 한다. 태즈메이니아섬에서도 이 프로젝트를 채택하는 등 많은 주들이 모방 프로그램을 운영하고 있다.

호주의 수학교사 모임인 AAMT와 함께 학교가 비용을 지불하는 연수도 수학 연합들이 제공하고 있다. 학교들도 교사들을 위한 전문성 개발 교육을 장려하고 있다. 한편 상업적으로 프로그램을 판매하는 기업도 있고, 대학이 방과 후 연수를 제공하기도 한다. 주에서 교육과정의 변화가 있으면 대학 교수가 교사를 위한 단기 연수를 제공하기도 한다.

3. 수학의 위상

호주에서 수학의 중요성은 국가 교육과정과 정책 등에서 나타나고 있다.

3.1 수리력

호주는 국가 교육과정이 존재하고 이를 주별로 각색하여 활용하고 있다. 호주 국가 교육과정은 ACARA의 주도 하에 개발된다. 호주의 국가 교육과정은 총론 수준의 일반 역량을 제시하여 수학을 포함한 여러 교과 교육과정이 통합되고 일관성을 갖도록 하고 있는데, 호주의 일반 역량에는 문해력(literacy), 수리력(numeracy), ICT 능력, 비판적 창의적 사고력, 개인적 사회적 능력, 윤리적 이해, 문화 간 이해의 7가지가 있다. 이 중 수리력이 눈에 띤다. 영국, 캐나다, 남아프리카공화국에서도 수리력을 일반 역량에 제시하고는 있지만 호주의 수리력은 매우 체계적인 내용으로 국민과 교사들에게 제공되고 있다. 학생들이 학교에서 배우는 내용과 삶 속에 수학을 자신감 있게 사용하도록, 교과 지식과 기술을 발전시키면서 수리력을 갖추어야 한다는 것을 국가 교육과정 총론 차원에서 제시하고, 수학이 다른 교과의 학습에도 영향을 주도록 하고 있는 것이다.

호주의 수리력은 여러 상황에서 수학을 활용하는 데 필요한 지식, 기술, 행동, 성향을 포함하는 것으로, 수학교육에서 추구해야 할 목표가 여러 교과 통합으로 함께 제시되고 있다. 수리력에 대한 세부 역량은 [그림 9-2]와 같으며, 범자연수의 어림과 계산, 규칙성과 관계의 인식과 활용, 분수·소수·백분율·비와 비율의 활용, 공간 추론의 활용, 통계 정보의 해석, 측정의 활용의 6가지 요소로 제시되어 있다.

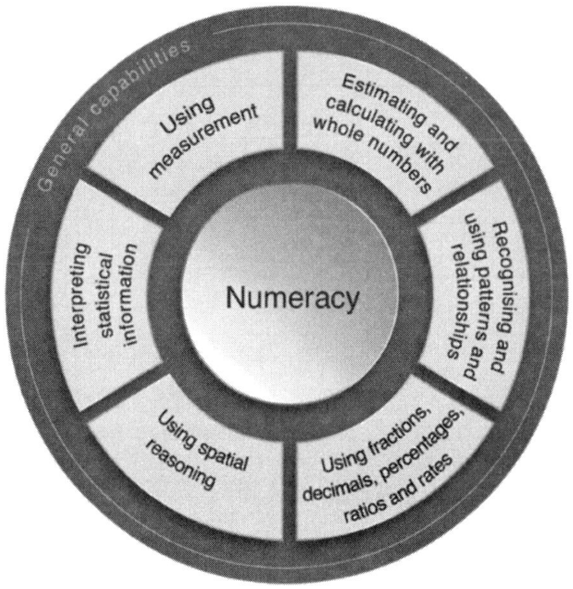

[그림 9-2] 호주 교육 전반에서 길러야 할 일반 역량 중 하나인 수리력(numeracy)*

수리력의 6가지 요소는 각각 2~3개의 하위 요소로 구분되고 각 하위요소별로 1~6개의 수준이 있다. 예를 들어, 첫 번째 요소인 '범자연수의 어림과 계산'은 '맥락에서 수를 이해하고 사용하기', '어림하고 계산하기', '돈을 사용하기'의 3가지 하위 요소로 나뉘며 각각은 <표 9-3>과 같은 수준으로 구분된다.

ACARA는 수리력의 개념, 구성요소, 수준을 상정하고 수리력이 확인되는 교과의 교육과정 내용에 아이콘 을 표시하고 있다. 예를 들어 호주의 국어(English) 과목의 1학년 내용 중 텍스트 구조와 조직에 대한 성취기준과 해설에 수리력 아이콘 이 제시되어 있다.

* https://www.australiancurriculum.edu.au/f-10-curriculum/general-capabilities/numeracy/ (2019. 8. 30. 검색)

〈표 9-3〉 호주 수리력의 '범자연수의 어림과 계산'의 하위 요소별 수준

하위 요소 / 수준	맥락에서 수를 이해하고 사용하기	어림하고 계산하기	돈을 사용하기
수준1a	일상생활 경험을 사용하여 세기의 개념을 보여준다.	사물의 모임에서 추가하고 꺼내는 결과를 인식한다.	돈을 사용하는 상황을 확인한다.
수준1b (F학년 말)	두 자리의 수를 사용하여 사물을 묶고, 수 이름과 숫자와 연결하고 순서짓는다.	일상의 덧셈과 분배 문제를 해결한다.	호주 화폐 체계로 동전과 지폐의 가치를 인식한다.
수준2 (2학년 말)	네 자리의 수까지 수를 모형으로 나타내고, 표현하고, 순서를 알고, 사용한다.	문제의 해를 어림하고 나서 답을 계산한다.	간단한 구매를 위해 동전과 지폐를 조합해서 확인하고 사용한다.
수준3 (4학년 말)	다섯 자리의 수까지 수를 모형으로 나타내고, 표현하고, 순서를 알고, 사용한다.	문제의 해를 추정하고 사칙연산을 회상하여 해를 확인한다.	간단한 구매에서 잔돈을 어림한다.
수준4 (6학년 말)	백만보다 큰 수를 확인하고 묘사하고 사용한다.	문제를 해결하고 효과적인 암산과 지필 전략을 사용하여 계산을 확인한다.	간단한 재정 계획, 예산, 지출 예측을 한다.
5수준 (8학년 말)	일상 문제를 해결하기 위해 양수와 음수를 비교하고 순서짓고 사용한다.	효과적인 암산, 지필, 디지털 전략을 사용하여 어림과 계산을 하여 복잡한 문제를 해결한다.	'금전적인 최상의 가치' 결정을 확인하고 정당화한다.
6수준 (10학년 말)	과학적 표기법을 포함하여 매우 큰 수와 작은 수를 표현하는 여러 방법을 사용한다.	다양하고 효율적인 암산, 지필, 디지털 전략을 사용하여 어림과 계산을 함으로써 복잡한 자료를 포함한 문제를 해결하고 모형화한다.	특정한 재정적 목표를 지원하기 위한 재정 계획을 평가한다.

[호주 English 1학년 – 텍스트 구조와 조직]*

성취기준: Understand concepts about print and screen, including how different types of texts are organised using page numbering, tables of content, headings and titles,

* https://www.australiancurriculum.edu.au/f-10-curriculum/english/?year=11574&year=11575&year=11576&year=11577&year=11578&year=11579&year=11580&year=11581&year=11582&year=11583&year=11584&strand=Language&strand=Literature&strand=Literacy&capability=Numeracy&priority=ignore&priority=Aboriginal+and+Torres+Strait+Islander+Histories+and+Cultures&priority=Asia+and+Australia%E2%80%99s+Engagement+with+Asia&priority=Sustainability&elaborations=true&elaborations=false&scotterms=false&isFirstPageLoad=false (2019년 8월 23일 검색)

navigation buttons, bars and links

상세 설명(elaborations): learning about how books and digital texts are organised including page numbers, table of contents, headings, images with captions and the use of scrolling to access digital texts

Australian Curriculum 홈페이지에서 위의 성취기준과 상세 설명의 을 클릭하면 “범자연수의 어림과 계산 - 맥락에서 수를 이해하고 사용하기”라는 내용이 보인다. 즉 국어의 여러 가지 텍스트에 표나 수치, 막대 등이 들어갈 수 있는데 이러한 텍스트 조직을 이해하는 데 수리력이 활용될 수 있음을 나타내고 있다. 수리력을 국가 교육과정에서 선언적으로 제시하는 것이 아니라 이를 어떻게 구현할 수 있는지에 대한 설명까지도 상세하게 하고 있다는 점이 인상적이다.

수리력은 호주의 수학과 교육과정에서도 설명되는데, 이때 다른 교과에서 수리력이 어떻게 활용될 수 있을지 제안하고 있다. 역사 교과의 예시는 다음과 같다.

> 역사 학습은 인구 통계와 성장, 재정 자료, 수출입에 대한 그림, 이민 통계, 모국자 비율, 전쟁 병적(enlistment), 가능성 사건, 상관관계와 인과관계를 해석하고 표현하는 것, 사건들의 관련성을 보여줄 타임라인과 틀을 상상하는 것, 지리-정치적 고려를 위해 요구되는 주 경계선의 변화나 생태학적 경계의 변화 등 공간적 시각화 등을 포함한다.
>
> (Commonwealth of Australia, 2009, p.11)

수리력은 국가 교육과정에서 제시하는 것에서 그치지 않고, 국민적 활동으로도 활용되고 있다. 호주 정부는 National Literacy and Numeracy Week를 해마다 정해서 학교에서 수리력 교육이 어떻게 진행되고 있는지 국민들이 관심을 가질 것을 권장하였다. 2018년부터는 이 행사를 The Smith Family로 확장해서 도서관을 통해 수리력과 문해력 프로그램의 접근이 가능하도록 하였고, 학부모와 직장인, 학교장과 교사, 학생들을 위한 수리력 지원 프로그램을 제시하였다.

호주의 국가 교육과정과 교육부의 지원 프로그램 등에서 수리력이 강조되고 있는 것은 수학의 중요성을 인식하고 수학 교과에만 한정하는 것이 아니라 다방면에서 수학을 다루게 함으로써 수학의 기초를 탄탄히 하면서 도구 교과적 성격을 활용하고 있음을 보여준다. 호주에서는 고등학교 학생들의 수학 선택 비율이 감소하고 수학 성취도가 하락하고 있으나 그럼에도 수학의 중요성을 인식하고 국가 주도적으로 이끌어가고 있다.

[그림 9-3] 호주의 수리력 프로그램(The Smith Family)*

3.2 수학의 발전 계획

일반 교육에서 수학의 중요성을 수리력으로 제시했다면 호주는 국가 발전을 위한 수학의 발전 계획도 세우고 있다. 2016년에 향후 10년을 내다보는 수리 과학(수학, 통계학, 수학 기반의 학문 분야를 통칭)에 대한 비전을 제시하였는데, 수학과 수학교육 분야의 대표자들로 조직된 National Committee for Mathematical Science가 연구를 수행했으며 학교, 대학, 연구, 산업체를 위한 전략적 계획을 세웠다. 수리 과학은 현대 생활에 핵심이자 금융 시스템과 모든 ICT 기술을 지탱하는 원동력이며 경제, 사회, 환경 시스템의 미래를 예측하는 핵심으로서 중요하다. 수리 과학은 향후 10년 동안 그 중요성이 더 증대될 것이므로 목표와 전략을 제시한 것이다. The Mathematical Sciences in Australia: A vision for 2025는 다음의 4가지 목표를 설정하고 있다.

- 호주의 모든 학생들은 훌륭한 수학교사에게 접근되어야 한다.
- 호주의 직업 기관에서 수리 과학을 가르치는 높은 기준을 보증한다.
- 호주가 수리 과학 연구에서 국제적, 지역적 영향력을 가진다.
- 호주 사회가 수학에 기반한 테크놀로지의 이점을 포착할 수 있게 한다.

(AAS, 2016, p.iii)

이 목표에 따라 12가지 권고 사항이 함께 제시되었는데, 이 중 3가지를 긴급하고 중요한 사항으로 제안하고 있다.

---

* https://www.thesmithfamily.com.au/programs/numeracy (2019년 8월 23일 검색)

1.1 호주 정부, 학교, 대학은 전공을 하지 않은 수학교사들을 위한 전문성 개발을 긴급히 증대시키고 새롭고 적절한 자질의 직원을 모집하고 유지시켜야 한다.

2.1 호주의 대학은 과학, 공학, 상업 계열의 모든 학사 학위 프로그램의 선결 조건으로 12학년의 중간 수준 수학 과목의 단계적 재도입을 즉시 계획해야 한다.

3.1 호주 대학교는 산업체와 연계성을 강화하고 수학 및 통계에 대한 호주 연구의 국제 협력과 가시성을 강화하기 위해, New National Research Center of Mathematics Science의 종자 기금을 조달하기 위해 학문적으로 협력해야 한다.

(AAS, 2016, p.vi)

이 발전 계획은 수리 과학의 개념을 제안하고 추후 호주의 산업에서 핵심이 될 산업을 전망한 후 그 산업들에서 수리 과학의 중요성을 피력하고 호주 경제에서 수리 과학이 흡수해야 하는 핵심 트렌드를 빅 데이터, 서비스 경제, 양화(quantification)로 내다보았다. 그리고 호주 수리 과학의 장점으로 수학의 기초 수준 교육을 받은 국민들, 호주의 학교, 직업 교육 기관, 대학의 우수한 수학교사들, 대학의 수리 과학 분야에서 고등 교육 기회 제공(박사학위 배출 수 증가 추세), 국제적으로 우수한 연구 성과와 수학자들, 호주 수리과학자들 간, 산업체, 타학문과의 협력 등을 꼽았다. 하지만 호주의 수리 과학의 문제점으로 양질의 수학교사 부족, 국제 학업성취도 평가의 하락, 고등 수학 과정의 등록자 수 하락, 경쟁국에 비해 전문 수학자나 통계학자 배출 비율 저조, 산학 연구와 호주 수리 과학 연구가 세계적으로 나아갈 주요 연구 센터의 미비 등을 지적하고 호주가 나아가야 할 방향을 제안하였다. 우리나라도 한국과학창의재단에서 수학교육 종합계획을 발표하고 있는데, 이에 대한 사례로 호주를 참고해볼 수 있을 것이다.

4. 수학과 교육과정

호주의 국가 교육과정은 2015년 9월에 F-10학년의 교육과정을 공표하였고, 2012년에 고등학교(11-12학년) 교육과정을 발표하였다. 이 절에서는 호주의 수학과 교육과정을 자세히 살펴본다.

4.1 수학교육 목표

F-10학년의 의무교육 기간 동안 호주 수학과 교육과정의 목표는 다음의 3가지이다.*

- 학생들은 수학에 자신감 있고 창의적인 활용가이며 의사소통가이며 개인과 일하는 삶에서 활동적인 시민으로서 상황을 조사하고 표현하고 해석할 수 있어야 한다.
- 학생들은 수학 개념을 점차 정교하게 이해하고 절차적 유창성을 발전시키며, 수와 대수, 측정과 기하, 통계와 확률에서 문제를 제기하고 해결하며 추론할 수 있어야 한다.
- 학생들은 수학의 영역 간에, 수학과 다른 학문 간의 연결을 인식하고, 수학이 공부할 수 있는 과목이면서 즐거운 학문이라는 가치를 인식해야 한다.

위와 같은 목표를 달성하기 위해 호주의 수학교육은 내용과 역량을 모두 강조하고 있다. 여기서 역량(proficiency)은 이해, 유창성, 문제 해결, 추론을 포함하는데 우리나라의 교과 역량에 해당한다고 할 수 있다. 역량은 수학을 배우고 활용하면서 학생들이 참여하게 되는 활동을 말하며, 모든 내용에 한꺼번에 적용되지는 않더라도 교사들이 강조할 수 있는 수학적 활동의 폭을 가리킨다. 각각의 내용을 살펴보면 <표 9-4>와 같다.

〈표 9-4〉 호주 수학과 교육과정의 역량

역량	설명
이해	학생들이 채택할 수 있고 전이 가능한 수학 개념에 대하여 확고한 지식을 세워야 한다. 관련 개념들을 연결하고 새로운 아이디어를 개발하는 데 친숙한 것을 점차 적용해야 한다. '왜'와 '어떻게' 사이의 관계를 이해해야 한다. 관련된 아이디어를 연결하고 다른 방법으로 개념을 표현하고, 내용 사이의 공통점과 차이점을 확인하고, 사고를 수학적으로 묘사하고, 수학적 정보를 해석할 때 이해가 굳건해진다.
유창성	학생들은 유연하고 정확하며 효율적이고 적절하게 수행하고, 사실적 지식과 개념을 쉽게 회상하기와 같은 절차를 선택하면서 기술을 발전시킬 수 있다.
문제 해결	학생들은 문제 상황을 선택하고 해석하고 형식화하고 모델링하고 조사하며 해를 효과적으로 의사소통하는 능력을 개발한다. 친숙하지 않거나 의미 있는 상황을 표현하기 위해 수학을 사용할 때, 조사를 설계하고 접근 방법을 계획할 때, 기존 전략을 적용하여 해를 찾을 때, 답이 타당한지 검증할 때 문제를 형식화하고 해결할 수 있다.
추론	학생들은 논리적 사고와 행동에 대해 분석하기, 증명하기, 평가하기, 설명하기, 추리하기, 정당화하기, 일반화하기 등의 점차 정교한 능력을 발전시킨다. 학생들은 사고를 설명할 때, 전략 사용과 도달한 결론을 연역하고 정당화할 때, 아는 것을 미지의 것으로 둘 때, 맥락에 따라 학습을 전이시킬 때, 어떤 것이 참인지 거짓인지 증명할 때, 관련 아이디어를 비교하고 대조하며 선택한 것을 설명할 때 수학적으로 추론할 수 있다.

* https://www.australiancurriculum.edu.au/f-10-curriculum/mathematics/# (2019년 8월 28일 검색)

호주에서는 역량을 선언적으로만 제시하지 않고 각 역량과 내용을 함께 고려한 수업이 어떠한지 알 수 있도록 자세한 설명을 제시하고 있다*. 즉 4가지 역량을 F-2, 3-6, 7-8, 9-10학년별로 여러 수준으로 제시하고, 역량을 확인할 수 있는 과제와 학생들의 활동 예시를 보여주고 있다. 우리나라도 2015 개정 수학과 교육과정에서 6개의 교과역량을 제시하고 있기는 하지만 그 예시와 설명이 부족한 데 비하여, 호주는 꽤 상세하고 친절한 설명을 제시하고 있다. [그림 9-4]는 호주 교육과정 홈페이지에서 1학년 수와 대수 영역에서 이해/유창성/추론의 역량을 다루는 과제와 그 과제에서 나타난 유창성의 예를 학생 활동지를 통해 보여주고 있다.

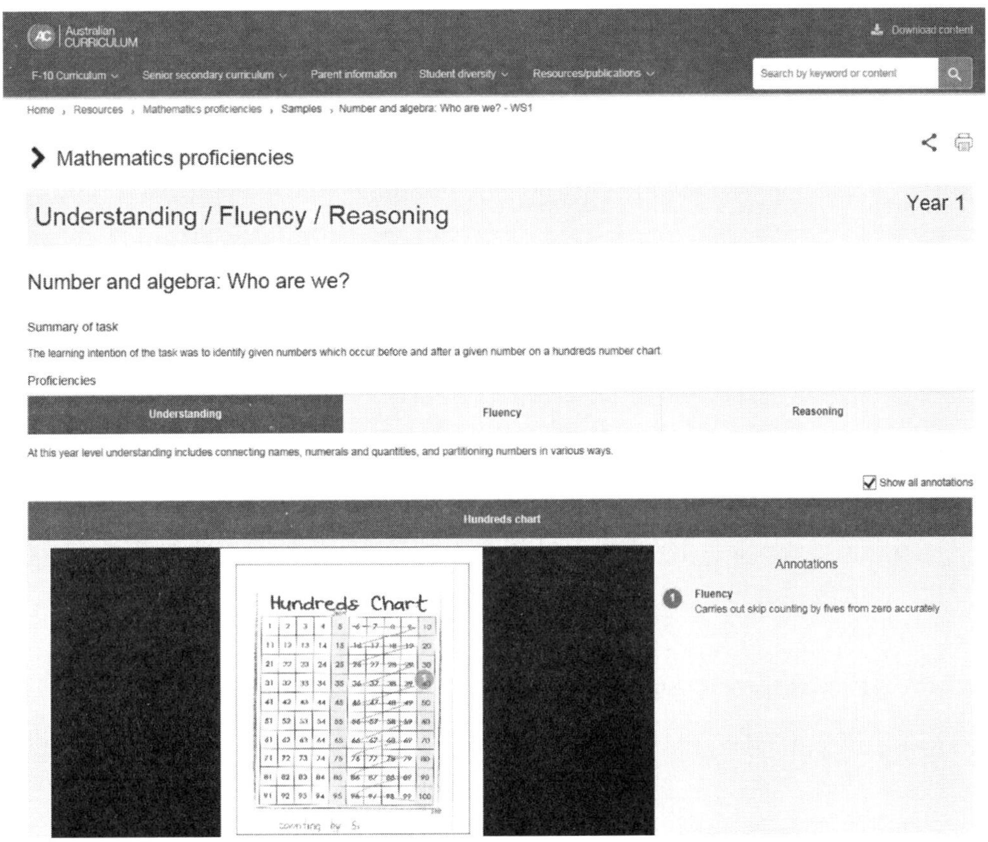

[그림 9-4] 호주 수학과 교육과정의 역량에 따른 과제 설명**

---

* https://www.australiancurriculum.edu.au/f-10-curriculum/mathematics/key-ideas/ (2019년 8월 28일 검색)

** https://www.australiancurriculum.edu.au/resources/mathematics-proficiencies/samples/number-and-algebra-who-are-we-ws1/ (2019년 8월 28일 검색)

4.2 F-10학년의 수학 내용

호주의 의무교육 기간인 F-10학년에서 다루는 수학 내용은 <표 9-5>의 구조로 되어 있다. 수와 대수, 측정과 기하, 통계와 확률의 3가지로 내용 영역을 구분하고 있으며, 학년별로 다루는 내용 영역이 다르다. 우리나라 2015 개정 수학과 교육과정은 초등학교에서 수와 연산, 도형, 측정, 규칙성, 자료와 가능성의 5개 내용 영역을, 중학교에서 수와 연산, 문자와 식, 함수, 기하, 확률과 통계의 5개 내용을 다루는데, 호주는 보다 포괄적으로 내용 영역을 범주화하고 있다.

〈표 9-5〉 호주 F-10 수학과 교육과정의 내용 영역과 하위 영역*

수와 대수	측정과 기하	통계와 확률
수와 자릿값(F-8)	측정 단위 사용하기(F-10)	가능성(1-10)
분수와 소수(1-6)	모양(F-7)	자료 표현과 해석(F-10)
실수(7-10)	기하적 추론(3-10)	
돈과 경제수학(1-10)	위치와 변환(F-7)	
패턴과 대수(F-10)	피타고라스 정리와 삼각비(9-10)	
선형관계와 비선형관계(7-10)		

<표 9-5>의 하위 영역이 호주의 F-10학년에서 언제 어떤 내용으로 다루어지는지 간략히 소개하면 <표 9-6>~<표 9-8>과 같다. 하나의 주제가 여러 학년에서 연계성 있게 다루어지고 심화되는 나선형 교육과정 형태를 갖고 있다. 우리나라에 비해 깊이 있게 다루는 내용도 있고 우리나라보다 더 일찍 또는 늦게 다루는 내용도 있다.

〈표 9-6〉 호주 F-10학년에서 수와 대수 영역 내용**

학년	수와 자릿값	분수와 소수	실수	돈과 경제수학	패턴과 대수	선형관계와 비선형관계
F	수 이름, 숫자 대상들 사이의 대응				대상 분류	

* https://www.australiancurriculum.edu.au/f-10-curriculum/mathematics/structure/ (2019년 8월 28일 검색)

** https://www.australiancurriculum.edu.au/f-10-curriculum/mathematics/structure/ (2019년 8월 28일 검색)

학년	수와 자릿값	분수와 소수	실수	돈과 경제수학	패턴과 대수	선형관계와 비선형관계
1	1부터 100까지의 수와 자릿값 간단한 덧셈과 뺄셈	양의 반(1/2)		호주 동전의 값	수 패턴 조사	
2	증가/감소하는 수열 1000까지의 수 덧셈과 뺄셈(암산) 반복계산으로서의 곱셈 나눗셈	반, 반의 반		호주 동전과 지폐 세기	수 패턴 묘사 덧셈이나 뺄셈을 통한 수열 문제 해결	
3	10000까지의 수 짝수와 홀수 덧셈과 뺄셈의 관계 2, 3, 5, 10의 곱셈 지필과 계산기를 사용한 곱셈	1/2, 1/4, 1/3, 1/5의 단위분수		돈의 가치 평가 잔돈 세기	덧셈, 뺄셈을 통한 수 패턴	
4	짝수와 홀수의 성질 3, 4, 6, 7, 8, 9의 배수 곱셈표 나머지 없는 나눗셈 계산기를 사용한 곱셈과 나눗셈	동치인 분수, 1/4, 1/3, 1/2 단위로 세기 소수 둘째자리 분수와 소수의 관계		5센트까지의 계산	곱셈을 통한 수 패턴 곱셈이나 나눗셈을 통한 수열 덧셈과 뺄셈이 있는 식에서 미지량 찾기 덧셈, 뺄셈이 있는 동치식 확인	
5	약수와 배수 계산 결과의 어림과 검증 한 자릿수 나눗셈 한/두 자리의 곱셈	단위분수의 크기 비교 동분모분수의 덧셈과 뺄셈 소수 셋째자리 이상 소수의 크기 비교		간단한 재정 계획 세우기	분수, 소수, 자연수의 패턴 곱셈, 나눗셈이 있는 수식의 미지량 찾기 곱셈, 나눗셈이 있는 동치식 확인	

학년	수와 자릿값	분수와 소수	실수	돈과 경제수학	패턴과 대수	선형관계와 비선형관계
6	소수, 합성수, 제곱수, 삼각수 정수, 범자연수의 사칙연산	동분모 분수 크기 비교 동분모분수의 덧셈과 뺄셈 소수의 덧셈과 뺄셈과 어림 소수의 곱셈과 나눗셈 동치분수 소수, 백분율의 관계		10%, 25%, 50% 할인 계산	수열의 생성 법칙 묘사 괄호와 연산 순서	
7	지수 표기법 소인수분해 완전제곱수의 제곱근 결합, 교환, 분배 법칙 정수의 덧셈과 뺄셈		수직선에서 양, 음의 분수 표현 분수의 덧셈과 뺄셈 분수와 소수의 곱셈과 나눗셈 양의 분수 표현 소수의 어림 분수, 소수, 백분율의 연결 비와 관련한 문제 해결	best buy 조사	변수 개념 도입 식의 값 구하기 산술에서 대수로 법칙 확장	좌표평면과 좌표 일차방정식 실제 자료로 그래프 조사/해석/분석
8	범자연수 범위의 지수법칙 유리수와 정수의 사칙계산		순환소수 백분율 활용 문제 해결 비와 비율 문제 해결 무리수의 개념(π 포함)	이익과 손실 문제	대수식에 분배법칙 적용 수인수로 인수분해 식 간단히 하기	좌표평면에서 선형관계 그래프 대수적/그래프 방법으로 일차방정식 풀기, 대입하여 확인
9			정수 지수의 지수법칙 수의 과학적 표기 정비례 문제	간단한 이율	지수법칙을 변수에 적용 분배법칙 적용	좌표평면에서 두 점 사이의 거리 중점, 직선의 기울기 두 점이 주어졌을 때 일차함수의 그래프 선형관계가 아닌 그래프

학년	수와 자릿값	분수와 소수	실수	돈과 경제수학	패턴과 대수	선형관계와 비선형관계
10				단리와 복리	공통인수로 인수분해 지수법칙을 이용하여 대수식의 곱과 몫 간단히 하기 분모가 수인 유리식의 사칙계산 다양한 전략을 사용하여 이차식의 곱과 인수분해 미지수 구하기	일차방정식 문제해결 일차부등식과 그래프 연립일차방정식 직선의 평행조건과 수직조건 대수와 그래프 표현의 연결(이차식, 원, 지수) 일차방정식의 풀이 이차방정식의 풀이
10A			로그의 정의 및 성질 유리수와 무리수의 정의 유리지수와 무리지수의 연산		다항식의 개념과 인수정리, 나머지 정리	포물선, 타원, 원, 지수함수의 그래프 간단한 지수방정식 풀이 다항식과 곡선 일변수/다변수 이차식의 인수분해

〈표 9-7〉 호주 F-10학년에서 측정과 기하 영역 내용*

학년	측정 단위 사용하기	모양	기하적 추론	위치와 변환	피타고라스 정리와 삼각비
F	직/간접 비교 사건의 순서 날(day)과 사건 연결하기	친숙한 평면도형과 입체도형의 이름		위치와 이동 묘사	
1	길이의 들이 비교 1/2시간 달, 주, 날, 시간 묘사	친숙한 평면도형과 입체도형을 특징에 따라 분류		친숙한 위치의 방향	
2	길이, 넓이, 부피, 들이에 따른 비교 1/4시간, 달, 절기, 날짜 대칭저울	평면도형 그리기 입체도형의 성질		친숙한 위치의 지도 해석과 상대적 위치의 확인 밀기와 뒤집기, 1/2와 1/4 회전	

* https://www.australiancurriculum.edu.au/f-10-curriculum/mathematics/structure/ (2019년 8월 28일 검색)

학년	측정 단위 사용하기	모양	기하적 추론	위치와 변환	피타고라스 정리와 삼각비
3	표준단위 측정(길이, 양, 들이) 분 단위 시간	입체도형과 그 특징	회전량으로서 각 인식 각의 크기	위치와 경로를 나타내는 지도 제작 및 해석 대칭	
4	표준단위 측정(길이, 양, 들이, 온도) am, pm 시간 단위 변환 넓이와 부피 단위를 사용한 비교	정규도형과 합성도형의 넓이 비교 합성 도형 비교	각의 비교(직각)	기본 지도에 포함된 정보 해석(축척, 범례, 방향) 대칭인 패턴, 그림, 모양	
5	길이, 넓이, 부피, 들이, 질량 단위 선택 12시간, 24시간 체계 변환 직사각형의 둘레의 길이와 넓이	입체도형과 전개도	각도 어림, 측정, 비교 각도기 사용	위치 체계, 랜드 마크, 방향, 루트 밀기, 뒤집기, 돌리기 선대칭과 회전대칭 닮음의 성질	
6	미터법의 소수표기 시간표 해석 길이, 질량, 들이의 미터법 변환 길이와 넓이 비교 부피와 들이 연결	각기둥과 각뿔	직선 위의 각, 한 점에서의 각, 수직인 각 미지의 각 찾기	밀기, 뒤집기, 돌리기 직교좌표의 도입	
7	직사각형, 삼각형, 평행사변형의 넓이 공식 각기둥의 부피	각기둥과 입체를 여러 방향에서 본 모양	대응각, 맞꼭지각, 내대각 평행선의 성질 삼각형/사각형의 내각의 합 변과 각에 따른 삼각형 분류	평행이동 대칭이동 90° 회전 선대칭과 회전대칭	
8	넓이와 부피 단위와 변환 평행사변형, 사다리꼴, 마름모, 연(kite)의 둘레와 넓이 원의 요소(원주, 넓이, 반지름 등) 각기둥의 부피 공식 동일 시간대에서 12시간, 24시간 사용한 문제 해결		변환을 이용한 평면도형의 합동 삼각형의 합동조건 사각형의 성질		

학년	측정 단위 사용하기	모양	기하적 추론	위치와 변환	피타고라스 정리와 삼각비
9	합성 도형의 넓이 원기둥의 겉넓이와 부피 각기둥의 겉넓이와 부피 매우 작고/큰 시간 척도와 간격 조사		닮음 변환 닮음의 활용		피타고라스 정리 사인, 코사인, 탄젠트의 삼각비 삼각비의 활용
10	각기둥, 원기둥, 합성 입체도형의 겉넓이와 부피		합동조건과 각의 성질을 이용한 증명 합동, 닮음의 논리적 추론		직각삼각형의 문제 해결
10A	각뿔, 원뿔, 구, 합성 도형의 겉넓이와 부피		각과 호의 성질 증명		사인, 코사인 법칙과 삼각형의 넓이 공식 단위원에서 삼각함수 정의하기 삼각방정식 피타고라스 정리와 삼각비를 이용한 공간 문제 해결

〈표 9-8〉 호주 F-10에서 통계와 확률 영역 내용*

학년	가능성	자료 표현과 해석
F		정보 수집과 추론을 위해 예/아니요 답하기
1	친숙한 사건의 결과와 가능성	문제를 선택해서 응답을 모으고 추론하기 하나의 자료를 표현하는 그림과 자료 표현
2	실제 활동과 일상 사건의 확인 결과 예측(확실, 불가능, 그럴 것 같다 등)	한 가지 변수에 근거하여 흥미로운 문제를 확인하고 적절한 자료 모으기 자료 수집, 확인, 분류 자료, 표, 그래프의 표현과 해석
3	가능성 실험 및 결과 확인	범주별 변수에 대한 문제나 이슈 확인 자료 출처와 자료 수집 방법 계획 자료를 범주화하고 표, 그림그래프 등으로 나타내기 자료 표현의 해석과 비교
4	일상사건의 묘사 및 발생 가능성 순서 배반사건 확인 독립사건 확인	자료 수집 방법 선택 및 시행(설문조사 등) 표, 그래프 등의 적절한 자료 표현 변이성을 포함한 자료의 효과적인 표현 평가

* https://www.australiancurriculum.edu.au/f-10-curriculum/mathematics/structure/ (2019년 8월 28일 검색)

학년	가능성	자료 표현과 해석
5	똑같은 가능성의 결과에 대한 실험, 분수로 확률 표현 확률의 범위 (0～1)	범주나 수치 자료 수집 막대그래프, 점그래프, 표 등의 표현 맥락에 따른 자료의 표현과 해석
6	분수, 소수, 백분율로 확률 표현 시행횟수를 조정한 실험 수행 관찰도수와 기대도수의 비교	자료 표현의 범위 해석 및 비교 이차 자료 해석
7	한 단계 실험의 표본공간 사건의 결과에 대한 확률과 사건을 위한 확률 결정	일차, 이차 수치 자료의 확인과 조사 자료의 범위 비교(줄기와 잎 그림, 산점도) 평균, 중앙값, 최빈값, 범위 계산과 해석 중앙값, 평균, 범위를 사용한 자료 표현과 해석
8	확률의 합 '적어도, 또는, 그리고'가 들어간 사건 이차원 표와 벤다이어그램으로 사건 표현	자료 수집 방법 조사(여론조사, 표집, 관찰) 표집을 통해 자료를 얻는 방법과 시사점 탐색 임의 표본의 평균과 비율의 변이성 탐색 극단치가 평균과 중앙값에 주는 영향 조사
9	2단계 실험의 사건 나열하기(복원/비복원 포함) 상대도수로 확률 어림 인구의 평균과 중앙값 어림을 위해 설문조사 결과 보고서 조사	적어도 하나의 수치/범주 자료에 대한 문제 제기 및 자료 수집(이차자료 수집 포함) (두 변량의) 줄기와 잎 그림과 히스토그램과 분포 상태 설명(치우침, 대칭, 양봉형) 평균, 중앙값, 범위의 사용과 위치와 산포도에 따른 수치 자료 해석
10	2, 3단계의 실험 결과 묘사(복원/비복원) 독립의 개념 조건 문장의 사용과 해석의 오류 확인	사분위 범위 상자그림 해석 상자그림 모양과 히스토그램, 산점도 비교 산점도로 상관관계 조사 독립변수가 시간인 경우의 이변량 수치 자료 조사 미디어의 통계 보고서 평가
10A	미디어와 다른 곳에서의 연구 보고서 조사	평균과 표준편차 계산 이변량 자료 조사의 IT 활용 적합선 활용

호주의 F-10학년 수학교육 내용을 살펴보면, 수와 대수 영역에서는 우리나라보다 소수, 제곱근 등의 내용이 조기에 도입되고, 분수가 느린 속도로 심화되고 있으며, 돈과 경제수학이라는 하위 영역에 따라 수학이 실생활에 활용되는 모습을 부각시키고 있다. 10A 수준에서는 우리나라 고등학교 선택과목 내용도 다루어진다. 측정과 기하 영역에서는 7학년 수준 이상에서도 측정과 관련된 내용을 계속 다룬다는 점이 우리나라와 차이가 있고, 우리나라에서 정당화로 다루는 도형의 성질이 엄밀하게 증명되고, 우리나라 고등학교 수준의 위치 변환이 초등학교에서도 등장하며, 피타고라스 정리 내용이 우리나라보다 뒤늦게 도입된다.

통계와 확률 영역에서는 확률 개념 이전의 가능성을 상당히 어린 시기에도 다루고, 일차자료와 이차자료의 구분과 해석, 상자그림 등의 내용이 다루어져 우리나라와 차이가 있다.

호주의 고등학교는 11-12학년에 해당하며, 4개의 과목으로 구성되어 있다. 과목당 4개의 단원(unit)이 있는데, 뒤쪽의 내용이 더 상위 수준이다. 학생들은 한 과목을 택하여 2년 동안 그 과목을 배울 수 있도록 각 단원은 한 학년의 반 정도의 시간(평가와 시험을 포함하여 약 50~60시간) 동안 배우도록 설계되어 있다. 4개 과목의 성격은 <표 9-9>와 같다.

〈표 9-9〉 호주의 고등학교 수학 과목*

과목	성격
필수수학	의사결정을 위해 수학을 효과적이고 효율적이며 비판적으로 사용하는 것에 초점을 두고 있다. 직장, 개인, 학습, 공동체 등의 실제 상황에서 문제를 해결하기 위해 수학적 지식, 기술, 이해를 제공한다. 이 과목은 졸업 후 취업과 훈련을 준비하는 학생들을 위한 것이다.
일반수학	금융 모델링, 네트워크 분석, 프로젝트 설계, 의사결정, 이산적인 성장을 포함한 맥락에서 문제를 해결하기 위한 이산수학 기술을 사용하는 것에 초점을 두고 있다. 측정, 척도, 삼각측량, 내비게이션과 같은 영역에서 기하 문제를 분석하고 해결할 기회를 제공한다. 또한 그룹 비교, 연합(association) 조사, 시계열 분석을 포함한 통계 문제 해결을 위하여 통계 조사 과정에 기초하여 체계적인 전략을 개발할 기회도 제공한다.
수학적 방법	미적분과 통계 분석의 사용 개발에 초점을 둔다. 미적분은 변화율을 포함한 물리세계의 이해에 대한 기초를 제공하고, 물리적 과정을 모델링할 때 함수의 활용, 미분과 적분을 포함한다. 통계는 불확실성 및 변이성과 관련하여 현상을 묘사하고 분석하는 능력을 개발시킨다.
전문가 수학	수학적 방법에 제시된 것 이상의 엄밀한 수학적 논증과 증명 개발, 수학적 모델을 더 확장하여 활용하는 것을 포함한다. 수학적 방법에 제시된 아이디어를 심화한 함수와 미적분 주제를 포함하고, 많은 영역에서 그 응용을 보여준다. 또한 확률과 통계의 지식과 이해를 확장하고, 벡터, 복소수, 행렬의 주제를 도입한다. 하나의 과목으로 취해지지 않도록 설계된 유일한 과목이다.

고등학교 4개 과목의 단원명을 살펴보면 <표 9-10>과 같다. 단원명만으로 그 내용을 짐작하기는 어렵지만, 전문가 수학은 우리나라의 대학 수준 내용을 포함하고, 3~4단원의 내용은 꽤 어려운 개념들도 다루고 있다.

* https://www.australiancurriculum.edu.au/senior-secondary-curriculum/mathematics/ 2019년 9월 3일 검색

〈표 9-10〉 호주 고등학교 수학 과목별 단원명*

과목	1단원	2단원	3단원	4단원
필수수학	계산, 백분율, 비 측정 대수 그래프	자료의 표현과 비교 백분율 비율과 비 시간과 움직임	측정 척도, 평면, 모델 그래프 자료 수집	확률과 상대도수 지구 기하와 타임존 대출과 복리
일반수학	소비자 산술 대수와 행렬 모양과 측정	일변량 자료 분석과 통계 조사 과정 삼각비의 응용 일차방정식과 그 그래프	이변량 자료 분석 수열의 증가와 감소 그래프와 네트워크	시계열 분석 대출, 투자, 연금 네트워크와 decision 수학
수학적 방법	함수와 그래프 삼각함수 세기와 확률	지수함수 등차수열과 등비수열과 급수 미분의 도입	심화 미분과 응용 적분 이산확률변수	로그함수 연속확률변수와 정규분포 구간 추정
전문가 수학	조합론 평면벡터 기하	삼각함수 행렬 실수와 복소수	복소수 함수와 그래프 개형 공간벡터	적분과 그 응용 변화율와 미분방정식 통계적 추론

호주의 중학교 수학과 교육과정과 교과서를 우리나라와 비교하여 분석한 고호경, 장경윤, 이강천(2016)은 '수와 연산'이나 '문자와 식' 영역에서는 우리나라가 비교적 심화된 내용을 다루고 있는 반면 '통계' 영역에서는 호주가 실생활 통계에 초점이 맞추어져 있으면서 배우는 내용도 많고, 호주는 형식적인 '함수'를 다루지 않지만 다양한 그래프를 통해 폭넓은 함수의 개념을 배우고 있음도 말하였다. 고등학교의 해석 영역을 비교한 고호경, 장경윤, 신민정(2016)은 호주의 교육과정이 수학적 내용을 구체적으로 제시하고 있으며, 정적분의 도입을 '급수의 합'으로 정의하고 우리나라 고등학교 교육과정 성취기준에는 나타나지 않는 '운동 모델링', '수치적분법' 등이 나타나고, 그 외 '벡터함수의 미적분' 내용은 우리나라보다 심화된 내용으로 다루고 있다는 특징이 있음을 밝히기도 했다.

4.3 국가 교육과정 개발 절차

호주의 모든 행정부는 2008년에 국가적 생산성과 삶의 질을 유지할 수 있도록 하는 데

* https://www.australiancurriculum.edu.au/senior-secondary-curriculum/mathematics/ 2019년 9월 3일 검색

교육 문제가 핵심적이라는 것에 동의하고, 양질의 교육을 제공하기 위해 국가 수준의 교육과정을 개발하기로 합의하였다. 그 결과로 2009년 연방정부에 의해 설립된 ACARA의 주도 아래 국가 교육과정 개발이 추진되었고, 새로운 교과교육과정 시행 공지(2013.01.29)를 통해 2014년부터 새로운 교육과정을 점차적으로 시행하고 있다. 이 교육과정은 영어, 수학, 과학, 역사 및 지리에 관한 15개의 과목들을 포함한다.

호주의 국가 교육과정 개발 절차는 매우 상세한 기록을 남기고 있어 교육과정의 공신력과 절차적 타당성을 인정하게끔 한다.

호주는 교육과정 개발을 위한 기초 연구를 우선적으로 진행하였는데, 멜버른 선언, 호주 교육과정 Shaping(ACARA, 2012a), 교육과정 설계(ACARA, 2013), 교육과정 개발 절차(ACARA, 2012b)의 문서를 발하였다. '교육과정 설계'*는 교육과정 문서 체제에 대한 기초 연구이며, 교육과정 문서에 무엇을 담아야 하는지에 대한 내용을 포함하고 있다. ACARA(2012b)에서 발표한 교육과정 개발 절차는 <표 9-11>의 4단계로 이루어졌다.

〈표 9-11〉 호주의 교육과정 개발 절차 (ACARA, 2012b, pp.6-7)

절차	활동 내용
교육과정 shaping	F-12학년 교육과정의 개요를 작성한다. 호주 교육과정 틀에서 <학습 영역>에 대한 주된 결정이 이때 행해진다. 대중뿐 아니라 교사와 학교, 교육청, 학부모와 학생, 전문학회, 교사연합, 대학, 산업체 등의 다양한 자문도 받는다.
교육과정 집필 (writing)	특정 학습 영역에 대한 성취기준을 정교화한 문서를 생산한다. 집필진, 전문가 자문팀이 활동하고 일반 자문(대중뿐 아니라 교사와 학교, 교육청, 학부모와 학생, 전문 학회, 교사연합, 대학, 산업체 등)을 받는다.
실행 준비	교육과정을 학교로 전달한다. 교육과정 실행은 학교와 교육청의 책임이며, ACARA는 브리핑, 실행을 위한 자료, 국가 수준의 촉진 내용을 제공하여 실행 과정을 지원한다.
교육과정 모니터, 평가, 점검	ACARA가 주도적으로 교육과정 실행을 모니터하고 평가하고 점검한다.

ACARA(2012b)는 교육과정 개발 절차마다 교육과정이 잘 개발되고 있는지를 평가할 수 있는 평가 기준을 다음과 같이 설정하고, 개발 절차가 평가 기준대로 실시되고 있는지를 점검하였다.

* http://docs.acara.edu.au/resources/07_04_Curriculum_Design_Paper_version_3_1_June_2012.pdf (2019년 8월 29일 검색)

- 학교제도에 속한 학생들이 배워야 할 것이 무엇인지 학생들이 학교에서 기대된 학습의 질이 무엇인지 명료한가?
- 학생, 교사, 학교의 실질적인 다양성을 수용할 수 있고, 도전적이지만 실제적인 기대수준과 성취기준을 갖기에 충분히 유연한가?
- 모든 어린 호주인들이 학교제도를 통해서 배워야 하는 것과 교사가 제대로 가르칠 수 있는 내용이 교사와 학생에게 유용한 자원과 함께 규정되었는가?
- 전문 실행가들에게 적절한 복잡성을 갖고 쉬운 언어로 기술되고 표현되었는가? 그리고 언어와 구조가 일관적인가?
- 학습, 교수학, 전문 실행을 위한 교육과정의 시사점을 포함하여 국제 교육과정에서 벤치마킹된 증거 기반 위에 확립되었는가? (ACARA, 2012b, p.8)

그리고 ACARA(2012b)는 교육과정 개발 절차의 질에 대한 판단 준거도 다음과 같이 제시하였다.

- ACARA가 이해당사자와 확인하고 참여하였(고 그 참여와 연락, 피드백의 정확한 기록을 유지하고 있)다.
- 교육과정 개발, 자문, 점검에서 이해당사자를 참여시키고 피드백을 이끌어내는 자문 전략이 이해당사자의 범위와 다양성에 적절하다.
- 양적, 질적 자료의 분석이 엄밀하고, 자문 결과가 보고서에 정확히 표현되고 통합되었다.
- ACARA는 수정 과정에서 이해당사자의 피드백에 답변했고, 이를 설명할 수 있다.
- 질적인 통제와 보증에 대한 측정이 엄밀하고, 중요한 핵심 단계의 도달이 시기 적절하다.

ACARA(2012b, p.9)

교육과정이 개발되기까지 개발자와 자문 등의 역할이 위의 평가 기준과 준거에 따라 분명하게 나타날 수 있다는 점에서 호주 교육과정 개발이 상당히 짜임새 있음을 알 수 있다.

한편 호주 교육과정 개발에 참여하면서 자문과 의사결정을 주도한 기관들이 14개나 있다. 각각의 역할은 <표 9-12>와 같이 정리할 수 있다. 호주 교육과정이 개발자들의 독자적인 노력이 아니라 여러 기관의 협력과 자문에 근거하여 그 결과가 산출될 수 있었음을 엿볼 수 있는 대목이다.

〈표 9-12〉 호주 교육과정 참여 기관과 그 역할 (ACARA, 2012b, pp.10-18)

기관	역할
Standing Council on School Education and Early Childhood (SCSEEC)	• 멜버른 선언에 따라 모든 학생들이 학습과 삶에 준비가 되어 있는지 확인하는 것을 목적으로 하는 심의회 • 초등과 중등교육, 이행과 직업을 포함한 섹터간 문제, 초기 교육과 돌봄을 포함한 초기 아동 발달의 영역에 책임 • ACARA Board가 교육과정 고시와 관련한 정보, 조언, 피드백, 마지막 결정에 대해 SCSEEC에 직접 보고
Australian Education, Early Childhood Development and Youth Affaires Senior Officials Committee (AEEYSOC)	• 정기적으로 모임을 갖는 호주 교육부의 고위급 모임 • 결정된 실행을 대해 의회에 직접적인 책임을 진다.
ACARA Board	• 2008년 법령에 의해 제정되며 13명으로 구성됨 • 교육과정 개발과 관련하여, - 교육과정 개발의 정책 및 절차를 주도 - SCSEEC에게 초안과 최종본을 제출 - 중요한 이슈에 대한 의사 결정
ACARA Curriculum Group	• 교육과정 개발 프로젝트 운영 - 교육과정 문서의 초안, 수정, 최종본의 질 확보 - 교육과정 Shaping과 집필 동안 집필진과 자문팀 관리 - 집필 과정을 이끌면서 지필 책임자와 긴밀히 연락 - 집필진과 자문팀 사이에 그리고 외부 핵심 이해당사자들과 성공적이고 생산적인 작업 관계와 의사소통을 주도 - Board의 조언을 집필진과 자문팀에게 전달하고 명료한 의사소통과 의사 결정 과정을 유지 - 증거 기반의 조언을 Board와 전체 책임자에게 제공 - 이해당사자의 조언 체제를 구축하고 유지 - 자문, 의사소통, 모니터링, 점검, 평가 전략 운영 - 다양한 관점과 시각을 조사하고 나타냈는지 확인
F-12 Curriculum Reference Group	• ACARA 작업 계획에 따라 높은 수준의 자문을 제공 • 구성원이 다양함
Lead Writer	• 학습 영역에 대한 교육과정 Shaping 절차에서 ACARA가 선정한 책임저자 - 교육과정 Shaping 초안과 초기 자문 보고서 개발 - 초안에 대한 자문 피드백 검토 및 Shaping 최종안 집필

기관	역할
	- 교육과정 Shaping 및 집필 단계 동안 ACARA의 자문 역할 - 집필 단계에서 코치 또는 멘토 역할 - 교육과정 개발 모든 단계에서 ACARA의 공식 대변인
Curriculum writers	• 교육과정 집필 단계에서 소수의 팀이 선정됨 • 추가적인 전문 집필집이 지목될 수도 있음 • 학습 영역, 교육과정 개발, 교육이나 관련 경험에 의해 선정됨 • 교육과정 Shaping 보고서와 기초 연구 보고서의 지침에 따라 집필
Learning area advisory groups	• 집필진 보조 역할 • ACARA에 교육과정 자료에 대한 안내와 자문 제공 - 프로젝트 동안 규정된 시점에 집필진에게 자문 제공 - 참고할 수 있는 그룹이나 개인에게 자문 제공 - 교육과정 개발 절차 동안 준비된 문서 점검 - 교육과정 문서의 적절성과 질에 대해 ACARA와 board에 자문 제공 등 • 자문 그룹은 중요한 시기에 만나며, 각 그룹은 8-12명으로 구성된다.
Across learning area advisory groups	• 교육과정 개발 절차에서 핵심 단계에 전략적 정책 방향과 초안에 대한 특별한 전문가 안내와 자문을 제공하도록 ACARA가 구성한 그룹 - Equity and Diversity Advisory Group - Students with Disability Advisory Group - Aboriginal and Torres STrait Islander Advisory Group
Other advisory or working groups	• ACARA가 비정기적으로 자문을 받거나 과제를 수행하기 위해 조직하는 그룹
National panels	• 교육과정 개발 절차 중 Shaping과 집필의 중요시기에 주, 지역, 전문집단의 피드백을 제공
National forums	• 이해당사자들의 국가 포럼 • 초기 자문 보고서를 검토하기 위해 교육과정 Shaping 단계에서 실시
Curriculum Directors Forum	• ACARA의 교육과정 개발 프로그램에 대한 조언 제공 • 평가와 보고를 포함하여 교육과정 관련된 핵심 구조와 조직, 실행을 위한 준비와 의사소통에 대한 조언을 포함하여 핵심 과정과 참여 문제에 대해 조언
Intensive engagement schools	• 교육과정 초안에 대한 자문 역할로 ACARA가 50여개 학교 선정 • 각 학습 영역을 위한 교육과정 초안으로 강도 높은 참여 프로그램 실시 - 단기간 강도 높은 수업 활동을 통해 교육과정 초안의 운영가능성에 대한 피드백 제공 - 호주 교육과정의 실행을 위한 준비로 계획과 평가 문서 수합 - 학생의 성취 정도를 예시화하도록 샘플 수집

위와 같은 평가 기준과 준거에 따라 여러 기관이 참여한 호주의 교육과정 개발은 3년여에 걸쳐 진행되었다. 절차상 핵심적인 내용을 시기별로 나타내면 <표 9-13>과 같다.

〈표 9-13〉 호주 교육과정 개발 절차 (ACARA, 2012b, pp.20-24)

절차	핵심 내용
교육과정 Shaping (9개월)	프로젝트 계획
	문헌 검토
	핵심 이슈에 대한 포지션 보고서
	초기 자문 보고서
	초기 자문 보고서에 대한 국가 포럼
	초안 보고서
	초안 보고서 완료
교육과정 집필 (20개월)	초안 교육과정의 개요
	교육과정 자료 상세 초안
	교육과정 자료 초안 완료
	온라인 자문을 위한 초안 교육과정 출판 및 보급
	출판된 주요 결과에 대한 답변과 자문 보고서, 학교 시행 보고서
	교육과정 자료 초안 수정
	6주간 호주 교육과정 웹사이트에 수정된 초안 공개
	교육과정 타당화
	최종 교육과정 출판
교육과정 실행 준비 (12개월)	이해당사자들에게 브리핑 계획(ACARA 웹사이트에 자료 공시, 관심을 가진 이해당사자들에게 어떻게 '영향을 줄지', 전략 지원) 수정된 정보와 멀티미디어 자료의 검토와 출판 지역 당국과 핵심 이해당사자들에게 브리핑

국가 수준에서 합의된 수학과 교육과정은 호주의 모든 주가 동의한 것이지만, 교육과정의 이행은 국가가 아닌 주의 책임이다. 따라서 몇몇 주는 자체적으로 교육과정을 해석하고 자율적인 교육과정을 갖고 자체 교육을 수행하고 있다. 예를 들어, 빅토리아 주는 Victorian curriculum and assessment authority(VACC)가 교육을 관장하고 있다. 주 수준의 의사결정은 이런 기구에서 주도하고, 학교, 대학, 관련자들의 자문을 받아 교육 당국의 승인에 의해

시행된다. 교육과정은 학습 결과가 무엇인지만을 말하는 것일 뿐이며 교육과정을 성취하기 위해 학생들이 무엇을 할지는 교사들이 결정할 수 있다.

5. 체계적인 정책 실현

호주 교육과정이 체계적으로 개발된 것과 마찬가지로 호주 수학교육의 정책 또한 체계적인 측면이 있음을 몇 가지 사례로 살펴볼 수 있다.

5.1 멜버른 선언

호주의 교육 정책은 2008년 호주인을 위한 교육 목표에 대한 멜버른 선언(Melbourne Declaration)을 따르고 있으며, 수학교육도 예외는 아니다. 멜버른 선언은 어린 호주인을 위한 교육 목표와 실행 사항을 20쪽 정도로 제안하고 있는데, 그 내용은 <표 9-14>와 같다.

〈표 9-14〉 호주의 멜버른 선언*

목표	목표1: 호주의 학교제도는 평등과 수월성을 증진시킨다. 목표2: 모든 어린 호주인들은 • 성공적인 학습자가 되어야 하고 • 자신감 있고 창의적인 사람이 되어야 하며 • 활동적이고 정보에 능통한 시민이 되어야 한다.
실행 사항	• 보다 강력한 파트너십 개발 • 양질의 교육 및 학교 리더십 지원 • 유아 교육 강화 • 초·중학생 개발 강화 • 고등학교 및 청소년 전환 지원 • 세계적 수준의 교육과정 및 평가 증진 • 원주민 청소년, 사회경제적 배경이 낮은 불우한 젊은 호주인을 위한 교육성과 향상 • 책임과 투명성 강화

* https://www.acara.edu.au/resources/national_declaration_on_the_educational_goals_for_young_australians.pdf (2019년 8월 28일 검색)

멜버른 선언에 나타난 교육 목표는 구체적인 내용을 부연 설명하고 있다. 예를 들어 목표 1의 첫 번째 실천사항은 '모든 학생은 성, 언어, 성적 정체성, 임신, 문화, 인종, 종교, 신체 장애, 사회경제적 배경이나 지리적 위치에 따른 차별이 없이 높은 질의 학교 제도에 접근해야 한다.'는 것이다. 목표 2의 성공적인 학습자는 '성공적인 학습자는 학습 역량을 발전시키고 자신의 학습에 활동적인 역할을 한다.', 자신감 있고 창의적인 사람은 '자신의 삶과 미래에 대해 긍정적이어야 한다.', 활동적이고 정보에 능통한 시민은 '도덕적이고 윤리적인 고결함을 갖고 행동한다.'와 같은 내용을 포함한다. 멜버른 선언에 제시된 실행 사항은 사회, 학부모, 학교 등 여러 관련자들의 협조를 요청하고 있다.

교육과정 내용이나 정책의 내용적 타당성을 검토할 때 멜버른 선언은 기본 원리의 역할을 한다. 호주 수학교육이 어떤 방향으로 나아가고 어떠해야 하는지에 대한 원칙이 멜버른 선언에 따라 지켜지고 있다.

5.2 정책 수행에 있어서 여론 수렴

호주의 수학교육 정책 결정은 여러 의견 수렴 과정을 거친다. 특히 수학교육에 대한 전문적인 지식과 관심을 갖고 있는 기관으로부터 공식적인 의견을 개진하도록 한다. 과학 분야의 전문가들로 구성된 AAS도 수학교육에 대한 의견을 개진하고 있으며, 현장 수학교사들의 조직인 AAMT도 공식적인 의견을 발표하고 있다. 예를 들어, 학생들이 수학 활동에 참여하는 것에 대한 주요 이슈로 교육과정 통합, 교수학, 평가가 논의되는데, 학생들이 수학 학습에 참여하는 수업 경험을 제공하기 위한 탐구 교수학을 실행함에 있어 수학에서 괴리된 학생들을 도울 수 있는 수업 자료의 본질과 목표에 대한 권고를 기관들이 제시하는 방식이다. 이에 대하여 내용적 타당성과 실행 가능성에 대한 충고를 AAS는 26쪽, AAMT는 29쪽 분량으로 의견을 제시한 바 있다. 특히 이러한 자문 역할을 담당하는 기관으로서 AAMT의 활동 폭이 넓다. AAMT는 활동적인 교사와 교육자들이 정책 문서를 집필하기도 한다. 처음 정책 보고서가 나온 것은 1980년대 중반이었고, 학교에서 계산기 사용을 권고한 것도 AAMT이다. 호주 교육과정에서는 3학년부터 계산기 사용을 허용하고 있다.

5.3 수학교육에서 AAMT의 주도적 역할

호주의 수학교사 모임인 AAMT는 1966년에 창립되어 수학교사의 업무 증진과 후원, 수학 학습 증진, 수학교육의 관심 표현 및 고취를 목적으로 하고 있다. 주나 지역의 지회를 갖고 있는데, 지역별로 전문성 개발 프로그램이 수행되고 매년 컨퍼런스를 갖는다. AAMT

의 지회들은 학생 활동도 운영하고, 자료를 팔기도 하고, 학술지를 만들기도 한다. AAMT는 가입된 연합의 대표들로 구성된 Council의 통제를 받는, 국가 수준의 수학교사들의 목소리이다. AAMT는 정부의 질의에 답하기도 하고, 공동 연구를 수행하기도 하며, 연구비를 받아 프로젝트를 대학과 함께 수행하기도 한다. 1997년부터 교사들은 AAMT 내에서 교수법, 자료, 교육 문제, 정책 등의 이슈에 대해 이메일 토론을 제기하고 참여할 수 있다. 이메일로 자신의 의견을 보내면 메시지를 토론 그룹에 속한 모든 사람이 받을 수 있다.

AAMT는 「the Australian Primary Mathematics Classroom」, 「the Australian Mathematics Teacher」, 「the Australian Senior Mathematics Journal」 3개의 학술지를 출간하고 있다.

The Australian Institute for Teaching and School Leadership은 2011년 교사를 위한 국가 수준의 전문성 기준을 발표하고 2013년부터 시행하고 있다. 처음 교사 자격증을 얻기 위한 요건이 있고, 연수에 참여한 시간에 따라 교사들은 자격증을 유지할 수 있다. 교사들은 연수를 이수한 시간 수를 기록하고, 자격증 등록을 위한 서류를 제출할 때 특정 기준을 참고해야 한다. 이런 절차가 있게 한 것은 2002년 수학교사들이 만든 Standards for Excellence in Teaching Mathematics in Australian Schools이다. AAMT의 수학교사 전문성 기준은 수학을 가르치는 전문적인 일에 관련된 것으로 일반적으로 훌륭한 교사의 특징을 말하는 것은 아니다. 이 기준은 교사 개인, 그룹, 기관, 조직 등에서 활용할 수 있으며, 모든 수학교사들이 전문성 개발에서 갈망하고 추구해야 할 목표를 제공한다. 이 기준에 도달하고자 하는 교사들을 위해 AAMT는 'Highly Accomplished Teacher of Mathematics'를 수여할 수 있는 평가 프로그램을 설계하고 확정해두고 있다. 교사들은 자기 평가 형식으로 전문성 기준을 확인할 수 있다.

〈표 9-15〉 호주 수학교사의 전문성 기준 영역 *

영역	전문적 지식	전문적 특성	전문적 실천
기준	학생에 대한 지식 수학에 대한 지식 학생의 수학 학습에 대한 지식	개인적 특성 개인적 전문성 발달 사회적 책임	학습 환경 학습을 위한 계획 교수 행동 평가

위의 전문성 기준에 부합하기 위한 교사들의 전문적인 학습이 이루어지도록 AAMT는

* https://www.aamt.edu.au/Better-teaching/Standards/ (2019년 8월 28일 검색)

전문성 기준에 대한 자기-평가, 교수 자원 분석 등을 위한 자료를 제공하고 있다.*

한편 수학교사로서 필요한 학습 자료, 연수 자료, 자문, 토론 등 모든 것이 AAMT 홈페이지를 통해 원스톱 쇼핑이 가능하도록 되어 있으며, 국가에서 진행하는 여러 프로젝트와도 손쉽게 연결될 수 있도록 되어 있다.

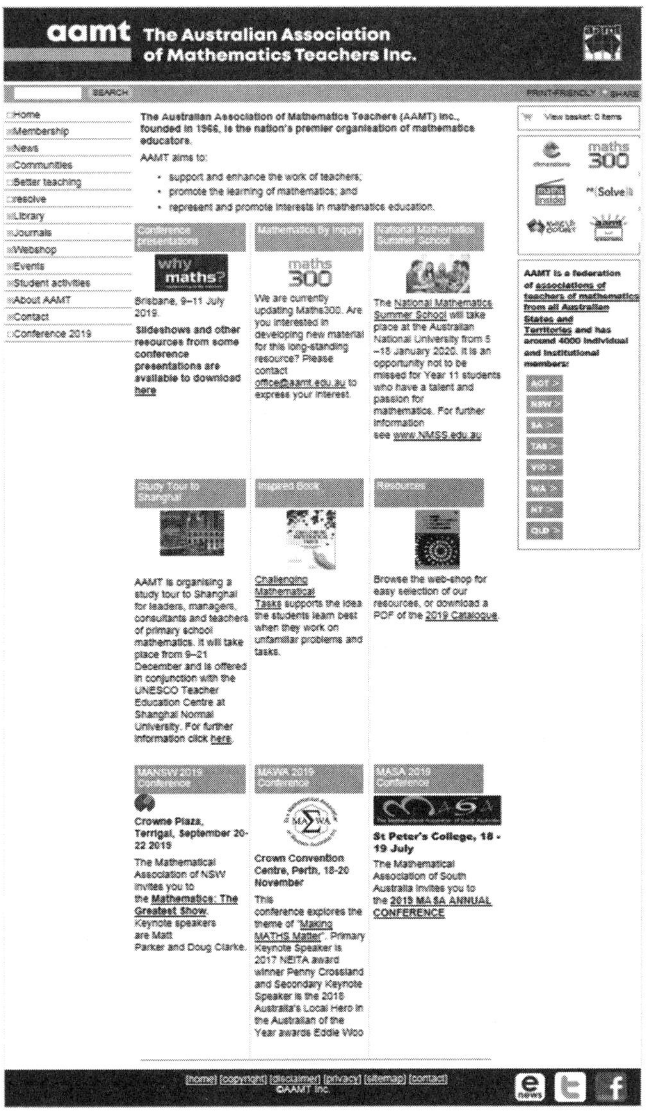

[그림 9-5] AAMT 홈페이지 첫 화면**

---

* https://www.aamt.edu.au/Better-teaching/Standards/Professional-learning (2019년 8월 28일 검색)

** https://aamt.edu.au/ (2019년 8월 28일 검색)

6. 수학교육 프로젝트

호주에서 진행된 수학교육 프로젝트는 여러 가지가 있는데, 여기서는 교수·학습 자료와 관련한 내용만 살펴보기로 한다.

6.1 탐구 중심의 수학 수업: reSolve 프로젝트

reSolve: Mathematics by Inquiry는 최근 다년 과제로 수행 중인 수학교육 국가 프로젝트로 AAS가 호주의 수학교사 모임 AAMT와 협력하여 수행한다. Australian Government Department of Education and Training의 후원으로 진행되는 이 프로젝트는 '모든 수학 수업에 스며드는 탐구 정신' 증진을 목적으로 한다. reSlove 프로젝트는 F-10 학생들에게 적절하고 엄밀하면서 참여하는 수학을 경험할 수 있도록 하는 국가 프로그램이며, 2015년 11월에 시작되었고 2020년까지 진행된다.

reSolve의 목표는 2가지인데, 첫째는 수학 교수·학습의 변화를 위한 현재의 수학교육학 이론을 결합하여 학생, 교사, 학교 지도자들에게 혁신적이고 질 높은 수학 교수·학습 자료 세트를 개발하여 보급하는 것이고, 둘째는 호주 전역의 학교에서 자료와 교수학적 접근이 가능함을 널리 알리고 활용하게 하는 것이다.

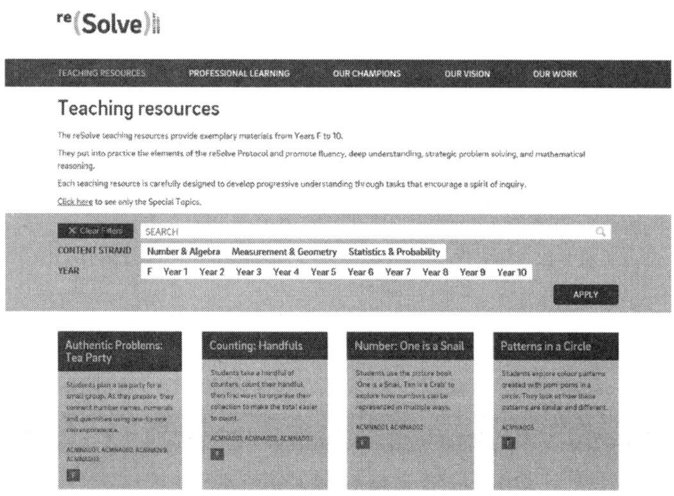

[그림 9-6] reSolve 홈페이지에 게시된 교수 자료*

* https://www.resolve.edu.au/teaching-resources (2019년 8월 26일 검색)

reSolve 프로젝트는 F-10 모든 학년에 걸쳐 예시 수업, 심화 자료, 교사를 위한 학습 자료 등을 개발하고 있다. 각 수업 자료는 호주 국가 교육과정에 따른 것이며, 특별 주제(special topics)는 STEM 방식의 더 확장된 탐구를 포함하고 있다. reSolve 홈페이지에서 내용 영역과 학년을 선택하면 개발된 여러 개의 모듈 자료가 나온다([그림 9-7]). 각 모듈은 여러 학년에 걸쳐 사용될 수 있기 때문에, 그 학년에서 사용될 수 있는 모듈이 전체의 몇 번째 것인지 설명하고, 모듈 내 여러 차시의 수업 흐름을 간단히 보여준다. 예를 들어 수와 대수 영역의 7학년을 검색하면 5개의 모듈이 나오는데, 그 중 'Bar Model Method' 모듈은 8차시의 수업으로 구성되어 있다. 사이트에 이 모듈을 다루기 위한 교사용 지도서와 모듈 내 단원별 설명 파일이 게시되어 있다. 제안된 내용을 토대로 수업을 진행한 후 피드백을 요구하는 설문이 QR 코드로 제시되어 있어서 프로그램을 개선하려는 노력이 진행 중임을 알 수 있다.

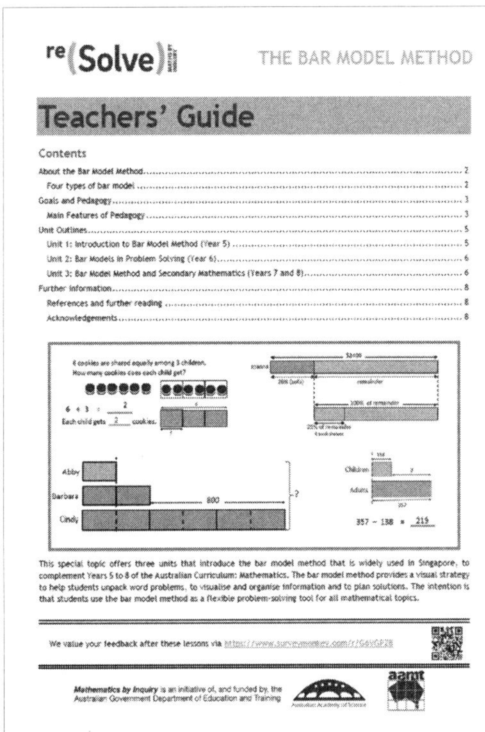

re(Solve) THE BAR MODEL METHOD

Teachers' Guide

Contents

This special topic offers three units that introduce the bar model method that is widely used in Singapore, to complement Years 5 to 8 of the Australian Curriculum: Mathematics. The bar model method provides a visual strategy to help students unpack word problems, to visualise and organise information and to plan solutions. The intention is that students use the bar model method as a flexible problem-solving tool for all mathematical topics.

We value your feedback after these lessons via

Mathematics by Inquiry is an initiative of, and funded by, the Australian Government Department of Education and Training

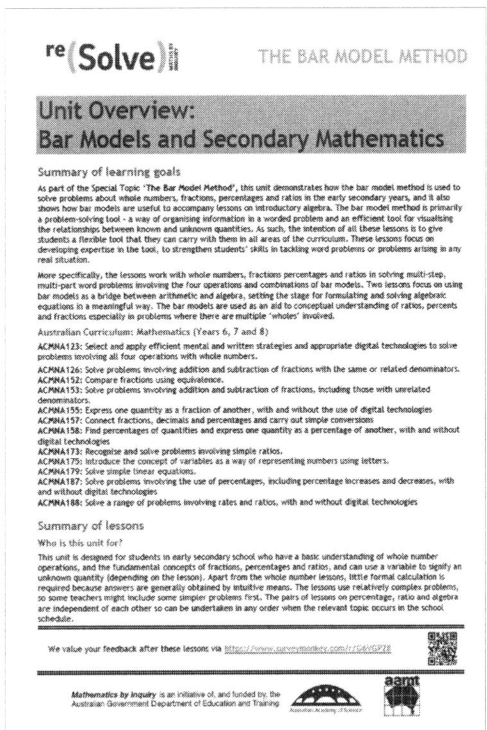

re(Solve) THE BAR MODEL METHOD

Unit Overview:
Bar Models and Secondary Mathematics

Summary of learning goals

As part of the Special Topic '**The Bar Model Method**', this unit demonstrates how the bar model method is used to solve problems about whole numbers, fractions, percentages and ratios in the early secondary years, and it also shows how bar models are useful to accompany lessons on introductory algebra. The bar model method is primarily a problem-solving tool - a way of organising information in a worded problem and an efficient tool for visualising the relationships between known and unknown quantities. As such, the intention of all these lessons is to give students a flexible tool that they can carry with them in all areas of the curriculum. These lessons focus on developing expertise in the tool, to strengthen students' skills in tackling word problems or problems arising in any real situation.

More specifically, the lessons work with whole numbers, fractions percentages and ratios in solving multi-step, multi-part word problems involving the four operations and combinations of bar models. Two lessons focus on using bar models as a bridge between arithmetic and algebra, setting the stage for formulating and solving algebraic equations in a meaningful way. The bar models are used as an aid to conceptual understanding of ratios, percents and fractions especially in problems where there are multiple 'wholes' involved.

Australian Curriculum: Mathematics (Years 6, 7 and 8)

ACMNA123: Select and apply efficient mental and written strategies and appropriate digital technologies to solve problems involving all four operations with whole numbers.

ACMNA126: Solve problems involving addition and subtraction of fractions with the same or related denominators.
ACMNA152: Compare fractions using equivalence.
ACMNA153: Solve problems involving addition and subtraction of fractions, including those with unrelated denominators.
ACMNA155: Express one quantity as a fraction of another, with and without the use of digital technologies
ACMNA157: Connect fractions, decimals and percentages and carry out simple conversions
ACMNA158: Find percentages of quantities and express one quantity as a percentage of another, with and without digital technologies
ACMNA173: Recognise and solve problems involving simple ratios.
ACMNA175: Introduce the concept of variables as a way of representing numbers using letters.
ACMNA179: Solve simple linear equations.
ACMNA187: Solve problems involving the use of percentages, including percentage increases and decreases, with and without digital technologies
ACMNA188: Solve a range of problems involving rates and ratios, with and without digital technologies

Summary of lessons

Who is this unit for?

This unit is designed for students in early secondary school who have a basic understanding of whole number operations, and the fundamental concepts of fractions, percentages and ratios, and can use a variable to signify an unknown quantity (depending on the lesson). Apart from the whole number lessons, little formal calculation is required because answers are generally obtained by intuitive means. The lessons use relatively complex problems, so some teachers might include some simpler problems first. The pairs of lessons on percentage, ratio and algebra are independent of each other so can be undertaken in any order when the relevant topic occurs in the school schedule.

We value your feedback after these lessons via

Mathematics by Inquiry is an initiative of, and funded by, the Australian Government Department of Education and Training

[그림 9-7] 7학년 수와 대수 영역의 Bar Model Method의 교사용 지도서와 단원별 안내*

* https://www.resolve.edu.au/node/1626?special_topic=1611 (2019년 8월 26일 검색)

reSlove는 현재 진행 중이며 연수를 통해 reSolve의 메시지를 전파할 300명의 챔피언(Champion) 교사들을 길러내고 있다. 챔피언들은 학교 수학에 탐구 정신이 자리잡도록 프로젝트 파트너로서 역할을 담당한다. 챔피언은 12개월의 전문 학습 프로그램인 Leading reSolve를 이수해야 하며, 챔피언들은 소속 학교 지역의 reSlove 간판이 되어 전문 학습을 촉진하도록 인근 학교를 후원하고 교육기관 및 전문 협회와 연락을 취하는 역할을 담당한다.

reSolve의 핵심은 프로토콜(protocol)인데, 이 프로토콜은 수학 교수·학습의 비전을 설정하고 프로젝트의 모든 측면에 기본 원칙이 되는 것이다. reSolve 프로토콜의 내용은 크게 3가지로 제시된다*.

reSolve 수학은 목적을 가진다. reSolve는 분리된 사실과 절차로 학습되는 학교 수학의 모습을 다음과 같이 변화시킬 것이다.

- 실세계를 모델링하는 방법과 추상적인 학문으로서의 수학을 제시한다.
- 실질적인 수학적 아이디어에 중점을 둔다.
- 호주 수학과 교육과정의 내용과 역량(proficiency)의 풍부한 해석과 실행을 지원한다.
- 테크놀로지 사회에서 수학을 끊임없이 변화하고 발전하는 창의적이고 상상력 있는 노력으로 인정한다.
- 다른 수학적 아이디어와 다른 교육과정 영역과의 긴밀한 연계를 통해 수학을 연결한다.

reSolve 과제는 포괄적이고 도전적이다. reSolve는 몇몇 학생은 수학을 잘 할 수 있고 나머지 학생들은 할 수 없다는 견해를 다음과 같이 변화시킬 것이다.

- 의미 있는 작업을 수행하여 기존 지식을 활성화하고 새로운 지식을 개발하며 주요 아이디어 간의 관계를 탐색한다.
- 지속적인 질문, 문제 해결, 의사 결정 및 의사소통에 학생들을 참여시킨다.
- 배경과 경험에 관계없이 모든 학생들에게 기회를 제공한다.
- 과제를 구조화하고 테크놀로지를 사용하여 학생들의 수학적 발달을 최적화한다.
- 학생들의 진행 상황에 대한 증거를 사용하여 피드백 및 후속 교육 조치를 제공한다.
- 도움이 필요한 것부터 추가 도전을 위한 준비에 이르기까지 다양한 학생 능력을 충족시키는 자극과 활동을 제공한다.

---

* https://www.resolve.edu.au/sites/default/files/reSolve%20Protocol%20Nov%202018.pdf (2019년 8월 26일 검색)

reSolve 교실에는 지식-구축 문화가 있다. reSolve는 암기를 통해 수학을 가장 잘 배울 수 있다는 견해를 다음과 같은 방법으로 변화시키려 한다.

- 교사와 학생의 적극적인 역할을 통해 고등 수학적 사고를 유지한다.
- 기존 개념에 도전하고 실수를 학습의 수단으로 사용한다.
- 다른 사람의 아이디어와 분야를 포함한 다양한 관점을 적극적으로 탐색하여 학습을 향상시킨다.
- 수학적 작업을 위한 도구로 테크놀로지를 사용함으로써 협업적 탐구, 행동, 반성을 통한 성공 및 이해를 구축한다.
- 생산적인 투쟁과 위험을 감수하려는 동기와 자신감을 포함하여 생산적 성향을 유도한다.

탐구 중심의 수학 수업이 호주의 수학교육에서 중요한 방향임에 따라 reSolve는 교수·학습에만 국한하지 않고 이를 수업에 적용하는 교사들의 전문성을 매우 중요하게 인식하였다. 이에 따라 호주 전역에서 챔피언을 양성하고 있는 바, 프로젝트의 성과가 학교 교육에서 나타나게 하고 있다. 그리고 수학교육 프로젝트가 일회성으로 진행되는 것이 아니라 이를 확산시킬 수 있도록 다년 간 진행되고 있는 특징이 보인다.

6.2 수학교사를 위한 전문 연수 포털: Dimensions

AAMT는 수학교육자들의 전문 학습을 위한 Dimension*이라는 웹사이트를 운영하고 있다. 내용 영역(대수, 기하, 수, 확률, 통계)별, 역량 영역(유창성, 문제 해결, 추론, 이해)별, 교수·학습 실천(평가, 교육과정, 계획, 학생의 학습)별로 F-12학년의 수학 수업에서 활용할 수 있는 자료, 그 자료로 수업을 할 수 있는 교사의 마음가짐, 교수 경험을 온라인으로 공유할 수 있도록 되어 있다. 포털에 가입한 사람만 온라인 연수에 참여할 수 있고, 연수생은 자신의 프로파일과 전문 학습에 참여한 기록을 개인 정보로 제공하게 된다. 교사공동체뿐 아니라 학교 밖의 교사, 복귀하려는 교사, 예비교사들도 연수에 참여할 수 있다.

Dimension 포털에는 각종 주제에 대한 포럼 자료가 게시되어 있고, 주제별 포스팅에 전문가의 응답 자료도 게시되어 신뢰성 있는 자료를 게시하고 있다. AAMT Dimensions 포털은 이런 연구를 함께 수행하면서 매년 개최되는 MERGA 컨퍼런스에서 그 결과를 발표한다.

* https://dimensions.aamt.edu.au/ (2019년 8월 28일 검색)

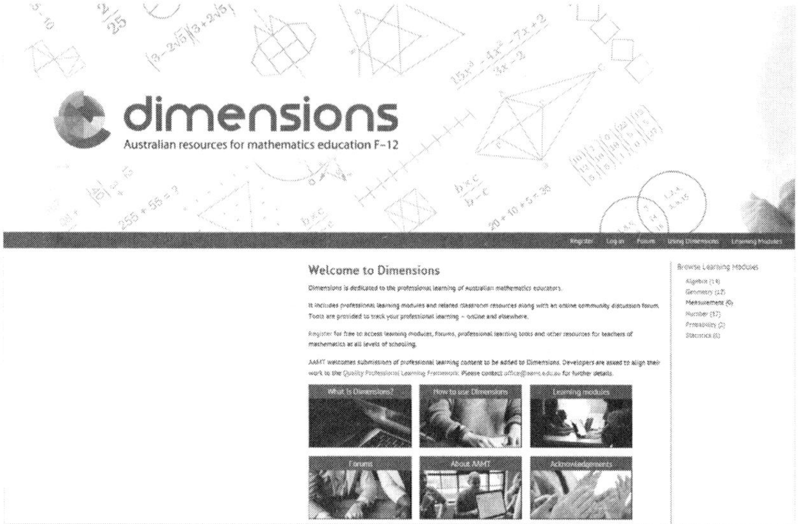

[그림 9-8] AAMT의 Dimensions 포털*

우리나라에서도 온라인 강좌를 통한 교사 연수가 활발히 이루어지고 있는데, Dimensions 포털과 같이 자발적으로 참여하고 전문성을 향상시키며 그에 대한 성과 점검이 체계적으로 이루어지고 이를 통해 교사들이 전문가나 동료들과 교류할 수 있는 장을 확대할 수 있는 사이트를 개발하는 것도 참고해 볼 만하다.

6.3 과학과 테크놀로지 속의 수학: Maths Inside

Maths Inside: Highlighting the Role of Mathematics in Society as Motivation to Engage More in Mathematical Activities는 호주교육부의 Commonwealth Department에서 추진하고 시드니의 University of Technology에서 운영한 프로젝트이다. 과학과 테크놀로지 분야에 활용되는 수학이 무엇인지 알아볼 수 있도록 비디오 자료와 수업 활동지, 교사용 지침서를 제공한다. 비디오에서는 과학자들의 연구와 그들이 사용한 수학을 설명하고 수학적 아이디어를 더 탐색해보는 활동 세트가 있다.

수학이 실세계에 활용되는 방법을 보여주는 풍부한 과제를 사용해서 학생들이 수학 학습에 참여하도록 하고 있다. '배낭 맨 벌', '빅 테이터, 더 나은 병원', '더 깨끗한 해안', '영양소', '3차원 지도 속의 수학', '기후 변화 모델링', '이익 창출을 위한 새우 포획', 'SKA로 보는 천문학'과 같은 과제가 개발되어 있는데, 하나의 주제가 여러 학년에 걸쳐 여러 내용

* https://dimensions.aamt.edu.au/ (2019년 8월 28일 검색)

영역과 여러 역량을 커버할 수 있도록 되어 있다. 예를 들어 '빅 데이터, 더 나은 병원'의 주제와 자료는 [그림 9-9]와 같이 소개되어 있다.

Home > Better teaching > Classroom resources > Maths Inside > Big data, better hospitals

Big data, better hospitals

Years	Strands	Proficiencies
7	number	understanding
8	algebra	problem solving
9	statistics	reasoning
10		
11		

Overcrowding in hospitals is one of the biggest challenges facing our healthcare systems. In order to reduce hospital waiting times, the Patient Admission Prediction Tool (PAPT) uses historical data to predict how many patients are expected to arrive at the Emergency Department every day of the year.

The PAPT is formulated by collecting and using vast data-sets about patient admissions and discharges. It is used by hospitals to manage their staff and physical resources. How accurate is it? Should all hospitals be using the PAPT?

View basket: 0 items

Downloads and links

Big data better hospitals zip
Download 6.65 MB

Teacher Notes
Download 1.44 MB

Activity 4: Waiting, waiting
Download 1.22 MB

Activity 4: Waiting, waiting - Spinners
Download 99.17 kB

Activity 4: Waiting, waiting - Hourly admissions in July
Download 121.41 kB

Activity 4: Waiting, waiting - Exploring queues
Download 115.07 kB

Activity 3: Difficult to easy
Download 1.29 MB

Activity 3: Difficult to easy - Which graph is best?
Download 1.38 MB

Acitivity 3: Difficult to easy - Heat map data set
Download 125.74 kB

Activity 3: Difficult to easy - How to create a heat map in Excel
Download 484.24 kB

Activity 2: What Happened?
Download 1.21 MB

Activity 2: What happened? - Number

[그림 9-9] 호주 Maths inside 홈페이지의 '빅데이터, 더 나은 병원'*

* https://www.aamt.edu.au/Better-teaching/Classroom-resources/Maths-Inside/Big-data-better-hospitals (2019년 8월 28일 검색)

최근 우리나라에서도 교과 간 융복합교육이 추진되고 있지만 몇몇 교수·학습 자료의 개발로 교사들의 호응을 얻기는 힘들다. 타교과 내용에 대해 잘 모르는 상태에서 융복합 수업을 추진하는 데에는 한계가 있다. 융복합 수업을 추진하는 데 있어서 필요한 동영상, 활동지, 교사용 안내서 등이 함께 제공되고, 이러한 수업의 한계나 유의점, 수업 팁 등이 공유될 수 있는 방안 등이 지속적으로 제안되어야 그 성과를 확인할 수 있을 것이다. 앞서 Dimensions 포털에서도 수학 교과 내용뿐 아니라 STEM 교육과 관련한 내용도 포함하고 있어 융복합 수업을 위한 교사들의 전문성 향상에 힘쓰는 호주 수학교육의 모습이 엿보인다.

6.4 The Connect with Maths

AAMT 홈페이지는 'The Connect with Maths' 프로젝트를 수행하면서 개발한 웹사이트와도 연동되어 있는데, 세미나 자료들과 다양한 학습 자료들이 있으며, 초·중등학교에서 수학을 가르치는 교사들에게 필요한 많은 자료를 제시하고 있다. 수학교사들의 고민에 맞추어 커뮤니티를 형성하고 자료를 공유할 수 있도록 사이트를 운영하고 있다.

Connect with Maths

Early years learning in mathematics
- http://connectwith.earlyyears.aamt.edu.au

Make it count with Indigenous learners
- http://connectwith.indigenous.aamt.edu.au

Maths in action
- http://connectwith.mathsinaction.aamt.edu.au

Engaging all students
- http://connectwith.engaging.aamt.edu.au

Digital learning
- http://connectwith.digital.aamt.edu.au

[그림 9-10] 호주 Connect with Math의 세부 내역*

Connect with Math의 5개 세부 내용을 알아보면, 첫 번째는 출생부터 8세까지의 아동에게 수학을 가르치는 교육자를 위한 사이트가 운영되고 있다.

* https://www.aamt.edu.au/Better-teaching/Connect-with-Maths (2019년 8월 28일 검색)

둘째는 원주민을 위한 수학교육이다. 호주는 원주민들의 수학 성취도가 낮은 것에 큰 관심을 갖고 있다. 원주민 문제는 교육뿐 아니라 건강, 가족 붕괴, 범죄 등에서도 각별한 관심이 필요한 사안이기도 하다. Make it count with indigenous learner는 호주 원주민을 가르치는 수학교사를 위한 사이트로, 8개 지역의 호주 원주민 학교에 교육 에피소드와 학습 활동지를 제공하고 있다.

Connect with Math에서 초등학교와 중학교 수학교육자를 위한 사이트로 수학적 모델링과 관련된 Maths in Action과 다양성의 요구를 만족시키기 위한 Engaging for Students가 있다. Maths in Action은 수학을 통해 성공적인 삶을 준비하도록 하는 가장 좋은 방법이 무엇일지에 대해 초·중학교의 수학교사를 지원하고 그들의 경험을 공유할 수 있도록 한다. Engaging all students는 영어에 능숙하지 못한 학생, 영재 학생, 특수 학생 등을 지도하는 교사를 위한 사이트이다. 어떤 과제를 수행한 학생들의 활동지 예시를 제시하면서 학생의 특성을 진단하고 공유할 수 있도록 하고 포럼에 참석하도록 유도하고 있다.

Connect with Maths의 마지막은 Digital Learning and Mathematics이다. 수학 학습에서 기능(skill), 개념 발달, 문제 해결, 시각화, 테크놀로지 사용에 효과적인 균형을 맞출 수 있도록 교사들을 지원하는 디지털 학습을 하도록 권장하는 토론의 장이 되는 커뮤니티 활동을 권하고 있다. 21세기 수학 교실에서 학습을 촉진하는 전문 지식을 테크놀로지 지식, 교수학적 지식, 내용 지식의 TPACK(technological, pedagogical and content knowledge) 틀에 따라 제시하고 있다.

Connect with Math는 수요자 중심의 수학교육을 실현하기 위해 수학과 무엇이 연결될 수 있는지를 교육 평등의 관점에서 제시한 것이라 볼 수 있다. 또 이러한 프로젝트 결과가 한데 모여 일반적인 접근이 가능하게 함으로써 호주 교사들이 자료를 얻기에 용이한 환경을 갖추고 있다.

6.5 수학 기초 학력 부진 학생을 위한 지원

호주 교육부는 수리력과 문해력이 부족한 학생을 지원하는 SiMERR(National Centre for Science, Information and Communication Technology, and Mathematics Education for Rural and Regional Australia) 프로그램을 운영하고 있다. 3, 5, 7학년에서 수리력 기준을 성취하는 학생 수와 비율이 감소하고 있다는 NAPLAN 자료에 근거하여, 성취수준이 낮은 학생들이 '정규' 수업 환경 내에서 지속가능한 변화를 꾀하기는 어렵다는 판단 하에, 학습 어려움을 경험한 학생들을 지원하는 교육적 개입이 필요했고, 이것이 촉매가 되어 QuickSmart

프로그램을 개발하였다.

5~8학년의 10~14세 학생들을 위한 이론에 기반한 프로그램으로, 문해력과 수리력의 향상을 목표로 한다. 학생들의 문제 해결 기능, 예를 들어 글자 이름, 단어 이름, 수와 기본 계산을 강화하기 위해 개발되어 이행되고 있다.

2001년부터 QuickSmart 프로그램의 효과를 알아보는 체계적인 자료가 수집되었고, 관련 연구도 시행되고 있다. 성취도 차이를 좁히는 것을 목표로 한 연구 프로그램을 통해 QuickSmart는 여러 원인에서 발생하는 학습 문제를 극복할 수 있도록 돕고 있다.

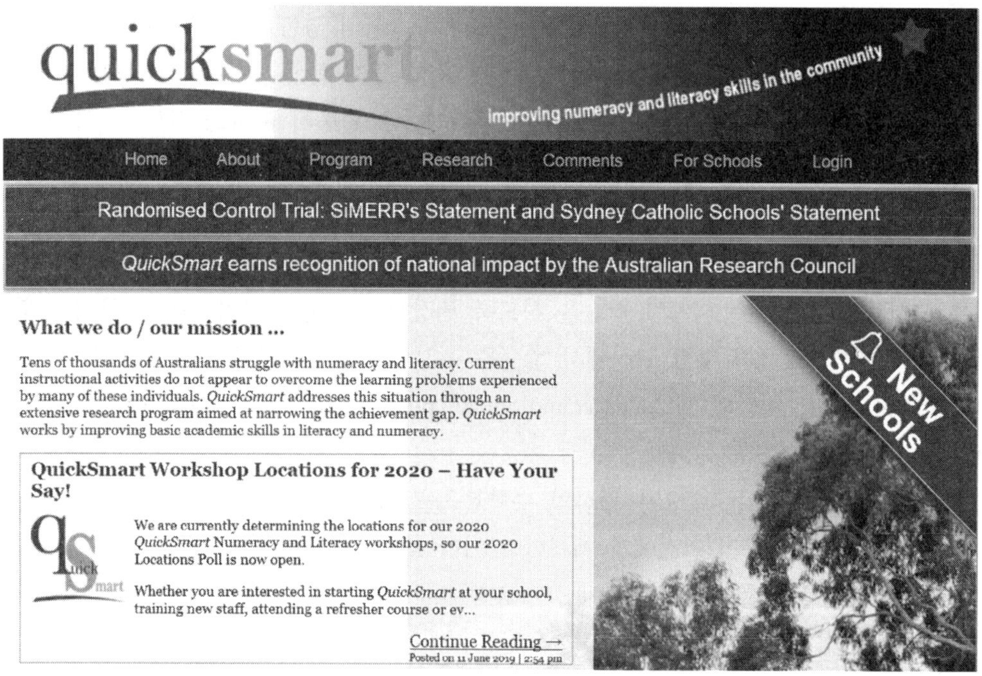

[그림 9-11] 호주의 수학 기초학력 증진 프로그램 QuickSmart *

QuickSmart를 통해 기초학력이 부진한 학생들을 위한 체계적인 교육이 호주에서 이루어지고 있음을 알 수 있으며, 이것이 문해력과 수리력에 집중되어 있음도 나타난다.

---

* https://simerr.une.edu.au/quicksmart/pages/index.php (2019년 8월 28일 검색)

7. 맺음말

지금까지 호주 수학교육의 특징을 살펴보았다. 하나의 대륙을 국가로 갖는 호주는 주별로 교육체제 등이 상이하지만 국가 내 교육체제를 아우를 수 있는 국가 교육과정을 두었고, 여러 국가 기관과 단체 등을 통해 호주의 수학교육이 어떤 모습으로 나아가야 하는지에 대한 방향성을 설정하고 있었다. 또한 수학교육과 관련하여 위기에 대처하기 위한 방안을 마련하고 추진하고 있었으며, 학교 교육이나 사회에서 수학의 중요성을 인식하고 있었다.

호주의 수학과 교육과정은 문서로만 제시되지 않고 그와 관련된 상세한 부연 설명이 함께 있어서 교육과정에 대한 이해도를 높이고 있었다. 특히 교육 내용뿐 아니라 역량(proficiency)에 대한 설명과 학년/내용별로 적용할 수 있는 방안 등이 제시되어 교사의 전문적인 수학 학습지도뿐 아니라 학교 교육에 대한 일반인의 이해에도 기여하고 있었다.

초등학교 1학년 이전에 Foundation 과정을 두어 의무교육에 포함시키고 F학년에서 다루어야 할 수학 내용 요소까지 선정하고 있었다. 그리고 어린 학생들에게 수학을 지도할 때 무엇을 어떻게 해야 할지에 대한 안내가 Connect with Math의 한 사이트에 제시되고 있어 유아수학교육에 대한 정보도 제공하고 있었다.

호주의 교육과정을 F-12학년 내용 영역별 핵심내용 중심으로 살펴본 결과, 호주 수학과 교육과정은 하나의 주제가 여러 차례 반복되면서 심화되는 나선형 교육과정의 양상을 띠고 있었다. 국가별 교육과정 비교는 수업 시수도 살펴보고, 교육과정이 학교에서 필수사항인지 선택사항인지의 성격 등 여러 가지를 고려하여 진행되어야 하지만 교육과정 내용 요소에만 한정할 때 호주 고등학교 수학의 내용 수준은 상당히 높다고 볼 수 있다.

호주는 여러 가지 프로젝트나 교육과정 등의 정책 추진 절차가 투명하게 정리되어 있다. 국가 교육과정 개발 절차도 매우 상세하고 기관별 역할과 시기별 진행 상황 등도 정리된 문서가 별도로 개발되어 있고, 여러 정책 추진에 대해서도 전문 기관의 자문을 받은 증거가 남아 정책 추진 주체의 독자적인 행보가 아니라 민주적인 절차를 거쳐 성립된 결정임이 수긍된다. 이러한 절차적 명료함은 호주의 수학교육이 상당히 체계적으로 기초를 다진 후에 진행된다는 점에서 다른 국가들도 참고해 봄직하다.

호주는 수학교사모임인 AAMT를 통해 여러 프로젝트가 수행되고 그 결과가 공유되고 있다. 지금까지 진행된 프로젝트들을 AAMT 홈페이지에 접속만 하면 찾아볼 수 있고, 이러한 성과 관리로 프로젝트가 일회성으로 진행되지 않고 후속적으로 확산·개선되고 있었다. 특히 온라인 교사 연수 포털을 운영하여 교사들이 스스로 자신의 전문성을 향상시킬 기회를 갖고 다른 교사나 전문가들과 교류할 수 있는 기회를 제공하고 있어, 교사 전문성 향상을 위한 여러 노력이 집대성되어 있음을 볼 수 있다. 최근에 추진 중인 reSolve 프로젝트에서는 교사들에게 필요한 교수·학습 자료뿐 아니라 이를 주도할 수 있는 지역의 챔피언도 양성하여 교사 주도의 수학교육 개혁을 진행하고 있다.

호주의 수학교육을 알아보기 위해 본고에서는 인터넷 자료를 많이 참고하였다. 이는 호주가 웹을 활용하여 수학교육을 추진하고 공유하며 홍보하고 관리하고 있음을 나타낸다. 웹 자료는 수시로 업데이트가 되므로 본고에 제시된 자료가 수정되더라도 호주의 주요 기관을 통해 수학교육에 대한 정보를 계속 수집할 수 있을 것이다. 호주의 수학교육을 참고하여 우리나라의 수학교육도 한 걸음 더 나아갈 수 있기를 기대한다.

참고문헌 REFERENCE

고호경, 장경윤, 신민경(2016). 우리나라와 호주 고등학교 수학과 해석 영역 교육과정 비교. **학교수학 18**(2), 349-373.

고호경, 장경윤, 이강천(2016). 우리나라와 호주 중학교 수학과 교육과정 비교 분석. **수학교육학연구 26**(2), 309-331.

구자옥, 김성숙, 이혜원, 조성민, 박혜영(2016). **OECD 국제 학업성취도 평가 연구: PISA 2015 결과 보고서**. 한국교육과정평가원 연구보고 RRE 2016-2-2.

AAS(2016). *The mathematical sciences in Australia: A vision for 2025.* https://www.science.org.au/files/userfiles/support/reports-and-plans/2016/mathematics-decade-plan-2016-vision-for-2025.pdf (2019년 8월 26일 검색)

ACARA(2012a). *The shape of the Australian Curriculum*(version 4.0). http://docs.acara.edu.au/resources/The_Shape_of_the_Australian_Curriculum_v4.pdf (2019년 8월 29일 검색).

ACARA(2012b). *Curriculum Development Process*(version 6), http://docs.acara.edu.au/resources/ACARA_Curriculum_Development_Process_Version_6.0_-_04_April_2012_-_FINAL_COPY.pdf (2019년 8월 29일 검색)

ACARA(2013). *Curriculum Design Paper*(version 3.1). http://docs.acara.edu.au/resources/07_04_Curriculum_Design_Paper_version_3_1_June_2012.pdf (2019년 8월 29일 검색)

Commonwealth of Australia(2009). *Shape of the Australian Curriculum: Mathematics.*

McKenzie, P., Weldon, P., Rowley, G., Murphy, M., & McMillan, J.(2014). *Staff in Australia's Schools 2013: Main Report on the Survey*. Australian Council for Educational Research, Canberra, Department of Education.

■ **집필진** (가나다순)

김부미(원광대학교) 남진영(경인교육대학교) 이동환(부산교육대학교)
강현영(목원대학교) 박미미(경인교육대학교) 이환철(한국과학창의재단)
김선희(강원대학교) 서동엽(춘천교육대학교) 조진우(경인교육대학교)

대한수학교육학회 한국수학교육학회 2019년 연보
세계의 수학교육 둘러보기

지은이 김부미 · 강현영 · 김선희 · 남진영 · 박미미
서동엽 · 이동환 · 이환철 · 조진우
펴낸이 조경희
펴낸곳 경문사
펴낸날 2019년 12월 9일 1판 1쇄
2021년 3월 2일 1판 2쇄
등 록 1979년 11월 9일 제 1979-000023호
주 소 04057, 서울특별시 마포구 와우산로 174
전 화 (02)332-2004 팩스 (02)336-5193
이메일 kyungmoon@kyungmoon.com

값 29,000원

ISBN 979-11-6073-324-2